# LES
# CONTEMPORAINS
## DE MOLIÈRE

RECUEIL DE COMÉDIES, RARES OU PEU CONNUES

JOUÉES DE 1650 A 1680

AVEC

L'HISTOIRE DE CHAQUE THÉATRE

des notes et notices biographiques, bibliographiques et critiques

PAR

VICTOR FOURNEL

TOME TROISIÈME

## THÉATRE DU MARAIS

PARIS

LIBRAIRIE DE FIRMIN-DIDOT ET Cⁱᵉ

IMPRIMEURS DE L'INSTITUT, RUE JACOB, 56

1875

Tous droits réservés

LES

# CONTEMPORAINS

## DE MOLIÈRE

—

TOME III

Typographie Firmin-Didot. — Mesnil (Eure).

# AVERTISSEMENT.

Nous devons nous excuser, tout d'abord, auprès des lecteurs qui ont bien voulu s'intéresser aux *Contemporains de Molière*, de leur avoir fait si longtemps attendre ce troisième et dernier volume. Il était prêt à paraître quand ont éclaté les événements douloureux de 1870 et 1871. On n'avait guère alors le loisir de songer à la littérature et à l'érudition. Depuis cette époque, des occupations innombrables, les travaux sans trêve du journalisme, d'autres causes encore dont l'exposé n'offrirait aucun intérêt pour le public, nous ont empêché de réunir aussitôt que nous l'aurions voulu les éléments dispersés de ce grand travail et de faire plus vite honneur à nos engagements.

Comme nous venons de le dire, ce volume termine le recueil des *Contemporains de Molière*. Dans notre plan primitif, nous nous étions proposé de le compléter par un quatrième tome, qui aurait compris, avec le Théâtre de Mademoiselle, dont il ne nous reste que les quelques pièces de Dorimon, d'une incomparable platitude, le théâtre français en province et à l'étranger, et deux ou trois ouvrages joués sur des scènes particulières. Ce volume eût été une sorte d'appendice. Si la faveur du public lettré nous permet de faire une nouvelle édition, nous gardons l'espoir d'y adjoindre alors cette annexe. Mais, dès maintenant, notre cadre est rempli dans sa partie essentielle, et nous espérons avoir atteint, non sans difficulté, le but littéraire et historique que nous nous proposions, tel que nous l'avions défini, il y a douze ans, aux premières lignes de notre premier volume.

# HISTOIRE

## DU THÉATRE DU MARAIS.

La question des origines du théâtre du Marais est plus obscure que celle des sources du Nil : c'est un vrai chaos, et pour le débrouiller on n'a aucun secours à attendre de la plupart des historiens qui, par le vague, la légèreté et l'incohérence extraordinaire de leurs renseignements sur ce point, ne peuvent qu'accroître les incertitudes et la confusion. Ainsi, les uns font commencer le théâtre du Marais avec l'établissement de la troupe de Mondory dans le jeu de paume de la rue Vieille-du-Temple, en 1635; les autres, après la représentation de la *Mélite* de Corneille, en 1629; d'autres, vers 1608, au moment où Laporte, associé de Valleran Le Comte à l'Hôtel de Bourgogne, Marie Venier sa femme et leurs compagnons, émigrent de ce dernier théâtre; beaucoup, au commencement du siècle, en 1600; quelques-uns enfin dans les dernières années du siècle précédent. Par ce résumé rapide, on peut juger des contradictions auxquelles se heurte tout d'abord celui qui veut écrire aujourd'hui l'histoire du théâtre du Marais.

Toutes ces opinions ont une part de vérité : il ne s'agit que de la réduire à sa juste valeur; toutes au moins s'expliquent par quelque point, comme nous le verrons, car à chacune de ces dates correspond un événement qu'on a pu prendre, dans l'obscurité de cette première période, pour la fondation d'un théâtre qui avait déjà sans doute donné signe de vie auparavant, mais dont l'existence peu bruyante et peu active s'était trouvée suspendue à plusieurs reprises, et qui avait changé de demeure comme pour mieux dérouter encore les recherches. Il n'y a pas eu un seul théâtre du Marais, il y en a eu plusieurs, et même quand il fut établi dans une salle définitive, diverses troupes s'y succédèrent. Nous allons tâcher de jeter un peu de lumière sur cette nuit, si c'est possible, et d'en dégager quelques dates et quelques faits authentiques.

Il est probable que, dès la fin du XVIe siècle, il se forma, dans le quartier du Marais, un embryon de troupe dramatique, qui devait éprouver bien des vicissitudes et, avant sa constitution définitive, être souvent encore divisée, disloquée, rompue, puis reprise et renforcée, mais à laquelle, quoi qu'il en soit, on peut rattacher, comme à son premier anneau, l'histoire de ce théâtre. L'établissement de spectacles forains en 1596, malgré les réclamations de l'Hôtel de Bourgogne, avait alléché les comédiens de province. Peu de temps après, il en arriva à Paris quelques-uns, qui paraissent s'être établis vers 1598 à l'Hôtel d'Argent, au coin des rues de la Verrerie et de la Poterie. L'année suivante, un arrêt contradictoire du Châtelet, rendu le 28 avril 1599, sans doute à la suite de leur tentative, défendit « tant aux soi-disant comédiens italiens du roi que autres, de jouer ni représenter ailleurs qu'à l'Hôtel de Bourgogne, s'ils n'ont exprès pouvoir de ladite confrérie (de la Passion) » et à tous bourgeois « de louer les maisons à aucuns comédiens [1] ». C'est aussi vers l'an 1598 que les frères Parfaict font débuter Gaultier-Garguille au Marais [2]. L'agrandissement de Paris rendait nécessaire l'établissement d'une seconde troupe dramatique, et peut-être n'était-ce pas la première tentative, en dehors des troupes foraines, essentiellement provisoires et nomades, et des troupes étrangères. On ne sait pendant combien de temps l'arrêt de 1599 suspendit les représentations de l'Hôtel d'Argent, ni même s'il les suspendit. Il est certain du moins que, malgré le nom d'heureux augure porté par la salle qu'ils avaient choisie, les nouveaux comédiens firent peu de bruit d'abord. On ne voit guère trace de leur existence dans les premières années qui suivent. Mais quelques documents officiels prouvent que la troupe était en plein exercice dans les années 1609 et 1610. Le 26 janvier 1608, Laporte et Valleran Le Comte comparaissaient, avec les maîtres de la confrérie de la Passion, par devant Me Poussepin, conseiller au Châtelet, pour exposer leurs différends relativement à la location de la salle de l'Hôtel de Bourgogne. Le litige fut jugé contre Laporte, qui abandonna le théâtre de la rue Mauconseil, en entraînant avec lui sa femme et son associé, et se transporta à l'Hôtel d'Argent, soit pour se réunir à l'autre troupe, si elle fonctionnait encore, soit pour y former une troupe nouvelle. Ce fut probablement dans le cours de la même année qu'eut lieu cette scission. Quoi qu'il en soit, l'ordonnance de police du 12 novembre 1609, qui s'applique aux deux théâtres [3], démontre que le Marais existait alors. Les Confrères, poussés à la fois par l'esprit de vengeance, la cupidité et le soin jaloux de leur

---

[1] Du Coudray, *Nouveaux Essais sur Paris*, II, 251. — Eudore Soulié, *Recherches sur Molière*, p. 154.

[2] *Histoire du Théâtre-François*, IV, 320. M. Soleirol (*Molière et sa troupe*, p. 73) parle même de 1594, mais d'après une indication très-vague et sans authenticité.

[3] V. Félibien, *Histoire de la ville de Paris*, t. II, p. 1025.

privilége, traduisirent devant le Châtelet les déserteurs qui faisaient concurrence à leur salle, et une sentence du 13 mars 1610 condamnait « Mathieu Lefebvre, dit Laporte, et damoiselle Marie Venier [1], sa femme, et leurs compagnons comédiens... à payer solidairement aux demandeurs soixante sols par chacun jour qu'ils avoient représenté et représenteroient au dit Hôtel d'Argent. » Les comédiens du Marais se pourvurent, et obtinrent en leur faveur un arrêt qui fut cassé le 24 mars suivant : la justice marchait quelquefois plus vite en ce temps-là qu'aujourd'hui [2].

On voit maintenant ce qu'il y a de vrai et ce qu'il y a de faux dans ce que dit Beauchamps, d'après La Mare et Félibien, en parlant de la fondation du Marais, qu'il rapporte, comme plusieurs autres historiens du théâtre, à l'an 1600 environ. « Les comédiens qui l'occupaient étaient un démembrement de la troupe de l'Hôtel de Bourgogne, qui jugea à propos de se séparer en deux pour la commodité publique. » Rien n'indique que les *premiers* comédiens du Marais aient été un démembrement de l'Hôtel de Bourgogne ; le mot s'applique seulement à ceux qui s'y transportèrent vers l'an 1608, et le texte de l'arrêt dont nous venons de parler, qui nomme seulement Laporte et sa femme, semble démontrer clairement que la troupe avait été formée par eux, ou du moins qu'ils en étaient devenus aussitôt les chefs ; mais, contrairement à l'assertion de Beauchamps, il n'apparaît pas que ce démembrement de l'Hôtel de Bourgogne ait rien eu de volontaire et de concerté.

Il est probable que cette troupe, à laquelle manquaient sans doute, en dehors de ses chefs, les premiers rôles et les comédiens du genre noble, se voua d'abord à la farce, qui resta toujours l'une des spécialités du Marais. Je ne sais toutefois si, comme celle de l'Hôtel de Bourgogne, héritière du privilége des Sots et des Enfants sans Souci, elle pouvait aller jouer aux Halles et donner des représentations populaires, surtout pendant le carnaval, ce à quoi tenaient essentiellement tous les farceurs. Du moins, elle partagea assurément plus d'une fois avec sa puissante rivale l'honneur d'être mandée au Louvre, pour y jouer ses farces devant Henri IV, grand amateur de gausseries, ou devant le jeune Louis XIII. Il est souvent question, dans le *Journal* de Jean Héroard, de comédiens ou *comédiantes* venant assister au souper du monarque et l'amusant de leurs spectacles bouffons. Quand le petit

---

[1] Et non *Vernier*, comme on l'appelle presque toujours.
[2] E. Soulié, *Recherches sur Molière*, p. 155. Sentence du 13 mars — 24 mars : Comparution faite chez le lieutenant civil par les dits maîtres et le dit de Laporte, etc.

dauphin est devenu roi, à mesure qu'il grandit, il ne se passe presque point de jour où il n'assiste soit à un ballet, soit à une comédie italienne ou française, presque toujours chez la reine mère. Ainsi en 1611, pendant trois jours de suite, les 20, 21 et 22 juin, on lui donne trois représentations, où ne manque jamais la farce traditionnelle, dans la galerie lambrissée de Fontainebleau.

En 1620, on voit un établissement de comédiens rue Vieille-du-Temple. Suivant plusieurs historiens du théâtre, ce sont les acteurs de l'Hôtel d'Argent qui, se trouvant trop à l'étroit, se seraient transportés dans un jeu de paume en haut de cette rue. L'explication est pour le moins douteuse, car il existe une sentence, du 16 février 1622, qui prouve qu'à cette date l'Hôtel d'Argent n'était pas abandonné, ou que, s'il l'avait été un moment, on y était revenu : elle condamne Gaultier Garguille, avec Gros-Guillaume (Robert Guérin, dit La Fleur) et Turlupin (Henry Legrand, dit Belleville), et les autres comédiens de l'Hôtel d'Argent, à payer aux Confrères les trois livres tournois par représentation que leur devaient tous ceux qui entraient en concurrence avec leur privilége. Cette troupe de la rue Vieille-du-Temple est ou bien une troupe à part, — celle, par exemple, que nous voyons désignée plus tard, lorsqu'elle est remplacée par Mondory, sous le nom de *Petits comédiens du Marais;* ou bien un démembrement de la troupe primitive, au moment où celle-ci, comme nous l'allons dire, se rejoignit à l'Hôtel de Bourgogne. Il n'y aurait qu'un moyen de concilier, avec le document que nous venons de citer, l'opinion de ceux qui croient à l'émigration des comédiens de l'Hôtel d'Argent dans la rue Vieille-du-Temple : c'est que leur nouvelle salle aurait pris le nom de l'ancienne, où la troupe du Marais avait commencé à se faire connaître et qui était, pour ainsi dire, devenu un nom patronymique et inaliénable. Mais cette hypothèse paraît très-hasardée. Tout porte à croire qu'à un moment donné il y eut deux troupes dans le quartier du Marais, et cette coexistence ajoute encore à la confusion.

Continuons à marcher avec prudence à travers ces ténèbres.

Pendant plusieurs années, on entend à peine parler du théâtre du Marais. Malgré des acteurs aussi propres que Gaultier-Garguille et ses deux compagnons à attirer la foule, il demeure enseveli dans une obscurité profonde. L'éloignement de la salle, les difficultés et les dangers de la circulation dans ce quartier aux rues étroites, mal éclairées, mal pavées, infestées de tire-laines et de mauvais garçons, n'étaient pas propres à y attirer la foule. Peu d'années après, à une date qu'on ne peut exactement préciser, le théâtre du Marais avait disparu, ou ses acteurs étaient rentrés au bercail de l'Hôtel de Bourgogne. Selon La Mare, en son *Traité de police*, ce serait quelques années avant la représentation de *Mélite* que les deux troupes, faute d'un nombre suffisant de spectateurs, auraient décidé de se réunir en une seule à la salle de la rue Mauconseil, et il essaie de fixer cette date, mais d'une manière dubitative, au 22 novembre 1619. Le succès extraordinaire de cette pièce, que Fontenelle place en l'année 1625, mais que les frères Parfaict ont reportée avec raison en 1629, aurait eu pour conséquence naturelle d'entraîner de nouveau leur séparation [1]. Beauchamps, dans ses *Recherches sur les théâtres*, a contesté, en s'appuyant sur Chapuzeau et Renaudot, cette réunion des deux troupes, suivie d'une nouvelle séparation. Mais ce dernier point tout au moins, c'est-à-dire l'établissement d'un second théâtre par suite du succès de *Mélite*, est confirmé par Corneille lui-même dans l'*Examen* de sa pièce : « Le succès en fut surprenant, dit-il. Il établit une nouvelle troupe de comédiens à Paris, malgré le mérite de celle qui étoit en possession de s'y voir l'unique. »

Voici donc deux points hors de doute : à l'époque de la représentation de *Mélite*, en 1629, il n'y avait plus qu'une seule troupe à Paris, par suite d'une éclipse définitive ou momentanée, et après *Mélite*, il y en eut deux de nouveau, dont l'une, sous la conduite de Mondory, alla reconstituer le théâtre du Marais. Quoique les comédiens établis en 1620, rue Vieille-du-Temple, eussent disparu, ce ne fut pas là que vint d'abord s'établir Mondory, et quand il s'y transporta plus tard, il devait y trouver et y remplacer une autre troupe, qui était peut-être l'ancienne, revenue à son point de départ après quelque tournée en province. Ces excursions à travers la France, particulièrement en Normandie, étaient de tradition au Marais surtout : « Cette troupe allait quelquefois passer l'été à Rouen, écrit Chapuzeau [2], étant bien aise de donner cette satisfaction à une des premières villes du royaume. » Mondory, qui pouvait avoir fait partie pendant quelque temps d'une des précédentes troupes établies dans le quartier du Marais, avait lui-même rapporté de Rouen la *Mélite* de Corneille. Après l'avoir introduite à l'Hôtel de Bourgogne, il l'emporta avec lui, et la fit entendre sans doute aussi aux compatriotes de Corneille, qu'il conserva l'habitude d'aller visiter.

On voit que de causes perpétuelles de confusion, que d'obscurités et d'embrouillements. Jusqu'à Mondory, et malgré l'essai plus sérieux de 1620, qui est resté pour beaucoup d'auteurs, comme pour Chapuzeau, la vraie date de la fondation du Marais, on peut dire que

---

[1] Voir aussi l'*Histoire de la ville de Paris*, par Félibien, 1725, livre XIX.
[2] *Théâtre français*, p. 191.

ce théâtre n'existe encore que sous une forme plus ou moins transitoire et dépendante, à l'état d'embryon, de tentative sans cesse renouvelée parce que jamais elle ne réussit pleinement, et qu'il faut suivre à la piste dans l'épais brouillard qui en dérobe les commencements laborieux. A partir de Mondory seulement, le théâtre du Marais est *fondé;* il pourra tâtonner encore pendant les premières années et changer de lieu sans changer de quartier; il pourra surtout se renouveler fréquemment, éprouver de nombreuses vicissitudes et des crises très-graves; mais son existence n'éprouvera plus d'interruption jusqu'à ce qu'il aille se fondre avec la troupe de Molière dans la salle de la rue Mazarine.

En 1631, si l'on en croit Tallemant, qu'il ne faut toutefois jamais prendre au mot en fait de date, Mondory avait déjà opéré sa scission, car ce serait cette année-là que « le comte de Belin, pour mettre cette troupe en réputation, pria M$^{me}$ de Rambouillet de souffrir qu'ils jouassent chez elle la *Virginie* de Mairet ». Quoi qu'il en soit, en 1632, Mondory était établi avec sa troupe dans le jeu de paume de La Fontaine, rue Michel-le-Comte, que lui avait sous-loué l'avocat Jacques Avenet. Les habitants de la rue, « personnes de qualité et officiers des cours souveraines, » se plaignirent du tapage et de l'encombrement causés par cette installation, et le 22 mars 1633, il intervint un arrêt du parlement qui, donnant raison à ces doléances, faisait « défenses audit Avenet de plus permettre ledit exercice audit jeu de paume, et auxdits comédiens d'y faire aucun exercice, et qu'ils vuideront du dit lieu à peine de prison et de quatre mille livres d'amende applicables à œuvres pies [1]. » La troupe en appela-t-elle, ou ferma-t-on les yeux, et Mondory, par son crédit personnel, parvint-il à obtenir quelque répit? Ce qu'on sait du moins c'est qu'elle jouait encore dans la même rue et la même salle en 1634, comme on le voit par une plaquette facétieuse, le *Testament de Gaultier-Garguille*, imprimée cette année-là [2]. Cette troupe de la rue Michel-le-Comte était déjà célèbre, ne fût-ce que pour son chef, qui lui avait, d'ailleurs, amené de bons auteurs et de bonnes pièces. On l'appelait la troupe de Mondory. Le 28 novembre 1634, elle alla à l'Arsenal pour les noces du duc de la Valette, de Puylaurens et du comte de Guiche, danser un ballet et jouer *Mélite,* avec la *Comédie des Comédiens,* de

---

[1] Voir cet arrêt très-motivé dans l'*Histoire du Théâtre-Français*, des frères Parfaict, t. V, p. 50. Félibien (II, 727-8) et Léris, dans son *Dictionnaire des théâtres*, p. XV, parlent de l'établissement de cette troupe rue Michel-le Comte, en 1632 ou 33.

[2] *Chansons* de Gaultier-Garguille, publiées par Éd. Fournier, p. 160, et la note.

Scudéry[1]. Richelieu, qui aimait beaucoup Mondory, protégeait ses acteurs, et le cardinal de la Valette leur faisait une pension.

Au mois de décembre de la même année, un ordre du roi, — peut-être, selon Tallemant des Réaux, pour faire dépit au cardinal, — détacha de la troupe de Mondory les six acteurs l'Espy, le Noir, Jodelet, la France ou Jaquemin Jadot, Alizon[2] et la Le Noir, qui furent joints à la troupe de Bellerose. Le coup était rude, mais, dit la *Gazette* du 15 décembre, Mondory, sans désespérer du salut de sa petite république, « tâche à réparer son débris, et ne fait pas moins espérer que par le passé de son industrie ». Le 18 décembre on le voit représenter la *Sophonisbe*, « avec son ancienne troupe encore ralliée pour cette fois, » dit toujours la *Gazette* (du 23 décembre). Quinze jours après[3], il allait s'établir dans le jeu de paume de la rue Vieille-du-Temple (proche la rue de la Perle, à droite en montant), en remplacement des petits comédiens du Marais. Dès lors, il n'y a plus d'incertitude ni de confusion possibles. Il n'existe plus qu'un seul théâtre du Marais, et il est fixé dans son local définitif. Malgré la perte des six acteurs que lui avait arrachés l'ordre du roi, Mondory ne se découragea pas. Il engagea Baron père, qui vint renforcer une troupe où se comptaient encore des acteurs comme d'Orgemont, Floridor, Villiers et sa femme. Mais sa principale garantie de succès était fondée sur le talent et la réputation de son illustre chef. « Dans peu, dit Tallemant, en racontant le départ des six acteurs, sa troupe valoit encore mieux que l'autre, car lui seul valoit mieux que tout le reste[4]. » Mondory, « d'une moyenne taille, mais bien prise, la mine haute, le vi-

---

[1] *Gazette* du 30 novembre 1634.

[2] C'est par suite d'une erreur des frères Parfaict, répétée par presque tous les historiens dramatiques, qu'Alizon a été généralement oublié parmi les acteurs du Marais qui passèrent alors à l'Hôtel de Bourgogne : il est aisé de s'en convaincre en se reportant à la *Gazette* du 15 décembre 1634. L'erreur vient de ce qu'on a fait deux personnes de la France ou Jaquemin-Jadot.

[3] *La Gazette* du 6 janvier 1635 écrit que c'est le dimanche précédent. Il semble que ce soit à la suite d'un incendie du jeu de paume de la Fontaine, d'après un passage de l'abbé Mervezin : *Histoire de la poésie française*, 1706, p. 216, qui, d'ailleurs, ne peut être utilisé que d'une manière générale, car dans les détails il est rempli d'erreurs ou de confusions : ainsi Mervezin place le jeu de paume dans la rue Grenier-Saint-Lazare, qui est un prolongement de la rue Michel-le-Comte; il y fait établir Mondory avec *Mélite* immédiatement après son retour de Rouen; tandis que, d'après Corneille, ce fut le succès de *Mélite* à l'Hôtel de Bourgogne qui en détermina un nouveau démembrement; enfin il paraît placer cet incendie avant l'émigration des six acteurs que nous venons de nommer, car, dit-il, quoique le duc d'Orléans eût fait rebâtir le jeu de paume, « cette troupe se dispersa bientôt après, et les principaux acteurs entrèrent dans celle de l'Hôtel de Bourgogne ».

[4] *Historiette de Mondory.*

sage agréable et expressif[1] », très-aimé de la foule, très-recherché des grands, qui, à l'exemple des cardinaux de la Valette et de Richelieu, ainsi que du comte de Belin, son protecteur en titre, lui donnèrent à l'envi des pensions, plein d'ardeur et de force dans son jeu, ne pouvait manquer d'attirer le public au théâtre du Marais. Il était l'acteur par excellence. Tous les écrivains du temps, Scarron dans son *Adieu au Marais*, Tristan l'Hermite dans la préface de *Panthée*, Scudéry dans l'*Apologie du Théâtre*, l'abbé de Marolles dans ses *Mémoires*, le Père Rapin, dans ses *Réflexions sur la poétique*, etc., parlent de « l'inimitable Mondory » comme d'un comédien qui dépassait tous les autres. Aussi les débuts de sa troupe, rue Vieille-du-Temple, eurent-ils un certain éclat, qui anima l'Hôtel de Bourgogne d'une émulation salutaire [2]. Corneille, qui garda toujours quelque prédilection pour la troupe de Mondory, en souvenir de *Mélite*, semble lui avoir donné ses premières pièces, notamment la *Galerie du Palais* et la *Place royale*, « ce qui nous faisoit espérer, dit l'auteur de la *Lettre à \*\*\* sous le nom d'Ariste*, en raillant cette prédilection de Corneille pour les titres empruntés à la topographie parisienne, que Mondory annonceroit bientôt le *Cimetière Saint-Jean*, la *Samaritaine* et la *Place aux veaux* ». *Médée* fut aussi jouée par la troupe de Mondory. Il est probable qu'il lui donna également l'*Illusion comique*, dont le rôle principal aurait été représenté par l'un des plus fameux acteurs du Marais, Bellemore, dit le capitan Matamore, et dans ce cas ce serait plus spécialement à ce théâtre que se rapporterait la tirade d'Alcandre, à la fin de la pièce, sur l'importance qu'avaient prise alors les jeux de la scène, sur les progrès de la comédie et les succès lucratifs des acteurs. Mais il allait surtout lui donner *le Cid*, dont la représentation mit le comble à la faveur et le sceau à la réputation de la troupe [3].

---

[1] Les frères Parfaict, V, 97.

[2] Chapuzeau, le *Théâtre français*, l. III, p. 178.

[3] Dans notre tome I (page XXXVIII, note), nous avons dit, en répétant l'opinion commune, que le *Cid* fut donné à l'hôtel de Bourgogne. Cette assertion se retrouve jusque dans des études spéciales d'une véritable valeur critique et historique, comme celle que M. J. Levallois vient de publier sur *Corneille inconnu* dans le *Correspondant*. Il est à remarquer que dans sa notice sur le *Cid*, M. Marty-Laveaux semble avoir esquivé la question d'indiquer sur quelle scène il fut joué, comme d'ailleurs M. Taschereau avant lui. C'est que cette question n'est pas des plus claires, en effet, et l'on peut s'étonner de n'avoir pas de document plus précis pour une pièce de cette importance. Le *Cid* fut assurément joué aussi à l'Hôtel de Bourgogne, vu l'habitude et le droit qu'avaient les théâtres d'adopter l'œuvre qui avait réussi sur une scène rivale, une fois tombée dans le domaine public par l'impression, et c'est ce qui a pu contribuer à répandre l'erreur, sans par-

On sait quel fut le triomphe de cette tragédie : « Elle n'a pas laissé de valoir aux comédiens plus que les dix meilleures des autres auteurs, » dit avec dépit l'envieux libelliste du *Jugement du Cid*. Et Pellisson écrit, dans son *Histoire de l'Académie :* « Il est malaisé de s'imaginer avec quelle approbation cette pièce fut reçue de la cour et de la ville. On ne se pouvoit lasser de la voir. » Mondory parle lui-même de ce succès en une page que nous a conservée le recueil de Conrart et qui est à la fois un feuilleton dramatique de l'an 1637 et un chapitre de l'histoire de son théâtre : « Il est si beau, dit-il de ce *Cid qui a charmé tout Paris*, qu'il a donné de l'amour aux dames les plus continentes, dont la passion a même plusieurs fois éclaté au théâtre public. On a vu seoir en corps aux bancs de ses loges ceux qu'on ne voit d'ordinaire que dans la chambre dorée et sur le siége des fleurs de lys. La foule a été si grande à nos portes, et notre lieu s'est trouvé si petit, que les recoins du théâtre qui servoient les autres fois comme de niches aux pages, ont été des places de faveur pour les cordons bleus, et la scène y a été d'ordinaire parée de croix de chevaliers de l'ordre. » Les ennemis de Corneille ne manquent pas d'attribuer ce succès uniquement aux talents de la troupe, et avertissent l'auteur, comme Mairet dans son *Épître familière*, qu'en envoyant sa pièce à l'impression, il devrait « trouver invention d'y faire mettre aussi, tout du moins en taille-douce, les gestes, le ton de voix, la bonne mine et les beaux habits » de ceux qui l'ont représentée. « Souvenez-vous, écrit également l'auteur de la *Réponse à l'Ami du Cid*, que... l'adresse et la bonté des acteurs, tant à la bien représenter qu'à la faire valoir par d'autres inventions étrangères, que le sieur de Mondory n'entend guères moins bien que son métier, ont été les plus riches ornemens du *Cid* et les premières causes de sa fausse réputation. » Ces passages, et c'est la seule raison pour laquelle je les cite, ont du moins l'avantage de nous renseigner d'une manière générale sur les talents de la troupe et la haute opinion qu'on en avait alors. Les *inventions étrangères* à l'aide desquelles Mondory savait si bien *faire valoir* une pièce, sont sans doute une allusion au goût et à l'habileté de mise en scène qui com-

---

ler du penchant naturel qui porte à attribuer au plus important des deux théâtres le chef-d'œuvre de Corneille et son plus éclatant succès. Mais, tout bien considéré, la lettre de Mondory que nous allons citer, et dont la date (18 janvier 1637) est à peine postérieure aux premières représentations, les passages de divers libelles du temps qui s'accordent à la confirmer, en désignant toujours Mondory, la Villiers, etc., comme les acteurs du *Cid* (*Réponse à l'ami du Cid*; *Lettre de M. de Scudéry*), enfin un passage plus catégorique encore de Mairet, dans son *Épître familière*, où le théâtre du Marais est formellement nommé, ne permettent guère de doute.

mençaient déjà à caractériser le théâtre du Marais, quoique le dernier éditeur de Corneille, M. Marty-Laveaux, dans sa savante notice sur le *Cid*, ait pensé, avec moins de vraisemblance que de subtilité, qu'il s'agissait plutôt d'indiquer l'art de Mondory à préparer d'avance le succès d'un ouvrage par des nouvelles adroitement répandues.

En dehors de Corneille, Mairet, auquel, dit Tallemant des Réaux, le comte de Belin, qui l'avait à son commandement, faisait faire des pièces à condition que la Le Noir y eût le principal personnage, Scudéry, Tristan l'Hermite, Scarron, comptaient également parmi les auteurs du Marais, comme plus tard Boyer, Quinault, Thomas Corneille, etc. C'est au Marais que Tristan donna sa *Mariamne* (1637), dont le succès balança celui du *Cid :* double consécration accordée à ce théâtre et double gage de succès. Le public, qui avait appris le chemin de la salle lointaine, ne sortait jamais de la *Mariamne*, suivant le Père Rapin, que rêveur et pensif, tant le jeu de Mondory dans le personnage d'Hérode touchait à la perfection. Mais on sait que ce rôle lui fut fatal : frappé d'apoplexie en le représentant avec trop d'ardeur, il resta paralysé d'une partie du corps, et s'il n'en mourut pas aussitôt, comme l'a dit à tort Saint-Évremond, il n'en fut pas moins obligé de se retirer du théâtre.

En perdant Mondory, le Marais perdait sa grande illustration, son attrait principal, l'homme supérieur dont la direction et la renommée, non moins que l'active collaboration, avaient fait son succès. Les conséquences de cette retraite ne tardèrent pas à se faire sentir, et le théâtre retomba assez vite à un rang subalterne. C'est probablement après la retraite de Mondory que trois de ses meilleurs acteurs, Baron père, de Villiers et sa femme, désertèrent ce théâtre qu'abandonnait la fortune, pour passer à l'Hôtel de Bourgogne. D'une phrase assez équivoque de Tallemant des Réaux, on pourrait conclure que Corneille continua à lui donner ses pièces, « car il vouloit qu'il y eût deux troupes », tandis que le cardinal, considérant sans doute la mort de Mondory comme un coup mortel pour le Marais, avait alors le dessein de les réunir en une seule [1] ; mais Tallemant mêle assez volontiers les dates et il ne faut pas le prendre à la lettre. Nous savons du moins que Corneille ne continua pas immédiatement, et pas pour ses chefs-d'œuvre, de rester en rapports avec le Marais, car il est probable qu'*Horace*, et certain que *Cinna* et *Polyeucte* se produisirent à l'Hôtel de Bourgogne. Il y revint avec *le Menteur* et la *Suite*; plus tard encore, après la *Toison d'or*, il lui donna *Sertorius*, puis *Pulchérie*.

---

[1] Édit. Garnier, t. X, p. 47.

Les renseignements sur le théâtre du Marais sont dès lors beaucoup moins nombreux et précis que sur l'Hôtel de Bourgogne, et il serait impossible de le suivre pas à pas dans les développements de son histoire. Il retombe dans une période d'obscurité relative et se laisse même devancer par le nouveau théâtre du Petit-Bourbon et surtout du Palais-Royal. Il en est beaucoup moins question que de ses rivaux dans les auteurs contemporains. Loret, qui parle si souvent de l'Hôtel de Bourgogne, ne prononce presque jamais son nom; Robinet s'en occupe un peu plus souvent, mais à une date postérieure et lorsqu'il avait repris de l'importance en se créant une spécialité. C'est à cette époque sans doute qu'il faut rapporter la louange de l'abbé d'Aubignac sur la *docilité* de la *nouvelle troupe du Marais* [1]. L'infériorité dont elle avait conscience ne lui permettait pas l'orgueil des *grands comédiens*. Il lui restait pourtant d'abord quelques bons acteurs, tels que d'Orgemont et Floridor; mais d'Orgemont mourut bientôt après, et Floridor, « las d'être avec des méchants comédiens », dit Tallemant, passa à l'Hôtel de Bourgogne. Bref, conclut brutalement Tallemant des Réaux dans une note ajoutée après coup à son historiette de Mondory, « le Théâtre du Marais n'a pas un seul bon acteur, ni une seule bonne actrice ». L'humeur vagabonde des comédiens, surtout la position incommode et lointaine de la salle, dont on ne s'était pas aperçu tant que Mondory y jouait, contribuèrent encore à sa décadence dès qu'il en eut disparu.

A partir de ce moment, la tragédie, qu'il avait pour ainsi dire incarnée en lui, décline au Marais. Le théâtre obtiendra encore quelques succès avec ce genre de pièces, et même l'un de ses plus éclatants, en 1656, avec *Timocrate*. Néanmoins, il se laisse assez vite envahir et dominer par la farce. La farce, que Molière devait relever, était alors tombée en discrédit et même dans une sorte de mépris; Grimarest et La Grange, dans la préface de l'édition de 1682, témoignent que, lorsque celui-ci joua le *Docteur amoureux* devant le roi (1658), l'usage des petites comédies était perdu depuis longtemps. Scarron écrivait, un peu avant 1657, dans le *Roman comique* : « Aujourd'hui, la farce est comme abolie, » et ailleurs il la traitait en divertissement provincial [2]. Mais précisément, par sa position écartée, par la nature de son public habituel, par l'usage qu'avaient

---

[1] « A moins que d'avoir des gens aussi dociles que furent autrefois ceux de la nouvelle troupe du Marais, » dit-il au livre III, ch. 8 de la *Pratique du théâtre*, qui est de 1669.

[2] Voir notre édition du *Roman comique*, Biblioth. elzévir., t. I, p. 276, 317, et nos notes sur ces passages.

gardé ses acteurs de courir la province, dont ils rapportaient les traditions et les goûts, le Marais était un véritable théâtre provincial. Ainsi, bien que l'Hôtel de Bourgogne fût le successeur direct et naturel des Enfants sans Souci comme des Confrères, il avait abandonné leur héritage à son modeste rival, et celui-ci restait d'autant plus fidèle à la petite pièce en petits vers, qu'il ne pouvait avoir les visées ambitieuses de l'Hôtel et que la plupart des auteurs renommés s'adressaient de préférence aux illustres acteurs de la rue Mauconseil : « Il n'y a plus de farce qu'au Marais », dit Tallemant des Réaux en propres termes. Dans l'historiette de Montauron, il raconte une anecdote qui prouve jusqu'où ce théâtre poussait les libertés et les familiarités de la farce, et qui semble démontrer aussi qu'on la jouait quelquefois *à l'improvisade,* pour exploiter une circonstance passagère et fronder le ridicule du jour [1].

La rentrée de Jodelet, le farceur par excellence, qui était certainement revenu au Marais en 1642, puisque Corneille nous apprend lui-même [2] qu'il représentait cette année-là le Cliton du *Menteur*, ne pouvait manquer de donner une impulsion nouvelle à ce goût de la farce. Rappelons ici que Corneille, qui avait donné au Marais ses premières comédies et le *Cid*, abandonna ce théâtre pour les tragédies qui vinrent après, malgré le triomphe que celle-ci avait obtenue; qu'il y rentra au contraire pour le *Menteur* et la *Suite du Menteur*, puis s'en éloigna encore pour les tragédies suivantes, *Rodogune*, *Théodore*, *Héraclius*, etc., et n'y revint qu'après 1660. Cela est caractéristique. Les auteurs qui portaient des tragédies au Marais étaient généralement les plus jeunes et les moins connus; mais il s'alimentait en représentant, dès que l'impression les avait fait tomber dans le domaine public, les tragédies données d'abord à l'Hôtel de Bourgogne. Thomas Corneille n'était âgé que de trente ans, et il n'avait pas encore débuté dans le genre tragique, quand il lui donna *Timocrate*, un des plus grands succès de l'époque (1656), joué quatre-vingts fois de suite, selon Desfontaines; tout un hiver d'après le *Mercure galant;* pendant six mois, écrit de Boze, dans l'éloge de Th. Corneille. Les comédiens se lassèrent, dit-on, de la jouer avant que le public ne se lassât de l'entendre. Le roi y vint et en témoignage de sa satisfaction, à la suite de cette visite, il fit à la troupe des cadeaux (120 pistoles, dit Loret) qui venaient bien à point. Le succès fut tel que l'Hôtel de Bourgogne, importuné d'être ainsi vaincu inopinément par le Marais sur son propre terrain, voulut monter la pièce pour

---

[1] Édit. Garnier, t. VIII, p. 128.
[2] *Suite du Menteur*, I, sc. 3.

disputer à la salle de la rue Vieille-du-Temple la foule qu'elle attirait; « mais comme tout Paris la savoit par cœur, cette troupe n'eut pas tous les applaudissements qu'elle attendoit », et les comédiens du Marais possédaient si bien l'œuvre de Corneille le jeune, à force de l'avoir jouée, « qu'il fut impossible aux copies d'atteindre jusques à la perfection des originaux [1] ». Ajoutons que, après avoir encore donné sa *Bérénice* au même théâtre, Th. Corneille y obtint de nouveau un grand succès en 1658 avec la *Mort de l'empereur Commode*, qui ramena au Marais une visite du roi et de la cour.

L'enchaînement des idées et des faits nous a entraînés en avant. Il faut maintenant revenir un peu sur nos pas. Le théâtre traversa laborieusement la période de la Fronde. Quelques mazarinades nous donnent de curieux détails sur la misère des comédiens à cette époque et sur la vaillante part que prit Jodelet à la guerre des rues en tête de sa troupe, en y adjoignant même « les gens de la troupe royale [2] ». Les troubles apaisés, le roi de retour, les théâtres rouvrirent, et Jodelet, redevenu pacifique, se remit à nasiller les farces de Scarron, son fournisseur en titre.

Après la farce, les pièces à machines furent la grande spécialité du Marais. Dès la première apparition de ce genre d'ouvrages, dès *Orphée et Eurydice*, joué au Palais-Royal pendant le carnaval de 1647, on le voit flairer pour ainsi dire cette nouvelle piste et s'y précipiter. Pour le carnaval suivant, on demanda à Corneille un spectacle du même genre, et il préparait son *Andromède* quand, vers la fin de 1647, le jeune roi tomba malade de la petite vérole. Saint Vincent de Paul, M. Vincent, comme on l'appelait, profita de la circonstance pour inspirer à la reine le dégoût de ces divertissements profanes. La pièce de Corneille se trouva reculée; mais le Marais saisit l'occasion aux cheveux en s'efforçant de faire tourner ce retard à son profit : « La maladie du roi survenant, écrit à ce propos Dubuisson-Aubenay, au commencement de janvier 1648, dans son journal inédit, a rompu tout le dessein. Mais les petits comédiens du Marais ont joué la pièce d'*Andromède* et Persée la délivrant, un mois ou plus à présent expirant, avec machines imitées de celles de l'*Orphée* des Italiens. » Comme le fait observer M. Marty-Laveaux en citant ce passage, il est probable qu'il ne s'agit nullement ici de l'*Andromède* de Corneille, mais d'une pièce sur le même sujet commandée

---

[1] *Mercure galant*, janv. 1710, p. 276.
[2] *Lettre à M. le Cardinal burlesque*. Voy. aussi l'*Imprécation comique*, et la *Lettre de Belleroze*, citées par M. Marty-Laveaux, dans son édit. de Corneille, V, 248.

à un autre auteur, pour tirer profit de la curiosité publique excitée par l'annonce du nouvel ouvrage. Le souvenir de cette première *Andromède*, qui a peu laissé de traces, fut bien vite effacé par la magnificence de l'*Andromède* de Corneille. Celle-ci fut représentée au Petit-Bourbon par la troupe royale, mais « les grands applaudissements que reçut cette belle tragédie portèrent les comédiens du Marais à la remettre sur pied après qu'on eut abattu le Petit-Bourbon. Ils réussirent dans cette dépense [1]. »

Ainsi donc, vers 1650 déjà et même un peu auparavant, le théâtre du Marais songeait à exploiter la veine à laquelle il allait devoir une renommée particulière, et il avait commencé à se distinguer par ses machines. Précisément en 1650, Boyer donna sa tragi-comédie d'*Ulisse dans l'isle de Circé, ou Euriloche foudroyé*, « représentée sur le théâtre des machines du Marais », avec un programme emphatique publié avant la représentation. Toutefois ce n'est que plus tard et vers les dernières années de son existence que le Marais devait en faire sa spécialité et acquérir dans ce genre toute sa réputation. La représentation de la *Toison d'or* de Corneille peut être considérée comme le début de cette nouvelle ère théâtrale. *La Toison d'or* avait été commandée au poëte par Alexandre de Rieux, marquis de Sourdéac, un original dont Tallemant des Réaux a parlé dans son chapitre des *Extravagants, visionnaires* [2], etc., et dont tous ceux qui se sont occupés de l'histoire du théâtre au dix-septième siècle connaissent bien le nom, pour être représentée dans son château de Neufbourg en Normandie, en réjouissance de l'heureux mariage de Sa Majesté et de la paix avec l'Espagne, devant les personnes les plus considérables de la province. Ce fut à la troupe du Marais qu'il s'adressa dans cette circonstance : elle était naturellement désignée pour ce choix par la représentation des deux *Andromède* et d'*Ulisse dans l'île de Circé* ; d'ailleurs elle avait toujours des rapports particuliers avec la Normandie, ayant gardé de son ancien et illustre chef Mondory, nous apprend Chapuzeau, l'habitude d'aller passer l'été à Rouen. Pendant le cours du mois de novembre 1660, la *Toison d'or* fut jouée plusieurs fois au château de Neufbourg avec une pompe et un éclat extraordinaires ; après quoi, le marquis de Sourdéac donna aux comédiens du Marais toutes les pièces et décorations du spectacle, et le *théâtre des machines* se trouva ainsi magnifiquement doté et prêt à fournir une

---

[1] *Mercure galant*, juillet 1682, p. 359. De Visé parle également, dans l'avis au lecteur de ses *Amours du Soleil*, de l'éclat qu'eut cette adoption d'*Andromède* par le Marais.

[2] « Il a de l'inclination aux mécaniques ; il travaille de la main admirablement : il n'y a pas un meilleur serrurier au monde. »

brillante carrière. Il suffit de parcourir la pièce de Corneille, même sans lire le *dessein* du poëme et le long compte rendu de Renaudot, pour juger, d'après les seules indications scéniques données par l'auteur lui-même, que l'art du machiniste avait déjà pris un essor qui n'a guère été depassé depuis.

Le cadeau du marquis fut transporté à Paris avec beaucoup de labeur et de peine. Les préparatifs pour monter la *Toison d'or* sur la scène de la rue Vieille-du-Temple durèrent plusieurs mois; ils formaient l'entretien de la cour et de la ville. La curiosité générale était vivement excitée. Loret, dans la *Muse historique*, nous a tenus au courant de ces apprêts et du succès prodigieux obtenu par les représentations de cet ouvrage, dont la première sur le théâtre n'eut lieu qu'en février 1661. Elles se continuèrent longtemps, au milieu d'un concours qui ne se ralentissait pas. Le 12 janvier 1662, le roi y assista avec la reine et la reine mère, ce qui redouble naturellement l'enthousiasme de Loret pour « cette incomparable pièce », dont il est « presque idolâtre », et pour

> Cet appareil splendide
> Qui peut les sens extasier [1].

M. Jal a trouvé dans le registre du Trésor royal pour l'an 1662 la mention suivante : « Aux comédiens du Marais, 2000 livres pour deux représentations qu'ils ont faites des machines de la *Toison d'or* en présence de Sa Majesté. » On voit par là que le roi ne se borna pas à assister à une seule représentation, grand et rare honneur pour le théâtre. La *Toison d'or* fut encore reprise avec le même succès en 1664, mais ce succès-là reposait tout entier sur le machiniste; de l'écrivain, quoiqu'il s'appelât Corneille, il en était à peine question, et quand Chapuzeau nous dit que « le Roi, suivi de toute la cour, vint voir cette merveilleuse *pièce* », il entend parler de la *machine* et non du poëme.

La *Toison d'or* sauva le Marais d'un nouveau naufrage. L'histoire de ce théâtre n'est qu'une série de crises interrompues par quelques succès, de dislocations et de reconstitutions laborieuses. On voit, par une lettre de Corneille à l'abbé de Pure en date du 25 avril 1662, que la troupe ne trouvait moyen de se soutenir que par cet ouvrage, dont elle prolongeait les représentations tant qu'elle pouvait, car la lettre en question montre qu'on la

---

[1] Outre Loret, on peut voir la *Gazette* du 14 janv. 1662; le *Théâtre français* de Chapuzeau, p. 52; l'*Hist. du Théâtre français* des frères Parfaict, t. IX, p. 34-40.

jouait encore à ce moment; que le Marais aurait voulu accaparer Corneille et que tous ses acteurs aspiraient à passer à l'Hôtel de Bourgogne : « Puisque MM. Boyer et Quinault sont convaincus de son mérite, écrit Corneille (il s'agit de Marotte Beaupré, qui venait d'entrer au Marais), je vous conjure de les obliger à me montrer bon exemple... Si ces Messieurs ne les secourent, ainsi que moi, il n'y a pas d'apparence que le Marais se rétablisse; et quand la machine, qui est aux abois, sera tout à fait défunte, je trouve que ce théâtre ne sera pas en trop bonne posture. Je ne renonce pas aux acteurs qui le soutiennent, mais aussi je ne veux point tourner le dos tout à fait à Messieurs de l'Hôtel... Ils aspirent tous à y entrer, et ils ne sont pas assez injustes pour exiger de moi un attachement qu'ils ne me voudroient pas promettre. Quelques-uns, à ce qu'on m'a dit, ont pensé passer au Palais royal. Je ne sais pas ce qui les a retenus au Marais; mais je sais bien que ce n'a pas été pour l'amour de moi qu'ils y sont demeurés [1]. »

A défaut de Quinault, Boyer allait répondre à l'appel. Et qu'on ne s'étonne pas de voir Corneille parler en termes aussi honorables de ces deux auteurs, quoique le premier n'eût encore fait ni la *Mère coquette* ni aucun de ses opéras, les traiter pour ainsi dire d'égal à égal et compter sur eux pour relever la fortune d'un théâtre. Boileau, en 1662, n'avait pas écrit les satires qui allaient porter un coup mortel à leur réputation parmi les beaux esprits, et d'ailleurs Corneille, qui brillait plus par l'élévation du génie que par la délicatesse dédaigneuse du goût et même par le discernement critique, ne sembla jamais partager les mépris de Racine et de son ami pour ces poëtes que nous ne connaissons guère aujourd'hui que par les épigrammes dirigées contre eux, mais qui étaient alors connus par leurs succès et universellement estimés, surtout dans le monde littéraire avec lequel Corneille se trouvait en rapports habituels et qui le mit toujours au premier rang Il ne faut pas oublier que, l'année suivante, Chapelain, l'un des grands admirateurs de Corneille et de ses correspondants, exprimait l'opinion générale lorsqu'il présentait Boyer à Colbert en ces termes, sur sa liste des gens de lettres à pensionner : « Comme poëte de théâtre, il ne le cède qu'au seul Corneille ».

Après la *Toison d'or*, on vit d'abord paraître sur la scène du Marais :

*Le Mariage d'Orphée et d'Eurydice, ou la Grande journée des machines*, par Chappoton, représenté pour la première fois en 1640, puis encore en 1648, par la troupe royale. Le Marais reprit à son tour

---

[1] *Corneille*, édit. des *Grands écrivains de la France*, t. X, p. 494-5.

en 1662 ce *mélodrame* à grand spectacle, faute d'une pièce nouvelle, pour utiliser ses machines et ses machinistes. En 1666, Boyer y donna les *Amours de Jupiter et de Sémélé*, avec musique de Mollier, et ne fit pas mentir les espérances que Corneille fondait sur son appui, car l'ouvrage, pour lequel on utilisa le riche cadeau du marquis de Sourdéac, attira beaucoup de monde et le roi même. *La Fête de Vénus*, de Boyer encore, en 1669, n'était pas une pièce à machine, mais une pièce à spectacle, une comédie-pastorale héroïque, richement mise en scène, comme le dit Robinet dans sa lettre en vers du 23 février :

> La pompeuse solennité
> De cette céleste beauté
> Avec grand bruit se continue
> Et d'un nombreux concours est vue
> Sur le théâtre du Marais,
> Où je ne sais combien d'attraits
> Et de ravissantes merveilles
> Charment les yeux et les oreilles.
> Au spectacle il ne manque rien...

La même année, au mois de novembre, Rosimond faisait jouer sur le théâtre dont il était l'un des acteurs, le *Nouveau festin de Pierre*, afin d'exploiter le sujet en vogue avec la supériorité mécanique qui distinguait le Marais : c'est la seule chose dont l'auteur parle avec orgueil dans sa préface et le seul avantage sur lequel il compte.

En 1670, les *Amours de Vénus et d'Adonis*, par de Visé, tinrent la scène pendant plus de trois mois. Sans doute, le talent de la Champmeslé, qui avait déjà soutenu la dernière pièce de Boyer dont nous venons de dire quelques mots, ne fut pas plus étranger que l'art et la beauté du spectacle au succès de Visé. L'année suivante, le même auteur donna les *Amours du Soleil*, « tragédie ornée de récits en musique et de machines », dont le sujet était encore emprunté à cette mythologie galante qui semblait en possession exclusive d'alimenter le genre. Cette fois, ce n'est plus Robinet, comme pour la pièce précédente, c'est de Visé lui-même qui a écrit le compte rendu détaillé de son ouvrage, dans l'Avis au lecteur qui le précède : « Jamais, dit-il, aucune troupe du Marais n'a fait voir un si grand spectacle, et... celle qui l'occupe aujourd'hui a voulu montrer qu'elle étoit capable de soutenir une grande dépense et faire en même temps perdre le souvenir des dernières pièces qu'elle a représentées, qui ne pouvoient justement être appelées pièces de machines et à qui l'on n'a donné ce nom qu'à cause de quelques ornemens qui les faisoient paraître avec plus d'éclat que les pièces unies. Je crois que l'on ne doutera point de la grandeur du spectacle de celle des *Amours du Soleil*, puisqu'il y a huit changemens magnifiques sur le théâtre d'en bas, et cinq sur celui d'en haut, et que toutes ces superbes décorations sont accompagnées de vingt-quatre tant vols que machines volantes, ce qui ne s'est jamais vu en si grand nombre dans aucune pièce. Les machines sont considérables par trois choses : par leur grandeur, par la surprise des spectacles qu'elles produisent et par l'invention, étant certain qu'on n'en a jamais fait qui aient produit de pareils effets et que l'on en voit plusieurs qui occupent toute la face du théâtre. » Les *Amours du Soleil* étaient le plus pompeux spectacle qu'on eût vu depuis la *Toison d'or;* on les reprit l'hiver suivant avec le même bonheur.

Citons encore, du même, le *Mariage de Bacchus et d'Ariane*, comédie héroïque, qui fit son apparition le 7 janvier 1672 sur la scène du Marais et l'occupa pendant trois mois. Mollier, ou, comme l'appelle de Visé dans le *Mercure galant*, « ce fameux M. de Molière, dont le mérite est si connu et qui a travaillé tant d'années aux airs des ballets du Roi », en avait composé la musique.

Ces pièces étaient déjà tout au moins des demi-opéras. Le chant et la danse y jouaient généralement leur rôle ; on y déployait tout ce qui pouvait charmer les yeux en même temps que les oreilles. La nature des sujets et des divertissements mêlés à l'action, autant que la pompe du spectacle, justifie ce rapprochement. Comme les ballets, les pièces à machines ont contribué à l'avénement de l'Opéra, et le théâtre du Marais pourrait être considéré comme le berceau de l'Académie royale de musique. Il avait fini par entrer si avant et si à fond dans cette voie, par s'absorber tellement dans ce genre, que, pendant la période qui nous occupe, il donna à peine quelques pièces d'une autre espèce, généralement des farces, ou des comédies se rapprochant de la farce.

Le machiniste en titre, le Torelli et le Vigarani du Marais était Denis Buffequin. Nous savons de première source que ce fut lui qui mit en scène la reprise du *Mariage d'Orphée et d'Eurydice*, en 1662, et les *Amours de Jupiter*, en 1666. Son nom figure dans les *Desseins*, c'est-à-dire les livrets qui furent publiés alors. Nul doute qu'il n'ait été également chargé des *Amours de Vénus*, des *Amours du Soleil*, etc. Dans ses recherches, M. Jal a trouvé chez un notaire, sur le répertoire des actes du dix-septième siècle, la mention d'une *transaction* survenue entre Denis Buffequin et les comédiens du Marais, le 23 février 1662 (peut-être à l'occasion de la pièce de Chappoton), et d'une *société* entre les mêmes, le 28 juin 1666. Les minutes manquent, mais ces simples mentions, jointes surtout aux indications précédentes, suffisent pour montrer que cet « ingénieur décorateur ordinaire du Roi », comme il est qualifié dans l'acte de son second mariage, — élève et fils de Georges Buffequin, « peintre et artificier ingénieur du Roi, » décédé au Palais-Cardinal en 1641, et oncle du célèbre acteur-auteur Raymond Poisson, — était ce machiniste du Marais que Robinet qualifie de grand artiste et dont les habiles combinaisons émerveillèrent tellement ses contemporains.

Les jours où Buffequin étalait sur la scène les merveilles de ses machines, on augmentait le prix des places :

> On ne plaindra point pour cela
> Pistole ni demi-pistole,

dit Loret en parlant du beau spectacle qu'offre la *Toison d'or*. Ce passage indiquait déjà vaguement ce qui se trouve confirmé d'une façon plus nette et en termes catégoriques dans un passage de Robinet, à savoir que le public payait plus cher les jours des grandes pièces à machines, tout au moins dans leur nouveauté. Il s'agit de l'ouvrage de Boyer, les *Amours de Jupiter et de Sémélé* :

> Ceux qui donnent dans la machine,

écrit le gazetier à la date du 6 mars 1666,

> Pourront aussi, je m'imagine,
> Rencontrer leur compte au Marais ;
> Il est vrai, c'est à plus grands frais,
> Mais quand il faut se satisfaire,
> Le coût est un mal nécessaire...
> D'ailleurs de pareilles machines...
> Méritent bien, sans aucun doute,
> Qu'on y coure, quoi qu'il en coûte.

On sait, et nous avons eu déjà l'occasion de dire que l'habitude était de jouer les pièces *au double* dans toute la fraîcheur de leur succès, plus ou moins longtemps selon l'empressement du public. A plus forte raison devait-il en être de même pour des ouvrages aussi dispendieux à monter : « Les comédiens du Marais, dit Castil-Blaze, faisaient payer très-souvent un louis d'or (11 livres 10 sous; les louis de 24 livres n'existaient pas encore) le droit d'assister à leurs loges aux balcons, et 3 livres, sans siège, debout au parterre. Quand l'Opéra français fut établi par Perrin et Cambert, en 1671, les prix de ce

---

1 Jal, *Dictionnaire critiq.*, articles *Buffequin* et *Comédiens du Marais*.

spectacle somptueux n'excédèrent pas ceux du théâtre du Marais, dans ses jours extraordinaires[1]. »

Mais, en dépit, peut-être même un peu à cause de ces prix élevés, malgré tant d'efforts pour attirer et retenir le public, le Marais se soutenait à grand' peine. Les recettes ne parvenaient pas toujours à combler le gouffre des dépenses. Certains éléments de fortune manquaient à ce théâtre, moins favorisé à tous les points de vue que ses rivaux. Si le roi s'y rendait quelquefois, les acteurs du moins n'allaient presque jamais chez lui : l'attirail encombrant de son spectacle ne se prêtait guère aux *visites*. Sa troupe n'avait pas le droit de se qualifier *troupe royale*, et il est douteux, malgré quelques indications qui pourraient donner à croire le contraire[2], qu'elle eût une subvention du roi, ou qu'elle l'ait eue d'une manière régulière et officielle, comme l'Hôtel de Bourgogne et le Palais-Royal. C'est pour cela sans doute, autant que pour son éloignement, qu'il était surtout dédaigné du beau monde, sauf dans les cas, toujours assez rares, où un auteur à la mode y faisait jouer une grande pièce avec les machines merveilleuses du marquis de Sourdéac et de Denis Buffequin. L'incommodité de sa situation était, en outre, une cause continuelle de solitude qu'il fallait sans cesse s'ingénier à combattre, sans pouvoir toujours la conjurer. Le Marais était l'Odéon du dix-septième siècle. On en a de nombreux témoignages, même à l'époque de sa prospérité relative, après l'avénement et le triomphe des pièces à machines. « Enfin, s'écrie le marquis au début des *Amours de Calotin* (1663),

> Enfin, me voici donc dans l'Hôtel du Marais,
> Et dessus un théâtre où je ne viens jamais !

Personne ne s'est exprimé à ce sujet avec plus d'énergie que Corneille dans l'Avis au lecteur de sa *Pulchérie*, qui fut jouée en 1672 au Marais : « Bien que cette pièce ait été reléguée dans un lieu où l'on ne vouloit plus se souvenir qu'il y eût un théâtre ; bien qu'elle ait

---

[1] *Molière musicien*, I, 233, Id. *L'Académie impériale de musique*, I, 16. Nous ne savons où Castil-Blaze a trouvé des chiffres aussi précis.

[2] Par exemple, sur le titre du *livret* de la pièce de Chappoton, le *Mariage d'Orphée*, etc., reprise en 1662, les comédiens du Marais se disent « entretenus par leurs Majestés ». Chapuzeau, parlant de la troupe royale et des applaudissements qu'elle obtenait avec les pièces de Corneille, mentionne dans la même page « une autre troupe du Roi, qui résidoit au Marais, et où un Mondory, excellent comédien, attiroit le monde » (p. 178). L'indication est assez vague et paraît d'autant moins concluante que Chapuzeau dans la même phrase commet une erreur en faisant donner par Corneille ses premières pièces à l'Hôtel de Bourgogne. On voit plusieurs fois aussi, dans divers auteurs, le *Théâtre royal* du Marais.

passé par des bouches pour qui on n'étoit prévenu d'aucune estime,... elle n'a pas laissé de peupler le désert, de mettre en crédit des acteurs dont on ne connaissoit pas le mérite. » Ce passage, qui semble indiquer aussi qu'il y avait eu quelque interruption dans les représentations régulières du Marais et que sa troupe continuait à réparer ses brèches, par l'adjonction d'acteurs inconnus, est confirmé par le *Mercure galant* : « Tous les obstacles qui empêchent les pièces de réussir dans un quartier si éloigné, dit-il, n'ont pas été assez puissans pour nuire à cet ouvrage. » L'année suivante, dans le premier intermède de l'*Ambigu comique* de Montfleury (sc. 6), M. Vilain, à qui l'on donne la comédie, s'écrie, quand il apprend que ce sont les acteurs du Marais qu'on a fait venir *en visite* :

> Vous donnent-ils gratis la comédie ?
> DAMIS. Ont-ils accoutumé de la donner gratis ?
> M. VILAIN. Iroit-on autrement, mon cher, à votre avis ?
> DAMIS. Moi, je les ai crus bons; leur équipage est riche;
> Leurs pièces...
> M. VILAIN.         Les voit-on jamais que dans l'affiche ?
> Les acteurs inconnus de ce lieu déserté
> Sont d'un plan qui jamais n'est bon que transplanté.
> Jamais, sortant chez eux d'une pièce nouvelle,
> Entend-on : « Hé ! laquais de madame une telle » ?
> Y trouve-t-on jamais ce cortège nombreux
> De pages, de laquais, de carrosses pompeux ?...
> Jamais auteur de nom leur donna-t-il un vers ?

Au lendemain de la *Pulchérie* de Corneille, il est un peu osé de dire que jamais auteur de nom ne leur donna un vers. Mais ce n'en est pas moins le sentiment commun, la vérité banale en quelque sorte que Montfleury met dans la bouche de M. Vilain, en ayant soin seulement de l'exagérer jusqu'à l'absurde et de la prêter à un grotesque et brutal personnage pour mieux la discréditer, puisqu'il faisait jouer sa pièce sur ce théâtre même :

> La troupe du Marais !... Cela ne vaudra rien,

grommelle encore le bourru. Voilà ce qui se disait sur leur propre scène. Il fallait que la chose fût bien connue et l'opinion bien d'accord là-dessus pour qu'ils prissent ainsi le parti, toujours humiliant, d'aller au-devant de l'objection et d'en plaisanter eux-mêmes. Aussi la troupe se débandait-elle sans cesse, tantôt quittant Paris, tantôt se renouvelant presque en entier, ce qui enlève à son histoire toute unité, et la rend particulièrement difficile à suivre. Quand les contemporains en parlent, c'est pour l'appeler, comme l'abbé d'Aubignac, « la nouvelle troupe du Marais, » ou, comme de Visé : « la troupe qui l'occupe aujourd'hui. » Ils font de nombreuses allusions à ce vagabondage perpétuel [1]. Ses meilleurs comédiens lui étaient d'ailleurs presque toujours enlevés par les scènes rivales.

A la mort de Molière, le premier comique du Marais, Rosimond, les abandonna pour passer au Palais-Royal. Après ce départ (24 février 1673), il ne lui restait que les acteurs suivants : La Roqué, Verneuil, Du Pin, Dauvilliers, Guérin d'Étriché; M$^{lles}$ des Urlis, Auzillon, Du Pin, Vallée, Dauvilliers, Guyot. La Roque était depuis vingt-sept ans l'orateur du théâtre. Son corps, dit Chapuzeau, lui abandonnait la conduite des affaires, parce qu'il était éloquent, bien fait de sa personne, brave, généreux, aimé du roi et d'une conduite irréprochable. Il avait donné à sa troupe de belles marques de dévouement, continue l'historien de notre vieux théâtre, dans des temps difficiles où elle avait couru de grands dangers [2]. Néanmoins, si aimé qu'il fût du public, pour son caractère plus que pour son talent, il ne pouvait la soutenir à lui seul.

Une occasion se présentait du moins pour se rapprocher du centre. La salle de la rue Mazarine, ou des Fossés de Nesle, qu'on avait fait construire pour y représenter les opéras de l'association Perrin, Cambert, Sourdéac et Champeron, se trouvait libre alors, le roi ayant concédé le privilége exclusif de l'opéra à Lulli, qui ne s'était point accordé avec les associés de Perrin. Mais le Marais se laissa devancer dans ses démarches par les acteurs du Palais-Royal [3], à qui, d'ailleurs, il était plus naturel et plus juste de donner la préférence, puisque Lulli, après son court passage au jeu de paume du Bel-Air, venait de les dépouiller de leur propre salle. Il ne restait plus dès lors à La Roque et à ses compagnons qu'à se fondre avec eux, ou à disparaître, et il est probable qu'ils en fussent venus à prendre le premier parti, lors même que la volonté du roi ne les y eût pas contraints. Conformément à une lettre de cachet royale, le lieutenant de police La Reynie rendit, le 23 juin 1673, une ordonnance portant ouverture du nouveau théâtre de la rue Mazarine, au jeu de paume de la Bouteille, avec défenses aux comédiens du Marais de continuer à représenter soit dans leur ancienne salle, soit dans tout

---

[1] V. encore plus haut le passage de la *Gazette*, du 23 décembre 1634, et l'extrait de l'Avis au lecteur de *Pulchérie*; plus loin, un passage de l'acte I, sc. 6 de la *Comédie sans comédie*, p. 86.

[2] Le *Théâtre françois*, p. 278.

[3] « Après la mort de Molière, il se fit de part et d'autre des voyages à la cour; chacun y eut ses patrons auprès du Roi. Le Marais se remuoit de son côté, et comme état voisin songeoit à profiter de cette rupture ». Chapuzeau, le *Théâtre françois*, p. 200.

autre quartier de la ville. Cette ordonnance fut signifiée le 6 juillet au sieur Noël, directeur des biens et offices appartenant à la succession du défunt sieur Aubert, propriétaire du jeu de paume du Marais, en son domicile rue de la Perle[1]. Tous les acteurs, sauf M<sup>lles</sup> des Urlis et Vallée, à qui leur exclusion fut signifiée le 12 du même mois, se réunirent à ceux du Palais-Royal qui n'avaient pas émigré à l'Hôtel de Bourgogne, et la nouvelle troupe, sous le nom de *troupe du roi*, débuta le dimanche 9 juillet 1673 par la représentation du *Tartufe*.

La salle du Marais fut fermée et on en ordonna la démolition. Il y eut un nouveau théâtre du Marais au siècle suivant; nous n'avons pas à nous en occuper.

Le Marais n'avait pris part que d'une façon très-sommaire et très-indirecte à la campagne de l'Hôtel de Bourgogne contre Molière. L'état d'infériorité dont il avait conscience ne fut pas sans doute étranger à cette abstention. Il ne se sentait ni aussi directement intéressé à la lutte, aussi menacé et compromis par les succès de Molière, ni aussi autorisé à élever la voix et à protester contre ce dangereux adversaire. Il se tint donc à distance, avec la prudente réserve qui convenait à sa position. Mais quels qu'eussent été ses motifs, comme il avait toujours vécu en paix avec le Palais-Royal, rien ne s'opposait à la jonction des deux troupes. Aucun souvenir fâcheux ne troublait une association que la mise en commun de leurs répertoires et la réunion de tant de bons acteurs ne pouvaient manquer de rendre fructueuse, et redoutable même au vieil Hôtel de Bourgogne, jusqu'au jour où celui-ci fut absorbé à son tour (25 août 1680) et s'en vint compléter la fusion des éléments divers d'où devait sortir le Théâtre-Français.

Ainsi que nous l'avons fait pour l'Hôtel de Bourgogne, nous allons maintenant donner la liste alphabétique des acteurs de ce théâtre qui ont laissé quelque trace de leur passage. Mais les obscurités, les confusions et les lacunes qui rendaient si difficile la formation de la première liste n'étaient rien à côté de celles que nous rencontrons cette fois, non pas seulement parce que le théâtre du Marais fut toujours moins connu et que les documents qui le concernent sont à la fois plus rares et moins explicites, mais encore parce que les diverses troupes qui s'y succédèrent étaient pour ainsi dire dans un état de mobilité perpétuelle et de décomposition permanente. Il est très-difficile de débrouiller quelque peu ce chaos, et ce que nous résumons en quelques lignes pour chaque nom demanderait souvent

---

[1] Les frères Parfaict, *Hist. du théâtre français*, t. XI, p. 292-9.

des pages de commentaires et de discussions. C'est sous le bénéfice de ces observations préalables que nous présentons au lecteur le catalogue ci-joint, assurément incomplet, mais très-laborieusement dressé, et où nous avons pu étendre sur plus d'un point les renseignements précieux donnés par Tallemant des Réaux, Chapuzeau, les frères Parfaict, par la *Comédie des comédiens* de Scudéry, la *Comédie sans comédie* de Quinault, les *Amours de Calotin* de Chevalier, etc., etc. Pour les noms de cette liste qui figurent également sur la liste de l'Hôtel de Bourgogne, le lecteur voudra bien s'y reporter au besoin, afin de compléter nos renseignements actuels par ceux que nous avons déjà donnés et que nous n'aurions pu répéter sans allonger beaucoup trop ces pages. Et quant aux différences qu'il trouvera souvent dans les dates, les faits et même les noms avec les frères Parfaict, Lemazurier, Mouhy, Léris, etc., toutes les fois que nous ne les justifions point par une courte discussion, c'est qu'elles s'appuient sur des documents authentiques publiés par M. Jal ou par M. Eudore Soulié, et auxquels nous ne pouvons renvoyer à chaque ligne.

ALIZON passa du Marais à l'Hôtel de Bourgogne en décembre 1634, comme nous l'avons dit plus haut. C'est au Marais qu'il fut amené, par la représentation de la *Galerie du Palais*, jouée quelques mois auparavant, à renoncer à ses rôles habituels de vieille nourrice.

M$^{lle}$ AUZILLON (Marie du Mont), femme de Pierre Auzillon, qui ne fut pas acteur, la même qu'on trouve nommée M$^{lle}$ l'Oisillon dans Chapuzeau, sur le registre de la Grange, et aussi dans le compte rendu des *Amours de Vénus et d'Adonis*, par Robinet (8 mars 1670), entrée au Marais à une date inconnue, conservée à la réunion de 1673, non pour ses talents, mais « à la recommandation d'une personne qualifiée », fut congédiée le 12 avril 1679, par délibération de toute la compagnie, peut-être après la mort de son protecteur. Elle fit un procès à la troupe et en obtint, par arrêt du parlement, une pension viagère de mille livres, dont elle jouit jusqu'à sa mort (8 juillet 1693).

AVENET (Jacques), avocat, jouait en 1634 dans la troupe de Mondory, à qui il avait sous-loué le jeu de paume de la rue Michel-le-Comte [1].

BARON (André Boiron, dit), le père du fameux acteur, entra au Marais à la fin de 1634 ou au commencement de 1635, après le départ de Le Noir, de sa femme, etc., pour l'Hôtel de Bourgogne, comme on le voit par Tallemant des Réaux. Il n'y resta pas longtemps, car sur son acte de mariage, le 20 avril 1641, il est qualifié

---

[1] *Chansons* de Gaultier-Garguille, édit. Ed. Fournier, p. 160, *note*.

*comédien du Roy.* Il est probable qu'il entra dans la troupe rivale en même temps, ou à peu près, que Villiers et sa femme.

BEAUCHATEAU (Madeleine du Pouget) doit avoir au moins passé par le Marais à la fin de 1636, et joué sur ce théâtre l'Infante du *Cid* : « DonaUrraque n'y est que pour faire jouer la Beauchâteau, » écrit Scudéry dans ses *Observations* sur cette pièce. J'avais appliqué cette phrase à l'Hôtel de Bourgogne en dressant le catalogue des acteurs de ce dernier théâtre : il est curieux, en effet, de voir quelle incertitude a longtemps régné et règne encore en partie sur le lieu, comme sur la date exacte de la première représentation d'un chef-d'œuvre qui fit tant de bruit et renouvela la scène. Chapuzeau lui-même, dans son *Théâtre françois*, attribue *le Cid* à l'Hôtel de Bourgogne, et beaucoup de critiques et d'érudits continuent à faire de même. Sans doute la troupe royale s'empara du *Cid* à son tour, aussitôt qu'elle le put, et il y eut de bonne heure concurrence et rivalité entre les deux théâtres pour la représentation de cette tragédie : c'est la seule manière d'expliquer la longue confusion qui s'est produite sur ce point; mais, il ne paraît pas possible, nous l'avons dit, de contester que le *Cid* ait été joué d'original au Marais, et dès lors la phrase de Scudéry doit se rapporter à ce théâtre. Quant à l'acteur Beauchâteau, s'il était vrai qu'il eût créé le rôle d'Alcippe dans le *Menteur*, comme le disent quelques historiens dramatiques, il aurait également passé un moment par le Marais en 1642, puisque c'est sur ce théâtre et à cette date que la comédie de Corneille parut pour la première fois; mais il n'y a là qu'une conjecture arbitraire et sans fondement.

BEAUPRÉ (Marotte), nièce d'une autre demoiselle Beaupré, l'une des premières femmes qu'on ait vues sur la scène. La nièce ne fut pas au-dessous de la tante. Elle entra au Marais vers la mi-carême de l'an 1662, comme on le sait par une lettre de Corneille à l'abbé de Pure. Dès le 23 juin 1663, on la voit jouer au Palais-Royal, mais sans être définitivement attachée à la troupe de Molière. Elle y joua surtout de 1670 à 1672, et y créa même la *comtesse d'Escarbagnas ;* mais elle rentra sans doute ensuite au Marais : dans son livre, publié en 1674, Chapuzeau la cite parmi les comédiennes retirées du Marais, lors de la réunion de 1673. — Tallemant des Réaux nomme la Beaupré, sa tante, avec d'Orgemont et Floridor, parmi les acteurs du Marais, dans un passage où il brouille tout, et à une date où l'on sait pertinemment qu'elle faisait partie de l'Hôtel de Bourgogne[1]. Il serait possible, à la rigueur, qu'il fût question d'une autre Beaupré, car il

---

[1] Comparer ce passage de Tallemant, tome X, p. 47, au passage de la *Gazette* du 15 décembre 1634, déjà cité.

paraît certain qu'il y en eut trois, quoiqu'on ne sache rien de positif sur la troisième [1]; et peut-être aussi la Beaupré de l'Hôtel de Bourgogne fit-elle une courte apparition au Marais, quelque temps après l'émigration des six acteurs, en 1635 ou 36.

BEAUSÉJOUR, BEAUSOLEIL, BELLEFLEUR, BELLEOMBRE, BLANDIMARE. Ce sont des noms de théâtre qui figurent dans la *Comédie des comédiens*, de Scudéry, donnée au Marais en 1634, mais de telle façon qu'il est très-difficile de comprendre si ces noms, tout à fait analogues à ceux de Bellerose, de Beauchâteau, etc., sont entièrement fictifs ou étaient réellement portés par les acteurs jouant dans le prologue. Le premier point semble plus probable. Plusieurs auteurs ont cru, d'après une *Lettre sur les comédiens* (*Mercure de France*, mai 1738), que Blandimare était un ancien personnage ou type comique, comme Gandolin (voir plus loin); mais ils nous semblent n'avoir fait que répéter la bévue de cet auteur qui a confondu le nom d'un personnage de comédie avec celui d'un acteur, puisque nous voyons par le prologue que c'était Mondory qui faisait Blandimare, et que ce prétendu type ne reparaît nulle part ailleurs, à notre connaissance.

BELLEMORE, dit le capitan Matamore. Nous renvoyons le lecteur à la courte notice de notre premier volume (p. XXXIII). Ajoutons seulement qu'il ne dut pas quitter le Marais avant 1638 : il est très-probable, en effet, que ce fut lui qui joua et que c'est pour lui qu'avait été écrit le rôle du matamore dans l'*Illusion comique* (1636), ainsi que dans le *Véritable capitan Matamore* de Mareschal, pièce qui fut représentée en 1637 ou 38, puisqu'elle parut en 1640 (l'achevé d'imprimer est du 17 janv.; le privilége du 15 février précédent) et que, suivant la préface, la pièce avait été souvent représentée depuis deux ans. « J'ai tâché, dit Maréchal, de peindre au naturel ce vivant Matamore du théâtre du Marais, cet original sans copie, ce personnage admirable, » etc. Il ne peut être question ici que de l'illustre Bellemore, qui avait incarné en lui le type, dont il portait même habituellement le nom. Ce type reparaît alors dans une foule d'ouvrages, inspiré probablement par la célébrité qu'il lui avait donnée. En 1674, d'après Chapuzeau, Bellemore n'était plus au théâtre, et il l'avait même quitté assez longtemps auparavant, si l'on en croit Tallemant des Réaux. Mais il n'était pas encore mort en 1696, si c'est bien lui qu'on voit signer alors au mariage de Baron [2].

BRÉCOURT (Guillaume Marcoureau de), entra en 1660 au Marais,

---

[1] V. Soleirol, *Molière et sa troupe*, p. 71.
[2] V. le *Dictionnaire* de Jal, art. Baron et Bellemore.

où il épousa Étiennette des Urlis, et en sortit en 1662 pour passer dans la troupe de Molière. Sa femme ne l'accompagna pas dans cette première émigration, mais le 17 mars 1664 elle est comprise dans le contrat de société qu'il forme avec l'Hôtel de Bourgogne. Le père de Brécourt, Pierre Marcoureau, avait été comédien sous le nom de Beaulieu, et comme il demeurait, en 1639, rue de Poitou, au Marais, il semble assez probable qu'il ait joué sur notre théâtre.

BRUSCAMBILLE. Rien ne dénonce positivement que Deslauriers, dit Bruscambille, entré vers 1606 à l'Hôtel de Bourgogne, où il meurt en 1634, ait passé par le Marais; mais il est permis de le conjecturer, car, comme nous l'avons dit dans notre premier volume, on sait qu'il joua ailleurs à diverses reprises, et il ne figure pas, notamment, parmi les comédiens de l'Hôtel qui signent une requête contre les Confrères en 1629. C'est lui qui a fait le prologue sur le *Rien*, en tête de *Mélisse*, pastorale que les frères Parfaict semblent croire avoir été jouée au théâtre de la rue Michel-le-Comte en 1633.

CHAMPMESLÉ et Mlle CHAMPMESLÉ, sont indiqués comme ayant débuté en 1669 au Marais, d'où ils passèrent en 1670 à l'Hôtel de Bourgogne. Mais le mari, tout au moins, et probablement la femme aussi, y étaient dès l'année précédente, car Chamêlé (*sic*) est cité, avec Verneuil et Rosimond, dans un exploit d'huissier signifié le 22 octobre 1668 aux comédiens du Marais pour leur interdire la représentation de la *Satire des Satires* de Boursault [1]. On voit par les comptes rendus de la *Fête de Vénus* et des *Amours de Vénus et d'Adonis*, dans les *Lettres en vers* de Robinet, que la Champmeslé avait réussi tout de suite avec éclat.

CHAMPVONNEAU (Jean Godart, sieur de), retiré en 1667.

CHEVALIER, à qui nous consacrons une notice dans ce volume en tête de ses pièces, était au Marais, et depuis quelque temps déjà, en 1654, année où il figure, avec Jodelet, Hauteroche et La Roque, dans *la Comédie sans comédie* de Quinault. Il s'y trouvait certainement encore en 1666, année où il y fit jouer *les Avantures de nuit*; il était mort en 1674.

CLÉRIN (Élisabeth-Aimée *ou* Edmée), femme de Henri Cotton, se retire du Marais, par acte notarié, le 28 février 1671, et en réalité dès 1670, suivant les frères Parfaict [2].

COLLON (François) fit un acte de société avec les comédiens du Marais le 12 mars 1667.

---

[1] « Parlant pour eux tous à trois d'iceux... » V. *Revue d'instruct. publiq.* du 10 sept. 1863, art. de M. Siméon Luce.
[2] *Hist. du théâtre franç.*, XI, 301. — Jal, art. *Comédiens du Marais*.

DAUVILLIERS OU D'AUVILLIERS (Nicolas Dorné, dit) passa du Marais au théâtre de la rue Mazarine en 1673. Il y était encore en 1687. On dit qu'il mourut fou en 1690. Sa femme M{{lle}} DAUVILLIERS, née Victoire-Françoise Poisson, fut réunie avec son mari aux acteurs du Palais-Royal, et se retira en 1680 avec une pension.

DES URLIS, ou DESURLIS. Il y eut au Marais deux sœurs des Urlis :

> Les deux belles sœurs des Urlies :
> L'une et l'autre assez accomplies,

dit Robinet, en rendant compte des *Amours de Vénus et d'Adonis*, en 1670. Étiennette ou Étienne Desurlis, qui jouait les confidentes, avait épousé Brécourt à une époque certainement antérieure[1], et l'avait suivi à l'Hôtel de Bourgogne en 1664. Elle ne doit donc pas être l'une des sœurs dont il est question dans ce passage. Mais une de ces sœurs est certainement Catherine Desurlis, dont on connaît par Sauval et aussi par Tallemant, qui toutefois ne l'a pas nommée, le duel avec M{{lle}} Marotte Beaupré. Elle fut congédiée en 1673, comme nous l'avons dit. — Étiennette et Catherine avaient un frère, Jean, qui jouait sur la scène du Marais les seconds rôles tragiques et les grands amoureux comiques et qui se retira vers 1672 ; la femme de celui-ci, M{{lle}} des Urlis (née Jeanne Bresson, et veuve de l'acteur Pierre Hazard), qu'il épousa en 1661, alors qu'il était « comédien de S. A. Électorale et prince de Liége », se retira à la même date. On voit que la famille était nombreuse et qu'il n'est pas facile de s'y reconnaître.

DUCLOS, « comédien de la troupe du Marais, mort avant 1673, » dit Lemazurier. Nous manquons de renseignements sur son compte.

M{{lle}} DU PARC (marquise Thérèse de Gorle) paraît avoir passé au théâtre du Marais, mais ne fit qu'y passer, en 1658 ou 1659, soit entre les représentations de l'*Etourdi* (3 novembre 1658), où elle remplissait un rôle, et celle des *Précieuses ridicules* (18 novembre 1659), où on la voit jouer de nouveau au Petit-Bourbon ; soit entre cette dernière et celle de *Sganarelle* (28 mai 1660), où elle figure également[2]. Sui-

---

[1] M. Jal cite l'acte de mariage, mais par une étrange étourderie, qui n'est pas réparée dans l'*Errata*, en donnant la date du mois, 18 décembre, il oublie la date de l'année. En 1661, ce mariage avait déjà eu lieu, comme on peut le voir par un acte que rapporte M. Eudore Soulié dans ses *Recherches sur Molière*, p. 206, note.

[2] Je renvoie le lecteur, pour ce passage de M{{lle}} du Parc sur la scène du Marais, au *Dictionnaire* de M. Jal, art. Parc (du), à l'article de M. E. Bouquet sur *Molière et sa troupe à Rouen* (*Revue de Normandie* 1865, p. 155), etc., en faisant observer toutefois que les assertions de ces écrivains ne s'appuient sur aucune preuve évidente et décisive.

vant M. Jal, son mari l'aurait même accompagné dans cette courte émigration.

Du Pin (Joseph du Landas, écuyer, seigneur du Bignon, dit) épousa, le 8 avril 1665, Louise Jacob, fille de Montfleury. Après avoir couru l'étranger et la province, ils entrèrent tous deux au Marais, et furent conservés à la réunion de 1673. Du Pin se retira en 1680, avec une pension de 500 livres, et mourut le 25 juillet 1696. M$^{lle}$ du Pin avait continué de jouer jusqu'au 14 avril 1685, où elle se retira avec une pension de mille livres. Elle mourut en 1709. C'était une comédienne meilleure que son mari.

FLORIDOR entra au Marais vers l'an 1640, et y remplit, après d'Orgemont, les fonctions d'orateur jusqu'en 1643, où il passa à l'Hôtel de Bourgogne, comme nous l'avons dit. C'est à tort que Tallemant des Réaux le fait rester jusqu'en 1649 au Marais; nous ne savons s'il est plus exact en disant que, « las d'être avec de méchants comédiens, » il *acheta* la charge de Bellerose. Floridor avait épousé, probablement en 1642, Marguerite VALLORÉ ou BALORÉ, comédienne du Marais [1]. M$^{lle}$ Floridor suivit son mari à l'Hôtel de Bourgogne.

GANDOLIN, nom adopté par un acteur appartenant au Marais, suivant la plupart des auteurs; à l'Hôtel de Bourgogne, selon une indication manuscrite placée au bas de son portrait, au Cabinet des estampes, ce qui est une preuve insuffisante. On peut voir sur cet acteur, dont le rôle avait probablement quelque analogie à celui d'Arlequin, une note des frères Parfaict (V, p. 75-6), qui le rattache au théâtre du Marais et croit qu'il a joué dans la *Comédie des comédiens*, de Scudéry (1634). Nous serions assez porté à croire qu'on retrouvait sur chaque théâtre ces acteurs dont le nom était tiré d'un type alors commun, qu'ils étaient chargés d'interpréter, comme le docteur Boniface, le Capitan, etc.

GAULTIER-GARGUILLE se trouvait à l'Hôtel d'Argent le 16 février 1622, avec ses compagnons GROS-GUILLAUME et TURLUPIN; on le voit par la sentence qui les condamne à payer une redevance de trois livres tournois par représentation aux Confrères. L'*Histoire du Théâtre françois*, des frères Parfaict, dit qu'il avait débuté à ce théâtre vers 1598, et que ce fut là qu'il se fit connaître dans le tragique, le comique et la farce. En 1615, il était déjà à l'Hôtel de Bourgogne, comme le prouve une sentence du Châtelet, en date du 16 janvier, et il

---

[1] Nous l'avions appelée VALLORÉ dans notre premier volume, comme les frères Parfaict; M. Jal l'appelle BALORÉ: rien n'est plus variable au dix-septième siècle que l'orthographe des noms propres, qu'on trouve parfois tracés dans dix actes de dix façons différentes, surtout quand il s'agit d'actes où l'on se bornait à écrire le nom tel qu'on l'entendait prononcer.

y revint après 1622, en compagnie des deux autres farceurs qu'il amena avec lui. Un autre arrêt constate qu'ils y étaient tous les trois en 1629.

GROS-GUILLAUME. Voir ci-dessus.

GUÉRIN D'ÉTRICHÉ (Isaac-François) débute au Marais en 1672, s'y fait bien vite avantageusement connaître, est conservé dans la troupe de la rue Mazarine, ainsi qu'à la réunion de 1680, et joue jusqu'en 1717, ayant dépassé l'âge de quatre-vingts ans. Il mourut seulement le 18 janvier 1728. On sait qu'il avait épousé la veuve de Molière le 31 mai 1677.

M$^{lle}$ GUYOT (Judith de Nevers), d'abord comédienne en province, entrée au Marais au commencement de l'année 1673, passe à la rue Mazarine, est conservée à la réunion de 1680, congédiée en 1684 avec pension, employée alors au contrôle de la recette, et meurt le 30 juillet 1691, sans avoir jamais marqué au théâtre.

HAUTEROCHE. Nous avons donné, dans notre tome II, une longue notice sur cet acteur. Rappelons simplement qu'il figure sur la scène du Marais dans la *Comédie sans comédie*, de Quinault, en 1654, et qu'il passa ensuite à l'Hôtel de Bourgogne.

HUBERT (André) sortait de la troupe du Marais, comme le dit expressément le registre de La Grange, lorsqu'il alla, en 1664, remplacer Brécourt dans la troupe de Monsieur. Conservé à la réunion, il se retira en 1685.

JAQUEMIN-JADOT OU LA FRANCE fut détaché du Marais en décembre 1634, par ordre du roi, avec cinq de ses camarades, pour être envoyé à l'Hôtel de Bourgogne. On a souvent fait deux acteurs de ce personnage : La France, et Jaquemin-Jadot (Lemazurier), ou plus souvent, comme les frères Parfaict, La France, dit Jaquemin, et Jadot. On lit dans la *Gazette* du 15 décembre 1634 : « Je ne dois pas taire le soin que Sa Majesté a voulu prendre de joindre à la troupe de Belleroze les six acteurs que vous avez en lettre italique, pour les distinguer des autres, en leur liste que voici. Les hommes : Belleroze, Belleville, *l'Espy*, *le Noir*, Guillot-Gorju, Saint-Martin, *Jodelet*, *la France ou Jacquemin-Jadot*, *Alizon*. Les femmes : la Belleroze, la Beaupré, la Vaillot, *la Noir*. » En se reportant à ce passage, il n'y a pas de difficulté : on trouve bien six acteurs dont les noms sont en italiques, et on voit que La France est le même que Jaquemin-Jadot. Mais la plupart des historiens du théâtre, en s'appuyant sur ce passage, ont oublié Alizon, je ne sais pourquoi, sinon parce que les italiques de la *Gazette* ne se discernent pas très-nettement du premier coup, et pour retrouver les six acteurs, ils ont été conduits à en faire deux d'un seul, à moins que ce ne soit parce qu'ils en faisaient deux qu'ils ont supprimé Alizon, pour ne point dépasser le compte.

JODELET. D'après son acte de décès, découvert par M. Jal, il se serait nommé non pas Julien Geoffrin, comme on l'avait toujours cru, mais Julien Bedeau [1]. Peut-être avait-il débuté sous le nom de Geoffrin. Entré en 1610 au Marais, suivant les frères Parfaict, il fut envoyé à l'Hôtel de Bourgogne en 1634, comme nous venons de le dire. Il se retrouvait au Marais en 1642, où il représenta le Cliton du *Menteur*. On l'y voit encore jouer les années suivantes dans *la Suite du Menteur* et dans plusieurs pièces de Scarron. Il semble avoir ensuite voyagé du Marais à l'Hôtel de Bourgogne, puis il passa au Petit-Bourbon le 26 avril 1659, et mourut le 26 mars 1660.

LA FRANCE, Voir Jaquemin-Jadot.

LAPORTE (Matthieu Lefèvre, dit) et M$^{lle}$ LAPORTE, née Marie Venier, se séparèrent de l'Hôtel de Bourgogne en 1608 ou 9, pour aller jouer à l'Hôtel d'Argent, comme nous l'avons exposé plus haut dans notre Notice. L'abbé de Marolles en parle dans ses *Mémoires* à la date de 1616. En 1627, Marie Venier vivait encore, et Laporte était mort, puisqu'elle avait épousé Jean Rémond, avocat au Parlement de Paris [2].

LA ROQUE (Pierre-Regnault Petit-Jean, dit) devait être au Marais depuis assez longtemps déjà en 1643, puisque ce fut alors qu'il succéda comme orateur à Floridor, qui passait à l'Hôtel de Bourgogne. Suivant les frères Parfaict (t. XII, 197), c'est en 1646 seulement qu'il aurait succédé à Floridor, et ce qui tendrait à justifier leur date, c'est que Chapuzeau écrit à la fin de l'année 1673, dans son *Théâtre françois*, en parlant de La Roque, qu'il exerça cette charge vingt-sept ans de suite; mais il est probable qu'ils ont eux-mêmes forgé cette date de 1646 d'après l'indication de Chapuzeau, et ils ne se sont pas souvenus que, quelques volumes auparavant (t. VIII, 217), ils avaient indiqué eux-mêmes la date de 1643 comme celle où Floridor avait quitté le Marais. Il passa avec ses compagnons au théâtre Mazarine, prit sa retraite en 1676 à Pâques, et mourut le 31 juillet suivant.

LE NOIR et M$^{lle}$ LE NOIR. Voir Jaquemin-Jadot.

L'EPY ou L'ESPY. *Id.* C'était le frère aîné de Jodelet; il jouait particulièrement les vieillards dans les pièces de Scarron. Je ne sais s'il revint au Marais, comme son frère, après être allé à l'Hôtel de

---

[1] La preuve n'est pas indiscutable pourtant, comme le fait observer M. Eugène Despois, dans son édition de Molière, t. II, p. 36, et en général on peut dire que M. Jal conclut souvent trop vite d'une ressemblance de noms à une identité de personnes, et tire des inductions parfois trop hâtives, bien qu'appuyées sur des actes authentiques.

[2] Tallemant des Réaux, édit. P. Paris, V, 71, note.

Bourgogne. Il entra dans la troupe de Molière en même temps que celui-ci, et se retira en 1663.

Mondory (Guillaume Gilbert, sieur de). Nous renvoyons à notre notice pour le rôle considérable rempli au théâtre du Marais, ou plutôt pour la fondation d'un nouveau théâtre du Marais par Mondory, après la représentation de *Mélite*. Rappelons seulement que cet excellent comédien, « le premier grand acteur de notre temps », dit l'abbé d'Aubignac dans sa *Pratique du théâtre*, fut frappé d'apoplexie en représentant Hérode dans la *Marianne* de Tristan. La *Marianne* ne saurait être antérieure à la fin de 1636 ou aux premiers jours de 1637, puisqu'elle vint après *le Cid*. Nous savons par le P. Rapin (*Réflexions sur la poétique*) qu'il joua cette pièce au moins quelque temps; d'autre part, nous avons cité une lettre de Mondory sur le *Cid*, du 18 janvier 1637, qui indique qu'à cette date il n'était pas retiré du théâtre. Les frères Parfaict disent que le cardinal de Richelieu, après sa retraite, le fit revenir pour jouer dans *l'Aveugle de Smyrne* et qu'il ne put dépasser le 2e acte, et ils ajoutent en marge : 22 février 1637 ; ce serait donc entre le 18 janvier et le 22 février de cette année que Mondory aurait été frappé de paralysie. Dans une autre lettre, du 13 novembre 1637, il parle assez au long de sa maladie. Il se retira à Orléans, son pays natal, comblé de cadeaux et de pensions, et y mourut au mois de décembre 1651.

Montluysant, comédien du « petit Hôtel de Bourgogne ». Nous n'avons jamais vu le théâtre du Marais appelé le petit Hôtel de Bourgogne; mais on ne voit pas trop quel autre théâtre pourrait être désigné ainsi, et le nom de Montluysant, se trouvant associé à celui de Marie Venière (Venier, ou Mlle La Porte), dans un procès intenté en 1627 par Laffemas, qu'on accusait d'avoir joué jadis la comédie (voir la note de M. Paulin Paris, au t. V, p. 71 de son édition de Tallemant des Réaux), paraît devoir être rangé sur la liste des comédiens du Marais.

Orgemont (D'), succéda à Mondory comme orateur de la troupe vers la fin de 1636, et fut remplacé lui-même en 1643 par Floridor. D'après la façon dont s'exprime Tallemant des Réaux [1], on doit supposer, sans tenir compte de la date fautive qui vient immédiatement après et que nous avons déjà relevée, que ce remplacement eut lieu par suite de la mort de d'Orgemont. Mlle d'Orgemont, sa femme, était la veuve de Turlupin [2]. Celui-ci ne voulut point que sa femme jouât, dit Talle-

---

[1] Édition Garnier, in-12, t. X, p. 48.
[2] Sauval, *Antiquités de la ville de Paris*, III, 36.

mont, et il ajoute : « Elle a joué depuis sa mort, étant remariée avec d'Orgemont, » et sans doute sur la même scène que celui-ci.

PERRINE ou PÉRINE, nom d'un personnage de farce, joué par un acteur qui n'était pas connu lui-même sous un autre nom. Périne était un type, comme la nourrice, le capitan, le pédant, etc. Il y en avait probablement sur les deux théâtres, et en tout cas il y en avait une au théâtre du Marais. Selon toute apparence, disent les frères Parfaict (IV, 322), Gaultier-Garguille quitta ce théâtre après la mort de l'acteur qui y jouait le personnage de Périne. Est-ce de lui ou de son confrère de l'Hôtel que parle avec grands éloges l'abbé de Marolles dans ses *Mémoires*, côte à côte avec Gaultier, Valeran, Laporte et sa femme ? Mais c'est peut-être le même qui, comme la plupart des farceurs, voyagea d'une scène à l'autre.

ROSIMOND. Voir plus loin notre notice sur lui, en tête du *Nouveau Festin de Pierre*.

M$^{lle}$ ROSTE était au Marais en 1660 et y jouissait d'une certaine autorité, bien que son nom soit complétement oublié aujourd'hui, car on voit par une lettre de Racine à l'abbé le Vasseur (5 sept. 1660), que le jeune poëte l'avait consultée, en même temps que La Roque, sur sa tragédie d'*Amasie*, et qu'elle lui en avait témoigné beaucoup de satisfaction.

ROZIDOR se trouvait au Marais en 1668, car il est cité dans la signification faite aux comédiens de ce théâtre à propos de la *Satire des satires* (ou, textuellement, de la *Critique des satires de M. Boileau*), dont nous avons parlé plus haut à l'article Champmeslé : « A ces causes, requérant être fait défense au nommé Rozidor, qui a annoncé ladite farce, et autres comédiens de la même troupe, » etc.

M$^{lle}$ SAINT-AMOUR-FRÉRELOT ne nous est connue comme actrice du Marais que par une ligne de Tallemant des Réaux : « La petite Saint-Amour-Frérelot, une mignonne qui avait été un temps de la troupe de Mondory. » Elle n'en était plus en 1641, au moment de la représentation de *Mirame*, et par ce qu'en dit Tallemant, dans son historiette de Boisrobert, on voit que le théâtre n'avait été pour elle qu'un lieu de passage.

TIBAUT GARRAY. Dans le *Testament de feu Gaultier-Garguille*, plaquette publiée en 1634, il est question de lui et de sa femme, comme jouant dans la troupe de Mondory, au jeu de paume de La Fontaine. « Pour leur Tibaut Garray, avec son masque à visage bouffi et sa taille de pigmée, qui s'est voulu ingérer de m'imiter, je lui enjoins de ne s'en plus mesler... »

M$^{lle}$ VALLÉE (Marie) était au Marais en 1673 et fut congédiée lors de la jonction avec la troupe de Molière.

VENIER (Marie), et non VERNIER comme on est entraîné naturellement à l'écrire. Voir LA PORTE. On dit qu'elle était fille de Pierre Venier, qui aurait fondé le Marais dans les dernières années du seizième siècle, et qu'elle avait une sœur, nommée Rosalie, qui aurait été également actrice à l'Hôtel d'Argent. On peut consulter sur ce sujet, avec la prudence que demande un ouvrage où les conjectures tiennent tant de place, *Molière et sa troupe*, de M. Soleirol, p. 73.

VERNEUIL (Achille Varlet, dit de), frère de La Grange, entra au Marais à une date inconnue, mais certainement plusieurs années avant sa fermeture, fut conservé aux deux réunions de 1673 et 1680, congédié en 1684 avec une pension de mille livres, et mourut en 1707.

DE VILLIERS et M<sup>lle</sup> de VILLIERS entrèrent jeunes au Marais, d'où ils passèrent à l'Hôtel de Bourgogne après la retraite de Mondory, c'est-à-dire au plus tôt en 1637. On sait par Scudéry (*Lettre... à l'illustre Académie*), que la Villiers joua à l'origine dans le *Cid*, où elle créa sans doute le rôle de Chimène.

Nous ne nous arrêtons pas à M<sup>lle</sup> Valliot, à Valeran Le Comte, à Vautray ou Vautrais, dont nous avons parlé dans notre notice sur l'Hôtel de Bourgogne : ils appartiennent surtout à ce théâtre, et, s'il est probable, comme Lemazurier le dit particulièrement pour Valeran Le Comte, il n'est pas sûr qu'ils aient paru au Marais.

# TRISTAN L'HERMITE.

## (1601-1655.)

# NOTICE

## SUR TRISTAN L'HERMITE

### ET *LE PARASITE*.

François Tristan l'Hermite a été l'une des gloires du théâtre français, où il parut un moment le rival de Corneille ; il est bien oublié aujourd'hui, et le serait plus encore sans la singulière physionomie de son nom, qui semble arrangé tout exprès pour s'imposer au souvenir. Il prétendait descendre du fameux grand prévôt de Louis XI, et faisait même remonter sa généalogie jusqu'à l'illustre prédicateur de la première croisade, Pierre l'Hermite. On est réduit à l'en croire sur parole, preuve insuffisante en pareille matière, surtout avec un personnage dont la modestie était le moindre défaut.

La vie de Tristan l'Hermite fut aventureuse et agitée : il l'a racontée lui-même en une espèce d'autobiographie romanesque qui rappelle, dans des proportions moins ambitieuses, les *Mémoires*, *Confidences* et *Confessions* qu'on doit à une foule d'autres écrivains plus modernes. Il y a, toutefois, cette différence à son avantage qu'il n'y dissimule point ses fautes ni ses vices, quoique sans chercher à en faire étalage, et qu'il s'y borne, autant que possible, à son histoire personnelle. Cet ouvrage, publié en 1643 (2v. in-18), a pour titre : *Le page disgracié, où l'on voit de vifs caractères d'hommes de tous tempéraments et de toutes professions*. Le titre, ainsi que la forme et la marche du livre, semblent indiquer un roman, et probablement l'auteur a donné çà et là quelque cours à son imagination ; mais il fait entendre, dans la dédicace à Henri de Bourbon, duc de Verneuil, que c'est sa propre vie qu'il a voulu raconter, et le libraire le confirme plus expressément dans l'Avis au lecteur. Les notes et la clef que Tristan y a jointes suffiraient, d'ailleurs, à prouver son intention, quand même elle ne serait pas d'autre part démontrée par l'aveu unanime de tous ses biographes et la concordance de tous les documents. Il s'est mis en scène dans ce livre sous le nom d'Ariston.

François Tristan l'Hermite naquit en 1601, au château de Souliers, province de la Marche. On le trouve parfois désigné, dans les auteurs du temps, sous le nom de Tristan l'Hermite de Souliers, pour le distinguer de son frère, Jean-Baptiste Tristan l'Hermite, sieur de Vauselle, qui eut lui-même une certaine notoriété comme poëte, et surtout comme généalogiste et historien. Sa famille était noble, mais sans fortune. Dans son enfance, il fut amené à la cour et placé, en qualité de gentilhomme d'honneur, auprès du marquis de Verneuil, fils naturel d'Henri IV. A l'âge de treize ans, s'il faut l'en croire, il se prit de querelle avec un garde du corps, et l'ayant tué, il se sauva en Angleterre. De là, après diverses aventures plus ou moins authentiques, il voulut se rendre à la cour de Castille, pour s'y présenter à son parent, le connétable Jean de Velasque. Mais pendant qu'il traversait la France *incognito*, et au moment où il se trouvait déjà en Poitou, le manque absolu de ressources le força de renoncer à son projet. Il entra d'abord au service du neveu de Scévole de Ste-Marthe, puis de Scévole lui-même qui, arrivé alors à une grande vieillesse, achevait tranquillement de vivre dans sa ville natale de Loudun.

Tristan nous donne de curieux et abondants détails sur l'illustre vieillard, dont il avait conservé le plus respectueux souvenir. Ce fut dans sa maison qu'il se sentit porté pour la première fois à l'étude et à la poésie. Il y resta quinze ou seize mois, après lesquels, grâce aux bons offices de ses maîtres, devenus ses protecteurs, il entra comme page chez Emmanuel Philbert des Prés, marquis de Villars-Montpezat, qui avait son château en Touraine, et y mena joyeuse vie. Le récit burlesque de ses fredaines de page occupe plusieurs chapitres de son livre.

Tristan tenait son vrai nom caché, à cause de la condamnation qu'il avait encourue. Peu de temps après, le marquis ayant été appelé par le duc de Mayenne à Bordeaux, y mena son secrétaire, qui entra au service du duc. La cour passa dans cette ville en 1620, et Tristan, reconnu par M. d'Humières, premier gentilhomme de la Chambre, obtint enfin sa grâce du roi Louis XIII. Il avait alors dix-huit à dix-neuf ans. C'est là que se termine le *Page disgracié*, sur quelques réflexions tristes et misanthropiques, où l'auteur annonce qu'il va rendre compte du dégoût qu'il éprouve pour toutes les professions, de la connaissance des hommes qu'il a acquise à ses dépens, et des raisons qui le poussent à mener une vie solitaire. A la fin de la préface, le libraire avertissait aussi le lecteur que Tristan avait laissé quelques fragments d'un troisième volume, qui n'a jamais paru.

Le *Page disgracié* est plein de détails sur certains personnages plus ou moins historiques, tels que Hardy, Scévole de Ste-Marthe, le duc de Mayenne, etc., sur la cour, la ville et la province, les lettres et le théâtre, les mœurs et les croyances populaires. C'est un vrai roman *picaresque*, et parfois on croirait lire, en plus mauvaise prose, un chapitre de *Gil-Blas*. Il abonde surtout en renseignements relatifs au caractère et au genre d'esprit de Tristan : on y voit qu'il croyait fermement à l'influence des astres, à l'alchimie, sur les pratiques de laquelle il est très-intéressant à lire; qu'il était curieux, turbulent, étourdi, querelleur, passionné pour la lecture et doué d'une mémoire prodigieuse; enfin que, s'il ne pouvait lutter le verre en main avec la plupart de ses confrères, il était du moins un joueur enragé. Cette passion effrénée pour le jeu, où il fut presque toujours malheureux, le jeta souvent dans des embarras dont il ne sortit que grâce à une vivacité d'esprit qui ne reculait pas toujours devant les stratagèmes les moins délicats : il en confesse plusieurs, qu'il a l'air de prendre pour de simples plaisanteries. Plus tard il reçut, à diverses fois, mille pistoles du duc de St-Aignan, et dépensa tout cet argent au jeu, nous apprend le *Chevræana*, sans même y prélever de quoi s'acheter un habit honnête et décent.

Le reste de sa vie est beaucoup moins connu. On sait qu'il eut le titre et remplit les fonctions de gentilhomme de Gaston, duc d'Orléans, et qu'il fut reçu à l'Académie française, en remplacement de Colomby, l'an 1649. Il se maria et eut un fils, qu'il perdit jeune encore. Après la mort de cet enfant, il adopta en quelque façon Quinault, dont il fit son élève. Il mourut d'une maladie de poumon, le 7 septembre 1655, à l'âge de cinquante-quatre ans, dans l'hôtel du duc de Guise, où il avait un logement et qui, nous apprend Loret dans sa *Muse historique*, s'était fait depuis longtemps son bienfaiteur et son Mécène. On l'enterra à l'église St-Jean. Il était mort dans les sentiments les plus chrétiens, et si détaché du monde qu'il ne voulut même pas recevoir les visites de ses amis, afin de mieux penser à Dieu.

La pauvreté de Tristan était en quelque sorte devenue proverbiale. Guéret, dans son *Parnasse réformé*, en fait l'apologiste des poëtes mal vêtus. On disait qu'il avait transmis son esprit poétique à son élève Quinault, comme Élie le don de prophétie à Élisée ; sur quoi, M. de Montausier, suivant Ménage ; ou Bourdelot, selon Furetière, trouva que la comparaison clochait en ce point que Tristan n'avait pu, comme le prophète, léguer en même temps son manteau, car il n'en avait pas. Montmor mit cette épigramme en vers. Notre auteur a lui-même peint sa misère et ses mécomptes dans une sorte d'épiphe, où il dit :

> Ebloui de l'éclat de la splendeur mondaine,
> Je me flattay toujours de l'espérance vaine,
> Faisant le chien couchant auprès d'un grand seigneur :
> Je me vis toujours pauvre et taschay de paraistre,
> Je vécus dans la peine, attendant le bonheur,
> Et mourus sur un coffre en attendant mon maistre.

Triste oraison funèbre, et qui semble faite pour la plupart des poëtes de ce temps, ambitieux et serviles courtisans dédaignés, *domestiques* en titre de quelque riche protecteur, qu'ils mettaient au-dessus des dieux dans leurs humbles dédicaces, et qui ne leur donnaient pas toujours de quoi vivre, en écharge de leur dignité morale et littéraire. Il est vrai que la misère de Tristan, comme nous l'avons dit, venait encore plus de ses vices, de sa vie mal ordonnée et de sa passion pour le jeu que de l'oubli de ses protecteurs.

Nous n'avons pas à nous occuper des œuvres diverses de Tristan en dehors de son théâtre : de ses *Amours* (1638), de sa *Lyre* (1641), de ses *Lettres mêlées* (1642), de ses *Plaidoyers historiques* (1643), de ses *Vers héroïques*

(1648) (1), de ses *Heures de la Ste Vierge avec des prières... tant en vers qu'en prose* (1653).

Tristan débuta au Théâtre en 1636, par son chef-d'œuvre, la *Marianne*, qui est en même temps l'un des chefs-d'œuvre de notre vieille tragédie. Jamais peut-être début n'avait été aussi éclatant. Du premier coup, il passait au rang des maîtres. Tous les auteurs contemporains s'accordent sur le succès extraordinaire qu'obtint cette pièce; il surpassa celui de *Médée*, et balança celui du *Cid*. Corneille lui-même, en son *Discours sur le poëme dramatique*, a rendu hommage à la *Marianne*. Le rôle d'Hérode était le triomphe de Mondory, et le père Rapin nous apprend, dans ses *Réflexions sur la poétique*, que le peuple ne sortait jamais de cette représentation que rêveur et pensif, et emportant quelques-unes de ces fortes impressions que faisait autrefois la tragédie grecque. On sait que Mondory se fatigua tellement à y rendre les fureurs d'Hérode, qu'il fut pris d'une attaque d'apoplexie pendant une représentation, et resta paralysé depuis lors. Il y a, dans la *Marianne*, de la force, de l'intérêt et du pathétique, mais trop d'efforts, un plan défectueux et surtout un style qui a singulièrement vieilli et dont la faiblesse étonne.

La *Marianne*, jouée au Marais en 1636 (Courbé, in-4°, 1637; les édit. en sont innombrables), fut suivie de — *Panthée* (id. 1639), qui eut peu de succès; — la *Folie du Sage*, tragic. (Touss. Quinet, in 4°, 1645); — la *Mort de Sénèque*, tragéd. (id., id.); — le *Mort de Chrispe, ou les Malheurs domestiques du grand Constantin* (Cardin Besogne, in-4°, 1645); — *Amaryllis, ou la Célimène de Rotrou, accommodée au théâtre et augmentée de l'épisode des satyres* (Ant. de Sommaville et Aug. Courbé, in-4°, 1653); — le *Parasite*, com. (Aug. Courbé, 1654, in-4°); — *Osman*, trag. posthume, publiée par les soins de Quinault (Guill. de Luynes, in-12, 1656).

On a aussi les *Poëmes dramatiques et autres* de Franc. l'Hermite Tristan, chevalier, sieur de Soulières, etc., Paris, 1650, 2 v. in-4° (2).

Nous donnons ici la seule comédie de Tristan : *le Parasite*, 5 act. en vers, publiée par Courbé en 1654, comme nous venons de le dire, et non, par conséquent, après sa mort, comme le dit le Catalogue Soleinnes. Le privilége est du 23 mars 1654; l'*achevé d'imprimer* du 19 juin suivant. La pièce est dédiée à Mgr le duc de Chaune (Chaulnes), l'un des protecteurs de Tristan, et l'épître est suivie d'un avis du libraire, qui nous apprend que

---

(1) Le frontispice des *Vers héroïques* du sieur Tristan nous apprend où il demeurait à cette date : « Paris, se vendent chez l'autheur, aux Marets du Temple, rue Neufve St Claude, à la maison de M. Michault » (1648, in-4°).

(2) G. Guéret, dans la *Promenade de St-Cloud*, insinue que Tristan a été dépouillé de quelques-unes de ses œuvres, après sa mort, et cette accusation semble s'adresser à Quinault, son élève poétique, qui avait hérité de ses papiers et publia son *Osman* : « Passe de voler un auteur après sa mort : il y a de fort honnestes gens qui s'en mêlent, et si Tristan revenoit au monde, il pourroit bien en nommer que quelqu'un. »

cette pièce « a eu l'honneur d'être souvent représentée dans le Louvre avec les mêmes applaudissements qu'elle avait reçus du public ».

C'est à tort que Léris donne le *Parasite* à l'Hôtel de Bourgogne : Tristan resta, pour sa dernière pièce, fidèle au théâtre du Marais, où il avait remporté son premier triomphe. L'ouvrage conserve encore plus d'une trace de la vieille comédie : il a gardé la nourrice (III, sc. 3), qui avait disparu de la scène depuis les premiers ouvrages de Corneille; et deux de ses principaux personnages appartiennent à ces vieux *types* de convention, coulés dans un moule uniforme, que Molière, tout en les reproduisant quelquefois encore dans ses farces, allait remplacer par les *caractères*, et rejeter dans la comédie italienne. L'un est le Matamore, le plus commun de ces masques de l'ancienne comédie française; l'autre le Parasite, beaucoup moins fréquent sur notre scène.

Le type du Parasite est un emprunt fait à la comédie latine, et c'est là surtout qu'il faut chercher son origine théâtrale. Toutefois, comme pour le matamore, le pédant ou docteur, la femme d'intrigues, etc., on trouve dans les mœurs contemporaines de quoi en justifier amplement l'introduction sur la scène. Beaucoup de poëtes de second et de troisième ordre vivaient alors eux-mêmes en parasites chez les grands, et tout le monde connaît, en particulier, le nom de Montmaur, illustré par la levée de boucliers qui s'était faite contre lui dans toute la littérature, une douzaine d'années auparavant. Le souvenir de Montmaur, que Tristan avait sans doute personnellement connu (et lui-même n'était pas sans avoir acquis quelque expérience de ce rôle), ne fut peut-être pas étranger à la création de son *Parasite*, non plus qu'au succès de la pièce. Les traits burlesques dont il a peint Fripesauces, et qui rappellent souvent ceux des satires de Ménage, de Balzac, de Scarron, etc., contre le fameux professeur de langue grecque au collège de France, devaient paraître d'autant plus piquants et fournir une matière incessante d'allusions et de rires, à une date où la mémoire de Montmaur, défunt seulement depuis six années, était toute vivante encore. On trouve aussi plus d'une fois le parasite, sous le nom d'*escornifleur*, dans la farce ou la comédie des époques antérieures, par exemple dans les *Napolitaines* de François d'Amboise; la *Vefve*, de Larivey; les *Contens* de Tournebu, etc. Mais la pièce de Tristan est à peu près la seule, surtout au XVIIe siècle, où ce rôle ait pris un tel développement, bien que Fripesauces ne soit pas le plus important de ses personnages, celui qui domine ou mène l'action, comme pourrait le faire croire le titre.

Le *Parasite* est loin d'être dépourvu de tout mérite. Tristan, qui ne s'était jamais exercé que dans la tragédie, annonçait, pour son coup d'essai et son premier pas dans la carrière comique, un talent véritable, qui se fût sans doute développé et affermi par l'usage. La pièce est d'une bonne intrigue, d'un développement heureux et abondant, d'une marche aisée, d'une versification franche et assez souple, sauf dans les premières scènes, dont le style est grossier et plat. En général, d'ailleurs, la langue du *Parasite* est d'une tournure antique, qui ne se ressent guère du voisinage de Corneille et de Molière, et qui vieillit la pièce de trente ans. Ce n'est point là, malheureusement, le seul défaut de l'ouvrage, où il faut noter encore des lenteurs interminables, la pesanteur et l'uniformité de la plaisanterie, un penchant prononcé pour les lieux communs et le comique de convention. En général, le rôle du Parasite, masque et non figure, est d'une exagération grotesque, monotone et banale. Mais, une fois qu'on a pris son parti de ces défauts, et surtout qu'on a surmonté les pénibles lourdeurs du début, la pièce n'est ni sans intérêt, ni sans agrément. Elle s'est assez longtemps conservée au théâtre, puisque, selon les frères Parfaict, on la jouait encore en 1682.

# LE PARASITE,

COMÉDIE EN CINQ ACTES.

1654.

## PERSONNAGES.

PHENICE, servante de Manille.
LUCINDE, fille de Manille.
FRIPESAUCES, parasite.
LE CAPITAN, matamore.
CASCARET, valet du Capitan.
LISANDRE, amoureux de Lucinde.
PERIANTE, amy de Lisandre.
ALCIDOR, mary de Manille.
LUCILE, père de Lisandre.
DES ARCHERS.

La scène est à Paris, devant la porte du logis de Manille.

# L'IMPRIMEUR A QUI LIT.

On s'étonnera de voir une pièce de théâtre toute comique, comme celle-cy, de la production de M. Tristan, dont nous n'avons guères que des tragédies graves et sérieuses; mais il y a des génies capables de s'accommoder à toutes sortes de sujets, et qui se relaschent quelquefois à traiter agréablement les choses les plus populaires, après avoir longtemps travaillé sur des matières héroïques. Enfin, je vous puis asseurer que cette comédie a des agrémens qui n'ont point été mal receus, et qu'elle a eu l'honneur d'estre souvent représentée dans le Louvre, avec les mesmes applaudissemens qu'elle avoit receus du public. Vous poùvez donc vous divertir en cette lecture, attendant de ce mesme autheur un ouvrage plus magnifique, et qui demandera toute vostre attention. Mes presses se préparent pour l'impression de son roman de la Coromène[1], qui est une autre pièce dont le théâtre s'étend sur toute la mer Orientale, et dont les personnages sont les plus grands princes de l'Asie. Ceux qui sont versez dans l'histoire n'y prendront pas un médiocre plaisir, et mesme les personnes qui n'auront fait lecture d'aucun livre de voyage en ces quartiers ne laisseront pas, à mon avis, de gouster beaucoup de douceur à lire les merveilleuses aventures qui s'y trouveront comme peintes, de la plume de M. Tristan.

(1) Ce roman n'a jamais paru. Pierre Marcassus avait publié *la Clorimène*, en 1626.

# LE PARASITE.

## ACTE PREMIER.

### SCÈNE PREMIÈRE.

#### PHENICE.

Que le poste est mauvais, pour une confidente,
De passer une nuit près d'une jeune amante!
Elle est à babiller du soir jusqu'au matin,
Et l'on dormiroit mieux près de quelque lutin.
O l'importun effet d'une amoureuse cause!
L'on dit et l'on redit cent fois la mesme chose;
On se souvient de tout, et l'on en vient troubler
Celles qui du sommeil se sentent accabler.
Que de propos divers dessus une vetille!
On soupire sans cesse, à toute heure on fretille;
On vient vous demander, en vous tirant le bras :
« Dites-moy, dormez-vous? ou ne dormez-vous pas? »
Lucinde, sans mentir, n'a point de conscience :
Elle ne m'a donné ni paix, ni patience;
J'en auray ce matin les yeux tout endormis.
J'aimerois mieux coucher près d'un tas de fourmis;
Cent puces dans mon lit m'auroient moins éveillée.
Mais la voicy venir. Quoy, si tost habillée,
Déjà sur mes talons? Quoy donc?

### SCÈNE II.

#### LUCINDE, PHENICE.

LUCINDE.

      C'est que je veux
Encor sur ce sujet te dire un mot ou deux.

PHENICE. Encore un mot ou deux? Après plus de cent mille
LUCINDE. Souviens-toy bien de tout.
PHENICE. O recharge inutile!
Dans cette inquiétude et ces désirs pressans,
Je crains avec raison que vous perdiez le sens.
Rentrez, et répondez, si Manille m'appelle,
Que je suis à la halle à battre la semelle ¹,
Et que chez son tailleur comme elle a commandé,
Je vais voir si son corps est bien racommodé;
Et si la robe aussi qu'elle met aux dimanches
Est rallongée en bas et retrécie aux manches.
LUCINDE. Mais d'une bonne sorte instruis notre valet :
Que Lisandre arrivant reçoive mon poulet,
Qu'il sçache ce qu'il chante, et qu'il s'en remémore.
PHENICE. Allez, j'en prendray soin.
LUCINDE. Je te le dis encore.
PHENICE. Rentrez, nous perdons temps en propos superflus :
Ce n'étoit que deux mots; en voilà trente et plus.
Mais où peut-on trouver le drôle que je cherche?
(*Étant seule*) De mesme qu'un oiseau qui se bat sur la perche,
Il cajole quelqu'un pour avoir un repas,
Et le diantre d'Enfer ne le trouveroit pas.
Toutefois le voicy.

## SCÈNE III.

### FRIPESAUCES, PHENICE.

FRIPESAUCES. O la rigueur étrange!
Est-il donc ordonné que jamais je ne mange?
Ay-je donc tracassé ² jusqu'à cette heure en vain?
Ne pourray-je flatter ou contenter ma faim?
O cieux, quelle pitié!
PHENICE. Holà, ho, Fripesauces!
FRIPESAUCES. Que mon ventre aplaty fait élargir mes chausses!
Si je ne bois bien tost à traits fréquens et longs,
On les verra dans peu tomber sur mes talons.

---

¹ C'est-à-dire à courir de boutique en boutique, à *battre le pavé*.

² Ai-je été dans le tracas, dans le mouvement, suivant le sens étymologique du mot.

*Phenice luy frappe sur l'épaule.*

     O cieux, quelle pitié! quelle misère extrême!
     Ha! Phenice! c'est toy!

PHENICE.      Toy, n'es-tu plus toy-mesme?

FRIPESAUCES. Que ton nez aussi bien n'est-il un pied de veau!
     Je serois fort habile à torcher ton museau.
     Si tes deux yeux étoient deux pastez de requeste[1],
     Je ficherois bien tost mes ongles dans ta teste.
     Et si ton scoffion[2] avoit tous les appas
     D'une ruelle de veau, bien cuite entre deux plats,
     En l'humeur où je suis, Phenice, je te jure
     Que j'aurois tout à l'heure avalé ta coëffure.

PHENICE. Quoy! manger si matin! L'appetit furieux!

FRIPESAUCES. Ma bouche à mon reveil s'ouvre devant mes yeux.
     Bride cet appetit d'une raison meilleure;
     Je voudrois estre aveugle et manger à toute heure.

PHENICE. Ecoute donc un peu.

FRIPESAUCES.      Que me veux-tu donner?

PHENICE. Parlons d'un grand secret.

FRIPESAUCES.      Parlons de déjeuner.

PHENICE. Il seroit question de faire un prompt message.

FRIPESAUCES. Il seroit question de manger un potage,
     D'une pièce de bœuf se dégraisser les dents,
     Et mettre avec loisir des meubles là dedans.

PHENICE. Si tu sçavois comment nostre Lucinde pleure,
     Et ce qu'elle m'a dit encor depuis une heure
     Sur ses affections, je te jure ma foy
     Que tu pourrois pleurer comme elle et comme moy.

FRIPESAUCES. Je te jure ma foy que ma pance est plus sèche
     Que n'est une allumette, une éponge, une mèche,
     Et qu'en un alambic très-difficilement
     On en pourroit tirer deux larmes seulement.

PHENICE. Écoute ce qu'il faut que tu die à Lisandre:
     Il doit estre arrivé.

---

[1] Les pâtés de requête étaient de petits pâtés froids et faits des menus de volaille (*Dictionnaire* de Furetière).

[2] Pour *escoffion*, qui désignait les bonnets, les cornettes, dans la langue familière et comique, Molière même a employé ce mot, mais à ses débuts, il est vrai :

     D'abord leurs *escoffions* ont volé par la place.
                        (*Etourdi*, V, scène 14.)

| | |
|---|---|
| FRIPESAUCES. | Je ne sçaurois l'entendre. |

Si je n'ay comme il faut fait jouer le menton,
Ce qu'on dit en françois me semble bas-breton
Je me treuve assoupy, je baille, je m'allonge,
Et prens un entretien pour l'image d'un songe.

PHENICE. Je vais donc te querir d'un certain reliquat.

FRIPESAUCES. Qu'il soit bien relevé, car mon ventre est bien plat ;
Et sur tout souviens-toy de remplir la bouteille.
Oh ! je crois que ma faim n'eut jamais de pareille !
Je sens dans mes boyaux plus de deux millions
De chiens, de chats, de rats, de loups et de lions,
Qui présentent leurs dents, qui leurs griffes étendent
Et, grondans à toute heure, à manger me demandent.
J'ay beau dedans ce grouffre entasser jour et nuit,
Pour assouvir ma faim je travaille sans fruit.
Un grand jarret de veau nageant sur un potage,
Un gigot de mouton, un cochon de bon âge,
Une langue de bœuf, deux ou trois saucissons,
Dans ce creux estomac, souflez, sont des chansons.
Un flacon d'un grand vin, d'un beau rubis liquide,
Si tost qu'il est passé laisse ma langue aride ;
Je la tire au dehors, le poulmon tout pressé,
Comme les chiens courans après qu'ils ont chassé.
Un nouvel hipocras, je veux dire Hipocrate [1],
Qui la teste souvent de ses ongles se gratte,
Et, pour gagner le bruit de fameux médecin,
Touche souvent du nez au bourlet d'un bassin,
Dit assez que ma faim est une maladie,
Mais il ignore encor comme on y remédie.
Ces discours importuns ne font que l'irriter ;
Je vois que c'est un mal difficile à traiter.
Quand j'aurois avalé cent herbes, cent racines,
Receu vingt lavemens, humé vingt médecines,
Qui me feroient aller et par haut et par bas,
Je me connois fort bien, je n'en guérirois pas.
Oh ! que d'un bon repas la rencontre est heureuse !
Ne viendra-t-elle point ? Dépesche, paresseuse.

---

[1] L'hypocras était une boisson complexe, fort à la mode au XVIIe siècle. En voulant parler d'Hippocrate, la langue fourche naturellement à Fripesauces, par un ressouvenir de ses franches lippées.

## SCÈNE IV.

### FRIPESAUCES, PHENICE [1].

FRIPESAUCES. Découvre donc ce plat que tu caches si bien.
PHENICE. Écoute-moy devant, ou bien tu ne tiens rien.
Il faut estre attentif sur un fait qui nous touche ;
Tu dois ouvrir l'oreille avant qu'ouvrir la bouche.
FRIPESAUCES. Je puis en t'écoutant les ouvrir toutes deux.
PHENICE. Écoute seulement.
FRIPESAUCES. Que je suis malheureux !
Donne un peu de matière à ma faim qui s'irrite.
PHENICE. Tu ne mangeras point qu'après la chose dite.
Tu sçais que, soupirant sous de sévères loix,
Nostre jeune orpheline est réduite aux abois
Et n'ose contredire à Manille sa mère,
Qui la veut marier par un ordre sévère ;
Qu'elle pleure toujours son rigoureux destin..
FRIPESAUCES. Moy, je n'en pleure pas : on y fera festin.
PHENICE. Écoute : ô qu'un yvrongne est une chose étrange
FRIPESAUCES. Mais tu parles toujours, et jamais je ne mange !
Je pourrois t'écouter et mascher doucement.
PHENICE. Tu mascheras après, écoute seulement.
Tu sçais que cette fille, à bon droit affligée,
Par inclination est ailleurs engagée...
FRIPESAUCES. Tant pis.
PHENICE. Et qu'elle attend son Lisandre aujourd'huy,
Pour apporter de l'ordre à ce pressant ennuy :
Il faut aller servir cette pauvre innocente.
FRIPESAUCES. Mais la faim dont j'enrage est encor plus pressante..
PHENICE, (*il veut toucher au plat*).
Tout beau ! Faut-il souffrir qu'un maistre de filoux,
Malgré ses sentimens, devienne son époux,
Et qu'un homme d'honneur, plus noble et plus sor-
En soit ainsi frustré ? [table,
FRIPESAUCES. Non, je me donne au diable !

---

[1] Il faudrait mettre ici : scène V, en faisant commencer la scène IV au 3ᵉ vers du monologue de Fripesauces. Phenice s'est éloignée pendant ce monologue, et elle revient en ce moment.

PHENICE. Toutefois le temps presse, et ce sera demain
Qu'elle sera forcée à luy donner la main,
Si Lisandre, adverty bientost par cette lettre,
Pour rompre ce dessein ne se vient entremettre.
FRIPESAUCES. Mais comment fera-t-il?
PHENICE. Je te diray comment.
FRIPESAUCES. Dis donc; je n'en puis plus.
PHENICE. Attends un seul moment :
Manille quelquefois écoute à cette porte.
Tu sais bien qu'Alcidor est Provençal.
FRIPESAUCES. Qu'importe?
PHENICE. Quelque trois ans après qu'ils furent mariez,
Demeurant à Marseille, ils furent conviez
Par la sérénité du plus beau jour du monde,
D'aller dans un esquif prendre le frais sur l'onde.
Manille par foiblesse évita le malheur,
Pour estre, sur la mer, sujette aux maux de cœur ;
Mais son mary s'embarque avecque la brigade,
Qui pensoit s'égayer tout au long de la rade.
Il y porte son fils, qu'il ne pouvoit quitter,
Et dont l'âge à deux ans à peine eust pu monter,
Et laisse sur le bord sa très-chère Manille,
Qui donnoit à tetter à Lucinde sa fille.
Ceux qui s'étoient commis à ce fier élément
Virent un temps si beau changer en un moment :
Leur esquif fut bien loin poussé d'un vent de terre,
Il fit un grand orage, il fit un grand tonnerre,
Et maltraitez ainsi du soir jusqu'au matin,
Le jour les fit trouver proches d'un Brigantin :
C'étoient des écumeurs, des Turcs, qui les surprirent,
Et quelque temps après en Alger les vendirent [1] ;
Et nous sceumes l'état de leur captivité,

---

[1] Ces enlèvements par des corsaires, qui reparaissent si souvent sur notre vieux théâtre, où ils fournissent à l'intrigue un ressort banal, tout trouvé d'avance, et dont Molière lui-même a fait plus d'une fois usage, étaient à la fois un emprunt fait à la comédie ancienne et un moyen dramatique fondé sur la réalité des choses. Les excursions des pirates barbaresques infestaient alors la Méditerranée, et il suffit de rappeler l'aventure arrivée à Regnard (Voir sa *Provençale*), à son retour d'Italie en 1678, et ses deux années d'esclavage à Constantinople, pour constater, par un exemple bien connu et d'autant plus congruent qu'il s'agit d'un poëte comique, que ce moyen n'était pas aussi dépourvu de vraisemblance qu'on pourrait le croire aujourd'hui.

## ACTE I, SCÈNE IV.

D'un de ces prisonniers qui s'étoit racheté.
Mais en quatre ou cinq ans, comme on a pu connois-
Ils ont changé de ville, ils ont changé de maistre, [tre,
Et le malheur est tel que, depuis quatorze ans,
Manille ne sçait plus s'ils sont morts ou vivans.
Si Lisandre, arrivé, comme un forçat s'habille,
Et se vient présenter au logis de Manille,
Et, bien instruit par toy, luy fait certains récits,
Qui pourra l'empescher de passer pour son fils?
L'autre, âgé de deux ans, fut pris dans cette barque.

FRIPESAUCES. Son vray fils sur son corps peut avoir quelque mar-
Qu'elle ne verroit pas sur cet autre. [qu

PHENICE. Point, point :
Nous sommes fortement assurez sur ce point.
Manille a dit cent fois qu'elle verroit paroistre
Son fils devant ses yeux sans le pouvoir connoistre.

FRIPESAUCES. Et ce fils retrouvé, qu'on estimoit perdu,
Rompra-t-il aisément cet hymen prétendu?
Manille au Capitan sa parole a donnée.

PHENICE. Il fera tout au moins différer l'hyménée;
Et nous travaillerons, après ce bel effet,
Afin que le traité soit rompu tout à fait.

FRIPESAUCES. La fourbe est excellente et bien imaginée,
Et, pourveu seulement qu'elle soit bien menée,
A ton honneur, Phenice, elle réussira.

PHENICE. A son gré, là-dessus, le ciel disposera;
C'est à toi seulement d'instruire bien Lisandre,
Et le bien conseiller sur l'habit qu'il doit prendre
Et sur ce qu'il doit dire, afin qu'à la maison
Il passe pour Sillare, avec quelque raison.
Il doit adroitement débiter ses voyages,
Dépeindre les païs, les citez, les passages,
Les mœurs des habitants qu'il aura frequentez,
Les noms des mécréans, les noms des rachetez.

FRIPESAUCES. J'entends bien tout cela; laisse, laisse-moy faire,
Il sçaura sur ce point ce qu'il est nécessaire :
Beuvant vison visu[1] d'une bonne façon,
Comme un sçavant docteur je luy feray leçon.
Montre donc ce paquet.

PHENICE. La dépence[2] est fermée,

[1] Vis-à-vis l'un de l'autre.
[2] Le garde-manger, l'office.

| | |
|---|---|
| | Et je n'ay que ce plat pour ta gueule affamée; |
| | Mais fais bien ton message, et quand tu reviendras... |
| FRIPESAUCES. | Ouy, ouy, mais de tels mets ne me contentent pas. |
| | N'as-tu rien que cela? La pance est bien remplie, |
| | Lorsque l'on a le bien d'avaler une oublie! |
| PHENICE. | Va, tu feras tantost un solide repas. |
| | Mais ne retarde plus, diligente tes pas; |
| | Sers bien ces deux amans, il faut que je t'en presse: |
| | Je crains beaucoup pour eux. |
| FRIPESAUCES. | Tu crains que je n'en- |
| PHENICE. | Lécher encore le plat! n'as-tu pas achevé? [graisse! |
| | Va-t-en trouver Lisandre : il doit estre arrivé. |
| | Travaille à détourner le sort qui le menace. |
| | Tu sçais bien le logis : il descend à la place. |
| FRIPESAUCES. | Je sçais bien, je sçais bien : à la place Maubert; |
| | Pour le moins si la faim ne me prend point sans vert[1] |
| | A moitié du chemin... |
| PHENICE. | Trève de raillerie! |
| FRIPESAUCES. | Ou si je ne m'arreste à la Rostisserie, |
| | Dont l'odeur pour mon nez est un secret aimant, |
| | Ce papier trouvera Lisandre promptement. |
| PHENICE. | Va viste, je te prie, et pour ta récompense, |
| | Je prendray quelque chose encor dans la dépence. |
| FRIPESAUCES. | Va donc mettre à l'écart quelque chose de bon, |
| | Quelque langue de bœuf, ou quelque gros jambon, |
| | Quelque langue de veau, quelque grasse échinée, |
| | Qui me puissent aider à passer la journée. |

## SCÈNE V.

### LE CAPITAN, FRIPESAUCES, CASCARET.

| | |
|---|---|
| LE CAPITAN. | Hola, ho, Bourguignon, Champagne, le Picard, |
| | Le Basque, Cascaret! |
| FRIPESAUCES. | Tirons-nous à l'écart : |
| | Voicy ce Capitan, qui fait trembler la Terre, |

---

[1] Ne me surprend pas! L'origine de cette locution proverbiale, qui a fourni à La Fontaine le titre d'une petite comédie, est trop connue pour qu'il soit nécessaire de l'expliquer de nouveau. La place, c'est la place Royale. Si Fripesauces feint de se méprendre, et de croire qu'il s'agit de la place Maubert, c'est que cette place était fameuse par ses cabarets (la *Corne*, le *Petit père noir*, etc.) et ses rôtisseries.

| | |
|---|---|
| | Et qui parle si haut qu'il semble d'un tonnerre. |
| LE CAPITAN. | Las d'aller ¹, Triboulet! Où sont tous mes valets? |
| CASCARET. | Ils sont sur les degrez de la cour du Palais ². |
| LE CAPITAN. | Je ne suis point servy : toute cette canaille Se cache au cabaret, ainsi que rats en paille. Holà! qu'on vienne à moy. |
| CASCARET. | Que vous plaist-il, Monsieur? |
| LE CAPITAN. | Où sont tous ces coquins? J'enrage de bon cœur : Ils ne répondent point lorsque je les appelle. |
| CASCARET. | Monsieur. |
| LE CAPITAN. | Je leur rompray quelque jour la cervelle. Où sont tes compagnons, qui ne me suivent point? |
| CASCARET. | L'un racoutre ses bas et l'autre son pourpoint, Et nul n'a de souliers, car vostre Seigneurie N'a passé de trois mois par la savatterie; Elle y devroit aller. |
| LE CAPITAN. | Je veux auparavant, Afin que vous ayez de bon cuir de Levant, Aller prendre Maroc, Alger, Tunis, Biserte, Et quelqu'autre païs dont j'ay juré la perte, Et nous aurons alors d'assez bons maroquins. |
| FRIPESAUCES. | Pour te sangler le nez! |
| LE CAPITAN. | Pour chausser des coquins. |
| FRIPESAUCES. | S'ils ont durant ce temps à battre la semelle, Qu'ils se tiennent bien gays, leur attente est fort belle. |
| CASCARET. | Monsieur, en attendant, irons-nous tout nuds piez? |
| LE CAPITAN. | Je voudrois que ces gueux fussent estropiez. |
| CASCARET. | Et du linge, Monsieur? |
| LE CAPITAN. | J'iray prendre la Chine : Il y croist du coton dont la toile est bien fine. |
| CASCARET. | Monsieur, avant ce temps, il seroit à propos De nous donner du lin. |
| LE CAPITAN. | Ayons quelque repos. Mes barbes, mes genets, ont-ils eu de l'aveine? C'est mon soin principal. |
| CASCARET. | C'est ta fièvre quartaine! Il n'a jamais nourry qu'un bidet et qu'un chien. |
| LE CAPITAN. | Tu dis? |

¹ Sobriquet désignant sans doute le valet chargé des courses; peut-être le Basque.
² C'est-à-dire, ils attendent que vous les ayez retenus. Les valets à louer se tenaient sur les degrés de la cour du Palais (Voir t. 1 de ce recueil, p. 489).

| | |
|---|---|
| CASCARET. | Que le bidet surtout se porte bien. |
| LE CAPITAN. | Ce petit animal est une aimable beste : |
| | On le pourroit monter mesme en un jour de feste. |
| CASCARET. | Ma foy, sur un baudet on seroit mieux monté. |
| LE CAPITAN. | Comment? |
| CASCARET. | Qu'il n'est pas bon quand il fait bien crotté. |
| LE CAPITAN. | Mais durant les beaux jours il fait rage en campagne; |
| | Il part bien de la main. |
| CASCARET. | Ouy, comme une montagne. |
| LE CAPITAN. | J'en ay bien refusé près de deux cens écus. |
| CASCARET. | Environ quinze francs. |
| LE CAPITAN. | Quoy? |
| CASCARET. | L'on les offre, et plus. |
| FRIPESAUCES. | O les plaisans faquins! ce dialogue est drole. |
| LE CAPITAN. | Il te reste beaucoup de ma demi-pistolle : |
| | Va-t'en donc à la halle et m'achète à manger. |
| FRIPESAUCES. | Je crois qu'il dit cela pour me faire enrager. |
| | Il va bientost disner : il faut que je le suive. |
| LE CAPITAN. | Que nous ayons surtout la chastaigne et l'olive. |
| FRIPESAUCES. | Il vaudroit mieux avoir quelque bon aloyau. |
| LE CAPITAN. | De ces prunes aussi, qui laissent le noyau. |
| | Mais arreste, voilà l'écuyer de Lucinde. |
| FRIPESAUCES. | Qu'il a l'estomac hault! Que n'est-il un coq d'Inde! |
| | Je l'irois attaquer, encor qu'il fust bardé. |
| LE CAPITAN. | Le pauvret a fremy quand je l'ay regardé [1]. |
| | Holà, maistre d'hostel ! |
| FRIPESAUCES. | Vostre grandeur m'honore. |
| LE CAPITAN. | Que fait donc ta maistresse? |
| FRIPESAUCES. | Elle dormoit encore |
| | A l'heure que je suis sorty de la maison. |
| LE CAPITAN. | C'est bien fait : qu'elle dorme, elle a bonne raison. |
| | Avant que nous entrions sous les loix d'hyménée, |
| | Elle peut bien dormir la grasse matinée, |
| | Pour avoir le teint frais, le visage arrondy, |
| | La gorge ferme et pleine et le sein rebondy. |

[1] « Je ferois bien gageure, dit le *Capitaine* des *Tromperies* de Larivey, que le malotru a pissé en ses chausses quand il m'a veu tourner les yeux en la teste. As-tu veu comme il a b'esmy? » Tous les matamores de notre vieille comédie ne peuvent tourner leur regard sur un simple mortel sans le faire pour le moins frémir jusqu'à la moelle des os, quand ils ne le réduisent pas en poudre immédiatement. Du reste, ils sont tous jetés dans un moule tellement uniforme qu'il est inutile de relever ces continuelles analogies.

## ACTE I, SCÈNE V.

Car elle est destinée, ainsi qu'on le remarque,
Pour estre en peu de temps un morceau de monarque,
Et, si tout l'Univers mesme n'est en erreur,
D'un homme qui vaut bien trois fois un empereur.
Je m'en allois la voir cette belle assassine [1].

FRIPESAUCES. Pour aujourd'huy, Monsieur, elle prend médecine.
Toutefois...

LE CAPITAN. En ce cas, il s'en faut bien garder :
Je vis pour la servir, non pour l'incommoder.
Ne luy parles-tu point par fois de mes prouesses ?
Dis-le moy.

FRIPESAUCES. Non, Monsieur, mais bien de vos largesses,
Car elle sçait assez vos glorieux exploits.

LE CAPITAN. Tu te souviens toujours du quart d'écu de poids.
Attendant le disner, il faut que je te die
Si j'ay le bras bien ferme et l'âme bien hardie ;
Il faut qu'en peu de mots je te fasse sçavoir
Si, dans un beau combat, j'ay bien fait mon devoir.

FRIPESAUCES. Tout ce qu'il vous plaira.

LE CAPITAN. Écoute des merveilles.

FRIPESAUCES. Pour obliger mon ventre afflige mes oreilles.

LE CAPITAN. Contre le Preste-Jan [2] venant de batailler...

FRIPESAUCES. O que ces longs discours me vont faire bailler !

LE CAPITAN. J'allay faire trembler plus de quatre couronnes.

CASCARET. O qu'il est en humeur de t'en donner de bonnes !

LE CAPITAN. Ce bras fut affronter cinq ou six roitelets,
Et leur tordit le col ainsi qu'à des poulets.
Monbaze, Soffola, de mesme que Mélinde,
Se virent désolez pour l'amour de Lucinde :
Sur le bruit que son père en ces lieux fut traisné,
D'aller rompre ses fers je fus déterminé.

---

[1] On dit encore aujourd'hui une œillade *assassine* :

Vous pensez m'obliger d'un feu qui m'assassine,

dit Isabelle à Adraste dans l'*Illusion comique* de Corneille (II, scène 3).

[2] Ou plutôt le Prêtre-Jean. Les allusions au Prêtre-Jean fourmillent dans notre vieille littérature comique et satirique. Ce souverain de l'extrême Orient, qui réunissait en sa personne l'autorité du prêtre à celle du souverain absolu, préoccupait vivement l'imagination populaire ; il courait sur son compte une foule de légendes qui en faisaient un personnage presque fabuleux. Les récits de Marco-Polo avaient beaucoup contribué à ce résultat; puis le faux roi d'Ethiopie Zaga-Christ, qui vint habiter Paris sous le règne de Louis XIII, et qui excita tant de curiosité et d'engouement, remit l'histoire et le nom du Prêtre-Jean à la mode.

FRIPESAUCES.   Quelle obligation pour un si beau voyage!
CASCARET.   Il se rit de mon maistre, et j'en crève de rage.
LE CAPITAN.   Tout cela n'a pu plaire à ce cœur sans pitié;
Je n'ay pu jusqu'ici gagner son amitié.
FRIPESAUCES.   Je ne crois pas, Monsieur, qu'elle soit si cruelle
Quand vous aurez couché quatre nuits avec elle.
LE CAPITAN.   D'un autre exploit encor tu seras étonné !
FRIPESAUCES.   Mais ne disnez-vous point? voilà midy sonné.
LE CAPITAN.   Tu ne veux pas entendre un exploit admirable?
FRIPESAUCES.   Monsieur, il seroit temps de s'aller mettre à table;
Je sçais bien que chez vous vous avez de bon vin.
LE CAPITAN.   Tu boiras de bon cœur.
FRIPESAUCES.   Vous parlez en devin.
LE CAPITAN.   Écoute encore un peu.
FRIPESAUCES.   Monsieur, le temps me presse.
LE CAPITAN.   Fais-moy toujours service auprès de ma maistresse :
Je te feray présent d'un pot dont je fais cas.
FRIPESAUCES.   Sera-t-il bien garny?
LE CAPITAN.   Garny de taffetas.
FRIPESAUCES.   Ce n'est donc pas un pot pour mettre à la cuisine?
LE CAPITAN.   Ce pot est un armet[1] d'une étoffe bien fine.
Je veux d'un corselet encor te régaler,
Comme d'un coutelas qui siffle parmy l'air,
Et tranche en deux les sphinx, les hydres, les chimères.
FRIPESAUCES.   Ha! ces armes, Monsieur, ne me conviennent guères.
Je ne voudrois m'armer qu'avec un corselet
Qui fut fait de la peau d'un gras cochon de laict,
Et, pour estre coiffé selon ma fantaisie,
Je voudrois, pour mon pot, un pot de malvoisie;
J'en remplirois un verre aussi long que mon bras,
Qui pour fendre les airs seroit mon coutelas.
LE CAPITAN.   Je t'entends à ces mots, et veux en diligence
Ajouster quelque chose à cette intelligence :
Tiens, voilà de quoy boire au prochain cabaret.
FRIPESAUCES.   O le cœur magnifique!
LE CAPITAN.   Et de plus, Cascaret...
FRIPESAUCES.   O qu'il est libéral, si ce quart d'écu peze[2] !
Mais je crois qu'à la fin de cette parentèse,

---

[1] On appelait *pot* une espèce de morion ou de salade que portaient les gens de pied, et qui ne couvrait que le haut de la tête.

[2] Pèse le poids légal.

|   |   |
|---|---|
| LE CAPITAN. | Je dois sur nouveaux frais, avecque son valet, Par son commandement prendre pinte au collet : J'auray de la vigueur pour achever ma course. Entens-tu ? |
| CASCARET. | Oui, Monsieur. |
| LE CAPITAN. | Qu'il boive, et sur ma bour- [se! |
| FRIPESAUCES. | Nous boirons donc, Monsieur; mais à vostre santé. |
| LE CAPITAN. | Beuvez premièrement à ma divinité, A la belle Lucinde, à cette jeune Aurore, Dont un petit Soleil dans peu se doit éclore, S'il faut que je l'épouse, et qu'enfin sa rigueur, Cesse de rebuter les offres de mon cœur. |

*Le capitan seul.*

    Sans doute Cascaret, en vuidant les bouteilles,
    Va de ce parasite apprendre les nouvelles ;
    Car ce petit fripon sçait naturellement,
    Tirer les vers du nez assez adroitement.
    Je sçauray si Lucinde... Ah ! je vois cette belle :
    Elle sort du logis ; Phenice est avec elle.

## SCÈNE VI.

### LE CAPITAN, LUCINDE, PHENICE.

|   |   |
|---|---|
| LE CAPITAN. | Ou portez-vous ainsi les Grâces, les Amours, Et toute la clarté qui fit mes plus beaux jours ? |
| LUCINDE. | Monsieur, dans ce manchon je ne porte qu'un livre.  — O l'importun faschéux ! que le ciel m'en délivre ! |
| LE CAPITAN. | N'auray-je pas l'honneur d'accompagner vos pas ? |
| LUCINDE. | Non, Monsieur, point du tout, ou bien je ne sors pas. |
| LE CAPITAN. | De grâce, permettez. |
| LUCINDE. | Non, j'y suis résolue. |
| LE CAPITAN. | Vous le commandez donc de puissance absolue ? |
| LUCINDE. | Monsieur, je vous en prie. |
| LE CAPITAN. | Hé, madame, pourquoy ? |
| LUCINDE. | Vous perdrez vostre temps en l'employant pour moy, Je vous l'ay déjà dit. |
| LE CAPITAN. | O miracle des belles, Nous vaincrons par nos soins ces rigueurs naturelles, Nous en viendrons à bout. |
| LUCINDE. | Ce ne sera jamais. |

| | |
|---|---|
| LE CAPITAN. | En voudriez-vous jurer? |
| LUCINDE. | Ouy, je vous le promets, |

Et que vous avez beau solliciter ma mère.
Tous ces commandemens ne sont qu'une chimère :
Vous ne m'obtiendrez pas; on me verra, devant,
Epouser de bon cœur la mort ou le couvent.

| | |
|---|---|
| LE CAPITAN. | Mais que vous ay-je fait pour m'estre si contraire? |
| LUCINDE. | Rien que m'importuner, et rien que me déplaire. |
| LE CAPITAN. | Cruelle, cet orgueil un jour s'abaissera. |
| LUCINDE. | Adieu, je vous ay dit tout ce qu'il en sera. |
| LE CAPITAN. | Un mot : je te veux faire un présent bien honneste. |
| PHENICE. | Monsieur, tous vos discours me font mal à la teste. |
| LE CAPITAN. | Si tu me veux servir, je te feray du bien. |
| PHENICE. | Vous le dites assez, mais vous n'en faites rien. |
| LE CAPITAN. | Une voiture vient dont je feray largesse. |
| PHENICE. | Vous me ferez au moins gronder par ma maistresse. Adieu. |
| LE CAPITAN. | Voilà comment je travaille sans fruit. |

Lucinde me dédaigne, et le reste s'ensuit.

# ACTE II.

### SCÈNE PREMIÈRE.

#### LISANDRE.

Enfin, voicy l'endroit où Lucinde demeure,
Et je la reverray possible dans une heure...
Mais si[1] faut-il encor relire cette lettre,
Si le temps et l'Amour me le peuvent permettre;
Elle presse si fort mon amoureux désir,
Qu'il ne me reste pas un moment de loisir.

*Lettre de Lucinde à Lisandre.*

« Venez en diligence, et parlez à Phenice,
Qui vous découvrira l'état de nostre sort :

---

[1] Pourtant.

Nous n'avons plus d'espoir qu'en un seul artifice,
         Où Lisandre servira fort ;
Mais qu'il manque ou qu'il réussisse,
Mon amour ne craint rien, non pas mesme la mort. »
Lucinde, si j'entends la voix de cet oracle,
Nous sommes traversez par quelque grand obstacle,
Nostre heur est retardé par quelque empeschement,
Mais il faudra le vaincre ou mourir promptement.
Rien ne divertira; mon amoureuse envie;
J'obtiendray cette belle, ou je perdray la vie.
O que je suis à plaindre en mon sort amoureux!
Je vis dessous le joug d'un père rigoureux
Qui ne sauroit répondre à mon ardeur extreme,
Qui veut que j'étudie, et n'entend point que j'aime...
Je seray trop heureux, s'il ne me frappe pas.
Mais quel homme indiscret accompagne mes pas,
Et, me suivant, m'écoute en posture plaisante?

## SCÈNE II.

#### PÉRIANTE, LISANDRE.

PÉRIANTE. Un qui ne te craint guère.
LISANDRE. Ha! c'est toy, Périante!
Que fais-tu dans Paris? qui te croiroit icy?
PÉRIANTE. J'y suis depuis trois jours, et le prévost aussi.
LISANDRE. Qui?
PÉRIANTE. Lucile.
LISANDRE. Mon père! ô le malheur étrange!
PÉRIANTE. D'où vient que là dessus le visage te change?
Je vois bien que Lisandre est parti sans congé;
Lucile n'en sait rien.
LISANDRE. Non, tu l'as bien jugé;
Je craindray qu'à mes yeux à toute heure il se montre.
PÉRIANTE. Ne va pas au Palais, si tu crains sa rencontre :
Il plaide en cette ville.
LISANDRE. Ha! je sçais ce que c'est,
Et j'y suis arrivé pour un autre intérest.
PÉRIANTE. Seroit-ce point pour voir cette agréable fille,

---

[1] *Ne détournera*, dans le sens étymologique du mot.

| | |
|---|---|
| | De qui tu m'as parlé? Sa mère a nom Manille? |
| LISANDRE. | Ouy, c'est pour cela mesme. |
| PÉRIANTE. | Ha, je m'en doutois bien! |
| | Elle ne te hait pas; mais quoy! tu ne tiens rien, |
| | Si tu prétends au moins l'avoir en mariage. |
| LISANDRE. | Cher amy, que dis-tu? ne tiens pas ce langage : |
| | C'est blesser mon amour et sa fidélité. |
| PÉRIANTE. | Quand je te parle ainsi, je dis la vérité ; |
| | Tu n'y dois plus penser. |
| LISANDRE. | Treve de raillerie! |
| PÉRIANTE. | Enfin c'est au plus tard demain qu'on la marie ; |
| | Tout le monde le sçait, les voisins me l'ont dit. |
| LISANDRE. | Dieux! je suis tout confus! je suis tout interdit! |
| | Lucinde m'écrit-elle une si belle lettre, |
| | Où son affection me semble tout promettre |
| | Et doit jusqu'à la mort me conserver sa foy, |
| | Pour me faire mourir et se moquer de moy? |
| PÉRIANTE. | Possible elle a voulu, comme elle est fort discrète, |
| | S'excuser de la chose avant qu'elle fust faite, |
| | Dégager sa parole, et te dire comment |
| | On la va marier sans son consentement. |
| LISANDRE. | O noire perfidie avec art déguisée! |
| | Mon espérance ainsi seroit donc abusée? |
| | Comment! tant de soupirs et de pleurs confondus, |
| | En servant sa beauté seroient des soins perdus? |
| | Ha! que viens-tu de dire! ha! que viens-je d'entendre! |
| | O perfide Lucinde! ô malheureux Lisandre! |
| | O cieux! quelle injustice et quelle trahison! |
| PÉRIANTE. | Perdant cette beauté, ne perds pas la raison, |
| LISANDRE. | O malheureux voyage! ô fatale arrivée! |
| PÉRIANTE. | Une femme perdue, une autre est retrouvée. |
| LISANDRE. | O! d'un si lasche tour a-t-on jamais parlé? |
| PÉRIANTE. | Veux-tu pour t'en venger devenir tout pelé? |
| | Laisse en paix tes cheveux : cette belle moustache[1] |
| | N'a point pour ce sujet mérité qu'on l'arrache. |
| LISANDRE. | Lucinde se marie? ha! c'est trop discourir, |
| | C'est trop, c'est trop parler! Il est temps de mourir. |
| PÉRIANTE. | Tout beau, tout beau, Lisandre! |
| LISANDRE. | Il faut que je périsse, |

[1] Il s'agit ici de la moustache qui pendait le long de l'oreille. Voyez notre note, t. I, p. 55.

|           |                                                             |
|-----------|-------------------------------------------------------------|
|           | Il faut que tout mon sang marque son injustice : |
|           | De ce fer à ses yeux je veux m'assassiner. |
| PÉRIANTE. | Mais plutost sans la voir tu dois t'en retourner ; |
|           | Tu sçais que tous les jours on peut prendre le coche. |
| LISANDRE. | O trop lasche inconstance ! ô trop honteux reproche ! |
|           | Mais encore, de grâce, en flattant ma douleur, |
|           | Apprens-moy qui profite ainsi de mon malheur ? |
|           | Est-ce un homme de cœur, d'esprit et de naissance ? |
|           | Du quartier qu'il habite as-tu la connoissance ? |
| PÉRIANTE. | C'est un homme venu des pays étrangers [1], |
|           | Qui dit qu'il a partout affronté des dangers, |
|           | Qu'il a suivy la guerre en toutes les contrées ; |
|           | En un mot, un mangeur de charrettes ferrées [2]. |
| LISANDRE. | Son nom ? |
| PÉRIANTE. | C'est Matamore. |
| LISANDRE. | Et son logis encor ? |
| PÉRIANTE. | Si j'ay bonne mémoire, il loge au Lion-d'Or, |
|           | Car ce ballon enflé veut, par galanterie, |
|           | Un lion pour enseigne en son hostellerie. |
| LISANDRE. | Quand luy-mesme seroit ce roy des animaux, |
|           | Il se peut assurer d'avoir part à mes maux : |
|           | Sans courir quelque risque, il n'aura pas la joye |
|           | D'enlever à mes yeux une si belle proye. |
|           | Un autre auroit ainsi le prix du mon amour ? |
|           | Il en perdra la vie, ou je perdray le jour. |
| PÉRIANTE. | On dit qu'il bat le fer dans les meilleures salles. |
| LISANDRE. | N'importe, nous verrons avec armes égales ! |
| PÉRIANTE. | On tient qu'il est adroit. |
| LISANDRE. | Mon bras l'éprouvera. |
| PÉRIANTE. | Mais il peut s'excuser. |
| LISANDRE. | Mais il dégaînera. |
| PÉRIANTE. | Il faudra l'avertir, avant qu'on le menace, |
|           | Qu'il court sur ton marché. |
| LISANDRE. | C'est assez qu'il le fasse. |

---

[1] Le Matamore, bien qu'il reparaisse si fréquemment sur notre vieux théâtre, ne s'est pourtant jamais entièrement naturalisé chez nous, et quoique nous eussions le Gascon, qui semblait un moule à souhait pour recevoir ce type, on en faisait habituellement un étranger, comme on le voit ici, surtout un Italien ou un Espagnol.

[2] Fanfaron, faux brave, faiseur d'embarras (V. le *Dictionn. comique* de Leroux) : « Je ne sçais comme mon père est coiffé de cet avaleur de charrettes ferrées. » (*Comédie des proverb.* du comte de Cramail, scène 7.)

| | |
|---|---|
| | Sans éclaircissement et sans plus de longueur, |
| | Je m'en vais le chercher pour lui manger le cœur. |
| PÉRIANTE. | Le facteur de Manille en nostre hostellerie |
| | Avecque son valet a fait grande frairie [1] ; |
| | Ils y boivent encor. |
| LISANDRE. | Mais quel est ce facteur? |
| | Manille n'en a point. |
| PÉRIANTE. | Facteur, ou serviteur, |
| | C'est ce ventre affamé dont tu m'as dit merveilles, |
| | Qui s'altère tousjours en vuidant les bouteilles, |
| | Qui pourroit avaler un bœuf en un repas, |
| | Et qui pour tout cela ne se souleroit pas. |
| LISANDRE. | Je connois bien qui c'est. Quoy! ce gosier avide |
| | Hante ce Capitan? le traistre! le perfide! |
| PÉRIANTE. | En passant auprès d'eux j'entendois leurs discours : |
| | Ils parloient assez haut. |
| LISANDRE. | De quoy? |
| PÉRIANTE. | De tes amours |
| | Et par leur entretien j'ay sceu ton arrivée, |
| | Qui seroit, disoient-ils, une vaine corvée. |
| LISANDRE. | Ha! si je puis jamais attrapper ce maraut, |
| | Je l'en remercieray, mais s'entend comme il faut. |
| PÉRIANTE. | Adieu! ton serviteur. |
| LISANDRE. | Hé! de grâce, demeure. |
| PÉRIANTE. | Je cours au messager, qui s'en va dans une heure. |
| LISANDRE. | Amy, pour adoucir de si cruels tourmens, |
| | Veuille encor me donner au moins quelques momens, |
| | Demeure encore un peu; voicy ce parasite |
| | Que je m'en vais traitter en homme de mérite. |

## SCÈNE III.

### FRIPESAUCES, LISANDRE, PÉRIANTE.

| | |
|---|---|
| FRIPESAUCES. | Ha! vous voilà, Monsieur! Je vous allois chercher |
| | Pour vous dire trois mots. |
| LISANDRE. | Oses-tu m'approcher? |
| | Peux-tu bien sans rougir montrer ce front infâme, |

---

[1] *Frairie* ou *frérie*, ripaille, grand festin. La Fontaine a employé ce mot dans sa fable du *Loup et la Cigogne*.

## ACTE II, SCÈNE III.

Toy qui sur mon malheur es si digne de blâme?
Traistre, que mille fois j'ay sauvé de la faim,
Tu m'as bien-tost vendu pour un morceau de pain !
Ce fendeur de nazeaux, ce grand homme de guerre,
Qui, sans les grands chemins, n'auroit ni prez, ni terre,
A, depuis mon absence, engraissé ton museau ;
Vous avez bec à bec mangé plus d'un morceau :
Il s'est servy de toy pour recevoir Manille,
Et la porter si tost à lui donner sa fille.
Parasite sans cœur, sans amitié, sans foy,
Un valet de bourreau vaut mieux cent fois que toy !
Il n'est pas si méchant, si perfide et si traistre :
Il sert à la justice, il assiste son maistre ;
Mais toy, plus inhumain, ministre de malheur,
Tu trompes ta maistresse, et tu sers un voleur !
Je te veux imprimer les marques de ma haine
Avec cent coups de pied.

FRIPESAUCES. N'en prenez pas la peine.
PÉRIANTE. Ha! ne t'emporte point ainsi mal à propos.
LISANDRE. Nul ne m'empeschera de luy casser les os,
De luy rompre les bras jusques à l'omoplatte,
Et les jambes encor : il sera cul de jatte.
Je veux pocher ses yeux, je veux l'essoriller,
Le jeter à vau-l'eau, le bouillir, le griller.
PÉRIANTE. Et puis après cela l'envoyer aux galères.
FRIPESAUCES. Monsieur, sur ce papier déchargez vos colères :
Elles s'apaiseront, vous ne me ferez rien.
Je voudrois que ma faim s'apaisast aussi bien.
PÉRIANTE. Sans perdre plus de temps à luy chanter injures,
Regarde ce papier, et prends bien tes mesures.
LISANDRE. Ensuite, je prendray le temps de l'épouster.
FRIPESAUCES. Vous y pourriez faillir, gardez de déchanter [1].
LISANDRE. O lettre de Lucinde! ô divins caractères,
Si remplis d'espérance et d'amoureux mystères!
La consolation que je reçois de vous
Mérite que cent fois je vous baise à genoux.
Amy, jusqu'au revoir ! Ce que je viens d'apprendre
M'oblige à te quitter.
PÉRIANTE. Adieu donc, cher Lisandre.
Mais contre ce valet ne t'emporte donc pas.

[1] Prenez garde de changer d'avis.

LISANDRE.  J'aimerois mieux cent fois me donner le trépas,
Puisqu'il m'a fait sçavoir cette bonne nouvelle.
FRIPESAUCES.  Sur le pont d'Avignon j'ay ouy chanter la belle[1].

## SCÈNE IV.

### LISANDRE, FRIPESAUCES.

LISANDRE.  Pardon, mon cher amy ; de grâce, embrasse moy.
FRIPESAUCES.  J'ai trop peu d'amitié, de mémoire et de foy.
LISANDRE.  Excuse des ardeurs qui n'ont point de pareilles.
FRIPESAUCES.  Laissez-là nostre nez, nos yeux et nos oreilles.
LISANDRE.  Approche, approche-toy.
FRIPESAUCES.  Les valets des filous
Seroient trop honorez de s'approcher de vous.
LISANDRE.  Il faut par des effets supprimer nos paroles ;
Tiens, tiens, pour t'apaiser voilà quatre pistolles !
FRIPESAUCES.  Quoy, pour tant de gros mots ! Parlons de sens rassis :
A quatre francs la pièce il en faudroit bien six.
Il faut mieux compenser ces injures atroces.
LISANDRE.  Nous les compenserons quand nous ferons les nopces.
Dis-moy donc le secret dont on m'écrit icy.
FRIPESAUCES.  Ce fort, quoy qu'assiégé, ne se rend pas ainsi.
Il faudra que j'en voye, avec que mes besicles,
La composition articles par articles.
Par un certain secret qui n'a rien de pareil,
Nous allons éluder Manille et son conseil,
Chasser le Capitan comme un peteur d'Église,
Et vous loger chez nous sans aucune remise.
Vous tiendrez aujourd'huy Lucinde entre vos bras ;
Sa mère en le voyant ne s'en faschera pas,
Et mesme, en exprimant vostre ardeur mutuelle,
Vous pourrez librement vous baiser devant elle.
LISANDRE.  O que tu me ravis par ces discours charmans !
Dis-tu la vérité ?
FRIPESAUCES.  Crevez-moy si je mens,
Blessez-moy de cent coups ; que le bourreau m'achève !
Mais si je ne mens point, il faut que je me crève ;
Il faut que le couteau, s'escrimant en amy,

---

[1] On connaît la chanson populaire du *Pont d'Avignon*. Elle est très-ancienne. La ville d'Avignon avait fourni matière à une foule de chansons et de proverbes.

                Fasse en la basse-cour la Saint-Barthelemy ;
                Que tout le poulailler se sente du carnage,
                Que l'on defonce un muid, que dans le vin je nage;
                Que l'on n'épargne rien pour me rassasier,
                Que je mange mon saoul, j'entend jusqu'au gosier ;
                Que je ne fasse rien que sauts et que gambades,
                Qu'aller au cabaret, qu'aller aux promenades ;
                Qu'on ne desserve point tant que je mangeray,
                Qu'on ne m'éveille point tant que je dormiray.

LISANDRE.   Tout cela t'est promis ; dis-moy donc le mistère.
FRIPESAUCES.   Je veux qu'il soit écrit, et pardevant notaire ;
                De plus, que si par fois on m'envoie au marché,
                Pour le compte jamais je ne sois recherché,
                Quand bien je ferrerois la mule [1].

LISANDRE.                           Ouy dea, n'importe.
FRIPESAUCES.   J'entends que cela soit couché de bonne sorte.
                Ha ! tout le sang me bout, je sors presque des gonds :
                Voicy ce Capitan, ce mangeur de dragons,
                Et qui, si l'on en croit son discours ridicule,
                Avaleroit un diable ainsi qu'une pilule.

## SCÈNE V.

### LE CAPITAN, CASCARET, LISANDRE, FRIPESAUCES.

LE CAPITAN.   Il t'a dit tout cela ?
CASCARET.                     Ouy, tout de point en point.
LE CAPITAN.   Dis m'en la vérité.
CASCARET.                       Monsieur, je ne mens point :
                Entre les deux treteaux, dès la quatrième pinte,
                Il m'a tout déclaré.
LE CAPITAN.                    Mais parle-moy sans feinte.
CASCARET.   Je ne feins point du tout.
LE CAPITAN.                  C'est un conte inventé.
CASCARET.   Un conte ? nullement.

---

[1] Ferrer la mule, c'est faire danser l'anse du panier, tromper sur le prix d'une chose pour acquérir un bénéfice illicite : « Vespasien étant en voyage, dit Suétone, se douta que son cocher ne s'était arrêté à ferrer ses mules qu'afin de donner le temps à un plaideur de l'aborder et de soutenir sa cause près de lui ; il fit venir son cocher et voulut avoir la moitié du prix qu'on lui avait donné pour *ferrer sa mule* si à propos ». On voit l'origine de la locution.

LE CAPITAN.   Dis, dis la vérité.
T'a-t-il absolument parlé de cette sorte?
CASCARET.   Ouy, la peste m'étouffe et le Diable m'emporte!
LE CAPITAN.   C'est assez.
FRIPESAUCES.   Écoutons, il parle à son valet.
LE CAPITAN.   Ha! je l'étrangleray de mesme qu'un poulet,
Ce Guespin[1] d'Orléans, cette guespe importune,
Qui pense traverser nostre bonne fortune!
Ce drosle voudroit faire un hymen clandestin!
Je luy veux d'un regard foudroyer l'intestin,
Luy rompre le brechet, avec plus d'une coste;
Et s'il respire encore...
LISANDRE.   Il compte sans son hoste.
Nous verrons.
LE CAPITAN.   Pour montrer que mon cœur est sans
[fiel,
Je le feray sauter jusqu'au cinquième ciel[2],
Afin qu'aux pieds de Mars il luy demande grace
D'avoir osé choquer un prince de sa race.
LISANDRE.   C'est trop, c'est trop souffrir.
FRIPESAUCES.   Vous l'avez entendu.
CASCARET.   Il faudroit bien le prendre, ou tout seroit perdu :
Ces diables d'écoliers portent toujours la fronde
Dont ils cassent la teste à quiconque les gronde;
D'oreilles et de nez ils font un grand degast.
LE CAPITAN.   Il n'est point de David pour un tel Goliat.
CASCARET.   Monsieur, si c'étoit lui qu'ameine Fripesauce?
LE CAPITAN.   Il apprendroit bientost à quel point je me chausse.
LISANDRE.   Nous le voyons fort bien, ce n'est qu'à douze points.
LE CAPITAN.   Si l'on ne m'a trompé, c'est à quatorze au moins.
LISANDRE.   Montrez-nous les talons; vite, que l'on détale!
LE CAPITAN.   Le tout est de bon cuir, de la Butte-Royale.
LISANDRE.   Je dis que sans tarder vous delogiez d'icy;
Passez, et promptement.
LE CAPITAN.   J'allois passer aussi[3].

[1] Voir, sur ce nom de *Guépin* donné aux Orléanais, le tome II de ce recueil, p. 34, note 3.

[2] De même, le Matamore de l'*Illusion comique* dit à Clindor (III, scène 9) :

Je vais, d'un coup de poing, le briser comme verre,...
Ou te jeter si haut au-dessus des éclairs,
Que tu sois dévoré des feux élémentaires.

[3] « Aussi bien me voulois-je coucher », dit le Matamore du *Pédant joué* de

| | |
|---|---|
| LISANDRE. | Sus, il se faut tirer quelque sang l'un à l'autre. |
| LE CAPITAN. | Mon sang me fait besoin ; vous connoissez le vostre : |
| | Si vous en avez trop, ou s'il est altéré, |
| | Que par quelque barbier[1] il vous en soit tiré. |
| LISANDRE. | Je dis, tirons ce fer pour l'amour de Lucinde, |
| LE CAPITAN. | Elle sçaura fort bien que c'est une Zolinde[2]. |
| LISANDRE. | Tirez-la promptement, et nous la faites voir. |
| LE CAPITAN. | Elle se rouilleroit, car il s'en va pleuvoir. |
| LISANDRE. | Battons-nous seul à seul sans faire de vacarmes. |
| LE CAPITAN. | Lorsqu'on est appelé[3], l'on a le choix des armes : |
| | C'est à moy d'y penser. |
| LISANDRE. | Je ne dis pas que non, |
| | Choisis donc d'un ganif jusques à un canon. |
| LE CAPITAN. | Afin qu'avec honneur l'un et l'autre succombe, |
| | Il faudra quelque jour nous battre à coups de bombe... |
| FRIPESAUCES. | En compère, en amy, tu serais épousté, |
| | Et jamais ton bidet ne se vit mieux frotté, |
| | Bien que de le panser la main d'un capitaine |
| | Par divertissement prenne souvent la peine, |
| LE CAPITAN. | Je t'auray, je t'auray. |
| FRIPESAUCES. | Ne fais pas tant de bruit. |
| LE CAPITAN. | Pense à qui tu te prends. |
| FRIPESAUCES. | Lisandre !... Oh ! comme il fuit. |
| | Au seul nom de Lisandre il détale bien viste ; |
| | Jamais lièvre lancé n'éloigna mieux son giste. |
| | Cascaret, au logis as-tu du linge prest ? |
| | On prend la pleurésie en sueur comme il est. |
| | Ils feignent bien tous deux de ne me pas entendre. |
| | Mais quoy, doublons le pas pour rejoindre Lisandre. |

Cyrano, quand la Tremblaye le jette par terre d'un coup de pied. C'est dans l'art d'esquiver les batailles qu'ils provoquent que tous les matamores de notre vieille comédie se montrent le plus ingénieux.

[1] Un barbier chirurgien.

[2] Je connais *une Olinde*, du nom de la ville où l'on fabriquait les épées appelées ainsi (Voir le *Campagnard*, de Gillet de la Tessonnerie, IV, scène 6) ; je ne connais pas *une Zolinde*. Il est probable que c'est la même chose, et que le Z n'est ici qu'une addition vicieuse.

[3] Provoqué.

# ACTE III.

## SCÈNE PREMIÈRE.

### FRIPESAUCES.

Tout va bien, tout va bien : nous avons acheté
Un bel habit d'esclave et défait un pasté
D'un lièvre aussi rablu, d'aussi bonne stature,
Qui jamais jusqu'icy m'ait pu servir de cure ;
Car ce n'est qu'une cure à ce chaud estomac
Que la nature a fait large comme un bissac.
Douze pintes de vin en ont lavé la toille,
Mais d'un vin pénétrant et les os et la moüelle,
D'un vin qui rend d'abord les esprits enchantez,
Et que l'on peut vanter pour quatre qualitez :
L'agréable couleur, le vert, le vin, la sève ;
Enfin c'est du meilleur qui descende à la Grève.
Nostre Turc, qui possible en a beu demistié [1],
En est plus beau d'un tiers et plus gay de moitié.
Il n'est plus Alcoran ny Mahomet qui tienne :
Il apprendra de nous à boire à la chrétienne ;
Nous en pratiquerons aussi bien le métier
Que la Mothe Massas et que François Paumier [2].

[1] Demi-setier.
[2] C'étaient des buveurs fameux, surtout François Paumier, que Saint-Amant a chanté :

> Nous y beuvons à ta santé
> Du meilleur qu'ait jamais vanté
> François Paumier, ce grand ivrogne.
>       (*La Chambre du débauché.*)

On avait fait plusieurs chansons sur lui. On en trouve une à la fin du deuxième acte de la *Comédie de chansons* (1640).

> Un jour Paulmier, à haute voix,
> Enivré dans le Petit More, etc.

Saint-Amant a aussi célébré La Mothe Massas dans *la Vigne*, où il énumère tous les francs buveurs de sa société :

> La Mothe qui, parmi les tasses,
> As mille fois plus fait de *masses*
> Que ton père, en son plus grand feu,
> N'en a jamais fait dans le jeu.

Mais voicy le galand, il le faut bien instruire;
C'est le temps à peu près qu'il faudra le produire.
Avez-vous retenu ce que je vous ay dit?

## SCÈNE II.

### LISANDRE, FRIPESAUCES.

LISANDRE. Cher amy, je ne sçais, je suis tout interdit,
Le cœur me bat au sein, je tremble, je frissonne.

FRIPESAUCES. Et qui vous fait trembler? vous ne voyez personne.

LISANDRE. Tu ne sçaurois penser l'état où je seray
Quand je verray ma sœur, quand je l'embrasseray :
Je me sens tout ému, j'en ay déjà la fièvre;
Et mon âme s'appreste à passer sur ma lèvre.

FRIPESAUCES. Ma foy, s'il est ainsi, vous perdrez la raison;
A l'heure qu'il faudra jazer comme un oyson,
Vous deviendrez muet, et peut-estre Manille
Prendra quelque soupçon que vous aimez sa fille,
Que de son fils absent vous empruntez le nom,
Et venez comme un masque apporter un momon[1].
Rengainez vostre amour, cachez sa violence,
Et vous souvenez bien des pages d'importance :
Il faut de la mémoire à qui sçait bien mentir.
N'oubliez pas les noms de Jaffe ny de Thyr;
Vous citerez encor d'autres lieux de Syrie,
Pour vous conduire enfin jusqu'en Alexandrie,
Où vous avez trouvé ce marchand marseillois
Qui vous a reconnu pour chrétien, pour François,
Pour natif de sa ville, et d'honneste famille,
Et vous a racheté.

LISANDRE. Mais s'il faut que Manille
Me demande le nom de ce marchand humain?

---

[1] Pendant le carnaval, les masques couraient les maisons en portant des boîtes de dragées ou d'autres objets, qu'ils proposaient de jouer en un coup de dés. Ces objets et, par extension, le défi du coup de dés que faisaient les masques, voire la partie de mascarade elle-même, s'appelait *momon*, un mot qui, malgré certaines étymologies tirées par les cheveux, vient probablement de *Momus*. On disait, suivant les circonstances, porter un momon, comme ici et dans le *Bourgeois gentilhomme*; jouer un momon (*Étourdi*, III, scène 11), donner, perdre ou gagner un momon, etc.

FRIPESAUCES. Eh bien! vous répondrez qu'il s'appelle Romain.
LISANDRE. De taille?
FRIPESAUCES. Médiocre, à qui le poil grisonne,
Et pour un trafiquant assez bonne personne.
LISANDRE. Son logis?
FRIPESAUCES. Vers le port.
LISANDRE. Sa femme et ses enfans?
FRIPESAUCES. Vous direz qu'il est veuf depuis quatre ou cinq ans.
Ne sçauriez-vous tout seul fonder cette fabrique?
LISANDRE. Je n'ay pas comme toy cette belle pratique,
Je ne sçais point mentir.
FRIPESAUCES. Allez, vous l'apprendrez.
J'entre dans la maison; suivez-moy de bien près.
LISANDRE. Je vais étudier mon discours et ma mine.
FRIPESAUCES, *frappant à la porte de Manille.*
Allégresse, allégresse, en cuisine, en cuisine!
LISANDRE. O dieux! qu'à cet abord mes sens seront charmez!
Je crois qu'en nous baisant nous tomberons pasmez,
Et dans ces doux transports, j'ay bien sujet de craindre
Que ma maistresse et moy n'oubliions l'art de feindre.
Il faut avec adresse, en prenant un faux jour,
Cacher bien ces baisers de salut et d'amour.

## SCÈNE III.

### MANILLE, LISANDRE, FRIPESAUCES, LUCINDE, PHENICE.

MANILLE. Le ciel par sa bonté veut donc que je revoye
Ce fils que j'ay cru mort? O Dieux, que j'ay de joye!
LISANDRE. Ha! ma mère!
MANILLE. Ha! mon fils! que ton retour m'est doux!
Je t'ay pleuré cent fois.
LISANDRE. Je ne pensois qu'à vous.
MANILLE. Est-ce donc toy, mon fils? est-ce toy, cher Sillare,
Qu'on enleva si jeune en un païs barbare?
LISANDRE. Madame, vous voyez ce jouet des malheurs,
Qui fut dessus la mer le butin des voleurs,
Qui, n'ayant que deux ans, se vit chargé de chaisnes,
Que son père nourrit avecque tant de peines,
Trois ans dedans Thunis, et quatre dans Alger,

## ACTE III, SCÈNE III.

Car de ville et de maistre il nous fallut changer ;
Puis, nous fûmes à Jaffe encore cinq années ;
Puis, comme l'ont voulu nos tristes destinées,
Esclaves malheureux de barbares marchands,
Nous avons consumé près de cinq ou six ans
Dans le terroir d'Egypte et dans Alexandrie,
Y regrettant tousjours nostre chère patrie,
Parmy tous les travaux qu'on se peut figurer;
Et rien que le trépas n'a pu nous séparer.

MANILLE. Alcidor est donc mort? ô nouvelle funeste!
Mais de quel accident?

LISANDRE. Il est mort de la peste
Qui régnoit au grand Caire et mettoit tout à bas ;
Le bon homme a rendu l'esprit entre mes bras,
Après avoir au ciel recommandé son âme,
Et parlé mille fois de Manille sa femme,
Qu'il croyoit à Marseille avec tous ses parens.

MANILLE. O funeste récit! que mes ennuis sont grands!
J'en ay le cœur serré, j'en perdrois la parole,
N'étoit que ton retour me charme et me console.
Que n'ay-je été présente à la fin de ses jours!
Tu me feras au long tout ce triste discours.
Mais embrasse ta sœur.

LISANDRE. Ma sœur qui m'est si chère!
O Lucinde, ma sœur!

LUCINDE. O Sillare, mon frère!

LISANDRE. Est-ce vous que je tiens?

LUCINDE. Est-ce vous que je voy?

LISANDRE. Est-ce vous, chère sœur?

LUCINDE. Ouy, cher frère, c'est moy.

PHENICE. Ha! Madame, quel heur! quelle réjouissance!

FRIPESAUCES. Sans doute avec le temps ils feront connoissance!

MANILLE. Nourrice, en le voyant, l'aurois-tu bien connu?

PHÉNICE. Le cœur m'a dit : « C'est luy! » sitost qu'il est venu,
Fripesauce, a-t-il pas tout le haut de sa mère?

FRIPESAUCES. Mais je crois que du bas il ressemble à son père.

MANILLE. O Dieux! qu'ils sont contens de pouvoir s'embrasser!

LUCINDE. Ce m'est un grand plaisir.

LISANDRE. Je ne m'en puis lasser.

FRIPESAUCES, *parlant à Phenice.*
Il s'en pourroit lasser toutefois plutost qu'elle.

PHENICE. Le sang a bien rendu l'amitié mutuelle.

MANILLE. A peine je me sens : la joie et la douleur
Au retour de mon fils ont partagé mon cœur.
Je sens bien dans mon sang un trouble qui me mon-
Que c'est asseurément mon fils que je rencontre ; [tre
Mais j'ay creu que la chose iroit tout autrement.
Je trouve un sort bizarre en cet événement :
L'avis que depuis peu j'ay receu de Provence,
De revoir Alcidor me donnoit espérance ;
Le dimanche passé je le disois encore,
Et je revois Sillare, et non pas Alcidor !
Contre ce qu'on m'écrit, contre ce que j'espère,
J'ay retrouvé le fils, et j'ay perdu le père.

FRIPESAUCES. Ceux qui vous ont écrit, par mégarde ont manqué :
On a mis l'un pour l'autre, on s'est équivoqué.

MANILLE. Il faut que cela soit, mais que ces avantures
Referment en mon cœur et r'ouvrent de blessures !
Après avoir pleuré l'enfant que j'ay nourry,
Je me vois donc réduite à pleurer mon mary.
Que n'as-tu le bonheur de ramener ton père !
Mais tu nous rends au moins une chose bien chère.
Entrons pour nous asseoir, et parler à loisir.

FRIPESAUCES. Monsieur, pour le souper.

LISANDRE, *luy donnant sa bourse.*
Fais selon ton désir ;
Tu pourras employer trois ou quatre pistolles.

FRIPESAUCES. Achevons de bien faire en débitant nos rolles.
Soyez bien circonspect pour venir à vos fins ;
Prenez garde à Manille : elle a les yeux bien fins,
Avec sa mine douce, elle est matoise en diable !

LISANDRE. Va, j'auray soin de tout. O malheur effroyable !
Ce fantosme fascheux, que j'apperçois là-bas,
M'a veu dans le visage, et vient au petit pas.
C'est mon père, c'est luy qui plaide en cette ville.
Que pourray-je inventer qui ne soit inutile ?

## SCÈNE IV.

### LUCILE, LISANDRE.

LUCILE. Ouy, ouy, voilà mon fils, voilà mon débauché !
Lorsqu'il m'a veu paroistre, il s'est soudain caché.

|  | Dis-moy, quelle gageure, ou quelle humeur fantasque, |
|---|---|
|  | Avant le carnaval te fait aller en masque? |
|  | Qui t'a mis sur le front ce bourlet de bassin? |
|  | Portes-tu des momons? apprens-moy ton dessein. |
| LISANDRE. | Monsieur, vous me prenez sans doute pour un autre; |
|  | Passez vostre chemin. |
| LUCILE. | O Dieux! le bon apostre! |
|  | Est-il poste [1] effronté qui le soit à ce point? |
|  | Tu ne me connois pas? |
| LISANDRE. | Je ne vous connois point. |
| LUCILE. | Quelles déloyautez! quelles ingratitudes! |
|  | Quoy! tu n'es pas mon fils que j'ay mis aux Études? |
|  | Lisandre, fils d'Orante, et natif d'Orléans? |
| LISANDRE. | Non, je viens de sortir des mains des mécréans. |
|  | Marseille m'a veu naistre, et pris avec mon père, |
|  | J'ay souffert à Thunis une longue misère. |
|  | Nous avons là porté plus de seize ans des fers, |
|  | Et souffert tous les maux que l'on souffre aux Enfers. |
| LUCILE. | O discours ridicule! |
| LISANDRE. | O lamentable histoire! |
| LUCILE. | Je ne m'abuse pas. |
| LISANDRE. | Vous me pouvez bien croire. |
| LUCILE. | Traitte mieux qui te parle ayant tant de douceur. |
| LISANDRE. | Ouy, Manille est ma mère, et Lucinde est ma sœur; |
|  | Et je n'ay commencé d'étude de ma vie, |
|  | Si ce n'est à ramer sur la mer de Syrie. |
|  | Maudite soit l'étude, et le maistre à jamais! |
|  | Trouvez bon là-dessus de me laisser en paix. |
| LUCILE. | Je ne me trompe point: il me dit des sornettes. |
| LISANDRE. | Il n'est point de besoin de tirer vos lunettes. |
| LUCILE. | Je ne me trompe point; ce sont traits de matois, |
|  | Je reconnois fort bien son visage et sa voix. |
| LISANDRE. | S'il faut que par malheur votre fils me ressemble, |
|  | Pour Dieu, cherchez-le ailleurs, et raisonnez ensem- [ble. |

---

[1] « On appelle populairement un petit poste un jeune garçon gai et éveillé, qui aime à courir, qui ne se peut tenir en place. Le poste d'un couvent, d'un collége, dit Génin dans son *Lexique de Molière*, était le coureur, le messager de la maison. »

## SCÈNE V.

### PHENICE, LISANDRE, LUCILE.

PHENICE. Lisandre, venez donc, qui vous arreste icy ?
LISANDRE A-t-on accoustumé de me nommer ainsy ?
Comment m'appelles-tu? l'avanture est bizarre !
PHENICE. La langue m'a fourché, je veux dire Sillare.
LUCILE. Hé bien! tu n'es donc pas mon fils?
LISANDRE. Moy? point du tout.
Ces discours ennuyeux n'auront-ils point de bout?
PHENICE. Entrez donc promptement.
LISANDRE. Ce vieux homme sévère
M'arreste de la sorte, et dit qu'il est mon père.
PHENICE. C'est qu'il a la berluë, et quand on devient vieux,
On est de la manière étrange et lubieux.
LUCILE. Je n'ay point de berluë et n'ay point de lubie.
PHENICE. Vous ne le croyez pas.
LUCILE. Ny n'en eus de ma vie.
Mais vous parlez vous-mesme en fille de berlan [1].
PHENICE. De berlan? parlez mieux, allez, vieux allebran [2],
Simulacre plastré, anticaille mouvante,
Squelette décharné, sépulture ambulante,
Monopoleur insigne et maistre des larrons,
De qui les coins des yeux semblent des éperons,
Et de qui chaque tempe est creusée en saucière.
Attends-tu donc icy la croix et la bannière [3] ?
Si, mais je dis bien tost, tu ne t'en vas plus loin,
Ton nez s'enrichira de quelque coup de poing.
LUCILE. On ne doit point frapper des hommes de mon âge.
PHENICE. Va-t-en donc promptement, tu ne feras que sage [4].
Moy, fille de berlan? Pénard injurieux,
Je pourrois t'arracher les prunelles des yeux,

---

[1] En coureuse ou en servante de brelans.

[2] Un *allebran*, ou *albrant*, est un jeune canard sauvage : le mot *vieux* s'applique donc tout à fait de travers à ce nom.

[3] Attendre la croix et la bannière, c'est *faire des cérémonies, n'en pas finir.*

[4] Que ce qu'il faut faire pour être sage, que sagement. On disait aussi, plus rarement, *faire que fol, dire que sage.* Cette locution elliptique appartient à notre vieille langue; elle se trouve dans les poésies de Charles d'Orléans, dans les *Cent nouvelles* et jusque dans La Fontaine : *Le Pot de fer et le Pot de terre* (v. 2).

## ACTE III, SCENE V.

|   |   |
|---|---|
|   | Et te dauber si bien... |
| LUCILE. | Arrestez, je vous prie. |
| PHENICE. | Qu'il en seroit parlé. |
| LUCILE. | N'entrez point en furie; Excusez le transport de mon juste courroux : J'en voulois à mon fils qui vient d'entrer chez vous. |
| PHENICE. | Luy? S'il est vostre fils, Lucinde est vostre fille! C'est le fils d'Alcidor, c'est le fils de Manille. |
| LUCILE. | Hé! dites, dites vray. |
| PHENICE. | Quoy? ce n'est point mentir. Il revient de Thunis, d'Alger, de Jaffe et Thyr, Du Caire, et d'une mer plus grande que la France; Il a de son vaisseau passé par la Provence. |
| LUCILE. | Et puis par Orléans pour prendre son quartier, Et le venir dépendre [1], à faire un beau métier. |
| PHENICE. | Une oreille vous corne, et vous fait mal entendre. |
| LUCILE. | Comment s'appelle-t-il? |
| PHENICE. | Sillare. |
| LUCILE. | Ou bien Lisandre : C'est ainsi que tantost vous l'avez appellé. |
| PHENICE. | Des discours d'un roman j'avois l'esprit brouillé, Et venant appeller Sillare à l'improviste, Je pensois appeller Lisandre de Caliste [2]. |
| LUCILE. | O la fourbe plaisante, exprimée en trois mots! |
| PHENICE. | Ne venez point icy nous conter des fagots. Si vous ne le croyez, charbonnez-le, bon homme, Cet enfant est à nous, et Sillare il se nomme. |
| LUCILE. | Hé! de grâce, épargnez un peu la vérité. |
| PHENICE. | Il me fera tourner ma coëffe de costé. |
| LUCILE. | Ma fille, je suis vieux, j'ay de l'expérience, Et je sçais ce que vaut la paix de conscience: Parlons plus franchement. |
| PHENICE. | Ma foy, vraiment, c'est mon [3], Le voilà bien campé pour nous faire un sermon! |
| LUCILE. | Mais ne nous faites point de bruit ny de reproches. |
| PHENICE. | Le voilà bien vuidé pour tourner quatre broches [4]. |

[1] Dépenser.
[2] Allusion à l'*Histoire des amours de Lysandre et de Caliste*, par d'Audiguier.
[3] Ou çàmon, exclamation familière et affirmative, qu'on rencontre souvent dans les auteurs comiques, même dans Molière.
[4] Nous trouvons dans la *Comédie des proverbes* un autre exemple de ce dicton

| | |
|---|---|
| LUCILE. | Hé! de grâce, employons des termes plus humains. |
| PHENICE. | Monsieur, adieu, bon soir, je vous baise les mains; |
| | Une bille, un tambour, une coëffe à cornette, |
| | Une citrouille, un coq, de l'épine vinette, |
| | C'est en bon baragoüin, tire, passe sans flus, |
| | Abandonnez cet huis, et n'y revenez plus, |
| | Ou, sur l'étuy chagrin de ce cerveau malade, |
| | J'iray bientost verser un pot de marmelade. |
| LUCILE. | Quel discours? et quel pot? Suis-je au païs des fous? |
| PHENICE. | C'est un pot à pisser tout préparé pour vous. |
| | Attendez seulement. |

## SCÈNE VI.

### LE CAPITAN, PHENICE, LUCILE.

| | |
|---|---|
| LE CAPITAN. | Quel courroux vous transporte? |
| PHENICE. | C'est un fou qui sans cesse assiége notre porte, |
| | Et nous vient étourdir de ses illusions. |
| LUCILE. | Je parlois de mon fils. |
| PHENICE. | Ce sont des visions. |
| LUCILE. | Voudroit-on pas m'oster les sentimens de père? |
| PHENICE. | Vous m'obligeriez fort si vous le faisiez taire. |
| LE CAPITAN. | De mesme que l'on coupe un petit brin d'ozier, |
| | Je m'en vais luy trancher la nuque et le gozier. |
| LUCILE. | Tout beau, tout beau, Monsieur, ne querellez personne: |
| | Nous sommes du métier, bien que ce poil grisonne. |
| LE CAPITAN. | Dites vostre *in manus,* ou bien doublez le pas. |
| LUCILE. | Monsieur, encore un coup ne vous emportez pas; |
| | Sçavez-vous qui je suis? |
| LE CAPITAN. | Une barbe assez sale. |
| LUCILE. | Et que je suis prévost? |
| LE CAPITAN. | Comment? prévost de salle? |
| | Monsieur, excusez-moy, je vous dois tout honneur; |
| | Commandez, s'il vous plaist, à vostre serviteur. |
| | Sur cette qualité j'ay changé de pensées. |
| LUCILE. | Monsieur, je suis prévost d'une maréchaussée. |
| LE CAPITAN. | N'importe, j'ay ce titre en vénération; |

---

peu connu : « Tu es un homme bien fait pour tourner quatre broches. » (Scène dernière.)

| | |
|---|---|
| | C'est une qualité dont je crains l'action. |
| LUCILE. | Ne vous en moquez point : pour un gibier semblable |
| | Nous avons des levriers qui vont comme le diable. |
| LE CAPITAN. | De leurs dents toutefois nous serons épargnez. |
| LUCILE. | Nous reviendrons bientost, et mieux accompagnez. |

## SCÈNE VII.

### MANILLE, LE CAPITAN.

| | |
|---|---|
| MANILLE. | Quel vacarme et quel bruit se fait devant ma porte? |
| | Auprès des gens d'honneur en user de la sorte! |
| | C'est avoir grand respect pour nostre logement, |
| | Que de faire si près un éclaircissement. |
| LE CAPITAN. | Ha! Madame, excusez une humeur chaude et prompte. |
| MANILLE. | Comment vous excuser? n'avez-vous point de honte? |
| | Contre un vieillard caduc, et foible et désarmé, |
| | Mettre l'épée au vent? vous en serez blasmé! |
| | Dès-là j'en rabas quinze[1]. Est-ce avoir du courage |
| | Que de se vouloir prendre aux hommes de cet âge? |
| | Je me détrompe fort, et choisirois fort mal |
| | Si je prenois jamais un gendre si brutal. |
| LE CAPITAN. | Madame, ce n'étoit qu'une galanterie. |
| MANILLE. | A d'autres! de là haut j'ay veu cette furie. |
| | Mon fils, de chez les Turcs depuis peu revenu, |
| | Encor que ce vieillard luy fust fort inconnu, |
| | Voyant une action si lasche et si vilaine, |
| | En est si fort émeu qu'on le retient à peine. |
| | Là-haut avec sa sœur je viens de l'enfermer, |
| | De peur que son courroux que j'ay veu s'allumer, |
| | Au défaut d'une épée empoignant une broche, |
| | Ne vous fist sur cet acte un plus sanglant reproche. |
| LE CAPITAN. | Madame, je l'aurois satisfait sur ce point. |
| | Mais quel est donc ce fils dont vous ne parliez point? |
| MANILLE. | C'est Sillare, ce fils que je pleurois naguère, |
| | Qui fut dans un esquif pris avecque son père, |
| | Dès l'âge de deux ans mis en captivité, |
| | Et que, depuis trois mois, quelqu'un a racheté. |
| LE CAPITAN. | C'est une chose étrange, et difficile à croire : |

[1] C'est-à-dire, je rabats beaucoup de l'opinion que j'avais de vous.

Vous disiez l'autre jour, si j'ay bonne mémoire,
Que de certains marchands, trafiquans à Memphis,
Écrivoient qu'Alcidor revenoit sans son fils;
Et, pour montrer la chose encor plus asseurée,
Ils marquoient ce fils mort d'une fièvre pourprée;
Et qu'en certain endroit Alcidor, avec deuil,
Avoit luy-mesme mis son enfant au cercueil.

MANILLE. C'est de cette façon qu'on m'écrivoit naguère;
Mais c'est que l'on a mis le fils au lieu du père.
Ce marchand à la haste écrivant cet avis,
Nous désignoit ainsi le père pour le fils.
Ces marchands de leur fait ont la teste troublée.

LE CAPITAN. Cette affaire pourtant peut estre démeslée.
Dites-moy, votre fils avoit-il quelque seing
Sur le bras, sur la jambe, au dos ou sur le sein,
Au col, dessus l'épaule, ou dessus le visage,
Qui de ces véritez vous rende témoignage?

MANILLE. Après vingt ans passez dans un si grand ennuy,
Il ne me souvient plus d'Alcidor ny de luy;
Mais il nous a donné de tout plus d'une enseigne:
Il n'est point chez les Turcs de lieu qu'il ne dépeigne.

LE CAPITAN. Mais parle-t-il bon Turc?
MANILLE. Bon Turc? je n'en sçais rien.
LE CAPITAN. Il faut le confronter à quelque Arménien
Qui sçache le païs, qui sçache le langage,
Pour voir s'il n'a point fait un fabuleux voyage.
La tromperie est grande au siècle où nous vivons,
Et nous ne disons pas tout ce que nous sçavons.

MANILLE. Et quoy? que sçavez-vous? parlez donc.
LE CAPITAN. Je le cèle
Pour ne m'engager pas à faire une querelle.

MANILLE. C'est fort bien fait à vous. Voicy de nos fendans
Qui querellent si bien les gens de soixante ans.
Ces vaillans circonspects, et faits de la manière,
A ne vous rien céler, ne me reviennent guère.

LE CAPITAN. Madame.
MANILLE. Brisons là.
LE CAPITAN. Mais je vous veux prier.
MANILLE. Mais ma fille, Monsieur, n'est plus à marier.
LE CAPITAN. C'est s'emporter beaucoup pour chose si petite.
MANILLE. Je ne m'emporte point, la chose le mérite.
J'aurois pris pour bastir un mauvais fondement!

| | |
|---|---|
| LE CAPITAN. | Adieu, Monsieur, adieu, voyons-nous rarement.<br>Madame, encore un mot ! — Elle est, ma foy, colère.<br>Tandis [1] l'Orléanois là dedans fait grand chère ;<br>Mais les inventions viendront à me manquer,<br>Ou, devant qu'il soit peu, je vais le débusquer.<br>Eloignons-nous tandis, de peur de quelque orage,<br>Que pourroit exciter cette femme peu sage. |

# ACTE IV.

### SCÈNE PREMIÈRE.

#### LE CAPITAN, CASCARET.

| | |
|---|---|
| LE CAPITAN. | Poussé de l'intérest, ou poussé de l'amour,<br>L'écolier d'Orléans sans doute a fait le tour :<br>Il passe maintenant pour enfant de Manille,<br>Et sous un si beau titre il séduira sa fille ;<br>Et ce fourbe subtil, ce lasche suborneur,<br>Aura de leur maison et les biens et l'honneur ! |
| CASCARET. | L'artifice, Monsieur, si je m'y sçais connoistre,<br>N'est pas tour d'écolier, mais un vray tour de maistre. |
| LE CAPITAN. | Quoy, si facilement croire cet inconnu ! |
| CASCARET. | Si vous eussiez bien fait vous l'eussiez prévenu ;<br>Et vous serez longtemps en une peine extrême,<br>Si vous n'usez encor d'un pareil stratagème. |
| LE CAPITAN. | Envoyer là dedans quelque feint Alcidor ? |
| CASCARET. | Ouy, ouy, je vous l'ay dit, et vous le dis encor. |
| LE CAPITAN. | La chose absolument n'est pas sans apparence.<br>Manille m'a paru de facile croyance :<br>Si l'homme que tu dis adroit et bien instruit,<br>Pour estre son époux ainsi s'étoit produit,<br>De l'humeur dont elle est, elle pourroit le croire,<br>Car de son Alcidor elle a peu de mémoire. |

[1] Pendant ce temps, comme trois vers plus bas.

Il s'y faudra résoudre après avoir resvé.
Mais où trouver cet homme?

CASCARET.  Il est déjà trouvé,
Ne vous ay-je pas dit qu'en nostre Hostellerie,
J'ay sondé là dessus une barbe fleurie,
Un vieillard étranger qui, pour vingt écus d'or,
Ira se présenter sous le nom d'Alcidor,
Se dira hautement le mari de Manille,
Et soutiendra fort bien que Lucinde est sa fille?
Pour un si beau dessein je l'ay fort bien instruit,
Et par des mouvemens que l'intérest produit,
Sur l'attente de faire une si belle proye,
Il a tressailly d'aise, il a pleuré de jöye;
Répétant après moy tout ce que j'avois dit,
Il vous a pris le ton d'un homme de crédit;
Il a fait ce récit d'une façon si tendre,
Que vous auriez versé des larmes à l'entendre.
Vous ne vistes jamais un plus hardy galand :
C'est pour jouer ce rôle un acteur excellent.

LE CAPITAN. Il faut donc l'employer; mais où le peut-on prendre?

CASCARET. Dans cette mesme place il doit bientost se rendre.
Il comptoit avec l'hoste, il payoit son repas,
Et doit venir bientost; il marche sur mes pas.
N'appercevez-vous pas une casaque bleue?
Tout en parlant du loup, nous en voyons la queue,
Il est comme de cire[1].

LE CAPITAN.  Il est assez bien fait.

CASCARET. Il parle; écoutous bien, c'est un homme à souhait.

## SCÈNE II.

ALCIDOR, LE CAPITAN, CASCARET.

ALCIDOR. Comme après la tempeste il vient une bonnace,
De mesme le bonheur succède à la disgrace;
Le repos suit la peine, et ne conserve rien
Des aigreurs du tourment dans la douceur du bien.
Aujourd'huy que je suis délivré de mes peines,

---

[1] Cette locution : *comme de cire*, vouloit dire : comme fait exprès, comme si on avait pétri la chose à sa guise, et, par extension, fort à propos.

## ACTE IV, SCÈNE II.

Avec contentement je regarde mes chaisnes;
Je pourray sans ennuy parler de ma prison,
Si je puis sain et sauf regagner ma maison.

CASCARET. Qui pourroit d'Alcidor estre mieux la peinture?
LE CAPITAN. Voilà ce qu'il nous faut. O l'heureuse avanture!
ALCIDOR. Je reverray Manille après tant de malheurs.
CASCARET. En parlant de Manille il a versé des pleurs.
ALCIDOR. Je reverray Lucinde.
LE CAPITAN.         Il a bonne mémoire.
ALCIDOR. Les trouver à Paris, ha! qui l'auroit pu croire?
Mais, Sillare, avec moy tu devois revenir.
CASCARET. Il a fort bien de tout gardé le souvenir.
ALCIDOR. Nous fusmes séparez par un sort trop sévère.
Je recouvris tes os d'une terre étrangère,
Et, par un grand bonheur, j'aprens qu'un inconnu,
Pour dissiper mes biens en ta place est venu;
Mais j'empescheray bien cette injuste entreprise:
J'ay le cœur assez vert sous cette barbe grise.
CASCARET. Je veux que d'un levier on m'herne comme un chien...
LE CAPITAN. Je m'en vais luy parler.
CASCARET.         S'il ne réussit bien.
LE CAPITAN. Étranger, quatre mots.
ALCIDOR.         Plutost une douzaine!
LE CAPITAN. Vous allez obliger un brave capitaine.
CASCARET. Il le reconnoistra, vous le pouvez juger.
ALCIDOR. C'est moy-mesme en cela que je vais obliger,
Et ce ne sera point pour un gain deshonneste.
LE CAPITAN. Il n'est pas mal adroit.
CASCARET.         Ce n'est pas une beste.
LE CAPITAN. Mais souvenez-vous bien de dire qu'à Memphis,
Vous avez de vos mains enterré vostre fils.
ALCIDOR. Puis-je dire cela sans répandre des larmes?
LE CAPITAN. Tant mieux: pour émouvoir, ce sont de puissans
ALCIDOR. Hélas!         [charmes.
LE CAPITAN. Bon, soupirez.
ALCIDOR.         Lorsque la mort le prit,
Ce fut entre mes bras qu'il vint rendre l'esprit.
O souvenir amer!
LE CAPITAN.         C'est ainsi qu'il faut dire.
CASCARET. Ha! monsieur, qu'il est bon! voyez comme il soupire.
LE CAPITAN. Il n'est pas mal instruit.
CASCARET.         Il sçait bien sa leçon.

|              | Et s'en va déclamer d'une bonne façon
Pour patron du logis faites-vous reconnoistre. |
|---|---|
| ALCIDOR. | Montrez-moy ce logis, j'y vais frapper en maistre. |
| LE CAPITAN. | Ensuite vous ferez succéder[1] mon désir. |
| ALCIDOR. | Il en faudra traiter avec plus de loisir. |

## SCÈNE III.

ALCIDOR, FRIPESAUCES, PHENICE, LE CAPITAN, CASCARET.

ALCIDOR. Holà.

FRIPESAUCES *à la fenestre.*

　　　　　　Qui heurte ainsi? quelque gueux d'importance :
Les pauvres d'aujourd'huy n'ont pas de patience.

ALCIDOR. Ouvrez vite.

FRIPESAUCES. 　　Attendez que nous ostions les plats :
Nous verrons si pour vous nous n'avons rien de gras.

ALCIDOR. Ouvrez-moy seulement; gras ou maigre, il n'importe.

PHENICE. Je pense que tu veux enfoncer nostre porte.
Voyez comme ces gueux deviennent effrontez.

ALCIDOR. Je ne suis point un gueux; ouvrez, dis-je, et sortez,
Regardez qui vous parle.

PHENICE. 　　　　　O dieux! quelle impudence!

ALCIDOR. J'ay plus d'autorité céans que l'on ne pense.

CASCARET. Monsieur, je suis un sot, ou c'est bien commencé.

PHENICE. Fripesauces, va donc chasser cet insensé.

ALCIDOR. Vous pouvez vous tromper en tenant ce langage ;
Manille en me voyant sçaura si je suis sage.

PHENICE. O comme en me parlant il a roulé les yeux!
Je n'aime point ces fous qui sont si furieux.

FRIPESAUCES *ouvrant la porte.*

　　　　　　Tu demandes Manille! hé! que lui veux-tu dire?

ALCIDOR. D'agréables propos dont tu ne dois pas rire.

FRIPESAUCES. J'en ris à pleine gorge, et ne sçais ce que c'est.

ALCIDOR. Tu n'y trouveras pas tantost ton intérest ;
Va, dis-luy seulement qu'Alcidor la demande.

FRIPESAUCES. Fut-il jamais parlé d'impudence plus grande!
Ces propos à la fin me mettroient en courroux.
Quel est cet Alcidor?

---

[1] Réussir, dans le sens étymologique du mot.

| | |
|---|---|
| ALCIDOR. | Alcidor son époux, |
| | Qui fut pris par les Turcs aux costes de Marseille, |
| | Et qu'on a racheté. |
| FRIPESAUCES. | O fourbe sans pareille! |
| | O le plaisant vieillard! |
| ALCIDOR. | O le fâcheux maraut! |
| CASCARET. | Il ne se défait point ¹. |
| LE CAPITAN. | Il le prend comme il faut. |
| | Mais irons-nous plus loin? |
| FRIPESAUCES. | Ha! j'ay veu qui t'ameine : |
| | C'est une invention de nostre capitaine. |
| | O que le trait est drôle! et qu'il est bien instruit! |

## SCÈNE IV.

### LUCINDE, PHENICE, ALCIDOR, FRIPESAUCES.

| | |
|---|---|
| LUCINDE. | Quelle raison vous porte à faire tant de bruit? |
| FRIPESAUCES. | Ce captif racheté dit qu'il est vostre père. |
| ALCIDOR. | O cieux! je la vois donc, cette fille si chère! |
| | Lucinde, vostre père est enfin de retour : |
| | Vous voyez devant vous qui vous a mise au jour. |
| LUCINDE. | Vous? vous estes mon père? |
| ALCIDOR. | Il est très-véritable. |
| PHENICE. | Ha! qu'il est ridicule! |
| LUCINDE. | Ha! qu'il est admirable! |
| | Si pour nous abuser il n'est point aposté, |
| | Il nous éclaircira de cette vérité. |
| ALCIDOR. | Je le veux de bon cœur, j'ay la mémoire bonne. |
| | Quand je fus pris des Turcs, nous étions dans l'automne; |
| | Vous pouviez bien avoir environ treize mois, |
| | Et j'ay veu vostre corps tout nud plus d'une fois. |
| LUCINDE. | Il me fera rougir; adieu, je me retire. |
| ALCIDOR. | Ne vous retirez point; pour Dieu, laissez-moy dire. |
| | Vostre mère en grossesse eut un goust dépravé, |
| | Et sous ce téton droit, qu'on voit si relevé, |
| | Fit par cet appétit former une groselle, |
| | Qui durant la saison semble assez naturelle. |
| LUCINDE. | Ma mère a divulgué cette marque en mon sein. |

---

¹ Il ne se *démonte* pas, il ne perd point contenance.

| | |
|---|---|
| ALCIDOR. | Mais sur la cuisse encor n'avez vous pas un seing? |
| LUCINDE. | De qui l'a-t-il appris? je suis toute confuse. |
| PHENICE. | C'est possible un Bohème, et c'est leur moindre ruse. |
| FRIPESAUCES. | Ils disent bien souvent ces choses par hazard |
| LUCINDE. | Du divertissement mon frère aura sa part. |

## SCÈNE V.

LUCINDE, ALCIDOR, FRIPESAUCES, PHENICE, LISANDRE.

LUCINDE. Sillare, approchez-vous.
ALCIDOR.                 Est-il d'autre Sillare
Que celuy qui mourut en un pays barbare,
Ce fils qu'en des travaux et des maux si cuisans,
J'ay veu dessous les fers, près de douze ou treize ans?
FRIPESAUCES. Jamais comédien ne joua mieux son rôle;
Mais je vais l'arrester d'une seule parole.
Je ne m'étonne pas de ce qu'il parle ainsi :
J'ay fort bien veu les gens qui l'ont conduit icy.
Un certain capitaine, adroit, dispos, allaigre,
Qui parle incessamment et va comme un chat maigre,
Durant que tu heurtois ne te suivoit-il pas?
ALCIDOR. Il a jusqu'à la porte accompagné mes pas.
FRIPESAUCES. Et c'étoit Matamore; en faut-il davantage
Pour montrer clairement d'ou vient ce tripotage?
LUCINDE. Par ce qu'il nous confesse, il nous découvre tout.
ALCIDOR. A d'autres! nous mettrons toute l'affaire à bout.
LISANDRE. Ma sœur, il nous fait voir, malgré sa rhétorique,
Que c'est un Alcidor de nouvelle fabrique.
ALCIDOR. Enfin cet Alcidor, âgé de soixante ans,
Reconnoistra fort bien sa femme et ses enfans.

## SCÈNE VI.

LUCINDE, MANILLE, FRIPESAUCES, LISANDRE, ALCIDOR, PHENICE.

LUCINDE. O Dieux! ma mère vient! ô que je suis troublée!
MANILLE. Que faites-vous icy? voilà belle assemblée!
Et vous devez, sans doute, avoir quelque raison

              Pour me laisser ainsi seule dans la maison.
ALCIDOR.    Ha! ma chère Manille! hé, que je vous embrasse!
MANILLE.    Quel est cet insensé! d'où luy vient cette audace?
ALCIDOR.    O ma vie! ô mon cœur!
FRIPESAUCES.               Allez, retirez-vous:
              Madame n'aime pas les caresses des fous.
ALCIDOR.    Si je suis insensé, c'est de la seule joye
              Que me donne le Ciel, souffrant que je la voye.
              Ha! que je suis heureux de la voir en ce point!
MANILLE.    Croit-il estre Alcidor? ne se mocque-t-il point?
LISANDRE.    C'est un Docteur subtil; des fourbes c'est le maistre.
ALCIDOR.    Et vous, un imposteur qu'on sçaura reconnoistre.
LISANDRE.    Impudent!
MANILLE.            Arrestez, et le laissez parler.
ALCIDOR.    Dans ma propre maison tu m'oses quereller,
              Mais je te feray voir que j'ay tant de courage
              Qu'on se met en danger alors que l'on m'outrage.
LISANDRE.    Madame, permettez...
MANILLE.               Me perdre le respect?
              C'est ce qui l'authorise et qui vous rend suspect.
              Rentrez pour dissiper cette humeur si mauvaise;
              Je veux à ce vieillard parler tout à mon aise.
              Vous, tenez-vous plus loin.
PHENICE.                 O Dieux! tout est perdu!
ALCIDOR.    Manille, ce galand qui fait de l'entendu,
              S'il se dit vostre fils, vous abuse et vous trompe.
              J'ay peur que sous ce nom nostre fille il corrompe.
MANILLE.    Mais vous, qui hardiment vous dites mon époux,
              Il faut premièrement mieux prendre garde à vous.
ALCIDOR.    Remettez-vous un peu les traits de mon visage,
              Mon alleure, mon port, ma façon, mon langage.
MANILLE.    J'en reconnois quelqu'un, mais ce n'est pas assez.
ALCIDOR.    Ce long éloignement les a-t-il effacez?
              O Dieux! plus chèrement j'ay gardé la mémoire
              D'un soir que je vous vis dessus les bords de Loire.
              Ne vous souvient-il plus de l'aimable séjour
              Où je vous déclaray l'excez de mon amour,
              Lorsque vostre pudeur, en oyant ce langage,
              D'un subtil vermillon couvrit vostre visage,
              Et comme dans la ville, après un long tourment,
              J'obtins de vostre bouche un doux consentement?
MANILLE.    Tout cela ne dit rien.

| | |
|---|---|
| PHENICE[1]. | Ha! que j'en suis ravie! |
| MANILLE. | Tout Orléans a sçeu cet instant de ma vie, |
| | Mais me direz-vous bien le songe que je fis, |
| | Trois jours avant que perdre Alcidor et mon fils? |
| ALCIDOR. | Je crois le pouvoir dire avec toute assurance. |
| MANILLE. | Parlons bas. |
| PHENICE. | Comment donc! ils sont en confidence! |
| LUCINDE. | Phenice, c'est mon père, il n'en faut point douter. |
| PHENICE. | Quoy? si facilement se laisser affronter? |
| | Comment! cet imposteur, ce conteur de nouvelles, |
| | Viendra s'insinuer pour rogner nos écuelles? |
| | Il revient de la mer tout seul dans trois bateaux, |
| | Afin de nous gronder et tailler nos morceaux. |
| | Avec ses caleçons, avec son bout de chaisne, |
| | Voyez, n'est-il pas fait d'une belle dégaine? |
| | O le plaisant faquin! le voilà revenu, |
| | Il n'a qu'a discourir, il sera reconnu. |
| | On en reconnoist tant de faits de cette sorte! |
| | S'il ne s'en peut aller, que le Diable l'emporte! |
| | Quand sept ans et le jour d'après sont expirez, |
| | La femme et le mary sont-ils pas séparez? |
| | Lorsque l'on a passé cette longueur d'absence, |
| | Est-on tenu de faire une reconnoissance? |
| | Après quinze ou seize ans, un grand barbon viendroit |
| | Dire : « C'est moi, mon cœur, » et l'on le reprendroit? |
| | De semblables aveux ne sont plus à la mode, |
| | Et cette bonne foy seroit trop incommode. |
| | Qu'il soit donc Alcidor, ou qu'il ne le soit pas, |
| | Il peut, si l'on m'en croit, retourner sur ses pas. |
| | La teste luy blanchit et les jambes luy tremblent; |
| | La Turquie est fort bonne à ceux qui luy ressemblent. |
| FRIPESAUCES. | Tu fais un trop grand bruit. |
| PHENICE. | Ma foy, je veux parler. |
| | Il se veut introduire afin de nous voler; |
| | Mais s'il entre chez nous, d'une belle manière |
| | Il aura sur le corps marmite et crémaillère. |
| | Il faut bien l'avertir qu'il ne soit pas si sot, |
| | Il seroit affeublé d'un couvercle de pot; |
| | Je luy ferois voler toutes les ustensiles, |
| | Il ne marcheroit plus qu'avecque des béquilles. |

[1] L'édition originale porte ici *Lisandre*, par erreur.

## ACTE IV, SCÈNE VI.

FRIPESAUCES.  Ma foy, nous avons beau faire les entendus,
C'est vrayment à ce coup que nous sommes perdus!
LUCINDE.  Que cet événement a d'étranges surprises!
FRIPESAUCES.  Nous n'avons, pour nous deux, qu'à plier nos chemises.
PHENICE.  Tu n'as point trop à rire, attendons-en la fin.
FRIPESAUCES.  Pour moy, j'ay résolu de jouer au plus fin
Et de confesser tout.
LUCINDE.  Est-ce ainsi que l'on m'aime?
PHENICE.  Si tu confesses tout, j'en useray de mesme.
LUCINDE.  Et tout retombera sur moy!
PHENICE.  Je n'en sçais rien.
FRIPESAUCES.  J'ay fait ce qu'on m'a dit, comme un homme de bien.
PHENICE.  Et moy je n'ay rien dit que ce qu'on m'a fait dire.
LUCINDE.  Excusez-vous l'un l'autre, afin qu'on me déchire.
MANILLE.  O mon cher Alcidor! c'est vous asseurément :
Mon esprit ny mon cœur n'en doutent nullement,
Et par tous vos discours la preuve est avérée,
Par qui nostre maison se voit déshonorée.
Mais il faut l'empescher de rire à nos dépens;
Il faut nous en saisir avant qu'il soit longtemps :
Je vais adroitement empescher qu'il ne sorte;
Pour vous, sans faire bruit, venez avec main forte.
ALCIDOR.  Vous me verrez bien-tost assez bien escorté,
Pour donner l'accolade à ce fils apposté.
MANILLE.  Il n'en faut point douter. Je lis sur leurs visages
Comment ils m'ont jouée à quatre personnages,
Ouy, leur couleur est pasle et leur cœur tout tremblant;
Mais d'avoir rien appris ne faisons pas semblant.
Lucinde, en bonne sœur, visitez vostre frère;
Voyez s'il auroit point refroidy sa colère.
Pour divertissement vous luy direz encor
Que l'homme qui s'en va n'est qu'un faux Alcidor,
Et qu'il m'a confessé que, par galanterie,
Il s'étoit informé de l'état de ma vie :
Induit par Matamore, il étoit venu voir
Si j'étois un esprit que l'on pust decevoir.
FRIPESAUCES.  Cet emprunteur de noms se doit appéller Charle [1].
MANILLE.  A tous coups ce maraut m'interrompt quand je parle;

---

[1] Ne serait-ce point une allusion au fameux duc de Lorraine Charles IV, alors prisonnier, et dont les perpétuelles intrigues, les aventures de tout genre, la turbulence et la mauvaise foi préoccupaient beaucoup l'attention publique?

Il clabaudoit tout haut quand je parlois tout bas.
Allez, et vous, Phenice, accompagnez ses pas;
Toy, demeure et me dis où tu trouvas Sillare
Quand tu me l'amenas. Ton visage s'effare!
Où le rencontras-tu?

FRIPESAUCES.
Moy? je le rencontray
Auprès d'un cabaret.

MANILLE.
Où?

FRIPESAUCES.
Où j'étois entré.

MANILLE.
Mais il en faut sçavoir et l'enseigne et la rue;
Répons sans hésiter et sans baisser la vue.

FRIPESAUCES. Madame, j'ay trouvé Lisandre près d'icy.

MANILLE. Quoy, ce fils apposté s'appelle donc ainsi?
Ce Sillare nouveau s'appelle donc Lisandre?
Poursuis et me dis tout, ou je te feray pendre.

FRIPESAUCES. C'est ainsi qu'il s'appelle, à ne vous celer rien;
Mais c'est un fils unique avec beaucoup de bien,
Qui prit pour vostre fille une amour légitime,
Et dont les procédez se trouveront sans crime.

MANILLE. Sans crime à me tromper? à venir déguisé?
A feindre des romans? prendre un nom supposé?
Cela s'est-il pas fait, et par ton assistance?

FRIPESAUCES. Ouy, Madame, et pourtant avec toute innocence
J'ay tout veu, j'ay tout sceu.

MANILLE.
Tu t'excuses en vain.

FRIPESAUCES. J'en ferois bien serment, j'en léverois la main.

MANILLE. Enfin, de cette amour clandestine et sinistre,
Tu n'as donc pas été le principal ministre?
Tu ne m'as point dupée, et de bonne façon,
Jusques dans mon logis amenant ce garçon?
Infidelle valet, infâme Parasite,
Tu ne sauceras plus ton pain dans ma marmite:
Après ce lasche tour, je serois sans raison,
Si tu mettois jamais le pied dans ma maison.
Délogeons sans trompette, allons, qu'on se retire,
Mais viste, promptement, sans qu'il faille le dire,
Ou l'on te va rosser, en compère, en amy!

FRIPESAUCES. Me voilà bien payé de six ans et demy!
En ce petit moment ma fortune est bien faite!
C'est pour devenir riche une belle recette;
Et ce qui suffiroit pour me faire enrager,
Je sors de la maison sans boire et sans manger.

Après m'estre bruslé le nez en la cuisine,
Avoir mis tout en train pour la feste voisine,
Appresté tant de mets pour faire un bon repas,
Par l'ordre des Démons je n'en mangeray pas.
S'il faut quitter ainsi la marmite et la poësle,
Que maudit soit l'amour et quiconque s'en mesle!
Au Diable le fripon, dont les meilleurs valets
Ont l'estomac si vuide en portant les poulets!
Adieu bœuf de poitrine et cimier [1] agréable,
Adieu beau mouton gras au goust si délectable,
Adieu cochons rostis, adieu chapons bardez,
Adieu petits dindons, tant bardez que lardez;
Adieu levreaux, perdrix, et pigeonneaux en paste,
Dont un Diable incarné ne veut pas que je taste!
Adieu tarte à la cresme, adieu pouplain [2] sucré,
Puissiez-vous étrangler ceux qui m'en ont sevré!..

# ACTE V.

## SCÈNE PREMIÈRE.

FRIPESAUCES. On dit que bien souvent, entre les bords du verre
Et le nez du beuveur, tout le vin tombe à terre :
Je l'épreuve à mon dam, moy qui, ce mesme jour,
Etois un truchement, un messager d'amour,
Pour qui tournoient au feu des broches savoureuses,
Et pour qui l'on marquoit des tonnes plantureuses;
Je ne mange plus rien, et d'un pas chancelant,
Je ne fais que gober les mouches en volant;
Je ne suis plus admis à servir de maistresses,
Et je n'ay plus d'emploi qu'à me gratter les fesses.
Mais quoy, je ne serois accablé qu'à demy,
Si je n'étois privé de mon meilleur amy!

---

[1] C'est une certaine partie de la cuisse de bœuf.
[2] Ou *poupelain*, gâteau délicat, fait avec du beurre, du lait et des œufs frais.

Tous mes boyaux plaintifs ne me font rien entendre
Qui soit si douloureux que le sort de Lisandre,
Ha! qu'il est malheureux cet aimable garçon,
Qui me souloit tousjours de si bonne façon,
Mais d'un cœur libéral, d'une âme noble et franche,
Tantost aux deux Faisans, tantost à la Croix-Blan-
Au Broc, à la Bastille, à la Cage, au Daufin, [che,
A la Table Roland, à la Pomme de Pin,
A Saint-Roch, au Poirier et dans la Magdelaine [1],
D'où je ne sortois point qu'avec la panse pleine!
Mais nous étions traitez encore d'autre façon,
Quand nous allions chez Guille [2], ou bien chez Me-
Dans ce petit Paris [3] où toute chose abonde, [neçon,
Qu'on peut, comme le grand, nommer un petit monde!
O le pauvre garçon! le Destin ne veut pas
Qu'il ne donne jamais un malheureux repas.

## SCÈNE II.

### LE CAPITAN, FRIPESAUCES, CASCARET.

LE CAPITAN.  Selon les sentimens que l'on m'a fait entendre,
En cette occasion tu parles de Lisandre;
Mais il est succombé ce petit Ecolier,
A qui si hautement tu servois de pilier,

---

[1] Fripesauces nomme là quelques-uns des cabarets les plus fameux du temps. Le plus célèbre de tous ceux qu'il énumère, était la Pomme de pin, situé dans la Cité, pres le pont Notre-Dame, et déjà connu du temps de Villon. Chapelle, qui s'y entendait, a fait mention de la Croix-Blanche, situé près le cimetière Saint-Jean. La Table Roland s'ouvrait aux abords de la vallée de Misère, c'est-à-dire vers le quai actuel de la Mégisserie, dans le voisinage du Châtelet. La Bastille est sans doute le cabaret de la Petite Bastille, tenu par Gardy, rue Béthizy et dont il est question dans les *Lettres* de Boursault. La Madeleine a été citée par Saint-Amand dans son ode sur les *Cabarets*.

[2] Guille est nommé, dans les *Mémoires* de l'abbé de Marolles, parmi les meilleurs cuisiniers du temps.

[3] Chappuzeau, dans sa comédie du *Colin Maillard* (scène 5), cite Méneçon ou Ménesson au nombre des plus fameux traiteurs de Paris. Le *petit Paris* était le nom d'un cabaret ou plutôt d'une maison de traiteur, célèbre par sa cuisine, et qui se chargeait de préparer des repas pour le dehors, de *porter en ville* pour les noces et autres cérémonies. Il en est plusieurs fois question dans la *Folle querelle* de Subligny. C'était probablement le nom de l'établissement à la tête duquel était placé Méneçon.

|  |  |
|---|---|
| | Pour qui tu m'as quitté sans craindre ma vengeance. |
| FRIPESAUCES. | Monsieur, pour mes erreurs ayez de l'indulgence! |
| | Guerrier incomparable aux exploits si fameux, |
| | Accusez-en l'excez d'un vin trouble et fumeux : |
| | Lorsque je débitay des choses si badines, |
| | J'avois bien beu dix pots, ou quarante chopines. |
| LE CAPITAN. | Va, je puis ta fortune et le jour te ravir ; |
| | Mais je suis généreux, et je te veux servir. |
| | Je sçais qu'on t'a chassé pour faire ma vengeance. |
| FRIPESAUCES. | Monsieur, on m'a cassé comme un pot de fayence. |
| LE CAPITAN. | Il est bon ! |
| FRIPESAUSES. | Mais pourtant si vous aviez parlé, |
| | Ce misérable pot ne serait que feslé. |
| LE CAPITAN. | Qui t'a chassé ? |
| FRIPESAUCES. | Manille. |
| LE CAPITAN. | Elle est d'humeur colère ; |
| | Mais je te remettray, deussé-je luy déplaire ! |
| | Je connois Alcidor revenu depuis peu ; |
| | J'ay mis pour son sujet plus d'une ville en feu, |
| | Et pour ne rien céler, s'il faut que je l'ordonne, |
| | Il faudra que Manille à l'instant te pardonne. |
| FRIPESAUCES. | O qu'à vostre Grandeur je serois obligé ! |
| | Sans prendre mon bonnet j'ay receu mon congé ; |
| | Mais, par une faveur grande comme est la vostre, |
| | Je puis raffubler l'un, et m'excuser de l'autre. |
| LE CAPITAN. | Va donc, frappe à la porte, et frappe hautement : |
| | Je puis dans ce logis en user librement. |
| FRIPESAUCES. | J'ay frappé comme il faut ; on vient. |
| LE CAPITAN. | Belle demande ! |

## SCÈNE III.

PHENICE, ALCIDOR, LE CAPITAN, CASCARET, FRIPE-SAUCES.

|  |  |
|---|---|
| PHENICE. | L'avis est bien pressant, ou l'audace est bien grande. |
| ALCIDOR. | Qui pour frapper si fort est assez effronté ? |
| LE CAPITAN. | C'est vostre serviteur. |
| ALCIDOR. | C'est assez bien heurté. |
| | Monsieur, que voulez-vous ? |
| LE CAPITAN. | Monsieur, je veux vous dire |

|              | Que vous poussiez la roue à finir mon martyre. |
|---|---|
|              | Vous estes bien receu, vous estes étably, |
|              | Et vous ne mettrez pas vos amis en oubly : |
|              | Si vous estes ancré, c'est par mon industrie. |
| ALCIDOR.     | Ostez de vos papiers ces termes, je vous prie [1]. |
|              | Moy, si je suis ancré c'est par vostre faveur? |
| LE CAPITAN.  | Ce n'est donc pas par moy? Voyez ce vieux resveur ! |
|              | Je ne suis point l'autheur de sa bonne fortune ; |
|              | Je ne l'ay point produit ? |
| ALCIDOR.     | Ce discours m'importune, |
|              | Et m'importune fort, à dire vérité. |
| LE CAPITAN.  | Qu'en dis-tu, Cascaret ? |
| CASCARET.    | Il craint d'estre écouté. |
| ALCIDOR.     | Un homme tel que moy ne craint point qu'on l'écoute. |
| LE CAPITAN.  | Qu'il est homme de bien ! |
| ALCIDOR.     | N'en soyez point en doute. |
| LE CAPITAN.  | Enfin, vous avez sceu prendre l'occasion, |
|              | Vous avez bien usé de nostre invention. |
| ALCIDOR.     | De quelle invention? j'entends mal ce langage. |
| LE CAPITAN.  | Quoy? j'aurois pris le soin de vous sifler en cage [2] |
|              | Et de vous rendre chef d'une bonne maison, |
|              | Et vous me penseriez brider comme un oyson. |
|              | Pour vous tenir bien ferme il faut changer de notes. |
| ALCIDOR.     | On ne me sifle point ainsi que les linotes. |
| CASCARET.    | Il est, ma foy, plaisant! |
| LE CAPITAN.  | Répondez, et sans bruit : |
|              | Mon valet que voilà vous a-t-il pas instruit, |
|              | Afin que là-dedans on vous prist pour un homme |
|              | Qui s'appelle Alcidor ? |
| ALCIDOR.     | C'est ainsi qu'on me nomme. |
| LE CAPITAN.  | C'est comme l'on doit dire à tout autre qu'à moy. |
| ALCIDOR.     | Je puis le dire à tous. |
| CASCARET.    | Il vaut trop, sur ma foy : |
|              | A force de le dire il pourroit bien le croire. |
| ALCIDOR.     | Tout ce qu'il m'apprenoit étoit ma propre histoire. |
| LE CAPITAN.  | En ce rôle nouveau vous avez réussy. |
| ALCIDOR.     | Je fais mon propre rôle en commandant icy. |

---

[1] Molière a dit de même, dans le *Misanthrope* : « Moi, votre ami ! Rayez cela de vos papiers. » C'était et c'est encore une expression proverbiale.

[2] On dit aujourd'hui, dans le langage trivial : de vous *seriner*. C'est absolument la même chose.

| | |
|---|---|
| LE CAPITAN. | Mais toy, tu le connois! |
| FRIPESAUCES. | Je le dois bien connoistre : |

C'est vrayment Alcidor, mon Seigeur et mon Maistre!
Je le connois pour tel, et jusqu'au monument [1],
Je démentiray ceux qui diront autrement.

| | |
|---|---|
| LE CAPITAN. | Quoy? pour un imposteur offenser ma personne! |
| FRIPESAUCES. | La vérité, Monsieur, cette audace me donne; |

J'ay mangé de son pain de ce bon Alcidor,
Et, si c'est son plaisir, j'en veux manger encor.

| | |
|---|---|
| ALCIDOR. | A t'accorder cela ton zèle me convie : |

Tu pourras en manger le reste de ta vie.

| | |
|---|---|
| FRIPESAUCES. | Monsieur, pour ce beau mot j'embrasse vos genoux. |
| LE CAPITAN. | Alcidor, faux ou vray, faites du bien à tous : |

Accordez-moy Lucinde, et me prenez pour gendre.

| | |
|---|---|
| ALCIDOR. | Il faudra le choisir avant que de le prendre; |

Mais nous n'entendons point à prendre des filous,
Et nous ne voulons pas de gens faits comme vous.

| | |
|---|---|
| LE CAPITAN. | De gens faits comme moy? si j'entrois en colère! |
| ALCIDOR. | Allez, grand fanfaron, nous ne vous craignons guère. |

Rentrons dans le logis, et s'il y met le pied,
Il n'en sortira pas sans estre estropié.

## SCÈNE IV.

### LE CAPITAN, CASCARET.

| | |
|---|---|
| LE CAPITAN. | Ma bile est enflammée, et tout mon sang s'embrase. |
| CASCARET. | Cet Alcidor, sans doute, est le patron de case [2]. |

Voicy qui comme vous m'étonne et me surprend.

| | |
|---|---|
| LE CAPITAN. | La rencontre est bizarre. |
| CASCARET. | Ou le miracle est grand. |

On peut dire, Monsieur, que c'est une merveille
Qui jamais n'eut encor ny n'aura de pareille.
Il semble qu'Alcidor de je ne sçay pas où,
A travers de la mer soit passé par un trou,
Ainsi qu'un godeno que, de fine manière,
Brioché fait sortir hors de sa gibecière [3];

---

[1] Jusqu'au tombeau.
[2] De la maison : *casa*.
[3] Tout le monde connaît, ne fût-ce que par les vers de Boileau, le montreur

Et pour faire une fourbe à Mauille aujourd'huy,
Nous avons été droit nous adresser à luy.
Il faut la mépriser, il faut se moquer d'elle,
Et de vostre costé faire une amour nouvelle.

LE CAPITAN. De plus riches partis et de meilleur estoc,
Si tost qu'il me plaira de parler, me sont hoc :
Je suivray ce conseil ; mais fuyons, je vois fondre,
Avec ce vieux prévost, des archers en grand nombre.

## SCÈNE V.

### LUCILE ET SES ARCHERS.

LUCILE. Compagnons, gardons bien d'alarmer le quartier !
Il faut pour bien agir qu'on sçache son métier.
Que tout le gros demeure au coin de cette rue,
Deux à deux, trois à trois, pour n'estre guère en vue ;
Pour moy, qui vais tout seul frapper à la maison,
J'avertiray si tost qu'il en sera saison.
Je veux faire l'entrée, et vous ferez le reste,
J'entends pis mille fois que la foudre et la peste.
Je diray doucement : « C'est de la part du Roy. »
Mais, s'il arrive après que je vous crie : « A moy ! »
Venez tous aussi tost, et d'une bonne sorte
De la busche apportée enfoncez cette porte.
Six garderont l'entrée, et douze là-dedans
Furetteront partout de crainte d'accidens.
Il faut que du galand la capture soit faite,
Et qu'il soit bien logé. Tout le jour je vous traite.
Mais ce valet en sort, il faut, comme prudens,
Tascher de découvrir ce qu'on fait là-dedans :
Prendre langue en ces cas est faire en homme habile.

FRIPESAUCES. Phenice l'a bien dit, sans doute c'est Lucile.
LUCILE. A la mine qu'il fait il semble peu gaillard.
Un mot !

FRIPESAUCES. Que vous plaist-il ?
LUCILE. Où vas-tu ?
FRIPESAUCES. Quelque part.
LUCILE. Connois-tu ce baston ? chante un autre ramage ;

de marionnettes Brioché, qui travaillait sur le quai de Nesle, aux abords du Pont-Neuf.

## ACTE V, SCÈNE V.

|  | Je fais mettre souvent de tels oiseaux en cage. |
|---|---|
| FRIPESAUCES. | Ha! Monsieur le Prévost, ou bien Monsieur l'Exempt, Commandez : de bon cœur je suis obéissant. |
| LUCILE. | Que fait-on au logis? |
| FRIPESAUCES. | On y pleure, on y crie. |
| LUCILE. | En sçais-tu le sujet? dis-le moy, je te prie. |
| FRIPESAUCES. | Ce sont des différens, ce sont de grands débats; Ce que la femme veut le mary ne veut pas. Si ce bruit dure encor, je jure, sur mon âme, Qu'on ne pourra servir le mary ny la femme. |
| LUCILE. | Mais pourquoy disputer? encore, à quels propos? |
| FRIPESAUCES. | Il faut, puisqu'il vous plaist, vous le dire en trois mots : C'est pour certain garçon qu'on appelle Lisandre, Qu'on a mis en justice, et qu'on veut faire pendre. |
| LUCILE. | Quel est donc ce Lisandre? |
| FRIPESAUCES. | Un enfant d'Orléans, Qui se disoit sorty des mains des mécréans, Et, semblant un forçat sorty de la cadène [1], S'introduisit céans! |
| LUCILE. | O qu'il me met en peine! Il a fait quelque vol, ce traistre, ce vaurien? |
| FRIPESAUCES. | Il a volé le cœur à qui voloit le sien [2]; Après s'estre introduit pour le fils de Manille, Il a donné soupçon qu'il caressoit sa fille. Enfin pour ce sujet, pour s'estre déguisé, Et pour s'estre produit sous un nom supposé, Il fut mis hier au soir dans la Conciergerie, Et l'on fait son procez. |
| LUCILE. | C'est une moquerie; Je n'entens point cela. |
| FRIPESAUCES. | Le faut-il dire encor? Lisandre, qui passoit pour le fils d'Alcidor, Pour frère de Lucinde, et se disait Sillare, Qui fut mené captif en un païs barbare, Par le mesme Alcidor, sur ce temps revenu, Pour un lasche imposteur se trouve reconnu; Et comme corrupteur d'une fille bien née, Il est près de finir sa triste destinée. |
| LUCILE. | Mais dis-moy tout le reste, et pour quelle raison |

---

[1] De la chaine, *cadena*.
[2] C'est tout-à-fait le madrigal de Mascarille dans les *Précieuses ridicules*.

|  | La femme et le mary grondent dans la maison. |
|---|---|
| FRIPESAUCES. | Vous le sçaurez bientost : c'est pour ce que Manille |
|  | Qui connoist que Lisandre aime ardemment sa fille, |
|  | Voudroit de ce jeune homme empescher le trépas ; |
|  | Mais son cruel mary veut qu'il passe le pas. |
|  | Pour moy, je crois que l'air qu'on respire en Afrique, |
|  | Suffit à rendre un cœur aussi dur qu'une brique. |
|  | Je ne sçais qui le porte à s'obstiner ainsi ; |
|  | A grands coups de baston les Turcs l'ont endurcy. |
| LUCILE. | A ce pauvre garçon tu serois favorable? |
|  | Tu le plains de bon cœur. |
| FRIPESAUCES. | C'est qu'il est fort aimable ; |
|  | J'enrage d'avoir vu traverser son désir, |
|  | Et mangerois du bien pour luy faire plaisir. |
|  | Falloit-il qu'en ce deuil aujourd'huy je le visse ! |
|  | Il n'est rien que pour luy de bon cœur je ne fisse ; |
|  | Depuis son accident je ne fais que pleurer. |
| LUCILE. | Ne pleure pas si fort, on l'en peut retirer : |
|  | Nous entendons un peu le Droit et la Coustume, |
|  | Et sommes pour le poil ainsi que pour la plume¹. |
| FRIPESAUCES. | Il reste, tout va bien. |
| LUCILE. | O misérable fils ! |
|  | Je venois pour te prendre, et je te treuve pris. |
|  | Je te voulois punir, lorsqu'une main plus rude |
|  | Corrige ton désordre et ton ingratitude. |
|  | Si faudra-t-il t'aider, et de tout mon pouvoir ! |
|  | Mieux que toy, mieux que toy je feray mon devoir. |
|  | L'état où je te vois me donne de la crainte ; |
|  | Il faut te retirer d'un si grand labyrinthe. |
|  | Dis-moy, cet Alcidor n'a-t-il pas une sœur |
|  | Voisine d'Orléans? |
| FRIPESAUCES. | C'est sans doute, Monsieur, |
|  | C'est là que ce garçon vit Lucinde si belle, |
|  | Qu'il a perdu depuis l'esprit pour l'amour d'elle. |
| LUCILE. | Ils sont assez aisez? |
| FRIPESAUCES. | Cela m'est bien connu : |
|  | Je connois leur dépense, et sçais leur revenu. |
| LUCILE. | Mais Manille est honneste, et sa fille de mesme? |
| FRIPESAUCES. | Toutes deux ont le bruit d'une sagesse extrême, |

¹ Être au poil et à la plume, c'est être bon à plusieurs choses.

## ACTE V, SCÈNE VI.

Et je sçais que Lucinde en cet engagement,
Avecque ce Lisandre a vécu chastement.

LUCILE. Dieu le veuille! Et pourquoy cependant introduire,
Ce frère supposé qui pouvoit la séduire?

FRIPESAUCES. Pour empescher l'effet d'un hymen proposé
A quoy jamais son cœur ne se fust disposé :
C'est ce qui de tous deux a produit la misère.

LUCILE. Ne sçaurois-je en secret entretenir sa mère,
Pour chercher le biais de faire quelque accord?

FRIPESAUCES. Cela se peut, Monsieur; mais la voilà qui sort
Avec son Alcidor. De ce trouble ils devisent.

LUCILE. Avant que leur parler écoutons ce qu'ils disent.

## SCÈNE VI.

### ALCIDOR, MANILLE, LUCILE, FRIPESAUCES.

ALCIDOR. Ayez soin du ménage, et moy de mon honneur;
Mais il sera puny ce lasche suborneur.

MANILLE. Mais donnez-vous un peu le loisir de m'entendre.

ALCIDOR. Non, je vous dis encor que je le feray pendre,
Deussé-je à cet effet employer tout mon bien!

LUCILE. Monsieur, n'en jurez pas, car vous n'en ferez rien.

ALCIDOR. Qui m'en empeschera?

LUCILE. Moy, moy qui suis son père.

ALCIDOR. Le fussiez-vous cent fois, il ne m'importe guère.

LUCILE. Nous verrons.

ALCIDOR. Nous verrons s'il ne fait pas le saut.

LUCILE. Vous vous emportez trop et vous parlez trop haut :
Vous rendez criminelle une cause civile;
Mais j'ay de bons amis, et bon crédit en ville.

ALCIDOR. Vous en aurez besoin pour pouvoir empescher
Le cours de la justice; et l'honneur m'est si cher
Que, pour estre vengé de ma fille ravie,
Je n'épargneray point ny mon bien, ny ma vie.

LUCILE. Nous verrons de nous deux à qui l'emportera.

ALCIDOR. Je n'ay qu'une maison, mais elle sautera,
Et quelque arpent de terre, et quelque arpent de vigne,
Plutost que je n'en tire une vengeance insigne.
J'y mettray tout pour tout.

LUCILE. Et moy, grâces à Dieu,

|  |  |
|---|---|
|  | J'ay sur les bords du Loir, en un assez beau lieu, |
|  | Un colombier [1] qui vaut trois mille francs de rente, |
|  | Et quelqu'autre à la ville; et, de plus, je me vante |
|  | D'avoir quelques deniers dedans mon coffre-fort, |
|  | Qui pourront exempter Lisandre de la mort. |
| ALCIDOR. | Je ne m'étonne point de propos ridicules; |
|  | Je le feray périr. |
| LUCILE. | Vos fortes fièvres mules! |
|  | Pour quel grand avantage, et pour quelle raison, |
|  | Voulez-vous ainsi perdre un enfant de maison? |
| ALCIDOR. | Pourquoy m'offense-t-il? pourquoy perd-il ma fille |
|  | Et déshonore-t-il une honneste famille? |
| FRIPESAUCES. | La tache n'est pas grande: on la pourroit oster, |
|  | Sans qu'un arrest mortel se dust exécuter, |
|  | Si l'on donnoit Lucinde à Lisandre pour femme. |
| LUCILE. | Lorsque cela seroit, monsieur vaut bien madame. |
| MANILLE. | Vous l'approuveriez donc! |
| LUCILE. | C'est ainsi que j'entends. |
| FRIPESAUCES. | C'est comme il faut parler pour estre tous contens. |
| MANILLE. | Jamais à cet accord nous ne serons contraires. |
| LUCILE. | Vous n'avez qu'une fille? |
| MANILLE. | Elle n'a sœurs ny frères. |
| ALCIDOR. | Vostre fils est unique? |
| LUCILE. | Et pour son entretien, |
|  | S'il est bon ménager, n'aura que trop de bien. |
|  | Mais tous deux l'avez veu; jouons sans avantage: |
|  | Je voudrois de Lucinde avoir veu le visage. |

## SCÈNE VII.

LUCILE, ALCIDOR, FRIPESAUCES, LUCINDE, PHENICE, MANILLE.

|  |  |
|---|---|
| MANILLE. | Ma fille, avancez-vous, et saluez Monsieur. |
| LUCILE. | Cette belle est vraiment digne d'un serviteur; |
|  | En d'assez beaux filets mon fils s'est laissé prendre: |
|  | De bon cœur maintenant je pardonne à Lisandre. |
| PHENICE. | Il n'en parle pas mal, il s'y connoist des mieux. |
| LUCINDE. | Tais-toy. |

---

[1] On sait que le droit de colombier était un droit seigneurial.

| | |
|---|---|
| LUCILE. | Je ne suis plus cet homme lubieux? |
| PHENICE. | Hé! de grâce, monsieur, excusez ces paroles : |
| | Les sages sçavent bien que les femmes sont folles. |
| LUCILE. | Nous traitons en discours; mais traitons en effet : |
| | Touchons-nous dans la main. |
| ALCIDOR. | Monsieur, cela vaut fait. |
| FRIPESAUCES. | Voilà, voilà parlé! |
| MANILLE. | Ha! c'est nous faire grâce. |
| ALCIDOR. | C'est aussi bien que vous un party qu'on embrasse. |

LUCILE *parlant à Fripesauces.*

Va dire à mes archers, qui ne sont pas trop loin,
Que d'eux pour aujourd'huy je n'ay pas de besoin,
Qu'ils boivent les santez de Lucinde et Lisandre;
J'acquitteray bientost ce qu'ils pourront dépendre.

ALCIDOR. Nous, allons cependant querir le prisonnier.
MANILLE. Tiens les clefs de la cave et celles du grenier :
Après t'estre meslé de ce doux hyménée,
Tu te peux à loisir souler toute l'année.
Va donner ordre à tout pour un ample repas.
FRIPESAUCES. Je promets sur ce point de ne m'endormir pas.
MANILLE. Ne manque pas aussi d'amener un notaire
Pour passer le contract.
FRIPESAUCES. Et faire bonne chère.
De plus j'améneray, avec un convoy seur,
Et plus d'un pastissier et plus d'un rotisseur.
O les hostes plaintifs de la peau que je tire,
Vous aurez de la joye après un long martyre!
Boyaux lasches et plats, vous deviendrez rondins :
Je m'en vais vous remplir comme de vrais boudins;
Et dans un grand hanap, dans une large coupe,
Je vais jusqu'à demain boire à toute la troupe!

FIN.

# PHILIPPE QUINAULT.

(1635-1688.)

# NOTICE

## SUR QUINAULT

### ET LA *COMÉDIE SANS COMÉDIE*.

Nous avons donné, dans le premier volume de ce recueil, une notice biographique sur Quinault, et n'avons pas à y revenir. Il suffira de parler ici de la *Comédie sans comédie*.

La *Comédie sans comédie*, jouée au théâtre du Marais en 1654, et non en 1655, comme le disent les frères Parfaict, ni, encore moins, en 1656, comme l'écrit La Vallière, parut chez Guillaume de Luyne, 1657, in-12 (privilége du 16 juin, achevé d'imprimer le dernier juillet). Elle est dédiée à Mgr le marquis de la Meilleraye, grand maître de l'artillerie. C'est une pièce d'un genre nouveau, ou plutôt une réunion de pièces détachées, qui ne sont reliées entre elles que par le prologue, qualifié d'acte I, et quelques vers en tête du second acte et à la fin du dernier. Elle a été composée dans le but évident de faire une sorte d'*exhibition* pittoresque de la troupe du Marais, et de lui permettre de montrer ses talents dans les genres les plus divers. Quinault paraît s'être chargé de remplir l'office d'introducteur et de présenter les comédiens au public, en les faisant valoir sous toutes leurs faces. Un passage du premier acte (scène V) vient appuyer cette supposition, suggérée tout naturellement par la lecture de l'œuvre, qui ressemble à une pièce de réouverture.

Quinault ne s'est pas mis en grands frais d'invention pour justifier cet ambigu dramatique, où l'on voit défiler tour à tour une pastorale, une comédie, une tragédie et même une tragi-comédie mêlée de chants et de machines, qui est un véritable essai d'opéra; mais, tel quel, l'ouvrage a dû plaire aux spectateurs par cette variété, si décousue qu'elle soit, aussi bien que par les détails intimes et curieux qu'il donne au début sur les acteurs les plus aimés du Marais. Déjà, en 1633 et 1634, Gougenot et Scudéry, dans leurs *Comédies des comédiens*, avaient mis en scène des acteurs sous leurs véritables noms, comme Molière allait le faire bientôt encore dans l'*Impromptu de Versailles*. Les mêmes, ainsi que Rotrou, dans le *Véritable saint Genest*; Gillet de la Tessonnerie, dans le *Triomphe des cinq passions*, et quelques autres, avaient offert l'exemple d'une ou de plusieurs pièces intercalées dans le cadre primitif. Il ne faudrait donc pas prendre absolument à la rigueur ce que nous avons dit plus haut : que la *Comédie sans comédie* est d'un genre nouveau. Mais les différences entre cet ouvrage et les précédents n'en restent pas moins notables, et Quinault surtout est à peu près le premier qui ait réuni dans une seule pièce des échantillons de toutes les familles dramatiques. Il fut imité à son tour, et dix-huit ans plus tard, sur le même théâtre, Montfleury donnait une composition plus bizarre encore : l'*Ambigu comique*, où la comédie alterne, dans les intermèdes, avec la tragédie.

Nous laissons de côté ici les trois actes, — ou plutôt les trois ouvrages, puisque chaque acte forme un tout isolé, — qui ne rentrent pas dans la spécialité de ce recueil. Le premier de ces ouvrages, ou le deuxième acte de la *Comédie sans comédie*, est la pastorale de *Clomire* (1); on y trouve les personnages habituels du genre, les bergers, les bergères et les satyres. Écrite d'un style harmonieux et facile, elle renferme quelques scènes charmantes et des détails d'une délicatesse ingénieuse. Le deuxième (acte IV) est la tragédie de *Clorinde*, tirée du Tasse. Le troisième (acte V) est la tragi-comédie d'*Armide et Renaud*, également tirée de la *Jérusalem délivrée*. On sait que l'auteur composa plus tard sous le même titre un opéra, joué en 1686 : il y profita de cette ébauche primitive du sujet, qui devint, avec beaucoup d'améliorations, le second acte de son opéra. Là le rhythme et la douceur du style annoncent déjà Quinault : c'est surtout dans l'opéra et la pastorale qu'on peut mesurer le progrès qu'il avait fait d'une pièce à l'autre, car la *Comédie sans comédie* suivit immédiatement l'*Amant indiscret*.

Les deux actes que nous reproduisons, c'est-à-dire le premier, qui est en réalité un prologue, comme nous l'avons dit déjà, et le troisième, ou la petite comédie burlesque du *Docteur de verre*, forment un tout complet et isolé. L'idée du *Docteur de verre* a été probablement inspirée à Quinault par une *Nouvelle* de Cervantes : *le Licencié Vidriera*, ou *Le Licencié de verre*, qui roule sur un sujet analogue, mais traité avec beaucoup plus de développement et d'une façon tout à fait différente dans les détails. Le type du licencié Vidriera fut, dit-on, l'écrivain et poëte latin Gaspard Barlœus, des Pays-Bas, contemporain de Cervantes, qui était possédé de la plaisante folie prêtée par celui-ci à son héros. Comme pour le docteur de Quinault, c'est l'amour qui est cause de la folie du licencié Vidriera ; une dame, éprise de sa personne, lui a fait prendre un philtre, à la suite duquel il a perdu la raison :

« Le malheureux se figura qu'il était de verre, dit Cervantes, et telle fut en lui l'intensité de cette croyance que, sitôt qu'on l'approchait, il jetait les hauts cris, et d'une voix suppliante priait qu'on ne le touchât point, par la raison qu'il n'était pas fait comme les autres hommes, mais réellement et véritablement tout de verre, des pieds à la tête. Pour le tirer de cette hallucination, sans avoir égard à ses cris et à ses prières, beaucoup le prirent entre leurs bras, lui disant qu'il voyait bien son erreur, puisqu'il ne se

---

1 Et non de *Cléonice*, comme le disent à tort les frères Parfaict et Léris dans son *Dictionnaire des théâtres*.

cassait point, quoi qu'on le touchât et qu'on le secouât. Mais tout ce qu'on y gagnait, c'est que le pauvre fou se jetait et se roulait par terre en poussant mille cris : il fallait le porter dans sa chambre, où il restait profondément évanoui pendant trois ou quatre heures, etc., etc. »

On sait combien la littérature espagnole était mise alors à contribution par notre théâtre. Les *Nouvelles* de Cervantes, en particulier, avaient déjà été exploitées par un assez grand nombre d'écrivains français, et Quinault connaissait assurément le *Licencié Vidriera*.

Ces deux actes sont d'un style assez aisé et offrent quelques traits comiques, mais le fond en est fort peu de chose. Ils n'offrent, à vrai dire, ni intrigue, ni situation, ni caractères; seulement le type du pédant se trouve esquissé sommairement dans le *Docteur de verre*. Nous n'avons reproduit cette farce sans vraisemblance, sinon sans gaieté, que parce qu'elle était forcément amenée par la publication du prologue, très-curieux et digne d'être lu, au moins pour ses renseignements sur la vie, les mœurs et les talents de quelques comédiens célèbres.

# LA COMÉDIE
## SANS COMÉDIE,
PIÈCE EN CINQ ACTES.

1654.

## PERSONNAGES.

JODELET, valet de Hauteroche.
HAUTEROCHE, comédien.
CHEVALIER, fils de la Fleur.
LA ROQUE, comédien.
POLIXÈNE, sœur de la Roque.
AMINTE, fille de la Fleur.
SILVANIRE, sœur aînée d'Aminte.
LA FLEUR, marchand [1].

La scène est à Paris.

---

[1] Sur les acteurs qui sont mis en scène dans ce premier acte, voir la notice en tête du volume. Il semble que Polixène, Aminte et Silvanire devraient être aussi de vrais noms de comédiennes, pour l'harmonie et l'unité de ce prologue, et le dénouement confirme cette supposition, puisqu'on voit, à la fin, la fille de La Fleur, c'est-à-dire Aminte, jouer le rôle d'Armide. Mais le catalogue des acteurs connus de la troupe du Marais ne nous présente aucun de ces noms.

# LA COMÉDIE
## SANS COMÉDIE.

## PROLOGUE[1].

### SCÈNE PREMIÈRE.

JODELET, HAUTEROCHE.

JODELET *joue du théorbe, et chante après avoir posé une lanterne sourde à terre.*

  La nuit qui verse à pleines mains
  Ses doux pavots sur les humains,
Fait sommeiller le bruit et ronfler la tristesse ;
  Et le Soleil, ce grand falot,
  Est allé, plus vite qu'au trot,
   Chez Thétis, son hostesse,
  Dormir comme un sabot.
La fugue est raffinée, et l'accord n'est pas sot.

HAUTEROCHE, *à part.*

C'est mon valet qui chante : ah ! l'insolence étrange !

JODELET.  Je me sens en humeur de chanter comme un ange.
(*Il continue à chanter.*)
  Tandis parmy des loups-garoux,
  Des chats-huants et des hiboux,
Je fais, malgré mes dents, icy le pied de grue...
(*Une corde du théorbe se rompt.*)
  Peste ! au plus bel endroit une corde est rompue !
  Dieu ! c'est la chanterelle. Hélas ! quelle pitié !
  Si mon maistre survient, je suis estropié :

---

[1] Porte le titre d'Acte 1 dans l'original.

Ce soir à sa coquette il donne sérénade.
HAUTEROCHE, *à part*.
Le maraud!
JODELET. Je crains fort sa première boutade :
Sa teste est bien légère, et son bras est fort lourd ;
Il est prompt comme un diable, et frappe comme un
[sourd.
HAUTEROCHE. Assommons ce faquin.
JODELET. Au voleur! on me tue!

## SCÈNE II.

### CHEVALIER, HAUTEROCHE, JODELET.

CHEVALIER, *sortant de son logis*.
J'entends de Jodelet la voix qui m'est connue ;
Quelqu'un luy fait outrage : il faut le secourir.
Qui que tu sois, demeure, ou t'appreste à mourir.
HAUTEROCHE. Épargnez vos amis ; calmez vostre furie.
CHEVALIER. C'est toy, cher Hauteroche? Excuse, je te prie ;
Je croyois que quelqu'autre outrageoit ton valet.
JODELET. Ma foy, je m'ennuyois de garder le mulet [1].
Une corde a sauté, dont j'enrage, ou je meure.
HAUTEROCHE. Traistre!
JODELET. Tout beau! je vais en mettre une meilleure.
HAUTEROCHE. J'ay soupé chez Ariste, et je viens dans l'espoir
D'oser avec un air vous donner le bonsoir.
CHEVALIER. Dis à ma jeune sœur, dont ton âme est touchée.
HAUTEROCHE. Ma passion pour vous ne fut jamais cachée.
Vous savez que je brusle, et que, sans vostre aveu,
J'aurois toujours langui sans découvrir mon feu.
Mais vos bontés, en vain, fondent mon espérance :
La fortune, entre nous, met trop de différence.
Vostre père est fort riche, et, chérissant le bien,
Il aura du mépris pour un comédien.
Je crains qu'il soit atteint de l'horreur ordinaire
Que nostre nom imprime en l'âme du vulgaire,
Et, comme de nostre Art il ignore le prix,

---

[1] Garder le mulet, comme, plus haut, *faire le pied de grue*, c'est se morfondre à attendre.

|  |  |
|---|---|
| | Nostre amour n'obtiendra de luy que du mépris. |
| CHEVALIER. | Vous savez qu'il attend deux vaisseaux en Provence, |
| | Où sont avec nos biens toute notre espérance, |
| | Et que, d'un coup de vent, le Destin irrité, |
| | Peut encore entre nous mettre l'égalité : |
| | Je suis mesme alarmé d'avoir, cet ordinaire [1], |
| | Manqué de recevoir des lettres de mon père. |
| | Quoy qu'il arrive, enfin, j'espère, à son retour, |
| | Luy faire, par mes soins, approuver ton amour ; |
| | Ma sœur, de son costé, te sera favorable. |
| HAUTEROCHE. | Vous me voulez flatter d'un mensonge agréable. |
| CHEVALIER. | Non, je sçais qu'elle t'aime. |
| HAUTEROCHE. | Ah ! c'est trop de moitié ! |
| | Je suis assez heureux, si je luy fais pitié. |
| | Je sçais que, fort souvent, la Roque la visite ; |
| | Je connois mes défauts et connois son mérite : |
| | Il en reçoit, sans doute, un traitement bien doux. |
| CHEVALIER. | C'est-à-dire, en un mot, que tu deviens jaloux. |
| | Mais à tort, sur ce point, ton esprit s'inquiète. |
| | La Roque aime l'aisnée, et non pas la cadette. |
| | Elle n'est pas d'humeur à faire un second choix : |
| | Elle aimera toujours ce qu'elle aime une fois. |
| | Plust au Ciel que le sort me fust aussi propice ! |
| | Hélas ! |
| HAUTEROCHE. | Vous soupirez ! |
| CHEVALIER. | C'est avecque justice. |
| HAUTEROCHE. | Tout succède à vos vœux, tout rit à vos désirs : |
| | J'ignore quel sujet peut causer vos soupirs. |
| CHEVALIER. | Si tu peux l'ignorer, ton erreur est extrême : |
| | Alors que l'on soupire, on dit toujours qu'on aime. |
| | Je l'avoue, oui, l'amour a sceu me surmonter. |
| HAUTEROCHE. | C'est un mal qu'on peut fuir, mais non pas éviter ; |
| | Et si c'est un défaut dans le siècle où nous sommes, |
| | C'est, au moins, le défaut qu'ont tous les galans [hommes. |
| CHEVALIER. | Une jeune Beauté, hier au soir, dans un bal, |
| | Sceut à ma liberté porter le coup fatal. |
| HAUTEROCHE. | Quelle est sa qualité ? |
| CHEVALIER. | Je n'en sçais rien encore. |
| HAUTEROCHE. | Au moins tu sçais son nom ? |

---

[1] Par ce courrier, par cette poste.

CHEVALIER.                         Nullement; je l'ignore,
Et, pour rendre mon sort funeste au dernier point,
Ceux à qui j'en parlay ne la connoissoient point;
Et, pour toute faveur, ce miracle des belles
M'assura que bientost j'aurois de ses nouvelles.
HAUTEROCHE. Cher amy, je vous plains.
CHEVALIER.                   Mais c'est trop t'arrester;
Cessons de discourir, et commence à chanter.
HAUTEROCHE. Je vais chanter des vers d'une Pièce nouvelle,
Dont je crois la pensée estre assez naturelle.

## SCÈNE III.

LA ROQUE, POLIXÈNE, CHEVALIER, HAUTEROCHE, JODELET.

LA ROQUE.    Pardonne à mon amour mon incivilité,
Ma sœur, et chante icy l'air que j'ay souhaité.
POLIXÈNE *chante en voix de dessus.*
        Sœur du Soleil, éclatante courrière,
          Vous n'eutes jamais de lumière
    Égale au bel éclat qu'Olympe a dans les yeux.
HAUTEROCHE. J'allois chanter ces vers.
CHEVALIER.                Que rien ne te retienne :
On chante une partie opposée à la tienne.
HAUTEROCHE *chante en voix de haute-contre.*
        Sœur du Soleil, éclatante courrière,
          Vous n'eutes jamais de lumière
    Égale au bel éclat qu'Olympe a dans les yeux.
LA ROQUE.    Si je ne suis trompé, cette voix m'est connue;
Ne t'en étonne point, ma sœur, et continue.
POLIXÈNE *continue à chanter.*
        Et cet astre naissant, d'où j'ay tiré ma flamme,
          A plus mis de feux dans mon âme
        Que vous n'en mettez dans les Cieux.
HAUTEROCHE *continue aussi à chanter.*
        Et cet Astre naissant, d'où j'ay tiré ma flamme,
          A plus mis de feux dans mon âme
        Que vous n'en mettez dans les Cieux.
LA ROQUE, *à Polixène.*
        Ma maistresse paroist; achève en diligence.

## ACTE I, SCÈNE III.

CHEVALIER, *à Hauteroche.*
　　　　Achève promptement; Aminte icy s'avance.

## SCÈNE IV.

### SILVANIRE, AMINTE, HAUTEROCHE, CHEVALIER, LA ROQUE, POLIXÈNE, JODELET.

AMINTE.　　Cet air s'adresse à moy.
SILVANIRE.　　　　　　　　　　Dieu! quelle vanité!
　　On chante icy pour moy sous un nom emprunté.
(*Ils chantent ensemble.*)
　　　　Quand vous brillez sur la terre et sur l'onde;
　　　　Voyez-vous quelque chose au monde
　　Égale à ses appas, ou pareille à ma foy?
　　Vous n'y pouvez rien voir de plus aimable qu'elle,
　　　　Ny rien aussi de plus fidèle
　　　　Et de plus amoureux que moy.
POLIXÈNE, *à la Roque.*
　　Abordez Silvanire, et luy parlez sans crainte.
CHEVALIER, *à Hauteroche.*
　　Tu peux prendre le tems d'entretenir Aminte;
　　Avec cette clarté j'iray voir cependant
　　Qui, pour troubler ta voix, est assez imprudent.
HAUTEROCHE. Agréez ce devoir, Aminte, ma maistresse.
AMINTE, *à sa sœur.*
　　Jugez si c'est à moy que la chanson s'adresse.
LA ROQUE.　Silvanire, approuvez ces marques de ma foy.
SILVANIRE, *à sa sœur.*
　　Jugez si la chanson s'offre à d'autre que moy.
CHEVALIER.　Amy, que vois-je? Ah! ciel! ô merveille étonnante!
HAUTEROCHE. Quoy donc! qu'avez-vous vu?
CHEVALIER.　　　　　　　　　La Beauté qui m'enchante,
　　La mesme que je vis dans un bal, hier au soir,
　　Et qui se fit aimer dès qu'elle se fit voir.
LA ROQUE.　Vous aimez donc ma sœur, comme j'aime la vostre?
CHEVALIER.　Ah! si c'est vostre sœur, quel bonheur est le nostre!
　　Je l'aime, et, dans l'ardeur dont je suis enflammé,
　　Je ferois l'impossible, afin d'en estre aimé.
　　Vous obtiendrez ma sœur au retour de mon père;
　　De la vostre, tandis, que faut-il que j'espère?

Veuillez la consulter.

POLIXÈNE.　　　　　　　　Consultez votre feu :
Qui prend beaucoup d'amour, peut en donner un peu.

## SCÈNE V.

LA FLEUR, SILVANIRE, AMINTE, CHEVALIER, HAUTE-ROCHE, LA ROQUE, POLIXÈNE, JODELET.

LA FLEUR. Après avoir perdu tout mon bien dessus l'onde,
Je fuis, avec raison, la lumière et le monde.
Le bien, sans la vertu, reçoit par-tout des prix,
Et la vertu, sans bien, n'obtient que des mépris.
Allons voir nos enfans et pleurer notre perte :
Entrons viste au logis ; la porte en est ouverte.
　　　　　　　　(*Il entre dans le logis.*)

SILVANIRE. Pour nous entretenir avec plus de repos,
Entrons dans la maison.

CHEVALIER.　　　　　　　Il est fort à propos ;
Dans l'excez du plaisir dont j'ay l'âme accablée,
Je l'oubliois.

SILVANIRE, *sortant de son logis à la haste.*
　　　　　　　Fuyons.

CHEVALIER.　　　　　　　Qui vous rend si troublée ?

SILVANIRE. Mon père est de retour, et, d'un air inhumain,
Il marche sur nos pas un poignard à la main :
Arrestez sa fureur.

LA FLEUR, *levant le bras pour frapper Chevalier.*
　　　　　　　Ah ! perfide !

CHEVALIER.　　　　　　　Ah ! mon père,
Épargnez vostre fils.

LA FLEUR.　　　　　　　Mon fils ! Qu'allois-je faire ?
Tous nos biens sont perdus ; mais sauvons nostre
　　　　　　　　　　　　　　[honneur.
Mes filles ont chacune un lasche suborneur :
Deux galans inconnus, à mes yeux trop fidèles,
En leur baisant les mains, sont entrés avec elles.

CHEVALIER. Dans une injuste erreur vos transports vous ont mis :
Ce sont gens de mérite, et, de plus, mes amis.

LA FLEUR. Mais ils ont de l'amour.

CHEVALIER.　　　　　　　L'amour n'est pas un crime :

L'hymen qu'ils ont pour but rend leur feu légitime ;
Et puisque la fortune a, dans le sein des eaux,
Avec tout notre espoir, abismé nos vaisseaux,
Veuillez ne trouver pas leur recherche importune :
Ils aimeront mes sœurs, malgré leur infortune.

LA FLEUR. Vous ne sçauriez, mon fils, parler plus sagement :
Je promets de leur faire un plus doux traitement.

HAUTEROCHE. Nous osons approcher après cette promesse.
J'aimay toujours Aminte, et je vous le confesse ;
Cet amour continue, et le sort rigoureux,
Qui peut tout sur ses biens, ne peut rien sur mes feux.

LA ROQUE. Je suis trop amoureux pour pouvoir estre avare :
J'adore, en Silvanire, un trésor assez rare ;
Elle n'a rien perdu qui me soit précieux,
Puisqu'il luy reste encor l'éclat de ses beaux yeux.

LA FLEUR. On ne sçauroit former de désirs plus honnestes.
Mais pourrois-je, Messieurs, demander qui vous estes ?

HAUTEROCHE. Je suis né, grâce au Ciel, d'assez nobles parens.
J'ay reçu, dans la Cour, mille honneurs différens ;
La France à m'admirer souvent s'est occupée ;
Le Favory du Roi m'a donné cette épée.
J'ay reçu des faveurs des gens du plus haut rang :
Ce diamant de prix vient d'un Prince du Sang.
J'ay l'heur d'estre connu du plus grand des Monarques,
Et j'ay de son estime eu d'éclatantes marques ;
Il m'écoute, parfois, mieux que ses Courtisans,
Et l'habit que je porte est un de ses présens [1].

---

[1] Ces cadeaux étaient très en usage à l'endroit des acteurs, et les grands seigneurs avaient l'habitude de contribuer de leur garde-robe aux frais énormes que leur imposait la richesse du costume. « Cet article de la dépense des comédiens est plus considérable qu'on ne s'imagine, dit Chappuzeau dans son *Théâtre françois* (l. III, p. 28). Il y a peu de pièces nouvelles qui ne leur coûtent de nouveaux ajustemens, et le faux or, ny le faux argent, qui rougissent bientost, n'y étant point employez, un seul habit à la Romaine ira souvent à cinq cens écus. Ils aiment mieux user de ménage en toute autre chose, pour donner plus de contentement au public, et il y a tel comédien dont l'équipage vaut plus de dix mille francs... Mais ce n'est pas le théâtre seul qui porte les comédiens à de grands frais : hors des jours de comédie ils sont toujours bien vestus, et étant obligez de paroistre souvent à la cour et de voir à toute heure des personnes de qualité, il leur est nécessaire de suivre les modes et de faire de nouvelles dépenses dans les habits ordinaires. » Aussi est-il sans cesse question de cadeaux d'habits faits aux comédiens dans les auteurs du 17e siècle qui se sont occupés de théâtre (V. la 3e partie du *Roman comiq.*, ch. V; Desmarets, *les Visionnaires*, III, sc. 4 ; La Fontaine, *Ragotin*, II, sc. 4 ; Robinet, Gazette du 19 juin 1667; Tallemant des Réaux, *passim*.) Richelieu fit

| | |
|---|---|
| LA FLEUR. | J'auray beaucoup d'honneur de vous avoir pour gendre. |
| | Mais quel est l'autre amant? |
| LA ROQUE. | Je m'en vais vous l'apprendre. |
| | Quant à moy, pour parler avec sincérité, |
| | La fortune, en naissant, ne m'a pas bien traité; |
| | Mais, si lors son erreur me fut injurieuse, |
| | Elle a rendu depuis ma vie assez fameuse : |
| | Je me suis vu souvent un sceptre entre les mains, |
| | Dans un rang au-dessus du reste des humains. |
| | J'ay de mille Héros réglé les destinées ; |
| | J'ay vu dessous mes pieds des testes couronnées, |
| | Et j'ay, par des exploits aussi fameux que grands, |
| | Vengé les justes Rois et détruit les Tyrans. |
| | J'ay conquis des trésors, j'ay forcé des murailles, |
| | J'ay donné des combats, j'ay gagné des batailles, |
| | Et me suis vu vingt fois possesseur glorieux |
| | De tout ce que la terre a de plus précieux. |
| LA FLEUR. | O ciel! que je vais voir de gloire dans ma race! |
| | Mais, quel est vostre employ? dites-le moy, de grâce? |
| LA ROQUE. | Nous jouissons tous deux d'un repos assez doux. |
| LA FLEUR. | Mais après vostre hymen, enfin, que ferez-vous? |
| | Je voudrois le sçavoir. |
| HAUTEROCHE. | S'il faut qu'on vous le die, |
| | Nous ferons…. |
| LA FLEUR. | Poursuivez. |
| HAUTEROCHE. | La…. |
| LA FLEUR. | Quoy? |
| LA ROQUE. | La Comédie. |
| LA FLEUR. | La Comédie! hé, quoy! ce sont là vos grands biens? |
| | Vous n'estes donc, Messieurs, que des Comédiens? |
| | Vous pouvez autre part aller chercher des femmes : |
| | Mes filles ne sont pas des objets pour vos flammes. |
| | Quoyqu'elles soient sans bien, tournez ailleurs vos pas; |
| | Elles ont de l'honneur, et vous n'en avez pas, |
| | Vous, dont l'Art dangereux n'a pour but que de plaire |
| | Aux desirs déréglés de l'ignorant vulgaire ; |
| | Vous, qui ne faites voir pour belles actions |
| | Que meurtres, ou larcins, ou prostitutions, |

cadeau d'un habit magnifique à Belleroze pour la représentation du *Menteur*. Cet usage se conserva longtemps, et nous en voyons encore de nombreux exemples au siècle suivant.

ACTE I, SCENE V.

  Et qui n'apprenez rien, par tous vos artifices,
  Qu'à quitter les vertus pour pratiquer les vices ;
  Vous, qu'un gain lasche anime, et qui ne profitez
  Que du prix des forfaits que vous représentez.

JODELET.  Enfin, si l'on en croit ce vieillard vénérable,
  Tous les Comédiens ne valent pas le diable.

HAUTEROCHE. Touchant la Comédie, on peut dire, avec vous,
  Qu'elle fut autrefois l'Art le plus vil de tous,
  Et qu'en vos jeunes ans elle étoit encor pleine
  De mille impuretez dignes de vostre haine.
  Mais, depuis qu'en nos jours de merveilleux esprits
  Ont épuré cet Art par leurs doctes écrits,
  Ses défauts sont changés en grâces immortelles,
  Dont le charme est sensible aux âmes les plus belles.
  La scène est une école où l'on n'enseigne plus
  Que l'horreur des forfaits et l'amour des vertus :
  Elle émeut, à la fois, le stupide et le sage ;
  Montrant des passions, elle en montre l'usage.
  La Comédie, au vif, nous fait représenter
  Tout ce que l'on doit suivre ou qu'on doit éviter :
  Quand le crime y paroist, il paroist effroyable ;
  Quand la vertu s'y montre, elle se montre aimable.
  Le coupable y reçoit la peine qu'il lui faut ;
  S'il s'élève parfois, c'est pour cheoir de plus haut.
  L'innocent y triomphe, et si le sort l'outrage,
  Il l'abat pour, après, l'élever davantage :
  Et c'est un Art, enfin, qui sçait en mesme tems
  Instruire la raison et divertir les sens [1].

---

[1] Cette apologie du théâtre et des progrès qu'il avait accomplis se retrouve partout alors. Dès 1628, Rotrou, dans l'épître dédicatoire de la *Bague de l'oubli*, se vantait, un peu à la légère, d'avoir fait *une religieuse* de la muse dramatique, jusque-là si profane. En 1642, Douville faisait dire à une femme, dans *l'Esprit follet* (I, sc. 6) :

  Quoy ! fais-je une action trop libre et trop hardie
  Si je me plais parfois à voir la comédie,
  Qu'on a mise à tel point, pour en pouvoir jouir,
  Que la plus chaste oreille aujourd'huy peut l'ouïr.

Scarron écrit en 1657, dans la 2ᵉ partie du *Roman comique* (ch. 8) : « En la comédie le peuple trouve un divertissement des plus innocens, et qui peut à la fois instruire et plaire. Elle est aujourd'hui purgée, au moins à Paris, de tout ce qu'elle avoit de licencieux. » Cependant Scarron avait écrit *don Japhet d'Arménie*, et plu-

LA ROQUE.   A tant de vérités j'ose ajouter encore
            Que cet Art ennoblit, bien loin qu'il déshonore [1].
            De ce qu'il fut jadis, il est bien différent :
            Son but n'est point de plaire au vulgaire ignorant ;
            Il ne destine plus ses beautez sans égales
            Qu'aux esprits élevés et qu'aux âmes royales.
            Est-il honneur plus grand que d'avoir quelquefois
            Le bien d'estre agréable au plus fameux des Rois ;
            De mesler quelque joie aux importantes peines [2],
            De la plus vertueuse et plus grande des Reines,
            Et de donner relasche aux soins laborieux
            Du plus brillant esprit qui soit venu des cieux,
            D'un Ministre animé d'une âme peu commune,
            Et grand par sa vertu, plus que par sa fortune [3] ?
LA FLEUR.   Enfin, si l'on vous croit, rien n'est égal à vous.
            Mais, Messieurs, si vostre Art est si noble et si doux,
            Il faut, à qui prétend l'exercer avec gloire,
            Beaucoup de jugement, d'adresse et de mémoire ;
            Il faut que rien ne manque à qui s'en veut mesler :
            C'est trop peu d'y bien faire ; il y faut exceller.
HAUTEROCHE. Vostre âme, sur ce point, doit estre satisfaite :
            Nous pouvons composer une Troupe parfaite.
            La nostre, depuis peu, s'est rompue à Paris [4],

sieurs autres pièces qui ne témoignent pas beaucoup de cette épuration de la comédie. Saint-Évremond dit aussi quelque part, en parlant de la licence des vieux auteurs, que « depuis que Voiture eut évité cette basse manière avec assez d'exactitude, le théâtre même n'a plus souffert que ses auteurs aient écrit une parole trop libre ». Chappuzeau garde plus de mesure dans son apologie du théâtre (*Le Th. franc.*, l. I) : tout en proclamant que la comédie fut remise en France *sur le bon pied* par les soins de Richelieu, il reconnaît « que, depuis cette réformation, elle s'est un peu licenciée (p. 40-1). » En effet, si, surtout sous l'impulsion de Corneille, le théâtre s'était débarrassé *des mille impuretés* des vieilles farces et des vieilles comédies, il ne faut pas oublier que, l'année même où Quinault faisait entendre cette belle tirade, et sur le même théâtre, on avait représenté le *Pédant joué* de Cyrano, qui est rempli d'obscénités révoltantes. Quinault lui-même eût pu se souvenir de quelques scènes fort hasardées de sa 1re comédie : *les Rivales*, donnée l'année précédente. Il faut donc se garder de prendre trop à la lettre le brillant panégyrique de Hauteroche.

1 V. Scarron, *le Roman comiq.*, 2e part., ch. 8, et la note que nous avons mise à ce passage dans notre édit. (t. I, p. 315).

2 Soucis, travaux, préoccupations.

3 Le cardinal Mazarin, grand amateur de la comédie, comme on sait.

4 Les frères Parfaict, qui citent ce passage, disent en note : « Si ce que l'auteur fait dire à Hauteroche est arrivé à la troupe du Marais, il est vraisemblable de croire que cet événement fut occasionné par la retraite de quelques acteurs qui

Dont on peut aisément recueillir les débris :
J'ay deux sœurs, et la Roque une encor fort char-
[mante,
Que vostre fils chérit d'une ardeur véhémente ;
Nous avons des valets, des amis, des parens,
A qui l'on peut donner des rôles différens,
Et, si nous y joignons vos filles et leur frère,
Nous ferons une Troupe assez forte pour plaire ;
Et, pour voir si l'on peut se contenter de nous,
Nous ne chercherons point d'autre juge que vous.

LA FLEUR. Mais, pour en bien juger, il faudroit, ce me semble,
Vous voir représenter la Comédie ensemble.

LA ROQUE. Il le faut bien ainsi. Vostre fils et ses sœurs
Ont toujours du Théâtre estimé les douceurs ;
Chacun d'eux sçait assez de vers de Comédie
Pour n'avoir pas besoin qu'aucun en étudie ;
Et, pour vous divertir par de différens vers,
Nous représenterons quatre sujets divers :
D'abord la Pastorale, où vous pourrez connoistre
Qu'Amour se plaist souvent sous un habit champestre,
Qu'aux champs, comme à la Cour, il sçait donner des
[loix,
Et qu'il frappe aussi bien les Bergers que les Rois.
Nous donnerons ensuite une Pièce burlesque,
Où nous ferons paroistre une image grotesque
Des défauts qu'on remarque aux vulgaires esprits,
Et tels qu'il faut qu'ils soient pour donner du mépris.
Ensuite vous verrez une Pièce tragique,
Où nous vous marquerons, d'un style magnifique,
Les maux que peut causer un désir mal réglé
Dans le plus grand des cœurs, quand il est aveuglé.
Enfin, sur ces essais nostre Troupe enhardie
Fera voir un sujet de Tragi-Comédie,
Où nous pourrons encor mesler, pour ornemens,
Des machines en l'air [1] et des concerts charmans

---

passèrent dans la troupe de l'Hôtel de Bourgogne, mais cette retraite ne fut pas de longue durée. » La troupe du Marais se rompit plus d'une fois à Paris, pour aller faire des courses en province ; mais l'histoire du théâtre n'a pas gardé trace d'une rupture particulière à laquelle puisse se rapporter ce passage.

[1] Les pièces à machines formaient précisément *la spécialité* du théâtre du Marais.

Nous y ferons connoistre à votre âme interdite
Que toute force cède à celle du mérite,
Et que, de quelqu'effort que l'on soit combattu,
Les charmes les plus grands sont ceux de la vertu.

LA FLEUR. L'on ne peut proposer rien de plus équitable :
Ce que vous promettez m'est beaucoup agréable;
Et je ne seray point contraire à vos souhaits,
Pourvu que vos discours soient suivis des effets.
Mais quand, pour satisfaire au désir qui me presse,
Prétendez-vous pouvoir tenir votre promesse?

HAUTEROCHE. Nostre amour nous en presse encore plus que vous :
Vous aurez, dès demain, un passe-tems si doux.
Nos décorations, en nos mains demeurées,
Seront, en peu de tems, sans peine, préparées,
Et demain, à vos yeux, nous paroistrons tous prests
A faire cet essay dans l'hostel du Marais.
Il suffira, ce soir, de choisir quatre ouvrages,
Et de faire, entre nous, le choix des personnages.

LA FLEUR. Ce choix est important, et vous avez raison;
Mais pour y mieux songer, entrons dans ma maison.

FIN DU PROLOGUE.

# LE DOCTEUR DE VERRE[1].

## PERSONNAGES.

ISABELLE, fille de Panfile.
MARINE, servante d'Isabelle.
PANFILE, père d'Isabelle.
TERSANDRE, amant d'Isabelle, déguisé en Cuistre.
RAGOTIN[2], domestique de Tersandre, aussi déguisé en Cuistre.
LE DOCTEUR, amoureux d'Isabelle.

La scène est à Tolède.

## SCÈNE PREMIÈRE.

ISABELLE, MARINE.

ISABELLE.   Ma lettre est achevée, et c'est à toy de prendre
Le soin de la donner en main propre à Tersandre.
Tu sçais que cet écrit l'invite à s'opposer
Aux desseins du Docteur qui me doit épouser.

---

[1] Fait l'acte III de la *Comédie sans comédie*. En tête de la pastorale de *Clomire*, qui fait l'acte II, se trouvent les vers suivants, qui servent d'introduction :

| LA FLEUR. | Le Soleil a quitté son humide demeure : Serez-vous bientost presls ? |
|---|---|
| HAUTEROCHE. | Ouy, Monsieur, tout-à-l'heure. De ce siège pour vous qu'en ces lieux on a mis, Vous verrez les essais que nous avons promis. |
| LA FLEUR. | Faites donc qu'à l'instant vos compagnons commencent ; Je brusle de les voir. |
| HAUTEROCHE. | Je les vois qui s'avancent. Placez-vous, et surtout, en cette occasion, Veuillez les écouter avec attention. |

[2] Ragotin signifiait un petit homme, laid, trapu et mal bâti. On connait le Ragotin *du Roman comique* de Scarron, et la comédie de *Ragotin*, que la Fontaine donna en 1684.

MARINE.
Si mon père, en sortant, venoit à te surprendre,
Souviens-toy du secret que je viens de t'apprendre.
Il suffit; j'ay sceu l'art, dès mes plus jeunes ans,
(*La Fleur se place sur un siège au coin du théâtre.*)
D'en donner à garder aux vieillards défians.

ISABELLE.
Écoute encor deux mots : songe bien à luy dire,
Qu'hier il eut grand tort de manquer de m'écrire,
Que de mon triste hymen l'empressement s'accroist,
Et qu'en son peu de soin son peu d'amour paroist.

MARINE.
Rentrez; il ne faut pas m'en dire davantage.

ISABELLE.
Surtout, sonde-le bien touchant mon mariage.
(*Isabelle rentre.*)

MARINE.
Allez, pour réussir dans ces commissions,
Je n'ay pas grand besoin de vos instructions.
Sortons viste. Ah! j'entends nostre vieillard qui crache;
Je porte ce billet, et crains qu'il ne le sçache :
S'il l'attrape en mon sein, il sera bien subtil.

## SCÈNE II.

### PANFILE, MARINE.

PANFILE.
Marine, écoute un mot.

MARINE.
Monsieur, que vous plaist-il?

PANFILE.
Tu sçais fort bien qu'en toy j'ai confiance entière :
Dis-moy, que fait ma fille?

MARINE.
Elle fait sa prière.

PANFILE.
Vraiment j'en suis fort aise; on ne peut faire mieux,
Si-tost qu'on voit le jour, d'en rendre grâce aux Dieux.
Je m'en vais assister, au temple, au sacrifice,
Pour ne pas l'interrompre en ce saint exercice.

MARINE.
C'est bien fait.

PANFILE.
Mais, Marine, avant que de sortir,
De ses desirs secrets voudrois-tu m'avertir?
Tu sçais que pour mary je luy destine un homme,
Qui n'eut jamais d'égal dans Athène et dans Rome :
Un sçavant, mais sçavant qui ne ressemble pas
Ceux qui sont, d'ordinaire, aussi gueux que des rats,
Et qui sçait, pour charmer l'âme la plus farouche,
Parler d'or de la main, ainsi que de la bouche.
D'où provient que ma fille, en cette occasion,
Témoigne pour l'hymen si grande aversion?

## SCÈNE II.

|   |   |
|---|---|
| | Et n'auroit-elle point, par une ardeur fatale, |
| | De mesme que sa sœur, fait vœu d'estre vestale? |
| MARINE. | Pour moy, je ne crois pas, à dire vérité, |
| | Qu'elle ait, jusques icy, fait vœu de chasteté; |
| | Et cette aversion, où vostre choix l'engage, |
| | Est plus pour le mary que pour le mariage. |
| | L'époux qu'on luy destine est un barbon hideux, |
| | Plus propre à ressentir des glaçons que des feux : |
| | Cet objet ne doit pas toucher une jeune âme. |
| | Lorsqu'on fait demander une fille pour femme, |
| | Une telle demande a toujours des appas; |
| | Mais c'est le demandeur qui souvent ne plaist pas. |
| | Si vous ne l'eussiez point refusée à Tersandre, |
| | Sans peine au mariage on l'eust fait condescendre. |
| PANFILE. | Le Docteur est plus riche. |
| MARINE. | Ouy, mais c'est son vieux corps |
| | Qu'elle doit épouser, et non pas ses trésors. |
| PANFILE. | Mais pour ce jeune amant, ce conteur de fleurettes, |
| | N'a-t-elle point aussi des passions secrettes? |
| MARINE. | Vous luy faites grand tort d'avoir de tels soupçons : |
| | Vostre fille est fort sage; elle suit mes leçons. |
| PANFILE. | Je t'estime fidelle; il faut que je te croye. |
| | Mais quel est ce papier? |

(*Il voit la lettre.*)

|   |   |
|---|---|
| MARINE. | Ce n'est rien. |
| PANFILE. | Que je voie. |
| MARINE. | A d'autres! je connois quel est votre dessein; |
| | Vous voulez m'approcher pour me toucher le sein. |
| | Qui ne vous connoistroit..... |
| PANFILE. | C'est.... |
| MARINE. | Vous avez beau dire; |
| | Vous n'y toucherez point. |
| PANFILE. | Mais.... |
| MARINE. | Mais vous voulez rire! |
| PANFILE. | Ce papier que j'ay vu doit estre un billet doux. |
| MARINE. | C'est de mon serviteur; en estes-vous jaloux? |
| PANFILE. | Va, tu n'es qu'une folle. Adieu, je vais au temple. |
| | (*Bas.*) |
| | Son procédé me donne un soupçon sans exemple : |
| | Sortons pour la surprendre. |
| MARINE. | Il s'en va fort content. |
| | Mais serrons autre part ce billet important. |

| | |
|---|---|
| PANFILE. | Retournons doucement ; j'espère, de la sorte, |
| | Arracher de ses mains le papier qu'elle porte. |
| MARINE. | La lettre est chiffonnée ; il faut la plier mieux. |
| | Ma foy, le vieux pénard n'est point malicieux. |
| PANFILE, *luy ostant le billet*. | |
| | Voyons ton innocence, ou bien ton artifice. |
| MARINE. | Quoy ! vous ouvrez ma lettre ! |
| PANFILE. | Ouy, mais c'est sans malice. |
| | Cet écrit, tel qu'il est, sans adresse et sans seing, |
| | De ma fille, pourtant, me découvre la main. |
| | Parle, à qui portes-tu cette lettre fatale |
| | De la part d'Isabelle ? |
| MARINE. | A sa sœur la vestale. |
| PANFILE. | C'est plutost à Tersandre. |
| MARINE. | Ah ! ne le croyez point. |
| PANFILE. | La lecture pourra m'éclaircir sur ce point. |

(*Il lit*.)

*Le peu de soin que tu prends de m'écrire ne m'empesche pas d'estre encore sensible à l'amour. Des vertus, l'obéissance est celle qui, sur toutes, me plaist la moins. Heureuse entre les filles est celle qui n'a point de parens qui aiment le bien ! On me presse d'épouser un vieux Docteur en vain : j'ay promis de n'y consentir jamais ; sans plus songer, à ma promesse il faut que je satisfasse. Mon père tasche, par des remontrances, de me faire accepter ce vieil amant que je ne hais point sans raison. Ceux qui m'aiment se feront connoistre, s'ils s'opposent à ce mariage.*

| | |
|---|---|
| | Hé bien ! oseras-tu maintenant, déloyale, |
| | Dire que cet écrit soit pour une vestale ? |
| | Ma fille, par tes mains, l'envoye à son amant. |
| MARINE. | Vous luy faites grand tort, Monsieur ; asseurément |
| | Vous ne lisez pas bien, et j'y mettrois ma vie. |
| PANFILE. | O Ciel ! vit-on jamais plus grande effronterie ! |
| MARINE. | Pour qui me prenez-vous ? De grâce, parlez mieux, |
| | Monsieur, j'ay de l'honneur. |
| PANFILE. | Et moy, j'ay de bons yeux. |
| MARINE. | N'en déplaise pourtant à vos grandes lunettes, |
| | Je crois que vous avez les visières mal nettes [1]. |

---

[1] *Visière* signifie ici la vue, les yeux. On le trouve souvent en ce sens au 17ᵉ

|           | Regardez de plus près : le sens pourra changer. |
|---|---|
| PANFILE. | La traistresse a dessein de me faire enrager. |
| MARINE. | Vous nous faites, Monsieur, une injustice extrême : Je connois ma maistresse. |
| PANFILE. | Hé bien ! lis donc toy-mesme. |
| MARINE. | Si je ne vous fais voir que ces mots seulement S'adressent à sa sœur, et non à son amant, Et que c'est sans raison que vous m'avez criée, Que puissé-je mourir sans estre mariée ! Vous me pouvez bien croire après un tel serment. |
| PANFILE. | J'en doute ; haste-toy de lire promptement. |
| MARINE *lit*. | |

> Le peu de soin que tu prends de m'écrire ne m'empesche pas d'estre encore sensible à l'amour des vertus. L'obéissance est celle qui, sur toutes, me plaist. La moins heureuse entre les filles est celle qui n'a point de parens qui aiment le bien. On me presse d'épouser un vieux Docteur : en vain j'ay promis de n'y consentir jamais ; sans songer à ma promesse, il faut que je satisfasse mon père. Tasche, par des remontrances, de me faire accepter ce vieil amant que je ne hais point : sans raison ceux qui m'aiment se feront connoistre, s'ils s'opposent à ce mariage.

| PANFILE. | Dieux ! sans changer un mot, comment se peut-il faire Que ce sens se rencontre au premier si contraire ? |
|---|---|
| MARINE. | Hé bien ! n'aviez-vous pas l'esprit préoccupé ? |
| PANFILE. | Les points qui sont omis doivent m'avoir trompé : Les filles de ce tems estiment ridicules Celles dont les écrits sont remplis de virgules. |
| MARINE. | Vostre humeur, fort sujette aux paniques terreurs, Est le défaut qui seul a causé vos erreurs. Je vous l'avois bien dit : vostre fille est bien née. Vous m'avez fait injure, et l'avez soupçonnée ; J'en crève de dépit. |
| PANFILE. | Marine, excuse-moy. Je jure de jamais ne douter de ta foy. |
| MARINE. | Vous avez eu grand tort. |
| PANFILE. | Ouy, je te le confesse. |

siècle, et jusque dans Molière (*Étourdi*, I, sc. 2). On dit encore quelquefois aujourd'hui : *donner dans la visière* de quelqu'un.

MARINE. Rendez-moy mon billet, Monsieur; le tems me presse.
PANFILE. Je le feray tenir.
MARINE. Il n'en est pas besoin.
PANFILE. Va, quelqu'un de mes gens t'épargnera ce soin;
Et, pour mieux employer ton tems et ton adresse,
A l'hymen du Docteur dispose ta maistresse.
MARINE. Mais la presserez-vous?
PANFILE. Oui; dis-luy, de ma part,
Qu'il le faut épouser dès demain, au plus tard.
MARINE. Je crains fort d'aborder ma maistresse Isabelle:
Je seray mal reçue avec cette nouvelle.

## SCÈNE III.

### ISABELLE, MARINE.

ISABELLE. Si mon père est levé, donnons-luy le bonjour.
Sortons. Mais, quoy! Marine est déja de retour?
MARINE. Loin d'estre de retour, je ne suis pas sortie:
Nostre vieux radoteur a rompu la partie.
ISABELLE. Qu'as-tu fait du billet?
MARINE. Par force il me l'a pris;
Mais, grâces au secret que vous m'avez appris,
J'en ay changé le sens, quand il me l'a fait lire.
ISABELLE. Ce succez me ravit.
MARINE. Il n'est pas tems de rire:
Pour l'hymen du Docteur soyez preste à demain;
C'est l'ordre du vieillard.
ISABELLE. C'est un ordre inhumain.
Encor si je pouvois en avertir Tersandre!
MARINE. Et quand il le sçauroit, qu'en pourriez-vous attendre?
Par le soin d'un amant on juge de son feu,
Et puisqu'il vous néglige, il doit vous aimer peu.
ISABELLE. Marine, à dire vray, j'ay sujet d'estre en doute.
MARINE. Parlons bas: certain cuistre approche et nous écoute.

## SCÈNE IV.

### TERSANDRE, ISABELLE, MARINE.

ISABELLE. Que cherchez-vous?

## SCÈNE V.

TERSANDRE, *en habit de cuistre* [1].

      Beauté, qui pouvez tout toucher,
Ayant l'heur de vous voir, je n'ay rien à chercher.
Le Docteur qui pour vous sent des peines mortelles,
M'envoye, avecque soin, savoir de vos nouvelles,
Et vous souhaite un jour plus heureux et plus doux
Que celuy que l'amour luy prépare pour vous.

MARINE. Pour un cuistre, à mon gré, ce n'est pas mal l'enten-
[dre.

ISABELLE. Ou mes yeux sont déçus, ou je crois voir Tersandre.

TERSANDRE. Vos beaux yeux sont toujours des témoins assurés ;
Et, pour estre déçus, ils sont trop éclairés.

ISABELLE. Vous deviez m'avertir, Tersandre ; et, sans rien
[feindre,
De vostre peu de soin j'ay sujet de me plaindre :
Je vous ay soupçonné de quelque changement.

TERSANDRE. Si j'ay changé pour vous, c'est d'habit seulement ;
Et l'Amour n'eut jamais, ô Beauté qui m'enflamme,
Causé ce changement, s'il eust changé mon âme.
Sçachant que le Docteur, qui brusle de vos feux,
A ses anciens valets en vouloit joindre deux,
Avec un de mes gens, par d'heureuses pratiques,
J'ay sceu rencontrer place entre ses domestiques.

ISABELLE. Un tel succez plutost me devoit estre appris.

TERSANDRE. J'ay craint qu'en écrivant l'avis ne fust surpris.
Le Docteur m'a d'abord mis dans sa confidence ;
Et, le trouvant d'humeur propre à la défiance,
J'ay troublé son esprit par un puissant soupçon.
Mais voicy votre père ; il faut changer de ton.

## SCÈNE V.

PANFILE, RAGOTIN, ISABELLE, TERSANDRE, MARINE.

PANFILE. Pleurez, pleurez, ma fille : en revenant du Temple,
On m'a dit un malheur qui n'eut jamais d'exemple.
Le Docteur perd pour vous l'honneur de ses vieux
            ans,

---

[1] Le cuistre était un valet de collége. Ce nom, qui n'est plus aujourd'hui qu'une injure, désignait alors une fonction. Les cuistres jouent leur rôle dans le *Pédant joué* de Cyrano.

|  |  |
|---|---|
| | Il a pris tant d'amour qu'il a perdu le sens ; |
| | Il est en frénésie, et, dans cette disgrace, |
| | Soutient qu'il est de verre, et craint qu'on ne le casse. |
| | Mais quel est ce valet, qui ne m'est pas connu ? |
| ISABELLE. | De la part du Docteur il est icy venu. |
| TERSANDRE. | Si je suis moniteur du morbe [1] qui l'attaque, |
| | Vostre gener futur [2] est hypocondriaque ; |
| | Son esprit, qu'olympique on pouvoit nominer, |
| | N'a plus la faculté de ratiociner. |
| MARINE. | Quel diantre de jargon ! |
| PANFILE. | Sotte ! te veux-tu taire ! |
| | C'est ainsi qu'au Collége on parle d'ordinaire. |
| | Je plains fort vostre maistre, et l'iray visiter. |
| TERSANDRE. | Plutost dans votre dome il le faut expecter [3] : |
| | Avant que de Phœbus le globe vivifique |
| | Soit près de perficer [4] son cours hémisphérique, |
| | Malgré de son esprit la perturbation, |
| | On fera de son corps icy translation. |
| PANFILE, *regardant Ragotin.* | |
| | Mais quel est ce garçon ? |
| TERSANDRE. | C'est mon collègue intime, |
| | Dedans le famulat du Docteur clarissime. |
| PANFILE. | Hé bien ? le Docteur... |
| RAGOTIN. | Vient. |
| PANFILE. | Extravague-t-il ? |
| RAGOTIN. | Fort. |
| PANFILE. | Mais quel est son mal ? |
| RAGOTIN. | Grand. |
| PANFILE. | Qu'en doit-on craindre ? |
| RAGOTIN. | Mort. |
| PANFILE. | Quel discours ! |
| TERSANDRE. | La formule en est fort ancienne ; |
| | Jadis on la vocoit [5] Lacédémonienne. |
| MARINE, *à part.* | |
| | De tous deux le bon-homme est dupé comme il faut. |

[1] De la maladie. Quinault fait parler à Tersandre le langage de l'écolier limousin rencontré par Pantagruel. Les auteurs comiques ne manquent guère ce facile moyen de ridiculiser les pédants en parodiant le langage du collége, et Cyrano ne l'a pas négligé non plus dans sa comédie.
[2] Gendre.
[3] L'attendre dans votre maison.
[4] Achever.
[5] On l'appelait.

PANFILE.   Ou ton maistre est-il?
RAGOTIN.                     Près.
PANFILE.                           Quand le verrons-nous?
RAGOTIN.                                              Tost.
PANFILE.   Qu'entends-je monter?
RAGOTIN.                     Luy [1].
MARINE.                           Je pense qu'il se raille:
Il vient dans un panier enveloppé de paille [2].

## SCÈNE VI.

LE DOCTEUR, PANFILE, ISABELLE, MARINE, TERSANDRE, RAGOTIN

LE DOCTEUR, *dans un habit de paille.*
Future épouse, et vous, beau-père proposé,
Sçachez que tout mon corps est métamorphosé;
Que je suis, à présent, de l'ultime matière
Où se peut transmuer chaque corps sublunaire,
Et qu'Amour, dont toujours je me suis défié,
M'a mis à si grand feu qu'il m'a vitrifié.
PANFILE.   Vous n'estes point de verre; en vain vous nous le dites:
Il n'en est rien.
LE DOCTEUR.               Vos yeux sont donc hétéroclites?
PANFILE.   Mais vous parlez encor?
LE DOCTEUR.                    Mes accens sont formés
Par des esprits mouvans dans ce verre enfermés:
Mon corps est résonnant; mais, comme il est fort fresle,
Mes esprits s'enfuiront pour peu que l'on me fesle.
PANFILE.   Pour vous tirer d'erreur je veux vous embrasser.
LE DOCTEUR. Ah! gardez-vous-en bien! ce seroit me casser.
PANFILE.   Souffrez qu'on vous détrompe.
LE DOCTEUR.                         Il n'est pas nécessaire,
De ma fragilité durissime adversaire.

---

[1] Ces réponses par monosyllabes sont une imitation d'un genre de plaisanteries fort usité chez nos vieux auteurs comiques. V. dans Rabelais, l. v, ch. 27 du *Pantagruel*, les réponses du frère Fredon; Bonaventure Desperriers, *Nouvelles récréations*, la nouvelle 58ᵉ: *Du moyne qui respondo itout par monosyllabes rymez*, etc., etc.

[2] *Le Licencié de verre*, de Cervantes, est transporté de la même façon à Valladolid, dans un panier plein de paille.

PANFILE, *en l'embrassant.*
　　　　Voyez....
LE DOCTEUR.　　　　Ah! par le flanc il vient de me fesler;
　　　L'humide radical par là va s'écouler.
PANFILE.　Mais vous n'estes pas bien.
LE DOCTEUR.　　　　　　　Je suis le mieux du monde.
PANFILE.　Sortez.
LE DOCTEUR.　　　Ah! que plutost Jupiter vous confonde!
PANFILE.　Laissez-moy faire.
LE DOCTEUR.　　　　　　Hé, quoy! barbon pernicieux,
　　　Si j'étois en morceaux, en seriez-vous bien mieux?
PANFILE.　Mais, Monsieur le Docteur...
LE DOCTEUR.　　　　　　　Mais, Monsieur mon beau-père,
　　　N'approchez point de moy, vous ne sçauriez mieux faire.
　　　Je suis déjà feslé; que voulez-vous de plus?
PANFILE, *luy ostant son habit de paille.*
　　　Je veux guérir l'erreur dont vos sens sont déçus.
LE DOCTEUR.　Peste! comme il me serre! ah, le traistre me brise[1]!
　　　Bourreau, gendrifracteur, apprends que j'agonise!
　　　　　　　　　　　　　　　(*Il s'évanouit.*)
TERSANDRE, *au Docteur.*
　　　Dominé, Dominé, procrastinez vos ans[2].
PANFILE.　Qu'on apporte de l'eau pour rappeler ses sens!
　　　Son pouls qui meut encor fait voir qu'il reste en vie,
　　　Et que sa pamoison sera bientost finie.
　　　Il reprend ses esprits de foiblesse accablés;
　　　Ses pas sont chancelans, et ses regards troublés.
LE DOCTEUR.　Mon esprit, spolié de son fourreau de verre,
　　　Se voit donc translaté dans l'infernale terre!
　　　J'ay trajeté déjà le Cocyte bourbeux,
　　　Et voicy de Pluton le palais ténébreux.
TERSANDRE.　Il croit estre appulsé dans le règne des Ombres.
LE DOCTEUR.　Bons Dieux! que cette plage étale d'objets sombres!
　　　Je n'incide[3] partout que Larves, Diablotins,
　　　Follets, Ténébrions, Farfadets et Lutins.

---

[1] Dans la nouvelle de Cervantes, le licencié Vidriera, dès qu'on le touchait, craignait aussi d'être cassé. Il écartait les enfants avec son bâton, les priant de lui parler sans le toucher, parce qu'il était très-fragile. La sœur de Richelieu, Nicole du Plessis, femme du maréchal marquis de Brézé, « croyoit avoir le cul de verre et ne vouloit point s'asseoir », dit Tallemant dans son *Historiette* du maréchal.

[2] Prolongez votre vie, ne mourez pas aujourd'hui!

[3] Je ne rencontre.

## SCÈNE VI.

(*Il s'adresse à Ragotin.*)
Bon! je cerne [1] déjà Tantale enfanticide.
La peste! comme il bâille, et comme il masche à vuide!
Que j'aime à l'aspicer [2], voulant gober souvent
Des fruits près de son nez, ne gober que du vent!
Mascheur infortuné, qui n'as ny bien ny joie,
Du séjour de Pluton enseigne-moy la voie?
Quel est le chemin?

RAGOTIN. Long.

LE DOCTEUR. Que me diras-tu?

RAGOTIN. Rien.

LE DOCTEUR. Me veux-tu du mal?

RAGOTIN. Nul.

LE DOCTEUR. Mais me connois-tu?

RAGOTIN. Bien.

LE DOCTEUR. Que m'estimes-tu?

RAGOTIN. Fol.

LE DOCTEUR. Comment, âme damnée,
Ma sagesse par toy sera contaminée,
Et tu me répondras monosillabement!
Je te vais bien docer [3] à jaser autrement.

RAGOTIN. Ah! Monsieur le Docteur, excusez, je vous prie!
Contre un de vos valets n'entrez point en furie :
Je vivray, désormais, respectueusement,
Et répondray toujours polisillabement.

TERSANDRE. Dominé, n'ayez point une anime inclémente.

LE DOCTEUR, *à Tersandre.*
Je suivray vos décrets, inclyte Rhadamante.
Mon sort dépend de vous, magistrat infernal ;
Je salue, en tremblant, vostre noir tribunal.

PANFILE, *au Docteur.*
Faut-il jusqu'à ce point que vostre esprit s'abuse?

LE DOCTEUR. Ah! Monseigneur Pluton, je vous demande excuse;
Mon procédé, sans doute, a dû vous étonner :
C'est devant vous d'abord qu'il se faut prosterner.

ISABELLE. Reconnoissez, Monsieur, l'erreur qui vous domine.

LE DOCTEUR, *à Isabelle.*
Veuillez parler pour moy, Madame Proserpine.

---

[1] Je vois.
[2] Regarder.
[3] Apprendre.

ISABELLE. Vous me connoissez mal.
LE DOCTEUR. Ne croyez pas cela :
Jupiter n'est-il pas Monsieur vostre papa?
Vous estes de la nuit la Déesse muante ;
Les charmes ont de vous leur force omnipotente ;
On vous offre des vœux sous les titres divers
De fille de la Terre et Reine des Enfers;
Et Pluton, fasciné de vos traits adorables,
Vous emmena jadis, par force, à tous les diables.
MARINE. Plutost que de l'entendre, il le faudroit chasser.
LE DOCTEUR, *à Marine*.
Quoy! tu viens donc encore ici me traverser,
Déesse de discorde au crin serpentifère,
Boute-feu, rabat-joye, exécrable Mégère,
Maudit tison d'enfer!
MARINE. Comme il roule les yeux!
Madame, sauvez-moy de ce fol furieux!
ISABELLE. Ne vous emportez pas.
LE DOCTEUR. Soyez-moy donc propice,
Et je promets d'offrir ensuite en sacrifice,
Sur un autel qu'exprez je dresseray pour vous,
Une vache bréhaigne¹ avecque deux hiboux.
PANFILE. Combattre son erreur, c'est l'aigrir davantage :
Taschons, en le flattant, de le rendre plus sage.
LE DOCTEUR. Hé bien, après avoir longuement consulté,
Mes juges infernaux, qu'avez-vous décrété?
PANFILE. Qu'il faut dans vostre corps retourner sur la terre.
LE DOCTEUR. Dans mon corps! mais faut-il qu'il soit encor de verre?
PANFILE. Non, il n'en sera plus.
LE DOCTEUR. Oseray-je, en partant,
Vous consulter encor sur un point important?
PANFILE. Ouy, parlez.
LE DOCTEUR. Un vieillard d'humeur cacochymique
Me défère en hymen sa géniture unique,
Fille qui peut donner des passe-tems bien doux,
Et qui me tente fort.
PANFILE. Hé bien! mariez-vous.
LE DOCTEUR. Mais, si je me marie, il faut quitter l'étude.
En prenant femme, on prend beaucoup d'inquiétude ;
On est toujours troublé de nouveaux embarras :

¹ Stérile.

## SCÈNE VI.

                Cela m'effraye.
PANFILE.                 Hé bien ! ne vous mariez pas.
LE DOCTEUR. N'étant point marié, si quelque mal m'accable,
                Je seray spolié du soin considérable
                Qu'une femme se donne alors pour un époux ;
                C'est ce que j'appréhende.
PANFILE.                 Hé bien ! mariez-vous.
LE DOCTEUR. Mais si, durant mon mal, ma femme avec Tersandre,
                Certain godelureau qui ne vaut pas le pendre,
                Loin d'avoir soin de moy, souhaitoit mon trépas,
                J'enragerois.
PANFILE.                 Hé bien ! ne vous mariez pas.
LE DOCTEUR. Mais, vivant ainsi seul, je mourray sans lignée,
                A qui pouvoir laisser ma richesse épargnée ;
                Prenant femme, il naistra quelqu'héritier de nous,
                Et j'en seray bien aise.
PANFILE.                 Hé bien ! mariez-vous.
LE DOCTEUR. Mais, étant marié, si, comme il se peut faire,
                Des fils qui me viendront quelqu'autre étoit le père,
                Et s'il falloit pourtant les avoir sur les bras,
                J'en tiendrois.
PANFILE.                 Hé bien donc, ne vous mariez pas [1].
LE DOCTEUR. Cet ultime conseil est celuy qu'il faut suivre.
                J'ay, pour faire un bon choix, trop peu de tems à vivre :
                Je fuiray donc l'hymen, Dieu du sombre manoir
                Je m'en retourne au monde : adieu ; jusqu'au revoir.
PANFILE.     Que l'on approche un siége ; il retombe en foiblesse.
                Ma fille, il ne faut plus croire que son mal cesse :
                J'auray peine à trouver quelque party pour vous.
                Que n'avez-vous Tersandre, à présent, pour époux !
                Falloit-il, pour ce fol, rebuter sa demande ?
                L'intérest me fit faire une faute si grande.
                Mais le Docteur revient ; écoutons ses propos.
LE DOCTEUR. Pluton en soit loué ! je suis de chair et d'os.
                Beau-père prétendu, que Jupiter console,
                Cherchez un gendre ailleurs ; je reprends ma parole :
                Le grand Dieu des Enfers, dont je suis de retour,
                M'a donné ce conseil, en me rendant le jour.
PANFILE.     Ah ! changez de discours.

[1] Ce passage est une imitation non dissimulée d'un passage bien connu de Rabelais (*Pantagruel*, l. III).

LE DOCTEUR. Je comprends vos pensées :
Vous désirez sçavoir ce qu'aux Champs Elysées,
Où je viens de passer, j'ay récemment appris.
PANFILE. Ce n'est pas....
LE DOCTEUR. Par ma foy ! vous en serez surpris :
Plusieurs qui, dans ce monde, ont possédé l'Empire,
Sont là dans un état qui vous feroit trop rire.
Ninus l'usurpateur, y racoustre des bas ;
Cambise, le cruel, vend de la mort aux rats ;
Xerxès, le gras, y vent des couennes de lard jaune ;
Crésus, qui fut si riche, y demande l'aumosne.
PANFILE. C'est....
LE DOCTEUR. Ah ! ce n'est pas tout. Philippe, le hableur,
Tire les cors des pieds, sans mal et sans douleur ;
Alexandre-le-Grand déniche des fauvettes ;
César, le vigilant, est vendeur d'allumettes [1].
PANFILE. Ce n'est rien de cela que je voudrois sçavoir.
LE DOCTEUR. Quoy donc ? si les sçavans ont là bien du pouvoir ?
Vous estes curieux ; il faut vous tout apprendre :
Sçachez donc qu'à présent le morne Anaximandre,
Diogène le chien, Ésope le velu,
Aristote le bègue, et Platon le rablu,
Hérille l'affamé, le chastré Xénocrate,
Épictète le gueux, et le cornard Socrate,
Qui n'eurent point icy grands biens ni grands honneurs,
Au pays d'où je viens sont de fort grands Seigneurs.
Estes-vous satisfait ?
PANFILE. Vous me le pouvez rendre,
En épousant ma fille et devenant mon gendre.
LE DOCTEUR. Ne vous ay-je pas dit que je n'en ferois rien ?
C'est l'avis de Pluton, et c'est aussi le mien.
PANFILE. Mais...
LE DOCTEUR. Mais Pluton l'a dit ; cela vous doit suffire.
PANFILE. Vous estes fol, Monsieur.
LE DOCTEUR. Il faut vous laisser dire ;
Vous avez beau vous plaindre et beau m'injurier,
Je ne suis pas si fol que de me marier.
(Il sort.)

---

[1] On peut comparer ce passage avec la 20e lettre satirique de Cyrano de Bergerac, où il décrit sous forme de songe, et d'après une des *Visions* de Quevedo, mais d'une façon beaucoup plus piquante qu'ici, sa descente aux Enfers et les occupations des grands hommes qu'il y a rencontrés.

## SCÈNE VI.

PANFILE. Que ferons-nous ?
TERSANDRE. Spondez [1] votre fille à Tersandre.
PANFILE. Je l'ay traité trop mal; il n'y faut plus prétendre.
ISABELLE. Mais s'il avoit pour moy le mesme sentiment,
Luy serois-je accordée ?
PANFILE. Avec ravissement.
TERSANDRE, *se découvrant*..
Tersandre à vos genoux vous la demande encore.
PANFILE. Elle est à vous, Tersandre, et vostre amour l'honore.
Mais je suis fort surpris d'un si grand changement;
Venez m'en éclaircir dans vostre appartement [2].

[1] Promettez en mariage.
[2] Les comédiens jouent ensuite la tragédie et la tragi-comédie. A la fin de celle-ci, où la fille de la Fleur, qui représente Armide, est enlevée par deux petits Amours en compagnie de Renaud, toute la pièce se conclut par une dernière scène qui se relie au prologue :

LA FLEUR, LA ROQUE.

LA FLEUR, *sortant de la place, en désordre, où il a été assis depuis le second acte.*
Ma fille est morte, ô ciel !
LA ROQUE, *l'abordant.* Vous l'allez voir descendre,
Et son enlèvement vous devoit moins surprendre.
LA FLEUR. On peut estre surpris par un semblable effet.
LA ROQUE. De nos essais, enfin, estes-vous satisfait ?
LA FLEUR. Ouy, chacun a bien fait dans tous ses personnages.
Je consens, avec joie, à vos trois mariages.
Vostre Art, dans ces essais, m'a paru noble et doux,
Et vostre sort, enfin, doit faire des jaloux,
Si vostre Troupe un jour a la gloire de plaire
Au plus auguste Roy que le Soleil éclaire,
Au Prince sans égal, qui possède à la fois,
Ce que séparément ont eu les plus grands Rois,
Et qui, portant partout sa valeur sans seconde,
Ne doit la voir borner que des bornes du monde.

FIN.

# GILLET
## DE LA TESSONNERIE.
(1620 — ).

# NOTICE

## SUR GILLET DE LA TESSONNERIE

### ET *LE CAMPAGNARD.*

Gillet de la Tessonnerie, né en 1620, débuta au théâtre dès l'âge de vingt ans par une tragicomédie : *la Belle Quixaire* (1640, in-4°, Touss. Quinet), tirée d'une nouvelle de Cervantes. Sa charge de conseiller à la Cour des Monnaies ne l'empêcha pas de cultiver assidûment la poésie dramatique. Les détails de sa vie sont peu connus et n'auraient qu'un médiocre intérêt pour nous ; l'analyse ou l'appréciation de quelques-unes de ses pièces en aura davantage. Il en a laissé neuf, qui sont, outre la *Belle Quixaire*, déjà nommée :

— *Le Triomphe des cinq Passions*, tragicom. 5 a. vers; Paris, Touss. Quinet, in-4°, 1642. C'est une pièce assez étrange. Pour guérir Arthémidore de la vaine gloire, de l'ambition, de l'amour, de la jalousie et de la fureur, un enchanteur grec, par un effort merveilleux de son art, évoque des enfers les héros les plus signalés de l'antiquité, et les lui montre dans les circonstances où ces passions ont causé leur malheur. Ainsi Arthémidore est témoin de cinq fantasmagories successives, qui forment, pour ainsi dire, autant de pièces dans la pièce primitive, et ne sont reliées entre elles que par la communauté du point de départ et du but moral.

— *La comédie de Francion*, 5 a. v. *Ibid. id.*, 1642. Elle est tirée du roman de Ch. Sorel, mais Gillet en a affaibli les situations, les caractères et les peintures, bien que Sorel fût loin d'avoir écrit lui-même un chef-d'œuvre.

— *La Belle Policrite* (réimprimée en 1643 avec un nouveau titre, portant : *La mort du grand Promédon, ou l'exil de Nérée*), tragic. 5 a. v. *Ibid. id.*, 1643, 1645. Faible. Il l'avait composée à vingt ans, comme sa *Belle Quixaire*.

— *L'Art de régner, ou le sage Gouverneur*, tragic. 5 a. v. *Ibid. id.*, 1645. Gillet dit qu'il passa deux ans à concerter cette pièce, qui, d'ailleurs, reproduit l'ordonnance et le procédé fantastique de son *Triomphe des cinq Passions*, mais avec moins de bonheur. L'intérêt décroît à chaque acte, et la stérilité de son invention s'y trahit clairement.

— *Le Grand Sigismond, prince Polonois, ou Sigismond, duc de Varsau*, tragic. 5 a. v. *Ibid. id.*, 1646, in-4° et in-12; 1647, pet. in-8°. — *La Mort de Valentinian et d'Isidore*, tragéd. 5 a. v. *Ibid. id.*, 1648, in-4°. Tirée de l'*Astrée*. — *Le Déniaisé*, coméd. 5 a. v. *Ibid. id.*, in-4°, 1648, et in-12, 1658, où l'on trouve un rôle de pédant, qui paraît avoir servi de modèle au Métaphraste du *Dépit amoureux*.

— *Le Campagnard*, coméd. 5 a. v. Guill. de Luyne, 1657, in-12; privilège du 27 juin, achevé d'impr. le 1ᵉʳ août : la plus rare de toutes.

Beauchamps ajoute encore à cette liste *Constantin*, tragédie sur laquelle il ne donne aucun détail, et d'autres y joignent aussi une tragédie de *Soliman*.

On aura remarqué sans doute que toutes les pièces de Gillet sont en cinq actes, en vers. Beaucoup de ses ouvrages sont tirés ou imités de quelque autre auteur, ce qui ne plaide guère en faveur de son imagination ; du moins il a laissé en repos les Espagnols et les Italiens, qu'on mettait si largement à contribution autour de lui. Ses comédies l'emportent généralement sur ses tragédies : on y trouve du moins un effort pour atteindre à la peinture des mœurs, à l'étude du cœur humain, à la pièce de caractère ; mais peu de goût, de délicatesse et de style.

*Le Campagnard*, sa dernière œuvre, jouée sur le théâtre du Marais comme sa première, est encore une pièce où l'on berne un hobereau de province parlant par pointes et par proverbes naïfs, d'une galanterie surannée, ridicule, vantard, fanfaron, peureux, menteur, crédule, vaniteux, toujours dupé. Il a beaucoup de traits communs avec le Matamore. Les derniers vers, où Jodelet résume la pensée de la pièce, sont d'une brutalité rare, qui marque bien l'insolence parisienne à l'endroit des petits gentilshommes provinciaux. (Voir notre *Notice sur le Baron de la Crasse*, t. I, p. 409.) C'est le vrai Jodelet *classique*, goguenard, railleur et grivois, genre Scarron, que Gillet a mis en scène.

*Le Campagnard* a des lenteurs, des hors-d'œuvre et des inégalités. La pièce est beaucoup trop longue. Nous avons dû y pratiquer quelques coupures, moins pour l'alléger que pour n'en pas trop encombrer notre volume et laisser la place libre à d'autres ouvages. Le dialogue en est généralement net et vif, quelquefois excellent ; mais dans les tirades, les descriptions, les récits, le style devient lourd, embarrassé, incorrect et obscur. On y trouve assez fréquemment des expressions et des tournures vieillies. C'est la partie plaisante qui est la meilleure, quoique Gillet y dépasse plus d'une fois la mesure du goût. En somme, il y a dans sa pièce peu d'invention et peu d'habileté scénique, mais des scènes piquantes, quelque chose d'assez original, surtout des détails nombreux et intéressants sur les mœurs, les idées, les croyances de l'époque, sur les hommes et les œuvres alors à la mode. Gillet devait être un esprit curieux. On voit dans le *Campagnard* qu'il avait étudié l'astrologie, la chiromancie et les sciences occultes ; qu'il avait quelque connaissance et quelque goût des arts, spécialement de la peinture et de la musique. Même en ses pièces les plus médiocres, il a souvent fait preuve d'une certaine originalité de conception, du moins d'un certain goût pour les cadres qui ne rentraient pas tout à fait dans la banalité ordinaire. Malheureusement, ses bonnes intentions ne sont point suffisamment soutenues par l'exécution, et Gillet peut passer pour un type complet de l'avortement littéraire.

On ignore la date de sa mort, qu'on peut fixer vers 1660, car il n'a rien publié après le *Campagnard*, qui est de 1657, et la 2ᵉ édition du *Déniaisé*, de 1658.

# LE CAMPAGNARD,

COMÉDIE EN CINQ ACTES.

1657.

## PERSONNAGES.

BAZILE, vieillard, oncle de Phénice et de Philis.
LE CAMPAGNARD, baron de la campagne, peu fait à la cour, affectant le proverbe et la pointe.
LÉANDRE, gentilhomme adroit, passant pour un marchand de tableaux.
CLITON, Parisien de la connoissance du Campagnard.
SEIGNEUR ANSELME, fourbe et faux astrologue, ayant toujours accompagné Léandre dans ses courses et dans ses débauches.
UN PAGE de Bazile.
PHÉNICE, nièce aisnée de Bazile, qui avoit toujours demeuré à Paris jusques à la mort de sa tante, chez qui elle étoit.
PHILIS, nièce de Bazile, la plus jeune.
LISE, fille de chambre de Phénice.
JODELET, valet du Campagnard.

# LE CAMPAGNARD.

## ACTE PREMIER.

### SCÈNE PREMIÈRE.

LE CAMPAGNARD, JODELET.

LE CAMPAGNARD. Tu ne la trouves pas plus belle que cela?
JODELET. Elle n'est pas tant sotte.
LE CAMPAGNARD. Elle est......
JODELET. Elle est là, là.
LE CAMPAGNARD. Encor!
JODELET. Point de quartier.
LE CAMPAGNARD. Maraut, si je t'attrape!....
JODELET. Ma foy, sa beauté n'a que l'épée et la cape [1].
LE CAMPAGNARD. Ne finiras-tu point ces discours impudens?
JODELET. Mentirez-vous toujours en arracheur de dents?
C'est parler librement.
LE CAMPAGNARD. Ta liberté me choque.
JODELET. Vous vous en offensez? touchez là, je m'en moque.
Quoy, Monsieur, avec moy faire du réservé!
Estre libre au pays, et froid sur le pavé!
Est-ce de la façon que l'on doit vivre ensemble?
Parlez quand il vous plaist, et moy, quand bon me
[semble.
Ne me deffendez point d'estre de vostre écot
Et ne me baillez point icy du *quiproquo*.

---

[1] On disait d'un officier ou d'un gentilhomme gueux, qu'il n'avait que l'épée et la cape. Jodelet veut donc dire que sa beauté est peu de chose.

Si ma fidélité vous fait quelques outrages,
Séparons-nous tous deux, et payez-moy mes gages.
Avecque le secours de mon petit magot
Malgré vous dans Paris je puis vivre à gogo ;
Et quand j'auray besoin de maistre ou de maistresse
Je sçais bien le Palais [1] et le bureau d'adresse [2].
Je suis valet d'honneur et ne redoute rien ;
Si je parle un peu trop, je sers aussi fort bien.
Quand avec la parole on fait quelques offenses,
Coup de langue est alors pire que coups de lances ;
Mais quand par la parole on dit fidellement
Au maistre que l'on sert quel est son sentiment,
Et que la parole est honneste, et belle, et bonne,
Que diable peut-on dire au valet qui raisonne ?
J'enrage et si j'étois à quelque raisonneur
Je ferois ma fortune avecque plus d'honneur.
Au diable de bon cœur la noblesse champestre,
Et maudit tout valet qui ne l'envoira paistre !

LE CAMPAGNARD. Jodelet !

JODELET.   Pour avoir des plumes au chapeau,
L'éguillette à la mode et le ruban nouveau,
Pour estre chaque jour brave [3] comme au dimanche,
Et me faire crayer icy la botte blanche,
Faut-il trancher du Prince avec un vieil valet
Qui vous a veu soudrille et petit argoullet,

---

[1] Nous avons déjà dit, dans deux notes du *Jaloux invisible*, de Brécourt, et du *Parasite* de Tristan, que le rendez-vous des valets sans place qui cherchaient de nouveaux maîtres, était sur les marches du Palais de justice.

[2] Fondé par Théophr. Renaudot, le créateur de la *Gazette de France*, sous le même toit que son journal, dans la rue de la Calandre. Le bureau d'adresse, sorte de succursale et d'accessoire de la *Gazette*, c'était à la fois un bureau de placements et de renseignements : on y faisait également, l'après-dîner, des conférences sur les nouvelles et les questions du jour, et les oisifs s'y donnaient rendez-vous. En 1631, on dansa au Louvre, devant le roi, un ballet du *Bureau de rencontre* (le bureau d'adresse s'appelait aussi de la sorte, surtout dans les commencements), divisé en quatorze entrées, dont les titres suffisent à montrer la multiplicité de ses attributions ; ce sont : 1° le Maître de bureau, 2° le Courrier, 3° le Porteur de *Gazette*, 4° les Chercheurs de métiers, 5° les Femmes qui cherchent un valet à tout faire, 6° les Laquais, 7° un Usurier, 8° les Jardiniers et Planteurs de bois, 9° Jaqueline et Martingale, 10° un Paysan qui amène sa femme pour être nourrice, 11° les Chercheurs de compagnie, 12° les Renouvelleurs de vieilles modes, 13° les Arracheurs de dents ; 14° le Parquet du porteur de Gazette (Beauchamps, *Recherch. sur les théâtres*, III, p. 99).

[3] C'est-à-dire bien paré.

|||||Qui mange avecque vous le lard à la campagne
Et qui, pour lard manger, y mange ce qu'il gagne?

LE CAMPAGNARD. Parle bas, Jodelet.

JODELET. Moy, Monsieur, parler bas !
Pestez, jurez, criez, je ne le feray pas...
Tout valet que je suis....

LE CAMPAGNARD. Vieil amy, tu te fasches.

JODELET. Ostez de vos papiers que vos gens soient des las-
[ches...
Tous ceux de nostre race ont eu le sang bouillant
Et qui dit Jodelet, dit autant que vaillant.

LE CAMPAGNARD. Quand on a comme toy l'ame fort querelleuse
Et qu'on est, comme moy, d'humeur fort amou-
[reuse,
Bien loin de se fascher contre un vieil serviteur,
On endure aisément de sa mauvaise humeur;
Aussi je te pardonne, et, pour ma récompense,
Dis-moy fidellement tout ce que ton cœur pense :
Si tu crois que Phénice est pour moy toute en feu,
Ou si tu reconnois qu'elle n'en tient qu'un peu,
Si son esprit te plaist, si tu la tiens adrette,
Si Cliton n'a dessein qu'à sa belle cadette,
Et si dans mes amours je procède fort mal.

JODELET. Ma foy, dans vos amours vous n'estes qu'un che-
[val...
L'autre jour je le vis qui cajolloit Phénice
D'un air assez gaillard pour estre sans malice,
Et qui luy conseilloit qu'elle changeast de ton ;
Et puis en adjoutant deux fois : « Qu'en dira-t-
[on? »
Il luy dit qu'il falloit tascher à vous surprendre.

LE CAMPAGNARD. Hé! pauvre sot, c'étoit pour me les faire entendre,
Et tu ne comprends pas que ce qu'en dira-t-on
Est la chanson du temps [1].

JODELET. Tout de bon?

LE CAMPAGNARD. Tout de bon.

JODELET. Mais un autre soupçon trouble encor ma caboche :

---

[1] Les *Qu'en dira-t-on*, chansons ainsi nommées de leur refrain, étaient fort en vogue vers le milieu du XVIIᵉ siècle, comme, avant elles, les *Petits-Doigts* (Mon petit doigt me l'a dit), avant encore, les *Ponts-Bretons* (Saint-Amant, le *Poëte crotté et Nouveau entret. des bonnes compagn.* 1635, in-12, p. 64), les *Léridas*, les *Lum-*

Hier, je le vis penaut comme un fondeur de cloche [1],
Quand, proche de Phénice et voyant son portrait
Où le peintre achevoit de donner quelque trait,
Il le prit brusquement et, le baisant de mesme,
Jura qu'il y trouvoit une douceur extrême,
Et s'étant barbouillé le minois de couleur,
Me voyant arriver, s'enfuit comme un voleur.

LE CAMPAGNARD. C'est qu'il a l'œil mauvais et voit de près.
JODELET. J'enrage :
C'est qu'il vouloit l'avoir peinte sur son visage
Et par ce coup d'adresse, en épargnant le sien,
En avoir le portrait qui ne luy coustast rien.

LE CAMPAGNARD. Ne peux-tu concevoir qu'en voyant cet ouvrage,
Et la main luy manquant, il gasta son visage,
Et cherchoit un miroir alors qu'il s'enfuyoit?
JODELET. Bien, laissez-vous duper.
LE CAMPAGNARD. Mais chacun le voyoit,
Et le Peintre m'a dit, luy qui sçait nostre intrigue
Et qui pour moy prend garde à tout ce qui se brigue,
Que de cet accident Phénice se moqua,
Et mesme jusqu'au point que Cliton s'en piqua.
Mais j'apperçois venir et Bazile et ma Reyne.

## SCÈNE II.

BAZILE, PHÉNICE, CLITON, PHILIS, JODELET,
LE CAMPAGNARD.

LE CAMPAGNARD. Salut! où va la botte [2], et quel bon vent vous mène?
PHÉNICE. Nous vous allions chercher pour vous prendre avec
[nous.
LE CAMPAGNARD. Pouvez-vous me chercher si je ne vis qu'en vous?
D'une si belle ardeur mon ame est enflammée
Qu'elle est bien moins en moy que dans la chose
[aimée,

---

pons, les *Oui-da* (Scarron, *Virg. travesti*, I. I; *Mémoires de Grammont*, ch. VII). On avait fait sur Guerchy, Nevilant et Saint-Mégrin, une chanson célèbre, avec le refrain de *Qu'en dira-on*, dont l'air, — ou le timbre, comme on disait alors, — est marqué dans le 2e volume des Airs notés du Recueil mss. de Maurepas, f. 333.

1 Il faut sous-entendre : dont l'ouvrage a manqué.

2 Locution familière très-usitée alors, pour dire : « Où allez-vous? » et que nous rouvons aussi dans le *Poëte extravagant*, de Préfontaine (1671).

|   | Et l'on me doit chercher, à quelque heure qu'il soit
Plutost où vous serez qu'aux lieux où l'on me voit¹.
PHÉNICE. C'est me donner mon reste.
BAZILE. Avec assez d'adresse.
LE CAMPAGNARD. Madame, je ne veux qu'amour et que simplesse ;
Jamais je n'eus dessein d'estre controversant
Ny mon cœur de pousser un penser offensant :
Cet amoureux captif, d'une ardeur singulière
Adore ses liens, sa geôle et sa geôlière,
Ou, pour en mieux parler, dans son feu sans pareil,
Il ressemble à ces fleurs qui suivent le soleil².
Et se trouve attiré par un secret mérite,
Comme la paille court vers l'ambre qui l'excite.
PHÉNICE. Vous pouviez bien encor m'appeler vostre aimant.
LE CAMPAGNARD. Je l'eusse fait, Madame, et légitimement.
PHÉNICE. Il est encor des corps dont l'humeur sympathi-
[que...
BAZILE. Voyez-vous, elle a lu.....
PHÉNICE. Dites que je m'en pique
Et qu'on ne peut citer, ny me parler phœbus,
Donner un quolibet, ny débiter rébus,
Qu'au plus fin du métier je n'en fasse la nique.
LE CAMPAGNARD. Madame, vostre esprit est tout scientifique
Et tant de beaux talens, qui sceurent m'asservir,
Font voir que vous avez l'ame belle à ravir.
CLITON, *à Philis*. L'impertinent galand !
PHILIS. Ah ! j'en pasme de rire !
BAZILE. Ma nièce répondra.
PHÉNICE. Cela luy plaist à dire ;
Et je connois fort bien, par tout ce que je voy,

¹ On trouvera de nombreux exemples de ce phébus quintessencié dans les *Lettres amoureuses* de Cyrano, de Le Pays et de bien d'autres. Les curieux pourront voir les citations analogues que j'ai réunies dans la *Littérat. indépendante et les écrivains oubliés* (Didier, nouvelle édit., p. 89-90). Ce genre de métaphores avait été mis tellement à la mode qu'il était passé, pour ainsi dire, dans les habitudes journalières. (V. dans la *Maison des jeux*, de Sorel, t. I, p. 245, le jeu de *J'ay perdu mon cœur. — Qui vous l'a pris ?*) Il avait vieilli, mais c'est pour cela que Gillet le met dans la bouche d'un campagnard arriéré.

² C'est le mot de Thomas Diafoirus, dans sa harangue à Angélique : « Mademoiselle,... comme les naturalistes remarquent que la fleur nommée héliotrope tourne sans cesse vers cet astre du jour, », etc. Déjà, avant Molière et Gillet, Ch. Sorel avait prêté la même comparaison à son héros Francion, haranguant sa maîtresse Nays.

LE CAMPAGNARD. Ah! certes, dans l'excez du feu qui me consomme,
Je jure par vos yeux, et foy de gentil-homme,
Qu'après m'avoir ravy ma chère liberté,
Je ne dis rien de vous qu'avecque vérité.
Il faut, pour vous donner d'équitables louanges,
Vous mettre en parallèle au moins avec les anges,
Puisqu'enfin le soleil, ce clair flambeau des cieux,
N'a pas tant de rayons qu'en dardent vos beaux yeux.
J'en jure par ces mains!
(*Voulant luy baiser les mains, il laisse tomber sa* [*casaque.*)

PHÉNICE. O le serment étrange!

JODELET. (*Ramassant la casaque.*)
Monsieur, ne jurez point, ramassez vostre lange,
Et sans parler du ciel, ny de son clair flambeau,
Mettez-y le bouton et gardez le chapeau.
(*Il secoue sa casaque en la reprenant.*)

PHÉNICE. Ah! dieux, vous nous avez tous emplis de pous- [sière.

LE CAMPAGNARD. Malgré son épaisseur, que je vois de lumière,
Et que ces yeux, brillant dans cette obscurité,
Ont de force, de grâce et de vivacité!....
Enfin........

PHÉNICE. Avez-vous peur de n'en pas assez dire?

LE CAMPAGNARD. Madame, mes rivaux n'auront pas lieu d'en rire,
Puisque, pour vous cacher mes défauts en ces lieux,
J'ay bien sceu vous jeter de la poussière aux yeux.

BAZILE. Hé bien! est-ce l'entendre, et........

LE CAMPAGNARD. La pointe est commune.

PHÉNICE. C'est estre ménager que de n'en donner qu'une,
Et, lorsque vous avez si lourdement péché,
Vous en quitter pour trois, c'est un fort grand marché.

LE CAMPAGNARD. Je voudrois pouvoir dire autant de belles choses
Que sur vostre beau teint l'on peut compter de roses,
Et qu'il naist en tout temps de fleurs dessous vos [pas.

PHÉNICE, *à Bazile.* Certes, pour celle-là je ne l'attendois pas,
Et, pour en bien parler, je la trouve si preste
Que je gage à présent qu'il en a cent de reste.

BAZILE. Enfin, c'est vous donner le change comme il faut.

PHENICE.　　　　　Ah ! qu'heureux est l'esprit qui va toujours par haut
　　　　　　　　　Et qui peut débiter la fleurette nouvelle !
　　　　　　　　　Ah! le rare talent !
LE CAMPAGNARD.　　　　　　Ce n'est que bagatelle,
　　　　　　　　　Et dedans le pays qui veut parler d'amour
　　　　　　　　　Passeroit pour un sot, s'il n'en dit cent par jour ;
　　　　　　　　　Aussi j'avois le bruit d'en estre inépuisable,
　　　　　　　　　Et sans m'y préparer......
JODELET.　　　　　　　　Ah ! vous mentez en diable !
LE CAMPAGNARD. Coquin !....
　JODELET.　　　　　　Ny vous, ny moy, n'avons l'esprit présent.
LE CAMPAGNARD. Si......
BAZILE.　　　　　L'on vous connoist bien, et jusques à présent,
　　　　　　　　　Comme vous, je ne suis que l'instinct de nature
　　　　　　　　　Et fort souvent j'écris sans faire de rature.
　　　　　　　　　J'ay, dans mon jeune temps, eu mon tour comme
　　　　　　　　　　　　　　　　　　　　　　　　　[vous :
　　　　　　　　　J'ay mainte fois passé des heures à genoux
　　　　　　　　　Et fait, le chapeau bas, mille galanteries ;
　　　　　　　　　J'ay dit des vérités, j'ay dit des menteries,
　　　　　　　　　J'ay tranché du poupin ¹, contrefait le joly,
　　　　　　　　　Passé pour esprit fort et pour esprit poly,
　　　　　　　　　Sans que j'aye jamais débité de fadaise,
　　　　　　　　　Ny que j'aye escroqué d'Escuteaux, ny Nervaise ².
　　　　　　　　　Enfin j'ay toujours eu l'esprit fort goguenard
　　　　　　　　　Et, sans faire le vain, passé pour fin renard.
　　　　　　　　　Mais aujourd'huy qu'il faut, près de ma sépulture,
　　　　　　　　　Préparer le tribut que je dois à nature,
　　　　　　　　　Et dresser des états pour compter des momens
　　　　　　　　　Que je laisse passer en divertissemens,
　　　　　　　　　Quand on dit un bon mot, quelque gay qu'on me
　　　　　　　　　　　　　　　　　　　　　　　　　[voye,
　　　　　　　　　La crainte de la mort est un grand rabat-joye.

---

　¹ Galant, mignon, tiré à quatre épingles comme une poupée.
　² Des Escuteaux et Nervèze sont deux écrivains ridicules, qui parlent dans leurs œuvres le plus incroyable pathos et le galimatias le plus bizarrement contourné. Les dates et les détails de leurs vies sont peu connus. On a de des Escuteaux les *Amours de Lydian et de Floriande* (1605, in-12), et de Nervèze, secrétaire de la chambre du roi, les *Amours diverses* (1621, 2 v. in-12). Nervèze et des Escuteaux étaient le Bavius et le Mœvius du dix-septième siècle ; leurs noms étaient en quelque sorte passés en proverbe, et on les trouve à chaque instant cités avec dérision.

LE CAMPAGNARD. Quoy, vous estes sans goust pour les plaisirs dessens?
BAZILE. Ceux de l'entendement sont bien plus innocens :
Est-il rien de pareil à ces belles Sciences
Qui nous font découvrir l'effet des Influences?
LE CAMPAGNARD. Je ne m'étonne plus si nostre hoste vous plaist.
BAZILE. Ma foy, c'est un trésor, tout bizarre qu'il est;
C'est un sçavant garçon, s'il en est dans le monde :
Son esprit est perçant, sa doctrine est profonde,
Et tantost il m'a fait une réflexion
De l'Astre dominant la Constellation,
Qui semble surpasser l'effet de la Nature.
PHÉNICE. Mais quand nous dira-t-il nostre bonne aventure?
BAZILE. D'un air assez adroit je l'y veux engager;
Mais comme il est bizarre, il le faut ménager.
Les sçavans ont leur verve et font tout par caprice;
Je le sçais par moy-mesme, et je connois mon vice.
Mais Léandre s'approche.

## SCÈNE III.

BAZILE, PHÉNICE, CLITON, LÉANDRE, PHILIS,
LE CAMPAGNARD, JODELET.

LÉANDRE. Hé bien, le jour est beau :
Pourrons-nous aujourd'huy retoucher au tableau?
L'atelier est dressé, je n'attends que vostre ordre.
PHÉNICE. Je vais faire visite, et n'en veux point démordre;
Faschez-vous-en, ou non, je vous joueray ce tour.
LÉANDRE. Madame, nous aurons ce bien un autre jour.
LE CAMPAGNARD. Mais si, prenant mon temps, alors que l'on vous quitte,
Je vous laissois aller faire vostre visite
Et pouvois l'obliger à travailler au mien,
Seroit-ce fort mal fait?
BAZILE. Au contraire, fort bien.
LE CAMPAGNARD. Si vous tardez beaucoup, il faudra que je meure.

## SCÈNE IV.

LE CAMPAGNARD, LÉANDRE, JODELET.

LE CAMPAGNARD, *à Léandre.* Picquart ne t'a-t-il pas été voir tout à
[l'heure?

LÉANDRE.　　　Non.
LE CAMPAGNARD.　　　Mon Biernois?
LÉANDRE.　　　　　　　Point.
LE CAMPAGNARD.　　　　　　　　Et mon Basque?
LÉANDRE.　　　　　　　　　　　　　Non plus.
LE CAMPAGNARD. Le More, ny l'Anglois?
LÉANDRE.　　　　　　　　　　Je ne les ay point veus.
LE CAMPAGNARD. Ny Champagne?
LÉANDRE.　　　　　　　Aussi peu.
LE CAMPAGNARD.　　　　　　Tu n'as point veu mon page!
LÉANDRE.　Non, Monsieur.
LE CAMPAGNARD.　　　　Dis-moy donc, sans tarder davantage,
As-tu quelque nouvelle, et m'en feras-tu part?
C'étoit pour ce sujet......
LÉANDRE.　　　　　　　　Puis-je parler sans fard?
LE CAMPAGNARD. Ouy.
LÉANDRE.　　　Mais sans vous fascher!
LE CAMPAGNARD.　　　　　Parle en toute asseurance.
LÉANDRE.　Eloignez ce valet.
LE CAMPAGNARD, *à Jodelet qui s'approche.* Trève de confidence!
JODELET.　　　Au diable soit le maistre et tous les confidens!
Vous ne m'empeschez pas de me curer les dens,
De me jouer tout seul, ou de faire la moüe!
(*Il se retire et badine des doigts avec ses lèvres.*)
LE CAMPAGNARD. Non, fais pis.
JODELET.　　　　　Encore est-ce?
LE CAMPAGNARD, *à Léandre.*　　Hé bien!
LÉANDRE.　　　　　　　　　　Cliton vousjoüe:
Il en veut à Phénice, et je les ay trouvés
Qui se parloient tous deux en des lieux réservés,
Et juroient que leurs feux passoient jusqu'à l'ex-
　　　　　　　　　　　　　　　　trême.]
Enfin il est aimé.
LE CAMPAGNARD.　　　Ah! dieux, Phénice l'aime!
LÉANDRE.　Il n'est que trop certain; mais, Monsieur, gardez
　　　　　　　　　　　　　　　　　　　[bien
Que d'un si grand secret l'on ne découvre rien:
Il y va de ma vie.
LE CAMPAGNARD.　　　Hélas! je désespère.
Ah! Jodelet, un mot!
JODELET.　　　　Ce n'est pas mon affaire,
Je suis un indiscret.

LE CAMPAGNARD. Mais j'ay besoin de toy.
JODELET. Vous avez beau prier, je n'iray pas, ma foy.
Moy, Monsieur, me vouloir traiter de ridicule
Et me faire garder à toute heure la mule,
M'éloigner, m'appeler !
LE CAMPAGNARD. Ah! viens.
JODELET. J'ay trop de cœur.
LE CAMPAGNARD. Je ne puis plus souffrir de ta mauvaise humeur.
Il faut.... Je vois Anselme; adieu, je me retire.
(A Jodelet.) Viens.
LÉANDRE. Mais au moins, Monsieur, gardez bien de rien
[dire.
LE CAMPAGNARD. Je suis mort, ne crains pas que je puisse parler.

## SCÈNE V.

### LÉANDRE, ANSELME.

ANSELME. Le dessein va-t-il bien?
LÉANDRE. Tout ce qu'il peut aller :
La dupe s'intimide, et par ta seule adresse
Je me conserveray l'honneur et ma maistresse,
Embarrassant Cliton avec le Campagnard ;
Son mariage après court un fort grand hazard,
Etant fort asseuré d'épouser¹ son amante,
S'il est tué, s'il tüe, ou s'il faut qu'il s'absente...
ANSELME. D'effet, où seriez-vous, n'eust été mon secours ?
J'ay trouvé de l'argent, ménagé vos amours,
Et, pour mieux concerter une sourde pratique,
Je vous ay fait passer pour un peintre authentique,
Et si bien réussy qu'en tout temps vous parlez
A la personne aimée autant que vous voulez.
Pour avoir empaumé l'oncle de bonne sorte,
Vous voyez maintenant nostre intrigue si forte
Que ce beau Campagnard n'a qu'à s'en retourner.
LÉANDRE. Mais quel est ton secret?
ANSELME. C'est de bien enfourner.
Ayant veu qu'il falloit rompre le mariage
Et joüer en grand maistre un adroit personnage,

¹ Que j'épouserai.

Je me suis introduit avec un étranger
Dans la maison garnie où je les vis loger,
Et pendant quelques jours, ayant eu connoissance
Du foible du vieillard, qui chérit la science
Et cherchoit des sçavans pour les entretenir,
Je résolus de l'estre ou de le devenir ;
Et comme en ces maisons il est bien difficile
De se pouvoir cacher, mesmes au plus habile......

LÉANDRE. Il est vray qu'on y sçait tout ce que chacun fait.

ANSELME. Pour leur tendre le piége avecque plus d'effet,
Faisant le retiré, le grave et le cynique,
Le détaché du monde et le mélancolique,
Chacun fut curieux de sçavoir qui j'étois
Et taschoit de me voir alors que je sortois,
Ce qu'ayant apperceu, pour mieux leur faire accroire,
Par jour l'on m'apportoit des volumes d'histoire,
Des auteurs grecs, latins, anciens et nouveaux,
Des cercles, des carrés, des angles, des fourneaux,
Des cartes, des compas, des globes et des sphères,
Et tout cela, notez, pendant que mes affaires,
Que je feignois toujours, avec quelque raison,
M'obligeoient fort souvent de quitter la maison.
Ainsi, quand le marchand les rendoit à mon hoste,
Le bon Parisien eust cru faire une faute
Si dessus son comptoir il n'eust tout estalé
Et, voyant un valet, ne l'en eust régalé,
Ce qui dans la maison courant à l'heure mesme
Servit de telle sorte à nostre stratagème
Que l'oncle de Phénice, en voulant plus sçavoir,
Envoya demander si l'on me pouvoit voir.

LÉANDRE. Vous vous vistes tous deux ?

ANSELME. Et par ma complaisance
M'introduisis si bien dedans sa confidence
Que, m'ayant déclaré son foible de tout point,
Je m'emparay de luy pour n'en démordre point ;
Et voyant que surtout il étoit pour la sphère,
Je feignis de sçavoir plus qu'un homme vulgaire
Et, par les lieux communs de quelques almanachs,
Le cajolay si bien qu'il en fit un grand cas.
Ainsi je vins à bout d'approcher vostre belle,
De vous donner moyen de vous assurer d'elle,
Dans le temps qu'un jaloux l'obsédoit puissamment,

|   |   |
|---|---|
| | Sans vous donner moyen de la voir seulement. |
| LÉANDRE. | Tu n'as pas ton égal ! Qui pourroit si bien feindre ? |
| ANSELME. | Sçachant que le vieillard se vouloit faire peindre |
| | Et qu'enfin vous sçaviez tant soit peu dessiner, |
| | Je luy dis qu'il falloit vous faire gouverner, |
| | Que je vous connoissois pour un excellent homme |
| | Qui depuis quelques mois étoit venu de Rome |
| | Et que, si vous vouliez faire le moindre trait, |
| | Vous feriez un miracle, et non pas un portrait. |
| LÉANDRE. | (*Luy montrant l'habit qu'il porte et qui semble trop riche pour un peintre* [1].) |
| | Qu'as-tu dit pour laisser l'habit de broderie ? |
| ANSELME. | Que vostre garde-robe est à la friperie, |
| | Que tout peintre est fantasque, et qu'étant des plus [fous, |
| | Comme un musicien vous mettiez tout sur vous [2], |
| | Et que vous vous piquiez d'orgueil et de noblesse. |
| | Enfin, nous nous quittons, avec prière expresse |
| | De vous faire venir loger avecque luy ; |
| | Je l'ay fait, et vous vois en état aujourd'huy |
| | De ne plus craindre rien au point où nous en sommes. |
| LÉANDRE. | Ah ! je te tiens aussi le plus adroit des hommes ! |
| ANSELME. | Mais songez que Phénice avec quelques discours |
| | A payé jusqu'icy vos soins et vos amours. |
| | Feignant, outre cela, d'aimer Cliton, je gage |
| | Qu'elle fait sans contrainte un pareil personnage ; |
| | Étant dedans Paris le seul qu'elle écoutoit, |
| | Devant que de vous voir elle s'en contentoit. |
| LÉANDRE. | Depuis que, dans un bal, ce miracle visible |
| | Rendit en m'y voyant sa belle âme sensible, |
| | Ses soupirs et ses pleurs sont d'assez bons témoins |
| | Qu'elle est preste à payer mes respects et mes soins. |
| | Comment la soupçonner et la croire infidelle, |
| | Puisque dedans Lyon, n'osant la voir chez elle, |
| | Elle me fit trouver en certain rendez-vous, |
| | Et m'apprit qu'on vouloit luy donner un époux, |

---

[1] Les peintres passaient pour gens fort misérables au 17ᵉ siècle. (V. Montfleury, *le Mariage de rien*, sc. 5.) Le proverbe disait : *Gueux comme un peintre*.

[2] Sur la vanité et la gloriole des musiciens, leur humeur dépensière, etc., voir Montfleury, *le Mariage de rien*, sc. 6 ; Regnard, *Sérénade*, sc. 7, *Folies amoureuses*, II, 7 ; *Molière coméd. aux Champs-Élysées* (par Bordelon), sc. 14 et 16 ; Hauteroche, *Crispin music.* (passim).

Mais qu'allant à Paris faire leur équipage,
Elle me conjuroit de faire ce voyage,
Pour rompre le dessein de ces funestes nœuds
Qui nous empescheroient de nous unir tous deux?
Je luy promets, je pars, j'obéis et m'engage
En des déguisements qui blessent mon courage.
Je suis tous tes advis, je fais ce que tu veux :
Que faut-il davantage?

ANSELME. Achever d'estre heureux,
Et dans vos libertés en tirer quelque gage
Qui nous mette tous deux à l'abry de l'orage.

LÉANDRE. Va, si j'y suis jamais, je te feray du bien.

ANSELME. Allons-nous-en disner, et ne promettez rien.
Ne nous repaissons point d'une vaine fumée,
Et, beuvant la santé de la personne aimée,
Avouons que Bacchus est un dieu sans pareil,
Qui peut guider l'Amour et luy donner conseil.

# ACTE II.

## SCÈNE PREMIÈRE.

### LE CAMPAGNARD, JODELET.

LE CAMPAGNARD. Il faut que de Cliton j'aye le sang et l'âme.

JODELET. Monsieur, dans son fourreau rengaisnez vostre lame
Oncques Dieu ne la fit pour glaive exterminant,
Ny pour aller du corps l'ame déracinant.
Ne sçavez-vous pas bien que la vieille pucelle
Conserve saintement sa blancheur naturelle;
Que, de peur de rougir, elle hait la pudeur
Et tient tout vermillon de soy mauvaise odeur?

LE CAMPAGNARD. Hélas! loin de railler au fort de mon martire,
Songe....

JODELET. Que tout marchand qui perd ne sçauroit rire.

LE CAMPAGNARD. Que, trahy de l'amy qui devroit m'adorer....

JODELET. Ce vous sont des morceaux bien durs à digérer.
LE CAMPAGNARD. Dis qu'il faut, pour venger ma franchise trompée,
Qu'avecque ce brouillon je fasse un coup d'épée.
JODELET. S'il vous frottoit aussi?
LE CAMPAGNARD. Si grands que soient ses coups,
Il frottera fort peu des gens faits comme nous.
Tel que soit ce géant, je suis seur de l'abattre,
Puisque l'amour me rend seul aussi fort que quatre,
Et que ce petit dieu qui m'anime aujourd'huy
Doit un fameux triomphe à qui combat pour luy.
JODELET. A ce compte, Monsieur, sa mort est asseurée.
LE CAMPAGNARD. Qui peut l'en garantir, puisque je l'ai jurée?
Mais le coup qui finit un si rigoureux sort
Est une guérison bien plustost qu'une mort;
Ainsi le malheureux...
JODELET. Ah! parlez d'autre sorte!
Le petit chien vivant vaut la panthère morte [1];
Hier dessus le Pont neuf, en lisant *Piramus* [2],
Je vis.....
LE CAMPAGNARD. Quoy qu'il en soit, mon rival ne vit plus.
JODELET. Vous deviez l'éloigner au lieu de l'introduire.
LE CAMPAGNARD. Ah! je ne songeois pas que tel rit qui veut nuire.
Il étoit dans Paris le seul que j'estimois
Et qu'on souffroit icy parce que je l'aimois.
Cependant il prétend rompre mon hyménée;
En quittant la cadette, il s'adresse à l'aisnée.
Ah! c'en est trop, il faut, en se tirant du sang,
Sçavoir qui de nous deux aura le premier rang.
JODELET. Monsieur, tous les duels ne valent pas le diable;
Le péril en est grand.

---

[1] C'était un proverbe courant au 17ᵉ siècle; on le retrouve presque mot pour mot dans *Pyrame et Thisbé*, de Théophile (III, sc. I), et aussi dans *Crispin bel-esprit* de la Thuillerie, sc. 13; la lettre de Cyrano *contre un poltron*, etc., etc. C'est, en style plus familier encore, le vers de La Fontaine, dans la *Matrone d'É-phèse* :

Mieux vaut goujat debout qu'empereur enterré.

[2] Il est peu probable que ce soit *Pyramus et Thisbé* (V. *Hist.littér. de la France*, t. XIX, p. 565-7), poëme anonyme du 13ᵉ siècle, qui reproduit en l'allongeant outre mesure, jusqu'à près de mille vers, le récit d'Ovide. C'est plutôt l'imitation populaire qui en avait probablement été faite pour la Bibliothèque bleue, comme de tant d'autres romans et fabliaux du moyen âge. Peut-être même Jodelet veut-il simplement parler de la tragédie de *Pyrame et Thisbé*, par Théophile, d'où, comme nous l'avons dit, est tiré le vers précédent.

LE CAMPAGNARD.            Mais il est honorable.
JODELET.       On peut estre tué.
LE CAMPAGNARD.            L'on peut ne l'estre pas.
JODELET.       Blessé....
LE CAMPAGNARD.     C'est un hasard.
JODELET.                 On peut faire un faux pas.
LE CAMPAGNARD. Tant pis.
JODELET.            Mais si l'on tue ?
LE CAMPAGNARD.              On treuve une retraite.
JODELET.       Si l'on n'a point d'argent ?
LE CAMPAGNARD.            Quelque amy vous en preste,
JODELET.       Si l'on n'a point d'amy?
LE CAMPAGNARD.              L'on en treuve toujours.
JODELET.       Mais quand il faut quitter l'objet de ses amours !
LE CAMPAGNARD. C'est un coup de malheur qui vraiment est sensible.
JODELET.       Ne vous battez donc point.
LE CAMPAGNARD.              Mais il est impossible.
JODELET.       Outre cela, j'y vois mille abismes profonds.
LE CAMPAGNARD. Comme quoy ?
JODELET.            L'embarras de chercher des seconds
            Et de treuver un sot qui se donne la peine
            D'aller faire pour vous bouclier de bedaine,
            Et la faire cribler de maints coups dangereux [1].
            Quel plaisir peut-on prendre à perdre un malheureux
            Qui n'a jamais lorgné le rustre qui l'empaume
            Et n'a désobligé ny Pierre, ny Guillaume?....
            En ce temps les seconds sont rares, sur ma foy.
LE CAMPAGNARD. En tout cas je m'appreste à me servir de toy.
JODELET.       Ah ! je me doutois bien de ce trait de chicane.
            Mais deussé-je de vous avoir cent coups de canne,
            Vous ne me verrez point aller dessus le pré
            Pour y battre un second, ou pour estre bourré.
            Monsieur, en ma faveur, épargnez-vous un crime,
            N'entrez point au combat, et souffrez que je prime ;
            Pourveu que de second je n'aye pas le nom,
            Je me battray sans peur, mesme à coups de canon.
LE CAMPAGNARD. Va, je ne feray pas ce que je te propose,

---

[1] Les *seconds* ne servaient pas seulement de témoins à cette époque : ils prenaient part à la lutte et se battaient l'un contre l'autre. Le fait est trop connu et les exemples que nous pourrions citer sont trop nombreux pour qu'il soit besoin de s'étendre là-dessus.

| | |
|---|---|
| JODELET. | Monsieur, ce que j'en dis ce n'est pas pour la chose : |
| | Vous pouvez disposer de mon peu de valeur ; |
| | Mais c'est que les seconds vous porteroient malheur |
| | Et que j'ay fait serment qu'il faut que j'accom- |
| | [plisse. |
| LE CAMPAGNARD. | Si faut-il toutefois me rendre un bon office. |
| JODELET. | Quel donc ? |
| LE CAMPAGNARD. | D'aller porter ce billet à Cliton. |
| JODELET. | Ne seroit-il point homme à jouer du baston, |
| | Et reçoit-il souvent un semblable message ? |
| LE CAMPAGNARD. | Il n'oseroit jamais. |
| JODELET, *faisant le beau*. | Il peut bien estre sage, |
| | Ou je luy feray voir que je ne suis pas sot. |

## SCÈNE II.

LE CAMPAGNARD, JODELET, ALCIPE, UN PAGE.

| | |
|---|---|
| LE PAGE. | Monsieur, un cavalier voudroit vous dire un mot. |
| LE CAMPAGNARD. | Fais-le entrer.... Je ne puis sçavoir qui ce peut es- |
| | [tre. |
| ALCIPE. | Quoyque je n'aye pas le bien de vous connoistre, |
| | Vous puis-je dire icy quatre mots seulement ? |
| | Monsieur, je vous viens faire un mauvais compli- |
| | [ment. |
| | (*Ils se reculent et parlent bas.*) |
| LE CAMPAGNARD, *haut*. | Je me bats seul à seul. |
| ALCIPE. | Puisque je sçais l'affaire, |
| | Aujourd'huy les seconds sont un mal nécessaire, |
| | Autrement je ferois qu'on s'accommoderoit. |
| JODELET. | Tout bien considéré, Monsieur, il le faudroit. |
| | J'ay fort bien entendu quel est vostre message. |
| ALCIPE. | Cet homme vous sert-il ? |
| LE CAMPAGNARD. | Je l'ay nourry mon page, |
| | Et depuis quelque temps l'ay fait mon écuyer. |
| JODELET. | Le mensonge est trop grand, je ne puis l'appuyer : |
| | Monsieur, je ne vous sers que de valet de chambre. |
| | Ah ! je tremble en été comme au mois de décem- |
| | [bre ! |
| | Au diable la querelle et tous les querelleux ! |

ALCIPE. Je crois que ce valet n'est pas fort généreux[1],
Lisez donc ce billet, et gardez qu'il n'entende.
JODELET. Que disent-ils tout bas?
ALCIPE. (*S'en allant après qu'ils se sont parlés bas.*)
La peine n'est pas grande.

## SCÈNE III.

### JODELET, LE CAMPAGNARD.

LE CAMPAGNARD, *lisant le billet qu'Alcipe lui a laissé.*
Je ne vous connois plus pour amy désormais,
Ayant fait cent discours à mon désavantage,
Et pour me satisfaire en homme de courage,
Venez par vostre sang réparer cet outrage
Que, sans vostre trépas, je n'oublieray jamais.
CLITON.
LE CAMPAGNARD. Hé bien! il faut marcher, ma parole est donnée.
JODELET. Pour cela?
LE CAMPAGNARD. Si je crains, c'est pour mon hyménée.
JODELET. Qu'importe?
LE CAMPAGNARD. Tes avis frappent mon jugement,
Et j'entre maintenant dedans ton sentiment.
Je crains qu'étant blessé je reste sans maistresse.
JODELET. Cliton n'est pas vaillant.
LE CAMPAGNARD. Mais quoy, si je le blesse,
Ou bien si je le tüe?
JODELET. Il faudra l'enterrer.
LE CAMPAGNARD. Mais la justice après?
JODELET. Aura beau murmurer.
LE CAMPAGNARD. Et le frère du mort?
JODELET. Il faudra qu'il l'endure.
LE CAMPAGNARD. A te dire le vray, je crains la procédure,
Et me souviens toujours des édits rigoureux
Qui furent publiés en six cent trente et deux,
Trente-trois, trente-six, trente et neuf, et quarante[2];
Le moindre peut m'oster trois mille écus de rente.

---

[1] Dans le sens de *brave, magnanime.*
[2] On sait avec quelle sévérité Richelieu sévit contre le duel et les duellistes. Le *Recueil des arrests et édits concernant le duel* (1689, in-12), mentionne seulement, parmi les édits que cite notre auteur, ceux de 1639 et 1640.

128 LE CAMPAGNARD.

Outre cela, j'ay peur d'entrer dans les prisons.

JODELET. Vous n'y pourriries pas.

LE CAMPAGNARD. J'ay bien d'autres raisons,
Qui sont pour m'arrester les meilleures du monde.

JODELET. Et quelles?

LE CAMPAGNARD. De treuver quelqu'un qui me seconde.

JODELET. Pour vous dire le vray, celle-là peut passer.

LE CAMPAGNARD. Mais Phénice s'approche et peut m'embarrasser.
Va-t'en treuver Cliton, mais viste, je te prie,
Et luy dis qu'il remette à tantost la partie;
Nous, cachons nos desseins.

## SCÈNE IV.

LE CAMPAGNARD, BAZILE, PHÉNICE, PHILIS, JODELET, LISE.

PHÉNICE. Hé quoy, toujours resver,
Monsieur?

LE CAMPAGNARD. Je proposois [1] de vous aller treuver
Et de rendre à mes yeux la source de leur joye;
Mais, puisque mon bonheur permet que je vous voye
Dedans le temps fatal que je l'espérois moins,
Je m'en vais redoubler mes travaux et mes soins,
Pour faire un sacrifice à ma bonne fortune
Et payer ses faveurs d'une ardeur non commune.

PHÉNICE. En quels lieux est le temple, et quel sera l'autel?

LE CAMPAGNARD. Madame, c'est le cœur d'un malheureux mortel,
Qui, bruslé de vos feux, pour expier son crime,
Est luy-mesme l'autel, le temple et la victime.

BAZILE. C'est se tirer d'affaire assez adroitement.

PHÉNICE. Ou, pour en mieux parler, mentir éloquemment,
Puisque de son discours il me reste un scrupule.

PHILIS. Quel?

PHÉNICE. De ne pouvoir pas croire que son cœur brusle,
Car, depuis le moment qu'il le dit enflammé,
Il devroit estre au moins mille fois consommé.
Cependant quel péril courroit sa renommée
Si, sans avoir le cœur, il alloit à l'armée!

---

[1] *Je* me proposais, je roulais le propos.

| | |
|---|---|
| | Dieu sçait s'il périroit dans les moindres hazards. |
| LE CAMPAGNARD. | Vénus n'est-elle pas compagne du dieu Mars ? |
| | Et Cupidon ayant et ses champs et ses armes, |
| | Tout amant est soldat au plus fort des alarmes. |
| BAZILE. | Ce passage est d'Ovide, il m'en souvient fort bien [1]. |
| LE CAMPAGNARD. | Si c'est son sentiment, il est aussi le mien ; |
| | Soit de l'un ou de l'autre, il est fort raisonnable, |
| | Et je puis en servir de preuve indubitable. |
| PHÉNICE. | Comment? |
| LE CAMPAGNARD. | Depuis un an, vostre bel œil vainqueur |
| | M'a mis dedans ses fers, et m'a ravy le cœur. |
| | Et cependant j'ay fait la dernière campagne |
| | Et suis prest, celle-cy, d'aller en Allemagne. |
| PHÉNICE. | Vous n'y vistes pourtant l'ennemy que de loin ? |
| LE CAMPAGNARD. | Celuy qui vous le dit fut un mauvais témoin |
| | Qu'à vos yeux je voudrois traiter de chiquenaudes ; |
| | Jamais occasions ne se virent si chaudes, |
| | Et jamais l'ennemy ne fit de tels efforts, |
| | Après avoir jonché la campagne de morts. |
| | Mais, s'il faut le prouver pour vous le faire croire, |
| | Je veux bien au besoin rappeler ma mémoire, |
| | Et prendre mon récit dès le premier de l'an. |
| | Si tost que l'on eust fait sonner l'arrière-ban, |
| | Étant déjà pourveu d'armes et de bagage, |
| | Je fais de trois mulets grossir mon équipage, |
| | Tire de mon fermier quatre chevaux de basts, |
| | Habille six valets du haut jusques en bas, |
| | Et vais, quoyque d'amour j'eusse l'ame troublée, |
| | Monté comme un saint George au lieu de l'assem- [blée. |
| | Là, je treuve d'abord vingt ou trente voisins, |
| | Onze ou douze neveux et dix et huit cousins, |
| | Deux oncles, trois filleuls, un bastard de mon père, |
| | Et six de vos parens, avecque mon beau-frère. |
| | Nous étant ameutés et lestes à ravir, |
| | Nous allons droit aux lieux où nous devions servir, |
| | Voyons le général, qui lors (par parenthèse), |
| | En me reconnaissant parut estre fort aise, |
| | Et dit en m'embrassant que j'avois le bonheur |

---

[1] Bazile a raison. Ce passage est tiré du 1er livre des *Amours*, élégie IX :

    Militat omnis amans, et habet sua castra Cupido.

D'avoir été le fils d'un fort homme d'honneur,
Et qu'il se doutoit bien que je chassois de race.
Mais, courant au récit qu'il faut que je vous fasse,
Je ne vous diray point ce que je répondis,
Le discours que je fis, ny tout ce que je dis...
L'assiette de la place étoit fort favorable :
Elle étoit sur le haut d'un rocher imprenable,
Qui n'étoit d'aucun lieu ny veu, ny commandé.
De deux larges fossés son mur étoit bordé.
Quatre grands bastions, garnis de demy-lunes,
Qui pouvoient effrayer des forces non communes,
Tous revestus de pierre, et tous fort bien flanqués,
Nous ostoient tout espoir d'avoir les attaqués.
On ne voyoit partout que bonnes palissades,
Que travaux avancés, fortins et barricades.
Bref, pour vous exprimer quelle étoit sa bonté
Un fleuve fort rapide en gardoit un costé,
Qui, tout enflé d'orgueil d'en défendre l'approche,
Baignoit à gros bouillons les pieds de cette roche.

PHILIS, *bas à Phénice.* Ce morceau de récit est dans quelque roman.
PHÉNICE, *bas.* Dites dans la *Gazette.* Oh! l'agréable amant!
PHILIS. L'excès de son amour doit excuser sa faute.
BAZILE, *au Campagnard.* Ouy, par ce seul récit déjà le cœur me saute....
LE CAMPAGNARD. On ouvre la tranchée, où tous nos Maréchaux
Cette première nuict conduisoient nos travaux,
Et dedans chaque attaque avoient fait des redoutes,
Lorsque les ennemis, se tenant aux écoutes,
Dès la pointe du jour vinrent, bout-cy, bout-là,
Dessus nos travailleurs qu'ils massacrèrent là.
Mais, comme nous avions bien préveu leur sortie,
Et qu'ils avoient affaire avec forte partie,
D'abord un régiment s'en vint là, ta, ta, ta,
Si bien donner sur eux qu'il les épouvanta
Et les fit reculer icy vers la rivière.
Lors un autre aussitost les surprend par derrière
Et s'en vint, boute, et haye, allons, vous en aurez,
Leur fermer le passage et les serrer de près.
Ah! que la mort alors ferma d'yeux et de bouches!
Que de grands horions !

JODELET.              Que d'abreuvoirs à mouches !
LE CAMPAGNARD. Que de cœurs palpitans !
JODELET.                    Que de nez morfondus !

LE CAMPAGNARD. Que d'hommes écrasés !
JODELET. Que de chapeaux perdus !
LE CAMPAGNARD. Que de sang et de cris !
JODELET. Que de coups par derrière !
LE CAMPAGNARD. Et qu'enfin, d'hommes-là firent leur cimetière !
BAZILE. Je crois qu'il faisoit chaud à quatre pas de là.
PHÉNICE. Quelle éloquence !
LE CAMPAGNARD. Enfin l'ennemy s'en alla,
Et trois mille des siens moururent sur la place ;
Après, pendant un mois, on attaque, on menace,
Et la mine étant preste à les faire voler,
Sans que le Gouverneur voulust capituler,
On résout un assaut, où j'acquis l'avantage
D'avoir eu le second témoigné mon courage :
D'abord que je montois, un coup de fauconneau,
Raste, de son boulet, m'emporta mon chapeau ;
Car, pour dire le vray, ce jour je fis la beste
Et ne voulus jamais mettre de pot en teste.
BAZILE. C'est un trait de jeune homme, et c'est en user mal.
LE CAMPAGNARD. Ayant donc esquivé le pas le plus fatal,
J'étois, comme de vous, proche de la courtine,
Lorsqu'un chef espagnol, d'un coup de javeline,
Me jette cul sur teste aux pieds de ses remparts,
Où des gresles de plomb tombant de toutes parts,
On me fit emporter pour mort et fort malade.
BAZILE. Et la ville ?
LE CAMPAGNARD. A la fin fut prise d'escalade,
Et souffrant trois assauts, vous pouvez bien juger
Si l'on vit l'ennemy, si j'y courus danger,
Et si ce beau témoin qui vous conta l'affaire
N'eust pas beaucoup mieux fait s'il eust voulu se
[taire.
PHÉNICE. Sans doute ; mais voicy notre Peintre qui vient.

## SCÈNE V.

LE CAMPAGNARD, BAZILE, LÉANDRE, PHÉNICE, PHILIS, JODELET.

BAZILE, *à Léandre.* Hé bien ! ces beaux tableaux sont ?.....
LÉANDRE. Mon valet les tient.

| | |
|---|---|
| BAZILE. | Je suis ravy de voir un homme de promesse. |
| LÉANDRE. | De plus, j'ay fait la chose avecque tant d'adresse |
| | Que vous mesme du prix vous serez étonné, |
| | Puisqu'à dire le vray, c'est un marché donné. |
| | J'en ay d'André d'Elsart, de Breugles, du Valèse, |
| | Du Giosepin, du Tite et de Paul Véronèse, |
| | Du Titian, du Gobbe, et du vieil Tintoret, |
| | Du Guide, de Lucas, de Rheimbrand, de Janet, |
| | Du Palme, d'Intlaët, de Pierre Pérugine [1], |
| | De Michel-Ange enfin, de qui la main divine, |
| | D'un art dont nul ne peut estre l'imitateur |
| | A presques usurpé les droits du Créateur. |
| LE CAMPAGNARD. | Auriez-vous de leur main quelque histoire profane? |
| JODELET. | Le profil du Pont-Neuf, ou la nopce de Jeanne? |
| LÉANDRE. | Je ne le pense pas. |
| LE CAMPAGNARD. | Mais au moins par bonheur Auriez-vous le portrait de nostre gouverneur? |
| LÉANDRE, *bas*. | Ne mérite-t-il pas mille fois qu'on le berne? |
| | Monsieur, je n'en ay point d'aucun peintre moderne. |
| LE CAMPAGNARD. | Pensez qu'en ce pays ils sont tous ignorans? |
| LÉANDRE, *au Campagnard, voyant qu'il prenoit moderne pour le nom d'une ville.* | |
| | Moderne, ce n'est pas un pays. |
| LE CAMPAGNARD. | Je comprends. Chut! |

---

[1] J'ai conservé l'orthographe de ces noms tels que les écrit Gillet, ou du moins son imprimeur; cette orthographe a beaucoup varié, et n'est même pas entièrement fixée pour nous aujourd'hui. *André d'Elsart* est Andrea del Sarto; *Breugles*, Breughel; *Giosépin*, le Josépin; *Titian*, le Titien; *le Gobbe*, le paysagiste Pierre-Paul Gobbo; *Lucas* est Lucas de Leyde, ou Lucas Romain qui a travaillé à la décoration du palais de Fontainebleau. On a reconnu sans doute Rembrandt, Palma, Pérugin. Comme on le voit par ce passage, Janet (François Clouet), oublié longtemps, était alors connu et recherché. *Intlaët* est sans doute le Flamand Lintlaër, qui, venu à Paris à la fin du 16e, ou tout au commencement du 17e siècle, s'y fit un nom populaire en donnant le plan et en dirigeant la construction de la Samaritaine, sur le Pont-Neuf. Enfin *Valèse* est Lodovico Valesio, né à Bologne en 1561, mort jeune à Rome, miniaturiste et graveur à l'eau-forte; *Tite* est sans doute Tiberio Titi, qui peignit des tableaux d'histoire et des portraits en miniature. On pourra rapprocher ce passage du *Livre des peintres et graveurs* de l'abbé Marolles, et du chapitre consacré au *Vendeur d'images* dans la *Ville de Paris en vers burlesques*, de Berthod (1650), pour voir quels étaient alors les tableaux et objets d'art les plus recherchés des amateurs, et les éléments ordinaires du cabinet d'un curieux.

| | |
|---|---|
| LÉANDRE. | Mais ou je me trompe, ou j'apperçois mon [homme. |
| | Vous allez voir l'élite et la gloire de Rome. |
| BAZILE. | J'ay grand dessein de voir quelque chose de beau. |
| LÉANDRE. | Dites donc vostre avis de ce premier tableau : |
| | C'est Hercules qui file auprès de sa maistresse ; |
| | Ne semble-t-il pas dire, en l'ardeur qui le presse, |
| | Par des regards qu'Amour rend complaisans et [doux : |
| | « O céleste maistresse, où me réduisez-vous? » |
| | Voyez son coloris, et comme son visage |
| | Dans cet abaissement montre encor du courage, |
| | Comme un reste d'honneur luy fait rougir le teint, |
| | Comme il semble avoir honte, et comme il se con- [traint ! |
| BAZILE. | Cette pièce est hardie. |
| LÉANDRE. | Elle est incomparable. |
| | D'autre costé, voyez cette nymphe adorable |
| | Qui, d'un œil dédaigneux et plein de mille appas, |
| | Reçoit ce grand hommage et ne s'en émeust pas. |
| PHILIS. | Il est donc mal payé de son amour extrême ? |
| PHÉNICE. | Mais, puisque le héros sçait que la Nymphe l'aime, |
| | Luy peut-on souhaiter un meilleur traitement, |
| | Et l'amour déplaist-il traité modestement ? |
| LÉANDRE. | On pourroit souhaiter que d'un œil moins sévère |
| | Elle payast l'effort que l'amour luy fait faire, |
| | Et qu'en reconnaissant qu'Hercules s'abaissoit |
| | Elle brûlast d'amour quand il en rougissoit. |
| LE CAMPAGNARD. | Moy, je souhaiterois, en la voyant si nüe, |
| | Que jusques au menton le peintre l'eût vestüe. |
| | Et qu'on ne vit du bras que les extrémités. |
| LÉANDRE. | Le sçavoir ne paroist que dans les nudités. |
| BAZILE. | En effet, la peinture est.... |
| LE CAMPAGNARD. | Voyons-en un autre. |
| | Madame, ay-je raison ? |
| PHÉNICE. | Mon avis est le vostre. |
| LE CAMPAGNARD. | Montrez-nous-en quelqu'un d'un style plus nouveau. |
| LÉANDRE. | De grâce, auparavant regardez ce tableau : |
| | C'est Achille caché sous des habits de femme |
| | Qui, dans les beaux excès de l'amour qui l'enflamme, |
| | A forcé son courage à ce déguisement, |
| | Pour voir en liberté l'objet de son tourment. |

Voyez comme il est gay près de Laodamie,
Et comme en cet état sa valeur endormie
Renouce à tous les biens qu'on luy peut présenter,
Pour voir cette princesse et ne la point quitter.
Sous ces habits honteux ne semble-t-il pas dire :
« Un seul de vos regards m'est plus cher qu'un
[Empire,
Et je ne connois point d'honneur qui soit plus doux
Que celuy de vous plaire et d'estre aimé de vous. »

LE CAMPAGNARD. Rien n'y manque en effet, si ce n'est la parole.

JODELET. M'en dust-on prendre au mot, j'en donne ma pis-
[tole.

LE CAMPAGNARD. J'en donnerois bien dix et ne les plaindrois point.
Passons.

LÉANDRE. Celuy qui suit me plaist au dernier point ;
C'est du vaillant héros qui délivre Andromède.
Regardez comme il vole en courant à son ayde,
Et comme, en descendant avec dextérité,
Le monstre qui l'approche en est épouvanté.
Ayant dessus le front une joye excessive,
Ce héros semble dire à la belle captive :
« Je vous délivreray du monstre qui paroist. »
Remarquez sa laideur.

PHÉNICE. Ah ! dieux qu'il me déplaist !

LE CAMPAGNARD. Le cheval est bien pris.

BAZILE. Sa teste est des plus belles.

LE CAMPAGNARD. C'est mon barbe tout fait, n'étoit qu'il a des ailes.

JODELET. Me deussiez-vous berner pour mon trop de caquet,
Je ne puis avouer que votre bouriquet
Ressemble à ce cheval, et qu'il soit de sa taille.

LE CAMPAGNARD. Ce fat n'a jamais veu mon cheval de bataille.

JODELET. Pour ce coup, il est vray, je confesse ce point :
Le moyen de le voir, si vous n'en avez point ?
Un barbet !

LE CAMPAGNARD. Jodelet, trève de raillerie !

JODELET. Trève de barbe aussi, monsieur, je vous en prie !

LÉANDRE. Il vient d'un bon autheur et ne peut estre mal.

LE CAMPAGNARD. Ce cavalier pourtant n'est pas bien à cheval :
Je voudrois qu'il fust mieux scellé dessus la selle,
Et qu'il portast le corps d'une façon plus belle,
Que la pointe du pied se tournast autrement.

PHÉNICE. On change de costume en changeant d'élément,

Et les chevaux ailés se peignent de la sorte.
LE CAMPAGNARD. Madame, je me rends, la partie est trop forte;
Mais achevons le reste.

## SCÈNE VI.

LE CAMPAGNARD, BAZILE, PHILIS, PHÉNICE, LÉANDRE, JODELET, LISE, UN PAGE.

LE PAGE.                        Ah! Monsieur,
BAZILE.                                    Que veux-tu?
LE PAGE.     Monsieur, on dit partout que Cliton s'est battu,
Ou qu'il s'en va se battre, et que partie est faite.
BAZILE.     Viste, un cheval de main! Qu'on m'appreste ma
[brette,
Mes bottes de campagne et mes bons pistolets!
Viste, sellez, bridez! Où sont tous mes valets?
Ces marauts, on les voit quand on n'en a que faire.
LE CAMPAGNARD, *à Jodelet.* Feignons, et, pour montrer que j'ignore
[l'affaire,
Sortons, et nous tirons doucement à l'écart.
BAZILE.     Champagne, la Forest, petit Basque, Picart!
Au diable les valets, maudite soit la race!
Je n'en puis plus souffrir, il faut que je les chasse.
Ma nièce, je reviens icy dans un moment.

(Dans la scène 7, Philis et Phénice témoignent à Léandre leurs craintes de son inconstance.)

## ACTE III.

(La scène I est une conversation interminable, et à peu près inutile, entre Anselme et Léandre sur le plan qu'ils poursuivent et sur l'humeur amoureuse et volage de celui-ci.)

### SCÈNE II.

#### LE CAMPAGNARD, ANSELME, JODELET.

LE CAMPAGNARD. Que faisoit en ce lieu le plus sçavant des hommes?
ANSELME, *d'un ton grave.*
    Nous en sommes le moindre, en l'état où nous [sommes,
    Et verrions nostre esprit tous les jours en défaut,
    Sans les rayons infus qui nous viennent d'en haut.
LE CAMPAGNARD, *à Jodelet.* O dieux! qu'il est sçavant!
JODELET.     Monsieur, c'est un vrai diable.
LE CAMPAGNARD. A quoy pouvoit resver votre esprit admirable?
ANSELME.
    J'étois dans les douleurs d'un grand enfantement
    Que j'allois mettre au jour assez heureusement:
    Pour traiter la chimie avecque plus de gloire
    Je songeois à construire un grand laboratoire,
    Dont les récipiens et les vaisseaux lutez
    Par le feu graduel ne fussent point gastez.
    Je voulois tempérer l'ardeur immodérée
    Du sel élémentaire et de l'huile éthérée;
    Je songeois à trouver quelques secrets nouveaux,
    Pour aisément pouvoir calciner les métaux
    Et tirer l'élixir des choses pénétrantes,
    Pour extraire le sel essentiel des plantes,
    Pour faire promptement la sublimation,
    Fixation d'esprit et fumigation.
    Je songeois au pouvoir qu'a le divin Mercure
    Sur le corps métallique en changeant sa nature [1],
    Comme il se volatise et se peut congeler,
    Corroder et dissoudre et se coaguler.

---

[1] C'était la croyance des alchimistes.

## ACTE III, SCENE II.

LE CAMPAGNARD. Si bien qu'on ne sçauroit obtenir audience
Sans détruire les fruits d'une longue science!
ANSELME. Parlez-nous, mais en bref.
LE CAMPAGNARD. Je viens sçavoir de vous
Si le sort me doit estre ou rigoureux ou doux,
Si je serois heureux en épousant Phénice.
ANSELME. Je veux, dans peu de temps, vous rendre ce service.
LE CAMPAGNARD. Vous m'avez déjà fait cent fois ce compliment,
Mais, comme ce désir me touche vivement,
Monsieur, pardonnez-moy si je vous presse encore
De vouloir satisfaire un feu qui me dévore
Et de diligenter mon horoscope un peu.
Je ne suis point ingrat.
ANSELME, *bas ce vers.* Puis-je avoir plus beau jeu?
Monsieur, à dire vray, vostre horoscope est faite;
Mais, vous ayant veu né sous mauvaise planète,
Je me suis résolu de n'en déclarer rien.
LE CAMPAGNARD. Hé! de grâce, Monsieur, soit mon mal ou mon
[bien,
D'une ou d'autre façon veuillez me satisfaire.
ANSELME. C'est un point résolu, je ne le sçaurois faire.
Tout autre, pour tirer son salaire de vous,
Vous feroit changer d'astre, ou le rendroit plus
[doux;
Mais, étant au-dessus de toute récompense,
Je me tais, ou je dis les choses que je pense.
LE CAMPAGNARD. Encore un coup, Monsieur, parlez-moy franchement,
Et veuillez de ma part prendre ce diamant.
ANSELME, *prenant le diamant.*
Rien ne me peut tenter, Monsieur, je vous le jure;
Mais, sçachant vostre bonne ou mauvaise aventure,
Si vous n'étiez pas homme à vous épouvanter
Des maux qu'avec le temps vous pourriez éviter,
Et si vous compreniez, en voyant vos désastres,
Qu'un esprit tout-puissant prédomine les astres
Et change leurs décrets selon sa volonté,
Je vous ferois sçavoir vostre nativité.
Mais......
LE CAMPAGNARD. Je vous le promets.
ANSELME. Je ne vous puis rien dire.
LE CAMPAGNARD. Monsieur, c'est redoubler l'excès de mon martyre.
De grâce!......

ANSELME.　　　　　　Armez-vous donc de résolution.
　　　　　　　　(*Il fait semblant de lire un grand pa-
　　　　　　　　pier qu'il tire de sa poche.*)
　　　　　　Vous avez pris naissance au signe du Lion,
　　　　　　Sous sa teste, où l'on voit quatre étoiles semées,
　　　　　　Qui d'un feu toujours vif semblent estre allumées.
　　　　　　Il est l'onzième signe, et des plus capitaux,
　　　　　　Étant particulier de trente partiaux.
　　　　　　Le nom d'Algebaac est celuy qu'on luy donne.
JODELET.　　O dieux ! ce nom tout seul tueroit une personne.
ANSELME.　　Vous avez sur le chef deux signes fort menus.
JODELET, *à Anselme le tirant à part.*
　　　　　　Monsieur ?
ANSELME.　　　　　Qu'est-ce ?
JODELET.　　　　　　　　Avouez que c'est Capricornus.
ANSELME.　　Jodelet !
JODELET.　　　　Jean Petit fit l'amour à ma tante [1],
　　　　　　Pierre de Larivé [2] nous doit cent sols de rente,
　　　　　　Maistre Eustache Noël [3] a beu cent fois chez nous.

---

[1] Jean Petit était un astrologue et devin en réputation dans la première moitié du 17e siècle ; il est souvent question de ses prédictions et de ses almanachs dans les Mazarinades, les plaquettes comiques et satiriques, les romans familiers du temps, par exemple dans le *Francion* de Sorel (l. 11), le *Roman bourgeois* de Furetière (*Inventaire de Mythophylacte*), le *Ballet du bureau de rencontre*, dernière entrée (1631).

[2] Pierre de Larivé, ou de Larivey, comme on l'écrit plus souvent, né à Troyes dans le 16e siècle, publia pendant une trentaine d'années, de 1618 à 1647, un *Almanach avec grandes prédictions*, qui précéda celui de Mathieu Laënsberg. Son nom a encore la popularité de ce dernier dans certaines provinces françaises. Les uns le confondent avec l'auteur des comédies et le traducteur des *Nuits* de Straparole, ce que les dates ne permettent guère, quoiqu'on y soit naturellement conduit par l'entière identité des noms de naissance, sans compter que l'auteur des comédies a composé deux livres *de Filosophie fabuleuse*, et que son compatriote Grosley ajoute qu'il s'occupait d'astrologie. D'autres en font son frère puîné, ce qui paraît d'abord tout aussi peu vraisemblable, car il n'est pas d'usage que deux frères portent le même prénom. Cependant c'est l'opinion la plus probable, et c'est pour cela sans doute qu'on trouve plusieurs fois l'astrologue désigné sous le nom de Pierre de Larivey le jeune.

[3] Maître Eustache Noël, curé de Sainte-Marthe, était alors l'un des auteurs en titre des almanachs imprimés à Troyes. En 1660, il publia « Almanach pour l'an bissextil mil-six-cens-soixante, dans lequel on verra les émerveillables évenemens de la présente année, le tout supputé selon les sciences astrologiques des Arrabes (sic), par M. Eustache Noel, curé de Sainte-Marthe. » A Troyes, chez Leger Charbonnel, in-8° de 18 feuilles. Sur le titre le portrait d'Eustache Noël, avec sa devise : *Musa fœlicitas altera*.

— Idem pour les années 1658 et 1661. Nous devons la connaissance de ces alma-

Et le jeune Troyen [1]....

LE CAMPAGNARD. Maistre sot, taisez-vous.

ANSELME. Vous avez à treize ans eu quelque maladie ;
Dans peu vous en aurez si l'on n'y remédie,
Et si vous échappez les maux que je pressens,
Vous n'en sentirez plus qu'à quarante et huit ans.
Vostre fatal ayant la part orientale,
Vous ferez une faute et lourde et sans égale,
Si devers cet endroit, dedans tous vos logis,
Vous ne disposez pas vos chambres et vos lits,
Et si vous n'y traitez vos meilleures affaires.
Juin, Janvier et Juillet, vous seront bien contraires.
Vostre jour malheureux sera le Samedy ;
Vos heureux sont Mardy, Dimanche et Vendredy,
Et si vous trafiquez, prenez l'ambre et l'agate,
Le cuivre et les chevaux, et l'or et l'écarlate,
Autrement.....

LE CAMPAGNARD. Ce n'est pas ce que je veux sçavoir.

ANSELME. Attendez ; chez un grand vous aurez du pouvoir,
Et vous serez blessé d'un grand coup à la bouche ;
Vous serez marié.

LE CAMPAGNARD. C'est là ce qui me touche.

ANSELME. Et vous devez avoir deux femmes tout au moins ;
Elles vous aimeront ; mais, malgré tous leurs soins,
Vous ne pourrez avoir aucun amour pour elles :
Elles auront du bien et ne seront pas belles.
Vénus en quantité vous promet des enfans ;
Jupiter les rendra joyeux et triomphans ;
Mais l'opposition de Mars et de la Lune
De quelques-uns par mort bornera la fortune...
Vostre an climatérique [1] est proche d'arriver.

---

nachs, qui furent sans nul doute accompagnés de beaucoup d'autres, à l'obligeance et à l'érudition de M. Paul Lacroix.

[1] C'est-à-dire Pierre de Larivey, qui était Troyen, et qu'on appelait *le jeune*, comme nous l'avons dit plus haut : « N'as-tu point leu l'almanach de Jean Petit Parisien, et de Larivay le Jeune, Troyen ? » (*Francion*, l. XI.) De là l'habitude de l'appeler *le jeune Troyen*.

[2] L'an climatérique, au figuré, c'est l'époque de la décadence. Au propre, les années climatériques, regardées comme appartenant à une époque critique de la vie de l'homme, étaient, suivant les uns, toutes les années multiples du nombre sept ; suivant les autres, celles qui résultaient de la multiplication de sept par un nombre impair. L'âge de soixante-trois ans, produit de sept multiplié par neuf, s'appelait la grande climatérique (V. le Dictionn. de Littré).

|                  |                                                      |
|------------------|------------------------------------------------------|
|                  | Mercure ayant receu Mars qui le vient trouver,       |
|                  | Promet un grand désordre en vostre mariage ;         |
|                  | Le quadrat de Venus, encore davantage,               |
|                  | Vous rendant malheureux pour avoir trop vécu.        |
| JODELET.         | Ne l'ay-je pas bien dit que vous seriez cocu ?       |
| LE CAMPAGNARD.   | Tais-toy.                                            |
| ANSELME.         | Je ne sçais point mal qui ne vous arrive,            |
|                  | Si vous n'abandonnez l'objet qui vous captive :      |
|                  | Des meurtres, un déluge et des embrasemens,          |
|                  | Des prisons, des douleurs et des bannissemens,       |
|                  | Des pertes, des affronts et des testes coupées,      |
|                  | Des coups de pistolets, de poignards et d'épées,     |
|                  | Et des valets pendus...                              |
| JODELET.         | Ah ! Monsieur, quittez-la.                           |
| ANSELME.         | Suivent le premier feu dont vostre cœur brusla.      |
| LE CAMPAGNARD.   | De sorte qu'il faudra que je quitte Phénice ?        |
| JODELET.         | Belle demande !                                      |
| LE CAMPAGNARD.   | Ah ! ciel, quelle est ton injustice !                |
| ANSELME.         | A-t-elle la première échauffé vostre cœur !          |
|                  | Peut-estre ?....                                     |
| LE CAMPAGNARD.   | Son bel œil fut mon premier vainqueur.               |
| ANSELME.         | Il faut donc la quitter, puisqu'il est manifeste     |
|                  | Que vostre premier feu n'a rien que de funeste,      |
|                  | Et que ceux qui suivront vous seront plus heureux.   |
|                  | Mais vous m'aviez promis d'estre plus généreux,      |
|                  | Et cet accablement dont je me trouve cause           |
|                  | Fait voir que je devois vous déguiser la chose.      |
|                  | Adieu, j'ay trop parlé.                              |
| JODELET, *à Anselme*. | Que vous avez bien fait !                       |
| ANSELME, *le voyant qui soupire*. |                                     |
|                  | Les dieux rendent parfois les astres sans effet.     |

## SCÈNE III.

### LE CAMPAGNARD, JODELET.

| LE CAMPAGNARD.   | Ah ! Jodelet !                                       |
| JODELET.         | Monsieur, le diable est bien aux vaches [1].         |

---

[1] Les choses tournent mal, il y a du désordre et du grabuge (Leroux, *Dict. comique*, *Coméd. des proverb.*, III, sc. 5).

LE CAMPAGNARD. Injuste ciel, rends-moy le bien que tu m'arraches,
Et me voyant si près du naufrage et du port,
Accorde moy Phénice, ou me donne la mort!
Mais j'ay beau le prier en affaires pareilles
Le cruel prend plaisir à fermer ses oreilles ¹.
Ah! rage, ah! sort cruel, ah! destins conjurés!
Vous, grand Dieu des Enfers, qui me désespérez,
Amour, qui de mon sang fais des torrens de flam-
[me!...
JODELET. Petit perturbateur du repos de nos ames!
LE CAMPAGNARD. Barbare!
JODELET. Traistre!
LE CAMPAGNARD. Aveugle, insensible!
JODELET. Fort bien,
Mais sans frapper du pied tout cela ne vaut rien;
Il faut serrer les poings et, roulant les prunelles,
Par de fréquens regards lorgner les hirondelles.
LE CAMPAGNARD. Ah! Jodelet, laissons cet importun discours.
Et reconnois qu'enfin, après tant de beaux jours,
Dans les champs amoureux ma moisson sera sèche.
JODELET. Vous ne sçauriez donc plus de quel bois faire flè-
[che?
LE CAMPAGNARD. Hélas! qui le pourroit en cette extrémité,
Si je ne fais vertu de la nécessité?
JODELET. Hé bien! n'est-il pas vray qu'il faut qu'un cœur fi-
[dèle
Se vienne tost ou tard brusler à la chandelle?
LE CAMPAGNARD. Hélas! pour mieux parler, dis un ardent flambeau
Qui luit comme ces feux qui mènent au tombeau.
Maudits soient les devins et leur philosophie!
JODELET. Sot est qui les consulte, et fol est qui s'y fie!
LE CAMPAGNARD. Mais comment l'épouser après ce qu'il m'a dit?
Ah! de rage et d'amour je suis tout interdit,
Et dedans ces douleurs par qui le cœur me saigne....
JODELET. Vous tueriez volontiers un mercier pour un peigne ².
Pourquoi vous affliger jusques au dernier point?

---

¹ « La cruelle qu'elle est se bouche les oreilles, » a dit Malherbe.

² On comprend ici le sens de cette locution. *Tuer un mercier pour un peigne* signifiait d'ordinaire s'emporter pour peu de chose. Tournebu, dans sa comédie des *Contens* (V, sc. 4), a interverti plaisamment ce proverbe, en faisant dire à l'un de ses personnages, émerveillé des menaces formidables du capitaine Rodomont : « Ho! le mauvais, il tuera tantost un peigne pour un mercier. »

LE CAMPAGNARD. Je l'aime, Jodelet.
JODELET. Ne la quittez donc point.
LE CAMPAGNARD. En ne la quittant point, vois quelle est ma misère.
JODELET. Quittez-la donc.
LE CAMPAGNARD. Hélas!
JODELET. Gardez donc de le faire.
LE CAMPAGNARD. Si je l'épouse aussi, quel malheur est le mien!
C'est ma perte asseurée.
JODELET. Hé bien! n'en faites rien.
LE CAMPAGNARD. Aussi je n'en auray jamais une si belle.
JODELET. Ne pensez donc jamais à vous défaire d'elle.
LE CAMPAGNARD. Mais je puis estre heureux avec moins de beauté.
JODELET. Abandonnez-la donc.
LE CAMPAGNARD. Mais je suis arresté
Et lié pour jamais d'une flamme trop forte.
JODELET. Aimez donc jusqu'à tant que le diable l'emporte[1].
LE CAMPAGNARD. Ah! sois plus sérieux si tu veux m'obliger.
JODELET. Et vous, et vostre amour, me feriez enrager.
LE CAMPAGNARD. Attends, je prémédite une bonne défaite :
Abandonnant l'aisnée et prenant la cadette,
Je suis dans mesme sang et dans mesme maison,
Et me fais un amy du querelleux Cliton.
JODELET. Il est certain.
LE CAMPAGNARD. De plus je n'auray rien à craindre
De ces astres fascheux dont j'aurois à me plaindre,
Et Philis, en causant mes secondes amours,
Me rendra fortuné le reste de mes jours ;
Au lieu que, si je veux m'obstiner à Phénice,
Qui receut de mon cœur le premier sacrifice,
Je me dois asseurer de mourir malheureux.
JODELET. Suivez donc ce conseil.
LE CAMPAGNARD. Il est bien rigoureux.
JODELET. Ne le suivez donc point.
LE CAMPAGNARD. S'il faut que je le fasse,
Enfin c'est du temps seul que j'attends cette grâce.
Mais s'il faut oublier Phénice pour jamais
Je veux en sa cadette adorer ses attraits.
JODELET. La composition est assez raisonnable.
LE CAMPAGNARD. Ah! que j'auray de peine en rencontre semblable!
J'y veux encor penser. Mais quelqu'un vient icy.

---

[1] Encore une imitation de la réponse de Pantagruel à Panurge.

## SCÈNE IV.

### LE CAMPAGNARD, BAZILE, CLITON, PHÉNICE, PHILIS, JODELET.

BAZILE, *à Cliton, pour l'accommoder avec le Campagnard.*
    Vous devez avancer, puisqu'il avance aussi,
    Et parler le premier, ayant émeu l'affaire.
    Embrassez-vous.
CLITON, *au Campagnard, montrant Phénice.*
              Monsieur, je viens vous satisfaire,
    Et devant ces témoins vous jurer sur ma foy
    Que vous aurez toujours un serviteur en moy.
LE CAMPAGNARD. Les nommer des témoins! Ah! changez-leur ces ti-
                                                                           [tres :
    Ces yeux sont assez beaux pour estre nos arbitres.
    Ces juges souverains, avecque tant d'appas,
    Nous peuvent d'un regard condamner au trépas.
PHILIS, *bas à Phénice.*
    Le peut-on écouter, ma sœur, sans qu'on le berne?
PHÉNICE, *au Campagnard.*
    L'amour n'est dans nos yeux qu'un juge subalterne
    Et ne peut condamner le moindre criminel
    Sans que son jugement soit suivy d'un appel.
LE CAMPAGNARD, *à Cliton.*
    Quoi qu'il en soit, je suis tout à vostre service,
    Et dans peu je vous veux rendre un si bon office
    Que vous m'appellerez amy plus que jamais.
BAZILE. Embrassez-vous encor pour confirmer la paix.
CLITON. Je suis son serviteur, quoiqu'indigne de l'estre.
LE CAMPAGNARD. Vous estes fort brave homme et l'avez fait connestre,
    En me serrant un peu le bouton de fort près.
    D'abord en vous voyant je reculois exprès
    Pour revenir sur vous fondre comme un tonnerre,
    Et vaincre en pratiquant cette ruse de guerre.
CLITON. Je l'ay connu d'abord.
LE CAMPAGNARD, *à Philis.*         Il est joly garçon.
    Or çà, que dites-vous de cet estramaçon
    Que je vous ay porté?
CLITON.               Qu'il part de grande adresse.

| | |
|---|---|
| LE CAMPAGNARD. | La feinte ? |
| CLITON. | Qu'elle étoit poussée avec justesse. |
| LE CAMPAGNARD. | Et quand j'ay dégagé, vous en souvenez-vous ? |
| CLITON. | Jamais je ne paray de si dangereux coups. |
| BAZILE. | Quand je vous séparay sans aucun avantage, |
| | Vous aviez fait tous deux en hommes de courage. |
| PHÉNICE. | L'un ny l'autre n'étoit désarmé, ny blessé. |
| LE CAMPAGNARD. | Je vais vous raconter comme tout s'est passé : |
| | D'abord tirant l'épée et gagnant la mesure, |
| | Portant de petits coups, poussés à l'aventure, |
| | Nous nous tastions l'un l'autre et nous pressions un [peu, |
| | Pour sçavoir seulement quel étoit nostre jeu, |
| | Alors qu'en allongeant il vint de bonne grâce, |
| | Comme s'il eust voulu faire la feinte basse ; |
| | Mais, ayant bien préveu son dessein en partant, |
| | Je l'attends de pied ferme, et je pare en quartant. |
| | Trompé par cette ruse, aussitost je hazarde |
| | De rompre la mesure en l'ostant hors de garde ; |
| | Je pousse droit à luy quand, par un coup fourré, |
| | Il évita celuy dont je l'aurois bourré. |
| | Mais découvrant son corps et faisant une feinte, |
| | Je luy pousse en trois temps une assez rude atteinte, |
| | Et comme j'allongeois, tiersant il fit cela |
| | (*Il porte sans y penser un coup dans l'estomach de Phénice, pour montrer comme il fit.*) |
| | Et s'exempta du coup alors qu'il recula. |
| PHÉNICE. | Je croyois de ce coup qu'il m'avoit assommée. |
| PHILIS. | N'épargner pas le sexe à la personne aimée, |
| | C'est trop ! |
| LE CAMPAGNARD. | Excusez-moy, je parle avec chaleur ; |
| | Mais aimée, elle l'est, et trop pour mon malheur, |
| | Puisqu'il est arresté qu'il faut que je la quitte ! |
| BAZILE. | Que dites-vous, Monsieur ? |
| LE CAMPAGNARD. | Que, malgré son mérite, |
| | Je dois l'abandonner et reprendre mon cœur |
| | Pour en faire un présent à son aimable sœur. |
| PHILIS. | Que dit-il ? |
| LE CAMPAGNARD. | A Cliton enfin je l'abandonne. |
| CLITON, *à Bazile*. | A-t-il perdu le sens ? |
| BAZILE. | Ce changement m'étonne. |
| PHÉNICE. | Moy, je ne connois pas jusqu'où va mon malheur. |

| | |
|---|---|
| BAZILE. | Monsieur? |
| LE CAMPAGNARD. | Je m'en sépare avec grande douleur, Et pendant le disner, de qui l'heure s'approche, Vous sçaurez...... |
| JODELET. | Que l'amour a troublé sa caboche. |
| BAZILE. | De grâce!..... |
| LE CAMPAGNARD. | Dedans peu je diray mes raisons. |
| JODELET. | J'en connois un plus sage aux Petites-Maisons. |

# ACTE IV.

## SCÈNE PREMIÈRE.

LÉANDRE, ANSELME.

| | |
|---|---|
| LÉANDRE. | ............................... Tu viens, en ma faveur, par un grand coup d'adresse, De faire qu'un rival me quitte sa maistresse ; Mais, au point de la prendre, un sentiment secret Me fait voir mon hymen avec quelque regret. |
| ANSELME. | Qui vous pourroit causer cette prompte retraite? |
| LÉANDRE. | Je viens d'entretenir son aimable cadette, Qui m'a peint son humeur avec de certains traits Qui font que je craindrois de ne l'aimer jamais; Et tu sçais quel malheur traisne le mariage Quand il faut malgré soy faire mauvais ménage. |
| ANSELME. | C'est estre homme de bien vingt fois plus qu'il ne [faut; Mais que craignez-vous d'elle, et quel est ce défaut? |
| LÉANDRE. | Anselme, elle est fantasque et coquette et volage. |
| ANSELME. | C'est beaucoup, et je crois sa cadette plus sage. |
| LÉANDRE. | Il n'en faut point douter : n'ayant pas vu la Cour Et n'ayant pas gousté cet aimable séjour, Elle est beaucoup moins fine et vaut mieux que [l'aisnée Qui n'est dans le pays que depuis une année, |

Et qui chez une tante, où l'on cajoloit fort,
Demeura dans Paris jusques après sa mort.

ANSELME. Quitter pour un soupçon trois mille écus de rente!
LÉANDRE. Pour les trois mille écus, que rien ne t'épouvante!
J'ay conceu des desseins pour me les conserver,
Si tu veux m'y servir et tant soit peu resver
A l'important tissu d'une intrigue nouvelle.
Sa cadette.....

ANSELME. — Parlez.
LÉANDRE. Tu sçais qu'elle est plus belle;
Mais c'est pour ses vertus plus que pour sa beauté
Que mon cœur aujourd'huy penche de son costé.
Depuis un mois je tiens cette affaire secrette
Et, bruslant tous les jours d'une flamme discrette,
Je serois étouffé sans te parler de rien
Si je n'eusse pas eu ce dernier entretien,
Par où je reconnois qu'elle est fort raisonnable
Et qu'enfin je luy suis un peu considérable.

ANSELME. Après un tel discours je tombe de mon haut.
Monsieur, corrigez-vous d'un semblable défaut,
Car pour moy j'y renonce et je perds mon escrime.
Après de pareils tours, cherchez qui vous estime
Et qui pour vous servir fasse ce que j'ay fait.

LÉANDRE. Écoute.
ANSELME. Mes travaux auront un bel effet.
LÉANDRE. Ah! ne te fasche pas, mais écoute.
ANSELME. J'enrage!
LÉANDRE. Cher amy.
ANSELME. N'espérez rien de moy davantage.
LÉANDRE. Ah! qu'elle a de beautés!
ANSELME. Mais, avec ses appas,
Elle est indifférente.
LÉANDRE. Elle ne me hait pas;
Au moins je n'y vois point de certaine apparence.
ANSELME. Quitter un bien certain, dessus une espérance!
Ah! bons dieux!
LÉANDRE. Que veux-tu?
ANSELME. N'est-ce pas assez fou!
Je voudrois de bon cœur m'estre cassé le cou,
Lorsque j'ay travaillé pour un amy semblable.
LÉANDRE. Anselme, prends pitié d'un amant misérable.
ANSELME. Mais quand je le voudrois, croyez-vous tout de bon

Que je puisse éloigner et le noble et Cliton?
Ayant au Campagnard prédit ses aventures
Et fait voir faussement ses misères futures,
Devers cette cadette ayant tourné ses vœux,
Alors que de Cliton elle approuve les feux,
Tel que soit mon esprit, et tel que soit le vostre,
Pouvons-nous l'arracher ou de l'un ou de l'autre?
Si Cliton l'abandonne, alors le Campagnard
Ne l'épouse-t-il pas!

LÉANDRE. Ce sera grand hazard.

ANSELME. Hé quoy! sur ce hazard perdre vostre fortune!

LÉANDRE. Ah! quittons la raison quand elle est importune!

ANSELME. Mais à ce cher objet si Phénice avoit dit
Une chose qui pust me perdre de crédit,
Que je fais l'Astrologue, et découvre la bourde?

LÉANDRE. Elle n'aura pas fait une faute si lourde.

ANSELME. Pourquoy se déclarer à demy sur ce point,
Puisqu'elle sçait déjà qu'elle ne vous hait point?

LÉANDRE. En ayant eu besoin, elle avoua la chose
Et luy fit croire après, de peur qu'elle ne cause,
Qu'elle seule sçavoit le secret.

ANSELME. Et pour moy?

LÉANDRE. Elle ne pense pas qu'on se serve de toy,
Ne nous ayant jamais pu remarquer ensemble.
Tente donc cet esprit, et vois ce qui t'en semble,
Car pour moy, je ne puis hazarder cet adveu
Sans sçavoir que son cœur brusle de mesme feu.

ANSELME. Mais comment découvrir ses secrettes pensées?

LÉANDRE. Mais comment as-tu fait tant d'actions passées?
Imagine, médite et resve seulement.

ANSELME. Je n'y réussiray que difficilement.

LÉANDRE. Si je me trompe au moins en voyant qu'elle m'aime,
Ne luy découvrant rien de mon amour extrême,
Je seray toujours bien dans l'esprit de sa sœur.

ANSELME. C'est donc vostre coup seur!

LÉANDRE. N'en aye point de peur;
Médite seulement une adresse nouvelle,
Pour sçavoir si je puis me déclarer pour elle.

ANSELME. Je le feray, mais c'est pour la dernière fois.

LÉANDRE. Tais-toy, Phénice vient, je l'entends à la voix.

(Dans la scène 2, Léandre tâche de préparer de loin les voies à son changement auprès de Phénice qui vient de l'aborder, et qui s'éloigne en boudant).

## SCÈNE III.

#### PHILIS, ANSELME.

PHILIS. N'ay-je pas veu ma sœur qui fuit devant Léandre?
ANSELME. Madame, ils m'ont donné l'ordre de les attendre,
Pour me communiquer quelque affaire qu'ils ont.
PHILIS. Je voudrois bien sçavoir le commerce qu'ils font.
Mais depuis quelque temps ma sœur est si resveuse
Que tout autre que luy la trouve un peu fascheuse.
ANSELME. C'est peut-estre un effet de son tempérament.
PHILIS. Vous en faites peut-estre un autre jugement,
Mais vous ne m'aimez pas assez pour me le dire.
Ma sœur obtient de vous tout ce qu'elle désire,
Et pour moy, je n'ay point de zélés ny d'amis.
ANSELME. Madame.....
PHILIS. Où sont les soins que vous m'aviez promis
Pour m'apprendre le cours de ma bonne aventure?
ANSELME. Je m'y suis préparé, Madame, je vous jure,
Et si vous le vouliez, dès ce mesme moment...
PHILIS. Brisons là, je le veux.
ANSELME. Vostre main seulement,
Et dites, s'il vous plaist, quel mois vous estes née!
PHILIS. L'onzième de Juillet.
ANSELME. Vous serez fortunée,
Et jusques à trente ans en fort bonne santé;
Ensuite vous aurez quelque incommodité :
Des douleurs d'estomach, de teste et de poitrine.
Vous estes bilieuse, et replette et sanguine.
Cette ligne qui prend du pouce au mitoyen
Vous promet des honneurs avec beaucoup de bien;
Celle que vous voyez, qui coupe sous l'indice [1],
Montre que vous n'avez ni fraude, ni malice.
Cet angle qui s'étend au mont de Jupiter
Fait voir que vous aurez un grand à redouter.
Ce cercle qui paroist dessus l'auriculaire,
Joint avec cette croix qu'on voit sous l'annulaire,
M'apprend qu'ayant pour vous Mercure et le Soleil,

---

[1] L'index.

ACTE IV, SCÈNE III. 149

Vous aurez et prudence, et force, et bon conseil.
Vers la table quadrangle est une grande ligne
Qui menace vos jours d'un accident insigne,...
Et, si j'ose parler, sur ce mont de Vénus
J'observe certains traits qui me sont inconnus.
Mais...

PHILIS. Vous me causerez une peine incroyable ;
Parlez.
ANSELME. M'avouerez-vous si je suis véritable ?
PHILIS. Ouy, je vous le promets.
ANSELME. Vous avez de l'amour,
Et craignez toutefois qu'il ne paroisse au jour.
Vous voyez fort souvent l'objet qui vous captive ;
Mais, parmy les transports d'une ardeur excessive,
Une sainte pudeur, contraignant vos désirs,
Tempère vos regards et retient vos soupirs.
PHILIS. Ah! certes, vostre esprit n'eut jamais de semblable.
ANSELME. Vous reconnoissez bien que je suis véritable !
PHILIS. De grâce, que ma sœur n'en sçache jamais rien.
ANSELME. Celuy que vous aimez n'a pas beaucoup de bien,
Mais il est honneste homme et fera quelque chose
En vous prenant pour femme, ainsi qu'il se propose.
Quand vostre ame est en feu, son cœur se sent brus-
[ler ;
Si vous dissimulez, il n'oseroit parler ;
Si vostre mal est grand, sa douleur est extrême,
Et vous l'aimez enfin bien moins qu'il ne vous aime.
PHILIS. Il m'aime ?
ANSELME. Il est certain.
PHILIS, bas. Que dira-t-il de plus ?
ANSELME. Du malheureux Cliton les soins sont superflus,
Et du beau Campagnard l'amour est inutile.
Mais je vous veux servir en confident habile,
Et dire à cet amant qu'il se peut exprimer.
PHILIS. Hélas ! c'est....
ANSELME. Il n'est pas besoin de le nommer :
Ma science m'apprend, par un pouvoir suprême,
Ce qui se fait sur terre et dedans le ciel mesme.
Il sçait peindre.
PHILIS. Ah ! c'est trop, je m'abandonne à vous !
ANSELME, bas. Tout va bien.
PHILIS. Ce baron s'avance devers nous.

Ah! l'importun amant!

ANSELME, *bas en sortant.* O fortuné Léandre,
Quel service important viens-je encor de te rendre!

## SCÈNE IV.

#### PHILIS, LE CAMPAGNARD, JODELET.

PHILIS. Je ne vousois pas si proche de ces lieux.
LE CAMPAGNARD. Quel cœur peut respirer absent de vos beaux yeux,
Et quel homme mortel, ou barbare ou sauvage,
Ne brusleroit de voir un si parfait visage?
PHILIS. Ma sœur a plus d'attraits.
LE CAMPAGNARD. Pour parler sans mépris,
Quoy que vous en disiez, chacune vaut son prix;
Mais, pressé d'une chère et douce violence,
Je sens que vos beautés emportent la balance
Et qu'en vous résistant, un cœur comme le mien
Ne faisoit seulement que traisner son lien.
PHILIS. Je crains vostre inconstance et je la treuve extrême.
LE CAMPAGNARD. Ah! ne redoutez rien, étant la beauté mesme,
Et tenez asseuré qu'en recevant ma foy,
Vous me rendrez constant, mesme en dépit de moy!
Si je commets un crime en me rendant volage,
J'ay treuvé mon bonheur dans mon propre nau-
[frage
Et retreuvé ma gloire en entrant en prison;
J'ay fait d'un changement un acte de raison.
Je sçais que je n'ay pas ny sceptre ny couronne
Pour payer dignement vostre aimable personne;
Mais enfin je vous donne une ame toute en feu,
Et puisque la nature est contente de peu,
Je crois que trois chasteaux avec trois métairies,
Huit cents arpens de terre et quatre bergeries,
Deux haras bien peuplés, et quatre ou cinq mou-
[lins,
Trois granges en bon ordre et trois celliers tout
[pleins,
Plus de trente coureurs dedans mes écuries,
Des étangs à foison, des bois et des prairies,
Quatre meutes de chiens, bassets, moyens et grands,

## ACTE IV, SCÈNE V.

Epagneux, lévriers, mâtins et chiens courans,
Dix oyseaux excellens, une assez bonne table,
Quelque rente foncière et du bien raisonnable,
Parmy deux cents voisins d'honneur et de vertu,
Vous mettront à vostre aise.

JODELET. Et bouche que veux-tu!

PHILIS. Sans doute un tel party vaut qu'on le considère,
Et....

LE CAMPAGNARD. J'ay ma charge encore, et celle de mon père.

PHILIS. Le sot!...

LE CAMPAGNARD. Mais je vois bien qu'avecque tant d'appas
Le secret est de plaire, et que je ne plais pas.

PHILIS. Changez de sentiment.

LE CAMPAGNARD. Ah! divine merveille,
Souffrez que dans l'excès d'une amour sans pareille,
Dessus ces belles mains.....

## SCÈNE V.

### LE CAMPAGNARD, PHILIS, CLITON, JODELET.

CLITON, *voyant Philis qui se laisse baiser les mains.*
Poursuivez à loisir,
Je n'en recevray pas le moindre déplaisir :
En perdant un esprit qui n'aime que le change,
Je ne me plains de rien, son changement me venge.

PHILIS. Allez, puisqu'on vous venge à force de changer,
Je fais plus que jamais le vœu de vous venger.

CLITON. Et moy qui vous connois encline à la vengeance,
Je veux vous dérober cette douce allégeance
Et vous punir vous-mesme en me vengeant de vous.

LE CAMPAGNARD. Monsieur!

CLITON. Ingrate.

LE CAMPAGNARD. Il faut modérer ce courroux!...
Vous allez un peu viste en menaçant Madame,
Et je croirois enfin estre digne de blasme
Si, souffrant devant moy ces mauvais complimens,
Je ne vous témoignois quels sont mes sentimens,
Et.....

JODELET. Qui se fait brebis, Monsieur, le loup le mange.
Déjà le sang me bout et la main me démange.

LE CAMPAGNARD. Ouy, n'étant pas toujours d'humeur à souffrir tout,
Je sçais, quand il le faut, pousser un homme à bout.
CLITON. Je porte à mon costé de quoy vous le deffendre.
LE CAMPAGNARD. En autre lieu qu'icy je pourrois l'entreprendre.
CLITON, *mettant l'épée à la main.*
Ah! c'est trop!
LE CAMPAGNARD. En effet, le plustost vaut le mieux.
PHILIS. Ah! Cliton!
LE CAMPAGNARD. Il faut vaincre ou mourir à ses yeux.
JODELET, *ne pouvant dégainer.*
Ah! la maudite rouille, ah! Monsieur, ah! mon
[maistre,
Au diable soit l'épée et ceux qui l'ont fait naistre!
Au secours, aux voleurs, aux meurtres!

## SCÈNE VI.

### LE CAMPAGNARD, CLITON, PHILIS, BAZILE, JODELET.

BAZILE, *les séparant.* Qu'est cecy?
Faut-il que des amis se querellent ainsi?
LE CAMPAGNARD. Je luy montreray bien qu'il prend mal ses mesures.
BAZILE, *à Cliton qui veut parler encore.*
Ah! Cliton!
JODELET. Haut le bois [1]!
BAZILE. Dieux! quelles procédures!
LE CAMPAGNARD. Ce coup est un presté, mais il sera rendu.
Il est bien attaqué, s'il est bien défendu.
Et.....
BAZILE, *au Campagnard.*
Vous estes brave homme, il faut qu'il le confesse.
CLITON. Mais....
BAZILE, *à Cliton.* Pour l'amour de moy, que ce désordre cesse!
Quel est ce démeslé?
PHILIS. Cliton fait le jaloux
Et, se persuadant qu'il peut beaucoup sur vous,
Il prétend empescher Monsieur de me rien dire.
CLITON. Madame, il peut prétendre à tout ce qu'il désire;

---

[1] Halte! « On dit, en termes de guerre, quand on fait faire halte à l'infanterie: Haut le bois! à cause qu'on lève alors les piques. » (*Dictionnaire* de Furetière.)

ACTE V, SCENE I.

     Mais de vos actions il est mal informé
     S'il se croit le premier que vous ayez aimé.
BAZILE.   Silence!
PHILIS.     C'en est trop.
CLITON.       Cette seule réponse
     Veut que je l'abandonne et que je la renonce :
     Sa sœur mérite mieux mon cœur et mes soupirs.
LE CAMPAGNARD. C'en est trop de vouloir contraindre les désirs.
BAZILE.    Il est vray, mais il faut accommoder la chose,
CLITON, *en s'en allant.*
     Le démeslé finit, puisque je hais la cause,
     Et pour le témoigner, je suis son serviteur.
BAZILE.   Embrassez-vous.
LE CAMPAGNARD.     Je suis le sien de tout mon cœur.
     Madame, je vous suis tout à fait redevable.
PHILIS.   Je fais ce que je dois.
BAZILE.      Entrons.
LE CAMPAGNARD.      Qu'elle est aimable!
    (*A Jodelet, bas.*)
     Il fait bon se fier à de pareils valets.
JODELET, *seul, tirant son épée.*
     Ah! reproche sensible au sang des Jodelets!
     Pour te garder de rouille, ô belle et claire lame,
     Je te fais un fourreau de l'étuy de mon ame.
     Me tuer! ah! ah! ah! le sentiment falot [1]!
     Que si je l'avois fait je serois un grand sot!
     Rouille-toi tout ton saoûl; aussi bien, chère Olinde [2],
     N'es-tu pas pour l'oison, la poule et le coq d'Inde?

# ACTE V.

## SCÈNE PREMIÈRE.

(Plaintes de Phénice à sa confidente Lise, à qui elle annonce vaguement ses projets de vengeance.)

---

[1] Grotesque, plaisant, facétieux (V. Génin, *Lexiq. de Molière*, art. Fallot). Molière a employé ce mot dans l'*Étourdi* (II, 14).

[2] La ville d'Olinde, chef-lieu d'une des capitaineries de Fernambouc, au Brésil, était renommée pour ses lames d'épée, qui avaient pris le nom de la ville.

## SCÈNE II.

#### PHILIS, LISE, PHÉNICE, JODELET.

PHÉNICE. De peur que vostre honneur icy ne se hazarde,
Ce galant homme est-il pour vous servir de garde?
PHILIS. De mon nouvel amant au moins c'est le dessein.
PHÉNICE. A ne vous point mentir, c'est jouer au plus fin :
Il connoist vostre esprit et léger et facile.
PHILIS. Ma sœur.....
JODELET, *interrompant*. Il n'en est rien; mon maistre est plus habile.
Ayant le cœur épris de ses perfections,
Il veut luy témoigner des inclinations
Dont l'instinct pénétrant s'étende jusqu'aux choses
Par qui sont cimentés les effets et leurs causes;
Car, comme le soleil, par un temps nébuleux,
Peut bien, sans se servir d'un secours fabuleux,
Faire passer son feu par sa correspondance,
Comme le fait mon maistre avec grande prudence,
Tout ainsi, si bien donc... Or l'amour, ouy, ma
[foy [1]...
PHILIS. Laisse-nous là.
JODELET. Je crois qu'on se moque de moy.
PHILIS, *bas*. De crainte que ma sœur ne dise quelque chose,
Eloignons-le de nous.
(*Haut à Jodelet, qui sort.*)
Dis-luy qu'il s'y dispose,
Que je l'attends icy.
PHÉNICE. Que disiez-vous tout bas?
PHILIS. Quelque petit secret qui ne vous plairoit pas.
PHÉNICE. Aussi pour le sçavoir j'ay peu d'impatience.
PHILIS. C'est que vous sçavez vivre avec expérience.
PHÉNICE. Ouy, j'en ay plus que vous.
PHILIS. Madame, je le croy :
L'âge vous a donné ce don par dessus moy.
PHÉNICE. Vous n'aurez pas toujours un temps si favorable.
PHILIS. Beaucoup voudroient bien courre une risque [2] sem-
[blable.

---

[1] Cette tirade de Jodelet sur l'amour rappelle jusqu'à un certain point celle de Gros-René sur les femmes, dans le *Dépit amoureux* (II, 2).
[2] Au 17ᵉ siècle, risque était des deux genres dans tous ses sens. On le trouve

| PHÉNICE. | L'amour frappe demain ceux qu'il frappe aujour- [d'huy. |
|---|---|
| PHILIS. | Je n'ay pas encor lieu de me plaindre de luy. |
| PHÉNICE. | Les pleurs suivent de près tous les biens qu'il nous [donne. |
| PHILIS. | Je laisse soupirer celles qu'on abandonne. |
| PHÉNICE. | Ah ! c'est trop! Je vois bien que vous parlez à moy, Mais je vous veux apprendre à me donner la loy, Et, devant qu'il soit peu, dans ma fureur extrême, Je vais perdre avec vous le fourbe qui vous aime. J'ay les yeux dessillés après de longues nuits, Et rougis de le voir, étant ce que je suis. Il me faut un époux plus digne et plus sortable ; Mais, de peur de vous voir et lasche et misérable, Sans dessein de venger les affronts qu'il m'a faits, Je vais de vos desseins prévenir les effets. |
| PHILIS. | Je ne vous croiray pas; vous estes en colère. |

## SCÈNE III.

### PHILIS, JODELET, LÉANDRE.

LÉANDRE, *avec des pinceaux à la main.*
Nous n'osions avancer de peur de vous déplaire,
Mais nous vous écoutions.

PHILIS, *bas à Léandre.* Il faut àdroitement
Eloigner Jodelet pour parler un moment.

LÉANDRE, *luy faisant signe.*
Il ne faudroit qu'avoir la toile tout à l'heure.

JODELET. Je la treuveray bien sans changer de demeure :
Derrière ce gros luth, je l'avois mise hier.

PHILIS. C'est estre prévoyant.

JODELET. Nous sommes du métier.

LÉANDRE, *bas à Philis.* Il ne s'en ira point, quelque effort que l'on [fasse.
(*A Jodelet, haut.*)
Mais il faudroit avoir une chaise plus basse.

au féminin chez Pascal, Sarrazin, etc. Suivant Richelet même, on le faisait un peu plus souvent féminin que masculin, et plus tard encore le Dictionn. de Trévoux croyait que le féminin avait définitivement prévalu, quoique le Dictionnaire de l'Académie prétendit qu'il était toujours masculin, excepté dans la locution : *à toute risque.*

| | |
|---|---|
| JODELET. | Tenez, ce tabouret s'offre tout à propos. |
| PHILIS. | O dieux! nous ne pouvons nous dire quatre mots. |
| LÉANDRE. | Il faudroit un peu d'eau. |
| JODELET. | Sans vous donner de peine, Vous en pouvez trouver dans cette porcelaine. |
| LÉANDRE. | Mon crayon? |
| JODELET, *fouillant dans sa poche.* | J'en réponds, et sans sortir d'icy. Mais qu'est-il devenu? |
| PHILIS. | Quel bonheur! |
| JODELET. | Le voicy. Bon. |
| PHILIS. | Il faut advertir que, si l'on me demande, Je..... |
| JODELET. | Personne ne sort, la chaleur est trop grande. |
| LÉANDRE, *tirant une table sur laquelle il met ses pinceaux.* | Nous luy dirons en vain jusqu'à la fin du jour; Commençons. |
| JODELET, *allant quérir le tuorbe* [1]. | Je vous vais chanter un air de cour. Voulez-vous: *Bénits soient les yeux bruns de Ma-* [*dame* [2], Ou bien: *Quand pour Philis mon cœur tout plein* [*de flâme* [3] ? |
| PHILIS. | Pendant qu'il chantera, nous nous entretiendrons. |

[1] Théorbe, instrument dérivé du luth, et qui n'était connu que depuis la fin du règne de Henri IV ; son nom et son orthographe restèrent longtemps incertains.

[2] C'est là ce qu'on appeloit une *brunette*, c'est-à-dire une romance amoureuse et sentimentale. Le nom du genre était venu d'une chanson très-populaire de la fin du 16ᵉ siècle, dont le refrain était :

« Ah ! petite brunette,
Ah! tu me fais mourir! »

(Castil-Blaze, *Molière music.*, 1, 74.) Il y a une série de chansons intitulées *brunettes* dans les œuvres de Vergier. Nous voyons indiquée dans la Table du *Recueil des chants historiques de la France*, par M. Leroux de Lincy, une chanson sur la paix de 1594, qui se chantait sur l'air *Bény soit l'œil noir de Madame.*

[2] Je trouve cette chanson au 5ᵉ acte, sc. 2, de la *Comédie de chansons* (1640) :

Quand pour Philis, mon cœur tout plein de flame,
Souspiroit nuit et jour,
Cloris pour moy temoignoit que son âme
Etoit pleine d'amour.
Mais maintenant que mon âme blessée
Brusle dans ses appas,
Et que ses yeux sont roys de ma pensée,
Elle ne m'aime pas.

| | |
|---|---|
| JODELET. | Je sçais tout ce qu'ont fait les Picarts, les Guedrons, |
| | Les Lambert, les Camus ¹, et tous ces grands gé- [nies, |
| | Que l'on nomme à la cour les dieux des symphonies. |
| PHILIS. | Ne nous en chantez point qui soient si sérieux. |
| JODELET, *s'essayant à chanter.* | |
| | La, la, j'ay vostre fait, mais il est un peu vieux. |
| | Ah ! que cet instrument a l'accord difficile ! |
| | Je n'en touchay jamais sans m'échauffer la bile. |
| | Un peu cette cheville, encore celle-cy ! |
| | Maudit soit le rouquin qui m'embarrasse icy ! |
| | (*Il laisse tomber son épée.*) |
| | Cet accord est-il fin ? |
| PHILIS. | Il n'est guère agréable. |
| JODELET. | C'est que la corde est fausse, ou je me donne au [diable. |
| | *Chanson.* |
| | Bel œil, petit diablotin, |

---

1 Il est question de Camus, ou plutôt le Camus, dans une lettre de Mme de Sévigné à Mme et à M. de Grignan (2 juin 1672). « Le Camus m'a prise en amitié ; il dit que je chante bien ses airs : il en a fait de divins , » etc. La Borde en parle, dans son *Essai sur la musique* (t. III, p. 401) : « Camus ( le ), célèbre compositeur de la musique du roi, fit un grand nombre de chansons qui eurent beaucoup de réputation. Il mourut en 1677. » On peut voir encore sur son compte, de la Vieuville, *Comparaison de la musique franç. et ital.* (part. II, p. 123, Bruxelles, 1705), qui met Camus fort haut ; le *Poëme sur la musique* (La Haye, 1737), p. 5, et *l'Hist de la musiq.* mss. par dom Caffiaux (Bibl. nation.), t. VI, p. 863. P. Guedron, ex-maître de musique et compositeur de la chambre du roi Louis XIII, était alors le patriarche des compositeurs français. Ses airs et ceux de Boësset (le père), qui alimentèrent si longtemps les presses de Ballard, sont souvent cités dans les écrivains du 17e siècle. On connait assez Lambert, beau-père de Lulli, qu'un vers de Boileau (sat. III) a immortalisé. Quant à Picart, il m'a été impossible de trouver le nom de ce musicien, malgré les recherches les plus étendues dans les histoires imprimées ou inédites de la musique et de l'Opéra, les ouvrages de Laborde, de Castil-Blaze, les manuscrits de don Caffiaux, d'Amelot, de Beffara, *l'Entretien des musiciens*, d'Annib. Gantez, la *Lettre de M. Le Gallois à Mlle Regnault de Solier touchant la musique*, les recueils d'*Airs de cour* et autres publiés chez Ballard, et des *Vers mis en chant*, chez Sercy, G. de Luyne, etc. J'ai parcouru inutilement plus de cinquante volumes. J'incline à croire qu'il y a là une légère faute d'impression et qu'il faut lire Sicard. Sicard est moins connu que les précédents, mais j'ai vu de lui des *Airs à boire à trois parties* (Rob. Ballard, 1666, pet. in-8° oblong) qui indiquent, aussi bien que ses préfaces, un génie naturellement enclin à la gaité, malgré les quelques Airs sérieux qu'il y mêle vers la fin. *Le Nouveau recueil des plus beaux vers mis en chant*, publié par G. de Luyne (1680, in-12), contient aussi un certain nombre d'airs de Sicard, qui a également eu part à la musique de quelques ballets. (Beauchamps, *Recherch. sur les théâtres*, t. III, p. 166.)

|            | Clair Lutin, |
|---|---|

Clair Lutin,
Qui carabine mon âme,
Je suis par ton trait fatal
Un arcenal
Tout plein de fers et de flamme.

LÉANDRE. Il faut partir ce soir et tromper leur attente.
JODELET. Que diable dites-vous cependant que je chante ?
LISANDRE. J'apprenois à Madame un secret curieux,
Pour me donner moyen de bien peindre ses yeux
Et luy faire un regard plus doux et plus modeste.
Mais de grâce, achevez.
JODELET.                Voicy le double.
                                        Peste.

(*Une corde se rompt.*)
Je crois qu'un Topinambour
Sans amour,
S'il avoit lorgné ta trogne
Comme moy par ton regard
Seroit ard [1],
O seroit un vray Jean Logne [2].
(*Il bâille deux fois à la fin du couplet.*)

Ah ! que le temps est lourd !
PHILIS.                  Encor quelques accords.
JODELET. Tout ce qu'il vous plaira ; mais, ma foy, je m'en-
                                                         [dors ;
Je m'en vais dans ce bouge y faire un petit somme,
Je reviens.
PHILIS.         Qu'il fait bon se fier à cet homme !
LÉANDRE. Madame, il ne faut point balancer aujourd'huy :
J'auray dedans Paris un prince pour appuy,

---

[1] Brûlé, du latin *ardere, arsus*.
[2] Un Nicodème :

Jean, que dire de Jean ? C'est un terrible nom
Que jamais n'accompagne une épithète honnête.
Jean des Vignes, *Jean Logne*. Où vais-je ? Trouvez bon
Qu'en si beau chemin je m'arrête.
           (Mme Deshoulières, *Epître à M. Caze.*)

L'étymologie de cette locution était *Jean qui lorgne*, c'est-à-dire probablement un niais, un badaud qui regarde autour de lui, qui examine tout d'un air hébété, comme on le voit dans ces vers du *Voyage de Brême :*

Tandis que, faisant les Jan-Lorgnes,
Nous regardions de tout côté.

ACTE V, SCENE IV. 159

|||
|---|---|
| | Chez qui nous trouverons une bonne retraite, |
| | Jusques à l'heureux jour que nostre paix soit faite. |
| PHILIS. | Mais mon oncle en mourra de douleur. |
| LÉANDRE. | Et tant mieux ! |
| | Qu'attend-il que la mort, étant déjà si vieux ? |
| | Mais laissez-le crever et pester à son aise : |
| | Après quatre ou cinq jours, il faudra qu'il s'a- |
| | [paise. |
| | Lorsque la chose est faite, enfin l'on file doux, |
| | Et les embrassemens succèdent au courroux. |
| | Mais quelqu'un vient. |
| PHILIS. | Feignons. |

## SCÈNE IV.

### PHILIS, LÉANDRE, LE CAMPAGNARD.

LÉANDRE, *monstrant le costé où est le Campagnard.*
    Madame, il faut, de grâce,
Éviter ce faux jour et prendre une autre place.
LE CAMPAGNARD, *bas.* Ils ne me voyent pas.
LÉANDRE.    Un peu plus de costé,
Et forcez vostre humeur à plus de gayeté.
LE CAMPAGNARD. Je les interromprois paroissant davantage.
LÉANDRE.    Maintenant mon esprit est plein de vostre image.
LE CAMPAGNARD, *bas.* Elle est encore mieux portraicte dans mon cœur.
LÉANDRE, *regardant fixement Philis, comme un homme qui se dis-*
    [*poseroit à la peindre.*
Je vous suis obligé de cette belle humeur ;
Mais quelque temps encor taschez de vous contrain-
    [dre :
Il faut de la constance alors qu'on se fait peindre.
Je crains....
PHILIS.    Ne craignez point, c'est ne rien hasarder.
LÉANDRE.    Ne vous lassez-vous point de me tant regarder !
PHILIS.    Le plaisir que pour but j'ay dedans la pensée
Me fait trouver plaisante une action forcée,
Et dedans ce dessein loin de m'embarrasser,
Je vous regarderois dix ans sans me lasser.
LE CAMPAGNARD, *bas.* Que je serois heureux d'estre traité de mesme !
LÉANDRE.    C'est estre complaisante.

PHILIS.    On l'est pour ce qu'on aime :
Vostre ouvrage m'est cher plus que vous ne pensez
Mais il le faut finir comme vous commencez.

LÉANDRE, *montrant encore le lieu où le Campagnard est caché.*
Tournez donc tant soit peu vostre chaise, de grâce :
L'ombre qui paroist là me choque et m'embarrasse
Et m'oste le plaisir d'observer tous vos traits.
*A Philis, bas.*
Il ne vous verra plus tout au moins de si près.

LE CAMPAGNARD. Ah ! ce coup imprévu me dérobe sa vue.

LÉANDRE.    Ah ! que d'attraits divers cette bouche est pourvue !
Souffrez donc qu'à plaisir je les admire tous.

LE CAMPAGNARD. Dieux ! qu'il y prend de peine ! Il se met à genoux.
Mais je n'aperçois point Jodelet.

LÉANDRE.    Ah ! madame !

LE CAMPAGNARD, *bas.* Quel valet !

LÉANDRE.    Je n'ay plus de pouvoir sur ma flamme.

PHILIS.    Songez que l'on vous voit ; feignez.

LÉANDRE, *luy baisant la main.*    Je n'en puis plus.

LE CAMPAGNARD. Que fait-il ?

LÉANDRE.    Les pinceaux sont icy superflus.

LE CAMPAGNARD. Dieux ! à quelle action s'émancipe ce traistre !
Maraut !

PHILIS, *à Léandre.*    Contraignez-vous.

LE CAMPAGNARD, *l'épée à la main.*    Apprends à te connoistre.

LÉANDRE.    Monsieur, pardonnez-moy ces petits mouvemens :
Il me prend quelquefois des étourdissemens
Qui ne me laissent pas disposer de moy-mesme.
Ayant dedans l'esprit une fille que j'aime
Et que j'adoreray le reste de mes jours,
Quoyque j'en sois absent, je crois la voir toujours,
Et principalement quand je peins quelque belle,
Je m'égare et m'emporte à croire que c'est elle.
Mais mon mal est passé.

LE CAMPAGNARD.    Tu n'es qu'un insolent,
(*Philis empesche le coup.*)
Et ce coup....

LÉANDRE.    Ah ! c'est trop faire le violent.

PHILIS.    Mais pour l'amour de moy, Monsieur...

LE CAMPAGNARD.    C'est un infâme.

LÉANDRE.    Si nous n'étions tous deux icy devant Madame,
Je vous démentirois de la bonne façon.

PHILIS.  Hé! Monsieur.
LE CAMPAGNARD.  Ce coquin fait le méchant garçon.
LÉANDRE.  Je ne suis pas méchant, mais je suis fort brave
[homme,
Et peut-estre tantost.....
LE CAMPAGNARD.  Il faut que je l'assomme.
LÉANDRE, *prenant l'épée que Jodelet avoit ostée en chantant.*
Mais qu'à propos je vois l'arme de Jodelet!
Ça, voyons.
LE CAMPAGNARD.  Il te faut battre contre un valet.
PHILIS.  Jodelet, appelons quelqu'un qui les sépare.
LÉANDRE.  Vous reculez.
LE CAMPAGNARD.  Ah! dieux, c'est mon pied qui s'égare,
Et je ne manque point de cœur.
LÉANDRE, *luy engageant son épée.*  Il faut mourir.
LE CAMPAGNARD. O dieux!
LÉANDRE.  Rien à présent ne vous peut secourir :
Il faut mourir, ou bien me quitter la cadette.
LE CAMPAGNARD. Encore....
LÉANDRE.  Il ne faut point me payer de défaite.
LE CAMPAGNARD. Eh bien, je vous la quitte et m'abandonne à vous,
Et puis vous asseurer qu'elle dépend de nous.
LÉANDRE.  Vous me la promettez?
LE CAMPAGNARD.  C'est ma plus grande envie.
LÉANDRE.  C'en est assez.
LE CAMPAGNARD.  Je suis à vous toute ma vie.

## SCÈNE V.

PHILIS, BAZILE, JODELET, LÉANDRE, LE CAMPAGNARD.

BAZILE.  Estes-vous insensés? Que faites-vous, Messieurs?
Toujours flamberge au vent!
JODELET, *frottant ses yeux.*  Où sont-ils? Aux voleurs,
Main-basse, tuons tout, à moy ma hallebarde!
Un baston à deux bouts, des pistolets.
BAZILE *étant heurté de Jodelet.*  Prends garde.
PHILIS.  Il dormoit : ses esprits sont encore étonnés ¹.

---

¹ Etonné, dans le sens de *déconcerté, engourdi*, qui n'a point la possession
de toutes ses facultés. Le mot *esprits*, au pluriel, se prenait souvent aussi pour

BAZILE. Je crois que ce coquin m'a fait saigner du nez.
Au diable le lourdaut! Ah! sur ma foy, je gage
Que je suis écorché jusques au cartilage.
Si le coup eust donné deux ou trois doigts plus haut,
J'en eusse eu pour mourir tout autant qu'il en faut :
L'artère de la temple est un endroit funeste
Où l'ame a toujours droit de jouer de son reste,
Quand, par solution de continuité,
On la vient détourner de sa tranquillité.
Mais baste ! Et vous, Monsieur, qui, pauvre gentil-
[homme,
Feignez pour nous duper que vous venez de Rome,
Et, passant pour un peintre avec un faux patois,
Nous jouez en grand maistre un tour de fin matois,
Vous pouvez bien porter dedans d'autres familles
Ces secrets merveilleux pour attraper des filles.
Phénice m'a tout dit, et vous ne tenez rien ;
C'est pourquoy, délogez, puisqu'on vous connoist
[bien,
Et ne prétendez pas dupper nostre cadette.

LÉANDRE. Je suis homme d'honneur.

BAZILE. Ah! sonnez la retraite !
Nostre aisnée ayant sçeu comme vous en usez
M'a tantost déclaré que vous nous abusez
Et prétendez avoir sa sœur en mariage.

LE CAMPAGNARD. Mais s'il est sans fortune, il n'est pas sans courage,
Et je suis obligé de vous dire aujourd'huy....

PHILIS. Que je n'auray jamais d'autre mary que luy.

BAZILE. Et moy, je vous promets qu'avant demain peut-estre,
Nous vous mettrons en lieu dont nous serons le
[maistre.
Je suis oncle et tuteur, et comme tel je doy
Vous apprendre d'avoir plus de respect pour moy.
(Il montre le Campagnard.)
Quand Monsieur......

---

désigner les principes vitaux. Mme de Sévigné a écrit, en parlant de Turenne blessé : « Le reste des *esprits* fit qu'il se traina la longueur d'un pas. » Et Corneille, dans *le Menteur :*

J'en ai la cervelle et les esprits troublés.

C'est plutôt dans ce dernier sens que le mot est pris ici.

LE CAMPAGNARD, *montrant Léandre*.
A présent c'est un autre moymesme
Et je trouve un milieu dans ce désordre extreme,
Car l'aisnée ayant eu mon inclination
Me laisse encore au cœur beaucoup d'affection,
Et si le bon Anselme, avecque sa doctrine,
N'avoit pas si bon jeu, comme il a bonne mine,
Et s'étoit pu tromper en me trompant aussi...:

## SCÈNE VI.

BAZILE, PHILIS, LE CAMPAGNARD, LÉANDRE, ANSELME, JODELET.

ANSELME. Ne l'allez point chercher autre part : le voicy!
J'écoutois.
BAZILE. Mais enfin.
ANSELME. Un peu de patience!
Pour vous apaiser tous je ne veux qu'audience.
Léandre qui passoit pour peintre dans ces lieux
Descend d'un riche père et de nobles aïeux;
Trois oncles fort puissans, dont tout seul il hérite,
Luy laisseront de quoy répondre à son mérite.
Sa jeunesse l'ayant par des pensers errans
Arraché dès douze ans au sein de ses parens,
Après avoir dix ans couru la terre et l'onde,
Il ne luy reste rien à voir dedans le monde
Et, par un mariage achevant ses destins,
Désormais tous ses jours seront de beaux matins.
BAZILE. Mais de quelle maison est-il?
ANSELME. Du vray Léandre,
Dans la maison duquel advint ce grand esclandre,
Qui, voyant un des siens dans l'eau de l'Hellespont,
N'a que trop signalé la noblesse qu'ils ont....
Abyde est leur pays et leur natale terre,
D'où les Grecs les chassant à cause de la guerre,
Les forcèrent d'aller chez les premiers Gaulois
Et de prendre party depuis chez nos François.
LE CAMPAGNARD. Mais cela ne fait rien pour moy.
ANSELME. Prestez silence!
Ne l'ayant point quitté dès sa plus tendre enfance

## LE CAMPAGNARD.

Et le tenant très-cher ainsi que je l'ay du,
Je l'ay servy partout autant que je l'ay pu,
Et croyant qu'il aimoit vostre divine aisnée
Pour luy sacrifier un heureux hyménée,
Je vous épouvantay par de faux accidens,
En feignant des malheurs et de faux ascendans.
Mais, Monsieur.....

LE CAMPAGNARD.     Cher trompeur, va, je te donne grace :
Par ce coup tu changeas toute ma flamme en glace ;
Mais, ayant reconnu ton adresse et ton jeu,
Tu changes maintenant toute ma glace en feu.

(*A Bazile.*) Je brusle de la voir, Monsieur ; je vous conjure
D'oublier toute aigreur en pareille aventure
Et de songer qu'étant un enfant de maison...

BAZILE. Faisant tout par justice et pour bonne raison,
S'il a le bien qu'on dit, il faudra bien le faire.

LE CAMPAGNARD. Quant à moy, désormais je le tiens mon beau-frère ;
Je luy donne la main en cette qualité.

PHILIS. Et moy je luy promets toute fidélité.

LE CAMPAGNARD. Envoyons donc quérir cette agréable aisnée.

BAZILE. Mais Lise vient à nous.

## SCÈNE VII.

BAZILE, LE CAMPAGNARD, ANSELME, JODELET, PHILIS, LÉANDRE, LISE.

LISE.     O fille infortunée !
Monsieur, ne cherchez plus de niepce dans ces lieux :
Cliton vient d'enlever Phénice.

LE CAMPAGNARD.     Ah ! justes Dieux !

LISE. Mais lisez ce papier.

BAZILE, *lisant.*     N'ayant plus de raison,
Après avoir connu qu'un ingrat m'abandonne,
Dedans mon désespoir je me donne à Cliton
Qui connoist la valeur du bien que je luy donne.
    Veuillez donc approuver,
O mon oncle très-cher, un pareil mariage,
Et différant un peu de vous aller trouver,
Permettez que j'apprenne à devenir plus sage.
                  PHÉNICE.

BAZILE. Ah ! ce mot m'attendrit.

## ACTE V, SCÈNE VII.

LE CAMPAGNARD. Ah! quels sont mes malheurs!
LÉANDRE. Allons la retirer des mains de ces voleurs.
LISE. Je voulois faire effort pour suivre ma maistresse,
Mais le cocher foüetta.
LE CAMPAGNARD. Dieux! que j'ay de tristesse!
Mon inconstance a fait tous les maux d'aujourd'huy.
LÉANDRE, *bas à Anselme.* Qu'il est sot de penser qu'elle parle de luy!
BAZILE. Quel accident fascheux!
LE CAMPAGNARD. Ah! je me désespère
D'estre cause du mal qu'elle se vient de faire.
ANSELME, *bas à Léandre.* Qui ne riroit de voir qu'il s'accuse pour vous?
LE CAMPAGNARD. Elle m'appelle ingrat, ah! vous le sçavez tous!
LÉANDRE. Messieurs, Anselme a fait le malheur où nous som-
[mes;
Mais, comme il est aussi le plus adroit des hommes,
Il vous peut retirer de tous ces embarras
Et pour un tel dessein je luy preste mon bras.
Si Cliton ne vous rend cette adorable aisnée
Dedans le mesme état qu'il l'avoit emmenée,
Rien ne le peut sauver de mon juste courroux :
Il mourra.
BAZILE, *au Campagnard.* C'est tout cœur.
LE CAMPAGNARD. Je n'espère qu'en vous.
LÉANDRE. Allons donc au plus tost, sans tarder davantage.
LE CAMPAGNARD, *montrant Philis.*
Chacun ne pourra pas estre de ce voyage :
Il en faut pour garder cet objet adoré.
LÉANDRE. Sans aucun intérest je vous y serviray,
Et mon amour à part......
BAZILE. Allez, c'en est trop dire :
Vostre courage vaut plus qu'elle et qu'un empire.
Tirant raison au nom de cette trahison,
Etant né gentil homme et de bonne maison,
J'approuve qu'on vous aime et le tiens légitime.
Le bien vaut quelquefois beaucoup moins que l'es-
[time,
Et tout homme de cœur porte encore au costé
Un assez grand trésor dans la nécessité.
LEANDRE. Monsieur, c'est m'obliger d'une amitié trop forte.
PHILIS. Mais, mon oncle, de grace, empeschez qu'il ne sorte:
Ils se battront, et lors....
BAZILE. Ne craignez rien de mal :

> Je vais tout le premier en campagne.

LE CAMPAGNARD.
>                         A cheval !

PHILIS. Je vais vous voir partir.

LE CAMPAGNARD.
>                 J'espère en ce voyage
> Et crois que nous aurons beau temps après l'orage
> Et que, le traistre ayant moins d'effet que de bruit,
> Nous luy ferons passer quelque mauvaise nuit.

JODELET, *seul*.
> Et moy qui te connois, quoyque tu puisses faire,
> Je te tiens un grand sot, et par devant notaire.
> Et vous, beaux campagnards, accordés ou maris,
> Gardez-vous d'amener vos femmes à Paris,
> Pour y voir le Pont-Neuf et la Samaritaine :
> Plus de mille cocus s'y font chaque semaine,
> Et les godelureaux y sont si fréquemment
> Qu'une femme de bien s'y trouve rarement.
> Prenez-y donc exemple, et devenant plus sages
> Faites-leur voir Paris au fond de vos villages,
> Parmy vos partisans faites les cupidons,
> Et demeurez toujours les rois de vos dindons[1].

---

[1] On peut rapprocher cette impertinente conclusion des sarcasmes contre les provinciaux qui abondent dans la plupart des écrivains du XVII<sup>e</sup> siècle. V. à ce sujet une note du tome I de ce recueil, p. 48.

FIN.

CHEVALIER.

# NOTICE SUR CHEVALIER

## LA *DÉSOLATION DES FILOUX*

### ET LES *AMOURS DE CALOTIN.*

---

On ne sait rien de la vie de Chevalier, sinon qu'il était un des acteurs du Marais, qu'il a laissé un certain nombre de comédies, toutes bien au-dessous du médiocre, et qu'il était mort avant 1674, comme on le voit dans le *Théâtre français* de Chapuzeau (l. III, p. 206). Cela suffit, et Chevalier ne mérite assurément en rien une biographie plus ample. Néanmoins, à défaut de talent, la nature de ses pièces, leur rareté, leur *curiosité* et les circonstances auxquelles elles se rattachent, nécessitent une notice d'une certaine étendue.

De 1660 à 1668, ce fut un des fournisseurs les plus assidus du Marais : on lui doit une dizaine de pièces qui, pour la plupart, rappellent la forme de l'ancienne farce, et semblent écrites par un contemporain des Enfants sans souci, pour être jouées sur les tréteaux des Halles. Plusieurs sont des ouvrages de circonstance, où il exploite le fait, l'édit, l'invention, le bruit du jour ; presque toutes ont des titres piquants ; quelquefois même le début allèche, et il n'est pas jusqu'à cet alerte vers octosyllabique, le vieux mètre favori des farceurs, souvent employé par Chevalier, qui ne donne tout d'abord une physionomie affriolante à ses ouvrages. On s'attend à trouver de piquants détails, quelque chose de leste et de vif, et l'on ne trouve rien. De toutes ces promesses du titre et de l'entrée en matière, l'auteur n'en tient pas une. Il manque pitoyablement ses meilleurs sujets : il est impossible d'être plus absolument plat et dénué de toute espèce de talent. Ses œuvres sans fond, sans intrigue, sans esprit, sans style, donnent parfois sur les choses du temps quelques renseignements qu'on souhaiterait plus abondants et plus nets : voilà tout leur mérite. C'est à cause de ces renseignements que je me suis arrêté à deux pièces de Chevalier ; c'est à cause de cette effroyable platitude que je n'ai pu en reproduire une seule en entier.

Pour savoir de quel bourbier Molière a tiré la comédie, écrit Lemazurier dans sa *Galerie des acteurs du Théâtre français,* il faut lire Chevalier. Cela serait vrai, si Chevalier était le seul représentant de la comédie contemporaine de Molière, ou s'il en représentait la force moyenne. Mais il reste très-inférieur même aux plus faibles, et on serait injuste envers ses confrères en le prenant comme type. Ses débuts, d'ailleurs, sont postérieurs à ceux de Molière.

Voici la liste de ses ouvrages, presque tous rares et assez recherchés des curieux, malgré leur impression grossière et incorrecte, qui est si bien en harmonie avec leur mérite :

— *Le Cartel de Guillot*, ou *le Combat ridicule*, comédie, ou plutôt farce, 1 a. v. de 8 syllabes, jouée en 1660 au Marais; Jean Ribou, 1661, in-12. C'est à tort que Beauchamps, qui n'a connu que l'édition de La Haye, 1682, indique la date de la représentation en 1662. Gaillard, le poëte laquais, avait donné en 1634 *le Cartel*, ou *le Défi entre Gaillard et Braquemard*, c. en 5 a. v., avec quelques scènes de laquelle la pièce de Chevalier n'est pas sans analogie.

— *La Désolation des filoux sur la défense de porter les armes*, ou *les Malades qui se portent bien*, c. 1 a. v. de 8 syllabes, jouée au Marais en 1661; P. Bienfait, 1662, in-12, rare, comme d'ailleurs la plupart des pièces de Chevalier.

— *La Disgrâce des domestiques*, c. 1 a. v. de 8 syllabes, jouée au Marais en 1661; P. Bienfait, 1662, in-12, précédée de vers à Iris. Le fond est moins que rien, mais la versification est parfois aisée et leste, non sans un grand mélange de platitudes et de grossièretés. Voici l'un des meilleurs passages. Les deux domestiques se lamentent de leur renvoi et expriment leurs regrets, chacun à sa manière :

GUILLOT. Fabrice, quand je m'imagine
Qu'il faut quitter cette cuisine
Où je beuvois comme un Bacchus,
Où je chantois *gaudeamus*,
Où je me delectois sans cesse !...

FABRICE. Ah ! quand je songe à ma maistresse,
A son mérite, à sa beauté !

GUILLOT. Ah ! quand je songe à ce pasté,
De quoy je coupois une tranche !

FABRICE. Ah ! quand je pense à sa main blanche
De quoy si délicatement
Elle touchoit un instrument,
Qu'elle me ravissoit l'oreille !

GUILLOT. Quand je pense à cette bouteille
Dont le ventre a six pieds de tour,
Que je vidois trois fois par jour !

FABRICE. Que j'aime à contempler sa grâce !

GUILLOT. Que j'aime une bonne bécasse !

FABRICE. Et que je chéris ces appas !

GUILLOT. Que je chéris un grand repas !

FABRICE. Quel plaisir de voir ce bel ange !

GUILLOT. Quel plaisir quand on boit et mange !

FABRICE. Qu'on aime un ouvrage si beau !

GUILLOT. Que j'aime une longe de veau !

FABRICE. Ah ! que ne vois-je son visage !

GUILLOT. Ah ! que ne vois-je un grand potage !

FABRICE. Auprès duquel tout autre est laid.

GUILLOT. Que n'ai-je un gros cochon de lait !

Chevalier ne s'est jamais élevé plus haut que cela. Cette pièce, comme la *Désolation des filoux*, a aussi été imprimée à La Haye, 1683, in-12.

— *Les Galants ridicules*, ou *les Amours de Guillot et de Ragotin*, c. 1 a. v. de 8 syllabes, jouée au Marais en 1662 ; Bienfait, 1662, in-12.

— *Les Barbons amoureux et rivaux de leurs fils*, c. 3 a. v., jouée en 1662 au Marais ; G. Quinet, 1662 et 1663, in-12 ; réimprimée en 1703, sous le titre des *Vieillards amoureux*. Il y a quelques scènes assez comiques, mais d'un comique toujours grossier.

— *L'Intrigue des carrosses à cinq sols*, c. 3 a. v., jouée en 1662 au Marais ; P. Baudoyn le fils, 1663, in-12 ; privil. du 7 déc. 1662, achevé d'imprimer le 2 janv. 1663.

— *Les Amours de Calotin*, c. 3 a. v., terminée par un ballet, jouée au Marais, à la fin de 1663, ou au commencement de 1664 ; Gabr. Quinet, Ch. de Sercy, J. Guignard le fils, et Pierre Trabouillet, 1664, in-12 ; privilège du 30 janv., achevé d'imprimer le 7 février 1664, avec une dédicace, mi-partie en strophes de quatre vers, au prince Christian Louis, duc de Mecklebourg.

— *Le Pédagogue amoureux*, c. 5 a. v., jouée au Marais en 1665, P. Baudoyn fils, 1665, in-12 ; dédiée à S. A. R. Mademoiselle, avec un sonnet. On ne sait pourquoi Chevalier a voulu tirer cinq actes d'un sujet à peine suffisant pour un acte.

— *Les Avantures de nuit*, c. 3 a. v., donnée au Marais en 1666 ; Paris, N. Pépingué, 1666, in-12 ; dédiée au duc de Saint-Aignan. Aussi plate que les autres.

— Beauchamps range aussi parmi ses œuvres, sans même avertir que ce n'est qu'une conjecture, le *Soldat poltron*, c. 1 a. v. de 8 syllabes, jouée au Marais en 1668 ; Gabr. Quinet, 1668, in-12 ; réimprimée aussi la même année, avec beaucoup de fautes, sous le titre du *Soldat malgré luy*, ou *l'Épreuve amoureuse*. Cette comédie anonyme ressemble en effet beaucoup, par le rhythme, les noms des personnages, le style et l'intrigue, aux autres œuvres de Chevalier. En outre, l'auteur était un comédien, comme il le dit dans son Épitre, et probablement du Marais. Néanmoins, les frères Parfaict rejettent cette attribution, parce que, si elle était de Chevalier, qui avait déjà donné beaucoup d'autres pièces, on ne s'expliquerait pas qu'il ait voulu garder l'*incognito*, et qu'il parle de son ouvrage avec beaucoup de défiance, en faisant entendre que c'est un début. Ils la croient plutôt de Rosimond, dont la première pièce est justement de la même année. Cette comédie est si mauvaise que la question n'a aucune importance.

On voit que toutes les œuvres de Chevalier ont été jouées au Marais, qu'elles se succédaient à de très-courts intervalles, et qu'il lui arrivait même d'en donner plusieurs par an. Elles ne devaient pas lui coûter, en effet, beaucoup de travail.

Nous avions d'abord l'intention de publier, au moins par extraits considérables, l'*Intrigue des carrosses à cinq sols*, mais nous avouons avoir été rebuté par la longueur, l'insignifiance et la niaiserie extraordinaire de cette pièce, d'ailleurs suffisamment remise au jour pour la satisfaction des amateurs par l'édition moderne dont nous parlerons tout à l'heure. Au lieu de cette reproduction fastidieuse, nous aimons mieux donner ici quelques détails sur le sujet qui a dicté à Chevalier cet ouvrage de circonstance, en y joignant le peu de renseignements, d'ailleurs très-vagues et sans importance, qu'on peut tirer de son ouvrage même.

Au mois de janvier 1662, le duc de Roanés, les marquis de Sourches et de Crenan avaient obtenu, par lettres patentes, qui furent enregistrées au Parlement le 27 février suivant, le privilége d'établir des carrosses à cinq sous par places, qui partaient d'un point déterminé, à heures fixes, et suivaient dans Paris un itinéraire tracé d'avance. Loret nous apprend dans sa *Muse historique* (livre XIII, lettre onzième) que l'entreprise débuta le 18 mars de la même année. Il y avait dès lors sept carrosses, qui partaient de la porte Saint-Antoine pour se rendre au Luxembourg[1], et *vice versa*. Le 11 avril suivant, une deuxième route fut ouverte, de la rue Saint-Antoine, vis-à-vis la Place-Royale, à la rue Saint-Honoré, près de Saint-Roch ; enfin le 22 mai de la même année, la troisième et dernière fut établie, depuis la rue Montmartre, au coin de la rue Neuve-Saint-Eustache, jusqu'au Luxembourg encore. Ces carrosses, qui contenaient huit places, avaient à peu près la forme de ceux qu'on voit dans les tableaux de Van der Meulen. Les départs avaient lieu de demi-quart d'heure en demi-quart d'heure, à partir de six heures et demie du matin, même à vide, et les voitures ne s'arrêtaient en route que pour laisser monter ou descendre les voyageurs. Défense d'y entrer était faite aux soldats, pages, laquais, et tous autres gens de livrée, manœuvres et gens de bras, « pour la plus grande commodité et liberté des bourgeois. »

Il existait déjà auparavant dans Paris des voitures de louage, mais analogues à nos fiacres actuels, et par conséquent bien plus chères et moins accessibles à la majorité de la population. Aussi la nouvelle invention fut-elle accueillie avec une faveur qui semblait lui présager une longue durée. Sauval raconte, il est vrai[2], que ces carrosses furent assaillis, les premiers jours, par des huées et des coups de pierre ; mais ce récit se trouve contredit et par le silence de Loret, et, plus explicitement, par une lettre de M<sup>me</sup> Périer, sœur de Pascal[3], en date du 21 mars, où elle rend compte à Arnauld de Pomponne du début de l'entreprise et du succès qu'elle obtint tout d'abord. Cependant, même d'après cette lettre, il n'est pas impossible de comprendre ce qui a pu causer l'erreur de Sauval : on y voit, en effet, qu'on semblait craindre des insultes et de l'opposition de la part de la populace, et qu'on

---

[1] Au Louvre, suivant quelques-uns.

[2] *Antiquités de Paris*, t. 1, p. 192.

[3] Suivant Sauval, Pascal était l'inventeur des carrosses à cinq sous, et le *conducteur* de l'entreprise ; mais les détails bizarres et inexacts qu'il ajoute enlèvent toute autorité à son assertion, qu'il ne donne, d'ailleurs, que comme un *on dit*. Le célèbre écrivain était du moins intéressé dans l'entreprise, à ce qu'on peut croire, en sa qualité d'ami du duc de Roanés.

déploya un certain appareil, qui ne paraît pas avoir été uniquement destiné à embellir la cérémonie : « Quand toutes les choses furent en état, dit M^me Périer, MM. les commissaires proclamèrent l'établissement, et en ayant remontré les utilités, ils exhortèrent les bourgeois de tenir main forte, et déclarèrent à tout le petit peuple que si on faisoit la moindre insulte, la punition seroit rigoureuse... Alors il partit un carrosse avec un garde de M. le grand prévôt dedans. Un demi-quart d'heure après, on en fit partir un autre, et puis les deux autres dans des distances pareilles, ayant chacun un garde qui y demeurèrent tout ce jour-là. En même temps les archers de la ville et les gens de cheval se répandirent dans toute la route... Enfin la chose a été si bien conduite qu'il n'est pas arrivé le moindre désordre et ces carrosses-là marchent aussi paisiblement comme les autres. »

On voit que Sauval a pu aisément se méprendre, à supposer même que M^me Périer n'ait rien dissimulé dans sa lettre, et conclure de l'attitude menaçante d'une partie de la populace qu'il y avait eu des insultes et des voies de fait. Les cochers et autres gens qui se rattachaient à l'entreprise des voitures de louage, antérieure à celle des carrosses à cinq sous, excitèrent sans doute quelque trouble dans le menu peuple. M^me Périer raconte aussi qu'on trouvait le nombre de ces carrosses trop peu considérable, qu'on murmurait souvent de n'y pouvoir prendre place, que certains quartiers se plaignaient de n'avoir pas de *route*. Tout cela, joint à cette curiosité narquoise et bruyante de la multitude, qui a souvent les apparences de l'hostilité, a fait illusion à Sauval, qui reconnaît d'ailleurs que cette opposition fut très-passagère et que l'entreprise eut bientôt la plus grande vogue, à tel point que le duc d'Enghien en usa lui-même par occasion, et que le Roi lui aussi voulut s'en servir un jour. Néanmoins, après avoir fonctionné quelques années, les carrosses à cinq sous tombèrent tout à coup dans le discrédit et disparurent, sans qu'on sache au juste pour quelle raison, car c'est à tort que Sauval attribue cette chute à la mort de Pascal, qui n'avait pas dans l'entreprise le rôle prépondérant qu'il lui donne, et qui mourut peu de mois après les débuts et plusieurs années avant la fin des carrosses à cinq sous.[1] Il est probable que ces voitures étaient mal administrées, et ne rapportaient pas les bénéfices qu'on avait cru pouvoir en attendre.

Chevalier se hâta d'exploiter cette nouveauté en donnant sa comédie, où l'on trouve quelques détails curieux, les uns que nous connaissons déjà d'autre part, les autres qu'il nous apprend. Il confirme surtout ce que nous savions déjà de l'empressement, de l'engouement même qui accueillit ces carrosses à leur début. Il nous montre les petits maîtres, les *demoiselles* et les filous y courant à l'envi chercher fortune. C'était un rendez-vous à la mode, où l'on allait par plaisir et par passe-temps autant que par besoin. Les femmes y gardaient généralement

---

[1] Voir, pour tous ces détails, les pièces et preuves à l'appui dans les *Carrosses à cinq sols ou les Omnibus du dix-septième siècle*, brochure de M. Monmerqué (Firm. Didot, 1828, in 12).

le masque. Les premiers arrivés choisissaient les places de fond, plus recherchées que les autres, etc., etc. Mais au lieu de cette vieille et banale intrigue de maris tombant amoureux de leurs femmes, qu'ils prennent pour d'autres; au lieu de ces éternelles scènes de quolibets où l'on voit les deux valets renouveler sans fin les mêmes plaisanteries fadement grossières avec leurs maîtres, Chevalier eût mieux fait de nous donner plus de renseignements sur l'entreprise du duc de Roanés : sa pièce n'y pouvait rien perdre au point de vue littéraire, et elle y eût beaucoup gagné aux yeux des érudits [1].

Il y a aussi une autre *Intrigue des carrosses de Paris à cinq sols* (Anvers, Guill. Colles, et Rouen, Louis Maury, 1663, in-12), en vers de huit syllabes, qu'il ne faut pas confondre avec celle de Chevalier, dont elle diffère entièrement. Cette pièce, libre et grossière, est très-rare, presque inconnue même : M. de Soleinnes l'avait [2].

La renaissance, cette fois définitive, des omnibus en 1828 rendit quelque actualité à la comédie de Chevalier [3] : aussi la publia-t-on la même année, chez l'Ecluse, in-12. Cette édition est généralement regardée comme de M. Monmerqué, et je l'ai souvent vue indiquée ainsi par les bibliographes : c'est une erreur, qui vient probablement de ce qu'on a confondu la publication de la pièce avec celle de la brochure dont nous avons parlé tout à l'heure, et qui, parue également en 1828, porte presque le même titre. (*Les Carrosses à cinq sols*, etc.) M. Monmerqué, dans sa brochure, parle de cette pièce et surtout de l'insignifiante édition de 1828 en termes dont la sévérité prouve suffisamment que ce n'est pas lui qui l'a publiée.

Nous donnons, en partie, la *Désolation des filoux*, et les *Amours de Calotin*.

La *Désolation des filoux* a été inspirée par une de ces nombreuses ordonnances que nécessitèrent, au dix-septième siècle, les accidents, les rixes et les crimes de tout genre auxquels donnait lieu l'habitude de porter des armes, et surtout des épées : Chevalier le dit dans le titre, et le répète dans les pre-

---

[1] On a commis une multitude d'erreurs relativement à la pièce de Chevalier, et aux carrosses du dix-septième siècle. M. Th. Lavallée, dans son *Hist. de Paris* (in-12, t. I, p. 86), dit qu'ils furent établis en 1650. Léris écrit la même chose dans son *Dictionn. des théâtres*, et ajoute qu'ils durèrent jusqu'en 1657; il place en conséquence en 1653 la comédie de Chevalier, que Lemazurier et quelques autres indiquent comme n'étant qu'en un acte. De leur côté, les frères Parfaict se sont trompés sur plusieurs points dans la note sur les carrosses dont ils accompagnent l'analyse de la pièce (t. IX, p. 163).

[2] Voir le *Catalogue* de sa biblioth., t. I, *supplément*, p. 43.

[3] En 1828, les omnibus ne coûtèrent d'abord que cinq sous, comme en 1662; le prix des places monta ensuite à six sous, mais il semble qu'il en avait été de même au dix-septième siècle, car voici ce qu'on lit encore dans Sauval : « Chacun, deux ans durant, trouva ces carrosses si commodes, que des auditeurs et maîtres des comptes, des conseillers du Châtelet et de la cour ne faisoient aucune difficulté de s'en servir pour venir au Châtelet et au Palais, *ce qui les fit augmenter de prix d'un sol.* » Ainsi la ressemblance entre les omnibus de 1662 et ceux de 1828 aurait été presque complète.

miers vers. Le début semble annoncer un curieux tableau de mœurs, une peinture du monde des voleurs, de leurs ruses et de leur genre de vie; mais on est bien vite déçu et l'on n'a qu'une méchante farce, une vraie parade, d'une insupportable prolixité, où la fantaisie de l'auteur se donne pleine licence en dehors du sujet. L'Estoile avait fait jouer et imprimer en 1647, une comédie en 5 actes, en vers, intitulée l'*Intrigue des filoux*, qui est bien autrement intéressante et prise sur le vif. La pièce de Chevalier n'a même pas le mérite, que je lui avais espéré d'abord, de pouvoir servir de document pour l'histoire du vol ou celle de la police, sinon d'une manière extrêmement générale : aussi ai-je réduit mes extraits à un petit nombre de scènes.

Léris (*Dictionnaire des théâtres*) dit que la *Désolation des filoux* fut composée « à l'occasion de la bonne police établie par M. de La Reynie dans la ville de Paris »; il s'est trompé : M. de La Reynie n'entra à la lieutenance de police, créée expressément pour lui, qu'en 1667, six ou sept ans après la représentation de la pièce de Chevalier. Déjà on avait fait de notables efforts pour la sécurité de Paris, et on avait commencé, depuis quelques années surtout, à prendre des mesures sérieuses, quoique trop peu suivies, pour remédier aux désordres qui se commettaient continuellement dans la ville. Telles furent, entre autres, l'interdiction des armes, et les premiers soins donnés à l'éclairage des rues. A la suite de sa brochure sur les *Carrosses à cinq sols ou les Omnibus du dix-septième siècle*, M. Moumerqué a reproduit un extrait des registres du parlement, à la date du 26 août 1662, portant concession à l'abbé Laudati. Caraffe d'un établissement de porte-flambeaux et de porte-lanternes, et il est dit expressément dans cette pièce qu'il existait déjà des lanternes « aux coins et au milieu des rues » de la ville et de ses faubourgs. On voit, par la comédie même de Chevalier, que cela ne put suffire. Mais en 1667, La Reynie devait reprendre, régulariser et compléter l'éclairage, comme toutes les autres mesures relatives à la police de Paris. On sait le zèle et l'habileté qu'il déploya dans ses fonctions : Boileau, qui, dans sa satire VI, écrite à la même époque que la comédie de Chevalier, avait tracé un tableau si vrai et si naïf des dangers qu'on courait à Paris la nuit, célébra dans la satire XI la sévère vigilance de La Reynie. R. Poisson, dans ses *Femmes coquettes*, jouées en 1670, fait dire à plusieurs de ses personnages :

> La police à Paris est belle, je l'avoue.
> — L'on n'y voit ny duels, ny vols, ny gueux, ny boue;
> Mais, je pense, selon mon petit jugement,
> Que cela ne s'est fait que par enchantement....
> L'on n'entend plus crier aux voleurs : Tue ! tue !
> (III, sc. I.)

Les *Amours de Calotin* forment en réalité deux pièces : la première est une espèce de prologue, qui donne le spectacle des loges et de la scène avant la comédie; elle remplit tout le premier acte et le commencement du second :

c'est à la suite seulement, et sans transition, que Chevalier aborde la pièce proprement dite, celle qui est désignée par le titre. Cette seconde pièce, vulgaire intrigue d'amour et de travestissements, n'a aucun intérêt pour nous, et nous n'avons garde de la reproduire. Nous nous arrêtons après la première, qui a le mérite de nous donner quelques renseignements sur Molière, ou plutôt sur l'état de l'opinion publique à l'égard de Molière, sur la façon diverse dont ses œuvres étaient accueillies. Les *Amours de Calotin* parurent à la même époque que la plupart des autres comédies dirigées contre lui, et se rattachent à la levée de boucliers soulevée par l'*École des femmes*; c'est une des pièces du grand procès qu'intentèrent au hardi poëte ceux qu'offusquait sa gloire et qui redoutaient ses railleries, ceux qu'il avait fustigés dans les *Précieuses* et particulièrement dans la *Critique*[1]; mais c'en est assurément, malgré quelques détails ingénieux, la pièce la plus misérable, parmi tant d'autres qui sont elles-mêmes d'une si mince valeur. Le nom seul de Molière, qu'on ne rencontre jamais avec indifférence sous la plume de ses contemporains, donne quelque intérêt à cet ouvrage. En un endroit, Chevalier semble se poser en rival de Molière et établir une comparaison entre eux, ce qui est assez plaisant. Il a grand soin aussi de faire ressortir, par contraste avec le théâtre du Palais Royal, l'innocuité du Marais, où du moins on ne *drape* personne, et où le spectateur peut payer à la porte sans crainte de se voir berné sur la scène.

En somme, il faut reconnaître qu'il n'est pas bien méchant : on peut même dire qu'il défend Molière autant au moins qu'il l'attaque, et qu'il paraît plus d'une fois tourner en ridicule les arguments et la personne de ses ennemis. Il semble que Chevalier ait eu peur de se compromettre en s'exposant aux coups de l'un ou l'autre parti, surtout à ceux de Molière, qui l'eût probablement jugé fort indigne de lui. Le théâtre du Marais, grâce à cette équivoque, ne resta pas tout à fait en dehors d'une lutte dont il lui était impossible de s'isoler complétement; mais tout en faisant sans doute, au fond, des vœux pour la défaite de ce redoutable rival, il eut soin de garder une attitude indécise qui équivalait réellement à une sage et prudente neutralité.

---

[1] Chevalier donna les *Amours de Calotin* immédiatement après l'*Impromptu de Versailles*, auquel il fait allusion, et nous avons vu que l'impression en fut terminée le 7 février 1664.

# LA
# DÉSOLATION DES FILOUX

SUR LA DÉFENSE DES ARMES,

OU LES MALADES QUI SE PORTENT BIEN.

COMÉDIE EN UN ACTE.

1661.

## PERSONNAGES.

LA ROCQUE.
GUILLOT, son valet.
QUATRE FILOUX, qui sont :
Le chevalier de L'INDUSTRIE.
Le comte de PLUME SEICHE.
Le marquis de MACHE A VIDE.
Le baron de la TRISTE FIGURE.

*La scène est dans la rue.*

# LA DÉSOLATION DES FILOUX

### SUR LA DÉFENSE DES ARMES,

### OU LES MALADES QUI SE PORTENT BIEN.

## SCÈNE PREMIÈRE.

LE CHEVALIER DE L'INDUSTRIE, LE MARQUIS DE MACHE A VIDE, LE COMTE DE PLUME SEICHE, LE BARON DE LA TRISTE FIGURE.

L'INDUSTRIE.  Quoy que la défense soit faite
Des pistolets et de la brette,
Qu'on ne porte plus d'arme à feu [1],
Resvons, cherchons, voyons un peu,
Si nous trouverons l'industrie
Qu'il faut pour prolonger la vie.
Il est aisé de deviner
Qu'on ne peut vivre sans disner,
Et l'homme est fort mal dans son centre
Quand il a la famine au ventre;
Donc, si nous voulons l'éviter,
Il faut tascher d'escamoter [2]
Les premiers qui dans cette rüe

---

[1] Il s'agit évidemment ici de la *Déclaration* publiée en décembre 1660 pour défendre « de porter armes à feu, pistolets de poche, poignards et couteaux en forme de baïonnette », etc. (Isambert, *Recueil des lois*, t. XVIII.) Les articles 5 et suivants étaient spéciaux aux voleurs de nuit, contre lesquels on réorganisait le guet, et aux vagabonds ou gens sans aveu, contraints à se pourvoir de maîtres et de métiers dans l'espace de trois jours, ou à vider Paris, sous peine du fouet.

[2] D'escroquer.

                Viendront paroistre à nostre veüe.
                Les armes étant sans credit,
                Servons nous de tout nostre esprit :
                L'esprit pour voler a des charmes
                Qui vallent parfois bien les armes.

MACHE A VIDE. De quel air nous y prendrons nous ?
                Ce malheur me met en courroux.
                Mon cher comte de Plume Seiche,
                Dis de quel bois ferons-nous flèche.

PLUME SEICHE. Que diable sçais-je de quel bois?
                Pour moy, j'en suis presque aux abois.
                La malencontreuse avanture!
                Baron de la Triste figure,
                N'as-tu point quelque invention ?

TRISTE FIGURE. Que faire en cette occasion ?
                Sans armes je suis une beste.

PLUME SEICHE. Quoy ! tu n'aurois point en ta teste,
                Quelque moyen pour exceller
                Dans l'exercice de voler,
                Sans pistollet et sans épée !

TRISTE FIGURE. Mon ame en est preoccupée,
                Et si je ne vois pas comment
                Y réussir presentement.
                Ah! que la faim me rend avide!
                Mais toy, marquis de Mache à Vide,
                Ne sçais tu point quelque secret ?

MACHE A VIDE. Je suis au bout de mon rollet [1].
                Ventre, j'enrage, je deteste !

TRISTE FIGURE. Que cette défense est funeste !

PLUME SEICHE. Ah ! quelle malediction !

MACHE A VIDE. Ah ! quelle desolation !
                Quand j'y pense, j'entre en furie.
                Mais, chevalier de l'Industrie,
                Dont l'esprit est grand à tel point...

L'INDUSTRIE. Messieurs, ne vous affligés point :
                Je ne suis pas encor si buse
                Que je n'aye en moy quelque ruse.

---

[1] Je ne sais plus que dire ni que faire, par allusion au *rouleau* sur lequel était écrit le *rôle* des acteurs : « Faut-il que l'invincible Fierabras, de qui la valeur fait fendre les pierres, soit maintenant au bout de son roollet ! » (*Coméd. des proverb.*, II, sc. 6.)

L'Industrie a mille secrets
Qui ne nous manqueront jamais.
Je possede les avantages
D'avoir bien fait des personnages,
Et m'en pique sans vanité :
J'ay fait l'homme de qualité,
J'ay fait et le brave et l'illustre,
Apres cela j'ay fait le rustre;
J'ay fait le postillon aux champs,
Par fois un de ces gros marchants;
Puis j'ay fait l'ecclesiastique,
J'ay fait le courtaut de boutique;
Etant dessus le grand chemin,
J'ay fait le pauvre pelerin.
Pour vous exprimer mon merite,
J'ay mesme contre-fait l'hermite [1],
En suite, à mon retour d'Arras,
J'y vendis de la mort aux rats,
Si bien qu'il n'est pas de rubrique
Que je n'aye mise en pratique [2].
Je fus depuis soliciteur;
Enfin je suis un grand acteur.
J'ay crié jusqu'à des oublies,
Pour mieux faire des fourberies [3].

[1] On voit dans le livre des Gueux (*Liber vagatorum*), curieux ouvrage du XVIe siècle, que le faux ermite et le faux prêtre comptaient parmi les déguisements favoris des voleurs du bon vieux temps. Le faux pèlerin, dont il est question quelques vers plus haut, s'appelait *coquillart* dans l'argot de la Cour des miracles : il vendait des coquilles bénites à Saint-Jacques de Compostelle. Il y avait aussi le *hubain*, qui revenait d'un pèlerinage à Saint-Hubert, où il avait été guéri de la rage; le *callot*, qui se prétendait guéri de la teigne par un pèlerinage à Sainte-Reine, etc.

[2] La plupart, ou du moins les principales de ces rubriques en usage parmi les filous et les vagabonds de la Cour des miracles, sont exposées *ex professo* dans le *Liber vagatorum*, çà et là dans le *Traité de la police* de de La Mare, dans l'*Hist. des Franç.* de Monteil (t. IV, in-12, ch. 28, 29, 50), les *Antiquités* de Sauval (ch. de la Cour des miracles), etc., etc. Voir aussi l'*Histoire de la police de Paris*, par Frégier, t. II, p. 63 et suiv.

[3] *Les oublieux* parcouraient les rues vers le soir, au moment de souper, et jusque assez avant dans la nuit. Ce métier nocturne avait de quoi séduire les voleurs, qui exercèrent plus d'une fois leur industrie sous ce masque : il permettait d'entrer dans les maisons, d'en étudier les êtres, et de préparer les voies à quelque expédition réglée, de profiter des bonnes rencontres, etc. On prétendit plus tard que beaucoup d'oublieux étaient affiliés à la bande de Cartouche; la police prit de nombreuses précautions contre eux, et par degrés les soupçons et les

En ce temps la j'étois fort bien,
J'étois tout, et ne suis plus rien ;
Mais quoy la défense en est cause !
Je veux estre encor quelque chose,
Et vous faire avouer à tous
Que seul je vaux tous les filoux.

MACHE A VIDE. Tu ne manque jamais d'adresse
Quand tu veux faire quelque piece.

TRISTE FIGURE. Il est vray que le chevalier
Est expert en nostre métier.

PLUME SEICHE. Expert ! de nostre art c'est la perle !
La peste, que c'est un fin merle !
C'est le plus adroit des larrons.

L'INDUSTRIE. Çà, voyons ce que nous ferons,
Et taschons tous à si bien faire
Que nous nous sortions de misère.
Ayez donc tousjours l'œil sur moy
Et je vous promets, sur ma foy,
Que mes soins et toutes mes veilles
S'en vont produire des merveilles.
Coulez vous tous en quelque coin
Pour me secourir au besoin ;
Sur tout ayez en la memoire
D'avoir quelque jaquette noire.
Que nos femmes et nos valets
Dans cette maison soient tout prets,
Et que chacun de vous devine
Au moindre mot ou moindre mine.
Que vostre esprit soit preparé
A tout ce que j'entreprendray.
Mais j'entends quelqu'un qui s'avance :
Cachez vous avec diligence.

(*Les trois filoux se cachent, et le chevalier de l'Industrie écoute ce qui se dit.*)

La Roque explique à son valet Guillot qu'il a besoin d'argent pour mener sa maîtresse à la comédie et lui faire des cadeaux ; il lui donne une bague en le chargeant de trouver cinquante pistoles sur ce gage, puis s'en va. Aussitôt l'Industrie paraît, aborde Guillot, se fait passer

plaintes qu'ils excitaient en vinrent au point que le lieutenant Hérault leur interdit les courses nocturnes à travers les rues.

près de lui pour un devin, en lui répétant, comme s'il l'avait trouvé par son art, tout ce qu'il a entendu de sa conversation, et il lui offre de lui indiquer un honnête médecin qui lui prêtera les 50 pistoles. Guillot lui remet la bague; l'Industrie appelle Plume Seiche, qui vient habillé en médecin, et il s'éloigne, les laissant ensemble.

## SCÈNE VI.

### PLUME SEICHE, GUILLOT.

PLUME SEICHE, *à Guillot.* Monsieur, approchez vous de moy :
    Avant que d'entrer dans l'employ,
    Afin que l'on y remedie,
    Contez moy vostre maladie.
GUILLOT. Moy, Monsieur, je me porte bien.
PLUME SEICHE. Ah! vostre mal ne sera rien,
    Pourveu que vous soyez docile
    A prendre un remede facile ;
    Donc, pour vous guerir promptement,
    On vous prepare un lavement.
    Hola! Monsieur l'apoticaire,
    Que l'on apporte le clistaire :
    Il faut que cette injection
    Prepare la purgation.
    (*Un apoticaire sort une seringue à la main.*)
GUILLOT. A quoy diable tout ce mystere?
    Ils me vont fleurer le derriere,
    Si je ne fais le résolu.
    Apoticaire malautru,
    Vous me payerez cette folie.
PLUME SEICHE. Allons, viste, que l'on le lie.
    (*L'apoticaire luy donne le lavement dans le nez, et s'en va*) [1].
GUILLOT. Ah! le chien de medicament!
    Ils m'ont fait boire un lavement.
    Medecin que le diable emporte,
    Me payerez vous de cette sorte?
PLUME SEICHE. Ne songez point à ce metal :

---

[1] Il serait possible que Molière eût pris ici l'idée première des scènes 15 et 16 de *M. de Pourceaugnac*, acte I.

|  |  |
|---|---|
|  | C'est ce qui fait tout vostre mal. |
| GUILLOT. | Helas! tout ce qui fait ma peine |
|  | C'est que ma bource n'est pas pleine; |
|  | Remplissez la moy promptement |
|  | Et j'oublieray le lavement. |
|  | Je pardonne à l'apoticaire |
|  | L'affront qu'il a voulu me faire; |
|  | Mais qu'on me donne, bien et beau, |
|  | Ou de l'argent ou mon anneau. |
| PLUME SEICHE. | Comme ce pauvre homme extravague! |
| GUILLOT. | Rendez moy, s'il vous plaist, ma bague, |
|  | Ou bien me donnez de l'argent. |
| PLUME SEICHE. | O bons Dieux, que son mal est grand! |
|  | Véritablement la folie |
|  | Est une étrange maladie! |
| GUILLOT. | Mes cinq cens livres, s'il vous plaist! |
|  | On vous payera bien l'interest. |
| PLUME SEICHE. | Qu'entens-je, helas! quelle boutade! |
|  | Monsieur que vous estes malade! |
|  | Tachés de revenir à vous. |
| GUILLOT. | On me met donc au rang des fous, |
|  | Alors que mon bien je demande? |
| PLUME SEICHE. | Que son extravagance est grande!... |
| GUILLOT. | Çà, delivrés moy promptement. |
|  | De l'argent ou mon diamant, |
|  | Et laissons là l'extravagance. |
| PLUME SEICHE. | Cet homme est plus mal qu'on ne pense. |
|  | Helas! que j'ay pitié de luy! |
|  | N'avés vous rien pris d'aujourd'huy? |
| GUILLOT. | Non, mais je suis tout prest à prendre |
|  | L'argent qu'on me fait tant attendre. |
|  | Ah, qu'on fait aussi de façons! |
|  | Donnés moy tout en patagons [1], |
|  | En Loüis, ou bien en Loüise, |
|  | Pourveu que l'argent soit de mise, |
|  | En écus d'or, en écus blancs [2], |

---

[1] Monnaie d'argent, venant de Flandre, qui valait d'abord 48 sols et en valut ensuite 58.

[2] L'écu blanc, ou d'argent, valait trois livres; l'écu d'or a souvent changé de valeur : vers la fin du 17ᵉ siècle, il valait 114 sous, c'est-à-dire presque le double de l'écu blanc.

SCENE VI.

    En pieces de quarante francs,
    Ou me le payez en monnoye,
    Je n'en auray pas moins de joye,
    Nous serons tous deux satisfaits.

PLUME SEICHE. Nous ne le guerirons jamais.

GUILLOT.  Voila donc ta chanson première,
    Epouvantail de chenevière !
    Comment, nous ne conclurons rien.

PLUME SEICHE. Ah ! que ne vous portés vous bien !

GUILLOT.  Je me porte mieux que toy, traistre.
    Je l'envoyerois volontiers paistre,
    Si je tenois mon diamant.

PLUME SEICHE. Il n'a plus aucun jugement.

GUILLOT.  Quoy donc, nomme-t-on fol en France
    Tous ceux qui n'ont point de finance ?
    Si celuy qui n'a point d'argent
    Passe pour estre extravagant,
    J'en vois bien à la comédie
    Malade de ma maladie....

PLUME SEICHE. Vostre bras, voyons vostre poulx,
    S'il est ou trop viste, ou trop doux.

GUILLOT.  Monsieur, je n'ay ny poulx ny puce :
    Feu ma mere, qu'on nommait Luce,
    Eut grand soin de me les tuer.
    Dépechez donc d'effectuer
    Tous les effets de vos parolles,
    Me donnant cinquante pistolles.

PLUME SEICHE. Sans doute qu'il est aux abois.

GUILLOT.  Je ne veux que de l'or de poids.

PLUME SEICHE. Ah, pauvre teste sans cervelle,
    Comment est-ce qu'on vous appelle ?

GUILLOT.  M'appeler ! je suis diligent
    Quand c'est pour prendre de l'argent ;
    Il n'est pas besoin qu'on me huche.
    Vous me prenés pour une cruche,
    Me parlant de cette façon :
    J'irois dix ans pour un teston.

PLUME SEICHE. Ce n'est pas pour cela, pauvre homme ;
    Mais dites moy comme on vous nomme.

GUILLOT.  De l'argent ! Mon nom est Guillot.

PLUME SEICHE. Vostre nom est un nom bien sot...

GUILLOT.  Que m'importe comme on me nomme,

                            Pourveu qu'on me donne ma somme.
PLUME SEICHE. Incontinent.
GUILLOT.                    Dieu soit loüé !
PLUME SEICHE. Je vais appeller Macaé. (*Il appelle ses compagnons.*)
                            Macaé, la chandelle noire
                            Et le bonnet blanc comme ivoire !
                            Vous serez guéri des premiers.
GUILLOT.                    Ah ! ce sont icy des sorciers !
                            On ne parle que de magie.
PLUME SEICHE. *luy donne une bougie, et luy donne un bonnet blanc en forme de pain de sucre.*
                            Tenés en main cette bougie.
GUILLOT.                    Moy ! pourquoy la tenir, Monsieur ?
PLUME SEICHE. Il le faut.
GUILLOT.                    Ah ! je meurs de peur.
PLUME SEICHE. Voicy toute nostre caballe.
GUILLOT.                    Ou plutost la troupe infernalle.

## SCÈNE VII.

Les trois autres filoux viennent en robe noire, un bonnet blanc en forme de pain de sucre et une longue bougie noire à la main, criant tous à la fois, en tournant autour de Guillot : Virago, Macaé, Abdenago, et apres avoir fait trois tours autour de luy, ils sortent et le laissent là, lequel demeure fort surpris.

## SCENE VIII.

GUILLOT, *seul, planté tout droit, son bonnet en teste, et sa bougie en main.*
                            Ah, que d'inutiles parolles
                            Pour donner cinquante pistolles !
                            Comment, loin de me les conter,
                            On s'amuse à viragoter !

## SCÈNE IX.

            LA ROCQUE, GUILLOT.

LA ROCQUE.      Enfin, voicy l'heure venue
                Que je dois posseder la veue

## SCÈNE IX.

De cet homme tout merveilleux
Qui se doit trouver en ces lieux.
Mais que vois-je ! quelle figure !
C'est Guillot, ah, quelle avanture !
Dis moy, que fais tu là, Mago ?
Tu ne réponds rien.

GUILLOT. Virago.
LA ROCQUE. Qu'est-ce que ce maraut veut dire ?
Je ne suis pas d'humeur de rire.
Ne fais pas icy l'enjoüé,
Parle moy juste.
GUILLOT. Macaé.
LA ROCQUE. Quoy l'insolence de ce traistre
Va jusqu'à railler de son maistre.
GUILLOT. Abdenago.
LA ROCQUE. Dis promptement,
Qu'as-tu fait de mon diamant ?
GUILLOT. Son diamant, quelle incartade !
Monsieur, que vous estes malade !
Vous estes, à ce que je voy,
Pour le moins aussi mal que moy.
LA ROCQUE. Ma bague, et point de raillerie !
GUILLOT. Ah ! la méchante maladie !
Monsieur, il faudroit y songer.
LA ROCQUE. Tu me veux donc faire enrager ?
Stupide et detestable beste,
Si ma somme n'est toute preste,
Je te vais accabler de coups.
GUILLOT. Mon maistre et moy sommes deux fous.
Chassons ce demon d'avarice
Qui cause tout'vostre supplice.
Je suis un homme fort subtil.
Depuis quand ce mal vous tient-il ?
Presentement une saignée
Vous seroit bientost ordonnée ;
Mais il vous faut auparavant
Un lavement dans le ponant (*il luy taste le poulx*).
LA ROCQUE. C'est trop, il faut perdre la vie.
GUILLOT. Arrestez là vostre furie ;
Laissez-moy parler un moment
Et vous aurés contentement....
LA ROCQUE. Voyons si, par ce qu'il veut faire,

Nous découvrirons le mistère.
GUILLOT *donne un bonnet et une bougie à son maistre comme à luy.*
Mettez en teste ce bonnet.
(*Le regardant.*) Mon maistre est un beau marmouzet,
S'il en fut jamais à la foire.
Tenez cette chandelle noire.
LA ROCQUE. Tenons et'voyons-en l'effet.
GUILLOT *fait autour de son maistre comme les filoux avoient fait autour de luy, disant les mesmes mots :* Virago, Macaé, Abdenago.

Enfin La Rocque se fâche et Guillot lui raconte la duperie dont i a été victime. Tous deux cherchent partout leurs voleurs et finissent par mettre la main sur l'Industrie, qu'ils forcent de restituer la bague, et qui se sauve ensuite à toutes jambes. Ainsi finit la comédie.

FIN.

# LES
# AMOURS DE CALOTIN[1].
## COMÉDIE.

[1] On appelait quelquefois familièrement ainsi les petits laquais, à cause de la calotte qu'ils portaient sur la tête. Il s'agit, dans la pièce de Chevalier, dont nous ne donnons que le prologue, c'est-à-dire la partie relative à Molière et qui nous montre la pièce dans la salle avant de la montrer sur la scène, d'une jeune fille qui sort du couvent et se déguise en laquais pour entrer au service de celui qu'elle aime.

PERSONNAGES.

LE MARQUIS.
LE BARON.
LE CHEVALIER.
Le COMTE.
LE BARON DE LA CRASSE.
LE MARQUIS DE MASCARILLE.
MONSIEUR DE LA SOUCHE.
LA COMTESSE DE BEAULIEU ET SA FILLE.
LE PORTIER.
DEUX LAQUAIS DANS LES LOGES.
LE MOUCHEUR DE CHANDELLE.

La scène est à Paris.

# LES AMOURS DE CALOTIN.

## ACTE PREMIER

### SCÈNE PREMIÈRE.

LE MARQUIS, LE BARON.

LE MARQUIS. Enfin me voicy donc dans l'hostel du Marais,
Et dessus un théatre où je ne viens jamais.
LE BARON. Et moy, mon cher marquis, icy je te declare
Que le Palais-Royal[1] me devient aussy rare :
Nul n'y sçauroit aller sans se faire draper.
Ah ! qu'heureux est celuy qui s'en peut échaper !
Pour moy, qui n'aime pas à souffrir qu'on me drape,
Je veux estre berné, si plus on m'y ratrape.
LE MARQUIS. Pourquoy donc ? qui te peut causer un tel courroux ?
LE BARON. Pourquoy ? c'est qu'on nous fait tous passer pour
[des fous.
Comte, duc et baron, et marquis et marquise,
Ne peuvent s'exempter qu'on ne les timpanise.
Nous n'oserions parler, ny desserrer les dents,
Qu'on ne nous traitte pis que des extravagans ;
Dès que par nostre bouche il passe un mot folastre,
Nous nous voyons d'abord jouër sur le theatre.
Comment ! quand nous serions seurement insensez
Nous ne pourrions jamais estre mieux redressez.
LE MARQUIS. Mais de quoy te plains-tu[2] ?
LE BARON. D'un diable de Moliere,

[1] Le théâtre de Molière.
[2] *Sic.* Il semble qu'il faudrait : « De *qui* te plains-tu ? »

Dont l'esprit goguenard ne laisse rien derriere,
Et réussit si bien dedans tout ce qu'il fait,
Qu'il sçait donner à tous chacun son petit fait.
Nous sommes tous cocus, si nous l'en voulons croire :
Appelez-vous cela des vers à nostre gloire ?
Mais s'il m'en croit, marquis, loin de nous railler tous,
Il se taira, s'il veut eviter mon courroux.
Quoy ! si nous nous souffrons traitter de ces manieres,
Nous aurons de sa part bien-tost les etrivieres !

LE MARQUIS. Tu te mocques, baron : sçache que cet esprit
Ne cherche qu'à nous plaire en tout ce qu'il écrit,
Et que tu passeras, si l'on te voit crédule
Jusqu'à t'en offenser, pour homme ridicule ;
Comme il est approuvé de tous les gens d'honneur,
Ton approbation doit se joindre à la leur.

LE BARON. Moy, je l'approuverois ! qu'un sort le plus étrange
M'accable, si plutost de luy je ne me venge !

LE MARQUIS. Mais dis-moy donc comment tu pretens te venger.

LE BARON. En n'allant plus chez luy, pour le faire enrager.
Lors que je n'iray plus, qu'est-ce qu'il pourra dire
De moy ?

LE MARQUIS. C'est le moyen d'attirer sa satyre ;
Et s'il vient à sçavoir le dessein que tu fais,
Tu te feras jouër plus qu'on ne fut jamais.
Évite, si tu peux, d'en faire la folie,
Si tu ne veux sur toy voir une comedie :
Je suis certain qu'apres tu t'en repentirois.

LE BARON. Sur moy ! s'il l'avoit fait, je le fustigerois [1].

LE MARQUIS. Quelqu'autre la feroit.

LE BARON. Poisson aussi s'amuse
A s'ebaudir l'esprit par fois avec sa muse,
A ce que j'ay pu voir, et loin de nous priser,
Il se mesle à son tour de nous satyriser ;
Mais qu'il sçache, sur moy si quelque chose il trace,
Qu'il n'aura pas affaire au baron de la Crasse [2],
Puisque je l'en ferois diablement repentir.

LE MARQUIS. Ce qu'ils en font n'est rien que pour nous divertir ;

---

[1] Comme fit (ou peu s'en faut) La Feuillade après la *Critique de l'École des femmes*, et comme vouloit d'abord le faire Montausier après le *Misanthrope*.

[2] Allusion à la petite comédie de Raymond Poisson, intitulée le *Baron de la Crasse*, que nous avons donnée dans le premier volume.

## ACTE I, SCÈNE I.

Tu t'emportes à tort.

LE BARON.
　　　　　　　Vous aimez la methode
De vous souffrir railler toujours sur chaque mode,
Qu'un Moliere sans cesse en vos habillemens
Vous fasse les objets de tous ces bernemens,
Et que, quand nous avons quelques modes jolies,
Il les fasse passer toutes pour des folies [1];
Ouy, vous aimez cela, car, pour vous voir berner,
Vous n'avez pas assez d'argent pour luy donner.
Quand je vous dis : « Allons à l'hostel de Bourgogne, »
Vous recevez ces mots ainsi qu'une vergogne,
Et me dites d'abord : « Moy, rarement je vais
A l'hostel de Bourgogne, à l'hostel du Marais ;
Ma satisfaction n'est jamais plus entiere,
Qu'alors que je me vois chez l'illustre Moliere. »

LE MARQUIS. Des divertissemens c'est aussi le seul but.

LE BARON. Hors Moliere, pour vous il n'est point de salut.
Tous les autres autheurs vous sont insupportables ;
Les Corneilles auprès sont autheurs détestables :
Ce qu'ils mettent au jour est par trop sérieux,
Et, bien loin de vous plaire, ils vous sont ennuyeux.
Peut-on voir, dites-vous, une piece parfaite,
Comme celle où l'on voit Alain avec Georgette [2] ?
Mais raisonnant ainsi, messeigneurs les benests,
C'est passer pour autant d'Alains et de Georgets.

LE MARQUIS. Mais, baron, tu te vas ériger en folâtre,
Si l'on te voit blâmer ce foudre de theatre,
Cet autheur si fertile en ouvrages puissans,
Qu'on le nomme en tous lieux la merveille du temps ;
Et, pour te faire voir sa valeur infinie,
Il tire quatre parts dedans sa compagnie [3].

---

[1] On remarque, dans toutes les pièces contre Molière, cette affectation à le présenter comme le railleur en titre des modes et des ajustements. Il semble que ses ennemis voulussent par là rabaisser sa gloire, en restreignant la portée de ses satires.

[2] *L'École des femmes.* On sait et l'on a vu dans notre premier volume tout le bruit qui fit cette pièce, et l'orage qu'elle suscita contre Molière.

[3] « Molière, dit Titon du Tillet dans son *Parnasse françois*, jouissait de plus de vingt-cinq mille livres de rentes, ayant quatre parts à la comédie : une comme acteur, une pour sa femme, et deux en qualité d'auteur. » Le registre de la Grange confirme authentiquement ce fait, et nous apprend que c'était depuis la première représentation de l'*École des femmes* que Molière touchait une double part d'auteur, chaque fois qu'on jouait une de ses pièces. Il toucha même quel-

|             | Enfin c'est un esprit au-dessus de l'humain. |
|---|---|
| LE BARON. | Je sçais qu'il fait venir l'eau dedans le moulin, |
|  | Et mesme que, sans craindre estre au rang des pro-[fanes, |
|  | Il vous y fait passer joliment pour des asnes. |
|  | Dieu me damne, marquis, ce celebre garçon |
|  | Sçait dauber le prochain de la bonne façon. |
| LE MARQUIS. | Ton obstination, cher baron, est extrême. |
|  | Sçais-tu que la satyre est la cause qu'on l'aime? |
|  | Comme il sçait étaler nos défauts à nos yeux, |
|  | Nous pouvons, les voyant, nous en corriger mieux. |
|  | Ainsi, quand ce sçavant prononce une parole, |
|  | Ce doit estre pour nous une éternelle école. |
| LE BARON. | Ce grand maistre d'ecole a beaucoup d'ecoliers |
|  | Dont il sçait, les raillant, attraper les deniers ; |
|  | Et tandis que le monde est sa dupe et sa buse, |
|  | En luy-mesme il se dit : « Prens-les ; je les amuse. » |
|  | Pour moy, je vous promets qu'il ne m'y prendra pas ; |
|  | Si l'on m'y peut trouver, qu'on m'y casse les bras. |
| LE MARQUIS. | Pour moy, je suis ravy lorsque je vois paroistre |
|  | Un esprit qui s'efforce à se faire connoistre : |
|  | S'il nous raille, il nous sçait railler si galamment |
|  | Que ce nous est à tous un divertissement ; |
|  | Mais je suis seur qu'a tort on se le persuade, |
|  | Que cette vision vient d'un esprit malade, |
|  | Et que jamais Moliere, en traittant son sujet, |
|  | Ne fit dessein d'avoir la cour pour son objet, |
|  | Et, tant que je pourray, je verray ce grand homme. |
| LE BARON. | Moy, si je le vais voir, je veux bien qu'on m'assomme. |
|  | Vous aimez qu'on vous berne en donnant vostre ar-[gent ¹, |
|  | Et moy je n'aime pas que l'on m'en fasse autant. |

---

quefois cinq parts, suivant M. Taschereau (*Vie de Molière*, notes du t. IV), qui s'appuie sur une indication d'un registre ms. de La Thorillière, conservé à la Comédie française. (10 mars 1672).

¹ Les ennemis de Molière avaient grand soin de remarquer l'inconséquence et la facilité des courtisans, qui riaient de se voir bernés dans ses comédies, et Chevalier ne manque pas de faire insister son baron là-dessus. Le fait est singulier, mais il est vrai, et on a essayé de l'expliquer de diverses manières. (V. dans le tome I, plusieurs notes sur la scène IX des *Bestes raisonnables* de Montfleury, sur la sc. 6 du *Portrait du peintre*, de Boursault, et sur la sc. 3 de la *Vengeance des marquis*, de Villiers.)

| | |
|---|---|
| LE MARQUIS. | Baron, sur ce sujet n'ayons pas de querelle; |
| | Mais je crains qu'on ne voye une piece nouvelle |
| | Sur ta façon d'agir, si l'on la peut sçavoir. |
| LE BARON. | Et moy, je ne crains pas en ce lieu de la voir; |
| | Et s'il faut par hazard que quelqu'autheur la fasse, |
| | Elle ne sera pas exposée à ma face, |
| | Puisque si nous n'allons, vous, ny moy, qu'en ces [lieux, |
| | Nous ne nous verrons point faquiner à nos yeux. |
| | La comedie icy me paroist aussi bonne; |
| | Ils la font aussi bien et ne raillent personne, |
| | Si bien qu'on la peut voir sans se mortifier. |
| LE MARQUIS. | On m'a parlé pourtant d'un certain Chevalier. |
| | Qui parfois dans ses vers..... |
| LE BARON. | Il se mesle d'écrire, |
| | Mais on ne le voit point mesler de la satyre; |
| | Il ne drape personne en tout ce qu'il écrit. |
| LE MARQUIS. | C'est donc sseurément qu'il n'en a pas l'esprit; |
| | Car sois certain, baron, que s'il le pouvoit faire, |
| | Il le feroit, sçachant que c'est ce qui sçait plaire. |

## SCÈNE II.

### LE MARQUIS, LE BARON, LE CHEVALIER, LE PORTIER.

| | |
|---|---|
| LE CHEVALIER. | Une chaise, l'amy! Commence-t-on bien tost? |
| LE PORTIER. | Sans chaise vous pouvez vous placer comme il faut; |
| | Vous aurez là des bans où l'on est à son aise. |
| LE CHEVALIER. | Et moy je n'en veux point; qu'on me donne une [chaise ¹ ! |

---

¹ On sait que, jusqu'en 1759, la scène fut encombrée de banquettes où venaient se placer les gens du bel air, au grand détriment de l'illusion théâtrale, à la grande gêne des acteurs et du public. Non contents des bancs qui encombraient le pourtour de la scène et l'entrée des coulisses, ceux qui aimaient à se mettre en vue prenaient des chaises, qu'ils plantaient quelquefois au milieu de la scène, comme l'homme *à grands canons* dont il est question dans la 1ʳᵉ scène des *Fâcheux*. En particulier, quand la cour se rendait au théâtre, on y faisait porter des sièges pour les personnages les plus considérables (*Nouv. Mémoir.* de Bassompierre, p. 273). Regnard s'est plaint comme Molière (le *Distrait*, I, sc. 6; Vʳ aussi la *Critique de l'Homme à bonnes fortunes*, sc. 4, et *les Chinois*, IV, sc. 2) du trouble que cette habitude apportait dans les représentations; Voltaire en était fort choqué et en parle souvent dans ses préfaces. Une foule d'anecdotes, rapportées dans les re-

LE PORTIER. L'on y va. De l'argent, monsieur, car je m'en vais.
LE CHEVALIER. Tu te railles, mon cher, je ne paye jamais :
Apprens à me connoistre ¹.
LE PORTIER. Hé bien, avant qu'on sorte,
Si vous ne me payez, que le diable m'emporte !
LE CHEVALIER. Ah ! marquis, te voilà.
LE MARQUIS. C'est donc toy, chevalier ;
Et que faisois tu là ?
LE CHEVALIER. Ce faquin de portier
Qui se met en courroux, qui tempeste, et qui peste
De ce que j'ay voulu sur l'heure avoir mon reste !
Hé, n'est-ce pas assez lorsque l'on paye bien ?
LE MARQUIS. Rend-on le reste icy lors qu'on ne donne rien ?
LE CHEVALIER. Quoy, rien ! Il est content.
LE BARON. Je crois qu'il le peut estre,
Si c'est payer, que dire : « Apprens à me con-
[noistre. »
LE CHEVALIER. Ah ! c'est toy, cher baron ! hé, qui te croyoit là ?
LE BARON. Moy, je m'y crois sans doute, et puis que m'y voilà.
Bonjour.
LE MARQUIS, *au chevalier.* Que fis-tu hier ?
LE CHEVALIER. Sombre et mélancolique,
Pour me déchagriner, je fus voir la *Critique* ²,
Où je trouvay moyen de chasser mon ennuy.
Ce diable de Moliere entraisne tout chez luy ;
Tout y crevoit de peuple, et fort peu, je t'assure
Se purent exempter des traits de sa censure :
Il critiqua tous ceux qui l'avoient critiqué,

---

cueils spéciaux, prouvent mieux encore le ridicule et les inconvénients de cet usage. On vit même parfois les dames venir s'asseoir sur ces banquettes, notamment à la *Judith* de Boyer.

¹ Les gens de la maison du roi prétendaient avoir le droit d'entrée gratuite, et ils abusèrent si bien du privilége qu'ils s'étaient arrogé, que Molière demanda à Louis XIV et en obtint (1673) la suppression de cet abus. Ceux-ci ne se soumirent pas sans une violente résistance, qui alla jusqu'à l'effusion du sang, et beaucoup de gens de qualité gardèrent toujours l'habitude de se réclamer de leur titre ou de leurs fonctions pour ne point payer (Voir nos *Curiosités théâtrales*, ch. IX et X). D'autres venaient à crédit, comme l'indique le registre de la Grange, et cet usage équivalait souvent à la gratuité. On peut voir dans la scène 1ʳᵉ du *Banqueroutier* (*Th. ital.* de Gherardi, t. I, p. 330-2) la manière ingénieuse dont s'y prit Arlequin pour entrer à la comédie, y bien boire et y bien manger sans qu'il lui en coûtât un double, et encore remporter trente sous.

² La *Critique de l'École des femmes*.

Et se moqua de qui de luy s'étoit moqué!
Ceux qui s'étoient raillé de l'*École des femmes*,
Se voyoient là chanter fort joliment leurs gammes.
Quelqu'un de l'assemblée en paroissoit content,
Mais bien d'autres aussi rioient en enrageant;
Et tel crioit¹ tout haut que c'étoit des merveilles;
Qui s'entendoit dauber de façons sans pareilles.
Moy qui n'en avois dit jamais ny bien, ny mal,
J'envisageois cela d'un plaisir sans égal,
Voyant que les objets d'une telle satyre
Ne sçavoient s'ils devoient ou se fascher ou rire.
Ce qui plus me charma, c'est qu'en ces entretiens
Il berna les autheurs et les comédiens,
Et je les voyois là faire fort bon visage,
Quoy qu'au fond de leur âme ils fussent plein de
[ rage.
Admirez cependant comme quoy cet esprit
Sçait nous amadouer alors qu'il nous aigrit:
Pour nous montrer combien son adresse est extrême,
C'est qu'en son personnage il se berna luy-mesme,
Afin que, si quelqu'un s'en étoit mutiné,
On vist que le berneur luy-mesme étoit berné²,
De sorte que chacun, voyant son industrie,
Tourna, quoy que fasché, tout en galanterie,
Et demeura d'accord que, pour plaire aujourd'huy,
Il faut estre Moliere, ou faire comme luy.

## SCÈNE III.

LE MARQUIS, LE BARON, LE CHEVALIER, LE COMTE.

LE MARQUIS.   Ah! comte, je te vois!
LE COMTE.                Icy je me transporte
Pour te voir, ayant veu ta caleche à la porte,
Si bien que je pourray, contentant mon désir,
Du divertissement prendre encor le plaisir.

---

¹ Il y a *croyoit* dans l'édition originale. La faute est évidente.
² Tout cela fait surtout allusion à la grande scène (sc. 7) de la *Critique*. Ce passage contient, en vers exécrables, des renseignements curieux, irrécusables et assez précis, sur le succès de cette petite pièce et la confusion des ennemis de Molière.

Mais, avant qu'on commence icy la comédie,
Il faut que je te conte une histoire jolie,
Dont Moliere a causé la conversation,
Et digne asseurément de ton attention.
Dernièrement, étant à la *Contre-critique* [1],
Je receus là, marquis, un plaisir angélique :
Comme de nostre peintre on faisoit le portrait,
Et que l'on le croyoit tirer là trait pour trait,
Tu sçauras que luy-mesme, en cette conjoncture,
Étoit present alors que l'on fit sa peinture ;
De sorte que ce fut un charme sans égal,
De voir et la copie et son original [2].
On prit par tous endroits son *École des femmes*,
Où, pour la critiquer, quelqu'une de ces dames
Alla dans ce moment appliquer tout son choix
A l'endroit de la soupe où l'on trempe les doigts ;
Puis de là ces messieurs, d'une satyre extrême,
Donnèrent en suivant dans la tarte à la crême ;
Et le plus enjoüé qu'ils drapèrent après,
Ce fut celuy du *le*, ce charmant *le* d'Agnès.
Quoy, n'est-ce pas malice à nulle autre seconde,
D'oser blasmer ce *le*, ce délice du monde ?
Ce n'est pas encor tout, ils blasmèrent l'autheur
Des puces dont il a réveillé l'auditeur,
Et de cette façon dont Alain et Georgette
S'appellent l'un et l'autre, et que drapa le poëte.
Ce qui fut plus plaisant, c'est qu'un certain d'en-
[tr'eux
Dit que la pièce étoit un poëme sérieux ;
Que, bien loin que ce fust une pièce comique,
Qu'il ne s'en pouvoit voir aucune plus tragique.
Les autres de ce poinct ne restant pas d'accord,
Il leur dit là-dessus : « Le petit chat est mort! »
Et soustient hautement que c'étoit tragédie,
Puisque le petit chat avoit perdu la vie.
Ayant de nostre peintre attaqué la vertu,
Quelqu'un luy demanda. « Moliere, qu'en dis-tu ? »
Luy répondit d'abord, de son ton agréable :

---

[1] Le *Portrait du peintre*, ou *la Contre-critique*, etc., de Boursault. Voir notre premier volume.

[2] Nous connaissons déjà cette particularité par la *Vengeance des marquis*, de Villiers et le *Panégyrique de l'École des femmes* (1664).

|              | « Admirable, morbleu ! du dernier admirable [1] ! |
|              | Et je me trouve là tellement bien tiré |
|              | Qu'avant qu'il soit huit jours, certes, j'y répon- |
|              | [dray. » |
| LE BARON.    | Mais l'on m'a dit, à moy, qu'il fit à quelques dames |
|              | La réponse qu'il fait à *l'Ecole des femmes ;* |
|              | Lorsqu'il n'en rioit pas assez à leur avis, |
|              | Il leur dit : « Moy, j'en ris tout autant que je puis [2]. » |
| LE COMTE.    | Tu sçauras que, depuis, cet illustre Moliere |
|              | Les a tous ajustés de la bonne maniere, |
|              | Et cet esprit en soy qui n'a rien que de haut, |
|              | A sceu tailler beaucoup de besogne à Boursault [3]. |
| LE CHEVALIER.| Moy, je sçais bien où tend toute cette satyre : |
|              | Ces messieurs n'ont dessein que de nous faire rire, |
|              | Et quand vous les voyez se faire à qui pis pis, |
|              | Ce n'est que pour avoir nostre demy loüis [4]. |

## SCÈNE IV.

LE MARQUIS, LE COMTE, LE CHEVALIER, LE BARON.

| LE PORTIER, *au comte.* | Monsieur, un gentilhomme est là qui vous |
|                         | [demande. |
| LE COMTE.               | Marquis, pour luy parler, il faut que je descende ; |
|                         | Si je ne pouvois pas revenir en ce lieu, |
|                         | Je prens congé de toy jusqu'à ce soir. |
| LE MARQUIS.             | Adieu. |
| LE BARON.               | Puisque, quand il vous joue, il fait tant de mer- |
|                         | [veilles, |
|                         | Sans doute il vous plairoit vous coupant les oreilles. |
|                         | Ah ! pauvres abusez ! |
| LE CHEVALIER.           | Quoy, ne fait-il pas bien ? |

---

[1] C'est le vers que Boursault met dans la bouche d'un admirateur ridicule de *l'École des femmes* (sc. 7.). Le trait raconté par le comte est très-vraisemblable, et il y a tout lieu de croire que la réponse de Molière qu'il rapporte est historique.

[2] Réponse que fait Arnolphe à Horace, lorsque celui-ci vient lui raconter les bons tours dont Agnès l'a rendu victime, et l'exhorte à en rire comme lui (III, sc. 4).

[3] Il s'agit ici de l'*Impromptu de Versailles.*

[4] Prix que coûtaient les places sur la scène, comme nous le savions d'ailleurs par un passage des *Historiettes* de Tallemant des Réaux.

| | |
|---|---|
| LE MARQUIS. | Dessus cet obstiné tu ne gagneras rien; |
| | Car en tout et partout Moliere il désapprouve, |
| | Et périra plutost que chez luy l'on le trouve. |
| LE CHEVALIER. | D'où vient que tu te veux ce plaisir dérober? |
| LE BARON. | C'est que je n'aime pas à m'entendre dauber, |
| | Entendez-vous, messieurs; finissons ce langage. |
| LE CHEVALIER. | Nous n'en parlerons pas, cher baron, davantage; |
| | Suffit que nous sçachions que cela te déplaist. |
| | La pièce d'aujourd'hui sçais-tu point quelle elle est |
| | Et quel en est l'autheur? |
| LE BARON. | Chevalier. |
| LE CHEVALIER. | Sans scandale. |
| | Je crois que cet autheur est un autheur de balle¹. |
| LE BARON. | Si ton opinion te le fait croire ainsi, |
| | Dis-moy, que prétens-tu venir chercher icy? |
| LE CHEVALIER. | Ayant veu dans l'affiche une piece nouvelle, |
| | Je viens voir ce que c'est. |
| LE BARON. | Elle peut estre belle |
| | Et nous bien divertir. |
| LE MARQUIS. | Je n'en crois rien, ma foy. |
| LE CHEVALIER. | Pour une comédie, hors Moliere, crois moy.... |
| LE BARON. | Voilà de nos messieurs dont l'ame prévenue |
| | Blasme une comédie avant que l'avoir veue! |
| | Si d'une de Molière on vous donnoit l'espoir, |
| | Vous la croiriez fort belle, avant que de la voir. |
| LE MARQUIS. | On le peut, ayant veu de luy des coups de maistre. |
| LE BARON. | Mais ne blasmez donc rien sans l'avoir veu paraistre : |
| | Cet autheur n'a-t-il pas un esprit comme luy, |
| | Et ne vous peut-il pas faire voir aujourd'huy, |
| | Quand, sans sujet sur luy vostre blasme se porte, |
| | Que vous estes des fous de parler de la sorte? |
| LE MARQUIS. | Comme il n'a pas encor de réputation. |
| | Ne peut-on pas errer dedans l'opinion? |
| LE BARON. | N'allez donc pas si viste où vostre sens abonde. |
| LE CHEVALIER. | Mais je crois qu'ils auront aujourd'huy quelque monde, |
| | Voyant que l'on se fait plusieurs places garder. |
| LE MARQUIS. | Mais pour qui pourroit-ce estre? |

---

¹ C'est-à-dire, un mauvais auteur, dont les ouvrages ne sont bons qu'à envelopper une balle de marchand. Molière a employé cette expression dans les *Femmes savantes* (III, sc. 5.). Chevalier se qualifie justement ici comme il le mérite.

| | |
|---|---|
| LE BARON. | Il le faut demander : |

Laquais, dis-nous pour qui tu gardes cette place?
LE LAQUAIS. Messieurs, c'est pour monsieur le baron de la Crasse.
LE CHEVALIER. Quoy, celuy qui se sceut si bien tondre à la cour [1]?
LE LAQUAIS. Luy-mesme.
LE MARQUIS. Chevalier, nous rirons en ce jour.
Et celle-là pour qui?
UN AUTRE LAQUAIS. Pour monsieur de la Souche [2].
LE BARON. Pour rire tout ton soûl prépare toy, ma bouche.
Et ces deux autres là? Nous allons voir beau jeu.
L'AUTRE LAQUAIS. C'est pour madame la comtesse de Beaulieu,
Et puis pour monsieur le marquis de Mascarille [3],
Qui l'amène en ces lieux à cause de sa fille.

## SCÈNE V.

LES GENS DES LOGES ARRIVENT, LE BARON DE LA CRASSE, LE MARQUIS DE MASCARILLE, M. DE LA SOUCHE, LA COMTESSE DE BEAULIEU ET SA FILLE.

LE BARON. Villeneufve, quelqu'un? holà, l'ami Clément!
LE MARQUIS. Ouvre-nous nostre loge [4].
CLÉMENT. Ouy, tout présentement.
LE BARON. Dis-moy, la comédie est-elle commencée?
CLEMENT. Non, pas encor, Monsieur.
LE MARQUIS. Vous vous estes pressée,
Madame, de venir ; mais quoy, nous y voicy!
LA COMTESSE. Si l'on nous fait languir, que ferons nous icy?
Justes Dieux! quel chagrin !
LE BARON. Cessez d'estre alarmées:

---

[1] Voir, dans notre tome I, la comédie de R. Poisson, sc. 3.

[2] On sait qu'Arnolphe se fait appeler M. de la Souche dans l'*École des femmes*.

[3] Le Mascarille des *Précieuses ridicules*. Quant à la comtesse de Beaulieu, nous ne savons quel est ce type, qui figurait peut-être dans une farce du Marais non imprimée. Nous n'avons pu le trouver dans aucune comédie connue. Il semble, d'après le vers suivant, qu'il eût quelque rapport avec celui du marquis de Mascarille. Dans les *Précieuses ridicules*, Mascarille demande bien au vicomte de Jodelet s'il y a longtemps qu'il n'a vu *la comtesse* (sc. 12), et dans le *Dictionnaire des précieuses*, de Somaize, nous trouvons une M$^{lle}$ de Beaulieu, désignée sous le nom de Barcidiane, « jeune précieuse à qui l'amour n'a pas encore fait sentir ses atteintes. » Mais nous doutons fort qu'il faille chercher là l'explication de ce passage.

[4] On voit par le *Théâtre françois* de Chapuzeau (livre III) qu'il y avait alors des *ouvreurs* et non des *ouvreuses* de loges.

Les chandelles déjà sont toutes allumées,
Et l'on va commencer dans un petit moment.

LE PREMIER BARON. Nous vous attendions tous fort impatiemment,
Madame la comtesse.

LE CHEVALIER. Ah! Baron de la Crasse!

LE PREMIER BARON. Marquis de Mascarille, il faut que je t'embrasse.

LE CHEVALIER. Mais qui te croyoit voir en ce lieu de retour,
Après tous les sermens qu'on te vit faire un jour
Qu'on ne te reverroit à la cour de ta vie?

LE BARON. Je ne viens en ces lieux que pour la comédie;
Pour la cour, serviteur!

LE MARQUIS. Mais je suis étonné
Que Moliere chez luy ne t'ait pas entraisné,
Ou bien que tu ne sois à l'hostel de Bourgogne.

LE MARQUIS. Moliere drape trop.

LE PREMIER BARON. Il donne sur la trogne.

LE BARON. Poisson m'ayant joué comme il le fit un jour,
On me verra chez eux aussi peu qu'à la cour,
Et le Marais tout seul est mon lieu de plaisance.

LE MOUCHEUR DE CHANDELLE.
Jouez viste, Messieurs, afin que l'on commence [1].

## SCÈNE DERNIÈRE [2].

CLIMÈNE *en laquais*, ROSETTE *en page*.

LE BARON DE LA CRASSE (*les appercevant dedans
[les loges.*)
Page, commence t'on bien tost la comédie?

ROSETTE *en page*. Nous l'allons commencer.

LE MARQUIS. La plaisante saillie!
Je crois que nous allons estre bien satisfaits.
Ecoutons, s'il vous plaist, ce page et ce laquais.

---

[1] Le moucheur de chandelles s'adresse aux violons: il y en avait ordinairement six, que l'on plaçait d'abord derrière le théâtre, ou sur les ailes, ou, dit Chappuzeau, « dans un retranchement entre le théâtre et le parterre », puis qui furent transférés dans une loge du fond. « Il est bon, dit encore Chapuzeau, qu'ils sachent par cœur les deux derniers vers de l'acte, pour reprendre promptement la symphonie, sans attendre que l'on leur crie *Jouez*, ce qui arrive souvent. »

[2] C'est ici que Chevalier fait commencer son ACTE II, SCÈNE I, mais cette scène n'est, en réalité, que la fin du prologue et de la comédie jouée dans la salle; c'est seulement après que débute la pièce des *Amours de Calotin*.

ROSETTE, *en page*. Je veux que l'on me tonde en baron de la Crasse [1].
　　　　　　　Si dessous cet habit vous n'avez bonne grace.
LE BARON.　　Comment, à nous dauber on commence déjà?
　　　　　　　Ouvreur de loge, à moy! holà, quelqu'un, holà!
　　　　　　　Si je demeure icy, je veux bien qu'on m'étrille.
CLIMÈNE, *en laquais*. Je m'imagine ouïr monsieur de Mascarille,
　　　　　　　Alors que dans sa chaise il faisoit tant de bruit [2].
LE MARQUIS.　Comment diable, en tous lieux, la satyre nous suit!
　　　　　　　Nous n'osons nous montrer, ny mesme ouvrir la
　　　　　　　　　　　　　　　　　　　　　　　　　[bouche.
ROSETTE, *en page*. Ils caquettent autant que monsieur de la Souche.
MONSIEUR DE LA SOUCHE. Quoy donc, à nostre barbe on nous mal-
　　　　　　　　　　　　　　　　　　　　　　　　[traite ainsi!
　　　　　　　Ouvre nous promptement, que nous sortions d'icy.
L'OUVREUR DE LOGES. Je suis à vous, Messieurs.
LE BARON.　　　　　　　　　　　　　Peste soit la canaille!
　　　　　　　Autheurs, comédiens, sont des vrais rien qui vaille.
　　　　　　　(*Après qu'ils sont tous sortis.*)
CLIMÈNE, *en laquais*. Tout est calme : voyons si nous commencerons.
ROSETTE, *en page*. Ce sont là, que je crois, quelqu'uns de nos barons,
　　　　　　　De ces foux que l'on voit qui haïssent Moliere,
　　　　　　　Et ne le peuvent voir en aucune maniere.
LE CHEVALIER, *au baron*. Qu'en dis-tu, cher baron? cela s'adresse
　　　　　　　　　　　　　　　　　　　　　　　　[à toy.
LE BARON.　　Ce que j'en dis! je dis que je m'en vais, ma foy.
LE MARQUIS.　Demeure.
LE BARON, *s'en allant*. Demeurez, qu'on vous y chante poüille;
　　　　　　　Moy, si j'y reste plus, je veux qu'on me dépouille.
LE MARQUIS.　Il faut estre bien fou, pour s'en aller ainsi.
LE CHEVALIER. Ma foy, je suis d'avis de m'en aller aussi.
LE MARQUIS.　Pour éloigner de nous l'humeur mélancolique,
　　　　　　　Allons voir l'*Impromptu*, ou la *Contre-critique*.

---

[1] On se rappelle que le baron de la Crasse eut un côté de cheveux pris dans la porte de la chambre du roi, et qu'il dut le couper pour sortir de cette position fâcheuse (Voir la pièce de R. Poisson, sc. 2 et 3).

[2] *Précieuses ridicules*, sc. 8.

FIN.

# SAMUEL CHAPUZEAU.

(1625-1701.)

# NOTICE

## SUR CHAPUZEAU

### ET L'*ACADÉMIE DES FEMMES*.

---

Nous avons donné la biographie de Chapuzeau dans le premier volume, en tête de sa *Dame d'intrigue*, et nous ne parlerons ici que de l'*Académie des femmes* et des questions qui s'y rattachent.

L'*Académie des femmes*, comédie en 3 actes, en vers (Paris, Aug. Courbé et L. Billaine, 1661, in-12; dédiée à M. de Pertuy, capitaine des gardes de M<sup>gr</sup> de Turenne) fut représentée avec applaudissement sur le théâtre du Marais, comme le titre le marque, au mois d'octobre 1661. A la lecture, la pièce n'est pas sans intérêt : bien qu'un peu longue et lente, et plus en dialogues qu'en action, elle peut passer pour curieuse et n'est dépourvue ni d'un certain talent de versification, ni de quelques traits comiques et de quelques scènes plaisantes. On peut citer, entre autres, celle où Hortense et son valet Guillot raillent le marquisat et se décrivent l'un à l'autre le genre de vie, les allures, les prétentions et les ridicules des marquis. Il y a là des tirades qui touchent à la vraie satire. Et quand on songe qu'elles se débitaient sur la scène, littéralement au nez des intéressés, elles paraissent plus piquantes encore.

Malheureusement cet ouvrage, où l'on est tenté de voir d'abord une certaine originalité, n'est par tous les côtés que réminiscence et imitation. Il n'en est pas un peut-être où l'on puisse mieux prendre sur le fait le procédé habituel de cet infatigable *faiseur*, qui n'écrivait pour ainsi dire jamais sans copier plus ou moins les autres et se copier lui-même :

« Plutost que de ne pas vanter un peu mon ouvrage, dit-il dans sa dédicace, j'aime mieux découvrir moy-mesme mon larcin, et avouer que cette pièce n'est soutenue que de ce qui se treuve de plus spirituel et de plus galant dans les Dialogues du grand Érasme. » Chapuzeau a publié, en 1662, une traduction des *Entretiens d'Érasme*, avec des sommaires et des remarques, et ainsi, sur ce point, on voit qu'il a déjà tiré double parti de son travail. Mais ce n'est pas tout. L'*Académie des femmes* elle-même a eu trois incarnations différentes, comme Wishnou. Les deux autres sont le *Cercle des femmes*, en vers (Lyon, J. Girin et D. Rivière, sans date) et le *Cercle des femmes* ou *les Secrets du lit nuptial, entretiens comiques*, en prose (Paris, Cabry, 1663, in-12). Le *Cercle* en vers est le même ouvrage que l'*Académie*, sauf quelques variantes sans importance; le *Cercle* en prose offre des différences très-nombreuses et très-notables, mais on y trouve les mêmes éléments, bien que le catalogue Soleinnes et M. Brunet, dans son *Manuel du libraire*, prétendent qu'il n'ait rien de commun que le titre avec le précédent.

Il est extrêmement difficile, pour ne pas dire impossible, d'indiquer avec certitude dans quel ordre se sont produites ces trois formes de la même idée, et quelle est celle qui a précédé toutes les autres. Cependant il ne serait pas sans importance d'avoir les dates exactes, afin de pouvoir vider une question d'analogie avec les *Précieuses ridicules* que soulève la lecture de l'*Académie des femmes*. Non-seulement, en effet, Chapuzeau y raille le même travers chez le beau sexe, mais on y trouve également l'invention du valet que son maître déguise en marquis, pour l'envoyer faire la cour à la précieuse qui l'a dédaigné. Comme l'*Académie des femmes* est postérieure de deux ans aux *Précieuses ridicules*, il semble qu'il ne puisse y avoir de doute sur l'imitateur, mais on se demande si l'une des deux autres formes de cet ouvrage n'aurait point précédé la pièce de Molière, qui, comme on sait, ne dédaignait rien. C'est ce qu'on ne peut décider bien nettement. L'édition du *Cercle des femmes* en vers est sans date, mais très-probablement postérieure à l'*Académie* : ce doit être, comme le *Partisan dupé*, qui porte les noms de la même ville et des mêmes éditeurs, une de ces réimpressions que Chapuzeau faisait en province en changeant son titre, pour tirer un nouveau parti de ses œuvres et les dédier à de nouveaux protecteurs (elle est dédiée, non plus comme l'*Académie des femmes*, à M. de Pertuy, mais à S. A. S. M$^{me}$ la duchesse palatine de Simmeren, née princesse d'Orange). Quand au *Cercle des femmes* en prose, La Vallière et Brunet n'en indiquent qu'une édition, de 1663; Beauchamp en décrit une de 1661 (Paris, in-12), qui serait encore postérieure aux *Précieuses ridicules*. Mais les frères Parfaict disent expressément, en parlant de l'*Académie des femmes* [1] : « Il est certain que, dès l'année 1656, M. Chapuzeau avait traité ce sujet en six entrées dialoguées en prose, sous le nom de *Cercle des femmes*, ou *les ecrets du lit nuptial*. » Par malheur, ils n'indiquent pas sur quel fondement ils s'appuient et ne donnent point leur preuve.

Nous ne connaissons pas d'édition du *Cercle* en prose qui soit de 1656; ce-

---

[1] *Hist. du Théâtre français*, t. IX, p. 78. C'est sans doute uniquement d'après cet ouvrage que Walckenaër donne la même date, et qu'il a écrit, d'ailleurs peu exactement, en une note de ses *Mémoires sur M$^{me}$ de Sévigné* : « Dans la pièce de Chapuzeau qui fut donnée en 1656, trois ans avant les *Précieuses ridicules*, il y a, comme dans cette dernière pièce, un homme dont la déclaration est fort mal reçue par une femme infatuée de bel esprit, et qui s'en venge en introduisant auprès d'elle son valet, déguisé en marquis magnifique, qui lui plaît beaucoup plus. » La plupart des commentateurs de Molière ont adopté sans vérification la phrase des frères Parfaict, et aucun n'a traité bien clairement ce point.

pendant il est très-possible qu'il y en ait eu une en effet, et en tout cas l'ouvrage devait déjà être écrit, car la permission porte cette date (25 avril 1656). Seulement, en comparant le *Cercle* en prose aux *Précieuses ridicules*, on s'aperçoit que les ressemblances sont moins frappantes qu'on ne l'a dit. Au lieu d'un valet, c'est son pensionnaire Germain, dont il ne peut parvenir à se faire payer, qu'Hortense envoie magnifiquement déguisé à la *Précieuse* : Germain ne fait que paraître un moment et parle en vrai lourdaud ; puis les archers l'emmènent sans que la précieuse Émilie se soit laissée duper. Il est très-possible que Molière ait pris là l'idée de sa propre intrigue; mais, loin de s'en plaindre ou de s'en vanter, Chapuzeau lui-même, dans l'*Académie des femmes*, s'est à son tour rapproché de Molière, comme si, en homme expert, il eût voulu profiter de cette rencontre pour autoriser son propre plagiat. Ajoutons que les ennemis de Molière l'ont accusé d'avoir pillé dans ses *Précieuses* une pièce de l'abbé de Pure, jouée par les comédiens italiens [1], mais que pas un ne lui a reproché d'avoir imité Chapuzeau.

Ce sujet des *Précieuses*, après que Molière eut donné le branle, devint en quelque sorte un lieu commun : il fut traité sous forme de pièce par Somaize, par Gilbert, etc. Chapuzeau suivit le même exemple : il reprit son canevas primitif, et, tout en gardant le même fond, y broda des ornements qui le rapprochaient de son modèle. Mais d'autre part Molière semble avoir eu réminiscence d'un passage de Chapuzeau dans son *École des femmes*, jouée l'année suivante, et surtout s'en être souvenu çà et là, dans ses *Femmes savantes*.

Le meilleur titre de la pièce de Chapuzeau c'est de nous donner en quelques pages un tableau intéressant pour l'histoire des mœurs, des usages et des modes. Il est vrai que la pièce est imitée d'Érasme et qu'il a fait comme ces satiriques qui étudiaient dans les poètes anciens les vices contre lesquels ils prenaient la plume; mais, sous cette réserve, sa comédie offre des détails curieux : il a su choisir et assortir ses traits, les modifier ou les renforcer suivant les besoins de ses propres peintures. Toute la dernière moitié du 2e acte surtout, dans la longue conversation entre le valet Guillot et son maître Hortense, qui lui donne ses instructions pour le rôle qu'il va remplir, est un tableau assez vivement tracé du genre de vie et des façons des gens du bel air.

[1] Somaize, *les Véritables précieuses*, préf. et sc. 7.

# L'ACADÉMIE DES FEMMES.

COMÉDIE.

1661.

## PERSONNAGES.

LÉARQUE, père d'Émilie.
LA ROQUE, capitaine cru mort.
HORTENSE, docteur.
ÉMILIE, crue veuve de La Roque.
AMINTE,
LUCRÈCE, } voisines d'Émilie.
CORNÉLIE,
GUILLOT, valet d'Hortense.
RAGOTIN, valet de La Roque.
ALIX, servante d'Hortense.
LISETTE, servante d'Émilie.

(La scène est au jardin de Léarque.)

# L'ACADÉMIE DES FEMMES.

## COMÉDIE.

---

## ACTE PREMIER

### SCÈNE PREMIÈRE.

#### ALIX, LISETTE.

ALIX.   Mais enfin j'ay servy ta maistresse avant toy,
Je sçais ce qu'en vaut l'aune, et te jure ma foy
Que je ne voudrois pas, pour le double de gages,
De son bouillant caprice essuyer les orages.

LISETTE.   C'est bien pis maintenant, depuis que son mary,
Qui ne s'en voyoit pas fort tendrement chéry,
De dépit à la guerre alla cesser de vivre :
A toute heure à la main vous lui treuvez un livre,
Mais à toute heure encor du jour et de la nuit,
Et sans doute par là son cerveau se détruit ;
C'est d'où naist son chagrin, suivy d'une avarice
Qui m'oblige à la fin de quitter son service.

ALIX.   Du maistre que je sers je viens bien mieux à bout :
Je le laisse tout dire, et me moque de tout.
Mais peut-estre bien-tost nous servirons ensemble,
Si l'hymen ta maistresse et mon docteur assemble.

LISETTE.   L'hymen ! ma foy, ton maistre en est bien éloigné :
Jamais un pauvre amant ne fut plus dédaigné.

ALIX.   Mais quand ce ne seroit que pour nostre avantage,
Il nous faut toutes deux traiter ce mariage :
Il nous en reviendroit de petites douceurs,
Que nous partagerions entre nous comme sœurs.

## SCÈNE II.

### GUILLOT, RAGOTIN, ALIX, LISETTE.

GUILLOT.　　Et nous, n'aurons-nous rien, qui sommes deux bons frè-
　　　　　　　　　　　　　　　　　　　　　　　　　　　　　　　　[res,
　　　　　　Deux intendans d'honneur des amoureux mystères,
　　　　　　Et qui, malgré vos dens, sçavons l'air du bureau [1] ?
　　　　　　Nous n'aurions pas aussi tous deux part au gasteau ?
　　　　　　Ma foy, vous en aurez menty, sans vous déplaire.
RAGOTIN.　　Et deussiez-vous de plus vous en mettre en colère,
　　　　　　Deussiez-vous de dépit en sécher, en maigrir,
　　　　　　En gronder, en pester, en crever, en mourir,
　　　　　　Nous cracher au visage, en nous baisant nous mordre,
　　　　　　Crier haro sur nous, mettre tout en désordre,
　　　　　　Sçachez qu'en fait d'argent Guillot et Ragotin
　　　　　　Veulent résolument avoir part au butin.
ALIX.　　　　Que nous veulent ces foux, ces enragez, ces rustres ?
LISETTE.　　Ragotin, je t'auray.
ALIX.　　　　　　　　　　Guillot, si tu nous frustres,
　　　　　　Par ton trop de babil, du fruit de nos desseins,
　　　　　　Ton dos en patira : nostre maistre a des mains,
　　　　　　Et je n'ay qu'à luy dire.
GUILLOT.　　　　　　　　　　Et que peux-tu luy dire ?
　　　　　　Qu'hier je te caressois, et que je te fis rire,
　　　　　　Que tu le voulois bien, et que peu s'en fallut...
ALIX.　　　　Que je ne t'étranglay, tant cela me déplut !
　　　　　　Beau nez, sois si hardy d'y retourner encore !
RAGOTIN.　　Elle en rougit, ma foy. Lisette, mon aurore,
　　　　　　Nous te caresserons aussi quand tu voudras.
ALIX.　　　　Guillot, encore un coup, tu t'en repentiras,
　　　　　　Et tu sçais le pouvoir que j'ay dans la cuisine.
GUILLOT.　　Je ne le sçais que trop : au diable ta lesine,
　　　　　　Et mon maistre est bien sot qui s'en laisse abuser !
　　　　　　Mais quoy ! je t'aime trop pour vouloir t'accuser,
　　　　　　Et je te confondrois si je te tenois seule.
ALIX.　　　　Dis tout ce que tu sçais, parle donc, belle gueule ;

---

[1] Savoir l'air ou le vent de bureau, c'est proprement pressentir, connaître le sentiment des juges qui ont commencé à instruire une affaire ; par extension, savoir ce qui se passe, être bien informé.

Je ne crains point ta langue, et vien....
GUILLOT. Non, non, la paix !
Ma mignonne, mon cœur, chère Alix, tu me plais,
Et dès que tu voudras nous conterons ensemble.
RAGOTIN. Lisette, mon soucy.

## SCÈNE III.

EMILIE, HORTENSE, GUILLOT, RAGOTIN, ALIX, LISETTE

ÉMILIE. Lisette.
LISETTE. Ah Dieu ! je tremble,
J'aperçois ma maistresse.
GUILLOT. Et pour nous achever,
Mon maistre en mesme temps vient icy nous treuver.
HORTENSE. Que je suis mal servy !
ÉMILIE. Que je suis patiente !
HORTENSE. Je ne treuve chez moy ny valet, ny servante.
Mais je les vois tous deux, ou je ne vois pas clair :
Ils ont du temps de reste à venir prendre l'air.
ÉMILIE. Que ce pédant me fasche ! évitons-le. Lisette !
LISETTE. Madame.
ÉMILIE. Hé quoy ! jamais, madame la coquette,
Je ne vous treuveray qu'avecque des valets !
Vous mériteriez bien la paire de soufflets.
Rentrez dans le logis, je vous la garde bonne;
Et que de tout le jour on ne l'ouvre à personne,
Qu'aux dames que j'attens dans deux heures d'icy.
Mettez ma chambre en ordre, et mon alcauve aussi [1],
Et reportez ensuite en ma bibliothèque,
Quintilien, Plutarque, Aristote et Senèque :
Ils sont tous sur ma table et sur mon guéridon;
Et ne démarquez rien. J'oubliois Casaubon,
Et Descartes tout proche, avecque Campanelle,

---

[1] Le mot, généralement écrit alors sous cette forme, était assez nouveau, comme la chose (voir la *Psyché* de La Fontaine, 1669), quoiqu'il le fût moins que ne l'a dit Walckenaër en ses *Mémoires sur M^me de Sévigné* (t. II, 387). L'alcove, inventée ou du moins perfectionnée par les précieuses, spécialement par M^me de Rambouillet, était une sorte de petite chambre intercalée dans la grande, où le lit, exhaussé sur une estrade, et séparé par une balustrade du reste de la pièce, formait *ruelle* de chaque côté et surtout en arrière.

           Que je viens de laisser ouverts dans ma ruelle ;
           Traitez-les proprement, êt les fermez tous trois,
           Sans toucher les feuillets avec vos sales doigts :
           Un livre entre vos mains ne s'accommode guère.
           Et pour vous, Ragotin, allez treuver mon père.

HORTENSE. S'il faut que cette femme ait leu tous ces autheurs,
           Elle en sçait plus que moy, ny que tous ces docteurs.
           Quintilien, Senèque, Aristote, Plutarque,
           Descartes, Casaubon, tous ces autheurs de marque,
           Ces astres du vieux tems, ces brillans du nouveau,
           De cette belle veuve éclairent le cerveau !
           O ciel ! qu'elle est sçavante !

GUILLOT.                       Ah ! dites qu'elle est folle !
           Si vous voulez pourtant que pour vous je l'accole ?

HORTENSE. Maistre fou, dame Alix, sortez d'icy tous deux.

## SCÈNE IV.

### ÉMILIE, HORTENSE.

ÉMILIE. Vous m'obligeriez fort de sortir avec eux :
           La clef de ce jardin ne vous est pas donnée
           Pour ne le point quitter de toute la journée ;
           Et si vous en sçaviez user civilement,
           On vous y treuveroit un peu plus rarement.

HORTENSE. Je n'y viens que pour vous, mon ange tutélaire.
ÉMILIE. Vous n'y viendriez jamais, si vous vouliez me plaire.
HORTENSE. Vous plaire ! A ce seul but s'adressent tous mes soins.
ÉMILIE. Vous réussiriez mieux, si vous en preniez moins.
HORTENSE. Je ne veux pas vous croire, et j'ay trop de constance,
ÉMILIE. Et moy, docteur, pour vous j'ay trop de patience :
           L'entretien d'un pédant m'ennuye infiniment[1].
HORTENSE. Ha farouche ! ha cruelle ! ha cœur de diamant !
ÉMILIE. Émilie est mon nom. — Est-il folie égale ?
HORTENSE. On vous devroit plutost appeler Martiale.
ÉMILIE. Voyons où va l'esprit de ce beau maistre ez-arts.

---

[1] On pourrait s'étonner de voir une *pédante* s'exprimer ainsi : mais la haine des pédants fait si bien partie de la tradition au XVIIe siècle qu'on la trouve jusque chez ceux qui, comme Ménage, passaient eux-mêmes pour des types du genre. Les Précieuses entre autres, suivant leur historiographe, l'abbé de Pure, faisaient vœu de haïr les pédants.

|  | Pourquoy donc? quel rapport puis-je avoir avec Mars? |
|---|---|
| HORTENSE. | Si sur tous les mortels son pouvoir est extrême, |
|  | Plus cruelle que luy, vous tuez qui vous aime. |
| ÉMILIE. | Où s'est donc répandu le sang de tant de morts? |
|  | Où s'est fait ce carnage? où gisent tous ces corps? |
| HORTENSE. | Ha! sans aller plus loin, ce corps qu'Amour enflamme, |
|  | Ce corps que vous voyez n'est plus qu'un corps sans âme : |
|  | Je ne suis que trop mort, puisqu'elle en est dehors, |
|  | Et j'ay, pour le prouver, des argumens si forts, |
|  | Qu'il faut pour les nier démentir la nature. |
|  | Desquels en voulez-vous? et dans quelle figure? |
|  | L'entymème est concis, le sorite ingénu, |
|  | Le syllogisme est grave et le dilemme aigu. |
|  | Si mes raisonnements ne vous sont incommodes, |
|  | Pour vous les inculquer j'emploiray tous les modes, |
|  | Césaré, Camestés, Festino, Baroco, |
|  | Darapté, Felapton, Datisi, Bocardo [1]; |
|  | Ou mieux que tout cela, quittant la voye oblique, |
|  | Par un seul Barbaro vous serez sans réplique. |
| ÉMILIE. | Je vous laisse le choix; mais ne m'en faites qu'un. |
| HORTENSE. | Le médium au reste en sera peu commun, |
|  | Et je vous feray voir, plus clair que la lumière, |
|  | Que, si je suis le mort, vous estes meurtrière. |
| ÉMILIE. | Dieu m'en veuille garder! Mais voyons toutefois |
|  | Quel est cet argument si fort, de si grand poids. |
| HORTENSE. | Il faut donc supposer.... |
| ÉMILIE. | Allons droit à la thèse. |
| HORTENSE. | Il faut supposer, dis-je, ou bien que je me taise. |
| ÉMILIE. | Vous feriez mieux peut-estre. |
| HORTENSE. | Ha! le chóquant esprit! |
| ÉMILIE. | Frappons d'abord au but. |
| HORTENSE. | Ha! la femme incommode! |
|  | Chacun, ne vous déplaise, argumente à sa mode; |
|  | Chacun a dans son stile ou du moins, ou du plus : |
|  | L'un l'a court, l'autre long; l'un clair, l'autre confus; |
|  | Celui-cy l'a rampant, celuy-là magnifique; |
|  | L'un aime le diffus, l'autre le laconique; |
|  | Et moy de tous les deux je veux m'en former un. |

---

[1] On sait que ces mots sont des termes barbares et purement mnémotechniques, employés par la scolastique du moyen-âge, et réunis en quatre hexamètres latins, pour exprimer les diverses formes du syllogisme.

ÉMILIE. Bref, il est mal aisé de complaire à chacun.
Vous vous disloquerez enfin la mandibule.
Trêve donc d'hypothèse et de tout préambule,
Et sans perdre le tems en un long entretien,
Dites-moy dans un mot...

HORTENSE. Je ne vous diray rien ;
Je ne puis satisfaire à vostre impatience,
Ou souffrez, de par Dieu, qu'une fois je commence.

ÉMILIE. Hé bien, commencez donc, et finissez bien-tost.

HORTENSE. Cette femme me fasche, et me traite en grimaud ;
Mais quoy ? je l'aime trop pour la fascher de mesme.
Écoutez. J'expédie avec ce théorême,
Étably dès longtems par de graves autheurs,
Et qui doit estre vray, s'ils ne sont tous menteurs :
L'*âme*, écoutez-moy bien, *est*, selon leur maxime,
*Plus dans l'objet aimé qu'au sujet qu'elle anime.*

ÉMILIE. Je n'entens pas trop bien ces termes précieux :
Parlez plus clairement.

HORTENSE. Je m'explique donc mieux :
Tous ces contemplatifs, ces divins extatiques,
Qui se guindent au haut des voustes olympiques,
Qui vont y dérober les célestes trésors,
Entrent à tout moment dans de si doux transports,
Que quelque bruit qu'on fist, quelque avis qu'ils en eus-
[sent,
On pourroit les tuer sans qu'ils s'en apperceussent.
Ces poëtes fameux qui ravissent nos sens,
D'eux-mesmes bien souvent ne sont-ils pas absens ?

ÉMILIE. Cette merveille est grande, et paroist peu croyable.

HORTENSE. La cause cependant en est toute palpable,
Et ne voyez-vous pas qu'en cet événement,
Leur âme est dans le ciel comme en son élément,
Que c'est là qu'elle agit, que c'est là qu'elle règne,
Et qu'elle ne meut plus le corps qu'elle dédaigne ?

ÉMILIE. Mais qu'en concluez-vous ?

HORTENSE. Ha ! ce que j'en conclus !
Que je suis mort, cruelle, — et que voulez-vous plus ?

ÉMILIE. En quel lieu maintenant se treuve donc vostre âme ?

HORTENSE. Mon âme est attachée au sujet qui m'enflamme ;
Et puisqu'en bonne école on définit la mort
Le divorce du corps d'avec l'âme qui sort,
Vous qui m'ostez la mienne, ô beauté trop altière,

ÉMILIE.   Autant que je suis mort, n'estes-vous pas meurtrière?
ÉMILIE.   Coupons court là-dessus : je ne crains pas beaucoup :
          Qu'on m'ose rechercher pour un si méchant coup,
          Et pour me condamner il n'est point de légiste;
          Mais je veux à mon tour faire un peu le sophiste :
          Aimez-vous par contrainte, ou de vostre bon gré?
HORTENSE. La belle question! J'aime dans un degré
          Qui fait connoistre assez que, sans nulle contrainte,
          J'adore la beauté dont mon âme est atteinte.
ÉMILIE.   Puis donc que vous pouvez aimer, ou n'aimer pas,
          Vous seul asseurément causez vostre trépas,
          Et c'est injustement que la personne aimée,
          D'un crime prétendu se verroit diffamée.
HORTENSE. Ha! vous l'entendez mal, et ce n'est pas aussi
          Pour souffrir d'estre aimée et causer du soucy,
          Qu'une beauté nous donne une atteinte mortelle;
          C'est pour nous refuser une amour mutuelle,
          Et celuy-là sans doute est cause du trépas,
          Qui peut sauver la vie et ne la sauve pas[1].
ÉMILIE.   Enfin, docteur...
HORTENSE.           Enfin, mon ange, je vous aime :
          C'étoit là tout le but de ce grand théorème.
          Mon âme n'agit plus que dans vostre beau corps;
          La vostre à l'en chasser feroit de vains efforts :
          Mieux que vous ne pensez elles sont assorties,
          Et nous avons tous deux d'étroites sympaties.
          Comptons : Vous estes veufve, et je suis veuf aussi;
          Vous estes jeune encor, je ne suis pas chansi;
          Ma taille avec la vostre est assez congruente,
          Je suis docteur fameux, et vous estes sçavante;
          Jamais épouse n'eut un plus conforme époux,
          Nous ferons des enfants habiles comme nous,
          Orateurs, médecins, poëtes, philosophes,
          Enfin nous en ferons de toutes les étoffes,
          Que nous verrons tous deux un jour, avec éclat,
          Servir utilement le prince et son État.
          Après tout, je vois bien que c'est par modestie

---

[1] Toute cette argumentation subtile, d'ailleurs si à la mode dans la littérature précieuse du XVIIe siècle, et dont les exemples abondent alors, est directement tirée du colloque d'Érasme *Proci et puellæ*, auquel Chapuzeau a emprunté sa scène entière, depuis l'endroit où Hortense compare Émilie au dieu Mars.

ÉMILIE.

> Que vous me témoignez en avoir peu d'envie ;
> Mais au fond, sans rougir, quand un physicien
> Discourt de la matière, aspirant au lien
> Qui l'unit à la forme, il nous ajouste : comme
> Très-naturellement la femme appète l'homme [1].
> Et moy, j'appète fort de vous bien quereller,
> A qui, chétif pédant, pensez-vous donc parler?
> Connoissant qui je suis, me tenir ce langage,
> A moy, qui ne veux pas penser au mariage !
> Et quand j'y penserois, qui voudrois en ce cas,
> Tout au moins un marquis et cent mille ducats !
> Depuis mon mary mort, je fais la nique aux hommes
> Je leur feray bien tost sçavoir ce que nous sommes,
> Et nous avons assez souffert de leur humeur
> Pour leur montrer, enfin, que nous avons du cœur.
> Adieu, mais désormais choisissez, je vous prie,
> Un lieu plus éloigné pour vostre rêverie,
> Et comme en ce jardin on vous a trop souffert,
> Je feray qu'à personne il ne soit plus ouvert [2].

## SCÈNE V.

### HORTENSE seul.

> J'avois un beau dessein de devenir bigame !
> J'aurois pris un cerbère, et non pas une femme :
> Elle auroit à toute heure ergoté contre moy,
> Et de belle hauteur m'auroit donné la loy.
> Ah Dieu! qu'allois-je faire? et si cette âme vaine
> M'eust pris enfin au mot, quelle eust esté ma peine!
> Dieu me garde d'avoir jamais dans mon dongeon
> Une femme qui lit Descartes, Casaubon !
> J'aime mieux luy souffrir et des dés et des cartes,
> J'aime mieux en aller prendre une chez les Parthes.
> Lorsque ce sexe croit en sçavoir plus que nous,
> De nostre authorité d'abord il est jaloux.

---

[1] *Sicut materia prima appetit formam, ita fœmina appetit virum.*

[2] Toute cette scène est à peu près la même que la 2ᵉ entrée du *Cercle des femmes*, ou *les Secrets du lit nuptial*. Chapuzeau s'est borné à mettre sa prose en vers, en abrégeant et en retranchant quelques développements.

Une femme qui lit, et qui lit Campanelle !
Que c'est un beau moyen de gaster sa cervelle !
Et que, tandis qu'elle a cette démangeaison,
Un mary passe bien son tems à la maison !
Quand sur tous ces autheurs son faible esprit travaille,
Que des valets en bas ont beau faire gogaille,
Et qu'on a souvent tort d'imputer au cerceau
Que le vin va trop viste, et s'enfuit du tonneau !
Une bonne quenouille en la main d'une femme
Luy sied bien, et la met à couvert de tout blame ;
Son ménage florit, la règle va partout,
Et de ses serviteurs elle vient mieux à bout.
Mais un livre, bon Dieu ! qu'en prétend-elle faire ?
Ne voudroit-elle point encor monter en chaire,
Et, lasse à la maison de nous questionner,
Nous venir en public de rechef sermonner ?
Si nous n'y donnons ordre, après cette équipée,
Bien tost avec un livre elle prendra l'épée !
Non, non, résolument, jamais femme qui lit,
Quand j'en devrois mourir, n'entrera dans mon lit[1].

# ACTE III.

### SCÈNE PREMIÈRE.

#### HORTENSE seul.

Qu'Amour est un tyran qui nous cause d'ennuy !
Malgré tous nos conseils nous dépendons de luy.
Il veut m'embéguiner de cette fière veuve,
Il veut absolument que j'en fasse l'épreuve.
Je sçais qu'elle mettra ma patience à bout,
Et pour avoir la paix, je me résous à tout.
Peut-estre avec le tems.... Mais j'apperçois son père.

---

[1] C'est, sauf le style, la tirade du bonhomme Chrysale dans les *Femmes savantes* (II, 7).

Ouy, puisqu'Amour l'ordonne, il faut que j'obtempère;
Taschons d'estre son gendre une dernière fois.

## SCÈNE II.

### HORTENSE, LÉARQUE.

HORTENSE. Léarque, *salvus sis.*
LÉARQUE.                 Parlez-moy bon françois,
Défaites vous enfin de vostre pédantisme,
Et sçachez qu'à la cour c'est un grand barbarisme.
HORTENSE. La cour....
LÉARQUE.        Laissons la cour, s'il vous plaist, comme elle [est[1].
Je suis icy venu pour un autre intérest,
Pour vous dire, en un mot, qu'en muguetant ma fille,
Vous espérez en vain d'entrer en ma famille.
Ma fille, sire Hortense, est d'une qualité
A ne souffrir qu'un comte à ses pieds arresté;
Encor, comme aujourd'huy si haut le nombre en monte
A peine elle pourroit le recevoir sans honte.
Il faut luy proposer quelque chose d'exquis.
HORTENSE. Comme quoy?
LÉARQUE.            Comme un duc, ou du moins un marquis
Car enfin nous sortons d'une si noble race,
Que nous en voyons peu que son éclat n'efface,
Et nous pouvons compter, malgré les envieux,
Toujours de ère en fils cinq ou six mille ayeux.
HORTENSE. Je m'étonne pourtant (et sauf tout vitupère)
Qu'on n'ait jamais bien sceu quel étoit votre père.
LÉARQUE. C'est qu'il vivoit sans bruit, exempt d'ambition,
Et qu'ayant peu de bien pour sa condition,
Il aimoit mieux aux champs se cacher sous le chaume,
Que venir s'endetter pour coucher sous un dome.
Cela n'empesche pas, si vous ne le sçavez,
Que nos titres toujours ne se soient conservez;
Ils remplissent chez moy trois ou quatre grands coffres.
Mais ma fille de plus me fait de belles offres,
Et comme elle est sçavante et qu'elle lit partout,

---

1 Vous en voulez beaucoup à cette pauvre cour! (*Femmes savantes*, IV, sc. 3.)

Elle me veut encor montrer de bout en bout,
Dans de fameux autheurs, ma généalogie.
Pour moy qui ne vois goutte en la chronologie,
Et qui dans ces autheurs ne marche qu'à tastons,
Je ne puis retenir tous ces diables de noms.

HORTENSE. Je vous crois sans cela; la preuve en est trop claire.

LÉARQUE. Hortense, vous sçavez que je vous aime en frère,
Que nous nous connoissons depuis plus de vingt ans,
Et vous fustes toujours le bien venu céans.
Ma maison, mon jardin, ma bourse, tout est vostre;
Mais, sans vous en fascher, ma fille est pour un autre.
Vostre âge, vostre humeur, vostre profession,
Ne répondent pas bien à son ambition;
Je n'y vois rien pour vous que du désavantage,
Et vous feriez ensemble un très mauvais ménage.
Mais vous n'y perdrez rien : deux mille écus pour vous,
Si vous pouvez treuver pour elle un digne époux,
Pourveu qu'il soit marquis, et de la vieille date,
Car sur ce point ma fille est un peu délicate.

HORTENSE. Quoy qu'on pust m'estimer pour elle assez bien né,
Je suivray vos avis comme d'un frère aisné :
Je ne penseray plus à vostre aimable veuve,
Et pour vous en donner une infaillible preuve,
Je connois un marquis bien fait, toujours gaillard,
Qui vous ira treuver dès ce soir au plus tard.

LÉARQUE. Tant mieux, sa belle humeur détournera ma fille
De tous ces chiens d'autheurs dont sa chambre fourmille
Et je crains de la voir enfin, à lire trop,
Aux Petites-Maisons aller au grand galop.
Je vais donc l'avertir qu'elle se tienne preste,
Et dans ce bon dessein que rien ne vous arreste.

HORTENSE. Allez, pauvre caboche, allez foible cerveau!
Ouy, je vous feray faire un marquis tout nouveau,
Et, piqué jusqu'au vif, je vais en diligence
Prendre de vos mépris une haute vengeance.
De mon valet Guillot, il n'est point de fripier
Qui ne mette un marquis d'abord sur le métier.
Après m'avoir traité comme un homme de boue,
A mon tour maintenant, il faut que je vous joue[1].

---

[1] Cette scène et le commencement de la suivante reproduisent, toujours avec quelques modifications, la 3ᵉ entrée du *Cercle*.

## SCÈNE III.

#### HORTENSE, ALIX, GUILLOT.

HORTENSE. Mais faisons le venir. Heurteray-je longtemps ?
Alix et mon valet.... Enfin je les entens.

ALIX. A la porte, Guillot, viste.

GUILLOT. Vas-y toy mesme,
Je prens dans le cellier deux verres d'aposème [1].

HORTENSE. Ah ! le drôle ! voilà comment on boit mon vin !
Redoublons.

ALIX. Patience, on y va [2].

GUILLOT. Quel faquin
Oze pour me troubler venir heurter en maistre ?
Si j'y vais !...

HORTENSE. Mets au moins la teste à la fenestre.

GUILLOT. Qui va là ?

HORTENSE. Qui te rend le visage effaré ?

GUILLOT. Ce n'est rien.

HORTENSE. L'aposème a-t-il bien opéré ?
L'as-tu pris tout d'un coup ? jusqu'où montoit la doze ?
Parle donc ; depuis quand as-tu la bouche close ?

GUILLOT. C'est que je prens plaisir d'en rappeller le goust.
Sans aller au devin, ces docteurs sçavent tout.

HORTENSE. Ouy, je sçauray, maraut, punir ton insolence,
Et t'apprendre à vuider mes muids en mon absence !
Pour un valet tout neuf qu'il faudroit bien dauber,
Tu sçais un peu trop tost l'art de me dérober ;
Je t'ay pris sur le fait deux fois, et la troisième
Payera pour le tout.

GUILLOT. Le maudit aposème !

HORTENSE. Descens, et pour ce coup je te pardonne encor.

GUILLOT. Est-il un meilleur maistre ? Il vaut son pesant d'or.

HORTENSE. Guillot, quoy que je puisse avec bonne justice
Te donner tout le soûl de l'eau pour ton supplice,
Te fermer la cuisine et te bien testonner [3],

---

[1] Espèce de sirop médical.
[2] Voir la scène d'Alain et Georgette dans l'*École des femmes* (I, sc. 2), jouée l'année suivante.
[3] Battre, littéralement battre sur la tête.

|            |                                                            |
|------------|------------------------------------------------------------|
|            | Je veux plus faire encor que de te pardonner :             |
|            | Par un bon mouvement qui m'est venu dans l'âme,            |
|            | Je veux dès aujourd'huy te donner une femme.               |
| GUILLOT.   | Me marier !                                                |
| HORTENSE.  | Bien plus, t'enseigner comme il faut                       |
|            | Devenir gentilhomme, et t'élever plus haut,                |
|            | Car la femme, en un mot, que je t'ay préparée,             |
|            | Est belle, est bien disante, est toute diaprée;            |
|            | C'est une précieuse, elle a bien de l'acquis,              |
|            | Et te dédaigneroit si tu n'étois marquis.                  |
| GUILLOT.   | Ha ! que je sçaurois bien trancher du gentilhomme,         |
|            | S'il me tomboit du ciel quelque notable somme,             |
|            | Car comment sans argent pouvoir gentilhommer ?             |
|            | Comment entre les grands se faire renommer?                |
|            | Peut-on avoir beau train, grande meute, écurie,            |
|            | Autours et lanerets¹ pour la fauconnerie,                  |
|            | Pages, laquais, un suisse à dire : qui va là ?             |
|            | Car enfin un marquis doit avoir tout cela.                 |
| HORTENSE.  | Bon, je vois que déjà la gloire t'aiguillonne,             |
|            | Mais tu ne dis pas tout : il faut que je te donne          |
|            | Touchant le marquisat des avis importans,                  |
|            | Qui te pourront servir en tous lieux, en tous tems :       |
|            | J'entens du marquisat de la fausse fabrique,               |
|            | Dont ordinairement le hobereau se pique;                   |
|            | Car de mesme que luy tu n'as le nez tourné                 |
|            | Qu'à te faire estimer un marquis nouveau-né.               |
| GUILLOT.   | C'est bien assez pour moy, puisqu'il faut que j'en taste,  |
|            | D'estre de ces marquis qui sont faits à la haste,          |
|            | Et qui, las de se voir de petits compagnons,               |
|            | Viennent en une nuict comme des champignons².              |

---

¹ Le laneret, mâle du lanier, était, comme l'autour, un oiseau de leurre dans la fauconnerie.

² Ces traits contre les gentilshommes *de nouvelle fabrique* abondent alors dans les comédies, les satires, les chansons. Parmi les titres de noblesse, il semble particulièrement que celui de marquis fût le plus sujet à ces usurpations, qui occasionnèrent plus d'une fois des *recherches* et des punitions sévères à cette époque. En 1651, Scarron écrivait dans la première partie de son *Roman Comique* (ch. 9) : « En un temps où tout le monde se *marquise* de soi-même, c'est-à-dire de son chef. » Un peu plus tard, Saint-Amand disait dans un *Avis au lecteur* : « Je me *messiriseray* et me *chevaliseray* à tour de bras, pour le moins avec autant de raison que la plupart de nos galands d'aujourd'huy en ont à prendre la qualité ou de comte ou de marquis. » (Édit. Livet, II, 355). Il est impossible de songer à citer tant de traits dirigés de toutes parts contre ces *marquis sans marquisats*, ainsi que

               Je feray bien comme eux, n'en soyez point en peine,
               Et je sçauray sur tout bien remplir ma bedaine.
               Guille¹ aura bien souvent l'emmarquisé Guillot,
               Et Guille bien souvent payera tout l'écot.
               Par divertissement j'iray voir la donzelle,
               Pour rire seulement, et causer avec elle.

HORTENSE. Tout beau, tu vas trop vite ; il faut pour ton profit
               Travailler avant tout à te mettre en crédit :
               Feins donc que tu reçois des lettres d'importance,
               Qu'un duc t'écrit souvent et te fait confidence
               D'une intrigue d'amour, de ses secrets rivaux,
               De duels, de ballets, de chasses, de chevaux.
               Laisse exprès dans ta poche, ou bien sur ta toilette,
               Ces lettres que tu veux que partout on trompette ;
               Ton tailleur, tes valets, gens à ne rien céler,
               S'iroient pendre plus tost que de n'en pas parler.
               Mais quand tu jugeras qu'on aura pu les lire,
               Pour feindre du regret ne laisse rien à dire ;
               Reprens-les tout fasché, querelle tous tes gens,
               Nomme les étourdis, curieux, négligens,
               Et crois-moy, qu'il n'est point d'esprit qui ne s'embourbe
               Dans les subtils détours d'une pareille fourbe.

GUILLOT. Peste ! comme il l'entend ! quel rusé ! quel matois !

HORTENSE. Attens, je ne puis pas te tout dire à la fois.

GUILLOT. Il est vray : poursuivez, ma rate à vous entendre
               S'épanouit de joye.

HORTENSE.           Écoute, il faut t'apprendre,
               Pour te faire estimer, un secret bien plus beau,
               Qui portera ton nom au delà du tombeau :
               Tu sçais comme aujourd'huy le royaume fourmille
               D'autheurs bons et mauvais, dont la plume frétille,
               Et que nous nous voyons dedans une saison
               Où d'écrire chacun a la démangeaison ;
               Qu'il ne manque non plus, pour produire un ouvrage,
               D'imprimeurs affamez, qui, sans craindre la cage,
               Mettent tout sous la presse, et, sous l'espoir du gain,
               Le débitent bien-tost hautement, ou sous main.

---

les appelle encore Le Pays dans la préface de ses *Amitiez, Amours, Amourettes.* Des gens comme Montausier lui-même et son frère se faisaient ou se laissaient appeler marquis avant la création du marquisat de Montausier.

   Fameux traiteur, dont il est question dans les *Mémoires de l'abbé de Marolles.*

GUILLOT. En effet, quand je passe au Palais, on m'enivre :
« Le beau livre, Monsieur; Monsieur, le nouveau livre »[1].
On vous le porte au nez, on vous le vante bon,
Qui, ma foy, bien souvent ce n'est qu'une chanson.
HORTENSE. Très-souvent. Il faut donc aposter quelque plume
Qui, pour te faire honneur, te dédie un volume,
Qui te nomme en l'épître un Alexandre, un Mars,
Qui te porte en valeur plus haut que les Césars,
En prudence au-dessus de la prudence mesme,
Et te déclare enfin digne du diadême.
GUILLOT. Pour cette belle épistre il faut faire un présent,
HORTENSE. On ne se pique plus de donner à présent [2].
GUILLOT. Mais....
HORTENSE. Quoy mais? Laisse-moy poursuivre, je te prie,
Et ne m'interromps plus.
GUILLOT. Mais point de tricherie!
Et seray-je à couvert des mauvais accidens,
Quand....
HORTENSE. J'ay grand désir de te casser les dents.
GUILLOT. Il y va trop du mien, et je veux bien m'instruire.
HORTENSE. Tant que tu parleras, je ne te puis rien dire.
GUILLOT. Qui ne doute jamais sçait tout, ou ne sçait rien.
HORTENSE. Qui n'écoute jamais, n'apprendra jamais bien,
GUILLOT. Vous ne découvrez pas icy tout le mystère.
HORTENSE. Ha le maudit parleur! ne sçaurois-tu te taire?
GUILLOT. Non, et je veux enfin, en dussiez-vous mourir,
Sçavoir si je n'ay point d'accident à courir,
Quand, pour faire marcher mon train tousjours de mesme,
Il faudra quelquefois user de stratagème;
Car n'avoir de quoy frire, et vouloir marquiser,
C'est dire en mots couverts qu'il faut dévaliser,
Soit en leur faisant peur, soit par quelques bricoles,
De ces bons gros bourgeois regorgeant de pistoles.

---

[1] Voir La *Galerie du Palais*, de Corneille, et dans notre premier volume, la scène 3 de l'*Impromptu de l'hôtel de Condé*. On y vendait sous le manteau beaucoup de livres prohibés.

[2] Ce cri du cœur ouvre de douloureuses perspectives sur la pauvreté de Chapuzeau. Il avait beau multiplier les dédicaces et y suivre à la lettre les conseils qu'il met dans la bouche d'Hortense, cette industrie ne lui rapportait pas de quoi vivre. Les auteurs avaient tellement abusé de ces lettres de change tirées sur la vanité des personnages en place qu'ils avaient fini par les lasser. Scarron, l'un de ceux qui ont poussé aux dernières limites la quémanderie de la dédicace, a fait entendre plusieurs fois la même plainte.

## L'ACADÉMIE DES FEMMES.

    Toutefois il est juste, et n'est-il pas honteux
De voir un marchand riche, et qu'un marquis soit gueux,
Qu'il n'ait pas le teston pour faire bonne vie,
Pour se rendre partout où l'honneur le convie,
A la Sphère, à l'Autruche, en tous ces autres lieux;
Où l'on va se gorger de vin délicieux?

HORTENSE. As-tu bien-tost tout dit?

GUILLOT.                   Tandis que je me mouche
Vous pouvez dire un mot.

HORTENSE.                 Va, ton erreur me touche,
Tu t'allarmes trop tost pour des maux incertains:
J'ay l'antidote prest pour celuy que tu crains.
Et puis au pis aller! Mais que nous veut Lisette?

GUILLOT. Il la faut écouter.

## SCÈNE V.

### LISETTE, HORTENSE, GUILLOT.

LISETTE.                 Ma maistresse souhaite
Que le jardin se ferme, afin d'y recevoir
Des dames du quartier qu'elle attend sur le soir;
Il faut que j'obéisse.

GUILLOT.               O la bonne servante!

HORTENSE. Lisette, ta maistresse est bien impatiente.

GUILLOT. Elle est femme.

LISETTE.               Elle veut que je ferme sur vous,
Que je barre la porte et tire les verroux.

HORTENSE. Mais, Lisette, mon cœur, sans estre querellée,
Tu peux bien nous permettre encore un tour d'allée,
Et j'avois à présent quelque conception,
Que feroit échapper la moindre émotion.
Laisse-nous un moment, et fais-nous cette grâce;
D'abord à ton retour nous quitterons la place.

LISETTE. Ne me trompez donc pas; autrement je pourrois
Tantost de ma maistresse avoir bien sur les doigts.
Dépeschez, s'il vous plaist; je retourne sur l'heure.

## SCÈNE VI.

### GUILLOT, HORTENSE.

GUILLOT.  Cette fille est jolie et me plaist, ou je meure !
Mais, mon maistre, à propos, quel est ce pis aller,
Dont sans elle tantost vous me vouliez parler?
Cela me tient au cœur, et j'en ay la migraine.
HORTENSE. Ce n'est rien.
GUILLOT.           Tant mieux donc.
HORTENSE.                    Non, n'en sois point en
[peine;
Mais comme il te faudra recourir à l'emprunt,
D'abord que le crédit pour toy sera deffunt,
Si tous tes créanciers sur toy tombent en foule,
Si tu vois qu'à la fin cette masse s'écroule,
Qu'elle aille t'accabler, décampe promptement,
Cours viste, et chaque soir change de logement.
GUILLOT. Fort bien, car quel affront, qu'aux yeux de la cohue
On me vint arrester mes chevaux dans la rue,
Et que de mon carrosse il me fallust sortir,
Pour donner au badaut sujet de s'ébaudir !
Ma foy, le marquisat pourroit bien me déplaire,
Si pour l'entretenir il faut tant de mystère.
HORTENSE. Lourdaut, te crois-tu seul qui vit de la façon?
Afin de te donner tout d'un coup ta leçon,
Ne t'imagine pas que dans une bicoque
Ainsi qu'en de grands lieux aisément on escroque :
On n'y peut faire un pas, on ne peut s'y moucher,
Que, le tambour battant, on ne l'aille afficher ;
On est trop éclairé, l'on n'a pas assez d'ombre,
Et les occasions y sont en petit nombre.
Il n'est pour ton métier qu'un Madrid, qu'un Paris :
La fortune en ces lieux a tous ses favoris,
Et dans ces grandes mers pleines de chalandises,
On treuve moins d'écueils et l'on fait plus de prises.
Aussi, pour emprunter, ne t'attaque jamais
A de petites gens dont on n'a point de paix,
Qui viendront le matin, lorsque tu te réveilles,
Criailler à ton lit et percer tes oreilles;

|   |   |
|---|---|
| | Attaque-toy plutost à ces gros partisans [1], |
| | Qui sçavent mieux agir avec les courtisans, |
| | Qui ne s'allarment point pour de petites pertes, |
| | Et dont aux gens d'honneur les tables sont ouvertes. |
| GUILLOT. | Qu'on m'y verra souvent rembourrer mon pourpoint! |
| HORTENSE. | Tout beau, laisse moy dire, et ne m'interromps point. |
| | Parlons de ta maison et de tes domestiques. |
| GUILLOT. | Pour devenir marquis il faut bien des rubriques. |
| HORTENSE. | Quoy, m'interrompre encor! |
| GUILLOT. | Nargue du marquisat, |
| | Et j'aime mieux cent fois estre simple goujat! |
| HORTENSE. | Mais... |
| GUILLOT. | Mais je n'en veux point. |
| HORTENSE. | Daigne encore m'entendre. |
| GUILLOT. | Je ne puis. Qu'auriez-vous de surplus à m'apprendre? |
| | C'est assez. |
| HORTENSE. | Sçache donc. |
| GUILLOT. | Je ne veux rien sçavoir. |
| HORTENSE. | Ma foy, vous apprendrez, marquis, vostre devoir. |
| | Tu ne sçaurois manquer de haute expérience, |
| | Si tu veux m'écouter avecque patience. |
| GUILLOT. | Patience. |
| HORTENSE. | Parlons tout au moins de ton nom. |
| | N'en as-tu jamais eu d'autre que Guillot? |
| GUILLOT. | Non, |
| | Et Guillot est un nom que je veux rendre illustre. |
| HORTENSE. | La cour s'en moqueroit : c'est un vray nom de rustre. |
| | Il feroit fort beau voir qu'au milieu d'un écot, |
| | On te dist en buvant : « A toy, marquis Guillot! » |
| | Il te faut donc nommer le marquis de Guilloche; |
| | Ce *de* sent sa noblesse, ou du moins en approche. |
| | Mais affecte surtout de parler par compas, |
| | Et dans tous tes discours n'avance rien de bas, |
| | Qui ne soit éloigné du caquet du vulgaire; |
| | Et de peur d'y manquer, plustost ne parle guère. |
| GUILLOT. | Ma foy, je parleray quand bon me semblera; |
| | Mais pourtant vostre avis toujours me réglera. |
| | Quand je verray quelqu'un de retour d'Allemagne : |
| | « Ne s'appreste-t-on pas pour sortir en campagne, |

---

[1] Financiers, gens qui font des *partis* avec le roi pour prendre ses revenus à ferme, se charger du recouvrement des impôts, etc.

Luy diray-je? Et le Turc fait-il de grands progrès?
Le comte de Nassau, mon cousin, est après
A me solliciter de passer en Hongrie ;
Il m'offre un équipage et l'Empereur m'en prie. »
De Rome, ou de Turin si quelque autre revient :
« Se divertit-on bien à Rome? Il me souvient
Que j'y passay fort bien le tems dans un voyage
Qu'avec l'ambassadeur j'y fis en mon jeune âge. »
Hé bien ! ces discours-là sentent-ils son bourgeois?
Le stile en est-il bas? l'entens-je, cette fois?

HORTENSE. Mieux que je n'aurois cru. Mais il faut que tu songes,
Sans trop considérer les frais où tu te plonges,
De fuir en tes habits autant qu'en tes discours.
Le courtaut qui du monde ignore le beau cours.

GUILLOT. J'auray donc la culotte et la petite canne,
Cravate, souliers ronds, et gans de franchipane [1],
Mouchoirs à glans touffus, et d'une aune en quarré ;
Dans mes autres habits tout sera chamarré,
Et comme à s'ajuster chacun a sa méthode,
Pour les surpasser tous je passeray la mode.
Mais surtout, pour avoir l'assortiment complet,
Il me semble qu'il faut porter du violet,
La manche découpée en quatre cens taillades,
La chemise qui vient forcer ces barricades,
Qui veut se mettre au large et qui bouffe d'orgueil,
Le pié très-bien chaussé, des rubans sur l'orteüil,
Canons dessus canons, chausses à tuyaux d'orgue [2].
Est-il après cela marquis que je ne morgue [3]?
Qu'il me fera beau voir avec ces beaux habits!
Il vaut mieux estre brave [4] et manger du pain bis,
Et combien devant moy vois-je de camarades?

HORTENSE. Mais dans l'académie [5] il faut prendre tes grades,

---

[1] Gants de peau parfumée.

[2] On peut comparer cette tirade à celle de Sganarelle dans l'*École des maris* (I. sc. I.), qui est justement de la même année. Sur ces *chausses à tuyaux d'orgue* et ces *canons dessus canons*, on peut voir aussi les *Lois de la galanterie* (1644), quoique ceux-ci n'eussent pas pris alors tous leurs développements; Loret, *la Muse historiq.*, t. VII, lettre 22; Somaize, le *Procès des Précieuses* (1660), sc. 12, etc.

[3] Brave, délie.

[4] Bien mis. Tallemant, nous parlant de l'élégante et magnifique Mme de Nouvau, dit qu'elle était la plus grande folle de France en *braverie*. (Histor. de Villarceaux.)

[5] Il s'agit des académies de jeu, comme on le voit par ce qui suit.

|          | Sçavoir adroitement manier les cornets,
|          | Jouer à quinquenauve, à la chanse, aux échets,
|          | Au piquet, au trictrac, au verquier, toutes tables ¹,
|          | S'emporter quelquefois, crier comme des diables.
GUILLOT.   | Ouy, j'irois imiter ces faiseurs de cancan,
|          | Qui pour leurs juremens se font mettre au carcan!
HORTENSE.  | Voilà ce que j'avois à peu près à te dire.
GUILLOT.   | Ma foy, vous pourrez bien tout au long me l'écrire.
|          | Qui pourroit retenir ce fatras de leçons?
HORTENSE.  | Il t'en falloit donner de toutes les façons,
|          | Afin qu'aux yeux de tous tu ne sois pas novice,
|          | Quand il faudra tantost en faire l'exercice.
|          | J'oubliois un article, et des plus importans :
|          | Comme la comédie est le charme du tems,
|          | Qu'elle attire, aujourd'huy qu'elle est dans un haut lustre,
|          | Tout ce que la cour a de galant et d'illustre,
|          | Sois des plus assidus à l'Hostel, aux Marets,
|          | Pour faire l'esprit fort, remarque les beaux traits;
|          | Au *Cid*, à *Timocrate* ², à des pièces semblables,
|          | Dis : « Les Corneilles sont tous deux inimitables ;
|          | Les autres auprès d'eux ne sçauroient qu'échoüer. »
GUILLOT.   | Par pitié quelquefois il faut bien les loüer,
|          | Mais je crois qu'il est plus de la galanterie
|          | De se mocquer de tout, d'en faire raillerie,
|          | De treuver à redire au poëte, à l'acteur,
|          | De faire le critique, et plaindre l'auditeur.
|          | Je m'iray tout d'abord planter sur le théâtre,
|          | Pour y faire à l'envy le galand, le folâtre ³,

---

¹ Tout le monde connaît les échecs, le piquet, le tric-trac. On trouvera quelques-uns des autres dans la liste des jeux de Gargantua, par exemple la *chance* et *toutes tables* (l. I, ch. 24). Le jeu de quinquenauve (*quinque* et *novem*) était un jeu de dés d'origine flamande.

² Tragédie de Th. Corneille, jouée avec un très-grand succès au Marais en 1656, et plus tard à l'Hôtel de Bourgogne, mais avec moins de bonheur.

³
Au milieu du devant il a planté sa chaise,
Et de son large dos morguant les spectateur,
Aux trois quarts du parterre a caché les acteurs.
(*Fâcheux*, sc. 1. Voir aussi la *Critiq. de l'École des femmes*, sc. 6.)

Cette habitude des gens du bel air d'encombrer le théâtre, dont nous avons parlé plus haut (page 195) dans une note des *Amours de Calotin*, était particulièrement désagréable aux auteurs et aux comédiens, qui n'ont pas craint plus d'une fois de l'attaquer vivement devant les marquis assis sur la scène.

Observer de chacun le geste et le minois,
Étaler mes canons, me peigner trente fois ;
Durant les violons en marquer la cadence,
Ou bien en me carrant entrer en conférence,
Censurer tout le monde, y treuver du défaut ;
Quand une actrice sort (si l'actrice le vaut)
Dire un peu haut¹ : « Marquis, vois-tu bien cette belle ?
Je ne me vante pas d'estre bien avec elle,
Mais quand tu le voudras, nous la gouvernerons ³. »

HORTENSE. Tu peux faire leçon à tous les fanfarons !
Ma foy, tu me surprens, et ton apprentissage,
A t'entendre parler, ne sent point son village.

GUILLOT. J'ay servy quelque tems un vieux routier de cour
Qui vantoit ses hauts faits et la nuit et le jour ;
J'ay bien tout retenu.

HORTENSE. Je le vois.

GUILLOT. Laissez faire,
Je suis assez rusé, j'entens tout le mystère.
Quand je verray sortir la Roque ou Floridor ⁴ :
« Marquis, diray-je encor, cet habit brillant d'or
Vient de moy ⁵. Qu'en dis-tu ? la seule petite oye ⁶
Me couste cinq cents francs, tout en belle monnoye,
Car je paye comptant ; demande à Perdigeon ⁷.
Dieu me sauve, il éclate, et tout en est mignon,
Je le fis faire exprès pour le jour de l'entrée ⁸,

² Plus haut que les acteurs élevant ses paroles.
(Molière, *Facheux*).
Plus haut que les acteurs vous élevez la voix.
(Regnard, *Distrait.*)

³ Tout ce petit tableau est pris sur le vif. On peut le comparer encore au passage des *Fâcheux* déjà cité, et à celui de l'*Impromptu de Versailles*, où Molière décrit l'entrée d'un personnage du bel air, « peignant *sa* perruque et grondant une petite chanson entre *ses* dents.

⁴ Deux des plus célèbres acteurs du Marais. Voir notre histoire de ce théâtre en tête du présent volume.

⁵ Voir dans ce même volume la note de la page 81.

⁶ On appelait *petite oie* les rubans et garnitures qui servaient d'ornement à l'habit ou au chapeau. C'est là que les élégants se surpassaient : la *petite oie* coûtait parfois plus que l'habit.

⁷ « C'est Perdigeon tout pur, » dit Madelon dans les *Précieuses ridicules* en parlant, elle aussi, d'une petite oie, celle de Mascarille. Perdigeon était le fournisseur à la mode.

⁸ L'entrée du roi à Paris après son mariage (26 août 1660), qui fut remarquable entre toutes par sa magnificence. Il en existe une multitude de relations,

|            |                                                              |
|------------|--------------------------------------------------------------|
|            | Et chacun admiroit mon train et ma livrée. »                 |
| HORTENSE.  | C'est ainsi que d'abord, douce comme un agneau :             |
|            | Une femme viendra donner dans le panneau :                   |
|            | Crois-moy qu'il n'en est point, pour devenir marquise        |
|            | Qui tout aveuglément n'engage sa franchise.                  |
| GUILLOT.   | Ouy, c'est le prendre bien, et vous avez raison.             |
| HORTENSE.  | Viens donc, je t'instruiray du reste à la maison.            |
| GUILLOT.   | Allons, car aussi bien je vois venir Lisette¹.               |

## SCÈNE VII.

| LISETTE. | Qu'on ne nous dise plus que la femme caquette : |
|----------|-------------------------------------------------|
|          | Ils auroient bien sans moy babillé tout le jour. |
|          | Mais les voila dehors; fermons à double tour.   |

# ACTE III.

## SCÈNE PREMIÈRE.

### LAROQUE, RAGOTIN.

| LA ROQUE. | Rasseure-toy, te-dis-je, et reconnois ton maistre. |
|-----------|----------------------------------------------------|
| RAGOTIN.  | Je tremble encor de peur, je m'enfuis, et peut-estre |
|           | Vous estes son fantôme, ou quelque esprit follet,  |
|           | Qui pourriez en jouant me donner un soufflet.      |
| LA ROQUE. | Arreste, ne crains point; crois-tu que je me moque ? |
|           | Ouvre, ouvre bien les yeux, et reconnois la Roque, |
|           | Ce maistre dont jadis tu te vis tant chéry.        |

---

dont M. L. de Laborde a cité trente-deux des moins connues dans une note de son *Palais Mazarin*.

1 Toute cette longue conversation entre Hortense et son valet, coupée un moment par l'intervention de Lisette, est la reproduction, mais développée et bien perfectionnée, de la 4ᵉ entrée du *Cercle*. Chapuzeau en a pris l'idée et de nombreux détails, en les appropriant, du mieux qu'il a pu, à son temps et à son pays, et en y ajoutant plusieurs traits significatifs de son crû, dans le colloque d'Érasme intitulé : Ἱππεὺς ἄνιππος, *sive ementita nobilitas*.

RAGOTIN. Depuis quatorze mois il doit estre pourry.
LA ROQUE. Ouy, je le devrois estre, et sans le sort propice
Qui ne resolut pas alors que je perisse,
Tu ne me verrois pas à cette heure debout.
RAGOTIN. Pour m'en bien asseurer je veux taster par tout;
Me le permettez-vous?
LA ROQUE. Fort bien, taste et retaste.
RAGOTIN. C'est luy-mesme. Ah! mon maistre!
LA ROQUE. Il suffit, et j'ay haste
D'apprendre si je dois, après qu'on m'a cru mort,
Espérer qu'en ces lieux mon retour plaise fort;
Car tu sçais que ce fut pour sa seule folie,
Que je me résolus de quitter Émilie,
Cette femme incommode à lire incessamment,
Qui raisonne à la table, au lit, mesme en dormant,
Et qui, dans le chagrin [1] qu'ont toutes ces sçavantes,
Chassoit de ma maison et valets et servantes [2].
RAGOTIN. Elle est encore pis qu'elle ne fut jamais,
Et si le ciel du père accomplit les souhaits,
Elle épouse un marquis qu'on vient de me portraire
D'humeur à la laisser et tout dire et tout faire.
Mais il faut empescher que ce brave marquis...
LA ROQUE. Non, je dois voir icy ce nouvel Adonis.
Afin d'entrer sans bruit par cette fausse porte,
Je t'ay fait appeler; tu sçais bien qu'il m'importe
De sçavoir tout au long quel il est, et comment
Ma femme souffrira l'abord de cet amant.
RAGOTIN. Monsieur, je vois déjà Lisette qui s'avance.
LA ROQUE. Observons bien d'icy toute leur contenance.

## SCÈNE II.

### LISETTE, RAGOTIN.

LISETTE. Que de peine à servir, et qu'on est bien heureux,
En ce siècle maudit de n'estre pas né gueux!
A peine un crocheteur porteroit tous ces livres,
Et je gagerois bien qu'ils pèsent deux cents livres.

---

[1] L'humeur chagrine.
[2] Rapprocher de l'acte II des *Femmes savantes* (sc. 5-7).

| | |
|---|---|
| | On pourra bien chercher qui les reportera. |
| RAGOTIN. | Ne t'afflige pas tant, Ragotin t'aidera. |
| LISETTE. | Vraiment, il fait beau voir qu'ainsi tu te reposes, |
| | Tandis qu'à la maison l'on m'ordonne cent choses! |
| | Tu n'as guère de cœur de me voir travailler |
| | Cependant qu'au soleil tu te tiens à bâiller. |
| | Ne meurs-tu point de honte, et n'est-il pas injuste |
| | De me laisser tout faire, ayant un corps robuste? |
| | Tu n'as jamais rien sçu que manger et dormir; |
| | Mais de faim quelque jour je t'entendray gémir. |
| RAGOTIN. | Je ne suis pas payé pour servir ta maistresse. |
| LISETTE. | Aussi l'oisiveté te fait crever de graisse. |
| | Mais enfin diras-tu que je n'ai pas raison, |
| | Mangeant tous deux le pain de la mesme maison: |
| | De me plaindre de toy, que jamais en ta vie |
| | De soulager Lisette il ne t'a pris envie. |
| RAGOTIN. | Ah! si tu le voulois! |
| LISETTE. | Va, j'ay le cœur trop bon. |
| | Qu'une fille a de grâce à prier un garçon! |
| RAGOTIN. | Tu te fasches toujours. |
| LISETTE. | Je ne suis que trop franche, |
| | Mais j'espère qu'un jour j'en auray ma revanche, |
| RAGOTIN. | Je te la donneray, si tu veux. |
| LISETTE. | Mais voicy |
| | Ma maistresse qui vient; retire-toy d'icy. |

## SCÈNE III.

ÉMILIE, AMINTE, LUCRÈCE, CORNÉLIE, LISETTE.

| | |
|---|---|
| ÉMILIE. | Ces livres, bel esprit, sont-ils là dans leur place? |
| | C'est traitter les sçavans avec fort bonne grâce! |
| | Donnez-leur, paresseuse, un siége de gazon. |
| | Il fait icy plus frais cent fois qu'à la maison: |
| | Mesdames, plaçons-nous, et sans cérémonie. |
| | Je croyois recevoir plus grande compagnie; |
| | Mais le nombre me plaist, nous quatre nous faisons |
| | Celuy des élémens, et celuy des saisons. |
| AMINTE. | Si des quatre élémens nous sommes la peinture, |
| | Vous estes le beau feu qui maintient la nature. |
| ÉMILIE. | Si des quatre saisons nous portons les couleurs, |

|              | Vous estes le printems qui produit mille fleurs. |
|---|---|
|              | Mais trève, s'il vous plaist, de ces belles fleurettes ! |
|              | Si l'on nous écoutoit, on nous croiroit coquettes, |
|              | Et ces dames pourroient disputer justement |
|              | A vous vostre saison, à moy mon élément. |
| LUCRÈCE.     | Je n'y prens nulle part. |
| CORNÉLIE.    | Pour moy je vous le cède |
| ÉMILIE.      | Donc, que tout autre soin à présent nous possède, |
|              | Faisons sortir pour nous, ainsi que du tombeau, |
|              | De nos quatre élémens un monde tout nouveau, |
|              | De nos quatre saisons une meilleure année, |
|              | Et pour tout nostre sexe une autre destinée. |
|              | Aux hommes pleins d'orgueil il est par trop soumis ; |
|              | Nous n'ozerions rien faire, et tout leur est permis ! |
|              | Pour nostre unique employ, pour tout nostre partage, |
|              | N'aurons-nous donc jamais que les soins du ménage, |
|              | Et sans faire valoir nostre capacité |
|              | Auront-ils dans l'état toute l'authorité ? |
|              | Ouy, leur laissant la guerre et les faits héroïques, |
|              | Nous pourrions bien remplir les charges pacifiques |
|              | Et tandis qu'ils iroient assurer les dehors, |
|              | Gouverner du dedans les tranquilles ressorts. |
|              | Ils ont, pour s'établir, sénats, académies, |
|              | Cours, diètes, conseils ; nous seules, endormies, |
|              | Nous seules, sur le point de nous voir accabler, |
|              | Ne songeons point qu'il est tems de nous assembler [1], |
| AMINTE.      | Plus que tems. |
| ÉMILIE.      | Nous avons, dans un dessein si juste, |
|              | L'appuy d'un fameux prince et d'une teste auguste, |
|              | D'un Héliogabale, et l'histoire fait foy |
|              | Qu'en faveur de sa mère il en fit une loy [2]. |
| AMINTE.      | Ha ! que si nous pouvions dompter ces maistres hommes, |

[1] Toute cette curieuse scène, où l'on voit un *club* de femmes fortes délibérer sur l'émancipation de leur sexe, n'est qu'une imitation très-directe, et parfois une traduction du colloque d'Érasme intitulé : Senatulus, sive Γυναικοσυνέδριον. ( *Le petit sénat, ou le conciliabule des femmelettes*). C'est le 5e dialogue du tome 1er de la traduction de Gueudeville, Leyde, 1720, in-12. Cette même scène se trouvait déjà plus au long dans la 5e entrée du *Cercle*.

[2] Héliogabale abandonnait le soin des affaires à son aïeule Julia Mœsa, qu'il avait fait admettre d'abord dans le sénat et siéger à côté des consuls, puisqu'il mit à la tête d'un sénat de femmes, qui s'assemblait à des jours marqués sur le Quirinal pour délibérer et rendre des décrets sur les modes et l'étiquette.

              Les réduire à leur tour à l'état où nous sommes,
              Les régir une fois et prendre le dessus,
              Qu'ils seroient étonnez, qu'ils deviendroient confus !
              Mais nous n'avons contre eux et contre leurs caprices
              Que nostre complaisance et que nos artifices.
              Nous déclarons en vain la guerre à ces démons,
              Qui se moquent de nous et de tous nos sermons,
              Et qui, de leur fierté ne voulant rien rabattre,
              Peuvent du moindre effort aisément nous abattre.

ÉMILIE.    C'est une tyrannie, il faut la secouer,
              Et tout le sexe enfin doit nous en avouer.

LUCRÈCE.  Ouy, mais pour nos maris ayons de la prudence :
              Il est de nostre gloire et de la bien-séance
              De ne rien dire d'eux dont nous puissions rougir.

AMINTE.    A son gré sur cela chacune peut agir.
              Le mien impunément tous nos secrets évente,
              Et vous pouvez penser combien il en invente,
              Mais cela n'est qu'un jeu, si nous le comparons
              Au rude traitement de plusieurs fanfarons,
              Dont à peine une femme, et bien faite, et bien née,
              Peut arracher un sou dans le cours d'une année,
              Et qui prennent plaisir, pour montrer leur pouvoir,
              De se faire prier mille fois pour l'avoir.

ÉMILIE.    J'avois avec le mien la mesme peine à vivre :
              Il me plaignoit l'argent pour acheter un livre ;
              Mon occupation luy donnoit de l'ennuy,
              Et je n'avois jamais de paix avecque luy.
              Il avoit quelque esprit, et c'étoit ma tristesse,
              Car je veux un mary dont je sois la maistresse.
              Qu'une veuve est heureuse!

LUCRÈCE.                    Ouy, sans doute, elle l'est,
              Et de tout nostre sexe embrassant l'intérest,
              Il faudroit ordonner en faveur de ces filles,
              Qui, soit pour le péché de leurs pauvres familles,
              Soit pour autre défaut, demeurent à l'écart,
              Et ne peuvent treuver de mary que bien tard,
              Que l'on les émancipe ; et si l'on veut, j'appreuve
              Que chacune à vingt ans ait le brevet de veuve,
              Qu'elle soit sa maistresse et suive son humeur,
              Et ne dépende plus d'un père ou d'un tuteur.

ÉMILIE.    Mais c'est pour cette fois assez parlé des hommes
              Il faut parler aussi du désordre où nous sommes.

## ACTE III, SCENE III.

Y donner du remède, et que, selon le sang,
Chacune désormais se tienne dans son rang :
Nous voyons qu'aujourd'huy la petite bourgeoise
A marcher comme nous hardiment s'apprivoise,
Et que son sot mary, fust-il très-indigent,
Luy fait porter la moire et la toile d'argent.
Il luy faut un carrosse, ainsi qu'aux grandes dames ;
Et si l'on voit d'ailleurs à de certaines femmes
Une queüe trainer de trois aunes de long,
Que fera la marquise, et qu'aura-t-elle donc [1] ?

AMINTE. A voir comme à l'envi chacune s'accommode
En moins de quatre jours la mode n'est plus mode.
Sans vouloir discerner ny le bien, ny le sang,
Tout le sexe aujourd'huy marche d'un mesme rang.
Quelle confusion, juste ciel! quel désordre!

ÉMILIE. Les hommes, je l'avoüe, ont icy bien à mordre.
Mais nous ne pouvons pas, pour la première fois,
Éplucher chaque chose et faire tant de lois ;
Nous prendrons plus de tems pour démêler le reste
Et nous empescherons, par un beau manifeste,
Que les hommes sur nous ne sonnent le tocsin.
Seulement aujourd'huy sur nostre grand dessein
Je veux vous faire part d'une belle remarque.
Lisette, donnez-moy ce tome de Plutarque.
Vous me donnez Platon ; avez-vous l'esprit sain ?
Lisez le dos, aveugle! Il est grec et latin,
Mais je l'expliqueray syllabe pour syllabe,

AMINTE. Le grec et le latin sont pour nous de l'arabe.
ÉMILIE. Sotte, ce n'est pas là le tome qu'il me faut.
LISETTE. Suis-je sorcière?
ÉMILIE. Non, ce n'est pas ton défaut.
Encor pis, esprit lourd! j'avois dit les *Morales*;
Vite, allez les quérir. Que ces âmes brutales
Font de peine, et comment, sans perdre la raison,
Pourroit-on longtems vivre avec un tel oyson?
Elle m'a fait cent fois de pareilles saillies,

---

[1] Ces lamentations contre le luxe exagéré des petites bourgeoises et leurs tendances à empiéter sur le domaine des femmes de qualité sont tirées du dialogue d'Érasme; mais Chapuzeau pouvait d'autant mieux les reproduire, qu'elles s'appliquaient parfaitement au XVIIe siècle, comme à peu près d'ailleurs à tous les siècles, et qu'on trouve souvent des plaintes analogues dans les écrivains du temps.

|   |   |
|---|---|
|   | Et n'a sçu distinguer les *Morales* des *Vies* [1]. |
|   | Mais la voicy déjà. Quoy ! n'irez-vous donc pas ? |
|   | Qui vous fait retourner ? |
| LISETTE. | Je reviens sur mes pas |
|   | Par le commandement de Monsieur vostre père, |
|   | Vous dire qu'un marquis vient icy pour vous faire |
|   | Offre de son service, et pour vous épouser. |
| AMINTE. | Adieu donc. |
| ÉMILIE. | Demeurez, nous l'entendrons jaser ; |
|   | C'est quelque fat sans doute. |
| LISETTE. | Ouy, si je ne m'abuse, |
|   | Il a tout le minois d'un sot et d'une buse. |
| ÉMILIE. | N'importe, il est marquis, et je tiens qu'un butor |
|   | Pour une habile femme est un rare thresor. |
| LISETTE. | Madame, le voicy. |

## SCÈNE IV.

LÉARQUE, HORTENSE, GUILLOT, ÉMILIE, AMINTE, LUCRÈCE, CORNÉLIE [2].

|   |   |
|---|---|
| LÉARQUE. | Fasché de vous voir veuve, |
|   | Et qu'enfin ma maison sans héritier se treuve, |
|   | D'Hortense nostre amy j'ay suivy le conseil ; |
|   | Recevez de ma main ce marquis sans pareil, |
|   | Ma fille, il me plaist fort. |
| AMINTE. | Quelle figure d'homme ! |
| GUILLOT. | Pages, demeurez là. Si je n'ay point de pomme |
|   | Pour donner à Vénus, je luy donne mon cœur, |
|   | Dont son œil égrillard se rend d'abord vainqueur. |
| ÉMILIE. | Le joly compliment ! |
| AMINTE. | Ah ! l'esprit ridicule ! |
| ÉMILIE. | Embarrassons-le un peu. Je suis assez crédule |
|   | Pour écouter, Monsieur, ce compliment de vous, |

---

[1] Comparer les scènes de Bélise et Philaminte avec Martine et avec Lépine dans les *Femmes savantes*.

[2] Ce valet déguisé en marquis par un amoureux qui veut se venger des mépris de sa maîtresse, rappelle, comme je l'ai déjà dit, le Mascarille et le Jodelet des *Précieuses*, ou mieux encore, par le ton burlesque et le genre de plaisanterie, le Jodelet de Scarron, qui se fait passer près d'Isabelle pour son maître don Juan, dans *Jodelet maître et valet*.

## ACTE III, SCÈNE IV.

|  | Sous l'espoir de vous voir aujourd'huy mon époux. |
|---|---|
| GUILLOT. | Peste, qu'elle a de haste! elle fait les avances. |
| ÉMILIE. | Puisqu'on m'en a déjà donné les asseurances, |
|  | Je crois devoir agir avec vous sans détour. |
| GUILLOT. | J'auray tant moins de peine à vous faire l'amour; |
|  | Mais je crains bien d'entrer trop tost en mariage, |
|  | Et vous n'en estes pas à vostre apprentissage. |
| LÉARQUE. | Monsieur, vostre marquis parle un peu librement. |
| HORTENSE. | Peut-on estre bien sage alors qu'on est amant? |
|  | De plus, je vous ay dit qu'il est d'humeur gaillarde. |
| GUILLOT. | De vous remarier sans doute qu'il vous tarde! |
| AMINTE. | Le plaisant amoureux! |
| ÉMILIE. | L'amour qui traisne trop, |
|  | Comme il vient lentement, s'en retourne au galop. |
|  | Vous voyant si bien fait... |
| GUILLOT. | Elle mord à la grappe. |
| ÉMILIE. | Je crains avec raison qu'un tel mary m'échappe. |
| GUILLOT. | C'est bien fait; car de moy mille cœurs sont épris, |
|  | Et vous me devez prendre avant que je sois pris. |
|  | Sçachez que des marquis je suis la quinte-essence, |
|  | Et qu'avec l'Univers ma race prit naissance. |
|  | Voyez-vous ce bijou? tenez, c'est mon cachet, |
|  | Et vous y pouvez voir mes armes fort au net. |
| ÉMILIE. | Bon Dieu, que de quartiers! |
| GUILLOT. | Ce sont mes alliances. |
| LÉARQUE. | Ma fille, quel bonheur! |
| HORTENSE. | Sur toutes les sciences |
|  | J'ay toujours fait grand cas de celle du blazon. |
|  | Ces armes du milieu sont de vostre maison? |
| GUILLOT. | Justement. |
| LÉARQUE. | Qu'est-ce donc? dites-le-nous, de grâce : |
|  | On ne les peut bien voir dans ce petit espace. |
| HORTENSE. | J'en meurs aussi d'envie, et vous en prie encor. |
| GUILLOT. | D'accord. Je porte donc trois testes d'oyson d'or, |
|  | Deux en chef, une en pointe. |
| HORTENSE. | En quel champ? |
| GUILLOT. | Champ de gueule : |
|  | De toutes les couleurs je suis pour cette seule, |
|  | Car j'en ay tué mille, et le sang d'un oyson |
|  | Est égal en rougeur au sang d'un furibond. |
|  | Des armes parlent haut, un chiffre est trop vulgaire; |
|  | Mon carrosse les porte et devant et derrière, |

Aux flancs, aux arcboutans qui portent l'aileron;
Elles sont à ma porte, en ma salle, au perron,
Partout.

ÉMILIE. Et pour cimier?

GUILLOT. Des armes importantes
Demandent plus qu'un chien les oreilles pendantes.
Ce timbre est trop commun.

HORTENSE. Il ne le sera plus,
Si l'on veut ajouster deux cornes au-dessus.

GUILLOT. Pronostique asseuré du futur cocuage,
Dès que j'auray l'honneur d'entrer en mariage.

ÉMILIE. Et l'écusson enfin, qu'a-t-il donc pour support?

GUILLOT. Deux singes. Mes ayeux ne s'en piquoient pas fort;
Mais je veux les changer, ils ne me sçauroient plaire,
Et je ne voudrois rien que d'extraordinaire.
Les princes ont tout pris, les lions, les dragons,
Les cerfs, les léopars, les aigles, les griffons;
Je veux, tant que je puis, éviter les copies.

HORTENSE. Je vous conseille donc de prendre deux harpies.
La devise, le cry, tout cela doit porter
Quelque chose de grand et qui puisse éclater.
Charle-Quint à courir avoit si bonne haleine,
Qu'il prit très à-propos, *plus outre*, pour la sienne;
Son successeur avoit: *A quiconque en voudra*.

GUILLOT. Pour devise j'ay pris: *Nul ne s'y frottera*.
Pour cry: *Tout au hazard* [1].

LÉARQUE. Monsieur, ne vous déplaise,
Si je vous ay laissé parler tout à vostre aise,
C'est afin de pouvoir vous apprendre à mon tour
Que mon estoc [2] au vostre en doit peu de retour.

GUILLOT. Ah! cessons de parler chacun de notre race:
Suffit que des marquis j'ay le port et l'audace.

AMINTE. Vrayment, en bonne mine il les surpasse tous.

GUILLOT. Taisez-vous, s'il vous plaist, je n'en veux pas à vous.

ÉMILIE. Elle est ma bonne amie.

GUILLOT. Un peu trop, ce me semble,
Et je vous guigne là quatre testes ensemble

---

[1] Cette digression burlesque sur les armes de Guillot, qui se trouve aussi dans la 4ᵉ entrée du *Cercle*, est encore détachée du colloque d'Érasme: Ἱππεὺς ἄνιππος, *sive ementita nobilitas*.

[2] Ma parenté, ma souche.

|    |    |
|---|---|
| | Qui me portez bien l'air de n'avoir qu'un bonnet. |
| ÉMILIE. | Quoy! vous fascheriez vous qu'on vous treuve bien fait? |
| | Chez qui vous faites-vous ajuster de la sorte? |
| GUILLOT. | J'ay, sans aller bien loin, des baigneux [1] a ma porte, |
| | Et ne suis en nul lieu mieux que chez les Louvars [2]. |
| ÉMILIE. | Vous estes sans mentir galand de toutes parts, |
| | Et l'on ne peut assez loüer vostre perruque. |
| GUILLOT. | Ce qui m'en plaist le plus, elle couvre la nuque, |
| | Et contre tous les vens luy sert d'un bon écran. |
| ÉMILIE. | Qui vous coiffe si bien? |
| GUILLOT. | Si bien? c'est Paysan, |
| | Et je me sers toujours de ceux qui sont en vogue. |
| | Des fameux en chaque art je tiens le catalogue, |
| | Des marchands, des tailleurs, des baigneux, des gantiers, |
| | Des parfumeurs, lingers, chapeliers, cordonniers, |
| | Et de tout l'attirail que demande la mode. |
| AMINTE. | C'est des plus fins galans observer la méthode. |
| GUILLOT. | On ne demande pas sur cela vostre avis, |
| | Madame, qui portez souliers à pont-levis [3], |
| | Pour paroistre plus grande et de plus belle taille. |
| ÉMILIE. | La colère vous prend! |
| GUILLOT. | Ce n'est qu'un feu de paille : |
| | Je me fasche et m'appaise ainsi cent fois le jour. |
| AMINTE. | Ah! le bizarre esprit! |
| GUILLOT. | Ah! la gueule de four! |
| | Comme futur époux, je vous enjoins, madame, |
| | De luy fermer la bouche, et luy chanter sa gamme; |
| | Car elle cause trop, et fuyez ce défaut. |

---

[1] *Baigneux* pour *baigneurs*, comme, dans *les Fâcheux* de Molière, *piqueux* pour *piqueur*. Cette terminaison était à la mode chez les courtisans et les gens du bel air. Sur les baigneurs et le multiple emploi de leurs établissements, où l'on se faisait accommoder, parfumer, épiler, où l'on nouait des intrigues et des parties de plaisir, on peut voir Walckenaër, *Mémoires sur Mme de Sévigné*, t. II, ch. IV.

[2] C'étaient probablement deux frères. Il est question du fameux baigneur Louvars dans une chanson du recueil de Maurepas datée de 1662 (t. XXIII, p. 383.

[3] A talons très-élevés. Ces chaussures restèrent à la mode sous plusieurs règnes : elles l'étaient déjà au commencement du règne de Louis XIII, et même sous Henri IV. Le *Discours nouveau sur la mode*, en 1613, dit :

> .... Il faut maintenant, qui veut se faire voir,...
> N'avoir pas les souliers camus comme autrefois,
> Ny plats, à la façon des lourdauts villageois;
> Il les faut façonner d'une juste mesure,
> Le talon élevé et plein de découpures.

LUCRÈCE.   Cet homme pour un sot parle déjà bien haut.
CORNÉLIE.  Vous pourriez vous tromper et prendre un fascheux mais-
[tre.
ÉMILIE.    Je le rangerois bien, et si bien que peut-estre....
GUILLOT.   Dites-moy, sont-ce là vos livres de raison[1],
           Pour coucher la dépense et régler la maison?
           C'est très-bien fait à vous, j'aime les ménagères.
ÉMILIE.    Pauvre sot, je te plains : tu ne me connois guères!
GUILLOT.   Que dites-vous, mon cœur?
ÉMILIE.                              Je dis tout bien de vous.
GUILLOT.   Avez-vous bonne main? voyons.
ÉMILIE.                                  O roy des fous!
GUILLOT.   Vous écrivez bien mal! Ce sont des piés de mouche.
ÉMILIE.    C'est du grec.
GUILLOT.                 Du grec!
ÉMILIE.                           Ouy.
AMINTE.                                Peut-estre estes-vous louche.
GUILLOT.   Vous vous trompez, madame, et je vois assez net
           Pour remarquer en vous un certain air coquet.

## SCÈNE V.

LÉARQUE, HORTENSE, ÉMILIE, AMINTE, LUCRÈCE, COR-
NÉLIE, GUILLOT, LISETTE.

LISETTE.   Ah! madame!
ÉMILIE.                Quoy donc? voyez l'écervelée.
LISETTE.   Je suis morte, j'ay vu...
ÉMILIE.                              Quoy? qu'est-ce?
LISETTE.                                              En cette allée,
           Le baron.
GUILLOT.             Quel baron, et du plus fin aloy,
           Ozeroit affronter un marquis comme moy?
           Qu'il vienne!
ÉMILIE.                  Achevez donc.
LISETTE.                                Le baron de la Roque...
ÉMILIE.    Quoy?
LISETTE.         Se promène icy?
ÉMILIE.                          La folle!

---

[1] Livres de compte, livres qu'on tient pour se rendre raison de ses affaires.

GUILLOT. Je m'en moque :
Quel qu'il soit, j'ay mon sabre, il en pourra taster.
ÉMILIE. Un papillon volant pourroit l'épouvanter :
Cent fois elle m'a fait un monde d'un atôme,
Et le premier objet est pour elle un fantôme.
LISETTE. Quoy que vous en disiez, ma foy, je vois bien clair,
Et si c'est un fantôme, il est d'os et de chair.

## SCÈNE VI.

LÉARQUE, HORTENSE, LA ROQUE, ÉMILIE, AMINTE, LUCRÈCE, CORNÉLIE, GUILLOT, LISETTE.

LA ROQUE. Il est tems d'approcher.
LISETTE. Ah! le voicy, madame!
LÉARQUE. Que vois-je là? Mon gendre! ah! ciel!
ÉMILIE. Ah! je me pasme!
GUILLOT. N'est-elle point sujette à tomber du haut mal?
Quel diable de baron ay-je là pour rival?
LA ROQUE. Monsieur, que faisiez-vous auprès de cette dame?
GUILLOT. Ce qui me sembloit bon. Page, apporte ma lame.
LA ROQUE. Sçavez-vous l'intérest que j'ay de le sçavoir?
GUILLOT. Je dors bien sans cela.
LA ROQUE. Je vous le feray voir.
Allons.
LÉARQUE. Tout doux, messieurs.
GUILLOT. Il fait le diable à quatre.
Baron, je suis marquis, mais non pas pour me battre ;
Et vous croyant d'ailleurs un fantôme à vostre air,
Je m'échaufferois trop à ne battre que l'air.
A tuer un esprit on n'acquiert point de gloire :
Ne nous battons donc point, si vous m'en voulez croire.
LA ROQUE. Ne raillons point, vous dis-je, et tranchons court et net :
J'ay trop de patience.
GUILLOT. Ah! petit baronnet,
A ce que je puis voir, vous estes bien colère ;
Mais que vous ay-je fait qui vous puisse déplaire,
Car je ne me bats point comme un désespéré,
Et je veux de la cause estre bien asseuré ;
Puis je vous montreray si j'ay bien du courage.
LA ROQUE. Ne me connois-tu pas?

GUILLOT.                              Non, je sors du village :
             Paris m'est tout nouveau, je ne vous connus onc ;
             Je ne veux que la paix, que me voulez-vous donc?
LA ROQUE. Aprenez que je suis le mary d'Emilie.
GUILLOT. N'avez-vous jamais eu quelque grain de folie?

## SCÈNE DERNIÈRE.

LÉARQUE, HORTENSE, LA ROQUE, ÉMILIE, AMINTE, LUCRÈCE, CORNÉLIE, LISETTE, GUILLOT, RAGOTIN.

LÉARQUE.    Ha! ma fille, ma fille, on se moque de nous!
             Hortense nous trahit pour se venger de vous!
             Bernez-moy ce marquis : c'est un valet infâme,
             Dont ce perfide amy vouloit vous rendre femme.
             Sous des habits d'emprunt, il l'avoit déguisé.
RAGOTIN.    C'est Guillot.
GUILLOT.           Me voilà bien tost démarquisé!
LA ROQUE. C'est ce que d'une femme a produit la sottise.
GUILLOT.    Monsieur, retirons-nous avant qu'on nous le dise :
             Je crains de ce baron le chaud tempérament.
RAGOTIN.    Adieu, donc, camarade.
GUILLOT.               Adieu, sans compliment.
LA ROQUE. Sortez d'icy tous deux. Vostre lâche imposture
             Aura son chastiment.
ÉMILIE.              Quelle est mon avanture!
             Avec tout son sçavoir mon esprit égaré,
             D'un coup si surprenant s'est assez mal paré.
             Est-ce bien mon mary?
LISETTE.            C'est luy-mesme, madame.
LA ROQUE. Ouy, c'est moy qui croyois estre encore en vostre âme,
             Qui ne connois que trop qu'il faut peu vous prier,
             Pour vous porter bien tost à vous remarier.
             Mais un si beau dessein par mon retour échoue.
ÉMILIE.     Ouy, ce retour, monsieur, me surprend, je l'avoue;
             Mais, bien loin que j'aye eu la moindre affection
             Pour ce marquis d'emprunt, digne d'aversion,
             Dès que je vous crus mort, je juray sur Seneque,
             De n'épouser jamais qu'une bibliotheque :
             C'étoit le seul mary que je voulois avoir,
             Et je crois qu'avec vous je le puis recevoir;

            Ce sont de ces amis que, sans honte et sans blasme,
            Peut bien entretenir la plus honneste femme,
            Et vous ne devez point en nourrir du souci.
LA ROQUE. Non, mais de vostre gloire, et de la mienne aussi.
            Madame, à mon retour apprenez à mieux vivre,
            Ostez de mon logis jusques au dernier livre,
            Chassez tous ces autheurs qui vous troublent les sens,
            Gouvernez la maison, et veillez sur vos gens [1].
ÉMILIE.    Quel est nostre malheur! maudite obéissance !
            Et que l'homme a sur nous une injuste puissance !
            Adieu Plutarque, adieu Seneque, adieu Platon,
            Adieu Campanella, Descartes, Casaubon !
            Rentrons, puisqu'il le faut, rentrons dans l'esclavage.
            Que tu m'as peu duré, trop aimable veuvage !
LA ROQUE. Madame, vous aurez un destin trop heureux,
            Si vous sçavez répondre à mes soins amoureux.

[1] Faire aller son ménage, avoir l'œil sur ses gens, dit Chrysale dans les *Femmes savantes* (II, 7).

FIN.

# BOUCHER.

# NOTICE

## SUR BOUCHER

## ET SUR *CHAMPAGNE LE COIFFEUR*.

Boucher, l'auteur de la petite comédie que nous reproduisons ci-après, est fort peu connu. Ni la biographie, ni la critique ne s'en sont jamais occupés. Seulement le *Dictionnaire des anonymes*, de Barbier, et après lui le *Manuel du libraire* et le catalogue Soleinnes lui attribuent la *Pompe funèbre de Scarron*, petite pièce assez curieuse qui fut publiée en 1660, à la mort de l'écrivain burlesque. C'est à peu près tout ce que nous pouvons dire sur notre auteur. Il y avait, vers 1650, un Boucher libraire et un autre secrétaire du roi [1] : nous ignorons si l'un ou l'autre doit se confondre avec celui qui nous occupe, mais il n'est pas probable que Boucher fût libraire, puisqu'il a publié la *Pompe funèbre* chez Ribou et sa comédie chez Ch. de Sercy.

*Champagne le coiffeur*, comédie en un acte, en vers (Ch. de Sercy, 1663, in-12; privilège du 14 octobre 1662; achevé d'imprimer le 14 novembre suivant), est dédié à M. le baron de Gentilly, maître d'hôtel ordinaire du roi. Nous apprenons, par le titre même, qu'elle fut jouée au Marais, et par la dédicace, qu'elle *n'a pas déplu* sur le théâtre. C'est une de ces pièces coulées dans le moule de la vieille farce, écrites en petits vers octosyllabiques et roulant sur des sujets de circonstance, sur les hommes et les choses du jour, comme les aimait le Marais et comme nous en avons déjà vu des exemples avec les ouvrages de Chevalier. Toutefois, si loin qu'elle soit d'être un chef-d'œuvre, la comédie de Boucher est bien supérieure à celles de l'acteur-auteur dont nous venons de parler. La versification en est aisée et parfois assez bonne. Cette *bluette* agréable renferme quelques scènes plaisantes, mais elle est trop longue, d'un comique généralement un peu lourd et qui ne sait pas s'arrêter à temps. L'intrigue, très-sommaire se développe avec une lenteur extrême. Elle nous donne du moins des détails curieux sur les modes et les artifices de la toilette féminine, particulièrement sur l'art de la coiffure et sur l'*artiste* célèbre et parfaitement historique qu'elle met en scène. C'est surtout à ce point de vue que nous reproduisons la pièce de Boucher, qui est, d'ailleurs, une rareté bibliographique.

[1] Moreau, *Bibliographie des Mazarinades*, I, 398; II, 224.

Champagne ne fut pas seulement un des plus fameux coiffeurs du XVIIe siècle, mais le véritable créateur de la profession. On annonçait ses voyages, ses retours, sa rentrée à Paris, comme ceux d'un personnage important. Nous lisons dans la *Muse historique* de Loret, à la date du 22 octobre 1650 :

> Enfin le renommé Champagne,
> Ayant fait quatre ans de campagne,
> En un pays assez lointain,
> Est de retour entier et sain.
> Déjà dans Paris il exerce
> Son talent, science et commerce;
> Quoiqu'il soit sec, maigre et menu,
> Il est partout le bien venu,
> Et quantité de belles fées
> En ont été déjà coiffées.

Il y a là un jeu de mots, qui fait allusion aux succès de plus d'un genre de cet artiste gâté par les dames. Il faut lire surtout l'historiette de Tallemant des Réaux [1], car Tallemant n'avait garde d'oublier cette curieuse figure dans sa galerie, pour savoir jusqu'où Champagne, enivré par ses talents et les flatteries dont on l'entourait de toutes parts, poussait sa fatuité d'homme à bonnes fortunes et à quel prix il estimait ses moindres coups de peigne. Il se vantait d'avoir conquis les faveurs de Mme de Choisy. « Ce faquin, par son adresse à coiffer et à se faire valoir, se faisoit caresser et rechercher de toutes les femmes. Leur faiblesse le rendit si insupportable, qu'il leur disoit tous les jours cent insolences : il en a laissé telles à demi coiffées; à d'autres, après avoir fait un côté, il disoit qu'il n'achéveroit pas si elles ne le baisoient; quelquefois il s'en alloit, et disoit qu'il ne reviendroit pas si on ne faisoit retirer un tel qui lui déplaisoit, et qu'il ne pouvoit rien faire devant ce visage-là.... Avec tout cela elles le couroient, et il a gagné du bien passablement; car, comme il n'est pas sot, il n'a pas voulu prendre d'argent, de sorte que les présents qu'on lui faisoit lui valoient beaucoup.... Il étoit medisant comme le diable : il n'y avoit personne à sa fantaisie. »

Champagne était le coiffeur de toutes les grandes dames de la cour, particulièrement de la princesse Marie de Gonzague, qui s'était engouée de lui :

> J'enrage quand je vois Champagne
> Porter la main à vos cheveux,

s'écriait maître Adam Billaut dans ses *Chevilles*, en s'adressant à la princesse :

> Vous ternissez votre louange,
> Souffrant que cet homme de fange
> Maîtrise des liens qui font tout soupirer.

---

[1] Édit. Mommerqué, t. VII, p. 166-8.

Au mariage de celle-ci, que le roi Ladislas épousa par procuration à Paris, le 6 novembre 1645, Champagne assistait M<sup>me</sup> de Sénecé, quand elle posa la couronne sur la tête de la nouvelle reine, dans la chapelle du Palais-Royal, à la suite de la messe [1].

Marie de Gonzague l'emmena avec elle en Pologne : de là, dit Tallemant, « il alla en Suède, et revint ici avec la reine Christine. » Il y a dans cette dernière phrase une erreur : on a vu, par le passage de Loret cité plus haut, que Champagne était revenu en 1650, tandis que le premier voyage de Christine en France n'est que de 1656. Son excursion en Suède probablement, et son retour avec la reine Christine, si Tallemant ne s'est pas trompé sur ce point, sont certainement postérieurs à ce premier voyage. Quant à ce que dit l'auteur de notre pièce de son voyage en Turquie, c'est sans doute une pure fiction, n'ayant d'autre but que d'amener un de ces travestissements orientaux à la mode sur le théâtre, dans le genre de celui que Molière devait imaginer avec le mamamouchi M. Jourdain.

D'ailleurs, même en son absence, Champagne n'avait pas été oublié. Il est nommé dans l'*Enfer burlesque* de l'abbé de Laffemas [2], publié en 1649, et la même année encore, l'auteur de la Mazarinade : le *Ministre d'État flambé*, passant en revue tous les industriels et *artistes* ruinés par Mazarin, rencontre tout naturellement au bout de sa plume le nom de Champagne :

> Cardelin semble être perclus,...
> Carmeline, en un coin reclus,
> Voit ses pélicans superflus;
> Le Coutelier même sommeille,
> Et Champagne ne coiffe plus
> Que la poupée ou la bouteille.

Enfin l'abbé d'Aubignac, ayant à parler de la science de coiffer dans sa *Relation du royaume de coquetterie* [3], s'est tout de suite rappelé son nom.

La réputation de Champagne était conforme aux traditions du métier. Les coiffeurs pour dames passaient généralement pour des messagers d'amour, des instruments d'intrigues galantes, et la plupart des coiffeuses n'avaient pas meilleure réputation. Leurs maisons servaient de rendez-vous; leur art fournissait un prétexte et un couvert à bien des aventures [4] : « Sa princi-

---

[1] Mémoires de Mme de Motteville, Amsterdam, 1739, t. I, p. 333.

[2] L'*Enfer burlesque, ou le 6<sup>e</sup> livre de l'Énéide accommodé à l'histoire du temps*, par C. M. C. P. D.

> Ne la trouvez-vous pas mignonne,
> La demoiselle Tisyphone,
> Et Champagne avec ses fers chauds,
> Coiffoit-il mieux par serpenteaux ?

[3] 1654, in-12, p. 51, 52.

[4] V. la *Fille capitaine* de Montfleury. II, sc. 10; III, sc. 3.

pale profession, dit Scarron en parlant d'une entremetteuse dans la *Précaution inutile*, était d'être conciliatrice des volontés, possédant éminemment toutes les conditions requises à celles qui veulent s'en acquitter, comme d'être perruquière, revendeuse, distillatrice, d'avoir quantité de secrets pour l'embellissement du corps humain. »

La plupart de ces secrets étaient l'apanage du coiffeur pour dames et de la coiffeuse. Leur rôle ne se bornait pas seulement à la chevelure, qui eût déjà suffi, surtout avec le développement pris par les perruques au XVII$^e$ siècle, pour leur donner une importance particulière. Ils se distinguaient des perruquiers, dont les fonctions étaient beaucoup plus restreintes. Les eaux de senteur, les pâtes, les onguents, les mouches, tout cela les regardait, et ils empiétaient même quelquefois sur le domaine des modistes. D'innombrables pièces volantes, des satires et beaucoup de comédies, parmi lesquelles je citerai seulement celle de Douville, la *Coiffeuse à la mode*, qui roule en entier sur ce sujet et peut fournir matière à quelques rapprochements curieux, attestent les développements qu'avait pris alors cette partie de la mode.

Champagne occupa le plus haut rang peut-être parmi ces artistes de la coiffure et de l'ajustement au XVII$^e$ siècle, au nombre desquels nous citerons encore la Darancey, la Jeanneton, la Poulet, la Bariton, la Prime et le Métayer, que nomme l'auteur de la pièce, Paysan, que nous avons vu dans l'*Académie des femmes* de Chapuzeau, la Martin, M$^{lle}$ la Borde, et le baigneur la Vienne, dont il est fort question dans M$^{me}$ de Sévigné.

Nous n'avons pas la date de la naissance de Champagne, dont l'origine était probablement fort humble, comme l'indique son état et comme semble l'indiquer aussi son nom. Mais il était déjà célèbre et en vogue à la cour en 1638, car c'est après le voyage qu'il fit à Paris à cette date et la visite qu'il rendit alors à la princesse Marie, que maître Adam composa la pièce citée plus haut. Il mourut juste vingt ans après, d'une manière tragique, non pas toutefois sous le bâton, comme on pourrait croire, mais sur la grande route, dans le midi de la France, où l'avait appelé peut-être l'exercice de son art, sollicité de tous les côtés. Loret a enregistré cette catastrophe, à la date du 2 novembre 1658 :

> Un bruit venant de la campagne
> Nous apprend que le sieur Champagne
> Que deux ou trois reynes du Nord
> Estimoient et chérissoient fort...
> Dans un rencontre inopiné
> Fut l'autre jour assassiné
> Entre, dit-on, Vienne et Grasse,
> Par cette détestable race
> Que l'on appelle des bandits.

On voit, et il était facile d'ailleurs de le conjecturer d'avance, qu'il ne fut mis sur le théâtre qu'après sa mort. Les cinq ans écoulés depuis son assassinat n'avaient pas encore réussi à faire oublier cet homme illustre.

# CHAMPAGNE LE COIFFEUR.

## COMÉDIE.

### 1662.

## PERSONNAGES.

BONIFACE.
ÉLISE, fille de Boniface.
LISETTE, servante d'Élise.
M. THOMAS, voisin et ami de Boniface.
CLÉANDRE, Champagne, amant d'Élise.
GUILLOT, valet de Champagne.

La scène est à Paris.

# CHAMPAGNE LE COIFFEUR.
## COMÉDIE.

### SCÈNE PREMIÈRE.
#### CLÉANDRE, GUILLOT.

GUILLOT. Pour ce coup vostre affaire est faite;
Monsieur, je viens de voir Lisette,
Elle m'a dit et répété
Qu'Élise, en la captivité
Où la retient son fol de père,
Est dans le dessein de tout faire,
Si vous le jugez à propos,
Pour asseurer vostre repos.

CLÉANDRE. Guillot, l'agréable nouvelle
Que tu m'apportes de ma belle!
Quelle adresse trouverons-nous?

GUILLOT. J'en ay mille; vous moquez-vous?

CLÉANDRE. Guillot, il n'en faut trouver qu'une,
Et je réponds de ta fortune.

GUILLOT. Tant mieux; mais la ferez-vous bien?

CLÉANDRE. Dis...

GUILLOT. Non, celle-là ne vaut rien.
Je m'en vais en trouver une autre.
Où diable est donc l'adresse nostre?
Ha! j'en tiens une... Mais voicy
Vostre Élise et mon cher soucy;
L'une et l'autre de nous s'approche.

### SCÈNE II.
#### CLÉANDRE, GUILLOT, ÉLISE, LISETTE.

ÉLISE. Monsieur, je m'expose au reproche,
Et peut-estre à pis, pour vous voir.

CLÉANDRE. Mon heur ne se peut concevoir.
LISETTE. Mon cher Guillot, je te rencontre!
GUILLOT. C'est mon bon démon qui me montre.
ÉLISE, *à Cléandre.*
　　　　　Je ne respire que pour vous.
CLÉANDRE. Vous faites mes soins les plus doux,
　　　　　Ainsi que mes inquiétudes.
ÉLISE. Que je passe de momens rudes
　　　　　Près d'un père capricieux!
CLÉANDRE. C'est ce qui me rend malheureux.
GUILLOT, *regardant Lisette.*
　　　　　Hay, hay.
LISETTE. 　　　　　Quoy, Guillot, tu soupire!
　　　　　As-tu quelque chose à me dire?
GUILLOT. Devine! aussi bien je ne puis
　　　　　Te dire l'état où je suis ;
　　　　　Taste-moy le poulx, je te prie.
LISETTE. Il est émeu.
GUILLOT. 　　　　　C'est de furie.
LISETTE. Toy furieux! depuis quel jour?
GUILLOT. Depuis que j'enrage d'amour.
　　　　　Peux-tu n'enrager pas de mesme?
　　　　　Pour peu qu'il soit vray que tu m'aime,
　　　　　Permets.....
LISETTE. 　　　　　Arreste-toy, badin.
GUILLOT. Mon amour mourra donc de faim!
CLÉANDRE. Ha! ne soupçonnez pas ma flame,
　　　　　Je n'en sens que pour vous, Madame.
ÉLISE. Pour justifier vostre foy,
　　　　　Agissez pour vous et pour moy ;
　　　　　Songez que je suis renfermée.
CLÉANDRE. Songez que vous estes aimée,
　　　　　Et qu'il n'est rien dont un amant
　　　　　Ne vienne à bout fort aisément.
ÉLISE. Cette asseurance me console.
CLÉANDRE. L'effet suivra cette parole.
ÉLISE. Je tremble en vous parlant icy.
LISETTE, *à Guillot.*
　　　　　Te voilà donc bien radoucy?
GUILLOT. Ha! si tu voulois, ma Lisette,
　　　　　Ma moutonne, ma brebiette,
　　　　　Mon cœur, mon tendron, mon toutou...

## SCÈNE II.

LISETTE.    Tais-toy, Guillot, tu deviens fou.
GUILLOT.    Si tu voulois, beste farouche,
J'apposerois dessus ta bouche
Le cachet de mes chauds désirs.
ÉLISE.    Épargnez-moi les déplaisirs
Que j'aurois, si j'étois surprise.
CLÉANDRE.    Ne craignez rien, ma chère Élise.
ÉLISE.    Mais mon père n'est pas bien loin;
Il m'observe avec tant de soin
Que, si-tost qu'il me perd de veue,
Il pense que je suis perdue :
L'ombre d'un homme luy fait peur.
GUILLOT.    C'est qu'il n'est pas de vostre humeur.
LISETTE.    Finissez, j'entends Boniface;
Je crains bien pis que la menace.
ÉLISE.    Il est rentré par le jardin.
CLÉANDRE.    Madame, vous craignez en vain,
Si vous ne vouliez pas l'attendre.
ÉLISE.    Je n'oserois rien entreprendre.
LISETTE.    Hélas! sauvons-nous au plus loin!
ÉLISE.    Non, non, cachons-nous à ce coin,
Et vous, Monsieur, prenez la fuite.
En quel état suis-je réduite!
CLÉANDRE.    Vous abandonner au courroux
De ce bizarre ?
ÉLISE.    Éloignez-vous.
CLÉANDRE.    Il ne me connoist point.
ÉLISE.    N'importe,
Retirez-vous devant qu'il sorte.
GUILLOT.    Ha! Monsieur, ne répliquez pas,
Retirons-nous, doublons le pas :
Cet homme est prompt, il extravague,
Il pourra donner de sa dague.
CLÉANDRE.    S'il extravague, j'en riray.
GUILLOT.    Et s'il dague?
CLÉANDRE.    Je périray,
Plutost que perdre ce que j'aime.
GUILLOT.    Ha! vostre furie est extrême
De risquer vostre dernier jour
Pour une chimère d'amour.

## SCÈNE III.

#### CLÉANDRE, ÉLISE, GUILLOT, LISETTE, BONIFACE.

BONIFACE *crie dans son logis.*
  Ma fille, ma fille, Lisette!
  Elles ont plié la toilette [1] :
  Hélas! je suis déshonoré.

LISETTE.  Il est au bas du grand degré,
  Il va sortir.

ÉLISE.     Je suis perdue,
  S'il me rencontre dans la rue.

BONIFACE, *sortant de son logis.*
  Au secours, voisins, au secours!...

LISETTE.  A quoy donc aurons-nous recours?

BONIFACE.  Il n'est ny servante, ny fille!
  Cherchons partout, courons la ville.

ÉLISE, *bas.*  Lisette, rentrons au logis.

BONIFACE.  Au secours, voisins, mes amis!

LISETTE, *rentrant.*
  Ma foy, l'occasion est bonne.

BONIFACE.  Quoy, tout le monde m'abandonne!
  Maistre Claude, maistre Thomas,
  Hé quoy, ne m'entendez-vous pas?
  Voisins, que Dieu puisse confondre,
  Vous ne daignez pas me répondre!
  Les traistres, les maudits voisins!
  Qu'ils riront tantost, les vilains,
  Apprenant ma déconvenue!
  Hélas! je l'avois bien préveue,
  Et je devois, la prévoyant,
  Estre beaucoup plus défiant.
  Ha! si j'attrape l'infidelle,
  Je seray sa garde éternelle.

CLÉANDRE, *bas à Guillot.*
  Suis-moy : je conçois un dessein
  Qui pourra réussir.

BONIFACE.     Enfin

---

[1] Cette expression proverbiale se prenait en deux sens, comme synonyme de *dévaliser* ou de *s'enfuir précipitamment.*

Redoublons icy les alarmes!
Au secours, aux armes, aux armes!

## SCÈNE IV.

#### BONIFACE, M. THOMAS.

THOMAS, *sortant brusquement de son logis.*
A quel secours faut-il aller?
Faut-il battre? faut-il parler?
A quoy faut-il qu'on remédie?
Est-ce rapt, larcin, incendie?
Faut-il avoir recours à l'eau,
Au prevost, au juge, au bourreau?
Est-ce duel? est-ce rencontre?
Faut-il dégaisner pour ou contre?
Qu'est-ce?

BONIFACE. Ce n'est point tout cela,
Mais bien une partie....

THOMAS. Holà,
De vos maux allons à la source.
Vous a-t-on coupé vostre bourse?
Vous en reste-t-il les pendans?
Quel argent aviez-vous dedans?

BONIFACE. Ce n'est pas ce que je regrette.

THOMAS. Vous a-t-on donné de la brette?
Vous a-t-on donné du baston,
Ou bien des étrivières?

BONIFACE. Non...

THOMAS. Ces affronts sont insupportables,
Souvent ce sont maux incurables.

BONIFACE. Mais...

THOMAS. *Mais* est un terme importun.
Etoient-ils deux? n'étoient-ils qu'un,
A vous faire une telle injure?

BONIFACE. Je me plains...

THOMAS. De quelle avanture?

BONIFACE. Mais vous m'interrompez toujours!

THOMAS. Mais pourquoy crier au secours?

BONIFACE. Pourquoy? parce que l'on m'opprime.

THOMAS. L'oppression est un grand crime,
Et la justice en pareil cas

Devroit bien ne s'endormir pas ;
Car quand on néglige une affaire,
Souvent on manque au nécessaire.
Ainsi...

BONIFACE. Laissez-moy donc parler.
THOMAS. Ha! laissez-moy vous consoler :
Je connois ce qui vous afflige.
BONIFACE. Ha! laissez-moy parler, vous dis-je.
THOMAS. Mais, compère, vous avez tort ;
Je viens vous secourir.
BONIFACE. D'abord
Je l'ay cru ; mais las! j'en enrage.
THOMAS. Vous estes un sot personnage.
Mon compère, mon cher voisin,
Pourquoy vous plaignez-vous en vain?
BONIFACE. Moy me plaindre en vain! L'apparence,
Après une si grande offense!
THOMAS. Je commence à souffrir pour luy.
BONIFACE. Ha! compère, je meurs d'ennuy.
THOMAS. Le sujet?
BONIFACE. J'ay perdu ma fille :
THOMAS. Adieu l'honneur de la famille!
Par quel accident, par quel sort?
BONIFACE. Elle vient de prendre l'essor.
THOMAS. Je vous l'avois bien dit, compère,
Qu'il auroit été nécessaire
De la garder soigneusement.
Mais sçavez-vous certainement
Qu'elle vous ait fait banqueroute ?
Sçavez-vous aussi quelle route
Elle tient, s'éloignant d'icy?
BONIFACE. C'est de quoy je suis en soucy.
THOMAS. Connoissez-vous bien qui l'enlève ?
BONIFACE. Non, et c'est là ce qui m'achève ;
Cependant je le veux chercher,
Le prendre vif et l'écorcher.
THOMAS. C'est bien résoudre ; mais, compère,
Il faut refrener la colère.
J'estime donc qu'en cas pareil
Tout homme a besoin de conseil ;
C'est pourquoy je veux vous déduire
Chose qui ne vous pourra nuire.

## SCÈNE IV.

BONIFACE. Il n'en est pas besoin.
THOMAS. Les Grecs
Jadis pour un pareil succès,
Bon gré malgré les destinées,
Guerroyèrent plusieurs années ;
Hélène, que ravit Pâris,
De cette guerre fut le prix.
BONIFACE. A quoy bon ?..
THOMAS. Écoutez le reste.
BONIFACE. Secours importun et funeste !
THOMAS. Or la femme de Menelas,
Qui causa dix ans de combats...
BONIFACE. Ah ! l'insupportable boutade !
A quoy bon citer l'Iliade ?
J'enrage...
THOMAS. Pour vous faire voir
Tout ce que vous devez prévoir
En vous armant pour vostre fille ;
Car comme Ulisse, Hector, Achille,
Patrocle, Achille, Ulisse, Hector...
Je veux estre vostre Nestor,
Et faire plus, par ma prudence,
Que cent autres par leur vaillance.
BONIFACE. Hé, de grâce, maistre Thomas,
Souffrez...
THOMAS. Mon pauvre Menelas,
En une occasion pareille,
Il est bon que je vous conseille.
Pour assiéger un Ilion,
Il faut de gens un million,
Il faut avoir des dieux propices,
Il faut des Ajax, des Ulisses,
Il faut des démons familiers,
Des chevaux de bois, des béliers,
Et cent mille autres ustancilles
Propres à renverser des villes.
BONIFACE. Au diable soit le conseiller !
THOMAS. Vous n'aimez point à batailler ?
Hé bien, conseillons d'autre sorte.
BONIFACE. Que le grand diable vous emporte !
Si je puis parler une fois,
Je parleray pour plus d'un mois.

| | |
|---|---|
| THOMAS. | Il faut donc pour... mais, non, je pense.... |
| | Pourtant, enfin, l'expérience... |
| | Voyez-vous, je conseille bien. |
| BONIFACE. | Au diable si j'y comprends rien! |
| THOMAS. | Maudite soit la teste folle! |
| BONIFACE. | Taschons à prendre la parole. |
| THOMAS. | Ouy, quant au traistre d'enleveur, |
| | Je veux en estre l'étrangleur. |
| BONIFACE. | S'il tombe sous mes mains, je jure |
| | De luy déchirer la fressure. |
| | Courons, courons au ratelier! |
| | Si quelque diable familier |
| | Ne le dérobe à ma colère, |
| | Je l'envoyeray voir son grand père |
| | Par delà le fleuve du Stix. |
| | Moy seul j'en pourrois battre dix. |
| | Quand la colère me transporte, |
| | Je suis vaillant de telle sorte |
| | Que devant moy les plus hardis... |
| THOMAS. | Je suis aussi... |
| BONIFACE. | Les Amadis, |
| | Ces paladins si redoutables, |
| | Ceux que l'on vante dans les Fables, |
| | Les demy-dieux, les Gerions, |
| | Les Encelades, les Tiphons, |
| | Ceux de fabrique plus nouvelle, |
| | Les petits-fils de Gargamelle, |
| | Roland, Ogier le Danois, |
| | Rodomont, l'honneur des Gaulois, |
| | Fierabras, et toute leur suite, |
| | Ne sont bons qu'à prendre la fuite. |
| THOMAS. | C'est trop en dire pour un coup. |
| BONIFACE. | Vous ignorez.... |
| THOMAS. | J'ay veu le loup [1]. |
| BONIFACE. | Sachez qu'à la fleur de mon âge |
| | J'étois un rude personnage : |
| | A la guerre des Guéridons [2] |

[1] J'ai de l'expérience ; on ne m'en apprend pas.
[2] Sur Guéridon et les *guéridons*, chansons et pièces comiques ou satiriques, etc., qui avaient pris nom de ce personnage burlesque, fort à la mode surtout pendant la première moitié du XVIIe siècle, on peut voir une longue note de M. Ed. Fournier (*Variét. hist. et litt.*, t. VIII, p. 279).

## SCÈNE V.

|  |  |
|---|---|
|  | Je battois les plus furibonds, |
|  | Je donnois leçons aux soudrilles, |
|  | J'étois grand enleveur de filles ; |
|  | Parce que j'étois furieux, |
|  | On m'appelloit le dangereux. |
|  | Mais admirez, mon cher compère : |
|  | Ce que jadis j'aimois à faire, |
|  | Sans pitié du malheur d'autruy, |
|  | Je me le vois faire aujourd'huy. |
| THOMAS. | Or... |
| BONIFACE. | Je vous plains, pauvres familles, |
|  | Qui nourrissez de belles filles ! |
|  | Qu'heureuses sont les nations |
|  | Fertiles en précautions ! |
| THOMAS. | Donc... |
| BONIFACE. | Qu'il fait seur en Italie ! |
|  | Qu'il fait encor bon en Turquie ! |
|  | Que l'on y garde bien l'honneur ! |
|  | Que ne suis-je le Grand Seigneur ! |
|  | J'aurois des gardes très-fidelles, |
|  | Qui répondroient de mes femelles. |
| THOMAS. | Quoy, je ne pourray plus parler ! |
| BONIFACE. | Au diable puissiez-vous aller ! |
| THOMAS. | Au diable soit vostre infortune ! |
| BONIFACE. | Au diable soit qui m'importune ! |
|  | Mais on a fermé ma maison. |
| THOMAS. | Cela sent bien la trahison ; |
|  | Gardez-vous donc, mon cher compère, |
|  | De faire icy le téméraire. |
| BONIFACE. | Aurois-je bien, dans mon effroy, |
|  | Tiré cette porte après moy ? |

## SCÈNE V.

BONIFACE, M. THOMAS, ÉLISE et LISETTE *à la fenêtre*.

| LISETTE. | Qui va là ? |
|---|---|
| THOMAS. | Qui va là ! la peste ! |
|  | L'intelligence est manifeste. |
|  | Le suborneur a pris son temps |
|  | Pour mettre garnison dedans ; |

|              |                                      |
|--------------|--------------------------------------|
|              | Si j'entre, je veux qu'on m'étrille. |
|              | Quelqu'un paroist à cette grille :   |
|              | C'est la femme du commandant.        |
| LISETTE.     | Quel est ce sot, cet impudent,       |
|              | Qui heurte avecque tant d'audace ?   |
| THOMAS.      | C'est un amy de Boniface.            |
| LISETTE, *ouvrant la porte*. |                      |
|              | N'est-il pas bien Monsieur pour vous ? |
| THOMAS.      | Compère, halte à vostre courroux !   |
|              | Vostre fille s'est retrouvée.        |
| BONIFACE.    | On ne l'a donc pas enlevée.          |
| ÉLISE, *à Lisette*. |                               |
|              | Descends.                            |
| BONIFACE.    | Mais l'avois-je rêvé ?               |
| THOMAS.      | D'un grand mal vous voilà sauvé ;    |
|              | Vostre fille vient de paroistre,     |
|              | Et je l'ay bien sceu reconnoistre.   |
| BONIFACE.    | Ouvrez, ouvrez, ma fille, ouvrez.    |
| LISETTE.     | Entrez, Monsieur, Monsieur, entrez.  |
| BONIFACE.    | Dois-je la quereller, compère ?      |
| THOMAS.      | Avez-vous sujet de le faire ?        |
| BONIFACE.    | Hé bien donc, ne luy disons rien.    |
|              | Rentrez, sotte. Par quel moyen       |
|              | Me suis-je abusé de la sorte ?       |
| THOMAS.      | C'est que le soupçon vous transporte.|
| BONIFACE.    | Ce soupçon n'est point mal fondé :   |
|              | Un de mes amis m'a mandé             |
|              | Que j'observasse bien ma fille.      |
|              | Le scandale est dans ma famille,     |
|              | C'est ce qui me rend indigné ;       |
|              | Sans doute qu'elle a forligné.       |
| THOMAS.      | Mais n'avez-vous point quelque idée  |
|              | Des gens dont elle est obsédée !     |
| BONIFACE.    | Non, je crois que c'est un sorcier   |
|              | De qui je me dois défier.            |

## SCÈNE VI.

### BONIFACE, M. THOMAS, GUILLOT.

| GUILLOT. | Bien courir est un avantage |
|----------|-----------------------------|
|          | Qui me tire d'un grand naufrage : |

Grâce au ciel, me voilà sauvé.
Comment ne m'ont-ils point crevé?
Comment ay-je évité le piège
De cette graine de collège?
Mais, après tant de coups ruez,
Suis-je point au rang des tuez?
M'ont-ils laissé la vie entière?
Je suis vif devant; par derrière
Ne m'auroient-ils point amorty?
Non, ou je n'en ay rien senty.

BONIFACE. *Appropinque*[1], mon galant homme.
GUILLOT. Ha! ce mot de latin m'assomme.
THOMAS. Qu'as-tu?
GUILLOT. Je pers un bon métier :
Depuis dix ans je suis portier
Du collége de Crassinaille ;
Mais une maudite canaille
Que l'on instruit mal dans ce lieu,
Soit par rancune, soit par jeu,
Externes et pensionnaires,
Se sont montrez mes adversaires,
Et m'ont fait tant de maux divers,
Que, las de les avoir soufferts,
Afin de vivre d'autre sorte,
Je renonce à garder la porte !

BONIFACE. Pourquoy, si tu t'y trouvois bien,
Y renonces-tu?
GUILLOT. Quel moyen
De rester parmy tant de diables
Qui sont irréconciliables ?
Je les ay trop désobligez,
Ils en voudront mourir vengez :
Las! ils me poursuivent en poupe.

THOMAS. Gros boursouflé, gros ventre à soupe,
Pourquoy les désobligeois-tu?
GUILLOT. Pourquoy suis-je homme de vertu?
Ah! si j'avois souffert leurs vices,
Leurs impudences, leurs malices,
J'aurois été portier chéry !

---

[1] *Sic*, au lieu de *appropinqua* dans l'édition originale et unique, où nous avons dû corriger plusieurs fautes grossières d'impression.

Mais las! Je serois bien marry
D'avoir gagné leur bienveillance
Par une lasche connivence.
Combien ay-je empesché le cours
De leurs criminelles amours?
Combien arresté de commères,
De revendeuses, de fruitières,
Et d'autres gens qui, sous tels noms,
Venoient friponner les fripons?

BONIFACE. Cet homme est bien mon fait, compere;
Qu'en dites-vous?

THOMAS.           Rien de contraire.

BONIFACE. Amy, voudrois-tu me servir?

GUILLOT. Monsieur, je suis prest d'obéir.

BONIFACE. Je suis veuf, et n'ay qu'une fille
Qui met le trouble en ma famille,
Parce qu'elle a l'esprit coquet,
Et qu'elle aime fort le caquet.
Ce qui me met plus en cervelle,
Plusieurs coquets sont aimez d'elle;
Ainsi je crains à tous momens
De naturels événemens,
Et que quelque ardeur sensitive
Ne porte à la copulative.
Pour prevenir ces accidens,
Et suivre des conseils prudens,
Soit que ma fille, ou non, s'en fasche,
Je veux donner à cette vache
Des Argus pour la surveiller.

GUILLOT. Je n'aime point à sommeiller,
Ou je dors la paupière haute;
Ainsi je ne puis faire faute.

THOMAS. Mais la gardant, garderas-tu
Ce que l'on appelle vertu?

GUILLOT. Ouy, monsieur.

THOMAS.           Je te tiens habile;
Mais, vois-tu, l'honneur d'une fille
Est un oiseau promt à partir.

GUILLOT. C'est bien fait de m'en avertir.
Après cela, laissez-moy faire:
Je suis grec [1] en pareille affaire.

[1] Habile, rusé.

BONIFACE. Allons le mettre en faction.
Ça, viens prendre possession
De ton employ.
GUILLOT. J'en meurs d'envie.
BONIFACE. Compère, attens moy, je te prie.
THOMAS. Je le veux; mais je suis un fat,
De ne pas songer que le chat
Pourroit bien desservir ma table.
C'est trop faire le secourable.

## SCÈNE VII.

M. THOMAS, CLÉANDRE, *déguisé en Turc*.

CLÉANDRE, *bas*.
Voicy quelqu'un de ses voisins.
THOMAS. Allons-nous bourrer les boudins
Avec nostre grand voisin Cosme.
D'où diable est sorty ce phantosme?
Si je fais icy le rétif,
Je vais estre empallé tout vif :
Fuyons.
CLÉANDRE. Monsieur, restez de grace.
THOMAS. Je n'oserois le voir en face.
CLÉANDRE. Daignez me parler un moment.
THOMAS. Ah! monsieur le Mahometant,
Je suis un pauvre misérable,
Qui craint un Turc autant qu'un diable.
CLÉANDRE. Sortez de vostre illusion :
Je suis de vostre nation.
Quoy que mon habit me déguise,
Ma naissance me déturquise.
THOMAS. Vous n'estes pas Turc?
CLÉANDRE. Non, monsieur.
THOMAS. Je ne sçais si c'est une erreur,
Ny mesme ce que j'en dois croire.
CLÉANDRE. Un petit bout de mon histoire
Vous en instruira pleinement.
THOMAS. J'aime l'histoire horriblement :
Apprenez-moy-la toute entière.
CLÉANDRE. J'y trouverois trop de matière.

## SCÈNE VIII.

#### M. THOMAS, CLÉANDRE, BONIFACE.

CLÉANDRE. Très-volontiers; prestez silence [1].
Mais je vois quelqu'un qui s'avance.
THOMAS. C'est mon voisin, ne craiguez rien.
BONIFACE. Ha! compère, que tout va bien!
Mais quelle est cette étrange trogne?
THOMAS. Chut, chut!
CLÉANDRE. La reyne de Pologne
S'en allant pour trouver son roy,
Comme elle avoit besoin de moy
Pour l'entretien de sa coeffure,
(Car je coeffe mieux qu'en peinture)
Me voulut avoir dans son train [2].
Sous espérance de grand gain,
Je suivis cette grande reyne
Qui m'a bien payé de ma peine.
Las d'estre si loin engagé,
Je luy demanday mon congé,
Afin de retourner en France;
Je l'obtins, puis en diligence
Je m'embarquay pour mon retour.
Mais, hélas! dès le premier jour,
Venant d'éviter un naufrage,
Je tombay dedans l'esclavage;
Par un vieux corsaire d'Alger,
De chaisnes je me vis charger,
Ainsi conduit droit en Turquie,
Où je croyois passer ma vie
Dans le sérail du Grand Seigneur,
Où je fus placé par bonheur,
Pour y coeffer toutes les belles,

---

[1] Il y a évidemment ici deux vers passés à l'impression : on le voit à la double lacune du sens et des rimes masculines. Mais, comme il n'existe qu'une édition de la pièce, nous n'avons aucun moyen de les rétablir.

[2] Il s'agit de Marie de Gonzague, partie, vers la fin de 1645, pour aller rejoindre le roi de Pologne, Ladislas, qui l'avait épousée par procuration le 10 novembre à Paris. Elle emmenait avec elle Champagne le coiffeur.

| | |
|---|---|
| | Et mesme pour veiller sur elles ¹. |
| THOMAS. | La Gazette a parlé de vous ² ; |
| | Et je vais gager entre nous |
| | Toutes les richesses d'Espagne |
| | Que vous estes monsieur Champagne. |
| CLÉANDRE. | Vous l'avez deviné, monsieur : |
| | Je suis Champagne le coeffeur. |
| THOMAS. | Vostre avanture est admirable ! |
| CLÉANDRE. | Elle m'a rendu miserable ; |
| | Ha ! que les Turcs sont inhumains ! |
| THOMAS. | Vous ont-ils fait sentir leurs mains ? |
| CLÉANDRE. | Hélas ! |
| THOMAS. | Mais encor, quel martire |
| | Vous ont-ils fait ? |
| CLÉANDRE. | A vous le dire, |
| | J'aurois trop de confusion : |
| | Ha ! la barbare nation ! |
| BONIFACE. | Mais ils n'empallent plus le monde. |
| CLÉANDRE. | Leur rage est pourtant sans seconde. |
| | Las ! que ne m'ont-ils empallé, |
| | Écorché tout vif et bruslé ! |
| | J'aurois assouvy leur envie, |
| | Sans regret de quitter la vie. |
| BONIFACE. | Vous croyez donc qu'il est un sort |
| | Beaucoup plus rude que la mort ? |
| | Seroit-ce point ?... Mais j'apprehende |
| | De faire une sotte demande. |
| THOMAS. | Ils vous ont donc, les inhumains, |
| | Rendu leger de quelques grains ? |
| CLÉANDRE. | Monsieur, vous.... |
| THOMAS. | Vostre langue hésite ! |
| | Vous estes de ces gens d'élite |

---

¹ Le voyage en Pologne est vrai, mais le séjour en Turquie est sans doute une invention de Boucher, afin d'avoir un prétexte à introduire sur la scène Champagne déguisé en Turc, et de produire une de ces mascarades qui étaient à la mode sur le théâtre, et dont Molière allait bientôt donner un exemple singulier avec le mamamouchi du *Bourgeois gentilhomme*.

² C'est fort possible, en effet, et Champagne était un personnage assez connu pour que la Gazette s'en occupât. Je dois dire pourtant que je n'y ai trouvé nulle mention de Champagne, en cherchant aux trois dates qui eussent dû le plus naturellement amener cette mention, c'est-à-dire en 1645, dans tous les numéros où il est question du mariage de Marie de Gonzague et de son départ pour la Pologne, en 1650, lors du retour de Champagne, et à la fin de 1638, à sa mort.

|            | Dont tout le sérail est remply ?
|            | Votre teint en est embelly.
|            | Avoüez entre nous la chose,
|            | Et je vous promets bouche close.
BONIFACE. Qu'est-ce qui le rend si craintif?
THOMAS. C'est qu'il n'est plus génératif.
|            | Ce secret demande le vostre.
BONIFACE. Ha ciel! quel bonheur est le nostre!
|            | Mon amy, dites franchement,
|            | Voudriez-vous presentement
|            | Prendre employ?
CLÉANDRE. C'est bien mon attente,
|            | Si l'occasion s'en presente.
BONIFACE. He bien donc, sans autre raison,
|            | Je vous offre dans ma maison
|            | Une charge, avec un azile :
|            | La charge est de garder ma fille.
THOMAS. Vous entendez bien le détail.
CLÉANDRE. Ayant servy dans le Serail,
|            | Je sçais ce qu'il faut que j'observe,
|            | Et je suis à vous sans reserve.
BONIFACE. Devant que d'entrer au logis,
|            | Un petit mot de vostre advis :
|            | Comme je sçais l'humeur d'Élise,
|            | De crainte qu'elle soit surprise
|            | De ces domestiques nouveaux,
|            | Trouverez-vous pas à propos
|            | Que j'oste à son âme credule
|            | Et le soupçon et le scrupule
|            | Qu'elle pouvoit sans doute avoir
|            | D'un juste et rigoureux pouvoir?
|            | Car les filles sont ombrageuses :
|            | La mienne aime fort les coeffeuses :
|            | La Durancey, la Jeanneton,
|            | La Poulet et la Bariton,
|            | L'attirent chaque jour chez elles
|            | Au bruit des coeffures nouvelles.
|            | Or c'est un prétexte qu'elle a
|            | D'aller courir par-cy par là.
|            | Donc, pour flater sa fantaisie,
|            | D'une façon fort adoucie,
|            | Je veux luy faire pressentir

## SCÈNE VIII.

Que Champagne est pour la servir;
Que, comme en cet art il excelle,
Je l'ay pris tout exprès pour elle.
Ainsi, de son consentement,
Il fera sa charge aisement,
Sans que jamais on le soupçonne.

THOMAS. Certes votre raison est bonne;
La suivant on ne peut faillir.

BONIFACE. Çà donc, je m'en vais l'avertir.
Hola, hola, hola, Lisette!

LISETTE *paroist à la porte.*
Monsieur, je mettois la toilette;
Mademoiselle attend après.

BONIFACE. Quand elle le feroit exprès,
La chose ne pourroit mieux estre.

LISETTE. Que vous plaist-il donc, mon cher maistre?

BONIFACE. Ouvre la salle promptement,
Et qu'Élise au mesme moment
S'y rende, et Guillot avec elle;
Et surtout dis luy pour nouvelle
Que j'ay pris pour mon serviteur
Champagne, l'illustre coeffeur.
Pense-tu que cela luy plaise?

LISETTE. Monsieur, que je vais la faire aise!

THOMAS. Puisque vous retournez chez vous,
Comme tout est libre entre nous,
Trouvez bon que de mesme j'entre
En ma maison, comme en mon centre,
Certain qu'au premier carillon,
Aussi viste qu'un tourbillon,
Je fondray sur vos adversaires,
Si.....

BONIFACE. J'ay mis ordre à mes affaires.

THOMAS. Bonsoir et bonne nuit.

BONIFACE. Bonsoir.

THOMAS, *s'en allant.*
Turc, faites bien vostre devoir.

## SCÈNE IX.

(*La salle s'ouvre.*)

BONIFACE, CLÉANDRE, ÉLISE, GUILLOT, LISETTE.

BONIFACE.
Ma fille, estes-vous satisfaite
De l'élection que j'ay faite?
Cet homme entend l'ajustement,
Mieux que La Prime asseurement [1].

ÉLISE, *devant sa toilette.*
On m'a tant vanté son adresse,
Que déjà le desir me presse
De voir mes cheveux en ses mains.

CLÉANDRE.
Quoy que chacun ait ses desseins,
Je fais toujours que ma methode
Est le modele de la mode.
Sur tout je donne des leçons.
Je sçais natter en cent façons :
Je coeffe en coquette, en Diane,
En impératrice, en sultane,
En cheveux longs, en cheveux courts,
Selon la taille et les atours.
Je sçais prendre l'air du visage,
Selon les traits et selon l'âge ;
Je sçais taper [2], je sçais friser,
Je sçais posticher et raser,
Je tourne la boucle à merveille ;
Bref, mon adresse est sans pareille.
En Pologne j'ay réüssy,
Et dedans le sérail aussi,
Si bien que je pretens encore
Vous coeffer mieux que n'est l'Aurore.

ÉLISE, *étant devant sa toilette.*

---

[1] La Prime était l'un des plus célèbres coiffeurs de l'époque. Tallemant des Réaux nous apprend, dans l'historiette de Voiture, qu'on lui donnait 800 livres de pension pour coiffer Mme de Fénestreaux, et l'abbé d'Aubignac, dans sa *Relation du royaume de coquetterie*, parle de « la science de coiffer, en deux parties, dont l'une est intitulée *La Prime* et l'autre *Champagne*. »

[2] « Friser les cheveux en les battant un peu avec le peigne pour les faire tenir contre le visage. » (*Dictionn.* de Furetière.)

## SCÈNE X.

|||
|---|---|
| | Que dites-vous de mes cheveux ? |
| CLÉANDRE. | Ils sont beaux et deliez. |
| ÉLISE. | Je veux |
| | Que vous défrisiez mes moustaches¹. |
| CLÉANDRE. | Madame, on vous les tient trop laches, |
| | La papillote pend trop bas. |
| ÉLISE. | Pour ce coup il n'importe pas. |
| CLÉANDRE. | Voyez, l'une en l'autre se fourre. |
| BONIFACE. | Tournez-les bien en tire-bourre. |
| | Bon, c'est ainsi que je l'entends ; |
| | Pour le reste prenez du temps. |
| | Cependant je m'en vais écrire |
| | Quelques dépesches pour l'Empire. |

## SCÈNE X.

### ÉLISE, CLÉANDRE, GUILLOT, LISETTE.

|||
|---|---|
| CLÉANDRE. | Après ce que j'ose pour vous, |
| | Madame, mon sort seroit doux, |
| | Si l'occasion opportune |
| | Pouvoit achever ma fortune. |
| | La chose est en votre pouvoir, |
| | Vous n'avez donc qu'à le vouloir. |
| ÉLISE. | Ha, ne me pressez point, Cléandre, |
| | Lorsque je ne puis me défendre ; |
| | Usez en genereux vainqueur |
| | De la conqueste de mon cœur. |
| | Vostre foy fait mon asseurance, |
| | Mais faisons tout avec prudence. |
| LISETTE. | Madame, vous parlez trop haut, |
| | C'est là toujours vostre defaut : |
| | Vostre père a l'oreille bonne. |
| | Comme je sçais qu'il vous soupçonne, |
| | Et vous observe incessamment, |
| | Il faut parler plus nettement, |
| | Pour conclure vostre retraite, |
| | Qui déjà devroit estre faite ; |
| | Mais comme il est bon de presser, |

¹ Champagne n'a point affaire à une femme à barbe. Voir notre note, t. I, p. 56.

18.

|||
|---|---|
| | Entre vous daignez y penser. |
| GUILLOT. | Mignonne, dis-moy, la toilette.... |
| LISETTE. | Hé bien, qu'est-ce? |
| GUILLOT. | Est-elle complette? |
| LISETTE. | Tant que nous en avons besoin. |
| GUILLOT. | En la mettant, as-tu pris soin |
| | D'y ranger toutes les denrées |
| | Par qui beautez sont réparées? |
| | As-tu mis sous ce taffetas |
| | Le magazin des faux appas? |
| LISETTE. | Insensé, que me veux-tu dire? |
| | Pense-tu que je veuille rire? |
| GUILLOT. | Je te prie, aimable animal, |
| | Ne prens pas les choses si mal. |
| | Avec mon humeur ingenuë, |
| | Je n'ay pas toujours la berluë, |
| | Et je sçais de fort bonne part |
| | Qu'il est peu de beautez sans art, |
| | J'entens, qui ne se débarbouille |
| | Ou bien plutost qui ne s'enroüille, |
| | Quoy qu'il en soit, qui pourroit bien |
| | Paroistre sans employer rien ; |
| | Mais, pour estre plus regardées, |
| | Toutes veulent estre fardées. |
| | Vois-tu, je le sçais mieux que toy, |
| | Et tu dois croire, sur ma foy, |
| | Quoy que ta maistresse soit belle, |
| | Que sa fraischeur soit naturelle, |
| | Que son teint soit blanc et rozé, |
| | Qu'elle n'ait point le cuir bronzé, |
| | Que sa bouche soit bien meublée, |
| | Qu'elle ait la taille bien taillée, |
| | Je crois que dessous ce satin |
| | Elle a mille drogue et son train. |
| | Ça, visitons cette toilette. |
| | Que tu fais la sotte, Lisette! |
| | Laisse-moy voir à mon loisir. |
| | Bon, voicy du noir à noircir ; |
| | C'est pour les sourcils. |
| LISETTE. | Tu te moque? |
| GUILLOT. | Que garde-t-on en cette coque? |
| LISETTE. | Des pepins de coins, et de l'eau. |

## SCÈNE X.

GUILLOT.   Pour gommer, le secret est beau,
           Parce que la gomme arabique
           Est trop forte en cette pratique.
           Qu'est cecy ?
LISETTE.                 C'est un peu d'alun.
GUILLOT.   Et là ?
LISETTE.           C'est du rouge commun.
GUILLOT.   Le vermillon et la céruse
           Seront là, si je ne m'abuse ;
           Ouvrons ces papiers : j'ay bien dit.
           Ne crève-tu point de dépit ?
LISETTE.   Ha ! Guillot, laisse-là le reste.
GUILLOT.   Crie, ou prie, ou menace, ou peste,
           Je veux me satisfaire enfin.
           Qu'est-ce que je sens sous ma main ?
           Un ratelier de dents, sans doute ;
           Il faut le voir, quoy qu'il en couste.
           Non, c'est un bracelet de prix ;
           Pour ce coup je me suis mépris.
           Est-ce icy que l'on prend la mouche ?
LISETTE.   Tu peux bien voir ce que tu touche.
GUILLOT.   Tu prens plaisir à begayer.
           Elles sont de la Mestayer :
           Je les connois bien à la taille ;
           Les autres ne sont rien qui vaille.
           Lisette, approche ton menton,
           Que je t'y mette ce gros ton.
           Sans doute en cette boëste noire,
           Sont yeux d'émail, et dents d'ivoire
           Ha ! j'ay tort, ce sont des cheveux.
           En voicy pour plaire à tous yeux.
           Quoy qu'en brun j'estime ta mine,
           Approche que je te blondine.
           A quoy sert ce petit outil ?
LISETTE.   C'est pour arracher le sourcil.
GUILLOT.   Voyons tout le reste à la haste :
           De l'opiate, de la paste,
           Tant pour les mains que pour les dents.
           Que renferme-t-on là dedans ?
           De la brique pulverisée !
           Ma veuë est ce coup abusée :
           C'est plustost du sang de dragon,

Ou du coral en poudre; bon!
Ha! voicy la fine pommade
Dont on guerit le teint malade;
La boëste aux peignes, la voilà.
Je crois qu'il s'en faut tenir là.
Hé bien, Lisette, dis encore
Que tant de beautez qu'on adore
Sont sans emprunt et sans défaut,
Et je te croiray, s'il le faut.

LISETTE. Si j'osois croire mon courage,
Je déchirerois ton visage ;
Mais je crains de faire du bruit.

CLÉANDRE. Voyez à quoy je suis réduit,
Et puisque la feinte est propice,
Profitons de cet artifice :
Allons, Madame, éloignons-nous.

ÉLISE. Ouy, je consens à tout pour vous,
A la charge que l'hyménée
Nous unira cette journée.

CLÉANDRE. J'accepte la condition.
Donnons dedans l'occasion.

GUILLOT. La porte est ouverte, la belle,
Enfilez viste la venelle.

ÉLISE, *en sortant.*
Sauvez-moy d'un père irrité,

CLÉANDRE. Fiez-vous en ma probité.

## SCÈNE XI.

### CLÉANDRE, ÉLISE, GUILLOT, LISETTE, THOMAS.

GUILLOT. Ha! Monsieur, que faut-il qu'on fasse?
Voicy l'amy de Boniface.

THOMAS. Quoy, Turc, vous quittez la maison?

CLÉANDRE. Tais-toy.

THOMAS. Trahison, trahison !

ELISE. Comment sortir de ces alarmes?

THOMAS. Aux armes, Boniface, aux armes!

CLÉANDRE. Maraut, vois-tu bien ce poignard?
Je t'en perce de part en part,
Si tu t'oppose à ma retraite.

| | |
|---|---|
| THOMAS. | La mienne sera bientost faite ; |
| | Monsieur, je ne m'oppose à rien, |
| | Car j'aurois tort. |
| CLÉANDRE. | Tu feras bien. |
| THOMAS. | Si vous avez besoin d'escorte.... |
| CLÉANDRE, *s'en allant*. | |
| | Je t'en remercie. |
| THOMAS. | A ma porte, |
| | Et devant moy me maltraiter¹ ! |
| | Je devois bien les arrester. |
| GUILLOT, *revenant sur ses pas*. | |
| | Hé quoy, coquin, tu nous regarde ! |
| | As-tu point peur qu'on te poignarde ? |
| THOMAS. | Monsieur, je ne regarde pas. |
| GUILLOT. | Vois-tu, si.... |
| THOMAS. | Je mets armes bas. |
| | Boniface en tient pour son compte. |

## SCÈNE XII.

#### M. THOMAS, BONIFACE.

| | |
|---|---|
| BONIFACE. | Allons reparer nostre honte. |
| THOMAS. | Où sont-ils ? Qu'est-ce qui va là ? |
| | C'est donc vous, traistre ! |
| BONIFACE. | Hola, hola. |
| THOMAS. | Morbleu, je ne fais point de grace. |
| BONIFACE. | Doucement : je suis Boniface. |
| | Avecque ce maudit outil |
| | Vous m'avez blessé le nombril. |
| THOMAS. | Mon pauvre amy, c'est chose faite, |
| | Les enleveurs ont fait retraite ; |
| | J'en suis encor tout plein d'effroy. |
| BONIFACE. | Quoy, l'on abuse ainsi de moy ! |
| | Qu'en dira-t-on parmy la ville ? |
| THOMAS. | Pourquoy refuser vostre fille |
| | A des partis avantageux ? |
| BONIFACE. | Hélas, que je suis malheureux ! |

---

¹ C'est le mot du *poëte hétéroclite* Neufgermain, qui, suivant Tallemant des Réaux, se plaignait qu'on eût osé le battre devant lui.

Je me vois sans fille et sans gendre.
Que n'acceptois-je ce Cléandre
Qu'un amy m'avoit proposé !
Ah ! que je fus mal avisé !

## SCÈNE DERNIÈRE.

BONIFACE, M. THOMAS, CLÉANDRE, ÉLISE, GUILLOT
LISETTE.

THOMAS, *voyant venir Cléandre.*
    Voisin, nostre mort est certaine.
CLÉANDRE. Monsieur, pour vous tirer de peine,
    Je viens....
BONIFACE.         Ha ! traistre, il faut mourir.
CLÉANDRE. Je sçauroy bien m'en garantir,
    Si l'on me force à me défendre.
GUILLOT. Dites que vous estes son gendre ;
    Aussi bien il s'en faut très-peu.
THOMAS. Je n'ose me mésler au jeu.
CLÉANDRE. Apprenez que je suis Cléandre,
    Qui veut devenir vostre gendre.
BONIFACE. N'est-ce point encor m'abuser ?
CLÉANDRE. Mon dessein me peut excuser.
GUILLOT. Pour rendre l'excuse parfaite,
    J'offre aussi d'épouser Lisette.
THOMAS. Je suis d'accord de l'union.
BONIFACE. Je suis plein de confusion.
    Mais vous étiez tantost Champagne.
CLÉANDRE. Champagne est mon nom de campagne.
ÉLISE. Mon cher père, pardonnez-nous.
CLÉANDRE. Acceptez-moy pour son époux.
GUILLOT. Mon maistre est homme de mérite ;
    D'ailleurs je vous en sollicite.
BONIFACE. Hé bien donc, je consens à tout.
GUILLOT. Lisette, nous sommes au bout
    De nos travaux.
LISETTE.         Ouy, que t'en semble ?
GUILLOT. Que nous serons bien tost ensemble,
    Et que devant trois fois trois mois
    Tu chanteras à pleine voix

Des petits pastez [1].

LISETTE. Tu folastre.

GUILLOT. Tu te feras tenir à quatre,
Quand viendront ces petits marmots.
Que nous en aurons de Guillots !
La race de la Guillotière
Sera comme une pépinière.

---

[1] « On dit d'une femme en travail d'enfant qu'elle crie *les petits pâtés*, pour dire qu'elle crie bien haut, qu'elle souffre beaucoup. » (Leroux, *Dictionnaire Comiq.*). Parmi les cris de Paris, ceux des marchands de petits pâtés comptaient au nombre des plus bruyants.

FIN.

J. DE LA FORGE.

# NOTICE

## SUR J. DE LA FORGE

## ET *LA JOUEUSE DUPÉE.*

On manque de renseignements précis sur J. de la Forge, l'auteur de la *Joueuse dupée*. Nous ne connaissons à peu près de lui que ses ouvrages, et ceux-là ne sont pas nombreux, puisqu'ils ne comprennent que cette petite comédie, et le *Cercle des femmes savantes*, « dialogue en vers héroïques, » qu'il avait publié l'année précédente.

Le *Cercle des femmes savantes* (Paris, P. Trabouillet, 1663, in-12) est un document précieux pour l'histoire de la société polie. La clef qui le termine donne les noms de soixante-sept *savantes* dont il y est question sous des noms empruntés et sous une forme élogieuse. C'est un véritable supplément au *Grand Dictionnaire* de Somaize. Il est dédié à la comtesse de Fiesque, nommée l'illustre Axiamire dans le cours de l'ouvrage, et qui était une célébrité du monde précieux. Jean de la Forge se rattachait probablement lui-même à cette société : il y tenait du moins par ses goûts et par ses protecteurs, sinon par des relations directes, car il n'est même pas mentionné dans le *Grand Dictionnaire* de Somaize.

La *Joueuse dupée, ou l'Intrigue des Académies*, en un acte, en vers, dédiée à M. le marquis Dubois (Paris, A. de Sommaville, 1664, in-12), appartient encore presque autant au genre du dialogue pur et simple qu'à celui de la comédie proprement dite. Elle fut cependant, selon le Dictionnaire manuscrit de H. Duval, jouée sur le théâtre du Marais au mois de juin 1664. Clidamant est amoureux de Cléonice, fille de la joueuse Uranie : craignant de ne pouvoir l'obtenir de la volonté de ses parents, il use d'adresse, et l'enlève pendant une partie qu'engage avec sa mère un faux marquis de ses amis, joueur de profession. Le père, qui les rencontre au moment où ils prennent la fuite, les ramène et le mariage est décidé. Voilà toute l'intrigue, qui n'a pas dû coûter un grand effort d'imagination à l'auteur. Elle n'a même point de situation, à proprement parler, et elle est tout entière dans les conversations des personnages. On y rencontre encore une *précieuse*, mais dont le rôle est très-effacé, et J. de la Forge y a lancé contre Molière un ou deux traits émoussés et timides, — *telum imbelle sine ictu.*

La *Joueuse dupée* est généralement d'une versification lâche, d'un style mou, négligé, parfois incorrect, supérieur pourtant à celle de quelques écrivains souvent joués alors et particulièrement sur la scène du Marais. Tout l'intérêt en gît dans les renseignements qu'elle nous donne sur le jeu à cette époque, sur le développement extraordinaire qu'avait pris, même parmi les femmes, la passion des cartes et des dés, sur les mœurs et habitudes des joueurs et sur les tricheries usitées parmi la plupart d'entre eux, que le marquis vient raconter cyniquement sur la scène comme une chose toute naturelle. Ces divers points seront éclaircis et complétés par les notes.

La pièce est fondée sur l'usage où étaient certains maîtres ou certaines maîtresses de maisons de tenir en quelque sorte chez eux Académie ouverte de jeu. La passion du jeu avait pris et devait prendre jusqu'à la fin du règne, même sous la Régence, des développements dont rien aujourd'hui ne peut donner une idée. Les *Académies* publiques, contre lesquelles La Bruyère s'est élevé si rigoureusement quelques années plus tard, ne suffisaient plus à cette frénésie dont la cour donnait le premier exemple; des particuliers ouvraient directement, ou sous le couvert de leur livrée, des maisons de jeu dans leurs hôtels, et ces particuliers étaient souvent de grands seigneurs, des hommes revêtus des premières charges de la cour, comme Livry, le duc d'Antin, le grand écuyer; plus souvent encore des femmes, dont quelques-unes appartenaient aux plus hautes classes. Ces joueuses et ces joueurs enragés y cherchaient non-seulement la satisfaction de leur goût, mais un profit, un bénéfice particulier, directement ou indirectement prélevé sur les habitués, comme J. de la Forge le fait d'ailleurs entendre dans sa première scène.

La *Flavie* des *Femmes coquettes* (1670), de Raymond Poisson,

> Donne de grands cadeaux, fait la grande joueuse
> En tient Académie,

et l'on voit sa maison hantée par des pipeurs à qui son mari est obligé de faire rendre gorge. Dans sa satire X, Boileau n'a pas oublié ce type de la joueuse :

> Chez elle en ces emplois l'aube du lendemain
> Souvent la trouve encor les cartes à la main ;
> Alors, pour se coucher, les quittant, non sans peine,
> Elle plaint le malheur de la nature humaine,
> Qui veut qu'en un sommeil où tout s'ensevelit
> Tant d'heures sans jouer se consument au lit.
> Toutefois en partant la troupe la console
> Et d'un prochain retour chacun donne parole.

Brossette nous apprend en note que ce portrait de la joueuse a été fait d'après nature sur Madame X....

L'auteur des *Conversations morales sur le jeu* (1685) parle aussi des dames qui donnent à jouer, « car, ajoute-il, ce sont elles particulièrement qui se piquent de recevoir bien le monde, » et il nous apprend qu'elles faisaient payer les cartes un peu plus cher que dans les brelans proprement dits, qu'elles recevaient chez elles toutes sortes de personnes, se contentant de savoir leur nom, ou pourvu qu'elles fussent amenées par un habitué; qu'on y perdait des sommes excessives, que leurs maisons servaient de lieux d'entrevue, etc. (p. 251-3).

La comédie, la satire, les moralistes de l'époque reviennent sans cesse à ce fléau [1]. La police avait l'œil ouvert sur tous ces établissements publics et privés; elle les surveillait de son mieux, elle en ordonnait souvent la fermeture. Le roi était obligé d'intervenir pour arrêter cette industrie exercée sans honte par des gens de qualité. En 1678, Colbert écrit de sa part à La Reynie de faire prévenir le prince d'Harcourt et le prince de Monaco qu'ils doivent veiller à ce qu'on n'établisse pas de jeu dans leurs hôtels à l'abri de leurs livrées. Un peu plus tard, Seignelay commande au lieutenant général de faire assigner les dames de Fleurs et de Caligny à la police pour avoir donné à jouer, en les avertissant qu'elles seront « condamnées à la rigueur » si elles recommencent [2].

Malgré toutes les précautions et toutes les ordonnances de police, le même état de choses persista opiniâtrément : on vit même des poëtes s'en mêler et, comme Palaprat,

> Donner aux Muses le matin
> Et l'après-dînée aux joueuses [3].

La mort de Louis XIV n'y changea rien, ou plutôt la Régence donna encore un nouvel essor à cet usage. On jouait publiquement dans l'hôtel du duc de Tresmes, gouverneur de Paris, et chacun y pouvait aller tenter la fortune, soit aux dés, soit à l'ombre, au pharaon, au lansquenet, au trictrac, car chacun de ces jeux avait ses salles particulières. C'est le comédien Poisson qui était à la tête de cette entreprise, moyennant un loyer de mille livres par mois au duc de Tresmes. En 1722, on permit également à Blouin, intendant de Versailles, d'avoir chez lui une assemblée de jeu. « Quelques gens de condition, écrit Nemeitz au commencement du siècle suivant dans son *Séjour de Paris*[4], n'ont pas honte de tenir de telles assemblées dans leurs maisons. De mon temps, il y en avait chez l'Envoyé de Gênes et dans l'Hôtel du prince Ragotzy au faubourg Saint-Germain, comme ayant de la cour la permission de tenir chez eux table pour les jeux de hasard, d'autant qu'ils sont permis aux ministres et aux princes étrangers, pendant qu'ils sont défendus absolument aux sujets du roi. »

---

[1] Voir Brillon, le *Théophraste moderne* (1699), ch. du Jeu; Dancourt, la *Désolation des joueuses*, 1687, et la *Déroute du Pharaon*, etc.

[2] *Correspondance administrative* de Louis XIV, t II, p. 563, 572.

[3] Voir les deux pièces de Palaprat : A M. de la Chapelle, pour le prier de prévenir M. d'Argenson en ma faveur sur un jeu qui était chez moi. — Au comte de Maurepas, sur ce que Mgr de Pontchartrain m'avait fait ordonner... de faire cesser mon jeu (1698).

[4] Traduction française, 1727, t. I, p. 200.

Nous nous sommes laissés entraîner bien au delà de l'époque de cette pièce. Revenons à l'ouvrage de J. de la Forge. S'il n'a pas une grande valeur littéraire, on reconnaîtra sans doute qu'il n'est pas sans une certaine importance historique, en prenant le mot dans son sens le plus large, et que sa rareté, comme la curiosité des renseignements qu'il donne, pouvait lui mériter d'être reproduit dans ce recueil.

# LA JOUEUSE DUPÉE

## OU L'INTRIGUE DES ACADÉMIES[1].

### COMÉDIE.

### 1664.

[1] Le mot *académie* avait une foule de sens au XVIIe siècle : il se disait même des établissements des écuyers où la noblesse apprenait à monter à cheval ; plus souvent, des maisons dans lesquelles il y avait jeu ouvert. Indépendamment des Académies publiques, tenues par des hommes qui en faisaient métier, il y en avait de privées, comme nous l'avons dit dans la notice.

## ACTEURS.

CLIDAMANT, amant de Cléonice.
TURLUPIN, valet de Clidamant.
LE MARQUIS, joueur.
URANIE, joueuse.
CLÉONICE, fille d'Uranie.
LISETTE, suivante.
POLIXÈNE, précieuse.
VALÈRE, père de Cléonice.

La scène est à Paris.

# LA JOUEUSE DUPÉE

## OU L'INTRIGUE DES ACADÉMIES.

### SCÈNE PREMIÈRE.

#### LISETTE, CLIDAMANT, TURLUPIN.

LISETTE. Dans une heure, monsieur, vous verrez ma maistresse ;
Mais il faut accorder ce temps à sa paresse,
Et luy permettre au moins de se faire coiffer.
TURLUPIN. Que diable ! ta maistresse est longue à s'attifer !
CLIDAMANT. C'est se mocquer du monde, et sans doute Uranie
Ne se ressouvient pas qu'elle attend compagnie.
Pour avoir le plaisir d'estre longtemps au jeu,
Elle m'avoit promis de se presser un peu ;
Cependant il est tard.
LISETTE. Je n'y sçaurois que faire ;
Aussi bien comme vous j'en suis toute en colère.
Mais, deust-on enrager, je le donne au plus fin,
Quand on se couche au jour, de se lever matin.
Je ne m'étonne pas, après un tel supplice,
D'où naissent sur mon teint ces marques de jaunisse,
Et si, devenant maigre à vous faire pitié,
Il me faut étressir mon corset de moitié.
Dieu mercy, nous faisons un assez beau ménage !
Mais je veux bien mourir si j'y suis davantage ;
C'est trop en endurer, ma constance est à bout :
N'avoir point de repos, ne dormir point du tout,
Sans oser dire un mot, souffrir un froid extrême,
En dépit de ses dents jeusner plus d'un caresme,
Faire du jour la nuit, et de la nuit le jour,
Vous en estes témoin, graces à vostre amour ;
Ce n'est pas d'aujourd'huy que vous voyez la dame

Passer toutes les nuits sans voir ny feu ny flame.
Estre dans une chambre à croquer le marmot,
Ne trouver au matin ny marmite ny pot,
C'est pour estre joyeuse et devenir bien grasse !
Se mette qui voudra dans ma chienne de place,
Qu'une autre que Lisette y serve de jouet :
Si j'y demeure plus, je veux avoir le fouët.

TURLUPIN. Bon, bon, pousse tousjours, et pestons de plus belle.
C'est icy que le jeu ne vaut pas la chandelle,
Monsieur, et l'on nous doit passer pour vrais filoux,
A nous voir chaque nuit courir comme des fous.
Cependant que Monsieur ou que Madame jouë,
Nous sommes à trembler les pieds dedans la bouë,
Et de mille accidens incessamment surpris,
Nous avons belle peur en faisant les esprits :
Tantost quelque présent descendu des gouttières,
Tantost quelques archers ou traisneurs de rapières,
Tantost le vent, la pluye, et cent mille autres maux,
Tombent sur nostre teste, et chargent nostre dos.
Jugez après cela si la fine Lisette
A raison de songer à plier sa toilette [1].

CLIDAMANT. Mais elle ne dit pas ce que le jeu luy vaut,
Et que les.....

LISETTE. Il est vray, car le gain monte haut :
Les doubles maltoutiers [2], avec leur monopole,
Empeschent à present qu'on ne gagne une obole.
N'enrageroit-on pas de voir que ces filoux
Ont voulu rehausser les cartes de deux sous ?
Je ne suis pas icy la seule qui murmure ;
Personne n'est exempt de leur maudite usure,
Et je pense qu'un jour on les verra, les gueux,
Enchérir sur les choux et tondre sur les œufs.
S'ils étoient tous pendus que j'en aurois de joye !

CLIDAMANT. Eh bien, pour t'appaiser reçois cette monnoye.

LISETTE. Ah ! ce que j'en disois n'étoit pas pour cela :
Dieu m'en garde, Monsieur, d'avoir ce dessein-là !
Je suis....

---

[1] Prendre congé, s'en aller.
[2] Financiers, *partisans*, qui se chargeaient de faire marcher et de percevoir les impôts onéreux et extraordinaires, établis par le roi, et généralement toutes les impositions nouvelles. Le mot *mallôte* et son dérivé *mallôtier* viennent des mots *malé tolta*.

| | |
|---|---|
| CLIDAMANT. | Sans compliment, prens ces écus pour gage |
| | D'en recevoir bien tost douze fois davantage. |
| LISETTE. | Non, non. |
| TURLUPIN, *à Clidamant* | Vous vous mocquez, elle ne prendra rien ; |
| | Je la connois, Monsieur, elle est fille de bien. |
| LISETTE. | Voyez-vous ce railleur! fait-il pas beau l'entendre! |
| | Pour te faire dépit exprès je les veux prendre : |
| | Regarde. |
| CLIDAMANT. | C'est bien fait; mais, Lisette, à ton tour |
| | Tu peux.... |
| LISETTE. | Je vous entens, aider à vostre amour : |
| | Attendez un moment, je vais trouver la fille ; |
| | Il faut prendre le temps que sa mère s'habille. |
| CLIDAMANT. | Je te suis obligé, mais au moins dis-luy bien.... |
| LISETTE. | Faites vostre métier, et je feray le mien. |

## SCÈNE II.

### CLIDAMANT, TURLUPIN.

| | |
|---|---|
| CLIDAMANT. | Tu resves, Turlupin; d'où vient cette surprise? |
| TURLUPIN. | Si je parois surpris, c'est de vostre sottise. |
| | Continuez ainsi; vous ne sçavez pas mal |
| | Prendre le grand chemin qui mène à l'hospital. |
| | Il ne vous manque plus qu'à porter la besace ; |
| | Vous serez gueux parfait. Eh! mon maistre, de grâce, |
| | Croyez vostre valet, et vous croirez un fou : |
| | Si vous jouez encor, nous n'aurons pas un sou, |
| | Et le jeu..... |
| CLIDAMANT. | Que veux-tu, j'adore Cléonice, |
| | Et n'ay qu'un seul moyen d'appaiser mon supplice : |
| | Uranie est joüeuse; il faut, par mon malheur, |
| | Ou ne point voir sa fille, ou flatter son humeur. |
| | Pour plaire à mon amour, je ferois davantage. |
| TURLUPIN. | Mais vous ne dites pas que Turlupin enrage, |
| | Et que dans mon pourpoint je crève de dépit |
| | De ce que bien souvent nostre ventre en pastit. |
| | Il est bien employé si l'on vous prend pour duppe; |
| | Vous avez de l'amour pour un moule de jupe, |
| | Et vos gens cependant, avec vos carolus [1], |

[1] Le carolus, valant dix deniers, n'était plus en usage depuis Louis XII, mais

Prennent pour eux la belle et vous donnent du flus [1].
Je vous l'ay déjà dit, et vous le dis encore,
Que l'on vous croit céans une franche pécore,
Et que, vous érigeant en galand tout nouveau,
Vous estes bonnement leur valet de carreau :
Témoin le grand miroir, attaché par derrière,
Qui pour voir vostre jeu leur servoit de lumière,
Et dont la fine dame, habile à vous tromper,
Se faisoit un moyen à vous mieux attraper ;
Témoin ce diamant qu'ils avoient pour indice,
Quand ils vous ballotoient avec leur artifice,
Et dont les as, marquez par un adroit complot,
Vous rendoient en un coup pic, repic et capot ;
Témoin ces tours de main, dont la carte battuë
Avec subtilité s'ostoit à vostre veüe,
Qui changeoient les écarts, et qui plus d'une fois
Vous ont fait régaler d'un franc pasté de Rois [2],
Témoin ce coup du hoc [3] où, de ma connoissance,
De trois marques et plus on haussa la séquence [4],
Et les adroits joüeurs, empochant le teston,
Sur votre argent défunt firent un beau fredon ;
Témoin ce coup enfin, à la dernière feste,
Où vostre sot amour vous fit faire la beste,
Et par une renonce habilement surpris,
Vous laissastes manger le chat à la souris.

CLIDAMANT. De ces advis en vain ne me romps plus la teste,
J'ay sçeu tous leurs détours.

TURLUPIN.          Vous en estes plus beste
De souffrir que la poule attrape le renard,
Et de laisser tousjours vostre argent à l'écart.

---

le terme avait toujours cours pour exprimer la somme que cette monnaie représentait autrefois, ou même dans un sens plus général encore et comme synonyme d'argent.

[1] Turlupin fait sans doute allusion à la bourse de son maître. Avoir un *flux de bourse*, c'est voir fuir et s'écouler son argent, se ruiner.

[2] « Pasté, dans les Académies de jeu, se dit d'un assemblage de cartes que font les filous en faisant semblant de les mêler, par lequel ils font perdre ou gagner quand ils veulent. » (*Dictionnaire* de Furetière). Turlupin joue sur le mot, et en tire une *turlupinade*.

[3] Jeu de cartes très en vogue alors, dont l'explication élémentaire se trouve partout.

[4] La séquence est une suite de plusieurs cartes de même couleur, ce qu'on appelle au piquet, *tierce, quarte, quinte*, etc.

CLIDAMANT. Mais tu risques toy-mesme, et pers ainsi qu'un autre.
TURLUPIN. Eh ouy, de par le diable! il y va trop du nostre,
Et je me suis si bien avec vous contrefait,
Que je n'en sçais que trop pour y perdre mon fait.
CLIDAMANT. Va, va, dans peu de temps nous aurons la revanche :
J'ay pour les abuser un marquis dans ma manche.
TURLUPIN. Obligez-moy, Monsieur, de me dire entre nous.
Depuis quand les marquis sont devenus filoux[1].
CLIDAMANT. C'est un de ces marquis si connus au théâtre,
De la façon desquels le peuple est idolâtre,
Et qui couvrent leurs noms d'un noble marquisat
Pour attraper la duppe, et se mocquer du fat.

---

[1] Les Mémoires du temps sont unanimes sur le peu de scrupule que beaucoup de gens du bel air apportaient au jeu. Un grand nombre se laissaient entrainer par cette frénésie jusqu'à tricher, et il semble que ce n'était là souvent, à leurs yeux comme à ceux de leurs contemporains, qu'une gentillesse médiocrement déshonorante, une bonne ruse de comédie. Le comte de Grammont en usait ainsi, et non-seulement il n'a pas fait difficulté de le laisser entendre dans ses *Mémoires*, mais on sait qu'il insista lui-même pour la publication de ces *Mémoires*, que le censeur voulait interdire. On se rappelle le *professeur* Toutabas, qui sait si bien, dans le *Joueur* de Regnard,

D'un sort injurieux corriger la malice,

et qui enseigne son art aux enfants de famille. Tallemant des Réaux écrit dans l'historiette de Beaulieu-Picart (édit. Paulin-Páris, t. IV) : « Il s'y rendit fort adroit au jeu, et pipoit aussi bien qu'homme de France. Son ainé avoit un maître à piper, et tous les grands joueurs s'en escriment : ils disent que c'est pour s'empêcher d'être trompés. » Mais ne prenons pas au mot ce grand médisant, qui n'épargne personne. Voyons donc les Mémoires et les documents sérieux : Brienne (*Mémoires inéd.* publ. par F. Barrière, ch. 8) dit du cardinal Mazarin : « Il croyoit que tous les gros joueurs ayant la réputation de tromper, il ne lui étoit pas défendu de faire comme les autres, ce qu'il appeloit, d'un ton plus doux, prendre ses avantages. » Le prince de Conti, dans une querelle avec le grand prieur pour un coup douteux, querelle qui fit beaucoup de bruit (1698), n'hésitait pas à l'accuser de tricherie habituelle en plein palais de Meudon, chez le Dauphin. St-Simon conte que Seissac, maître de la garde-robe, fut convaincu d'avoir employé des cartes pipées au jeu du roi (éd. in-12, t. I, 343). Le duc d'Antin passait aussi pour venir en aide au hasard. M$^{me}$ de Sévigné, dans une lettre du 10 mars 1671, décrit la mésaventure d'un courtisan de haute volée, disgracié par le roi « pour avoir trompé au jeu et avoir gagné cinq cent mille écus avec des cartes ajustées ». Elle ajoute que le fabricant avoua qu'il faisait depuis longtemps ce commerce de cartes. Dans une autre lettre, elle s'alarmait de la passion pour le jeu de son gendre, M. de Grignan : « Vous croyez que tout le monde joue comme vous (loyalement)? Rappelez-vous ce qui s'est passé dernièrement à l'hôtel de la Vieuville. » Mais cela est-il bien particulier au XVII$^e$ siècle, et ne serait-il pas facile de réunir des exemples, ou du moins des accusations analogues à toutes les époques et partout où le grand jeu est en usage ?

          La mode dans Paris en est toute commune[1].
          Ils sçavent par adresse attirer la fortune ;
          Le jeu les entretient, et la plupart du temps...

TURLUPIN. Diable ! que ces marquis sont de subtiles gens !
          De nous emmarquiser mon désir est extrême.

CLIDAMANT. Mais il faudroit avoir une intrigue de mesme,
          Estre seur des marchands et de tout leur crédit,
          Mentir adroitement, railler avec esprit,
          Des cartes et des dez connoistre tous les piéges,
          Parler à tous momens de combats et de siéges,
          Sçavoir entretenir et Bacchus et l'Amour,
          Hanter l'Académie, et paroistre à la cour.
          Je deviendrois marquis aussi bien comme un autre,
          Si le nom suffisoit. Mais j'apperçois le nostre.

## SCÈNE III.

### CLIDAMANT, LE MARQUIS, TURLUPIN.

CLIDAMANT. Eh bien, mon cher marquis, que dit-on à la cour ?
          N'as-tu point découvert quelque nouvel amour ?
          Tu me sembles joyeux ; comment va la satire ?
          Parle.

LE MARQUIS, *riant de toute sa force.*
          Je n'en puis plus, cousin, laisse moy rire.

CLIDAMANT. Mais quel est le sujet qui t'y convie ainsi ?

---

[1] Les témoignages sur ce point abondent : voir l'une de nos notes sur l'*Académie des femmes* de Chapuzeau. Cette manie d'anoblissement, prise à partie aussi par Molière, La Fontaine, etc., et qui allait jusqu'à l'usurpation des titres, était une conséquence naturelle des mœurs et des idées du temps, de l'influence de la cour et des grands seigneurs sous Louis XIV. On sait que les faux nobles furent recherchés et poursuivis plus d'une fois (1653, 1665, 1669). V. *l'Écuyer ou les Faux Nobles mis au billon*, de Claveret. D'après le plus grand nombre de témoignages, il semble que ces usurpations de titres s'adressaient de préférence à celui de marquis, ce qui ne laissa pas de contribuer sans doute à l'espèce de discrédit dans lequel il était tombé et à la prédilection avec laquelle Molière et les autres poètes comiques le raillèrent sur le théâtre. M$^{me}$ de Sévigné le dit expressément dans une lettre à Bussy (20 déc. 1675) : « Il n'a point été profané comme celui du marquis, lui écrit-elle en lui parlant de son titre de comte. Quand un homme veut usurper un titre, ce n'est point celui de comte, c'est celui de marquis, qui est tellement gâté qu'en vérité je pardonne à ceux qui l'ont abandonné. » — Il y a, au XVII$^e$ siècle, des centaines de pièces dont l'intrigue roule sur le travestissement comique ou sérieux d'un vilain en gentilhomme, sur les dupes qu'il fait et sa confusion finale.

LE MARQUIS. Je vais te le conter, mais ris en donc aussi.
CLIDAMANT. On ne rit pas de mesme à la moindre parole,
Sans avoir.....
LE MARQUIS. Ah ! parbleu, cet accident est drôle !
Je veux estre pendu si le tour n'est divin,
Jamais Italien n'en a fait un plus fin,
Et je veux dès demain que Molière le joue.
CLIDAMANT. Qu'il le joue ?
LE MARQUIS. Ouy, mornon[1], et de plus qu'on le loue.
CLIDAMANT. Mais en si peu de temps peut-on venir à bout ?...
LE MARQUIS. Les personnes d'esprit en un moment font tout :
N'as-tu point remarqué l'*Impromptu de Versailles*?
CLIDAMANT. Fort bien, et c'est ce nom qui fait que l'on le raille[2].
LE MARQUIS. Ouy, ceux qui ne l'ont veu que les dernières fois ;
Mais quand il me le lut, il n'avait que six mois.
CLIDAMANT. Je le crois, mais enfin ne veux-tu pas me dire ?...
LE MARQUIS. Mais encore une fois promets-moy donc d'en rire.
CLIDAMANT. Soit, je te le promets.
LE MARQUIS. Le tour est délicat :
Sache que j'ay duppé le maistre du hoccat[3].
CLIDAMANT. Ce maistre toutefois passe pour un fin homme.
LE MARQUIS. Je l'ay trompé pourtant, et d'une bonne somme,
De quarante loüys, dont tu serois ravy ;
Mais apprens le moyen dont je me suis servy.
Tu sçais que dans ce jeu chacun tire une boule,

---

[1] Abréviation de *mort non pas de ma vie*, ou *mort non pas de mes jours*, qu'on trouve souvent dans les poëtes comiques (Regnard, *les Menechm*., III, sc. 4 ; Th. ital. de Gherardi, *Arleq. misanthr.*).

[2] Voir, dans le premier volume de ce recueil, l'*Impromptu de l'Hôt. de Condé*, de Montfleury, et la *Vengeance des marquis*, de Villiers. Dans les vers suivants, de la Forge reprend une épigramme qui avait beaucoup servi à ces ennemis de Molière.

[3] Le *hocca* ou *hoca* était un jeu de hasard, originaire de Catalogne, très-usité en Italie, introduit en France, dit-on, par le cardinal Mazarin, et qui fit long-temps fureur en attendant qu'on le défendît sévèrement, même sous peine de la vie (V. *Traité de la police*, par Delamarre, t. I, p. 406-1). Les joueurs plaçaient une somme quelconque sur l'un des trente compartiments numérotés de la table de jeu, et l'on tirait ensuite d'un sac, qui renfermait autant de numéros que la table avait de compartiments, une boule dans laquelle il y avait un parchemin marqué de l'un des trente premiers chiffres. Le joueur dont le numéro était sorti gagnait vingt-huit fois sa mise, et le banquier gardait les autres enjeux : « L'hoca est défendu à Paris, sur peine de la vie, lit-on dans une lettre de M$^{me}$ de Sévigné à sa fille, du 9 octobre 1675, et on le joue chez le roi. Cinq mille pistoles en un matin, ce n'est rien. C'est un coupe-gorge, chassez-le bien de chez vous. »

Et que sur trente points toute l'affaire roule.
On place son argent, mais souvent sans succez,
Si l'on ne sçait le point qui doit venir après ;
Aussi, pour en sortir avecque plus d'adresse,
J'ay voulu de ma main employer la souplesse,
Et lier à mon bras un cercle de fer-blanc.
On m'est venu prier de tirer en mon rang ;
Moy, d'un air dédaigneux, maudissant la fortune,
J'ay pris adroitement deux boules au lieu d'une,
La première en ma manche et l'autre dans ma main ;
Mais, afin de pouvoir achever mon dessein,
Un amy du billet a pris la connoissance,
Et de peur que le maistre en eust quelque apparence,
Il m'a rendu mon vol, que par un second tour,
J'ay feint de retirer et laisser voir au jour :
Ainsi certain du coup, luy-mesme, sans rien dire,
A sceu couvrir le point que je devois produire,
Et le banquier surpris, témoignant sa douleur,
A cru que le hazard avoit fait son malheur.
Alors, l'esprit joyeux d'une telle victoire,
J'ay quitté le hoccat en demandant à boire,
Et laissant mon second après un gain si doux,
Je suis venu, sur l'heure, à nostre rendez-vous.

CLIDAMANT. L'accident est heureux.

LE MARQUIS. Nous n'en avons point d'autres ;
On ne fait point de tours comparables aux nostres,
Et je veux en amy t'en décrire encore un,
Que tu confesseras n'estre pas du commun.
Pour jouer l'autre jour, ne rencontrant personne,
Il me vint en l'esprit d'aller voir la baronne.

CLIDAMANT. La baronne ! un tel nom doit me rendre surpris ;
Il n'est plus de baronne à présent dans Paris [1].

LE MARQUIS. C'est la joueuse Aglante ; elle est demy marquise,
Mais je me mocque d'elle, et je la baronnise
Et ne puis endurer qu'elle ose devant moy
Se vanter qu'aux plus fins elle fera la loy.
Par hazard au piquet ayant perdu contre elle,
Le gain, quoyque petit, luy troubla la cervelle,
Et présumant tenir son homme dans un sac,

---

[1] V. dans le tome I de ce recueil, p. 419, le *Baron de la Crasse*, de R. Poisson, sc. 2, p. 419

## SCÈNE III.

Elle me proposa le jeu du trique-trac[1];
Je l'accepte, et d'abord je vois qu'elle s'amuse
Au Janot[2] vétilleux qu'elle croit une ruse,
Et ne s'apperçoit pas que, pour l'entretenir,
A ses cases d'en haut elle ne peut fournir.
Ce mauvais coup d'essay me donna l'espérance
De profiter bientost de son peu de science,
Et dès les premiers coups abattant tout mon bois,
En dépit de son Jan, je prends mon coin bourgeois[3];
L'injuste opinion d'estre la plus habile
L'empesche d'aviser aux bandes que j'enfile,
Lorsque, par un malheur, je frappe dans son jeu
Et la case du diable[4] et celle du milieu.
Elle, honteuse alors de se voir découverte,
A force de caser, croit réparer sa perte;
Mais pour l'en empescher, prévoyant l'accident,
Je frotte par dessous mes dez de vif argent.
C'est en vain désormais qu'elle use de fallace,
Remuant le cornet d'une façon mollasse,
Et rompant de la main tous ses coups à propos,
Je demeure fixé dans mes coins de repos.
Autrefois le mary conseilloit à sa femme,
Mais j'étois seul alors avec la bonne dame,
Et je pris tant de peine à gagner mon argent
Que, malgré ses efforts, je vous fis mon grand Jan[5].
Surprise d'un seul coup, elle maudit ma chance,

---

[1] Fort répandu, surtout parmi les hautes classes : « L'excellence, la beauté et la sincérité qui se rencontrent dans ce jeu font que le beau monde qui a de la politesse s'y applique avec beaucoup de soin, en fait son jeu favory et le préfère aux autres jeux. En effet, ce beau jeu a tant de noblesse et de distinction que nous voyons qu'il est plus à la mode que jamais : les dames principalement y ont une très-grande attache ». (*Le jeu du trictrac*, Paris, H. Charpentier, 1701, in-12.) Cependant, à la date de cette pièce, le trictrac, comme les autres jeux anciens, avait un peu perdu de sa vogue, au moins dans le grand monde, devant les jeux plus nouveaux, tels que le hocca, le reversis, la bassette, etc.

[2] *Le Janot*, sans doute la même chose que le *Petit-Jan*, se dit « lorsque l'on a douze dames toutes couvertes, dans la première table où est le tas de bois, ou Dames. » (*id.*)

[3] Les coins bourgeois sont les cases de Quine et de Sanne (double cinq et double six).

[4] Les cases du diable sont la septième et la dixième, ainsi nommées, parce qu'elles sont les plus difficiles à faire.

[5] Faire son *Grand-Jan*, c'est avoir douze dames couvertes dans la seconde table du trictrac.

Et pense m'attraper au Jan de récompense [1];
Mais ces soins sont perdus, et ne m'empeschent pas
De la matter une heure avec mes ambesas [2];
Il arriva pourtant que, par une beveue,
Je retombay deux fois sur Margot la fendue [3],
Et par deux fois encor dessus Jan qui ne peut [4],
Car un homme en ce jeu ne fait pas ce qu'il veut.
Mais enfin, dans la peur de perdre ses pistoles,
Elle mesme se brouille, et me fait vingt écoles;
Et moy, pour la réduire avançant mon retour,
Je fournis ma carrière et j'achevay mon tour.

CLIDAMANT. C'est avoir en jouant une adresse infinie.
Prens garde toutefois aux fourbes d'Uranie :
Elle est fine.

LE MARQUIS. Va, va, ne t'en afflige point :
Bien huppé qui pourra m'attraper sur ce point ;
Nous sçavons au besoin comment il s'y faut prendre.
Mais la voicy qui vient.

## SCÈNE IV.

### URANIE, CLIDAMANT, LE MARQUIS, CLÉONICE, LISETTE, TURLUPIN.

URANIE. Je vous ay fait attendre,
Et de quelque paresse on me doit accuser ;
Mais de toute la nuit je n'ay peu reposer :

---

[1] « Le Jan de récompense arrive lorsque les nombres de dez tombent sur une dame découverte de celuy contre qui l'on joue (une dame découverte est celle qui est seule sur une flèche)... Il arrive encore quand, ayant son coin de repos, l'on frappe le coin de celuy contre qui l'on joue, lequel est vuide. » (*Jeu de trictr.* 1701.)

[2] Deux as amenés par les dés : on dit aussi *bezet*.

[3] « Quand l'adversaire fait un coup qui tombe sur une flèche vuide entre deux dames découvertes, on dit *Margot la fendue* » (*Op. cit.*).

[4] « Le Jan qui ne peut arrive toutes les fois que les coups de dez frappent et tombent sur une dame découverte de celuy contre qui l'on joue, et que les passages se trouvent fermez par des cases. » (*Id.*) Il n'y a pas de jeu plus abondant en termes techniques que le noble jeu de trictrac, et tout ce récit du marquis rappelle, pour l'étalage de ces termes et les obscurités de détail qu'il offre aux profanes, celui du chasseur dans les *Fâcheux*, ou mieux encore celui du joueur de piquet (II, sc. 2). Les explications très-sommaires que j'ai données en note n'expliqueront rien, je le crains, à ceux qui n'ont pas approfondi par eux-mêmes les arcanes de ce jeu.

Je l'ay passée entière avec un mal de teste.
A jouer toutefois je n'en suis pas moins preste.

CLIDAMANT. Vous gagnastes hier sans doute?

URANIE. Nullement :
Je perdis vingt louys presque dans un moment.

CLIDAMANT. Et Phénice?

URANIE. Ah, mon Dieu, la vilaine joueuse!
Avec de tels esprits que je suis malheureuse!
Eh quoy! tricher tousjours, et sans cesse crier,
Quand on perd une maille¹, ou qu'on gagne un denier!
Je n'ay jamais connu chicaneuse pareille.

TURLUPIN, *à Lisette.*
N'avois-tu point aussi la puce dans l'oreille,
Lisette, cette nuit?

LISETTE. Moy? pour qui me prens-tu,
Insolent?

TURLUPIN. Je te crois un monstre de vertu;
Mais un sommeil trop long n'est, ma foy, rien qui [vaille,
J'en juge par moy-mesme, et je te vois de taille
A mériter assez cette innocent soupçon :
Aux filles comme toy le dormir n'est pas bon.

LISETTE. Mais je me lasse enfin de souffrir tes injures.

TURLUPIN. Mais il n'est pas aisé de forcer vos natures,
Et j'en sçais plus de vingt d'un honneste maintien
Qui dorment beaucoup plus qu'elles ne voudraient bien.

LE MARQUIS, *à Uranie.*
Il est vray que ces gens sont fascheux dans le monde.

URANIE. Ah! ne me parlez point d'aucun joüeur qui gronde,
Et qui, si-tost qu'un autre est plus heureux que luy,
Peste, jure, se fasche, et montre de l'ennuy.

LE MARQUIS. Leur malheur cependant ne vient que de leur crainte :
Tout le monde chez eux est soupçonné de feinte ;
Ils tremblent à tous coups, et craignent d'échouer.

URANIE. Mais s'ils ont peur de perdre, il ne faut pas joüer.
A quoy bon dans le jeu montrer leur vilenie?
Ce n'est pas là l'humeur de la pauvre Uranie :
La perte ny le gain, le bien ny le malheur,
Ne sont pas assez forts pour changer sa froideur;

---

¹ Petite monnaie de cuivre valant la moitié d'un denier. Le mot n'est resté en ce sens que dans la location proverbiale : *ni sou, ni maille.*

Elle sçait en user avec plus de franchise,
Et l'on m'enleveroit jusques à ma chemise,
Que je ne diroïs pas un seul mot de courroux.

CLIDAMANT, *bas à Cléonice.*

Quoy, Madame, mes soins n'obtiendront rien de vous?
Vous serés insensible à ma cruelle peine,
Et vous me haïrés!

CLÉONICE.   Non, je n'ay point de haine,
J'estime vos vertus; mais...

CLIDAMANT.   Ah! n'achevés pas :
Ce fascheux mais pourroit me couster un hélas.

LE MARQUIS, *à Uranie.*

Ne nous accusés point : dans le siècle où nous sommes,
Les femmes sont au jeu plus fortes que les hommes;
En France, en Angleterre, en Espagne, et partout,
On les y voit tousjours tenir le meilleur bout [1].

---

[1] Ce n'est point ici une hyperbole comique : la passion du jeu sévissait plus encore peut-être parmi les femmes que parmi les hommes : les moralistes et les historiens sont d'accord là-dessus avec les poëtes satiriques et comiques. Frosine, faisant à Harpagon l'éloge de Marianne, ne manque pas d'insister sur son aversion pour le jeu, « ce qui n'est pas commun aux femmes d'aujourd'hui. » (*Avare*, II, sc. 6.) Les *Femmes coquettes*, de R. Poisson, dans sa comédie de ce nom, sont des joueuses effrénées qui passent les jours et les nuits à manier dés et cartes :

Quatre cents louis d'or! c'est une belle somme!

dit Flavie à son mari.

Elle a duré deux jours, il faut vous l'avouer.
Ainsi j'allois rester quatre jours sans jouer,
Regardez quel affront!

Boileau s'est gardé d'oublier la joueuse dans sa *Satire X*. Il la peint transformant sa maison en *Académie*, acharnée au piquet, au trictrac, à l'hombre, etc;

Chez elle en ces emplois l'aube du lendemain
Souvent la trouve encor les cartes à la main, etc.

Regnard dans *le Joueur* (III, sc. 6,) nous montre le jeu rassemblant toutes les castes :

La femme du banquier, dorée et triomphante,
Coupe orgueilleusement la duchesse indigente.

V. aussi le chapitre de la Bruyère sur les *femmes*, et surtout la *Désolation des joueuses*, de Dancourt (1687) à propos de la défense du lansquenet. Dans son chapitre du *jeu*, l'auteur du *Théophraste moderne* (1699) trace surtout des portraits de joueuses. — Les Mémoires historiques ne sont pas moins explicites là-dessus que les comédies. Il est question du jeu à chaque instant dans les *Lettres* de M^me de

Les unes dans l'ardeur de plumer quelques duppes,
Sçavent mettre leur gain au-dessous de leurs juppes,
Et publient leur perte avec beaucoup de soins,
Afin que les joueurs les apprèhendent moins;
D'autres, joignant l'amour avecque leurs adresses,
Des pauvres idiots se rendent les maistresses,
Et caressant des yeux leurs amoureux niais,
Reçoivent leurs écus, et ne payent jamais;
D'autres enfin, dont l'art a besoin de complices,
Se mettent trois ensemble à former leurs malices,
Et trichent hardiment pour nous donner échec,
Dans l'espoir qu'à leur sexe on rendra du respect.

URANIE. Je confesse entre nous qu'il en est quelques-unes
Dont les subtilitez ne sont pas trop communes;
Mais nous perdons le temps au lieu de l'employer,
Et je réussis mal à vous desennuyer.
                    (*ces vers haut.*)
Des cartes, des jetons, des fauteüils, une table!
Lequel de tous les jeux vous semble plus aimable?
Nommez-le, car enfin nous sommes icy trois,
Et nous pouvons choisir.

CLIDAMANT.                     Quant à moy, cette fois,
D'en estre dispensé je demande la grâce;
Mais nostre cher marquis occupera ma place.

UN LAQUAIS. Une dame est là-bas qui demande à vous voir.

URANIE. Ah! voilà nostre fait, il faut la recevoir;
Qu'on la fasse monter.

LE MARQUIS.                    Au moins faites, Madame,
Que vos coups n'aillent point jusques dedans mon âme,
Que je sauve mon cœur, si je perds mon argent,
Et que...

URANIE.        Ne craignez rien, le péril n'est pas grand;
Vous n'avez pas sujet de vous en mettre en peine,
Et mes yeux... Mais je vois l'illustre Polixène.

---

Sévigné, de la princesse Palatine, qui ne jouait pas elle-même toutefois, etc., etc. La nièce de Mazarin, Hortense Mancini, se ruina à la bassette, et elle était riche à plus de vingt-cinq millions, qui en vaudraient bien de soixante-dix à quatre-vingts aujourd'hui. Saint-Simon a tracé çà et là les vives esquisses de plusieurs joueuses effrénées du grand monde : la maréchale de Clérembault, la princesse d'Harcourt, M$^{me}$ de Polignac, la duchesse de Lorges, etc. Enfin, la pieuse Marie Thérèse n'était guères moins passionnée elle-même pour le jeu, — je lui demande pardon de ce rapprochement, — que M$^{me}$ de Montespan, qui, comme on sait, y perdit dans une soirée 700,000 écus.

## SCÈNE V.

URANIE, POLIXÈNE, LE MARQUIS, CLIDAMANT, CLÉONICE, LISETTE, TURLUPIN.

URANIE. Madame, quel bonheur me permet de vous voir?
POLIXÈNE. Je viens auprès de vous m'acquitter d'un devoir.
URANIE. Vous me faites honneur. Que vous estes bien mise!
Que vostre tour [1] est beau! c'est un point de Venise.
Mais admirez, marquis, que ces yeux sont charmans!
LE MARQUIS. Ce sont de vrais soleils.
POLIXÈNE. Trève de complimens!
Vostre civilité, ma chère, m'assassine.
URANIE. Je le dis franchement, vostre grâce est divine.
Que ce corps est bien pris! Je gage mille écus
Qu'il est du bon tailleur [2].
POLIXÈNE. Mais n'en parlez donc plus.
J'ay fait une partie; en serez-vous, ma bonne?
URANIE. Si j'en seray? ce doute avec raison m'étonne :
Proposez hardiment, nous suivrons vos désirs.
POLIXÈNE. Je vous promets au moins de sensibles plaisirs;
Vous n'avez jamais eu de passe-temps semblable.
URANIE. Il doit estre charmant, s'il vous paroist aimable.
POLIXÈNE. Vous en allez juger, et ces Messieurs aussi.
LE MARQUIS. Volontiers.
POLIXÈNE. Allons donc, mon carrosse est icy.
URANIE. Où, Madame?
POLIXÈNE. A l'Hostel [3], chercher la comédie.
Comment! A ce seul nom vous semblés refroidie?
Est-ce au Palais-Royal que vous voulez aller?
URANIE. Point du tout, c'est du jeu que j'entendois parler.
POLIXÈNE. Du jeu, ma chère? hélas! quel abus est le vostre!
Quoy, vous préfériés ce passe-temps à l'autre!
URANIE. Sans doute, et je n'en fais nulle difficulté :
J'y trouve plus de gloire et plus de seureté.

---

[1] Peut-être le *tour* de bras, la manche en dentelles, mais plus probablement le *tour* de cou, la collerette. C'est ordinairement en ce dernier sens que le mot se prenait, lorsqu'il était seul (V. *le Colin Maillard*, de Chapuzeau, sc. 3).

[2] Du tailleur à la mode, comme on disait : *de la bonne faiseuse*.

[3] L'Hôtel de Bourgogne.

## SCÈNE V.

Toutes filles d'esprit, dont l'honneur est le maistre,
Dans ces lieux de plaisir ne doivent point paroistre,
Et quand elles y vont, j'en rabas la moitié,
Du moins.

POLIXÈNE.           Ah! sans mentir, vous me faites pitié!
Avec quels ignorans passez-vous vostre vie,
Qui s'osent gendarmer contre la comédie,
Qui masquent ses beautez d'un voile si trompeur,
Et qui d'un jeu d'esprit vous font un point d'honneur?
Ces lieux contre lesquels vostre vertu tempeste,
N'entretiennent nos cœurs que d'un plaisir honneste.
Ignorez-vous encor que, sans aucuns soupçons,
La femme la plus sage y trouve des leçons;
Que si l'on ne se tient comme une vraye idole,
On ne peut s'empescher d'y courir à l'école,
Et qu'il est seur enfin que, dans ce dessein-là,
On en revient tousjours plus contrit qu'on n'y va.

URANIE. Je n'iray pourtant pas, m'offrist-on des empires.
On dit que le théâtre est remply de satyres :
Je les connois trop bien, et j'ay lu quelquefois
Que ces vilains forçoient les filles dans les bois.
De tous les animaux ces bouquins sont les pires.

POLIXÈNE. Que vous estes plaisante avecque vos satyres,
Et que vous tournez bien les choses à l'envers!
Apprenez que ce sont des satyres en vers,
Des écrits instructifs, où, selon la matière,
Un chacun est drappé d'une aimable manière;
Et, loin que nostre sexe en doive estre surpris,
C'est l'occupation de tous les beaux esprits :
A la cour maintenant on ne voit autre chose;
Chaque seigneur en est la matière ou la cause,
Et la mode est venue, au lieu de se louër,
Qu'il faut jouër un autre, ou se faire jouër.

URANIE. Pensés-vous me gagner avecque votre mode?

POLIXÈNE. Mais quand on la méprise, on devient incommode,
Et de plus, quel plaisir, pour un malheureux jeu,
De ne sortir jamais des coins de nostre feu?
C'est à la comédie où l'on voit le beau monde,
Attiré par les vers d'une Muse féconde;
Les sçavans de leur art y rencontrent les loix,
Et les Princes enfin y vont ouyr les Roys.

LE MARQUIS. Attaquez nostre jeu par de meilleures causes :

|   |   |
|---|---|
| | Un esprit en joüant s'instruit de toutes choses; |
| | Aussi bien qu'au théâtre on y trouve des loix, |
| | Et l'on y fait agir des Dames et des Roys. |
| POLIXÈNE. | Ce ne sont en effet que des figures mortes. |
| LE MARQUIS. | Non, mais on les anime en cent diverses sortes, |
| | Et si je ne craignois de paroistre ennuyeux, |
| | Je pourrois aisément vous nommer mille jeux : |
| | La beste, le berlan, la ferme, la reale, |
| | Le trente et un, la belle, avec l'impériale, |
| | Le here, l'entre-lut, le trois, le lansquenet, |
| | Le hoc, le reversis, la prime, le piquet, |
| | La triomphe, le trut, le cubas, la chouëtte [1], |
| | Le jeu de Cupidon, de l'oye, et de gillette [2], |
| | Le double trique-trac, le hoccat, le billard, |
| | Les dames, les échets, la poule, le renard, |
| | Le jeu des coins du monde et de toute la terre, |
| | Les quatre fins de l'homme, et celuy de la guerre [3], |
| | Tant d'autres jeux encore où l'on n'est point assis. |
| URANIE. | Pour moy de tous ceux-là j'aime le reversis [4]. |

[1] Beaucoup de ces jeux sont connus, ou le lecteur en pourra trouver l'explication sommaire dans les traités techniques. La *bête* est un jeu de cartes dont Boileau a parlé dans le passage de sa satire X contre les joueurs ; d'ailleurs presque tous les noms entassés dans les quatre premiers vers de cette longue énumération sont des variétés du jeu de cartes, comme le *hère*, où l'on ne donne qu'une seule carte à chaque personne et qui s'appelait aussi le *maucontent*, le *malheureux*, le *cocu*, etc. (Voir notes de Le Duchat sur le livre I, ch. 22 de *Gargantua*.) Le *trut* est le même que Rabelais désigne sous le nom de l'*archer-tru*. Il y a une variété du jeu de tric-trac, se jouant à deux contre un, qui se nomme *la chouette*.

[2] On connait l'innocent jeu de l'oie, encore en usage aujourd'hui. Le jeu de Cupidon en était une variété : il comprenait des Cupidons, disposés de sept en sept numéros, le Pont d'Amour, le Trône d'Amour, la Fontaine, le Banquet, le Labyrinthe, la Forêt, etc., et il s'agissait d'arriver le premier au numéro 63, où était le Jardin d'Amour. Quant au jeu du gilet, ou de gillet, c'est un jeu de cartes, qui se joue à quatre personnes, avec 32 cartes ayant la même valeur qu'au piquet, et sur lequel on peut consulter l'*Académie universelle des jeux* (2 v. in-12, 1777) ou le *Dictionnaire des jeux* de l'*Encyclopédie méthodique*.

[3] Le jeu des quatre fins de l'homme est encore un jeu de dés. On gagne en arrivant le premier au nombre 60, où est le Paradis. Le jeu de la guerre, où il s'agit d'attaquer et de défendre une forteresse autour de laquelle sont figurés des bastions et des tranchées, se joue avec des pions, comme le jeu de dames. (Voir la *Maison des jeux académiques*, 1668, in-12.)

[4] Il est inutile de dire ce qu'était ce célèbre jeu de cartes, dont on trouvera les règles partout. Aucun ne fut plus à la mode : Louis XIV l'aimait et M$^{me}$ de Sévigné nous apprend dans ses lettres qu'il s'y jouait des sommes énormes à la cour. Dangeau et Langlée y brillaient surtout. (V. Lettr. à Mme de Grignan des 22 et 29 juill. 1676.)

LE MARQUIS. Que si vous prétendés disputer de noblesse,
Nos jeux sont descendus de l'ancienne Grèce.
Vous nous vantés en vain un Tespis aujourd'huy,
Cyrus joua longtemps au renard avant luy [1].
Les Lydiens alors inventerent la poule.
Le grand jeu de la paume, où tant d'argent s'écoule,
Le fameux Galien nous est recommandé [2];
Les Grecs étoient adroits à manier le dé,
Et si du grand César on croit le commentaire,
On jouoit dans son camp au jardin militaire.

URANIE. Cédés, cédés, Madame, après tant de raisons;
Ne vous deffendés point de ce que nous faisons :
De jouer une fois accordez-nous la grace.

POLIXÈNE. Vous m'épargnerés donc?

URANIE. Tout à fait. Prenons place.

(*Uranie, Polixène et le marquis se mettent à jouer,
tandis que les autres continuent à s'entretenir.*)

LISETTE, *à Cléonice.* Enfin, voicy le temps d'achever vos desseins :
Nos gens embarrassés ont les cartes aux mains;
Consultez promptement ce que vous devez faire.

CLÉONICE. Ah! que puis-je choisir sans l'adveu de mon père!
A quel party me rendre en l'état où je suis?

CLIDAMANT. A celuy qui peut seul appaiser nos ennuys.
Si jamais à l'amour vostre cœur fut sensible,
Madame, sauvons-nous d'un état si terrible;
Finissés nos malheurs en recevant ma foy.

CLÉONICE. Mais après un tel coup que dira-t-on de moy?
Qu'en pourra-t-on juger, si, perdant ma franchise [3],
Je souffre qu'en secret un amant me séduise?

CLIDAMANT. Quoy que puisse l'envie exciter contre vous,
On ne rougit jamais de suivre son époux,
Et je veux à vos yeux perdre cent fois la vie,
Si je pense jamais à forcer vostre envie.

---

[1] On attribuait à Cyrus l'invention de ce jeu du renard et des poules, qui se jouait avec des jetons, et où un seul renard, ayant la faculté de circuler à discrétion, luttait contre treize poules, qui ne pouvaient monter que d'un degré à la fois sans redescendre : « Les Lydiens donnèrent l'origine et l'usage au jeu du renard,... pour se garder des surprises que Cyrus leur dressait tous les jours, lequel les appelait *poules* à cause qu'ils aimaient les délices et le repos », etc. (*Maison des jeux*, 1668, p. 264.)

[2] *Sic.* Il faut probablement lire : *Par le fameux Galien;* ou : *nous a recommandé.*

[3] Liberté.

| | |
|---|---|
| LISETTE. | Quoy ! vous vous arrestez à ce qu'en-dira-t-on, |
| | Et vous doutés encore en cette occasion? |
| | Allés, contre ces bruits où le peuple s'abuse, |
| | L'humeur de vostre mère est une juste excuse, |
| | Et l'on vous prisera, sachant qu'elle vous perd, |
| | D'avoir mis au plustost vostre honneur à couvert. |
| | Dans le fascheux renom où je vois la famille, |
| | Vous courés grand hazard de vivre et mourir fille, |
| | Et vous ferés très-bien, bon gré malgré ses dents, |
| | De quitter viste un nom qui dure trop longtemps. |
| CLÉONICE. | Mais si dans le chemin nous rencontrons mon père? |
| LISETTE. | Et qu'appréhendés-vous du vieillard débonnaire? |
| | Il aime trop la paix pour troubler vos amours. |
| | Uranie au bonhomme a bien fait d'autres tours. |
| CLIDAMANT. | Vous voyez qu'en ce point tout s'accorde à ma flamme; |
| | Nostre dessein est seur. Partirons-nous, Madame? |
| LISETTE. | Sortés, elle consent, puisqu'elle ne dit mot : |
| | Avec vos complimens c'est trop faire le sot. |
| | Nous allons demeurer pour faire bonne mine. |

(*Cléonice et Clidamant sortent, et Lisette avec Turlupin demeurent, et se mettent au devant des joueuses, de peur qu'elles ne les voyent sortir.*)

## SCÈNE VI.

LISETTE, TURLUPIN, URANIE, POLIXÈNE, LE MARQUIS.

| | |
|---|---|
| TURLUPIN. | Je veux aussi jouer, ma petite badine. |
| LISETTE. | Tu crois donc m'appaiser après tes beaux discours? |
| TURLUPIN. | Va, pardonne-les-moy, je t'aimeray tousjours; |
| | Pour te mieux appaiser, je vais tendre la jouë, |
| | Frappe. |
| LISETTE. | Ne pense pas pour cela que je joue : |
| | Je suis trop offensée, et j'ay le cœur trop gros. |
| TURLUPIN. | Mais tu te fasches bien pour quatre pauvres mots. |
| LISETTE. | De tels mots en ce cas ne se peuvent entendre |
| | Sans blesser nostre honneur. |
| TURLUPIN. | Ce cas est donc bien tendre, |
| | Et ton honneur aussi? |
| URANIE, *en jouant*. | De l'esprit j'en ay peu; |
| | Mais je me pique au moins de jouer un beau jeu. |

## SCÈNE VI.

A l'aide, je me pers, quelle faute j'ay faite !
POLIXÈNE. Cet impromptu n'est pas d'une joueuse adroite.
URANIE. Ce terme me surpasse ; il est nouveau.
POLIXÈNE. Fort peu :
On en fait au théâtre, et l'on en fait au jeu,
Et les autheurs du temps, se mettans sur leurs gardes,
Se servent d'impromptus comme de hallebardes [1].
URANIE, *au marquis.* Ah! vous estes pour nous un marquis trop
[adroit [2],
Et vostre as appointé m'a prise au trébuchet.
LE MARQUIS. Ne plaignés par si fort l'argent de vostre bourse :
De ce qu'un jeu vous oste un autre est la ressource,
Et du sexe en cela l'avantage est si grand
Que l'on joue avec vous, et mesme sans argent.
TURLUPIN, *à Lisette.* Puis qu'en vain à jouer je t'invite, Lisette,
Bon soir et bonne nuit, je vais faire retraite :
Mon séjour en ces lieux sent les coups de baston.
LISETTE. Non, demeure.
POLIXÈNE, *tout haut.* Tout beau, laissez-là ce jeton ;
L'argent n'est pas à vous, n'usés point de surprise.
URANIE. Comment! voilà ma carte, et c'est moy qui l'ai mise.
POLIXÈNE. Nullement, c'est la mienne, et le coup est à moy,
J'en jure sur mon âme.
URANIE. Et j'en jure ma foy.
LE MARQUIS. Quoy, pour un quart d'écu vous entrés en bataille?
TURLUPIN, *à Lisette.* Lisette encore un coup, souffre que je m'en
[aille :
J'ay peur que jeu de chien ne vienne à jeu de chat.
En seras-tu bien mieux, dis-moy, si l'on me bat?
LISETTE. Arreste, malheureux.
POLIXÈNE. Fi, fi, pour une femme,
Vous trichés trop.
URANIE. C'est vous qui me fourbez, Madame.
LE MARQUIS. Accordez-vous enfin, il est temps.
POLIXÈNE. Mais aussi
J'ay gagné.
TURLUPIN, *à Lisette.* Laisse-moy, mon amour, mon soucy.
LISETTE. Chien de poltron...

---

[1] Encore une allusion à l'*Impromptu de Versailles* et à l'*Impromptu de l'Hôtel de Condé.*
[2] Ici, comme cinq vers plus haut, la rime exigerait *adret* et *adrette.*

POLIXÈNE.   Voilà cette belle joueuse!
URANIE.   Je la suis plus que vous.

## SCÈNE DERNIÈRE.

VALÈRE, CLÉONICE, URANIE, CLIDAMANT ET LE RESTE.

VALÈRE, *entrant à l'improviste, et tenant sa fille par la main.*
   Venez, venez, coureuse ;
   Quand je vous ay trouvée, où, de grâce, alliés-vous,
   Avec ce beau galand qui vous fait les yeux doux?
   Répondés, s'il vous plaist.
CLÉONICE.   Nous allions à la foire.
VALÈRE.   A la foire, bon Dieu !
CLÉONICE.   Vrayment ouy.
VALÈRE.   Vrayment voire?
   Votre bonne maman vous l'avoit-elle dit?
   Et vous qui n'avés rien que le jeu dans l'esprit,
   Vous dont je veux en vain combattre la manie,
   Parlés à votre tour, ô Madame Uranie?
   C'est ainsi que vos soins conservent mon honneur!
   Vous laissés une fille avec un suborneur,
   Et souffrés!...
URANIE, *quittant son jeu.* Qu'est-ce donc? que me voulez-vous dire?
   Pensés-vous me railler?
VALÈRE.   Ouy, je parle pour rire!
   J'ay grand tort, en effet, d'avoir aucun soucy.
URANIE.   Mais vostre fille enfin n'a point sorty d'icy?
VALÈRE.   Eh! non, non, j'extravague, et j'avois la berlue,
   Quand je l'ay rencontrée au milieu de la rue!
   Ah! joueuse fatale au repos de mes jours,
   Que je suis las enfin d'endurer tous vos tours!
   Que d'un pauvre mary l'avanture est cruelle,
   Quand il est embasté d'une telle femelle,
   Et que je suis niais de souffrir, par amour,
   Qu'une femme s'occupe à jouer tout le jour!
   Ce n'est donc pas assés, mes chères demoiselles,
   De perdre tant d'argent en juppes et dentelles;
   C'est peu de s'appauvrir pour vostre chien de cou,
   Si l'on ne vous permet de jouer vostre soû!
   Au lieu de vous tenir à vos propres affaires,

## SCÈNE VII.

Vous y passés les jours avec les nuits entières,
Et Dieu sçait, à quel jeu vous joués le plus fort,
Quand vous avés appris que le bonhomme dort.
Encore avec cela si j'avois patience,
Je pourrois dans mon mal témoigner ma constance;
Mais, si tost que je pense à blasmer quelques jeux,
On me chante goguette, et l'on me saute aux yeux :
Le nom de fou, d'avare est la plus belle injure,
Quand je veux m'emporter dans le moindre murmure,
Et si je me réserve un pauvre louis d'or,
Je crains de les contraindre à faire pis encor.

URANIE, *à Cléonice.* Vous sortés donc ainsi sans le dire, Madame?
VALÈRE. Ne la querellés point, malencontreuse femme :
De vostre attachement c'est là l'indigne effet,
Et vous devés prévoir à tout ce qu'elle fait.
Elle n'auroit pas eu l'occasion si belle,
Si le jeu n'occupoit toute vostre cervelle,
Et vous auriés tasché d'éloigner un amant
De ce que l'on ne peut garder trop seurement.
Mais, pour les damoiseaux le temps est trop commode :
Souffrir force galands, c'est se faire à la mode,
Et dans le monde un jour par l'usage vaincu,
On se reprochera de n'estre pas cocu.

CLIDAMANT. Quittés, quittés, Monsieur, cette colère extrême :
Je seray son époux.
VALÈRE.          Je l'entens bien de mesme,
Et je consens à voir cet assemblage heureux
D'une fille peu sage et d'un mary fort gueux.
Mais si vous l'emmenés, ne laissés pas sa mère :
Depuis un trop longtemps je cherche à m'en défaire,
Et je gagneray trop si, pour finir mes maux,
Vous daignez me priver de ces deux animaux.
L'une perd tout mon bien, et l'autre est amoureuse;
Cléonice est coquette, et sa mère est joueuse :
Je renonce à leur garde et, me laissant en paix,
Elles m'obligeront de ne me voir jamais.

CLÉONICE. Ah! mon père, excusés un amour téméraire.
URANIE. Laisse, laisse courir ce vieillard en colère;
C'est un bonheur pour toy qu'il te donne un époux,
Et nous aurons le temps de calmer son courroux.
LISETTE. Faut-il donc me résoudre à quitter Cléonice?
TURLUPIN. Non, non, si tu le veux, je t'offre mon service,

Mais à condition que tu ne joueras plus :
Il suffit que je sois au nombre des cocus,
Sans que ma bourse encor, par un usage infame,
Entretienne chez moi les galands de ma femme,
Et dès ce mesme jour je dégage ma foy,
Si tu préteus jouer avec d'autres que moy.

FIN.

# ROSIMOND.

(1686.)

# NOTICE

## SUR ROSIMOND

### ET LE *NOUVEAU FESTIN DE PIERRE.*

Claude La Rose, sieur de Rosimond, fut un des meilleurs acteurs de la troupe du Marais, où, comme son camarade Chevalier, il fit aussi jouer plusieurs pièces. Une particularité démontrera mieux que toute autre son mérite et sa renommée de comédien : après la mort de Molière et la concession de leur salle à Lulli, les acteurs du Palais-Royal ne crurent pouvoir mieux faire, pour remplacer leur illustre chef, que de s'associer par contrat Rosimond, alors au Marais, en même temps que M$^{lle}$ Angélique du Croisy (3 mai 1673 et non 3 mars, comme le disent les frères Parfaict [1]). Il débuta avec succès par le personnage d'Argan dans le *Malade imaginaire*, le dernier que Molière eût laissé en mourant, et le remplaça dans l'emploi du haut comique, en y joignant certains rôles de valets brillants. Puis il passa sur le théâtre de la rue Mazarine, et fut conservé à la réunion des acteurs de l'Hôtel de Bourgogne, en 1680 : il y resta jusqu'à sa mort, arrivée six ans plus tard.

Rosimond était un homme de mérite, aux connaissances et aux aptitudes fort diverses. On a de lui un assez grand nombre de pièces, toutes en vers, dont nous parlerons tout à l'heure. En outre, il a laissé un ouvrage qu'on n'eût pas attendu d'un comédien : *les Vies des saints pour tous les jours de l'année* (Paris, Guill. Desprez, 1680, in-4°), sous le nom de J.-B. du Mesnil [2]. C'est Baillet qui nous dévoile ce prudent pseudonyme [3], grâce auquel les excellentes recherches de Rosimond dans les saints Pères, les auteurs ecclésiastiques, les Martyrologes et le Bréviaire romain, purent paraître avec de bonnes approbations, et passer dans le public pour un ouvrage de Port-Royal : « Il savoit quelque chose, dit M. de Tralage dans une note manuscrite citée par les frères Parfaict (t. XI, p. 454) et avoit même fait le plus beau recueil de toutes sortes

---

[1] V. Registre de la Grange. On dira peut-être que l'association par contrat peut avoir été un peu postérieure à l'entrée de Rosimond dans la troupe, mais les termes de la Grange s'opposent à cette explication, car il désigne Rosimond ainsi : « Comédien pour lors au Marais. »

[2] De Beauchamps et la Vallière l'appellent J.-B. du Mesnil, dit Rosimond.

[3] Que le véritable nom de famille de Rosimond fût Claude La Rose, comme le disent les frères Parfaict, ordinairement si exacts et, après eux, Léris, — ou J.-B. du Mesnil, comme le disent Beauchamps et la Vallière, peut-être uniquement d'après le titre de ses *Vies des saints*, ce nom de du Mesnil n'en était pas moins un pseudonyme pour le public, et il prouve qu'on ne saurait regarder la publication de cet ouvrage comme un acte d'hypocrisie de sa part.

de comédies imprimées qu'il y eût à Paris : c'est dommage qu'après sa mort tout cela a été dispersé. » Mais la même note contient un singulier correctif à ces éloges : « A force de boire, il étoit devenu excessivement gros. Le jour qu'il creva, le cabaretier qui avoit coutume de le fournir dit, la larme à l'œil, qu'il venoit de perdre huit cents livres par an. » Il y a sans doute là quelque exagération, et les frères Parfaict révoquent en doute cette assertion fâcheuse, d'après le témoignage de M<sup>lle</sup> Desmares.

Rosimond mourut subitement le 1<sup>er</sup> novembre 1686, — dans un cabaret, suivant une note de M. de Paulmy, qui a pris à la lettre les renseignements de M. de Tralage. Le père Lebrun, en son *Traité des spectacles*, nous apprend qu'il fut enterré « sans clergé, sans luminaire et sans aucune prière, dans un endroit du cimetière de Saint-Sulpice où l'on met les enfants morts sans baptême ». Il est probable, suivant la remarque de Baillet, que si l'Église se fût doutée que ce comédien était l'auteur des savantes et édifiantes *Vies des saints*, publiées sous le nom de J.-B. du Mesnil, elle ne se serait point montrée si rigoureuse à son égard.

Voici quelles sont les pièces de Rosimond :

— *Le Duel fantasque, ou les Valets rivaux*, c. 1 a. v. de 8 syllabes, jouée au Marais en 1668 (Grenoble, Ph. Giroud, 1668, in-12). C'est une farce burlesque, dans le genre de celles de Chevalier.

— *Le Nouveau Festin de Pierre ou l'Athée foudroyé*, Tragi-c. en 5 a. v. représentée au Marais, comme nous l'apprend le titre, (et non au Palais-Royal, comme le dit Beauchamps), en novembre 1669. — Paris, P. Bienfait, 1670, in-12; René Guignard, id., id. ; Fr. Clouzier, id., id.; privilége du 6 févr., achevé d'imprimer pour la première fois le 15 avril 1670. Le catalogue Soleinnes signale une édition de 1665, chez Étienne Loyson, qui ne porte pas le mot *Nouveau* dans le titre : ce doit être une erreur, puisque, comme on vient de le voir, la pièce ne fut imprimée *pour la première fois* qu'en 1670 et que, d'ailleurs, elle n'avait été jouée que l'année précédente. Le rédacteur du Catalogue Soleinnes aura confondu l'œuvre de Rosimond avec quelque autre de celles qui ont été faites sur le même sujet, probablement avec celle de Dorimond, qui a paru en effet chez Étienne Loyson en 1665. Dans sa dédicace à Monsieur, Rosimond dit que le *Nouveau Festin de Pierre* est son coup d'essai, et dans l'*Avis au lecteur*, que c'est sa première pièce : il avait pourtant fait auparavant, suivant tous les bibliographes dramatiques, le *Duel fantasque* qu'il ne jugeait sans doute pas digne d'être compté. Peut-être cette dernière pièce lui est-elle attribuée à tort.

— *L'Avocat sans étude*, c. 1, a. v., représentée au Marais, en 1665, suivant Léris; en 1670 seulement, d'après l'opinion commune. Cette pièce est une de celles dont la bibliographie est le plus embrouillée : elle parut en une multitude d'endroits et sous des titres divers. Aucun bibliographe dramatique ne décrit nettement la première édition, que je n'ai pu rencontrer non plus, et qui est probablement de 1670 ou de 1671, chez Bienfait. En 1676, P. Bienfait en donna une seconde édition, in-12, avec des changements. *L'Avocat sans étude* a été publié également plusieurs fois sous le titre de l'*Avocat sans pratique;* j'en connais deux éditions (jouxte la copie imprimée à Paris, 1692; id. 1702). Elle parut encore, avec des modifications, mais toujours la même au fond, sous le nom de l'*Avocat savetier,* par Scipion, comédien du roi. La Vallière et Léris indiquent des éditions de l'*Avocat savetier* en 1670, mais sans les avoir vues, puisqu'ils ne les décrivent pas. L'*Avocat savetier* parut, en tout cas, à La Haye, chez Adrien Moetjens, 1683, in-12, et dans un recueil de pièces de théâtre donné par le même libraire en 1709, petit in-12. Elle peut être considérée, après l'*Avocat sans pratique,* comme une troisième variante de la pièce originale : c'est sous ce dernier titre que la comédie de Rosimond se conserva et fut jouée longtemps en province et à l'étranger, où elle était devenue l'une des farces courantes du répertoire. Le nom de Scipion n'est peut-être qu'un pseudonyme de Rosimond[1]. Peut-être aussi est-ce le nom réel ou fictif d'un plagiaire infime, qui avait tenté de s'approprier la pièce en la refaisant, ou plutôt en la gâtant. Le style, déjà d'une négligence incroyable dans la comédie originale, est devenu plus plat, et la versification plus incorrecte encore. Pour compléter la liste des diverses incarnations de cet ouvrage, on le trouve quelquefois aussi avec le titre de l'*Avocat sans sac,* car cette dernière pièce, que Léris indique comme donnée en 1696 par un anonyme et imprimée à Leyde, n'est au fond que la même. Enfin Taconnet l'arrangea encore plus tard pour le théâtre de Nicolet, où elle fut reprise le 12 octobre 1763. — Toutes ces réimpressions et ces transformations témoignent d'un succès extraordinaire et qu'on a quelque peine à comprendre aujourd'hui. L'*Avocat sans étude* est une espèce de parade assez gaie, d'un comique populaire et parfois grossier ; une farce roulant sur des moyens en quelque sorte traditionnels, qu'on retrouve dans une foule de comédies du temps et de tous les temps, et jusque sur les tréteaux des pitres. Il y a des situations plaisantes, prêtant aux jeux de scène, aux grimaces et lazzis de toute sorte ; des travestissements et des tours de souplesse qui ne manquent jamais leur but devant des spectateurs peu difficiles.

— *Les Trompeurs trompés, ou les Femmes vertueuses,* c. 1 a. v. jouée en 1670 au Marais, — Paris, P. Bienfait, 1671, in-12, achevé d'imprim. le 2 janv. 1671. Insignifiante.

— *La Dupe amoureuse,* c. 1 a. v. représentée en 1670 au Marais, — Paris, P. Bienfait, 1671, in-12, achevé d'imprimer le 9 février 1671. — Très-faible comme versification et comme intrigue.

— *Les Quiproquos, où le Valet étourdi,* c. 3 a. v., jouée avec succès en 1671 au Marais. La Vallière et Léris l'indiquent comme imprimée la même année ; Beauchamps seulement en 1673 (Paris, P. Bienfait, in-12, achevé d'impr. le 26 octobre). Très-jolie petite comédie d'intrigue, amusante et bien conduite ; une des meilleures de Rosimond.

---

[1] M. de Soleinne doutait, au contraire, que Rosimond fût le véritable auteur de l'*Avocat sans étude* (V. le *Catalogue* de sa biblioth. I, Supplément, p. 13).

— *Le Volontaire*, c. 1 a. v., donné le 6 mars 1676 au théâtre de la rue Guénégaud ; Paris, P. Promé, 1676, in-12. C'est une insuffisante et très-faible esquisse d'un caractère d'inconstant, de capricieux, de fantasque. Elle est rare.

Beauchamps ajoute que, dans le catalogue de M. de V..., on lui attribue encore : *Les Retirés de la troupe du Marais*, comédie inconnue à tous les bibliographes ; *les Femmes vertueuses*, c., et l'*Embarras de Godard*, c., qui sont toutes deux de Visé. — *La Noce de village*, de Brécourt, a été imprimée aussi sous le nom de Rosimond, « comédien du roi pour le comique », chez Ant. Raflé, 1705, in-12. Enfin quelques-uns lui attribuent le *Soldat poltron* ou le *Soldat malgré lui*, donné au Marais en 1668, imprimé la même année, chez P. Bienfait, in-12. (Voir la notice sur Chevalier.)

Nous donnons ici le *Nouveau festin de Pierre, ou l'Athée foudroyé*.

On sait quelle vogue obtint ce sujet sur le Théâtre-Français, de 1658 à 1670. Le type de toutes les pièces qui reproduisirent cette fantastique histoire de don Juan est le *Trompeur de Séville et le convive de Pierre* ( *El burlador de Sevilla, y combibado de piedra*), drame en trois journées, de Tirso de Molina. Le Théâtre-Italien fut le premier qui la transplanta en France, sous le titre de *Convitato di Pietra*, en trois actes, avec une multitude de variations bouffonnes et de grotesques jeux de scène, qui défiguraient la sévérité religieuse du sujet primitif. Le rôle du valet Arlequin (Sganarelle) était rempli par Trivelin. Dans la suite, selon son usage, ce théâtre broda de nouvelles scènes sur le canevas primitif, et l'on vit se produire plusieurs *Suites au Festin de Pierre*. Parmi les auteurs français, Villiers traita le premier ce sujet à Paris ; il fit jouer sa pièce à l'Hôtel de Bourgogne en 1659, l'année même où se décida le mariage de Louis XIV avec l'infante Marie-Thérèse : c'était à la fois de la flatterie et de l'actualité. Vint ensuite Dorimond, qui donna la sienne sur son théâtre de la rue des Quatre-Vents, en 1661, mais après l'avoir d'abord fait jouer avec succès en 1658 à Lyon. Le peuple s'éprit à tel point de ce sujet dramatique, qui prêtait d'ailleurs aux belles décorations, aux changements à vue, à tout l'attirail des machines, et dont les théâtres mêmes de marionnettes s'étaient emparés, qu'il fallut que chaque troupe eût son *Festin de Pierre*[1], et que Molière lui-même dut céder au courant (1665). Dans sa précipitation pour répondre au vœu public, seul parmi tous ses concurrents il ne prit pas la peine de versifier sa pièce, qui d'ailleurs sortait de son genre ordinaire, et pour laquelle il ne pouvait ressentir la même prédilection que pour ces comédies de mœurs et de caractère dont il était véritablement le créateur et le père : Th. Corneille la rima plus tard pour le théâtre de la rue Guénégaud (1677).

On n'a pas assez remarqué la coïncidence de cet engouement pour le *Festin de Pierre* et de toutes ces pièces composées sur le même sujet avec le mariage

[1] Il est remarquable que tous les auteurs qui ont traité ce sujet chez nous sont des comédiens.

de Louis XIV et avec l'arrivée à Paris, à la suite de l'infante, de la troupe espagnole qui y resta jusqu'en 1672. Ces deux événements, le premier surtout, ne furent assurément pas sans influence sur cette transplantation multipliée chez nous de la pièce de Tirso. En même temps que les nouvelles relations nouées au delà des Pyrénées et la présence des comédiens espagnols mettaient nos auteurs en rapports plus étroits et plus faciles encore avec la littérature de ce pays, il est probable qu'ils furent bien aises de faire leur cour ainsi à Louis XIV et à la jeune reine. Un intérêt de circonstance se joignait de la sorte, pour le public, à son goût pour un sujet dramatique et nouveau. La troupe espagnole ne s'était sans doute pas fait faute de représenter elle-même *El burlador de Sevilla*, ce qui avait dû accroître la curiosité et contribuer à la popularité de la pièce.

De toutes ces variantes du *Festin de Pierre*, la dernière (car nous ne comptons pas la traduction en vers de Thom. Corneille, ni la *Suite du Festin de Pierre*, ou plutôt les Additions au Festin de Pierre, — *Aggiunta al Convitato di Pietro*, — des comédiens italiens, dont le gazetier Robinet parle à la date du 4 févr. 1673 et qui n'était qu'une reprise plus ou moins modifiée, sur laquelle, d'ailleurs, les détails privés nous manquent) est celle de Rosimond, qu'on va lire. Malgré l'extrême humilité avec laquelle il en parle dans sa dédicace, nous ne craignons pas de dire que c'est l'une des meilleures, et la plus originale après celle de Molière. Venant le dernier, Rosimond a senti la nécessité de renouveler le sujet. On y retrouve quelques-unes des scènes de Molière, ou plutôt de l'original espagnol et de son imitation italienne, que nous signalerons en notes ; mais on n'y retrouve pas, non plus que dans les pièces de Villiers et de Dorimond, les scènes créées par Molière lui-même, notamment la grande scène du pauvre, et celle de M. Dimanche, si comique, mais si peu conforme au génie de l'Espagne et au caractère de don Juan. Toutefois Rosimond a fourni sa part d'invention dans la pièce ; la principale n'est peut-être pas très-heureuse : il a donné à don Juan, « pour remplir davantage la scène, » deux amis débauchés et impies comme lui, et il a aggravé cette faute en les présentant comme les maîtres de don Juan et ceux qui l'ont initié au crime (I, sc. 4 ; IV, sc. 4). Dès lors l'intérêt se divise, et don Juan n'est plus ce criminel *unique*, pour ainsi dire, dont les débordements sans exemple demandent un châtiment sans exemple aussi. Mais cette faute se fait moins sentir qu'on ne pourrait le craindre dans le courant de l'ouvrage, où don Juan conserve toujours son rôle dominant et sa place sur le premier plan. Rosimond a même tiré un excellent parti de cette addition, en les faisant d'abord abîmer tous deux devant lui, et en imaginant la scène imposante des deux voix qui s'élèvent du fond de la tombe pour avertir don Juan, lorsqu'il se rend au dîner du commandeur (V, sc. 6).

Sans doute la pièce de Rosimond est bien inférieure à celle de Molière. Elle n'a aucune scène comparable, pour la noblesse, la grandeur, l'émotion, à celle de doña Elvire, du pauvre, de don Louis ; pour le comique, à celle de M. Dimanche. On y trouve des gaucheries, des maladresses et des platitudes.

Bien que la versification en soit généralement assez bonne, le style a des lourdeurs, de la prolixité, des négligences et des fautes de goût. Mais elle est remarquable par le caractère de don Juan, que je n'hésite pas à déclarer plus complétement et plus hardiment tracé dans son ensemble que celui de notre grand poëte comique, quoique plus difficile à admettre sur la scène par son cynisme et l'absence de toutes nuances. Libertin et impie, fanfaron de vice, large et audacieux dans ses conceptions criminelles, ambitieux de célébrité, voulant qu'on parle de lui et de ses exploits, aimant le vice non-seulement pour les jouissances qu'il procure, mais pour le vice lui-même, raisonnant ses crimes et philosophant sur sa corruption, le don Juan de Rosimond est un héros du dix-neuvième siècle, frère de ceux de Schiller et de Byron, d'Alfred de Musset et de George Sand, moins toutefois le lyrisme du style. Ce farceur du Marais est celui qui a conçu sa pièce et son personnage dans le sentiment le plus moderne : son don Juan, dirait-on, fait partie des dîners du baron d'Holbach; il entasse les sophismes et les paradoxes à l'appui de ses débordements, il démontre la légitimité de ses passions et en revendique hautement les droits au nom de la nature. C'est un scélérat sentencieux et tout débordant d'apophthegmes.

On voit qu'il est bien différent du don Juan de Molière. Celui-ci, il est vrai, avait mis sur la scène l'*athée*, ce que n'avaient fait avant lui, ni Dorimond, ni Villiers. Mais son athée est un pauvre logicien, qui ne sait que répondre : *Paix!* aux argumentations de son valet. Celui de Rosimond est plus *philosophe*, plus raisonneur, voire plus consommé en froide perversité et plus difficile à supporter jusqu'au bout. Il diffère davantage encore du don Juan de Tirso de Molina, lequel n'est nullement un athée, ni même un hérétique, mais simplement un libertin froid et hardi qui veut user de la vie, tandis qu'il est jeune, et ne se refuse la satisfaction d'aucune fantaisie, persuadé qu'il a tout le temps nécessaire pour s'amender avant de mourir.

Afin de pouvoir sans danger mettre ainsi dans tout son jour l'athéisme sur la scène, Rosimond a imaginé de faire de ses personnages des païens, en dépit du pays et de l'époque où l'action se passe et de toutes les autres circonstances qui font d'une pareille fantaisie le plus bizarre anachronisme. Dans les blasphèmes de don Juan il n'est jamais question de Dieu, mais des *Dieux*, de même que, dans la pièce italienne, c'est toujours Jupiter qui est mis en cause.

Le théâtre du Marais avait été le dernier à aborder ce sujet, bien qu'il semblât fait pour lui mieux que pour tout autre, à cause du grand rôle qu'il donnait aux machines, aux décors, à la mise en scène, à tout ce qui constituait la supériorité du Marais. C'est dans le large emploi de tous ces moyens, qui avait un peu manqué jusque-là au drame, que ce théâtre trouva le renouvellement d'un succès qu'on eût pu croire épuisé. En parlant de sa pièce sur un ton d'une modestie excessive dans l'*Avis au lecteur*, Rosimond parle au contraire avec une fierté légitime des *superbes ornemens du théâtre qu'on voit d'ordinaire* au Marais, et fonde là-dessus des espérances de succès que l'événement justifia sans nul doute.

# LE
# NOUVEAU FESTIN DE PIERRE

OU

# L'ATHÉE FOUDROYÉ.

TRAGI-COMÉDIE EN CINQ ACTES.

(1669.)

## PERSONNAGES.

DOM JUAN.
CARRILLE, valet de dom Juan.
DOM LOPE[1], \
DOM FÉLIX, / débauchez, amis de dom Juan.
LÉONORE, dâmoiselle de Séville.
ORMIN, hoste d'un bourg.
PAQUETTE, fille d'Ormin.
THOMASSE, fille d'Ormin.
LE PRÉVOST.
ARCHERS.
L'OMBRE DE DOM PIERRE.
THOMAS, païsant.
ROLLIN, païsant.
AMARILLE, fille de Thomas.
DEUX VOIX.

*La scène est à Séville et dans quelques lieux proches de la ville.*

---

[1] L'édition originale marque ici *dom Juan;* — faute d'impression que la lecture de la pièce permet de corriger sans peine. Ces coquilles sont généralement innombrables dans les très-incorrectes éditions du temps, et particulièrement dans cette pièce.

# AU LECTEUR.

Ce n'est pas d'aujourd'huy qu'on t'a présenté ce sujet. Les comédiens italiens l'ont apporté en France, et il a fait tant de bruit chez eux, que toutes les troupes en ont voulu régaler le public. Monsieur de Villiers l'a traité pour l'Hostel de Bourgogne, et monsieur de Molière l'a fait voir depuis peu avec des beautez toutes particulières. Apres une touche si considérable, tu t'étonneras que je me sois exposé à y mettre la main, mais aprens que je me connois trop pour m'estre flatté d'en faire quelque chose d'excellent, et que la troupe dont j'ay l'honneur d'estre étant la seule qui ne l'a point représenté à Paris, j'ay cru qu'y joignant ces superbes ornemens de Théâtre qu'on voit d'ordinaire chez nous, elle pourroit profiter du bonheur qu'un sujet si fameux a toujours eu. Tu t'étonneras encore des fautes qui sont dans cet ouvrage, mais excuse une première piece [1], et sçache qu'il est impossible de mettre celle-cy dans les regles, que mesme j'ay donné deux amis débauchez à dom Juan pour remplir davantage la scène, que mon dessein n'a esté que de te divertir, et que pour ta satisfaction je tascheray d'en faire une autre qui reparera tous ses défauts. Fais-moy la grâce cependant de ne point confondre ce *Festin de Pierre* avec un que tu as pu ou pourras voir sous le nom de Monsieur Dorimond; nos deux noms ont assez de rapports pour t'empescher de lire celuy-cy, croyant que c'est le mesme, et quoyque le sien soit infiniment meilleur, ne me refuse pas un quart d'heure de ton temps [2]. Adieu.

---

[1] Voir la notice.

[2] On voit avec quelle modestie exagérée Rosimond parle de sa pièce, quoique ce soit sa meilleure : « Cet ouvrage me fait rougir », dit-il encore en tête de sa dédicace à M\*\*\*. Villiers s'exprime de même sur la sienne, et on peut croire que Molière lui-même ne plaçait son *Festin de Pierre* qu'à un rang fort inférieur parmi ses ouvrages. C'est que, comme nous l'avons dit, ce sujet était devenu populaire, au point de tomber dans le domaine des montreurs de marionnettes, et d'être exploité en cent façons diverses par les farceurs des rues et les comédiens nomades. C'était simplement par concession pour le caprice public, et afin d'en profiter, que les comédiens de chaque troupe s'étaient décidés à traiter un sujet si peu conforme à leur goût, à leurs habitudes et à toutes les traditions littéraires de temps, mais ils en étaient honteux comme d'une œuvre où il n'y avait que de l'argent et point d'honneur à gagner. En outre, comme le dit Rosimond, il était impossible de mettre ce sujet *dans les règles*, et là était, au fond, la principale cause pour laquelle ceux mêmes qui condescendaient au désir de la foule rougissaient du moins de leur faiblesse, tant les règles classiques avaient dès lors acquis de crédit!

# LE
# NOUVEAU FESTIN DE PIERRE

ou

## L'ATHÉE FOUDROYÉ.

## ACTE PREMIER

### SCÈNE PREMIÈRE.

#### CARRILLE, LÉONOR.

CARRILLE.   Ouy l'affaire est conclue, et moy-mesme j'enrage
     Qu'il me veut malgré moy forcer à ce voyage.
LÉONOR.  Quoy, dom Juan ainsi me manqueroit de foy ?
CARRILLE. Ouy.
LÉONOR.    Mais quoy ! ses sermens l'attachent tout à moy.
CARRILLE. Ses sermens ! si c'est là que vostre espoir s'arreste,
     Madame, vostre hymen n'est pas chose encor preste :
     Il en prodigue assez, mais il n'en tient jamais.
LÉONOR.  Tu le dis, mais...
CARRILLE.      Je sçais un peu trop de ses faits.
     Vous n'estes pas la seule à qui mesme avanture
     A mis honneur et biens en mauvaise posture ;
     Il prend de tous costez ce qu'il peut attraper,
     Et sans scrupule aucun fait gloire de tromper.
     Tout pour son appétit est d'un égal usage,
     Il met impunément belle ou laide au pillage,
     Et saoul de leur honneur, il cherche en d'autres lieux
     S'il pourra rencontrer qui le contente mieux.
     En peu de mots, voilà son portrait véritable ;

|  |  |
|---|---|
|  | Jugez de quoy mon maistre envers vous est capable. |
| LÉONOR. | Qui l'eust pu croire? hélas! |
| CARRILLE. | Il falloit s'en douter. |
|  | Peste, que vostre sexe est facile à tenter! |
|  | Il ne faut pas toujours croire les apparences, |
|  | Et l'on doit meurement prévoir les conséquences; |
|  | C'est trop facilement se laisser enflammer. |
| LÉONOR. | Hélas! que tu sçais peu ce que c'est que d'aimer! |
|  | A voir mille transports d'une flamme assiduë, |
|  | Quelle fierté, dis-moy, ne se seroit renduë? |
|  | Il est bien malaisé, dans ces empressemens, |
|  | Qu'un cœur n'ait, tost ou tard, de tendres sentimens, |
|  | Et l'amour qu'on nous montre, en paroissant extrême, |
|  | Fait que sans raisonner on y répond de mesme. |
|  | Quelque doute qu'on ait de sa sincérité, |
|  | L'amour, malgré la crainte, est toujours écouté; |
|  | Et comme les soupçons semblent luy faire injure, |
|  | On se flatte aisément d'une ardeur toute pure. |
| CARRILLE. | Et c'est ce qui vous perd : en matière d'amour, |
|  | Il faut que la raison vous gouverne à son tour. |
|  | Tant d'infidélitez, dans le siècle où nous sommes, |
|  | Ne déclarent que trop quelle est l'humeur des hommes, |
|  | Car pour un qui dit vray, mille autres, plus trompeurs, |
|  | Volent impunément les dernières faveurs : |
|  | Pour peu que vostre sexe écoute leurs promesses, |
|  | Ils sçavent profiter de toutes vos foiblesses, |
|  | Et, faisant grand fracas de leur fidélité, |
|  | Surprennent aisément vostre crédulité. |
|  | Et puis qu'il faut icy vous faire tout connoistre, |
|  | Pour ne vous rien céler de l'humeur de mon maistre, |
|  | C'est qu'il est mille fois plus perfide qu'eux tous. |
| LÉONOR. | L'ingrat me promettoit qu'il seroit mon époux. |
| CARRILLE. | Mon maistre épouseroit ma foy toute la terre [1]. |
| LÉONOR. | Mais quoy! ne craint-il pas les éclats du tonnerre, |
|  | Et qu'il ne soit puny de son manque de foy? |
| CARRILLE. | Vous le connoissez mal : il n'a ny foy ny loy, |
|  | Madame, et n'admet point de dieux que son caprice, |
|  | Et sans cesse du ciel il brave la justice [2]. |

---

[1] « Avec elle, il auroit encore épousé toi, ton chien et ton chat... C'est un épouseur à toutes mains. » (Molière, *Fest. de P.*, I, sc. 1.)

[2] Ces dernières réflexions et en général toute la scène offrent beaucoup d'analo-

| | |
|---|---|
| LÉONOR. | Tel qu'il soit, je prétens aujourd'huy luy parler; |
| | Son ardeur envers moy pourra se réveiller : |
| | L'amour produit souvent des retours dans une ame. |
| CARRILLE. | Vous ferez un grand coup s'il y consent, Madame. |
| LÉONOR. | J'en veux estre asseurée, et s'il me quitte enfin, |
| | Pour laver cet affront j'ay le remède en main : |
| | Ma mort en éteindra la funeste mémoire. |
| CARRILLE. | Toujours sur cet article il ne faut pas s'en croire. |
| | Quoyque l'honneur soit cher, vivre est encor plus doux, |
| | Et loin de vous pleurer, on se riroit de vous. |
| | N'affectez point icy la vertu de Lucrèce. |
| | Je sçais que ce malheur cause de la tristesse; |
| | Mais, en pareil sujet on n'agit pas fort bien, |
| | Si l'on ne veut s'en taire et n'en témoigner rien. |
| | Mais puisque vous voulez en estre plus certaine, |
| | Mettez-vous, s'il vous plaist, dans la chambre pro-[chaine |
| | Mon maistre doit venir dans un moment icy, |
| | Et je vais luy parler de vous. Mais le voicy. |

## SCÈNE II.

### D. JUAN, CARRILLE.

| | |
|---|---|
| D. JUAN. | Ah! Carrille, sçais-tu ce que je viens de faire? |
| CARRILLE. | Quelque malheur nouveau? |
| D. JUAN. | Coquin! |
| CARRILLE. | C'est l'ordinaire : |
| | Depuis que je vous sers je ne vois pas un jour |
| | Qui se passe, Monsieur, sans crime et sans amour. |
| D. JUAN. | Quels crimes ay-je faits? |
| CARRILLE. | Faire mourir son père, |
| | Ce n'est rien? |
| D. JUAN. | Son humeur étoit par trop sévère, |
| | Carrille, et pour son bien j'ay deu m'en dépescher. |
| | Qui ne se fust lassé de l'entendre prescher? |
| | Contre mes mœurs sans cesse il armoit sa censure, |
| | Sans cesse il me chantoit quelque nouvelle injure, |

---

gie avec divers endroits de la première scène de Molière; seulement, dans Molière, la conversation est entre Sganarelle et le valet de dona Elvire, l'amante trahie.

Et.... mais n'en parlons plus. Sçache donc qu'aujour-
[d'huy...

CARRILLE. Et dom Pierre, Monsieur, assassiné chez luy,
Ce commandeur fameux qui gouvernoit Séville,
Et que pour ses vertus on pleure dans la ville,
N'est-ce donc rien, monsieur?

D. JUAN. J'en demeure d'accord ;
Mais de sa main aussi j'aurois receu la mort.
Les beaux yeux de sa fille à mes yeux sceurent plaire,
Et pour en mieux jouir il falloit s'en deffaire;
L'obstacle était trop grand pour en venir à bout,
Et pour l'objet aimé l'amant hazarde tout.

CARRILLE. Et de tous les costez des filles abusées,
Dont les familles sont partout scandalisées?
Bon, ce sont des chansons ; quels crimes a-t-il fait?
Monsieur, au grand galop vous courez au gibet,
Et.....

D. JUAN. Quoy! tousjours parler et sans vouloir m'entendre?
Sans craindre mon courroux oses-tu me reprendre?
Hé! que t'importe-t-il si je fais bien ou mal?
L'un ou l'autre pour toy n'est-il pas égal [1]?
Laisse-moy suivre en tout cette ardeur qui m'anime.
J'obéis à mes sens, il est vray; mais quel crime?
La nature m'en fait une nécessité,
Et nostre corps n'agit que par sa volonté ;
C'est par les appétits qu'inspirent ses caprices,
Qu'on court différemment aux vertus comme aux vices.
Pour moy, qui de l'amour fais mes plus chers plaisirs,
J'ose tout ce qui peut contenter mes désirs ;
Je n'examine point si j'ay droit de le faire :
Tout est juste pour moy quand l'objet me peut plaire,
Et ne prenant des lois que de ma passion,
J'attache tous mes soins à la possession.

CARRILLE. Et sur le fondement de ces noires maximes,
Vous n'avez point d'horreur de commettre des crimes?

D. JUAN. Apprens qu'il n'en est point pour un cœur généreux ;
La lascheté de l'homme en fait le nom affreux :
Si tous les cœurs étoient et grands et magnanimes,
Ces crimes qu'on nous peint ne seroient pas des crimes ;
Mais ce n'est qu'un effet d'un courage abattu,

---

[1] *Sic.* Il y a un mot passé, et il faut lire sans doute : « N'est-il pas bien égal? »

Dont la timidité veut passer pour vertu.
Il n'est rien qu'un grand cœur ne se doive permettre,
Et le crime est vertu pour qui l'ose commettre.
Juge donc....

CARRILLE. Ouy, je crois que tout vous est permis;
Mais quittons-nous l'un l'autre, et soyons bons amis.

D. JUAN. Pourquoy?

CARRILLE. Pourquoy, Monsieur? c'est que dame Justice
Me rendroit tost ou tard quelque mauvais office.
Sous prétexte qu'on dit : Tel maistre, tel valet,
Elle pourroit me faire une passe au collet.

D. JUAN. Dois-tu craindre où je suis, et peut-on?...

CARRILLE. Tout peut estre,
Et souvent on punit le valet pour le maistre.

D. JUAN. Tu me suivras partout, ou la mort à l'instant
T'est seure.

CARRILLE. S'il vous plaist, ne vous pressez pas tant;
Je veux vivre.

D. JUAN. Suffit, parlons de ma conqueste.

CARRILLE. De qui? de Léonor?

D. JUAN. Ne m'en romps plus la teste :
Faut-il dire cent fois que je ne puis la voir?
J'ay jouy d'un objet qui passoit mon espoir,
D'Oriane, en un mot.

CARRILLE. D'Oriane!

D. JUAN. Ouy, Carrille.

CARRILLE. Quoy! de ce rare objet, l'honneur de sa famille?
Fille du commandeur?

D. JUAN. Elle-mesme.

CARRILLE. Et comment?

D. JUAN. J'avois sceu m'introduire en son appartement,
Et malgré ses efforts, ma flamme est satisfaite ;
Et dans le mesme instant que je faisois retraite,
Dom Bernard, son amant, a péry par mes coups.

CARRILLE. Après tant de forfaits où vous sauverez-vous?

D. JUAN. Tu sçais que je devois abandonner Séville,
Qu'aux pays étrangers j'allois chercher azyle;
Mais avec mes amis ayant tout consulté,
J'ay trouvé que sur mer j'ay plus de seureté.
Dom Lope et dom Félix en ont pris la conduite,
Et cherchent un vaisseau pour haster nostre fuite;
Ainsi, sans perdre temps, allons nous préparer.

CARRILLE. J'aperçois Léonor.
D. JUAN. Et qui l'a fait entrer ? Suis-moy.

## SCÈNE III.

### LÉONOR, D. JUAN, CARRILLE.

LÉONOR. Quoy ! dom Juan évite ma présence !
D'où vient ce changement ? est-ce vostre inconstance ?
Ne connoissez-vous plus ce qui vous sceut charmer ?
Et pour tout dire enfin cessez-vous de m'aimer ?
Après tant de sermens....

D. JUAN. Ouy, j'avoueray, Madame,
Que vos attraits ont eu du pouvoir sur mon ame ;
Mais.....

LÉONOR. Achevez.
CARRILLE. Ce *mais* ne promet rien de bon.
D. JUAN. Je ne vous aime plus.
LÉONOR. Et par quelle raison ?
Tu devois m'épouser, j'en ay ta foy pour gage,
Ingrat !....

D. JUAN. N'en parlons pas, Madame, davantage.
En vain vous faites fonds sur le don de mon cœur,
Le bien dont on jouit ne cause plus d'ardeur,
Et la possession, plus elle a fait d'envie,
Du plaisir de jouir est bien tost assouvie.
J'ay prodigué des soins, j'ay fait mille sermens ;
Mais jusqu'où ne va pas l'audace des amans ?
Dans l'espoir d'un bonheur leur transport authorise
Les sermens continus, les détours, la surprise,
La plainte, les dédains, les pleurs et le courroux ;
Bref, j'eusse encor plus fait pour avoir tout de vous.
Mais que ces grands ressorts, qu'anime l'espérance,
Fassent mouvoir mon ame après la jouissance,
Ne l'espérez jamais ; je veux me contenter,
Et tout autre que vous a droit de me tenter.

LÉONOR. Et tu peux sans remords violer ta promesse ?
Perfide, souviens-toy de toute ma tendresse,
Songe que j'ay commis à ta mauvaise foy
Le trésor qu'une fille a de plus cher en soy.

CABRILLE. Pauvre fille!
LÉONOR.     Ah! cruel! remets dans ta mémoire
Les efforts que j'ay faits pour conserver ma gloire;
Que le crime sur moy n'a pris aucun pouvoir,
Que mes plaisirs ont eu pour règle mon devoir,
Et que, si ma vertu succomba sous tes charmes,
Tout autre à tes sermens leur eust rendu les armes.
Mais las! pour mon malheur, tu feignois de m'aimer,
Quand à voir tant de feux je me laissay charmer;
Ta bouche me juroit une amitié sincère,
Quand ton perfide cœur pensoit tout le contraire;
Tes yeux par leur douceur me montroient ton amour,
Les miens par leur langueur t'en marquoient à leur
  [tour.
Et cependant, ingrat, après tant de promesses,
Qui m'ont tant arraché d'innocentes caresses,
Après mille sermens d'une immuable foy,
Tu dédaignes ma flamme, et te mocques de moy?

D. JUAN. Sans vous tant affliger, ayez recours au change:
C'est ainsi qu'aisément l'un l'autre l'on se venge.

CABRILLE. Mais chacun comme vous n'en veut pas tant taster,
Et Léonor, Monsieur, devroit vous contenter:
Elle a beaucoup d'esprit, elle est noble, elle est belle,
Et de moins dégoustez s'accommoderoient d'elle.
Après de si grands maux, faites un peu de bien.

D. JUAN. Eh! dois-je suivre icy ton advis ou le mien?

LÉONOR. Dom Juan, si mes pleurs...

D. JUAN.     Encor un coup, Madame,
Vous espérez en vain du pouvoir sur mon ame.

LÉONOR. Après ta lascheté, le ciel ny son courroux
Ne t'intimident point?

D. JUAN.     Il songe bien à nous!

LÉONOR. Va, suis l'emportement de ton ame infidelle;
Les dieux embrasseront cette juste querelle,
Et.....

D. JUAN.     Ne les réglez point suivant vostre intérest;
Laissez-les, s'il en est, agir comme il leur plaist,
Et sans les attacher à vos moindres caprices,
Remettez-leur le soin de vous estre propices.

LÉONOR. Ah! crains leur chastiment?

D. JUAN, *s'en allant.*     Vous m'en parlez en vain,
J'en attens les effets pour en estre certain.

LÉONOR. O vous, qui prenez soin d'appuyer l'innocence,
Accordez à mes pleurs une prompte vengeance [1].

## SCÈNE IV.

### D. JUAN, CARRILLE.

D. JUAN. Enfin m'en voilà quitte !
CARRILLE.       Et fort impunément,
Belle commodité de fausser son serment !
Vous vous en acquittez assez bien, mon cher maistre,
Et ne rougissez point de passer pour un traistre ;
Mais trève à ce discours. Vos fidèles amis
S'embarquent-ils aussi ?
(*Dom Juan fait signe de l'œil que ce discours le choque.*)
D. JUAN.       Tous deux me l'ont promis.
CARRILLE. Ne vous voilà pas mal ; vous allez faire rage :
Trois débauchez en diable! ah, le bel assemblage!
D. JUAN. Dom Lope et dom Félix....
CARRILLE.       Ma foy ne valent rien,
Et sans eux vous seriez un fort homme de bien.
Vous n'auriez jamais eu tant d'habitude aux crimes,
Si vous n'aviez suivy leurs coupables maximes ;
Mais, depuis qu'ils se sont attachez près de vous,
Tousjours on vous a vu faire de méchans coups.
Mais je les vois venir.

## SCÈNE V.

### D. JUAN, CARRILLE, D. LOPE, D. FÉLIX.

D. JUAN.     Eh ! bien ?
D. LOPE.       L'affaire est faite :
Nous avons un vaisseau prest pour nostre retraitte.
D. JUAN. Va querir nostre argent, Carrille, et nos habits.
      (*Carrille sort.*)
D. LOPE. Nous pouvons nous sauver malgré nos ennemis.
Mais en quelqu'autre endroit que nous prenions azile,

---

[1] On peut comparer cette scène à celle de dona Elvire dans Molière. (I, sc. 3.)

| | Il nous faut gouverner autrement qu'à Séville. |
|---|---|
| D. FÉLIX. | Ne nous contraignons point du tout dans nos plaisirs. |
| | Que chacun à son gré contente ses désirs ; |
| | Goustons diversement les plaisirs de la vie. |
| D. LOPE. | Ce n'est pas mon dessein de régler vostre envie ; |
| | Mais pourquoy ces transports ? pourquoy ces vanitez ? |
| | On peut dans l'apparence estre moins emportez, |
| | Et donner à ses sens une pleine carrière. |
| | Nostre cœur en secret en a la joye entière, |
| | Et, goustant les plaisirs, on s'applaudit tout bas |
| | De ce qu'on est content et qu'on ne le sçait pas. |
| D. FÉLIX. | N'importe, je ne puis souffrir cette méthode ; |
| | Soit humeur ou raison, je la trouve incommode : |
| | Que servent les plaisirs s'ils ne font quelque bruit ? |
| | Le silence toujours est ce qui les détruit. |
| | Comme de ces transports on aime à faire gloire, |
| | Il faut les faire voir pour les mieux faire croire : |
| | C'est les désavouer que les cacher ainsi. |
| D. LOPE. | Mais regardons un peu comme on en use icy. |
| D. JUAN. | Il est vray, dom Félix, qu'en ce siècle où nous sommes, |
| | Pour vivre il faut scavoir l'art d'éblouir les hommes, |
| | Et sur un beau prétexte acquérir du crédit, |
| | Paroistre plus qu'on n'est, faire plus qu'on ne dit, |
| | Couvrir ses actions d'une belle apparence, |
| | Se masquer de vertu pour perdre l'innocence, |
| | Estre bon dans les yeux et méchant dans le cœur, |
| | Professer l'infamie et deffendre l'honneur, |
| | D'un faux jour de vertu donner lustre à sa vie, |
| | Se montrer fort content quand on crève d'envie, |
| | Et si l'on aime enfin, parer toujours ses feux |
| | Du prétexte brillant d'un sentiment pieux. |
| | C'est ainsy qu'aujourd'huy se gouverne le monde, |
| | Et, pour n'en point mentir, l'adresse est sans seconde : |
| | Je ne condamne point cette façon d'agir, |
| | Et je m'en trouve bien quand je veux m'en servir. |
| D. LOPE. | Aussi risque-t-on moins suivant cette manière : |
| | On a dans le plaisir seureté toute entière, |
| | Le vice continue en manquant de témoins, |
| | L'on vous croit innocent quand vous l'estes le moins ; |
| | Dans le doute qu'on a, si quelqu'un vous accuse, |
| | Vingt autres plus dupés soutiendront qu'il s'abuse, |
| | Et l'affectation d'un mérite apparent |

D. JUAN.	Impose le silence à tel qui nous reprend.
	Cependant que chacun se gouverne à sa mode :
	Pour moy qui n'ay d'égard qu'à ce qui m'accommode,
	J'agis différemment suivant l'occasion,
	Et je ne suis jamais la mesme opinion,
	Par force ou par douceur, je sçais me satisfaire,
	Et je crois que pour tout c'est le plus nécessaire.
D. FÉLIX.	J'approuve vostre advis. Mais Carrille paraist.

## SCÈNE VI.

### CARRILLE, D. JUAN, D. LOPE, D. FÉLIX.

CARRILLE.	Vous n'avez qu'à partir : vostre équipage est prest.
	Pour moy qui ne veux pas qu'un caprice d'Eole
	Me balotte à son gré de l'un à l'autre pôle,
	Trouvez bon, s'il vous plaist, que je demeure icy.
D. LOPE.	Quoy, Carrille nous quitte ! Ah ! tu viendras aussi.
D. FÉLIX.	Qui pourroit se passer du fidelle Carrille ?
CARRILLE.	Il ne reste que moy de toute la famille :
	Si je viens à périr, ma race manquera.
D. LOPE.	Au péril de ses jours chacun te sauvera.
CARRILLE.	Chacun dans le danger ne songe qu'à sa vie.
D. LOPE.	Ne crains rien, viens, Carrille.
CARRILLE.	                            Hé ! Messieurs, je vous prie,
	Souffrez que, vous partis, je garde la maison.
D. FÉLIX.	Tous tes refus icy ne sont pas de saison,
	Nous voulons t'emmener.
CARRILLE.	                        Songez un peu, de grace,
	Qu'on n'est point asseuré d'une pleine bonnace,
	Que tantost aux enfers, et tantost dans les cieux,
	On voit de tous costez la mort devant ses yeux,
	Qu'on est à la mercy d'un vent impitoyable,
	Qu'un vaisseau peut perir sur quelque banc de sable,
	Qu'il peut crever encor par un autre danger;
	Et quel peril pour moy qui ne sçais point nager !
	Non, je ne vous suis pas, Messieurs, si nécessaire,
	Et vous pouvez sans moy.....
D. JUAN.	                        Voicy bien du mystère !
	Resous-toy de me suivre, et sans tant raisonner,
	Autrement....

CARRILLE.    Ah ! Carrille, à quoy t'abandonner ?
Suivre un maistre taché de vices détestables,
Voilà le grand chemin d'aller à tous les diables.

# ACTE II.

## SCÈNE PREMIÈRE.

(*L'acte s'ouvre par une mer agitée, et Carrille au milieu.*)

CARRILLE *à la nage*, PAQUETTE *sortant du logis d'Ormin.*

CARRILLE.    Ah ! ah !
PAQUETTE.             D'où vient ce bruit ?
CARRILLE.                        Hélas ! je suis perdu !
PAQUETTE.    C'est quelqu'un qui se noye.
CARRILLE.                        Ah ! je n'ay que trop bu !
Qu'on ne m'en donne plus : fantasque Dieu de l'onde,
C'est assez pour un coup !
PAQUETTE.                        Ma peur est sans seconde ;
Il pourroit bien se perdre.
CARRILLE.                        A la fin m'y voilà !
Sans ce morceau de mât je serois resté là :
Je t'en rends grace, ô Ciel. Mais qui vois-je paroistre ?
            (*Se mettant à genoux.*)
N'auriez-vous point icy par hazard veu mon maistre ?
Quoy qu'à dire le vray, c'est un coup de bonheur
S'il a pu se sauver.
PAQUETTE.            Est-ce quelque seigneur ?
CARRILLE.    Ouy.
PAQUETTE.        L'on vient de sauver trois hommes du naufrage.
CARRILLE.    Mais où sont-ils ?
PAQUETTE.                        Chez nous.
CARRILLE.                                Quel en est l'équipage ?
PAQUETTE.    Ils sont fort bien vestus.
CARRILLE.                        Et sont-ils loin d'icy ?

PAQUETTE.   Non, dans cette maison. Mais vous voilà transy,
Venez vous y sécher, et sçavoir vostre affaire,
Et prendre un doigt de vin.
CARRILLE.                             Cela m'est nécessaire,
Et je suis résolu, pour me remettre enfin,
Ayant bien bu de l'eau, de boire bien du vin¹.

## SCÈNE II.

ORMIN, PAQUETTE, CARRILLE *entrant dans la maison*, THOMASSE.

ORMIN.       Rentrez à la maison, viste.
PAQUETTE.                             J'y vais, mon père.
ORMIN.       D'où vient que vous sortez d'auprès de vostre mère?
Vous n'aimez qu'à courir, et c'est le vray moyen
De vous perdre, ma fille, et de ne valoir rien.
PAQUETTE.   Les cris de ce garçon au fort de la tempeste....
ORMIN.       Vous n'aurez jamais tort; mais rentrez, bonne beste,
Et qu'on n'approche point des gens qui sont chez nous,
Car ces plumets de cour font tousjours de leurs coups.
THOMASSE.   Mon Dieu, qu'ils sont bien faits et qu'ils ont bonne grace!
ORMIN.       Que vous importe-t-il, nostre fille Thomasse?
Vous jugez par l'habit, et souvent ce n'est rien.
Peut estre qu'aucun d'eux n'a pas cinq sols de bien,
Et je ne suis pas mal s'ils payent leur dépense.
Ces fanfarons pour nous sont fort petite chance.
Pour du bruit, ils en font assez passablement,
Bonne mine tousjours, mais point de payement;
On ronge cependant le pauvre hoste à bon compte,
Et s'il veut de l'argent, aussitost on l'affronte.
Avec un passager nous avons plus de gain,
Et s'il dépense peu nostre argent est certain.
THOMASSE.   Non, non, ne croyez pas que des gens de la sorte....

---

¹ Rosimond, comme Tirso de Molina, a mis en action ce naufrage, dont le récit ouvre l'acte II de Molière. Dans le *Convitato di Pietra*, du théâtre italien, Arlequin s'écrie de même après son naufrage, qu'on voit sur la scène : « Plus d'eau, plus d'eau! Du vin tant qu'on voudra! » Et l'on trouve aussi le même trait dans le drame de Tirso.

ORMIN. Ouais! d'où vient que pour eux ton estime est si forte?
THOMASSE. Je crois....
ORMIN. N'en parlons plus. As-tu veu gros Lucas?
THOMASSE. Ouy.
ORMIN. Que t'en semble?
THOMASSE. Rien.
ORMIN. Ne l'aimerois-tu pas?
THOMASSE. Moy, l'aimer! Et pourquoy?
ORMIN. Tu dois estre sa femme.
THOMASSE. Moy, sa femme?
ORMIN. Toy-mesme : il est fils de Pirame ;
Pour du bien, il en a deux fois autant que toy,
Et son père a conclu l'affaire avecque moy.
THOMASSE. Pourquoy me marier?
ORMIN. Pourquoy? belle demande!
A quoy sert un mary quand une fille est grande?
THOMASSE. Hélas! je n'en sçais rien.
ORMIN. Tu le sçauras bientost.
THOMASSE. Mais qu'il est mal basty!
ORMIN. Mais, ma fille, il le faut,
C'est ton fait, je le veux.
THOMASSE. Hélas! laissez-moy fille,
Plutòst que....
ORMIN. Non, j'ay trop de charge en ma famille.
Vous estes d'un gibier qui se gaste aisément,
Et tout homme d'esprit s'en défait promptement ;
On risque à tant garder chose si chatouilleuse,
Et tu peux te flatter seurement d'estre heureuse.
THOMASSE. Mais ma sœur....
ORMIN. Vostre sœur a mesme sort que vous,
Et je luy donneray Philemon pour époux.
Cependant va trouver ta tante Dorothée,
Et luy dis que l'affaire est enfin arrestée.
Moy je vais convier nos parens, nos amis,
Et ne tarderay pas à me rendre au logis.
THOMASSE. Si c'étoit à mon choix!..... Mais que vois-je paroistre?
C'est un de ces messieurs.

## SCÈNE III.

#### CARRILLE, D. JUAN, THOMASSE.

CARRILLE.  Hé bien, monsieur mon maistre,
Ce que je vous disois étoit mal raisonné,
Et c'étoit sans sujet que j'étois obstiné !
Où, sans ce paysan, étiez-vous ?

D. JUAN.  Je l'avoue,
Et sa réception mérite qu'on l'en loue.
Mais encor que dis-tu de sa fille ?

CARRILLE.  Qui, moy ?
Qu'en dirois-je, Monsieur ? Elle est belle, ma foy,
Et dans l'occasion que le sort vous envoye,
Je ne vous crois pas homme à lascher vostre proye.

D. JUAN.  J'en suis content.

CARRILLE.  Déjà ! C'est ne s'endormir pas[1].
A peine estre arrivé.....

D. JUAN.  Mais que vois-je là-bas ?
La personne est jolie. Où courez-vous, la belle ?

CARRILLE.  Voicy pour mon patron une dixme nouvelle.

THOMASSE (voulant s'en aller, D. Juan la retient).
Ah ! ne m'arrestez pas !

D. JUAN (l'ayant un peu regardée). Laissez-vous admirer.
Non, rien à vos beautez ne se peut comparer.
Ah ! Carrille !

CARRILLE.  Monsieur, cela va bien, courage.

D. JUAN.  Vois ! qui n'aimeroit pas un si charmant visage ?

CARRILLE.  Je vois plustost un loup qui court une brebis.

D. JUAN.  Ah ! que d'amour pour vous mon cœur se sent épris !

THOMASSE.  Quoy ! vous pourriez songer aux filles de village ?
Vous voulez me surprendre avec un tel langage.
Adieu, Monsieur.

D. JUAN.  Un mot.

THOMASSE.  Non, je veux m'en aller ;
Monsieur, je ne dois pas me laisser enjoller.
Vous autres, vous avez toujours tant de finesses
Qu'il faut se défier de toutes vos caresses.

---

[1] Dans Tirso de Molina, don Juan séduit aussi la fille du pêcheur qui l'a arraché à la mort en allant chercher du secours au moment de son naufrage.

|||
|---|---|
| | A qui voudra vous croire il ne manquera rien ; |
| | Mais on n'est pas si beste et l'on vous connoist bien. |
| D. JUAN. | Non, mon amour est juste, et tend au mariage. |
| THOMASSE. | O Dieux ! S'il disoit vray, que j'aurois d'avantage ! |
| | Parlez-vous tout de bon ? |
| D. JUAN. | Sans doute. |
| THOMASSE. | Quel bonheur |
| CARRILLE. | Zeste. |
| D. JUAN. | Et pour entre nous confirmer cette ardeur, |
| | Baisez-moy. |
| THOMASSE. | Fy, monsieur, comment, baiser les hommes ? |
| | C'est un péché mortel dans le siècle où nous sommes, |
| | Ma mère me l'a dit, je ne le feray pas. |
| D. JUAN. | Quand vous avez ma foy, qu'avez-vous lieu de craindre ? |
| | Pouvez-vous soupçonner ?... |
| THOMASSE. | Les hommes sçavent feindre, |
| | Vous pouvez me tromper. |
| D. JUAN. | Non, non, ne craignez rien. |
| CARRILLE. | Mon maistre vous tromper ! c'est un homme de bien. |
| | Oh ! qu'il n'a garde, non ! |
| D. JUAN. | Ouy, ma belle, je jure... |
| CARRILLE, *tirant son maistre à quartier.* | |
| | Monsieur, ne jurez pas de peur d'estre parjure. |
| D. JUAN. | Faquin, te tairas-tu[1] ? |

## SCÈNE IV.

### D. JUAN, THOMASSE, PAQUETTE, CARRILLE.

|||
|---|---|
| D. JUAN. | Je jure et je promets |
| | De vous prendre pour femme. |
| THOMASSE. | Et quand ? |
| CARRILLE. | Et quand ? Jamais. |
| D. JUAN. | Insolent ! |
| PAQUETTE. | Il promet ! fausse-t-il sa parole ? |
| CARRILLE. | Monsieur, vous allez voir jouer un autre rôle. |
| PAQUETTE, *tirant dom Juan à quartier.* | |
| | Quoy donc, après m'avoir engagé vostre foy, |

---

[1] Cette scène avec Paquette est tout à fait la même que celle de don Juan avec Charlotte, dans Molière (II, sc. 2).

Vous en voulez une autre et vous mocquer de moy?
Pouvez-vous luy promettre, à moins qu'estre infidèle?

THOMASSE, *tirant dom Juan.*
Que vous veut donc ma sœur? et de quoy se plaint-elle?

D. JUAN, *à Thomasse.*
Elle se plaint à moy que je ne l'aime point.

THOMASSE. Et que n'appaisez-vous son esprit sur ce point?

D. JUAN. Je luy vais dire aussi que vous serez ma femme
Et qu'elle espère en vain du pouvoir sur mon âme;
Et pour mettre le calme à son esprit jaloux,
Que je vous l'ay promis.

PAQUETTE, *tirant dom Juan.* Monsieur, que dites-vous?
Ma sœur a-t-elle lieu plus que moy d'y prétendre?

D. JUAN. Plus que vous? point du tout. Je luy faisois entendre
Que c'étoit temps perdu de s'arrester à moy,
Et que vous avez seule et mon cœur et ma foy.

THOMASSE, *tirant dom Juan.*
Que parlez-vous de foy?

D. JUAN. Je parlois de vous-mesme;
Je disois que vous seule étiez celle que j'aime,
Que c'étoit temps perdu de s'arrester à moy,
Et que vous possédez et mon cœur et ma foy.

PAQUETTE, *tirant dom Juan.*
Mais Thomasse, monsieur, se rend bien importune.

D. JUAN. Elle a lieu de pleurer sa mauvaise fortune,
Et doit se plaindre au ciel de n'avoir pas ces yeux,
Qui sont de mon bonheur les maistres et les dieux.
Elle aura du dépit de vous voir mon épouse.

THOMASSE, *tirant dom Juan.*
Vostre entretien a droit de me rendre jalouse.

D. JUAN. Quoy, vous pourriez douter de l'ardeur de mes feux?

THOMASSE. Mais aussi sans façon prenez l'une des deux.

D. JUAN. Et ne voyez-vous pas que je veux m'en defaire!
C'est en vain que ses soins s'attachent à me plaire :
Vous seule me charmez, et malgré son dessein,
Je prétens en un mot vous épouser demain.

PAQUETTE. Mais, ma sœur, après tout ce n'est pas mal t'y prendre.
Tu penses donc l'avoir?

THOMASSE. Tu pourras bien l'attendre,
Car je l'auray sans doute.

PAQUETTE. Hé, s'il te plaist, pourquoy?

THOMASSE. Parce que je sçais bien qu'il n'aime rien que moy.

PAQUETTE. Tu te flattes beaucoup.
THOMASSE. J'ay sujet de le faire.
PAQUETTE. Ton extrême beauté sans doute a pu luy plaire?
THOMASSE. Ne raille point, j'en ay du moins autant que toy.
PAQUETTE. Tu le dis; mais peux-tu te comparer à moy?
Ah! la rare beauté! vaut-elle pas la mienne?
THOMASSE. Je ne changerois pas encor avec la tienne.
PAQUETTE. Que chacune se tienne avec le bien qu'elle a.
THOMASSE. Mais tu dois sans façon me céder ce prix-là?
Et je crois que monsieur le sçait bien reconnaistre.
PAQUETTE. Ouy, me faisant sa femme.
THOMASSE. Ouy, si tu la peux estre.
D. JUAN, *à toutes les deux*.
Ouy, ouy.
PAQUETTE. Tu n'entens pas qu'il vient de dire ouy!
THOMASSE. Bon pour moy.
PAQUETTE. Mais pour moy, car je l'ay bien ouy,
Il luy faut demander : Monsieur, sans raillerie,
De ma sœur ou de moy, dites-nous, je vous prie,
Qui sera vostre femme, et détournez les yeux
Sur celle de nous deux que vous aimez le mieux.
THOMASSE. Bon, il m'a regardée.
(*D. Juan serre la main à Paquette et regarde Thomasse en mesme temps.*)
PAQUETTE. Et moy j'en suis contente.
D. JUAN. Pour vous mettre d'accord chacune à vostre attente,
Je veux épouser celle à qui je l'ay promis [1].
Toy, Carrille, attens-moy, je ne vais qu'au logis.

## SCÈNE V.

### CARRILLE, PAQUETTE, THOMASSE.

CARRILLE. Quel abominable homme! hélas, mes pauvres filles,
A qui croyez-vous vendre à présent vos coquilles?
Connoissez-vous mon maistre, et vous y fiez-vous?
Vous le croyez sincère avec ses propos doux,
Mais si je vous disois l'humeur du personnage,
Vous verriez que son cœur.....

[1] C'est la scène de don Juan entre Charlotte et Mathurine, dans Molière (II, sc. 5).

PAQUETTE.        A quoy bon ce langage,
Et quel est ton dessein?

CARRILLE.        De vous désabuser
De ce que vous croyez qu'il veut vous épouser.

THOMASSE. Que viens-tu nous conter, et devons-nous te croire?
Tout ce que tu nous dis n'offense point sa gloire;
Tel qu'il est, je le veux.

PAQUETTE.        Ouy, si tu peux l'avoir;
Je ne t'empesche pas d'y faire ton pouvoir.
Mais que t'importe-t-il, valet causeur et traistre,
S'il sera mon mary? Parle mieux de ton maistre:
Je le crois honneste homme.

CARRILLE.        Et c'est un scélérat,
Un loup, un diable, un chien, un renard, un vray chat[1]:
Un loup pour vous piller vos trésors, un vray diable
Pour vous mettre en enfer, un chien insatiable,
Qui n'applique ses soins qu'à mordre la pudeur;
Un chat, qui met la patte aux quartiers de l'honneur;
Un renard, qui ne tasche, avecque ses finesses,
Qu'à vous accommoder, belles, de toutes pièces,
Et, sans vous ennuyer de noms jusqu'à demain,
En un mot l'épouseur de tout le genre humain[2].

PAQUETTE. Va, nous ne croyons point ce que tu viens de dire!

CARRILLE. Vous n'aurez pas, ma foy, toutes deux lieu d'en rire;
Souvenez-vous qu'icy je dis la vérité.

PAQUETTE. C'est plutost un effet de ta méchanceté;
Je suis seure qu'il doit me tenir sa promesse.

THOMASSE. Et je suis seure aussi que je suis sa maistresse.

CARRILLE. Croyez-le assurément, ce sera pour un jour.
Que ce sexe est facile à prendre de l'amour!
Mais je vois dom Félix qui vient avec mon maistre.

## SCÈNE VI.

### D. FÉLIX, D. JUAN, CARRILLE.

D. FÉLIX. Si vous m'aimez, il faut me le faire connaistre:
Vous sçavez que Dorinde avoit sceu me charmer.

---

[1] SCANARELLE. Tu vois en don Juan, mon maître, le plus grand scélérat que la terre ait jamais porté, un enragé, un chien, un diable, etc. (Molière, I, sc. I.)

[2] Ce mot est pris à Molière: « C'est l'épouseur du genre humain, » dit Sganarelle en parlant de don Juan à Charlotte et à Mathurine (II, sc. 7).

(*Il paroist un temple.*)

D. JUAN. Quoy, celle que son père avoit fait enfermer?
D. FÉLIX. Elle-mesme, et tantost examinant le temple
Que l'on voit en ces lieux, et qui n'a point d'exemple,
J'ay sceu que cet objet qui fit naistre mes feux,
Étoit preste demain d'y faire quelques veux,
Et je veux l'enlever par force ou par adresse.
Voulez-vous seconder cette ardeur qui m'en presse?
D. JUAN. Vous me connoissez trop pour en pouvoir douter.
Je fais pour un amy gloire de tout tenter;
Je n'examine point quel péril y peut estre :
Dans les plus grands dangers l'amitié doit paroistre,
Et quand je serois seur d'y trouver le trépas,
La crainte de périr ne m'arresteroit pas;
Jugez après cela si je veux l'entreprendre.
D. FÉLIX. Comment me revenger d'une amitié si tendre?
Ah! si l'occasion s'offre de vous servir,
Vous verrez....
D. JUAN. Regardons comme il nous faut agir.
D. FÉLIX. A vous dire le vray, la chose est difficile.
Je ne sçais quel moyen nous y peut estre utile;
Le temple est bien fermé, les murs sont élevez,
Il n'est aucuns endroits que je n'aye observez :
A moins que s'y glisser par quelque stratagème,
Ou de forcer ce fort où l'on tient ce que j'aime,
Nous ne pouvons jamais accomplir ce dessein.
D. JUAN. Non, non, je sçais pour vous un moyen plus certain :
Je veux brusler ce temple, et cette main s'appreste
A vous donner ainsi cette aimable conqueste.
Dans le désordre affreux que produira le feu,
Vous y pourrez entrer et jouer vostre jeu;
Feignant de secourir, vous prendrez cette belle
Et dans l'obscurité vous fuirez avec elle [1].

---

[1] Ce passage a sans doute été inspiré à Rosimond par l'action du comte de Villa-Medina, qui incendia son propre palais pendant une représentation qu'il y donnait à la cour, afin de pouvoir s'emparer de la reine Élisabeth, femme de Philippe IV, qu'il aimait éperdument, sous prétexte de la sauver. La Fontaine a fait allusion à cette folie amoureuse dans sa fable : le Mari, la femme et le voleur (l. IX, p. 16), et Saint-Evremond en parle aussi dans une lettre à la duchesse de Mazarin (*Œuvres*, édit. de Londres, J. Tomson, 1706, in-12, t. V, p. 131). Un peu plus tard, M$^{lle}$ Maupin, cette cantatrice plus fameuse par ses aventures et ses goûts virils que par ses talents, incendia, dit-on, un couvent pour en enlever une recluse, et on raconte quelque chose d'analogue du duc de Fronsac.

|  | Trouvez-vous ce moyen infaillible pour vous? |
|---|---|
| D. FÉLIX. | J'en demeure d'accord, c'est le plus seur de tous. |
| D. JUAN. | Le coup est fort hardy ; mais ma plus forte envie |

C'est de voir, dom Félix, qu'on parle de ma vie.
Dans Éphèse un grand cœur fit la mesme action,
Et j'avois de tout temps pareille ambition ;
Il s'immortalisa par ce trait de courage,
Et puisqu'à vous servir l'occasion m'engage,
Je veux sans différer l'entreprendre aujourd'huy,
Et qu'on dise de moy ce que l'on dit de luy.
La nuit semble déjà seconder nostre envie.
Allons, toy, reste icy !

## SCÈNE VII.

### CARRILLE seul.

Que je crains pour ma vie !
A quelle extrémité mon maistre me réduit !
Planté dans une rue, et sans armes, la nuit,
Et pour surcroist de mal, près des lieux où ce diable
Fera dans un moment un vacarme effroyable !
Qui dans un tel état auroit assez de cœur
Pour ne pas ressentir les effets de la peur ?
Je ne puis m'exempter, si la justice passe,
De dire à quel dessein je reste en cette place,
Et me voyant surpris sans en rendre raison,
On pourra m'ordonner un giste à la prison ;
Et sçachant qui je suis et le nom de mon maistre,
On pourra m'allonger d'un demy pied peut-estre.
La peste ! c'est le diable, et ce malheureux saut,
A parler franchement n'est pas ce qu'il me faut ;
J'aime mieux mourir seul qu'en bonne compagnie,
Et ne suis pas pressé d'abandonner la vie.
Mais, pour nous dispenser de courir ce malheur,
Il faut quitter mon maistre, et c'est là le meilleur ;
Aussi bien, tost ou tard, ma perte est très-certaine,
Si je le sers toujours dans le beau train qu'il mène :
Allons, fuyons. Mais dieux ! nous allons voir beau jeu ;
Quels cris de tous costez ! Le temple est tout en feu

UNE VOIX, *derrière le théâtre.*

A la force! au secours!
(*Le temple paroist en feu.*)

CARRILLE. Que je suis misérable!
Si j'avois quelque trou qui me fust favorable,
Ce seroit bien mon fait; mais restons dans ce coin,
Et servons-nous icy de l'adresse au besoin.

## SCÈNE VIII.

D. FÉLIX, *emportant une femme voilée*, D. JUAN, CARRILLE.

D. JUAN. Dom Félix, au plus viste emportés vostre proye.
D. FÉLIX. Ah! que dans ce moment mon cœur ressent de joye!
D. JUAN. Menagés bien le temps de ces transports si doux,
Et nous trouvons tous trois demain au rendez-vous;
Je vous ay dit le lieu.
D. FÉLIX. J'auray soin de m'y rendre.

## SCÈNE IX.

CARRILLE, *sortant de son coin*, D. JUAN.

CARRILLE. Marchons si doucement qu'on ne nous puisse entendre;
Je n'entens plus de bruit.
(*Carrille touche son maistre, et tombe.*)
D. JUAN. Qui va là?
CARRILLE. Je suis mort!
Pauvre Carrille, où diable ay-je heurté si fort?
N'importe, quoyqu'icy ma crainte soit extrême,
Taschons...
D. JUAN. Qui va là, donc?
CARRILLE, *tremblant.* Et qui va là toy-mesme?
D. JUAN. Je crois que c'est Carrille.
CARRILLE. Eh, ouy vraiment, c'est moy
Qui taschois de m'enfuir.
D. JUAN. Toy, t'enfuir? et pourquoy?
CARRILLE. Quelque jour à loisir vous en sçaurez la cause.
Serviteur!
D. JUAN. Sans façon, déclare-moy la chose:

Qui t'oblige à t'enfuir?

CARRILLE. Ne vous faschez de rien.

D. JUAN. Non.

CARRILLE. Je vois qu'avec vous je traisne mon lien,
Et si je reste encor je pourray bien, je pense,
Épouser avec vous une mesme potence.

D. JUAN. Coquin!

CARRILLE. Ma foy, monsieur, je crains trop les sergens;
Si vous tombez un jour dans les mains de ces gens,
N'estes-vous pas perdu sans aucune ressource?
Encor dans certain temps on fait jouer la bourse:
La pluspart sont d'humeur à ne refuser rien,
Et peu sans ces accords posséderoient du bien;
Mais jusqu'au moindre cas, chez vous tout est pendable,
Et j'en pourrois patir autant que le coupable.
Quand je seray gripé, jugez ce qui s'ensuit;
La peste! quelque sot! bon soir, et bonne nuit.

D. JAUN. Arreste.

CARRILLE. Mais à quoy vous suis-je nécessaire?

D. JUAN. Suffit que je le veux, tu dois me satisfaire.

CARRILLE. Mais croyez-vous, monsieur, qu'on ne vous cherche pas,
Et que vous n'ayez point d'ennemis sur les bras?

D. JUAN. De quelque grand péril qu'on menace ma teste,
Tu me verras plus ferme, au fort de la tempeste,
Affronter le danger sans craindre le trépas;
La foudre peut tomber et ne m'écraser pas.
Ce bras sçait l'art de vaincre, et du moins si ma vie
Est par mes ennemis ardemment poursuivie,
Et qu'il faille céder aux caprices du sort,
Carrille, j'ay du cœur pour me donner la mort.
Mais pour te faire voir que ny peur, ny menace,
Ne peuvent ébranler une si ferme audace,
Je verrois maintenant et la terre et les cieux
Animer contre moy cent monstres furieux,
Que, d'un cœur intrépide et d'un bras indomptable,
J'opposerois ma force à leur rage effroyable.
Cependant au départ il nous faut préparer,
Car dans peu de ces lieux je me veux retirer,
Et si je ne te vois résolu de me suivre,
Sois seur qu'au mesme instant tu cesseras de vivre.
Viendras-tu?

CARRILLE, *bas.* Malgré moy.

D. JUAN. Répons donc?
CARRILLE. Ouy vraiment!
Ah! qu'avec un tel maistre on souffre de tourment.

# ACTE III.

## SCÈNE PREMIÈRE.

CARRILLE *armé*, D. JUAN.

CARRILLE. Dans l'état où je suis, monsieur, je feray rage.
D. JUAN. Tu peux bien te deffendre avec cet équipage;
Mais du cœur en as-tu?
CARRILLE. Comme un diable, mort bleu!
Ah ventre! ah teste! ah mort!
D. JUAN. Te voilà tout en feu!
Reserve ces transports pour deffendre ton moistre;
C'est dans l'occasion que l'on se fait connoistre.
CARRILLE. Que ne vois-je quelqu'un qui voulust!.. Euh!....
(*Il fait le brave, et se retournant, il a de la peur.*)
D. JUAN. Qu'as-tu, Carrille?
CARRILLE. Rien, monsieur. Ah! qu'il seroit battu!
Plaist-il?...
D. JUAN. Que fais-tu donc?
CARRILLE. Je ne sçais quoy me gehenne;
Ne nous suivroit-on point?
D. JUAN. Pourquoy t'en mettre en peine?
La chose est fort plausible.
CARRILLE. Ah! monsieur, s'il vous plaist...
D. JUAN. Tu trembles.
CARRILLE. Point du tout, mon courage est tout prest.
D. JUAN. Regarder tousjours-là! quelle est cette manière?
CARRILLE. C'est pour voir si quelqu'un ne vient point par derrière
Nous allonger un coup, qui nous oste d'état
De pouvoir comme il faut nous oster du combat :
Dans ces occasions la surprise est à craindre.

Encor, se battant bien, l'on ne doit pas se plaindre
Si, malgré nostre effort, un autre est le vainqueur,
Car ce peut estre alors un effet du malheur;
Mais sans se défier, mon maistre, on se hazarde.
J'entens du bruit! (*Fuyant.*)

D. JUAN.     Tu fuis.
CARRILLE.     C'est pour me mettre en garde,
Et prendre un terrain propre à pouvoir resister.
D. JUAN.     Poltron, ne vois-tu pas?....
CARRILLE.     Qu'on va vous en conter.

## SCÈNE II.

### D. JUAN, THOMASSE, PAQUETTE, CARRILLE.

D. JUAN.     Carrille, évitons-la.
(*Dans le temps que D. Juan veut s'en aller, Thomasse l'arreste d'un costé et Paquette de l'autre.*)

THOMASSE.     Quoy! vous me quittez, traistre!...
PAQUETTE.     Vous me fuyez!
CARRILLE.     A l'autre! Apprestez-vous, mon maistre.
PAQUETTE.     Quoi! lâsche, à toutes deux avoir ravy l'honneur?
CARRILLE.     Hé! vous en avez tant, monsieur, rendez-le leur!
THOMASSE.     Voyez, il nous contoit les plus belles paroles.
CARRILLE.     Je vous avois bien dit son humeur, pauvres folles;
Mais je n'étois qu'un traistre, un méchant, un menteur!
Il vous en cuit pourtant.
PAQUETTE.     Répons-nous donc, trompeur.
D. JUAN.     Sans m'arrester icy, quels desseins sont les vostres?
THOMASSE.     Tu devois m'épouser?.
CARRILLE.     Il l'a bien dit à d'autres!
PAQUETTE.     Tu m'as promis aussi?
D. JUAN.     Mais je ne le puis plus,
Et vos emportemens sont icy superflus.
Je ne puis estre à vous sans luy faire une injure;
Voyez de plus l'horreur d'une telle avanture,
Et que le ciel, aigry de l'amour des deux sœurs,
Exercera sur moy ses dernières rigueurs.
CARRILLE.     La bonne âme!
D. JUAN.     Il faut donc, dans un profond silence,
Étouffer entre nous cet amour qui l'offence,

　　　　　Et par un repentir éteindre dans nos cœurs
　　　　　L'infame souvenir de ces noires ardeurs.
　　　　　Mais, puisque de ces maux je suis la seule cause,
　　　　　Il est juste pour vous de faire quelque chose :
　　　　　J'ay du regret de voir que ma brutalité
　　　　　Vous ait fait consentir à cette lascheté,
　　　　　Et je veux vous donner, pour tant de bienveillance,
　　　　　Une somme d'argent.
CARRILLE.　　　　　　　　　L'homme de conscience !
D. JUAN.　　Vous pourrez rencontrer quelque party meilleur,
　　　　　Et l'argent en tout temps apporte de l'honneur.
THOMASSE.　Qu'en dites-vous, ma sœur ?
PAQUETTE.　　　　　　　　Qu'en dites-vous vous-mesme ?
THOMASSE.　Je l'aimois.
PAQUETTE.　　　　　　Et pour luy ma flamme étoit extrême ;
　　　　　Mais puisque toutes deux nous n'avons plus d'espoir,
　　　　　Acceptons son argent.
CARRILLE.　　　　　　　　Si vous pouvez l'avoir.
D. JUAN.　　Hé bien, agréez-vous ce que je viens de dire ?
PAQUETTE.　J'en suis d'accord.
D. JUAN.　　　　　　　Et vous ?
THOMASSE.　　　　　　　　　Il y faut bien souscrire.
D. JUAN.　　Je donne à toutes deux trois cens ducats.
CARRILLE.　　　　　　　　　　　　Croyez
　　　　　Que ces trois cens ducats vous seront bien payez,
　　　　　Car il reçoit bien tost une lettre de change,
　　　　　En bel et bon argent, visible comme un ange.
PAQUETTE.　Mais parlez-vous, monsieur, avec sincérité ?
　　　　　Pouvons-nous nous fier ?
D. JUAN.　　　　　　　　　C'est une vérité,
　　　　　Je veux vous les donner.
CARRILLE.　　　　　　　　La semaine prochaine.
D. JUAN.　　Dès demain au plus tard ; n'en soyés point en peine.
PAQUETTE.　N'y manquez pas au moins.
CARRILLE.　　　　　　　　　Il n'a garde, vrayment.

## SCÈNE III.

### D. JUAN, CARRILLE.

D. JUAN.　　Mais quoy, tu prétens donc jaser incessamment ?
　　　　　Et sans examiner que ton caquet m'offence,

| | |
|---|---|
| | Tu ne peux un moment te résoudre au silence ? |
| CARRILLE. | Mais est-ce sans raison ? |
| D. JUAN. | Mais, sçais-tu ce qu'on fait, |
| | Quand on a le dessein de punir un valet |
| | Qui ne se peut tenir, quelque chose qu'on dise, |
| | Qu'il n'y mette son nez et qu'il n'en moralise ? |
| | Un maistre au mesme instant, avec un bon baston, |
| | Luy doit fermer la bouche, et s'en faire raison : |
| | Voilà le sort qu'un jour ta langue te prépare. |
| CARRILLE. | Il faut qu'ouvertement enfin je me déclare. |
| | Qui se tairoit, monsieur, en voyant ces beaux tours, |
| | Que, sans crainte du ciel, vous faites tous les jours ? |
| D. JUAN. | Je fais ce que je veux ; dois-je t'en rendre compte ? |
| | Si je commets un crime, en portes-tu la honte ? |
| | Ne m'en parle donc plus, ou tes rares advis |
| | De cent coups de baston pourront estre suivis. |

## SCÈNE IV.

D. LOPE, D. FÉLIX, D. JUAN, D. GASPARD, CARRILLE.

| | |
|---|---|
| D. LOPE. | Nous venons vous chercher. Nostre perte est jurée ; |
| | Dom Gaspard en a sceu la nouvelle assurée. |
| D. GASPARD. | J'en ay reçeu l'advis, et vous scachant icy, |
| | J'ay voulu vous montrer la lettre que voicy ; |
| | Étant vostre parent, je vous offre un azile. |
| D. JUAN, *ayant leu la lettre.* | |
| | Ce soin m'oblige fort, mais il est inutile : |
| | Mes plus grands ennemis ne m'ont jamais fait peur, |
| | Et vous voyez un front exempt de la terreur. |
| | (*A D. Lope et à D. Félix.*) |
| | Pour vous, si vous m'aimez d'une amitié fidelle, |
| | J'attens dans ce péril l'effet de vostre zèle ; |
| | Ayons mesme fortune, et s'il nous faut périr, |
| | Ne nous démentons point jusqu'au dernier soupir. |
| D. GASPARD. | Hé quoy donc ! Dom Juan sera tousjours le mesme, |
| | Tousjours on le verra dans cette erreur extrême ! |
| | La terre ny le ciel ne l'intimident pas ! |
| | Et, loin de fuir sa perte, il y court à grands pas. |
| | Songez qu'il est un temps où le crime prospere, |
| | Mais qu'il en est un autre où le ciel en colere, |

|  | Irrité des refus qu'on fait à ses bontez, |
|---|---|
|  | Se venge tost ou tard de tant d'iniquitez. |
| D. JUAN. | Hé quoy donc, dom Gaspard [1], se piquant de sagesse, |
|  | A la correction s'attachera sans cesse, |
|  | Et gehennant les esprits par une vaine peur, |
|  | Il voudra conformer chacun à son humeur? |
|  | Songez que la nature est tout ce qui nous mène, |
|  | Que, malgré la raison, son pouvoir nous entraine, |
|  | Que le crime n'est pas si grand qu'on nous le fait, |
|  | Que tous ces chastimens dont vous preschez l'effet, |
|  | Ne sont bons à prosner qu'à des âmes timides, |
|  | Que l'on ne doit souffrir rien que ses sens pour guides, |
|  | Qu'il les faut assouvir jusqu'aux moindres désirs, |
|  | Et n'avoir point d'égard qu'à ses propres plaisirs. |
| D. GASPARD. | Je sçais qu'il est des temps où l'âge nous convie |
|  | De prendre avec honneur les plaisirs de la vie ; |
|  | Mais passer à l'excès de la brutalité, |
|  | Et n'avoir que ses sens pour toute déité, |
|  | Est-il rien icy bas qui soit plus condamnable? |
|  | Ah! craignez que du ciel le courroux redoutable.... |

(*D. Juan rit.*)

|  | Vous riez!... doutez-vous du pouvoir de nos dieux? |
|---|---|
| D. JUAN. | Hé! pour voir ce qu'ils sont il ne faut que des yeux. |
|  | L'adroite politique en masqua le caprice, |
|  | La foiblesse de l'homme appuya l'artifice, |
|  | Et sa timidité s'en faisant un devoir, |
|  | Sans aucune raison forgea ce grand pouvoir. |
| D. GASPARD. | Si vous considériez l'ordre de la nature, |
|  | Vous verriez leur pouvoir dans chaque créature : |
|  | Cet accord merveilleux dans les quatre élémens |
|  | Doit confondre l'erreur de vos emportemens ; |
|  | La contrariété qui fait leur concordance, |
|  | Fait assez admirer leur suprême puissance, |
|  | Et ce grand entretien dans les quatre saisons, |
|  | Pour prouver leurs autheurs sont de bonnes raisons. |
|  | Ce composé de tout formé sur leur image, |
|  | Ce petit monde entier, ce surprenant ouvrage, |
|  | L'homme, en ses fonctions porte-t-il pas de quoy |
|  | Désabuser l'esprit de qui manque de foy? |
|  | Mais je connois qu'en vain je m'attache à vous dire |

[1] Il y a : *Dom Juan*, par erreur, dans l'édition originale.

Qu'il n'est rien ici bas qui par eux ne respire ;
Il vaut mieux vous laisser dans vostre aveuglement.

## SCÈNE V.

### D. LOPE, D. JUAN, D. FÉLIX, CARRILLE.

D. LOPE. Dom Juan, vous deviez en agir autrement,
Et devant luy du moins il falloit un peu feindre.
On doit tout ménager quand on a tout à craindre.
Sa maison est pour nous un lieu de seureté,
Nous y pouvions rester en toute liberté ;
Mais qui sçait à present, vous ayant veu le mesme,
S'il voudroit nous l'offrir dans un peril extrême ?
On peut facilement faire l'homme de bien,
Dire que l'on croit tout, encor qu'il n'en soit rien,
Et voilant ses discours d'une belle apparence,
Se réserver en soy ce que le cœur en pense :
C'étoit là de quel air il luy falloit parler,
Et ce peu de contrainte eust pu le rappeler.

D. JUAN. Dom Lope, je ne puis approuver ces maximes.
Je nomme des plaisirs ce que vous nommez crimes.
Tous ces déguisemens ont trop de lascheté :
Je dis tout, et fais tout avec impunité,
Et si je ne sçavois quel est vostre courage,
Je douterois de vous, entendant ce langage.
Mais comment avez-vous rencontré dom Gaspard ?

D. FÉLIX. Vers nostre rendez-vous il étoit à l'écart :
Vous sçavez qu'il se plaist fort à la solitude,
Et que dans ces endroits, il s'attache à l'étude.
Surpris de nous trouver l'un et l'autre en ces lieux,
Il nous a fait paroistre un désir curieux
De sçavoir quel dessein nous y pouvoit conduire,
Et nous n'avons pas fait scrupule de luy dire ;
Mais comme en cet endroit vous ne vous rendiez pas,
Son advis nous a fait retourner sur nos pas.

D. JUAN. Je m'y serois rendu ; mais Paquette et Thomasse....

CARRILLE, *apercevant le prévost.*
Monsieur, je viens de voir certaine ombre qui passe.

D. JUAN. Poltron, te tairas-tu ?

CABRILLE, *le voyant entrer et ses archers.*

Monsieur, les voilà deux,
Trois, quatre, cinq, hélas!

## SCÈNE VI.

### D. JUAN, D. LOPE, D. FÉLIX, CARRILLE, LE PRÉVOST ET SES GENS.

LE PRÉVOST. Sans doute ce sont eux;
Comme on me l'a dépeint, c'est dom Juan.
CARRILLE, *s'enfuyant.* Mon maistre,
Et viste, sauvons-nous; nous voilà pris.
D. JUAN. Ah! traistre!
LE PRÉVOST. Donnons, et que chacun fasse ici son devoir!
Compagnons, morts ou vifs il nous les faut avoir.
(*Tous l'épée à la main.*)
D. JUAN. Je sçauray reprimer une telle insolence.
LE PRÉVOST. Courage, mes amis.
D. JUAN. Vous faites résistance!
Il faut lascher le pied, traistres!
LE PRÉVOST. Retirons-nous.
D. FÉLIX. Ils n'ont pu résister à l'effort de nos coups.
D. LOPE. Il le faut avouer, tout nous est favorable.
D. JUAN. Rien de nous arrester ne peut estre capable.
Cependant, il nous faut abandonner ces lieux;
Allons dans mon chasteau pour nous divertir mieux.
D. FÉLIX. J'en suis d'accord : allons sans tarder davantage.
D. JUAN. Nous nous retrouverons dans ce prochain village :
Je veux chercher Carrille; allez, je suis vos pas.
D. FÉLIX. Mais sans tarder au moins.
D. JUAN. Je ne m'arreste pas.

## SCÈNE VII.

### D. JUAN, CARRILLE.

D. JUAN. Eh, Carrille!
CARRILLE, *sortant la teste d'une aisle, puis se retirant.*
D. JUAN. Monsieur. O l'homme de courage!

Viendras-tu?

CARRILLE. Me voilà.

D. JUAN. Tu devois faire rage!
Cependant, dans le temps qu'il en étoit saison,
Tu me quittes, Carrille, et fuis en vray poltron!
As-tu pour te deffendre une raison valable?

CARRILLE. Sans la peur de la mort, j'étois pire qu'un diable;
Mais sur ce pas, monsieur, faisant réflexion,
J'ay cru qu'il valoit mieux estre un peu plus poltron.
Peste! c'est pour longtemps qu'on fait cette folie [1].

D. JUAN. Lasche, dans les combats perd-on tousjours la vie?

CARRILLE. Ah! monsieur, tost ou tard on ne peut l'éviter,
Et c'est estre bien fou de le vouloir tenter.

D. JUAN. Mais sans cœur j'étois pris: il eust fallu me rendre.

CARRILLE. Il faut s'enfuir, monsieur, au lieu de se deffendre;
C'est l'unique secret d'éviter le malheur.

D. JUAN. Dans ces occasions il y va de l'honneur.
Mais où donc étois-tu?

CARRILLE. Moy, j'étois là derrière,
Où j'adressois au ciel pour vous une prière.

D. JUAN. Ou pour toy. Cependant il faut partir d'icy.

CARRILLE. C'est fort bien fait à vous, je le souhaite aussi;
L'appetit dans mon ventre exerce sa furie,
Et je n'ay jamais eu tant de faim de ma vie.

D. JUAN. Allons, Carrille, allons! Mais quel est ce tombeau?
Carrille, le dessein m'en paroist assez beau.

(*On voit un tombeau accompagné de figures; D. Pierre sur un genou, une main sur un prie-Dieu.*

CARRILLE, *l'ayant regardé.*

C'est vostre commandeur, c'est luy-mesme, mon maistre.

ÉPITAPHE.

*Dom Pierre par la main d'un traistre,...*
Entendez-vous, monsieur? on vous loue assez bien.

D. JUAN. Quoy donc?...

CARRILLE. Lisez plustost, ma foy, je n'y mets rien.

---

[1] De même dans Molière, Sganarelle se cache pendant que son maître est aux prises avec des voleurs (III, sc. 6).

ÉPITAPHE.

D. JUAN, *lit.*

  *Dom Pierre[1] par la main d'un traistre,*
   *Dans Seville a receu la mort;*
 *Son mérite par tout s'est assez fait connoistre,*
   *Et l'Univers pleure son sort.*
  *Passant, qui vois ce que, pour sa mémoire,*
   *On a fait graver en ces lieux,*
 *Apprens quel est l'auteur d'une action si noire :*
  *Dom Juan a commis ce forfait odieux;*
   *Mais le ciel, confus de ses crimes,*
    *A résolu de le punir,*
 *Et veut que les enfers dans leurs plus noirs abismes*
    *En effacent le souvenir.*

CARRILLE. Qu'en dites-vous, monsieur?

D. JUAN.         Plaisante prophétie !
Je brusle du désir de la voir réussie,
Et voudrois qu'il voulust luy-mesme l'annoncer.

CARRILLE. Quelle nécessité de s'en embarrasser?
Allons.

D. JUAN. Non, de ma part, va luy faire un message,
Puisque j'ay résolu qu'un compliment engage
Ce digne commandeur à souper avec moy.

CARRILLE, *riant.* Bon, prier une pierre à souper avec soy!
Rêvez-vous?

D. JUAN.      Non, je veux contenter mon envie.
Va donc.

CARRILLE.    D'où vous provient ce beau trait de folie?
Et mort bleu, cette pierre a-t-elle le pouvoir
De parler, ny d'oüyr, d'aller, ny de mouvoir?
Où diantre prenez-vous un si plaisant caprice?

D. JUAN. Mais quand j'ay commandé je veux qu'on m'obéisse,
Ou les coups de baston....

CARRILLE.        Peste, je vous entens.
Mais ma foy vous raillez, ou bien je perds le sens,
Une pierre ! songez si la chose est plausible.

---

[1] Rosimond a donné le nom de *Pierre* au commandeur pour justifier le titre de la pièce : il corrige ainsi à sa manière le contre-sens qui avait fait traduire par tous les auteurs français le *Convié de Pierre* en *Festin de Pierre*

D. JUAN. Je veux croire avec toy qu'elle n'est pas possible ;
Mais va.

CARRILLE, *riant.* C'est estre fou.

D. JUAN. Quoy donc, tu n'iras pas ?
Te mocques-tu de moy ?

(*Il va trois fois à la statue, et quand il en est près, il revient en riant vers son maistre.*)

CARRILLE. Non, j'y cours à grands pas.
J'en riray comme il faut. Madame la statue,
Pour qui je crois icy ma harangue perdue,
Mon maistre dom Juan m'oblige à vous parler,
Et d'un souper exquis prétend vous régaler.
Pour moy, son intendant et valet ordinaire,
J'auray soin qu'on vous fasse une excellente chère,
Qu'on tienne le vin frais, et qu'il soit du meilleur,
Et boiray quatre coups avec vous de bon cœur ;
Au moins n'y manquez pas, car vous sçavez que l'homme
N'est pas plustost choqué, qu'aussi tost il assomme.
Venez donc de bonne heure à nostre rendez-vous ;
Ce n'est pas loin d'icy, car ce sera chez nous.

(*La statue baisse la teste.*)

Ah ! monsieur, la statue !...

(*Tombant sur les genoux, et montrant avec sa teste comme la figure a fait.*)

D. JUAN. Hé bien donc, la statue ?

CARRILLE. La statue, monsieur, la statue me tue [1],
Avec un grand....

D. JUAN. Quoy donc ? Parle !

CARRILLE. Je ne puis pas.
Je croyois qu'elle avoit jeté sa teste à bas ;
Avec un mouvement dont le cœur me frissonne,
Elle m'a répondu d'y venir en personne.
C'est à vous qui priez de la bien recevoir,
Car je m'exempteray, si je puis, de la voir.

---

[1] On remarquera la façon insolite dont l'auteur a compté deux fois pour une syllabe l'e muet de *statue* dans ce vers. On trouve des exemples analogues dans Corneille. Il avait dit, dans les premières éditions de sa tragédie de *Pompée* :

Justifie César et condamne Pompée.

Et il a laissé dans la *Suite du Menteur* :

Comme toutes les deux jouent leurs personnages.

| | |
|---|---|
| D. JUAN. | Va, Carrille, ton cœur n'est ny ferme ny stable, |
| | Pour croire ton rapport fidèle et véritable, |
| | Et je n'impute rien de ce plaisant récit |
| | Qu'à la sotte foiblesse où tombe ton esprit. |
| | Qui peut s'imaginer qu'une vaine statue |
| | Puisse mouvoir la teste, ou dessiller la vue. |
| | Pour moy, je ne vois point de raisons pour prouver |
| | Ny par qui, ny comment cela peut arriver ; |
| | Je n'y trouve pas mesme une ombre d'apparence, |
| | Et chez toy c'étoit peur, ou bien extravagance. |
| CARRILLE. | Peut-estre la statue a le Démon au corps, |
| | Ou l'on la fait agir par d'inconnus ressorts ; |
| | Mais voyez-la, monsieur, et vous pourrez connoistre |
| | Si je révois alors, ou si cela peut estre. |
| | Peste! j'ay de bons yeux, et quoy que j'aye peur, |
| | Je ne me trompe point. |
| D. JUAN. | Ombre du commandeur, |
| | Viens souper avec moy, pour passer mon envie. |
| | Je t'attens, entens-tu ? C'est moy qui t'en convie. |
| | *(La statue fait signe de la teste.)* |
| CARRILLE. | He bien, l'avez-vous veu ? |
| D. JUAN. | C'est une vérité. |
| CARRILLE. | Ou plustost n'est-ce pas une témérité ? |
| | A quoy bon s'exposer aux fureurs de cette ombre ? |
| | Vous courez au galop dans le royaume sombre. |
| D. JUAN. | Sans perdre icy de temps, viens mettre le couvert. |
| CARRILLE. | Ah ! mon maistre, ma foy, vous voilà pris sans vert [1] ! |

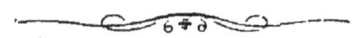

# ACTE IV.

## SCÈNE PREMIÈRE.

### D. JUAN, D. LOPE, D. FÉLIX, CARRILLE.

| | |
|---|---|
| D. JUAN. | Hé bien, que dites-vous d'une telle avanture ? |
| D. LOPE. | Pour moy, je n'en crois rien. |

[1] V. la 3e journée de Tirso de Molina, l'acte III, sc. 6, de Molière. Voir aussi le *Convitato di Pietra*, du théâtre italien (acte II). Cette scène du tombeau du commandeur et de l'invitation adressée à la statue, d'abord par le valet, puis par le maitre, se retrouve à peu près la même dans toutes les pièces composées sous ce titre.

| | |
|---|---|
| D. JUAN. | C'est la vérité pure. |

Tantost sur le rapport que Carrille en a fait,
J'ay douté comme vous, mais j'en ay veu l'effet.

D. LOPE. Une masse de pierre ! une vaine statue
Pouvoir baisser la teste et desiller la veue [1] !
Un corps que rien n'anime avoir du mouvement !
Cela choque le sens, à parler franchement.
Mais qu'en dites-vous, dom Félix [2] ?

D. FÉLIX. La chose est incroyable ;
C'est quelque vision.

JUAN. Mais en suis-je capable ?
C'est aux foibles esprits à s'en laisser frapper ;
La crainte, en cet état, les peut faire tromper.
Mais moy, que rien n'étonne, on ne peut pas me dire
Que la peur sur mes sens avoit pris de l'empire :
J'étois tousjours le mesme, et sans étonnement,
J'ay reçu sa réponse et veu son mouvement.

D. LOPE. J'en douteray tousjours.

D. FÉLIX. C'est une bagatelle.

CARRILLE. Il n'en faut point douter, messieurs, la chose est telle.

D. JUAN. Que nous importe-t-il qu'elle le soit, ou non ?
Le souper est-il prest ?

CARRILLE. Ouy.

D. JUAN. Le vin est-il bon ?

CARRILLE. Ouy, monsieur, et la séve en est incomparable,
Les ragousts sont frians, le gibier admirable,
Séville ne peut pas fournir de meilleurs mets,
Et j'espère vous voir tous trois fort satisfaits.
Mais à propos, monsieur, en parlant de Séville,
Croyez-vous que ce lieu nous soit un seur azile,
Que si près de la ville on ne nous prenne point ?
La peste, il ne faut pas s'endormir sur ce point.
Vous sçavez que tantost, sans l'effort de courage...

D. JUAN. Va, va, ce bras partout a le mesme avantage.

CARRILLE. Tant mieux, mais ce bonheur durera-t-il tousjours ?
La fortune, monsieur, a d'étranges retours ;
Qui s'en flatte le plus, souvent n'en est pas maistre.
L'on peut se voir vaincu, tout vaillant qu'on puisse estre,
Et fussiez-vous cent fois plus brave que César,

---

[1] Ouvrir les yeux.
[2] *Sic* dans l'édition originale. Cela fait un vers de quatorze pieds.

|          | Il faut céder au nombre aussi bien qu'au hazard ; |
|          | Outre que les archers sçavent si bien surprendre, |
|          | Qu'ils donnent rarement le temps de se deffendre : |
|          | Par mille tours rusez on tombe dans leurs mains. |
| D. LOPE. | La défiance icy peut rompre leurs desseins ; |
|          | Tout nous étant suspect, nous n'avons rien à craindre. |
| CABRILLE. | Vous sçavez qu'en ce cas je suis le plus à plaindre, |
|          | Et si, par un malheur,.... |
| D. JUAN. | Ne crains rien, fais servir. |
| CABRILLE. | J'y cours. Ah ! que je vais recevoir de plaisir ! |

## SCÈNE II.

### D. JUAN, D. LOPE, D. FÉLIX.

| D. JUAN. | Hé bien, que dites-vous du cours de nostre vie ! |
| D. LOPE. | On ne peut jamais mieux contenter son envie. |
| D. FÉLIX. | Rien ne peut égaler nostre félicité, |
|          | Et le plaisir enfin suit nostre volonté. |
|          | Je n'ay point de regret d'avoir quitté Seville. |
| D. JUAN. | Je gouste des plaisirs plus charmans qu'à la ville, |
|          | Et ces soins, ces détours que demande l'amour, |
|          | S'ils servent en ces lieux, ce n'est que pour un jour. |
|          | Quelle douceur pour moy de voir une bergère |
|          | Se rendre au mesme instant que je tasche à lui plaire, |
|          | Et joignant le respect à sa simplicité, |
|          | Me laisser un champ libre à ma témérité. |
| D. LOPE. | Mais l'amour veut pourtant un peu de résistance. |
| D. JUAN. | Mais l'amour est tout pur parmy cette innocence. |
| D. LOPE. | La fierté, dom Juan, augmente le désir |
|          | Et qui la peut dompter en a plus de plaisir : |
|          | Il est charmant de vaincre une beauté sévère. |
| D. JUAN. | Mais cette résistance est souvent un mystère : |
|          | Sous le masque trompeur d'une adroite fierté, |
|          | On cache les défauts de la fragilité ; |
|          | L'amour à ces froideurs augmente son estime, |
|          | Et plus l'amour est grand, moins il connoist le crime. |
|          | Vous connoissez Philis : elle est de cette humeur, |
|          | Elle affecte toujours une grande pudeur, |
|          | Au moindre mot d'amour, cette prude tempeste ; |
|          | Mais si tost qu'avec elle on vient au teste à teste. |

Ce farouche dehors est bien-tost adoucy.

D. LOPE. Mais, faveur pour faveur, je l'aime mieux ainsi.

D. JUAN. Moy, dom Lope, mon goust n'est pas conforme au vostre;
Quel charme trouvez-vous aux conquestes d'un autre?
Les restes en amour ont tousjours peu d'appas,
Et l'on doit les laisser à de moins délicats.

D. LOPE. Je veux que vous trouviez icy quelque avantage,
Et que l'honneur soit joint aux attraits du visage;
Mais quel plaisir a-t-on d'aimer une beauté,
Dont l'éclat est terny par la stupidité?
Peut-on trouver du goust à chérir une idole,
Sans aucun enjoüement, sans esprit, sans parole?
Et qui, répondant mesme à vos empressemens,
Ne sçauroit exprimer quels sont ses sentimens?
L'amour n'a rien de doux dans l'ardeur qu'il inspire,
Si la bouche, dom Juan, ne prend soin de la dire.
C'est peu que des soupirs, s'ils ne sont animez.
Mais quand d'un feu pareil deux cœurs sont enflammez,
Et que l'esprit seconde une tendresse extrême,
Il n'est rien à l'égal de ce bonheur suprême.

D. JUAN. Ouy, je sçais que l'esprit a de puissans appas,
Et qu'en un lieu champestre on n'en rencontre pas;
Mais aussi la pluspart de nos spirituelles,
Dom Lope, ont le malheur de n'estre pas fort belles;
Et quand on leur verroit l'esprit et la beauté,
Estimez-vous beaucoup leur sotte vanité,
Ces affectations d'un sçavoir admirable,
Dont par des longs discours sans cesse on nous accable?
Tous ces raffinemens en matière d'amour?
Témoin Daphné qui veut, quand on luy fait la cour,
Que l'amant qui la sert, s'il luy rend un service,
Ait tousjours pour ses feux un exemple propice,
Et prouve par romans que, pour mesme action,
Un amant autrefois eut satisfaction.
Mais qu'en dit dom Félix?

D. FÉLIX. Je suis pour l'un et l'autre,
Et tiens son sentiment aussi bon que le vostre.
En matière d'amour point de reflexion;
Donnons-nous tous entiers à nostre passion,
Etsoit qu'une beauté soit facile ou sévère,
Spirituelle ou non, il faut se satisfaire:
C'est ce que nous devons tous les trois observer.

## SCÈNE III.

CARRILLE, D. JUAN, D. LOPE, D. FÉLIX.

CARILLE. Voilà le souper prest.
(*On sert à souper ; au fond de la chambre il paroist un buffet magnifique [1].*)
D. JUAN. Qu'on nous donne à laver.
(*Un valet donne à laver et Carrille présente la serviette.*)
CARRILLE, *fleurant les viandes.*
Ah! que de tous ces mets l'odeur est agréable!
Si je pouvois....
D. FÉLIX, *après qu'ils sont tous à table.*
Ma foy, ce souper est passable.
D. JUAN. Ce ragoust est friand.
D. LOPE. Et ce dindon aussi.
CARRILLE. Quoy! je demeureray les bras croisez icy?
Non, non, songeons à nous! Quelque sot qui s'oublie!
(*Il prend de la viande et mange goulûment.*)
D. LOPE, *présentant à D. Juan et à D. Félix un morceau.*
Ah! l'excellent morceau! goustez-en, je vous prie.
D. JUAN. Il n'est rien de meilleur.
D. FÉLIX. C'est un manger de roy,
Et l'on ne peut pas mieux estre traité chez soy.
D. JUAN. Du vin, Carrille.
CARRILLE, *la bouche pleine.* Çà !
D. JUAN. Quoy, n'as-tu point de honte?
Tu t'étrangles !
CARRILLE. Chacun doit faire icy son compte.
Si je n'y prenois garde, il ne resteroit rien ;
Mais j'en prens par avance, et crois faire fort bien.
(*Après que Carrille luy a donné à boire, et que les deux laquais en ont donné aux deux autres.*)
D. JUAN. Mets-toy là.
CARRILLE, *se mettant à table, où il mange goulûment.*
Volontiers.
D. JUAN. Mais voyez comme il mange.

---

[1] Toutes ces indications, qui reviennent souvent dans la pièce, indiquent sans doute des changements à vue. Le théâtre du Marais, si célèbre par ses machines, ne devait pas se priver de ce facile moyen de succès.

CARRILLE. Quand on a de la faim, est-ce une chose étrange?
D. LOPE. Tu crèveras.
CARRILLE. Point, point, je sçais ce qu'il me faut.
D. JUAN. Te deffendras-tu mieux que tu n'as fait tantost?
CARRILLE, *mangeant toujours.*
Ouy, ouy, monsieur, ouy, ouy.
D. JUAN. Tu promets tout à table, Mais dans l'occasion.....
CARRILLE. Ma foy, c'est là le diable.
D. FÉLIX. Mais quoy, tu ne bois point?
CARRILLE. Chaque chose a son temps. A boire! Il faut toujours faire les fondemens. A boire!
D. JUAN. Bon, Carrille.
CARILLE. Il faut bien vous en croire. A boire!
D. LOPE. Bon courage.
CARRILLE. A boire, à boire, à boire!
D. FÉLIX. Fort bien.
CARRILLE. A boire, à boire!
D. JUAN. Hé, tu n'es pas lassé?
CARRILLE, *demandant à boire.*
Moy, monsieur, point du tout, je n'ay pas commencé. A boire!
D. FÉLIX. Quel buveur! il crèvera sans doute.
CARRILLE. A boire!
D. JUAN. C'est assez.
CARRILLE. Seulement une goutte.
D. JUAN. Tu n'es pas satisfait! (*On frappe.*) Mais on frappe, va voir.
CARRILLE. Qu'il attende. (*On frappe.*)
D. JUAN. Coquin, feras-tu ton devoir?
CARRILLE, *se levant de table et prenant une chandelle.*
Hé que diable, j'y vais. (*On frappe.*) Qui frappe de la [sorte?
La peste, ce frappeur n'y va pas de main-morte.
(*Il va à la porte, et apercevant l'Ombre, il revient tout effrayé, et fait des signes de la main et de la teste que c'est l'Ombre.*)
Ah! monsieur, là, là, là......
D. JUAN. Qu'as-tu donc?
CARRILLE. Là, là, là.
D. JUAN. Que veux-tu dire? parle.

CARRILLE, *baissant la teste.*            Eh!
D. JUAN.                                  Qu'est-ce que cela?
        T'expliqueras-tu donc?
CARRILLE, *baissant la teste.* Eh!
D. JUAN, *allant à la porte avec un flambeau.* Quelle extravagance!
        Mais voyons ce que c'est. Ah! ah, c'est l'Ombre! Avance[1].
D. FÉLIX.   L'Ombre!
D. JUAN.            Ouy, l'Ombre!
D. LOPE, *se levant et prenant un flambeau.*
                                L'Ombre! allons la recevoir.
CARRILLE.   Que ne suis-je bien loin?
D. FÉLIX, *se levant et prenant un flambeau.* La chose est rare à voir.

## SCÈNE IV.

### JUAN, D. LOPE, D. FÉLIX, CARRILLE, L'OMBRE.

D. JUAN, *après que l'Ombre est sur son siège, et qu'ils se sont remis
        à table, hors Carrille, qui est à un bout du théâtre.*
        Ombre, tu viens à temps pour faire bonne chère,
        Et si tu veux manger tu peux te satisfaire.
        Gouste de ce morceau. Quoy! tu ne manges pas?
L'OMBRE.   Je ne viens point icy pour y faire un repas.
        Ces soustiens infinis de la terre et de l'onde,
        Dont le pouvoir tira d'un rien l'estre du monde;
        Ces moteurs éternels du corps de l'Univers,
        L'amour de tous les bons, et l'effroy des pervers [2],
        Les Dieux, justes censeurs de chaque créature,
        M'ont permis d'animer cette roide figure;
        Et je viens, par leur ordre, apprendre icy de toy
        Si tu veux persister dans ton manque de foy.

---

[1] Toute cette scène, la gloutonnerie du valet, et l'ombre qui frappe à la porte au milieu du repas, etc., se trouve dans Molière (IV, sc. 11), et surtout dans le dernier acte du *Convitato di Pietro*, du théâtre italien, où Arlequin, après avoir d'abord imaginé divers stratagèmes pour s'approprier de bons morceaux du repas, finit, sur l'invitation de son maître, par s'asseoir à côté de lui, et dévore tout avec force bouffonneries. Mais Tirso n'aurait eu garde de mettre ces lazzi dans son *Burlador*, qui est presque un *auto sacramentale*.

[2] Je rétablis le mot *pervers* au lieu du mot *prières*, qui se trouve dans l'édition originale.

> Tes crimes sont si grands qu'on frémit à les dire ;
> Le ciel veut un remords : parle, y veux-tu souscrire ?

D. JUAN, *riant*. Que viens-tu nous conter ?

D. FÉLIX. L'agréable entretien !

L'OMBRE.
> Et vous, ses chers amis, qui n'apprehendez rien,
> Vous, dont il a suivy les damnables maximes,
> Craignez les chastimens qui sont deus à vos crimes ;
> Et par un repentir réparant vos forfaits,
> Méritez un bonheur qui ne finit jamais.
> Voyez qu'estre icy bas ce n'est rien qu'un passage,
> Où, selon qu'on y vit, l'homme a de l'avantage !...

D. JUAN.
> Tu ne viens donc icy qu'à dessein d'y prescher ?
> Va, va, tu pers ton temps à vouloir nous toucher ;
> Laisse-là tes advis, et parlons d'autre chose.

L'OMBRE.
> Songez, songez au choix, qu'icy je vous propose,
> Changez tous trois de vie, et redoutez les Dieux.

D. FÉLIX.
> Quoy, rebattre toujours ces discours ennuyeux !
> Pourquoy tant censurer nostre façon de vivre ?
> La nature a marqué le chemin qu'on doit suivre,
> Elle seule a formé les plaisirs de nos sens,
> Et c'est sa faute enfin s'ils ne sont innocens.

D. LOPE.
> Quoy ! je me priverois des douceurs de la vie !
> Non, n'espère jamais que j'aye cette envie.
> La jeunesse est un fruit qui ne se garde pas,
> Et l'on doit, sans remords, jouir de ses appas,
> Se servir du présent, et, sans tant nous contraindre
> Pour l'avenir....

L'OMBRE. Et c'est ce que vous devez craindre.

D. JUAN.
> Qui doit nous faire peur ? le ciel et son courroux ?
> De ce rare pouvoir il est bien peu jaloux ;
> Et si nos actions luy paroissent des crimes,
> Pourquoy de sa fureur n'estre pas les victimes ?
> Pourquoy ne pas troubler le cours de nos projets ?
> Il tarde trop longtemps à punir nos forfaits.
> Non, non, ces chastimens sont de vaines chimères,
> Dont l'homme résolu ne s'épouvante guères,
> Et ce qu'il souffre en nous fait connoistre en tous lieux
> La foiblesse de l'homme, et l'abus de tes Dieux.

L'OMBRE. Impie ! Ah, dom Juan, songe à te reconnoistre.

D. JUAN. Non, non, il n'en sera que ce qu'il en doit estre.

D. FÉLIX. Il faut te dire aussi quel est mon sentiment :

## ACTE IV, SCÈNE IV.

     Jamais tu ne verras en moy de changement,
     Et je suis si content de ma façon de vivre
     Que, sans aucun remors, je pretens la poursuivre.

D. LOPE.  Tu sçais déjà le mien ; rien ne me changera,
     Et, soit perte ou bonheur, arrive qui pourra.

L'OMBRE.  Tremblez au nom des Dieux, et craignez leur puissance :
     Ils m'ont remis le soin de leur juste vengeance,
     Et le sort de tous trois se trouve en mon pouvoir.

D. FÉLIX.  Va, va, nous le croirons si tu nous le fais voir.

L'OMBRE.  Malheureux, songe à toy. Je puis dans cette place....

D. FÉLIX, *mettant l'épée à la main.*
     Ah! c'est trop endurer qu'une Ombre nous menace !

D. LOPE, *tirant aussi la sienne.*
     Ouy, voyons s'il lui reste encor quelque vigueur,
     Et délivrons nos yeux de ce fascheux censeur.

(*D. Juan demande à boire, et ses amis perissans, il quitte son verre.*
     *Mais, après le mot que l'Ombre dit : qu'en-dis-tu ? il*
     *boit.*)

L'OMBRE *les fait abismer aux deux bouts de la table où ils sont,*
     *et Carrille tombe à terre en mesme temps.*
     Ah ! périssez, méchans, et luy servez d'exemple !
     Voilà de ton destin une preuve assez ample.

CARRILLE, *tombant.*
     Je suis mort.

L'OMBRE.     Qu'en dis-tu?

D. JUAN.        C'est un coup de hazard.

L'OMBRE.  Pour ton propre intérest tu dois y prendre part.

D. JUAN.  Va, si je dois songer à la fin de leur vie,
     Ce n'est que pour leur sort, qui doit me faire envie :
     Mourir dans les plaisirs est un destin si doux,
     Qu'à ne te rien celer, Ombre, j'en suis jaloux.

L'OMBRE.  Connois plustost nos Dieux, ce qu'ils ont fait paroistre.

D. JUAN, *riant.* Bon ! Carille...

CARRILLE.     Monsieur.

D. JUAN.       Donne à boire à ton maistre.

CARRILLE.  Dispensez-moy, monsieur, d'approcher de l'Esprit.

D. JUAN.  Que crains-tu donc ?

CARRILLE.       A moins on seroit interdit :
     Ce que je viens de voir.....

D. JUAN.      Chansons !

CARRILLE.        A vostre dire.

|   |   |
|---|---|
| | Trouvez bon que d'icy, monsieur, je me retire. |
| D. JUAN. | Demeure, je le veux, ou les coups de baston... |
| CARRILLE, *s'en allant tout doucement.* | |
| | N'importe, adroitement sortons de la maison. |
| D. JUAN. | Où vas-tu? |
| CARRILLE, *se retournant.* | Je ne bouge. |
| D. JUAN. | Hé! ris. |
| CARRILLE. | Quelle avanture! |
| | Qui peut rire à deux doigts près de sa sépulture! |
| D. JUAN. | Mange. |
| CARRILLE. | Je ne sçaurois : j'ay perdu l'appétit. |
| D. JUAN. | Bois donc. |
| CARRILLE. | Ah! mon gosier, monsieur, est trop petit. |
| D. JUAN. | Chante. |
| CARRILLE. | Vous mocquez-vous? hélas! ma chanterelle [1] |
| | Est preste à se casser. |
| D. JUAN. | Danse. |
| CARRILLE. | Point de nouvelle! |
| | Nous allons trop danser le bransle de la mort [2]. |
| L'OMBRE. | Ouy, dom Juan, dans peu tu finiras ton sort. |
| CARRILLE. | Et ne seroit-il point aussi pour moy prophète? |
| D. JUAN. | Tu me suivras partout. |
| CARRILLE. | Bon, ma fortune est faite |
| | Sans aller en Hollande [3]. |
| L'OMBRE. | Enfin que résous-tu, |
| | Dom Juan? |
| D. JUAN. | De mourir, ainsi que j'ay vécu. |
| L'OMBRE. | Un exemple pareil devroit estre capable..... |
| D. JUAN. | Non, dans mes sentimens je suis inébranlable, |
| | Et je verrois icy tout prest pour mon trépas, |
| | Que malgré tes advis je ne changerois pas. |
| L'OMBRE. | C'est assez. Cependant leur justice offensée |
| | Te donne encor le temps de changer de pensée, |

---

[1] « La chanterelle est celle des cordes du violon et des instruments semblables dont le son est le plus aigu, » dit M. Castil-Blaze, qui a écrit toute une dissertation sur ce passage dans son *Molière musicien*, p. 239.

[2] V. Molière, IV, sc. 12, et le 3ᵉ acte de la comédie italienne.

[3] « Je n'ai que faire d'aller en Hollande, ma fortune est faite, » se dit à ceux qui font de belles promesses dont on ne fait pas grand cas » (Leroux, *Diction. comiq.*). Ce proverbe indique la haute idée que l'on avait des ressources de cette petite et industrieuse république.

**D. JUAN.**  
Et pour sçavoir de moy quel sera ton destin,  
Je t'invite à manger.

**D. JUAN.** Où sera ce festin ?
**L'OMBRE.** Sur mon tombeau.
**D. JUAN.** Va, va, je m'y rendray sans faute.
**CARRILLE.** Pour moy, je ne veux point manger chez un tel hoste;  
Que promettez-vous là?
**D. JUAN.** Vous tairez-vous, maraut!
**L'OMBRE.** Amène ce valet.
**CARRILLE.** Voilà ce qu'il me faut!  
Non, s'il vous plaist, je jeûne, et je n'ay point d'envie  
D'aller avec un fou risquer ainsi ma vie.
**D. JUAN.** Carrille, que dis-tu d'un tel événement?
**CARRILLE.** Que vous extravaguez, à parler franchement,  
Car n'est-ce pas folie à nulle autre seconde,  
De chercher des moyens d'aller en l'autre monde!  
Quelle nécessité de promettre aujourd'huy  
De revoir cet esprit, et manger avec luy?  
Par un exemple affreux instruit de sa puissance,  
Jusques sur son tombeau defier sa vengeance,  
C'est bien chercher sa perte avec empressement.
**D. JUAN.** Ma parole...
**CARRILLE.** Eh! mort bleu, manquez en hardiment!  
Sur cet article là ne soyez point severe,
**D. JUAN.** Puisque je l'ay donnée, il y faut satisfaire.
**CARRILLE.** Songez y meurement; c'est beaucoup hazarder.  
Ce que vous avez veu doit vous intimider;  
La mort de vos amis est d'un mauvais présage :  
Ils vivoient comme vous dans le libertinage;  
Craignez un mesme sort.
**D. JUAN.** Ne t'inquiète pas,  
Suffit que je veux voir quel sera ce repas!

## ACTE V.

### SCÈNE PREMIÈRE.

#### THOMAS, D. JUAN, ROLLIN, AMARILLE.

THOMAS. On enlève ma fille; ah! courons après elle.
D. JUAN, *emmenant Amarille.*
Hé! que pensez-vous faire? allons, marchez, la belle.
THOMAS. Donnons, Rollin, donnons.
ROLLIN. Ouy da, je le veux bien.
D. JUAN. Comment, vous oseriez!...
ROLLIN. Non, nous n'en ferons rien.
THOMAS. Dans cette occasion tu manques de courage;
Laisser prendre ta femme et n'oser!...
ROLLIN. J'en enrage.
Je voudrois la sauver, mais je crains pour mon dos.
THOMAS. Mourons pour empescher.....
ROLLIN. Ne soyons pas si sots :
Vous sçavez ce qu'en dit son valet.
THOMAS. Ah! ma fille,
Quel affront aujourd'huy recevra ta famille!
Quel gendre ay-je choisy! mais deussay-je y périr,
C'est un point résolu, je veux te secourir.
ROLLIN. Arrestez, j'apperçois le valet de ce traistre;
Abordons-le, et sçachons où peut estre son maistre,
Et prenant des archers, que j'ay veus dans ce lieu,
Nous saisirons l'infâme, et nous verrons beau jeu [1] :

### SCÈNE II.

#### CARRILLE, ROLLIN, THOMAS.

CARRILLE. Chercheray-je longtemps sans rencontrer mon maistre?
Qu'a-t-il pu devenir? où diable peut-il estre?

---

[1] La pièce de Tirso de Molina nous montre également don Juan faisant invasion dans une noce champêtre et enlever la mariée après l'avoir séduite (2e et 3e journée). Cette pièce est beaucoup plus développée dans le Festin de Pierre, de Villiers.

## ACTE V, SCÈNE II.

Si nous ne nous sauvons, ma foy, nous sommes pris,
Et l'on nous donnera nostre dernier logis;
La prison nous est hoc, les archers sont en queste,
Et, suivant l'apparence, on fait pour nous la feste.

ROLLIN. Traistre, nous te tenons.

CARRILLE. Que voulez-vous de moy, Messieurs?

ROLLIN. Ah! scélérat!

CARRILLE. Qu'est-ce donc?

THOMAS. Coquin!

CARRILLE. Quoy?

ROLLIN. Dis-nous, mais promptement, qu'est devenu ton maistre?

CARRILLE. Que sçais-je, moy?

ROLLIN. Tu sçais en quels lieux il peut estre
Sus, mon beau-père, il faut le mener en prison,
Et quand il y sera, nous en aurons raison.

CARRILLE. En prison!

ROLLIN. En prison.

CARRILLE. Hélas! qu'a fait Carrille, Messieurs?

THOMAS. Ton maistre vient de m'enlever ma fille.

ROLLIN. Et ma femme de plus.

CARILLE. Est-ce ma faute à moy?
Tout crime est personnel, et chacun est pour soy;
Si mon maistre a failly, faut-il que j'en patisse?

ROLLIN. Point de raisonnement, menons-le à Justice:
Nous apprendrons du moins ce qu'il est devenu,
Et complice du mal...

CARRILLE. Quoy!

ROLLIN. Tu seras pendu.

CARRILLE. Pendu! Messieurs, hélas! la chose est trop cruelle!
Encor si j'avois eu des faveurs de la belle,
Je me consolerois dans mon sort malheureux;
Mais, sans avoir rien pris, faire un saut périlleux,
Ah!

ROLLIN. Allons!

CARRILLE. Hé, Messieurs.

ROLLIN. Quoy! tu fais résistance?

CARRILLE, *apercevant son maistre.*
Ah! Monsieur, au secours!

## SCÈNE III.

#### D. JUAN, ROLLIN, THOMAS, CARRILLE.

D. JUAN. Quelle est cette insolence ?
Attaquer mon valet!
ROLLIN. Beau-père, sauvons-nous.
CARRILLE, *courant après*.
Ah! ah! coquin! Ma foy, j'étois perdu sans vous ;
L'on alloit me coffrer.
D. JUAN. Et pourquoy donc, Carrille?
CARRILLE. L'on me faisoit garant de l'honneur d'une fille,
Que vous avez, dit-on... là... vous m'entendez bien.
D. JUAN. Sottise!
CARRILLE. Bon pour vous, qui n'apprehendez rien ;
Mais si j'eusse esté pris, certaine cabriolle
M'auroit pour mon malheur fait perdre la parole.
Cependant sçavez-vous qu'il faut partir d'icy,
Que les archers y sont!
D. JUAN. J'en ay peu de soucy.
CARRILLE. Vous devez y songer, et.... Mais quelqu'un s'avance.

## SCÈNE IV.

#### AMARILLE, D. JUAN, CARRILLE.

AMARILLE. Ah! donne-moy la mort après ta violence,
Perfide.
D. JUAN. Que veux-tu? je ne te connois pas.
CARRILLE. Est-ce celle, Monsieur, dont l'honneur est à bas,
Pour qui l'on me vouloit gister?
D. JUAN *bas à Carrille*. Ouy.
AMARILLE. Comment, traistre,
Après un tel affront tu m'oses méconnoistre !
D. JUAN. Quel affront? Qu'ay-je fait?
AMARILLE. Ah! peux-tu l'ignorer?
Et sans honte à tes yeux puis-je le déclarer?
Ne te souvient-il plus, hélas?...
D. JUAN Tu me fais rire,

| | |
|---|---|
| CARRILLE. | Il n'a point de mémoire, et vous devez luy dire |
| | Qu'est-ce qu'il vous a fait ? |
| AMARILLE. | Il m'a ravy l'honneur. |
| CARRILLE. | L'honneur ! |
| AMARILLE. | Ouy. |
| CARRILLE. | L'honneur ! |
| AMARILLE. | Ouy. |
| CARRILLE. | C'est là ce grand malheur ! |
| | Là, là, consolez-vous. |
| AMARILLE. | Quoy ! que je me console ! |
| CARRILLE. | Que prétendez-vous donc ? |
| D. JUAN. | Va va, c'est une folle. |
| AMARILLE. | Pousse plus loin ton crime et ne m'épargne pas, |
| | Et, pour finir mes maux, donne-moy le trépas. |
| CARRILLE. | Pour si peu de sujet vouloir cesser de vivre ! |
| | Ce dessein, croyez-moy, n'est point du tout à suivre : |
| | Quoy qu'avec violence il vous ait pris l'honneur, |
| | La force ne fait point de tache à la pudeur, |
| | Et vostre honnesteté n'en sera point perdue. |
| | Si de vostre bon gré vous vous étiez rendue, |
| | Et qu'un consentement...... |
| D. JUAN. | Allons, Carrille, allons, |
| | Et ne t'amuse point à ces réflexions. |
| CARRILLE. | Croyez ce que je dis. |
| AMARILLE. | Ah ! déplorable fille, |
| | Comment te présenter encore à ta famille ? |
| | L'affront que tu luy fais se peut-il réparer ? |
| | Mais après ce malheur que puis-je que pleurer ? |
| | Pleurons donc, et noyons dans un torrent de larmes |
| | La source de mes maux, ces détestables charmes, |
| | Et par des vœux ardens sollicitons les dieux |
| | De punir les forfaits de ce monstre odieux. |

## SCÈNE V.

### D. JUAN, CARRILLE.

| | |
|---|---|
| CARRILLE. | Vostre façon de vivre à tous momens m'étonne. |
| D. JUAN. | Pourquoy s'en étonner ? elle est douce, elle est bonne, |
| | Et qui veut comme moy se divertir icy, |
| | Sans rien examiner doit en user ainsi. |

CARRILLE. La méthode en est belle, et digne qu'on l'admire!
D. JUAN. Sans doute, et l'on ne peut y trouver à redire.
CARRILLE. Vous contez donc pour rien ces détestables tours,
Dont le sexe est par vous abusé tous les jours?
Aux unes : « Il est vray, je vous aimay, Madame,
Mais mon cœur à présent n'a plus pour vous de flamme; »
Aux autres : « De l'argent pour réparer l'honneur,
Et vous pourrez trouver quelque party meilleur. »
Aux unes sans rien dire, et suivant son caprice,
Surprendre leur honneur par un lasche artifice ;
Aux autres : « Que veux-tu? je ne te connois pas,
Et n'ay jamais senty d'ardeur pour tes appas. »
Ce sont là les beaux coups de vostre seigneurie ;
Comment doit-on nommer tout cela, je vous prie?
D. JUAN. Un plaisir sans pareil.
CARRILLE. Ou plustost le moyen,
Si vous continuez, de faire un saut sur rien [1].
D. JUAN. J'impute ce discours à ton zèle sincère,
Et veux bien pour ce coup retenir ma colère;
Mais sçache que j'ay bien encor d'autres desseins,
Où, me suivant, tu peux espérer de grands gains.
CARRILLE. De grands gains ! à ce prix j'ay peine à m'en deffendre.
Par quels moyens encor puis-je?...
D. JUAN. Tu vas l'apprendre.
Je veux voler.
CARRILLE. Plaist-il? c'est là ce grand dessein?
Serviteur à la corde, et trêve à tant de gain !
Si le désir vous tient, passez-en vostre envie ;
J'aime mieux n'avoir rien le reste de ma vie.
Comment diable, voler! quel damnable désir !
D. JUAN. Ouy, dès demain, je veux voler pour mon plaisir;
Je m'en fais dans mon âme un charme inconcevable,
Et dans la vie il faut estre de tout capable.
CARRILLE. Ah! quel homme!
D. JUAN. Aussi bien, dans une extrémité,
C'est un remède prompt pour la nécessité.
Mes biens étant saisis, quelle est nostre ressource?
Mais allons voir nostre Ombre.
CARRILLE. Et vous voulez aller
Voir l'Ombre?

---

[1] C'est-à-dire d'être pendu.

## ACTE V, SCÈNE V.

**D. JUAN.** On a promis de nous y régaler.

**CARRILLE.** Mais, à moins que changer, vostre perte est certaine :
L'Ombre vous a prédit.....

**D. JUAN.** C'est là ce qui te gehenne?
Hé bien, quand d'y mourir je courrerois hazard,
C'est faire un peu plustost ce qu'on feroit plus tard,
Puisque c'est un tribut que la Nature impose.
Le trépas en tout temps est tousjours mesme chose
Ce passage se doit regarder sans effroy,
Et n'offre rien d'affreux à des gens comme moy!

**CARRILLE.** Ma foy, Monsieur, pourtant alors qu'on envisage
Qu'il faut mourir, on tremble.

**D. JUAN.** Ouy, les gens sans courage ;
Mais aux cœurs dégagés de la timidité,
La mort n'a rien d'étrange en sa nécessité.
Elle n'en vient pas moins, Carrille, pour la craindre ;
Ainsi sur ce départ pourquoy donc se contraindre?
Ce terme doit s'attendre, et s'il a quelque horreur,
C'est l'accroistre tousjours qu'entretenir la peur.
Mille fameux guerriers, en exposant leur vie,
Craignent-ils aux combats de se la voir ravie?
Et si l'on y faisoit tant de réflexions,
Verroit-on mettre au jour cent belles actions?
Non, sans s'inquiéter si nostre destinée
Dans les plus grands périls peut estre terminee,
Entrés dans la carrière, allons jusques au bout,
Et laissant faire au sort, affrontons toujours tout.

**CARRILLE.** Pour moy, je ne veux point suivre cette maxime :
La vie a des douceurs pour qui j'ay de l'estime ;
Quoy qu'il faille mourir, le plus tard vaut le mieux.

**D. JUAN.** O le plus grand poltron qui soit dessous les cieux !

**CARRILLE.** Je ne suis pas, monsieur, seul de cette nature.
Trêve à tant de bravoure, et faisons feu qui dure!

**D. JUAN.** Quoy, tu ne viendras point voir l'Ombre avecque moy?

**CARRILLE.** Non, s'il vous plaist, Monsieur.

**D. JUAN.** Mais j'ay besoin de toy.

**CARRILLE.** A cela près, Monsieur, je suis prest à tout faire.

**D. JUAN.** Mais quoy! pour me servir n'es-tu pas nécessaire?

**CARRILLE,** *s'en allant.*
Les morts vous serviront.

**D. JUAN,** *l'arrêtant par le bras.* Et tu crois t'esquiver?
Tu me suivras partout, quoy qu'il puisse arriver.

CARRILLE, *à genoux.*
Quittez, Monsieur, quittez cette maudite envie ;
Cette témérité vous coustera la vie.
D. JUAN. Non, non, je l'ay promis, et je prétens le voir.
CARRILLE. Avez-vous de la faim ? je n'en sçaurois avoir.
D. JUAN. Pourquoy non? le repas que l'Ombre nous prépare,
Nous doit estre à tous deux quelque chose de rare.
CARRILLE. Courre qui le voudra pour cette nouveauté,
Car je ne vois pas lieu d'en estre trop tenté.
Serviteur!
D. JUAN. Suis-moy donc, ou bientost ma colère
Va...
CARRILLE. Vostre testament, quand voulez-vous le faire ?
Et mes gages, Monsieur, quand les pourray-je avoir ?
Le cœur me dit qu'ils sont pour moy perdus ce soir.
Où sera mon recours, si vous allez au diable ?
Payez-les, sans souffrir que je sois misérable.
D. JUAN. Tu sçais bien où les prendre, et n'ai-je pas du bien ?
CARRILLE. Ah! quand un homme est mort, on dit qu'il n'avoit rien.

## SCÈNE VI.

DEUX VOIX *aux deux costez du théâtre*, CARRILLE, D. JUAN.

PREMIÈRE VOIX. Dom Juan!
D. JUAN. Quelle voix ?
SECONDE VOIX. Dom Juan!
D. JUAN. Qui m'appelle?
CARRILLE. L'Ombre vient vous querir, allez viste après elle.
PREMIÈRE VOIX. Dom Juan, ton heure s'approche,
C'est moy qui t'en viens advertir ;
Laisse toucher d'un repentir
Ton cœur aussi dur qu'une roche.
Tremble, ou la justice des Dieux,
Va te foudroyer en cés lieux.
CARRILLE. Avec vostre esprit fort, voyez où vous en estes!
Tout ce que je disois n'étoit que des sornettes?
Vous voyez cependant quelle prédiction.....
D. JUAN. Rien ne m'étonne encore en cette occasion.
CARRILLE. On trembleroit à moins, et si vous vouliez croire..

| | |
|---|---|
| D. JUAN. | Je n'en démordray point; il y va de ma gloire. |
| | En quoy suis-je donc tant nécessaire à ces Dieux |
| | O toy ! qui que tu sois, qui me presches pour eux, |
| | Ne t'imagine pas que je change de vie. |
| SECONDE VOIX. | De tourmens infinis tu la verras suivie. |
| D. JUAN. | Autre donneur d'avis. |
| SECONDE VOIX. | Ah! dom Juan, tu te perds |
| | Pour avoir pratiqué tant de noires maximes, |
| | Nous souffrons des tourmens divers ; |
| | Mesme peine est deue à tes crimes, |
| | Et ta fin doit servir d'exemple à l'univers[1]. |
| D. JUAN. | Sont-ce nos deux amis qui parlent de la sorte; |
| | Je les ay veus périr, Dieux ! |
| PREMIÈRE VOIX. | Leur puissance est forte, |
| | Les nommant, tu les crois. |
| D. JUAN. | C'est façon de parler, |
| | Et pour de tels discours, je ne dois point trembler. |
| CARRILLE. | Quoy, malgré ces advis de très-méchant augure, |
| | Vous allez défier l'Ombre à sa sépulture ! |
| | Fuyons plutost, Monsieur. |
| D. JUAN. | Non, non, nous y voicy ?[2] |

(*Le tombeau paroist comme au troisième acte.*)

## SCÈNE DERNIÈRE.

### L'OMBRE, CARRILLE, D. JUAN.

| | |
|---|---|
| CARRILLE. | Ah ! que pour mon profit ne suis-je loin d'icy ! |
| L'OMBRE. | Dom Juan, songe à toy, tu vas cesser de vivre, |
| | Si tu ne veux tenir le chemin qu'on doit suivre. |
| D. JUAN. | Est-ce là le repas que tu veux me donner , |
| | Et par ces vaines peurs prétens-tu m'étonner? |
| | Ne t'avois-je pas dit quelle étoit ma pensée ? |

---

[1] L'idée de ces deux voix et des avertissements qu'elles donnent à don Juan a pu être inspirée à Rosimond par les musiciens que Tirso de Molina fait chanter pendant le repas de son héros chez le commandeur : « Que ceux qui fuient les grands châtiments de Dieu, sachent qu'il n'y a pas de terme qui n'arrive, ni de terme qui ne se paye. Quand il vit, aucun ne doit dire : « J'ai du temps devant moi, » le temps du repentir étant si court! » (Traduct. de M. A. Royer.)

[2] Dans Molière, c'est un spectre en femme voilée qui arrête don Juan, au moment où il se rend à l'invitation du commandeur.

Quoy! de ton souvenir seroit-elle effacée?
Faut-il te répéter qu'un cœur comme le mien,
S'affranchit des remords, et ne redoute rien?

L'OMBRE. Non, mais ces mesmes Dieux, que ta fureur offense,
Toujours vers les mortels penchent à la clémence;
Le délay de ta perte augmentoit leurs bontés,
Ils vouloient un remords pour tes impiétés,
Et c'étoit pour sçavoir quelle étoit ton envie,
Que jusqu'à ce moment ils t'ont laissé la vie.
Voilà pour quel sujet je t'avois invité.
Déclare promptement quelle est ta volonté.

D. JUAN. Ombre, tu pers ton temps à des discours frivoles!
Tu crois toucher mon cœur, je ris de tes paroles;
Et pour te détourner d'y prétendre plus rien,
Apprens mon sentiment, mais écoute-moy bien,
Car la redite icy ne m'est pas nécessaire :
Je n'ay rien fait encor que je ne veuille faire ;
Je fus ton assassin, et si l'occasion
Faisoit naistre à ce prix ma satisfaction,
Je remplirois d'horreur et de deuil ta famille,
Et ferois périr tout pour jouir de ta fille.
Les forfaits les plus noirs ont des charmes pour moy;
Et, loin que tes advis me donnent de l'effroy,
Je prétens dès demain, dans l'ardeur qui m'anime,
Entasser mort sur mort, et crime sur le crime.
Ouy, malgré tes advis...

L'OMBRE. Redoute mon pouvoir.

D. JUAN. Va, va, je n'en crois rien, si tu ne le fais voir.

CARRILLE. Taisez-vous, méchant homme, ou souffrez que je sorte.

L'OMBRE. Ah! cesse, dom Juan, la fureur qui t'emporte!
Repens-toy, repens-toy!

D. JUAN. Qui, moy, me repentir!
Quand la terre sous moy fondroit pour m'engloutir,
Que chaque pas seroit un précipice[1], un gouffre,
Qu'il pleuveroit sur moy de la flamme et du soulfre,
Mon cœur ferme et constant ne pourroit s'ébranler,
Et je sçaurois mourir plustost que d'en parler;
Et pour te faire voir qu'on ne peut m'y résoudre,
Tonne quand il voudra, j'attens le coup de foudre.

L'OMBRE. Va, méchant, expier tes crimes dans les fers,

---

[1] Il y a dans le texte un principe.

Et connaistre les Dieux par l'horreur des Enfers.

(*On entend un coup de tonnerre qui fait abismer Dom Juan, et le théâtre paroist en feu.*)

CARRILLE, *à genoux.*

Madame l'Ombre, hélas! faites payer mes gages[1]!
Voilà quelle est la fin de ces grands personnages!
Libertins comme luy, qui n'appréhendez rien,
Après un tel exemple, hélas! pensez-y bien.

---

[1] Cette exclamation du valet réclamant ses gages, quand il voit son maitre englouti, est aussi dans la pièce italienne et dans celle de Molière.

FIN.

# APPENDICE

## AU THÉATRE DU MARAIS.

## NOTICE

### SUR CYRANO DE BERGERAC

### ET *LE PÉDANT JOUÉ*.

Savinien Cyrano de Bergerac, né en 1619 à Paris, comme le prouve la découverte par M. Jal de son acte de baptême daté du 6 mars de cette année, et mort en 1655, a été remis en lumière par plusieurs publications assez récentes, et notre intention n'est pas de reprendre ici le récit de sa vie ni l'appréciation de ses œuvres. Nous ne voulons nous occuper que de sa comédie du *Pédant joué*, le seul de ses ouvrages qui rentre dans le cadre de ce recueil.

On prétend que Cyrano composa le *Pédant joué* ( 5 a., prose ) au collège de Beauvais, à l'âge de dix-huit ans (de 1638 à 1640), pour se venger de son principal Grangier, qu'il a mis en scène sous le nom de Granger. Mais en reportant sa naissance à l'an 1619, on voit d'abord que de 1638 à 1640 il avait de dix-neuf à vingt et un ans. En outre, ce qui pourrait faire croire qu'elle a été réellement composée plus tard, c'est que Cyrano y fait allusion (II, sc. 4) au mariage par procuration de la princesse Marie de Gonzague avec le roi de Pologne, lequel n'eut lieu qu'en 1645 : il faudrait donc qu'il eût ajouté postérieurement ce passage, ce qui ne semble guère probable. En tout cas, elle ne fut jouée qu'en 1654, suivant la plupart des bibliographes dramatiques (ou même en mars 1655, suivant le Catalogue manuscrit de H. Duval), et publiée pour la première fois la même année chez Ch. de Sercy, in-4° (Id., *ibid.*, in-12).

On trouve dans cette pièce plusieurs des types consacrés de la vieille comédie, et l'on peut y étudier en même temps le pédant, le matamore, le valet bouffon, etc. Gareau surtout était une innovation au théâtre. Cyrano, l'un des premiers, sinon le premier, a mis franchement un paysan sur la scène, avec ses allures, son costume et son langage, et ce paysan madré, brutal, bavard, abondant en proverbes comme Sancho, a plusieurs fois servi de modèle. Les rôles de Granger et de Châteaufort, c'est-à-dire du pédant et du capitan, sont tous deux tracés avec l'exagération habituelle, que Cyrano a encore de beaucoup dépassée. En effet, l'un des défauts de cette pièce est de tomber souvent dans la charge et la caricature, et de pousser le comique jusqu'à la bouffonnerie. Cyrano se préoccupe très-peu du naturel et de la vraisemblance; il veut faire rire avant tout. Le *Pédant joué* a les allures de la vieille farce, il en a aussi la licence. On hésite à croire, quelque habitude qu'on ait des hardiesses de l'ancienne comédie, que jamais certaines équivoques d'une grossièreté inouïe, certaines phrases d'une obscénité révoltante aient pu être prononcées sur la scène [1].

Le *Pédant joué* est à la fois une comédie d'intrigue et de caractère. Comme pièce d'intrigue, elle n'est ni régulière ni conduite avec beaucoup d'art : les scènes manquent de liaison, et l'auteur, qui se préoccupe peu des lois dramatiques, ne songe même pas à motiver l'entrée ou la sortie des personnages. Les situations ne sont qu'ébauchées, ou bien elles sont poussées à l'extrême. Comme pièce de caractère, elle est outrée, sacrifie sans cesse aux types de convention, et tombe dans le burlesque et la charge. La mesure et le goût font défaut à l'auteur. Mais tous ces vices sont bien rachetés par les qualités du dialogue, l'esprit de détails, la verve et l'entrain du style, les traits heureux dont elle est semée. Aussi y a-t-on puisé à pleines mains. Molière, en particulier, y a repris son bien sans façon, et certes ce n'est pas un médiocre honneur à Cyrano d'avoir ainsi dérobé Molière à l'avance. Ces imitations de Molière et autres sont plus nombreuses même qu'on ne l'a généralement dit : j'ai indiqué en notes les principales. Il y en a d'autres encore, moins importantes, se rapportant à quelques-uns des passages que je ne reproduis pas ; ainsi, dans la scène 6e de la *Jalousie du Barbouillé*, la réponse du docteur à Angélique : « Tu es docteur quand tu veux ? Ouais, je pense », etc., reproduit mot pour mot plusieurs des équivoques pédantes et obscènes de Granger. Il est vrai qu'ici la question de priorité, qui ne vaut guère la peine d'être approfondie, serait assez difficile à décider, surtout si le *Pédant joué*, représenté seulement plusieurs années après la farce de Molière, avait été composé postérieurement à 1645, comme l'allusion dont nous avons parlé plus haut le donnerait à entendre, et non de 1638 à 1640, comme on le croit généralement. Est-ce que ce passage, avons-nous écrit ailleurs, dans une étude sur Cyrano de Bergerac [2], représenterait un fond commun

---

[1] Ces équivoques ordurières se trouvent surtout dans la bouche de Granger. C'était une tradition de la vieille comédie de faire du pédant une [sorte d'animal obscène, portant sa cuistrerie naturelle jusque dans l'amour. En outre, il faut se souvenir que Granger était le masque de ce Grangier, principal du collège de Beauvais, savant homme sans doute, mais qui, nous apprend Gui-Patin, épousa sa servante pour légitimer les enfants qu'il en avait eus. Cette double raison devait paraître plus que suffisante à l'esprit peu timoré de Cyrano.

[2] *La littérature indépendante et les écrivains oubliés*, Didier, 1862, p. 124.

entre les deux anciens condisciples, qu'ils auraient exploité chacun de son côté ? Il put exister entre eux, tandis qu'ils étudiaient ensemble, des relations d'idées, de travaux, de plaisanteries même, qui aboutirent plus tard aux analogies signalées entre leurs œuvres. J'ajouterai qu'il est possible d'appliquer aussi jusqu'à un certain point cette hypothèse aux deux scènes du *Pédant joué* reproduites dans les *Fourberies de Scapin*. Il serait curieux que Molière n'eût fait littéralement que reprendre son bien à Cyrano ; mais on ne saurait nier que, même en ce cas, il n'ait largement et directement profité de la rédaction de son ancien condisciple. Si l'on a d'ailleurs beaucoup pris à Cyrano, il semble que lui-même avait emprunté aussi plusieurs passages au *Candelaio*, de Giordano Bruno, qu'un anonyme avait traduit en français dès 1633 sous le titre de *Boniface et le Pédant*.

Le *Pédant joué* fut représenté avec un grand succès, et les éditions en furent assez nombreuses. Outre les deux, in-4° et in-12, de 1654, on en connaît encore de 1658, in-12 ; 1671, in-12 (Ch. de Sercy) ; 1678, in-12 (Rouen, Jean-B. Besongne), etc., sans compter les recueils de ses œuvres en 1681, 1699, etc., pour ne nous occuper que du dix-septième siècle. Il y a des variantes dans ces diverses éditions ; certains passages ordurier des premières ont été supprimés, modifiés ou adoucis dans les suivantes.

Nous ne reproduisons pas en entier la pièce du *Pédant joué*, à cause de sa longueur, des grossièretés qui déparent beaucoup de scènes, de la multitude de passages inutiles et de hors-d'œuvre qu'elle contient, puis aussi et surtout parce qu'elle est très-connue et qu'on l'a encore réimprimée récemment [1] ; enfin parce que, si elle rentre dans le cadre de ce recueil par la date de sa représentation, elle y échappe par la date de sa composition. Mais nous ne pouvions oublier cette unique comédie de Cyrano, en fût-ce qu'en raison de tous les emprunts que Molière lui a faits ; et nous avons cru devoir en reproduire dans notre appendice les scènes les meilleures et les plus caractéristiques, particulièrement celles qui ont fourni matière aux imitations ou aux plagiats que l'on sait.

[1] *Œuvres comiques, galantes et littéraires de Cyrano*, édit. de M. Paul Lacroix (Delahays, 1858).

# LE PÉDANT JOUÉ

## PAR M. CYRANO DE BERGERAC.

### COMÉDIE.

---

### ACTEURS.

GRANGER, pédant.
CHASTEAUFORT, capitan.
MATHIEU GAREAU, paysan.
DE LA TREMBLAYE, gentilhomme amoureux de la fille du Pédant.
CHARLOT GRANGER, fils du Pédant.
CORBINELI, valet du jeune Granger, fourbe.
PIERRE PAQUIER, cuistre du Pédant, faisant le plaisant.
FLEURY, cousin du Pédant.
MANON, fille du Pédant.
GENEVOTE, sœur de M. de la Tremblaye.
CUISTRES.

La scène est à Paris, au collége de Beauvais.

## ACTE PREMIER.

Dans la 1<sup>re</sup> scène, le capitan Châteaufort, qui prétend à la main de M<sup>lle</sup> Génevote, tâche d'éblouir par ses rodomontades le pédant Granger, père de sa belle, et celui-ci, après s'être moqué de lui, feint d'agréer ses avances, en lui confiant qu'il a pour rival un gentillâtre (de la Tremblaye), contre lequel il lui demande sa protection.

### SCÈNE II.

GRANGER, PAQUIER.

GRANGER. Hé bien, *Petre*, ne voilà pas une digue que je viens d'opposer aux terreurs que me donne tous les jours M. de la Tremblaye ! Car la Tremblaye à cause de Chasteaufort, Chasteaufort à cause de la Tremblaye, désisteront de la poursuite de ma fille. Ce sont deux poltrons si éprouvés que, s'ils se battent jamais, ils se demanderont tous deux la vie. Me voicy cependant embarqué sur une mer où la moitié du monde a fait naufrage. C'est l'amour chez moi, l'amour dehors, l'amour partout. Je n'ay qu'une fille à marier, et j'ay trois gendres prétendus. L'un se dit brave, je sçais le contraire; l'autre riche, mais je ne sçais; l'autre gentilhomme, mais il mange beaucoup. O Nature, vous croiriez-vous estre mise en frais, si vous aviez fagoté tant seulement trois belles qualitez en un individu! Ha! Pierre Paquier, le monde s'en va renverser.

PAQUIER. Tant mieux, car autrefois j'entendois dire la mesme chose, que tout étoit renversé. Or, si l'on renverse aujourd'huy ce qui étoit renversé, c'est le remettre en son sens.

GRANGER. Mais ce n'est pas encore là ma plus grande playe : j'aime, et mon fils est mon rival[1]. Depuis le jour que cette furieuse pensée a pris giste au ventricule de mon cerveau, je ne mange pour toute viande qu'un *pœnitet, tædet, miseret*. Ha! c'en est fait, je me vais pendre.

PAQUIER. Là, là, espérez en Dieu, il vous assistera. Il assiste bien les Allemands, qui ne sont pas de ce pays-cy.

GRANGER. Si je l'envoyois à Venise? *Haud dubiè*, c'est le meilleur. C'est le meilleur, oh! oui, sans doute. Bien donc, dès demain je le mettray sur mer.

PAQUIER. Au moins ne le laissez pas embarquer sans attacher sur luy de l'anis à la reine, car les médecins en ordonnent contre les vents.

GRANGER. Va-t'en dire à Charlot Granger qu'il avole subitement icy. S'il veut savoir qui le demande, dis-luy que c'est moy.

. . . . . . . . . . . . . . . . . . . . . . . . . . . . . . . . . . . . .

## SCÈNE V.

### GRANGER, CHARLOT, PAQUIER.

GRANGER. Vite, Charlot, il faut partir. Songe à l'adieu dont tu prendras congé des dieux Foyers, protecteurs du toit paternel, car demain l'Aurore porte-safran ne se sera pas plustost jetée des bras de Titon dans ceux de Céphale qu'il te faudra fier à la discrétion de Neptune guide-nefs. C'est à Venise où je t'envoye : *tuus*

---

[1] On sait que, dans l'*Avare*, de Molière, le père et le fils sont également rivaux d'amour.

*enim patruus*[1] m'a mandé qu'étant orbe d'hoirs[2] masles, il avoit besoin d'un personnage sur la fidélité duquel il pust se reposer du maniement de ses facultés.... Enfin, Charlot, il faut partir.

CHARLOT. Pour où aller, mon père?

GRANGER. A Venise, mon fils.

CHARLOT. Je vois bien, Monsieur, que vous voulez éprouver si je serois assez lasche pour vous abandonner, et par mon absence vous arracher d'entre les bras un fils unique. Mais non, mon père,... je demeureray sans cesse auprès de vous, et seray vostre baston de vieillesse.

GRANGER. Ce n'est pas pour prendre vostre avis, mais pour apprendre ma volonté que je vous ay fait venir...

CHARLOT. C'est donc sérieusement que vous ordonnez ce voyage. Mais apprenez que c'est ce que je ne puis faire et que je ne feray jamais.

## SCÈNE VI.

Arrivée du cousin Fleury, qui vient pour avoir des nouvelles du 3ᵉ prétendant à la main de la fille de Granger, le riche laboureur Gareau. Granger lui annonce que son fils est fou.

## SCÈNE VII.

### CHARLOT, FLEURY, GRANGER, CUISTRES.

CHARLOT. Moy, j'irois à Venise! et j'abandonnerois la chose pour laquelle seule j'aime le jour! J'iray plutost aux Enfers....

FLEURY. O grand Dieu! quelle rage!

CHARLOT. Non, mon père, je n'y puis consentir.

FLEURY, *fuyant*. Liez-le, mon cousin, liez-le; il ne faut qu'un malheur.

GRANGER. Piliers de classe, Tire-gigots, Ciseaux de portion, Exécuteurs de justice latine, *adeste subito, adesie, ne dicam advolate*[3]... Liez-le aussi fort que Prométhée sur le Caucase.

CHARLOT. Vous avez beau faire, je n'iray point.

GRANGER. Gardez bien qu'il n'échappe : il feroit un haricot de nos scientifiques substances.

---

[1] Car ton oncle.
[2] Privé d'héritiers.
[3] « Accourez tout de suite, accourez, pour ne pas dire *volez*. » Granger découpe tout Despautère dans sa conversation, d'un bout à l'autre de la pièce.

CHARLOT. Mais, mon père, encore dites-moy pour quel sujet vous me traitez ainsi? Ne tient-il qu'à faire le voyage de Venise pour vous contenter? J'y suis tout prest.

GRANGER. Osez-vous attenter au tableau vivant de ma docte machine, goujats de Cicéron?...

CHARLOT. Ouy, mon père, je vous promets de vous obéir en toutes choses; mais pour aller à Venise, il n'y faut pas penser.

GRANGER. Comment, freslons de collége, rouille de mon pain, gangrène de ma substance, cet obsédé n'a pas encore les fers aux pieds? Vite, qu'on luy donne plus d'entraves que Xerxès n'en mit à l'Océan, quand il le voulut faire esclave.

CHARLOT. Ah! mon père, ne me liez point, je suis tout prest à partir.

GRANGER. Ha, je le sçavois bien que mon fils étoit trop bien morigéné pour donner chez lui passage à la frénésie. Va, mon Dauphin, mon Infant, mon Prince de Galles, tu seras quelque jour la bénédiction de mes vieux ans. Excuse un esprit prévenu de faux rapports; je te promets en récompense d'allumer pour toy mon amour au centuple dès que tu seras là.

CHARLOT. Où là, mon père?

GRANGER. A Venise, mon fils.

CHARLOT. A Venise, moy? Plutost la mort!

GRANGER. Au fou! au fou! Ne voyez-vous pas comme il m'a jeté de l'écume en parlant? Voyez ses yeux tout renversés dans sa teste. Ha, mon Dieu, faut-il que j'aye un enfant fou! Vite, qu'on me l'empoigne.

CHARLOT. Mais encore apprenez-moy pourquoy on m'attache.

GRANGER. Parce que vous ne voulez pas aller à Venise.

CHARLOT. Moy, je n'y veux pas aller! On vous le fait accroire. Hélas! mon père, tant s'en faut! Toute ma vie, j'ay souhaité avec passion de voir l'Italie, et ces belles contrées qu'on appelle le Jardin du monde.

GRANGER. Viens m'embrasser, viens, mon toutou, et va-t'en aussitost chercher quelque chose de gentil et à bon marché, qui soit rare hors de Paris, pour en faire un présent à ton oncle; car je vais tout à cette heure te retenir une place au coche de Lyon. »

Après le départ de Granger, Corbinelli annonce à son maître Charlot qu'il a un stratagème pour le tirer d'affaire et duper le père.

## ACTE II.

### SCÈNE II.

GAREAU. Vartigué! velà de ces mangeux de petits enfants! La vegne de la Courtille : belle montre et peu de rapport [1].

CHASTEAUFORT. Où vas-tu, bonhomme?

GAREAU. Tout devant moy.

CHASTEAUFORT. Mais je te demande où va le chemin que tu suis.

GAREAU. Il ne va pas, il ne bouge.

CHASTEAUFORT. Pauvre rustre, ce n'est pas cela que je veux sçavoir. Je te demande si tu as encore bien du chemin à faire aujourd'huy.

GAREAU. Nanain dà, je le trouvaray tout fait [2].

CHASTEAUFORT. Tu parois, Dieu me damne, bien gaillard pour n'avoir pas disné.

GAREAU. Dix nez? qu'en fera-je de dix? il ne m'en faut qu'un.

CHASTEAUFORT. Quel docteur! Il en sçait autant que son curé.

GAREAU. Aussi si-je. N'est-il pas bian curé qui n'a rien au ventre? Hé là, ris, Jean, on te frit des œufs. Tétigué, est-ce à cause qu'ous estes Monsieu, qu'ous faites tant de menes?...

Là-dessus, l'irritable Gareau s'engage dans une interminable série d'invectives, qu'il entremêle du récit de ses aventures et de ses voyages, le tout saupoudré d'une multitude de pataquès, de quiproquos, de naïvetés, de niaiseries, de calembours et de calembredaines. A la fin, il finit par se fâcher tout rouge d'être toujours repris par Châteaufort :

Ventregué, si vous estes un si bon diseux, morgué, tapons-nous donc la gueule comme il faut. Dame, il ne faut point tant de beurre pour faire un cartron. Et quien, et velà pour toy!

[1] La Courtille, dont le nom signifie un lieu où il y a des jardins, était autrefois environnée de vignes, dont le piètre produit avait donné lieu à ce proverbe, fréquemment employé (*Coméd. des proverb.*, I, sc. 4. — Voir aussi Leroux de Lincy, *Livre des proverb.*, édit. Delah., 1, p. 341.)

[2] On trouve souvent des scènes analogues dans les comédies. Molière ne s'est-il pas souvenu un peu de ce passage dans les réponses de M$^{me}$ Jourdain à Dorante *Bourgeois gentilh.*, III, sc. 6).]

CHASTEAUFORT. Ce coup ne m'offense point, au contraire il publie mon courage invincible à souffrir. Toutesfois, afin que tu ne te rendes pas indigne de pardon par une seconde faute, encore que ce soit ma coutume de donner plutost un coup d'épée qu'une parole, je veux bien te dire qui je suis. J'ay fait en ma vie septante mille combats, et n'ay jamais porté botte qui n'ait tué sans confession. Ce n'est pas que j'aye jamais ferraillé le fleuret, je suis adroit la grace à Dieu, et partant, la science que j'ay des armes, je ne l'ay jamais apprise que l'épée à la main. Mais que cet avertissement ne t'effraye point : je suis tout cœur, et il n'y a point par consequent de place sur mon corps où tu puisses adresser tes coups sans me tuer. Sus donc, mais gardons la veue, ne portons point de mesme temps, ne poussons point de près, ne tirons point de seconde. Mais viste, viste, je n'aime pas tant de discours. Mardieu, depuis le temps je me serois mis en garde, j'aurois gagné la mesure, je l'aurois rompue, j'aurois surpris le fort, j'aurois pris le temps, j'aurois coupé sous le bras, j'aurois marqué tous les battemens, j'aurois tiré la flanconade, j'aurois porté le coup de dessous, je me serois allongé de tierce sur les armes, j'aurois quarté du pied gauche, j'aurois marqué feinte à la pointe et dedans et dehors, j'aurois estramaçoné, ébranlé, empieté, engagé, volté, porté, paré, riposté, quarté, passé, désarmé et tué trente hommes.

GAREAU. Vramant, vramant, vela bian la Musicle de S. Innocent, la pus grande piqué du monde. Quel embrocheux de limas! Et quien, quien, vela encore pour t'agacer. (*Il le frappe encore.*)

CHASTEAUFORT. Je ne sçais, Dieu me damne, ce que m'a fait ce maraut, je ne me sçaurois fascher contre luy. (*Il le frappe encore.*) Foy de cavalier, cette gentillesse me charme. Voila le faquin du plus grand cœur que je vis jamais. (*Il le frappe encore.*) Il faut necessairement, ou qué ce belistre soit mon fils, ou qu'il soit Démoniaque. (*Il est frappé de rechef.*) D'égorger mon fils à mon escient, je n'ay garde; de tuer un possédé, j'aurois tort, puisqu'il n'est coupable des fautes que le diable luy fait faire. Toutefois, ô pauvre païsant! sçache que je porte à mon costé la mère-nourrice des fossoyers; que de la teste du dernier Sophy je fis un pommeau à mon épée; que du vent de mon chapeau, je submerge une armée navale; et que qui veut sçavoir le nombre des hommes que j'ay tuez, n'a qu'à poser un 9, et tous les grains de sable de la mer ensuite, qui serviront de zéros. (*Il est encore battu.*) Quoy que tu fasses, ayant protesté que je gagnerois cela sur moy-mesme, de me laisser battre une fois en ma vie, il ne sera pas dit qu'un maraut comme toy me fasse changer de resolution. (*Gareau se retire en un coin du théastre, et le capitan demeure seul.*) Quelque faquin de cœur bas et ravalé auroit voulu mesurer son épée avec ce vilain; mais moy, qui suis gentilhomme, et gentilhomme d'extraction, je m'en suis fort bien sceu garder. Il ne s'en est cependant quasy rien fallu que je ne l'aye percé de mille coups, tant les noires vapeurs de la bile offusquent quelquefois la clarté des plus beaux génies. En effet, j'allois tout massacrer. Je jure donc aujourd'huy par cette main, cette main dispensatrice des couronnes et des houlettes, de ne plus dorénavant recevoir personne au combat, qu'il n'ait lu devant moy sur le pré ses lettres de noblesse; et pour plus grande prévoyance, je m'en vais faire promptement avertir Messieurs les maréchaux qu'ils m'envoyent des gardes pour m'empescher de me battre; car je sens croistre ma colere, mon cœur s'enfler, et les doigts qui me demangent de faire un homicide. Viste, viste, des gardes, car je ne répons plus de moy.[1] Et vous autres, Messieurs, qui m'écoutez, allez m'en querir tout à l'heure, ou par moy tantost vous n'aurez point d'autre lumière à vous en retourner que celle des éclairs de mon sabre, quand il vous tombera sur la teste; et la raison est que je vais, si je n'ay un garde, souffler d'icy le soleil dans les cieux comme une chandelle. Je te massacrerois, mais tu as du cœur, et j'ay besoin de soldats. (*Gareau, revenant, le frappe encore, et le capitan s'en va.*)

## SCÈNE III.

### GRANGER, GAREAU, MANON, FLEURY.

GRANGER.... Or ça, nostre gendre, mettons toutes querelles sous le pied, et donnons-leur d'un oubly à travers les hypocondres. Si l'Hymenée porte un flambeau, ce n'est pas celuy de la Discorde; il doit allumer nos cœurs, non pas nostre fiel : c'est le sujet qui nous assemble tous... Rien donc ne nous empesche plus de con-

---

[1] Les maréchaux formaient un tribunal connaissant des affaires d'honneur entre gentilshommes, et chargé de réprimer par la conciliation la manie des duels. Ils ordonnaient au besoin à un garde ou à un exempt de veiller sur deux adversaires disposés à en venir aux mains, et de les accompagner partout pour empêcher une rencontre. C'est ainsi qu'un garde fut donné, en 1652, au duc d'Orléans, et un au chevalier Renaud de Sévigné, qui voulaient se battre.

clure cet accord, aussitost que nous sçaurons les natures de vostre bien.

FLEURY. Là donc, ne perdons point de temps.

GRANGER. Vos facultez consistent-elles en rentes, en maisons, ou en meubles?

GAREAU. Dame ouy, j'ay tres-bian de tout ça, par le moyan d'un heritage.

GRANGER. Qu'on donne promptement un siége à Monsieur. Manon, saluez vostre mary. Cette succession est-elle grande?

GAREAU. Elle est de vingt mille francs.

GRANGER. Viste, Paquier, qu'on mette le couvert.

GAREAU. (*Il se met dans une chaise.*) La, la, vous moquez-vous? rafubez vostre bonnet; entre nous autres, il ne faut point tant de fresmes, ny de simonies. Hé! qu'est-ce donc? Nostre dinse, n'en diret que je ne nous connoissiens plus. Quoy, ous avez bouté en obliviance de quand ous équiais au chaquiau? Parguene, allez, ous n'équiais qu'un petit navet en ce temps-là, ous estes à cette heure-cy eune citroüille bian grosse. Vramant, laissez faire, je pense que, Guieu marcy, j'avons bian sarmoné de vous, feu nostre mainagere et moy. Si vous étet venu des cornes toutes les fois que les oreilles vous ont corné (ce que j'en dis pourtant, ce n'est pas que j'en parle, ce crois-je bian qu'ous enavez assez sans nous)! Tanquia que, ô donc, pour revenir à nostre conte, jerniguoy, j'équiesmes tous deux de méchantes petites varmeines......

GRANGER. Avez-vous icy les contracts acquisitoires de ces heritages-là?

GAREAU. Nanain, vramant, et si l'on ne me les veut pas donner; mais je me doute bian de ce qu'oul y a. Testigué, je m'amuse bian à des papiers, moy! Hé ardé, tous ces brinberions de contracts, ce n'est que de l'écriture qui n'est pas vraye, car ol n'est pas moulée. Ho bian, acoutez-là : c'est eune petite sussion, qui est vramant bian grande da, de Nicolas Girard, hé la, le pere de ce petit Louis Girard qui étet si semillant; ne vous sçauriais-vous recorder? c'est ly qui s'allit neyer à la grand mare. O bian, son pere est mort, et si je l'avons conduit en tare, s'il a plû à Guieu, sans repruche, comme dit l'autre. Ce pauvre Guiebe étet allé dénicher des pies sur l'orme de la comere Massée : dame, comme oul étet au copiau, le vela bredi, breda, qui commence à griller tout avaux les branches, et cheit eune grande escousse, pouf, à la renvarse. Guieu benit la cresquianté! je crois que le cœur l'y écarboüillit dans le ventre, car oul ne sonit jamais mot, ne groüillit, sinon qu'oul grimonit en trépassant : « Guiebe set de la pie, et des piaux! » O donc ly il étet mon compere, et sa femme ma comere. Or ma comere, pisque comere y a, auparavant que d'avoir épousé mon compere, avet épousé en preumieres noces le cousin de la brû de Piare Olivier, qui touchet de bian pres à Jean Henault, de par le gendre du biaufrere de son onque. Or cely-cy, retenez bian, avet eu des enfans de Jaquelaine Brunet, qui mourirent sans enfans. Mais il se trouve que le neveu de Denis Gauchet avet tout baillé à sa femme par contract de mariage, à celle fin de frustriser les heriquiers de Thomas Plançon qui devient y rentrer, pis que sa mere-grand n'avet rian laissé aux mineux de Denis Vanel l'esné : or il se trouve que je somes parens en queuque magniere de la veufve de Denis Vanel le jeune, et par consequent ne devons-je pas avoir la sussion de Nicolas Girard ?

GRANGER. Mon amy, je fais ouvrir à ma conception plus d'yeux que n'en eust jamais le berger gardien de la vache Io, et je ne vois goute en vostre affaire.

GAREAU. O Monsieu, je m'en vas vous l'éclarcir aussi finement claire que la voix des enfans de chœur de nostre village. Acoutez donc : il faut que vous sachiais que la veufve de Denis Vanel le jeune, dont je somes parens en queuque magniere, étet fille du second lit de Georges Marquiau, le biau frere de la sœur du neveu de Piare Brunet, dont j'avons tantost fait mention : or il est bian à clair que si le cousain de la brû de Piare Olivier, qui touchet de bian pres à Jean Henault, de par le gendre du biaufrere de son onque, étet pere des enfans de Jaquelaine Brunet trépassez sans enfans, et qu'apres tout ce tintamare-là, on n'avet rian laissé aux mineux de Denis Vanel le jeune, j'y devons rentrer, n'est-ce pas[1] ?

GRANGER. Paquier, repliez la nappe, Monsieur n'a pas le loisir de s'arrester...

GAREAU. Ma foy voire; aussi bian n'en velay je pus. J'aime bian mieux eune bonne grosse mainagere, qui vous travaille de ses dix doigts, que non pas de ces madames de Paris qui se fesont courtiser des courtisans.... Moy qui ne veux pas qu'on me fasse des trogedies, si j'avouas trouvé queuque Ribaut licher le morviau à ma femme, comme cet affront la frape bian au cœur, peut-estre que

---

[1] « Nous proposons ce discours de Matthieu Gareau comme une énigme aux jurisconsultes, écrivent les frères Parfaict (t. VIII, p. 9) : on nous a certifié qu'un habile avocat s'étoit, à ses heures de loisir, donné la peine d'examiner le droit de ce paysan et avoit reconnu qu'effectivement il avoit raison, et que la succession en question devoit lui appartenir. »

dans le desespoir je m'emporterouas à jeter son chapiau par les frenestres; pis ce secret du scandale. Tigué, queuque gniais ¹.

GRANGER. O esperances futiles du concept des humains! De mesme les chats, tu ne flates que pour égratigner, Fortune malicieuse!

## SCÈNE IV.

### CORBINELI, GRANGER, PAQUIER.

CORBINELI. Elle n'est pas seulement malicieuse, elle est enragée. Hélas! tout est perdu, vostre fils est mort.

GRANGER. Mon fils est mort! es-tu hors de sens?

CORBINELI. Non, je parle sérieusement : vostre fils, à la vérité, n'est pas mort, mais il est entre les mains des Turcs.

GRANGER. Entre les mains des Turcs? Soutiens-moy, je suis mort.

CORBINELI. A peine étions-nous entrez en bateau pour passer de la porte de Nesle ² au quay de l'Ecole...

GRANGER. Et qu'allois-tu faire à l'Ecole, baudet?

CORBINELI. Mon maistre s'étant souvenu du commandement que vous luy avez fait d'acheter quelque bagatelle qui fust rare à Venise, et de peu de valeur à Paris, pour en régaler son oncle, s'étoit imaginé qu'une douzaine de cotrets n'étant pas chers, et ne s'en trouvant point par toute l'Europe de mignons comme en cette ville, il devoit en porter là : c'est pourquoy nous passions vers l'Ecole pour en acheter; mais, à peine avons-nous éloigné la coste, que nous avons été pris par une galère turque.

GRANGER. Hé! de par le cornet retors de Triton, Dieu marin, qui jamais oüit parler que la mer fust à S. Clou? qu'il y eust là des galeres, des pirates, ny des ecueils?

CORBINELI. C'est en cela que la chose est plus merveilleuse. Et quoy que l'on ne les aye point veus en France que là, que sçait-on s'ils ne sont point venus de Constantinople jusques icy entre deux eaux?

PAQUIER. En effet, Monsieur, les Topinambours, qui demeurent quatre

---

¹ Comparer avec le passage du *Sganarelle* de Molière (sc. 16) :

Ah! je devais du moins lui jeter son chapeau.

Il est vrai qu'il y a aussi un trait tout à fait semblable dans le livre VIII du *Francion* de Sorel, qui avait paru plus de vingt ans avant le *Pédant joué* : on en pourrait sans doute trouver d'autres exemples auparavant encore.

² Porte attenante à la tour de Nesle, qui mettait en communication le Pont-Neuf avec le quartier du Pré aux-Clercs.

ou cinq cens lieuës au dela du monde, vinrent bien autrefois à Paris [1] ; et l'autre jour encore les Polonois enleverent bien la princesse Marie en plein jour à l'hostel de Nevers, sans que personne osast branler [2].

CORBINELI. Mais ils ne se sont pas contentez de cecy, ils ont voulu poignarder vostre fils....

PAQUIER. Quoy ! sans confession ?

CORBINELI. S'il ne se rachetoit par de l'argent.

GRANGER. Ah ! les miserables ! C'étoit pour incuter la peur dans cette jeune poitrine.

PAQUIER. En effet, les Turcs n'ont garde de toucher l'argent des chrétiens, à cause qu'il a une croix [2].

CORBINELI. Mon maistre ne m'a jamais pu dire autre chose, sinon : « Va-t'en trouver mon pere, et luy dis»... Ses larmes aussitost, suffoquant sa parole, m'ont bien mieux expliqué qu'il n'eust sceu faire, les tendresses qu'il a pour vous.

GRANGER. Que diable aller faire aussi dans la galere d'un Turc ? D'un Turc ! *Perge* [3].

CORBINELI. Ces ecumeurs impitoyables ne me vouloient pas accorder la liberté de vous venir trouver, si je ne me fus jeté aux genoux du plus apparent d'entr'eux. Hé ! Monsieur le Turc, luy ay-je dit, permettez-moy d'aller avertir son pere, qui vous envoyera tout à l'heure sa rançon.

GRANGER. Tu ne devois pas parler de rançon ; ils se seront moquez de toy.

CORBINELI. Au contraire; à ce mot il a un peu resserrené sa face. « Va, m'a-t-il dit ; mais si tu n'es icy de retour dans un moment, j'iray prendre ton maistre dans son college, et vous étrangleray tous trois aux antennes de nostre navire ». J'avois si peur d'entendre encore quelque chose de plus fascheux, ou que le diable ne me vint emporter étant en la compagnie de ces excommuniez, que

---

[1] Il s'agit ici de l'ambassade polonaise qui vint, vers la fin de 1645, chercher pour le roi Ladislas la princesse Louise-Marie de Gonzague. La princesse était la fille ainée du duc de Nevers, et le jour où le palatin de Posnanie l'épousa par procuration, au nom de son roi (6 novemb.), l'ambassade polonaise alla le matin la prendre à l'Hôtel de Nevers pour la conduire au Palais-Royal, où se faisait le mariage. Nous avons déjà dit, dans nos notes sur les *Faux Moscovites*, de Poisson, l'effet produit par les Polonais sur les Parisiens.

[2] Ce n'était pourtant plus l'usage alors de mettre une croix avec une légende pieuse sur la monnaie en France ; mais cet usage avait subsisté généralement jusque vers le milieu du seizième siècle, et avait continué plus tard encore pour quelques pièces de monnaie.

[3] Continue.

je me suis promptement jeté dans un esquif, pour vous avertir des funestes particularitez de cette rencontre.

GRANGER. Que diable aller faire dans la galere d'un Turc?

PAQUIER. Qui n'a peut-estre pas été à confesse depuis dix ans.

GRANGER. Mais penses-tu qu'il soit bien resolu d'aller à Venise?

CORBINELI. Il ne respire autre chose.

GRANGER. Le mal n'est donc pas sans remede. Paquier, donne-moy le receptacle des instrumens de l'immortalité, *scriptorium scilicet*[1].

CORBINELI. Qu'en desirez-vous faire?

GRANGER. Ecrire une lettre à ces Turcs.

CORBINELI. Touchant quoy?

GRANGER. Qu'ils me renvoyent mon fils, parce que j'en ay affaire; qu'au reste ils doivent excuser la jeunesse, qui est sujette à beaucoup de fautes; et que, s'il luy arrive une autre fois de se laisser prendre, je leur promets, foy de docteur, de ne leur en plus obtondre la faculté auditive.

CORBINELI. Ils se moqueront, par ma foy, de vous.

GRANGER. Va-t'en donc leur dire, de ma part, que je suis tout prest de leur répondre pardevant notaire, que le premier des leurs qui me tombera entre les mains, je le leur renvoyeray pour rien. (Ha! que diable, que diable, aller faire en cette galere?) Ou dis-leur qu'autrement je vais m'en plaindre à la justice. Sitost qu'ils l'auront remis en liberté, ne vous amusez ny l'un ny l'autre, car j'ay affaire de vous.

CORBINELI. Tout cela s'appelle dormir les yeux ouverts.

GRANGER. Mon Dieu, faut-il estre ruiné à l'âge où je suis? Va-t'en avec Paquier, prens le reste du teston[2] que je luy donnay pour la dépense il n'y a que huit jours. (Aller sans dessein dans une galere!) Prens tout le reliqua de cette piéce. (Ha! malheureuse geniture, tu me coustes plus d'or que tu n'es pesant.) Paye la rançon, et ce qui restera employe-le en œuvres pies. (Dans la galere d'un Turc!) Bien, va-t'en. (Mais, miserable, dis-moy, que diable allois-tu faire dans cette galere?) Va prendre dans mes armoires ce pourpoint découpé que quitta feu mon pere l'année du grand hyver[3].

---

[1] C'est-à-dire l'écritoire.

[2] Le teston, monnaie d'argent ainsi nommée de la tête ou *teste* du roi qui était gravée dessus, valait 10 sols tournois. On n'en fabriquait plus depuis le règne de Henri III, mais il eut cours encore après cette époque, et Molière même a employé ce mot.

[3] Il y avait eu de grands et rudes hivers en 1607, 1608, 1621, 1638. Quoique

CORBINELI. A quoy bon ces fariboles? Vous n'y estes pas. Il faut tout au moins cent pistoles pour sa rançon.

GRANGER. Cent pistoles! Ha! mon fils, ne tient-il qu'à ma vie pour conserver la tienne? Mais cent pistoles! Corbineli, va-t'en luy dire qu'il se laisse pendre sans dire mot; cependant qu'il ne s'afflige point, car je les en feray bien repentir.

CORBINELI. Mademoiselle Genevotte n'étoit pas trop sotte, qui refusoit tantost de vous épouser, sur ce que l'on l'assuroit que vous étiez d'humeur, quand elle seroit esclave en Turquie, de l'y laisser.

GRANGER. Je les feray mentir. S'en aller dans la galere d'un Turc! Hé quoy faire, de par tous les diables, dans cette galere? O! galere, galere, tu mets bien ma bourse aux galeres[1].

## SCÈNE V.

### PAQUIER, CORBINELI.

PAQUIER. Voila ce que c'est que d'aller aux galeres. Qui diable le pressoit? Peut-estre que s'il eust eu la patience d'attendre encore huit jours, le roy l'y eust envoyé en si bonne compagnie que les Turcs ne l'eussent pas pris.

CORBINELI. Nestre *domine* ne songe pas que ces Turcs me devoreront.

PAQUIER. Vous estes à l'abry de ce costé-là, car les mahometans ne mangent point de porc.

## SCÈNE VI.

### GRANGER, CORBINELI, PAQUIER.

GRANGER. Tiens, va-t'en, emporte tout mon bien.

*Granger revient luy donner une bourse, et s'en retourne en mesme temps.*

---

dernier ait été particulièrement désigné sous le nom de grand hiver, il n'est pas probable que c'est de lui qu'il soit question (surtout si la comédie est de 1638 à 1640), puisqu'il s'agit d'un vieux pourpoint abandonné depuis longtemps.

[1] Tout le monde a reconnu ici la fameuse scène des *Fourberies* de *Scapin* (II, 11). C'est là que Molière l'a prise, en suivant Cyrano d'aussi près qu'il était possible de le faire sans le copier littéralement, et en retranchant tous les traits qui sont burlesques plutôt que comiques. Il semble que cette scène doive faire allusion à quelque mystification jouée au principal Granger.

## SCÈNE VII.

CORBINELI, *frappant à la porte de la Tremblaye.*

Monjoye Saint-Denis! ville gagnée! *accede*, Granger le jeune, *accede* [1]. O le plus heureux des hommes! ô le plus chery des dieux! Tenez, prenez, parlez à cette bourse, et luy demandez ce que je vaux.

CHARLOT. Allons viste, allons inhumer cet argent, mort pour mon pere, au coffre de mademoiselle Genevote : ce sera de bon cœur, et sans pleurer, que je rendray les derniers devoirs à ce pauvre trépassé. Et cependant admirons la médisance du peuple, qui juroit que mon pere, bien loin de consentir au mariage de mademoiselle Genevote et de moy, pretendoit luy-mesme à l'épouser; et voicy que, pour découvrir l'imposture des calomniateurs, il envoye de l'argent pour faire les frais de nos cerémonies [2].....

# ACTE III.

## SCÈNE II.

GRANGER, PAQUIER,
GENEVOTE.

GRANGER. Mademoiselle, soyez-vous venue autant à la bonne heure que la grace aux pendus quand ils sont sur l'échelle.

GENEVOTE. Est-ce l'Amour qui vous a rendu criminel? Vrayment la faute est trop illustre pour ne vous la pas pardonner. Toute la penitence que je vous en ordonne, c'est de rire avec moy d'un petit conte que je suis venue icy pour vous faire. Ce conte tou-

---

[1] Approche.
[2] Dans l'*Avare* de Molière, Cléante veut tirer de l'argent d'Harpagon, comme Charlot de Granger, pour mener à bien son mariage avec la jeune fille qu'il aime, en rivalité avec son père. Les deux pièces mettent en scène deux pères avares, rivaux de leurs fils en amour et vaincus par eux.

tefois se peut appeller une histoire, car rien ne fut jamais plus
veritable. Elle vient d'arriver il n'y a pas deux heures au plus
facétieux [1] personnage de Paris ; et vous ne sçauriez croire à quel
poinct elle est plaisante. Quoy, vous n'en riez pas?

GRANGER. Mademoiselle, je crois qu'elle est divertissante au dela
de ce qui le fut jamais. Mais....

GENEVOTE. Mais vous n'en riez pas?

GRANGER. Ha, a, a, a, a.

GENEVOTE. Il faut, avant que d'entrer en matiere, vous anatomiser
ce squelette d'homme èt de vestement... Figurez-vous un reje-
ton de ce fameux arbre coco, qui seul fournit un païs entier des
choses necessaires à la vie. Premierement, en ses cheveux on
trouve de l'huile, de la graisse, et des cordes de luth; sa teste
peut fournir de corne les couteliers, et son front, les négroman-
ciens de grimoire à invoquer le diable; son cerveau, d'enclume;
ses yeux, de cire, de vernis et d'ecarlate; son visage, de rubis;
sa gorge, de cloux; sa barbe, de décrotoires; ses doigts, de fu-
seaux; sa peau, de lime; son haleine, de vomitif; ses cauteres,
de poix; ses dartres, de farine; ses oreilles, d'aisles à moulin;
son derriere, de vent à le faire tourner; sa bouche, de four-à-
ban [2]; et sa personne, d'asne à porter la mounée [3]. Pour son nez,
il merite bien une égratignure particuliere. Cet authentique nez
arrive partout un quart d'heure devant son maistre; dix saveliers
de raisonnable rondeur, vont travailler dessous à couvert de la
pluye [4]. Hé bien, monsieur, ne voila pas un joly Ganimede? et
c'est pourtant le heros de mon histoire. Cet honneste homme
regente une classe dans l'Université. C'est bien le plus faquin,
le plus chiche, le plus avare, le plus sordide, le plus mesquin....
Mais riez donc!

GRANGER. Ha, a, a, a, a.

GENEVOTE. Ce vieux rat de college a un fils, qui, je pense, est le
receleur des perfections que la nature a volées au pere. Ce chi-
che-penard, ce radoteur....

GRANGER. Ah! malheureux, je suis trahy : c'est sans doute ma

---

[1] Dans le sens de bouffon, burlesque, qui prête à rire.
[2] Four banal.
[3] Mouture.
[4] Cette bouffonnerie rappelle une épigramme de l'*Anthologie* où il est question d'un certain Antidamas, dont le nez était si long qu'il servit un jour d'échelle à quelqu'un pour s'esquiver par la fenêtre pendant un incendie. On sait que Cyrano lui-même avait le nez fort long et que, tout en raillant ainsi le nez d'autrui, il ne tolérait pas la moindre plaisanterie sur le sien.

propre histoire qu'elle me conte. Mademoiselle, passez ces epithetes : il ne faut pas croire tous les mauvais rapports ; outre que la vieillesse doit estre respectée.

GENEVOTE. Quoy, le connoissez-vous?

GRANGER. Non, en aucune façon.

GENEVOTE. Oh! bien, écoutez donc. Ce vieux bouc veut envoyer son fils en je ne sçais quelle ville, pour s'oster un rival ; et afin de venir à bout de son entreprise, il luy veut faire accroire qu'il est fou. Il le fait lier, et luy fait ainsi promettre tout ce qu'il veut ; mais le fils n'est pas longtemps creancier de cette fourbe. Comment ? vous ne riez point de ce vieux bossu, de ce maussadas à triple étage ?

GRANGER. Baste, baste, faites grace à ce pauvre vieillard.

GENEVOTE. Or, écoutez le plus plaisant. Ce goutteux, ce loup-garou, ce moine-bourru [1]...

GRANGER. Passez outre, cela ne fait rien à l'histoire.

GENEVOTE. Commanda à son fils d'acheter quelque bagatelle, pour faire un present à son oncle le Venitien ; et son fils, un quart d'heure apres, luy manda qu'il venoit d'estre pris prisonnier par des pirates turcs, à l'embouchure du golfe des Bons-Hommes [2] ; et ce qui n'est pas mal plaisant, c'est que le bon homme aussitost envoya la rançon. Mais il n'a que faire de craindre pour sa pecune, elle ne courra point de risque sur la mer de Levant.

GRANGER. Traistre Corbineli, tu m'as vendu, mais je te feray donner la salle [3].

Granger déclare ensuite son amour à Genevote, et sollicite d'elle un rendez-vous ; celle-ci feint de le lui accorder, puis elle avertit Granger jeune, Corbineli et La Tremblaye, afin qu'on surprenne le pédant quand il cherchera à s'introduire chez elle, et qu'on en profite pour arracher son consentement au mariage de sa fille Manon avec La Tremblaye.

[1] Personnage fantastique qui, dans la croyance des Parisiens, courait les rues la nuit, surtout à l'époque de l'Avent, en tordant le cou à ceux qui mettaient le nez à la fenêtre, en maltraitant les passants, etc. Les allusions au moine-bourru sont innombrables dans les vieux auteurs.

[2] Au-dessous du couvent des Bonshommes, ou Minimes, qui était à mi-côte de Passy, mais dépendait de la paroisse de Chaillot.

[3] Le fouet, dans la salle destinée à cette correction classique. On a reconnu encore dans cette scène un autre emprunt de Molière, non moins patent que le précédent, c'est-à-dire la scène des *Fourberies de Scapin* (III, 3), où Zerbinette vient raconter à Géronte lui-même le tour que son fils lui a joué par l'intermédiaire de son valet, — élevée de la farce à la comédie par la suppression de quelques traits grossièrement burlesques. Molière a pu trouver aussi dans ce passage l'idée de ces endroits de l'*École des femmes* où Horace vient choisir Arnolphe pour confident de chaque ruse dont Agnès l'a rendu victime, en particulier de la 4ᵉ scène du 3ᵉ acte, où Horace répète à Arnolphe, omme Genevote à Granger : « Riez en

## ACTE IV.

Granger est surpris par la Tremblaye au moment où il veut escalader la fenêtre de Genevote. Celui-ci jette feu et flamme et menace de le faire arrêter comme voleur, ou de le tuer; mais Manon arrive: à la vue du péril de son père, la bonne âme tâche de fléchir La Tremblaye en lui offrant sa main, et Granger finit par y consentir pour sauver sa vie. Il veut profiter du moment de ces noces pour arriver à signer son propre contrat de mariage avec Genevote, et de peur que la présence de son fils ne porte obstacle à ce projet, il charge Corbineli d'enivrer Charlot. Mais Corbineli se hâte d'informer celui-ci et d'ourdir avec lui une nouvelle trame : Il lui conseille de feindre une ivresse excessive, afin de pouvoir un peu plus tard persuader à son père qu'ayant pris querelle dans les fumées de la débauche il a été tué sur la place. Alors mademoiselle Genevote feindra qu'elle lui a promis de l'épouser mort ou vif, et qu'elle ne peut accorder sa main à Granger père avant de s'être acquittée de sa promesse. Celui-ci consentira à cette formalité, et au moment où Genevote épousera le mort, le mort ressuscitera.

## ACTE V.

Paquier, pour se venger de Charlot, qui l'a frappé dans sa scène d'ivresse, révèle toute la combinaison au père, et quand Corbineli accourt annoncer la prétendue mort de Charlot, il est tout surpris de voir qu'on sait son secret. « Choisis, lui dit Paquier, lequel tu aimes le mieux d'être assommé ou pendu. — J'aime mieux boire », répond Corbineli. Enfin Granger lui pardonne à condition qu'il égaiera ses fiançailles avec Genevote par le spectacle de quelque comédie divertissante, et cette demande lui fournit aussitôt l'idée d'une autre ruse pour remplacer la précédente. On va la voir en action.

### SCÈNE V.

#### GRANGER, PAQUIER, GENEVOTE, CORBINELI.

CORBINELI. Nous perdons autant de temps que si nous ne devions pas aujourd'huy faire la comédie. Je m'en vais instruire ces gens-cy de ce qu'ils auront à dire. Je te donnerois bien des préceptes, Paquier, mais tu n'auras pas le temps d'apprendre tant de

donc un peu... Vous n'en riez pas assez, à mon avis », et où ce pauvre Arnolphe, comme Granger encore, s'efforce de rire et n'y parvient guère. Mais du moins ni Zerbinette ni Horace ne savent que ceux à qui ils font leur confidence sont justement les personnes intéressées dans leur récit, et par là même la situation est beaucoup plus naïvement et plus franchement comique que celle-ci, où l'on ne peut voir qu'une *niche* jouée à Granger par Genevote.

choses par cœur; je prendray soin, me tenant derriere toy, de te souffler ce que tu auras à dire. Vous, Monsieur, vous paroistrez durant toute la piece; et quoy que d'abord vostre personnage semble serieux, il n'y en a pas un si bouffon.

GRANGER. Qu'est cecy? Vous m'engagez à soutenir des rolles dans vos batelages, et vous ne m'en racontez pas seulement le sujet?

CORBINELI. Je vous en cache la conduite, parce que, si je vous l'expliquois à cette heure, vous auriez bien le plaisir maintenant de voir un beau démeslement, mais non pas celuy d'estre surpris. En verité, je vous jure que, lors que vous verrez tantost la peripetie d'un intrigue si bien démeslé, vous confesserez vousmesme que nous aurions été des idiots, si nous vous l'avions découvert. Je veux toutes fois vous en ébaucher un raccourcy. Doncques, ce que je desire vous representer est une veritable histoire, et vous le connoistrez quand la scene se fermera. Nous la posons à Constantinople, quoy qu'elle se passe autre part. Vous verrez un homme du tiers état, riche de deux enfans et de force quarts d'escus. Le fils restoit à pourvoir; il s'affectionne d'une damoiselle de qualité, fort proche parente de son beaufrere; il aime, il est aimé, mais son pere s'oppose à l'achevement mutuel de leurs desseins. Il entre en desespoir, sa maistresse de mesme; enfin les voila prests, en se tuant, de clore cette piece. Mais ce pere, dont le naturel est bon, n'a pas la cruauté de souffrir à ses yeux une si tragique avanture : il preste son consentement aux volontez du Ciel, et fait les ceremonies du mariage, dont l'union secrete de ces deux cœurs avoit déja commencé le sacrement.

GRANGER. Tu viens de rasseoir mon ame dans la chaire pacifique d'où l'avoient culbuté mille apprehensions cornuës. Va paisiblement conferer avec tes acteurs; je te declare Plenipotentiaire de ce traité comique.......

## SCÈNE X.

CORBINELI, GRANGER, CHASTEAUFORT, PAQUIER, GAREAU, LA TREMBLAYE, GRANGER *le jeune*, GENEVOTE, MANON.

CORBINELI, *à Granger*. Toutes choses sont prestes; faites seulement apporter un siege, et vous y colloquez, car vous avez à paroistre pendant toute la piece.

PAQUIER, *à Chasteaufort.* Pour vous, ô seigneur de vaste étendue, plongez-vous dans celle-cy; mais gardez d'ébouler sur la compagnie, car nos reins ne sont pas à l'épreuve des pierres, des montagnes, des tours, des rochers, des buttes et des chasteaux.

GRANGER. Çà donc, que chacun s'habille. Hé quoy, je ne vois point de préparatifs? Où sont donc les masques des satyres? les chapelets et les barbes d'hermites? les trousses des cupidons? les flambeaux poiraisins [1] des Furies? Je ne vois rien de tout cela.

GENEVOTE. Nostre action n'a pas besoin de toutes ces simagrées. Comme ce n'est pas une fiction, nous n'y meslons rien de feint; nous ne changeons point d'habit. Cette place nous servira de theatre; et vous verrez toutesfois que la comedie n'en sera pas moins divertissante.

GRANGER. Je conduis la ficelle de mes desirs au niveau de vostre volonté. Mais déja le feu des gueux [2] fait place à nos chandelles. Çà, qui de vous le premier estropiera le silence [3]?

## COMMENCEMENT DE LA PIÈCE.

GENEVOTE. « Enfin qu'est devenu mon serviteur?

GRANGER *le jeune.* « Il est si bien perdu qu'il ne souhaite pas de se retrouver.

GENEVOTE. « Je n'ay point encore sceu le lieu, ny le temps où commença vostre passion.

GRANGER *le jeune.* « Hélas! ce fut aux Carmes, un jour que vous étiez au sermon.

GRANGER *le père, interrompant.* Soleil, mon soleil, qui tous les matins faites rougir de honte la celeste lanterne, ce fut au mesme lieu que vous donnastes échec et mat à ma pauvre liberté. Vos yeux toutesfois ne m'égorgerent pas du premier coup; mais cela provint de ce que je ne sentois que de loin° l'influence portetrait de vostre rayonnant visage: car ma rechignante destinée m'avoit colloqué superficiellement à l'ourlet de la sphere de vostre activité.

CORBINELI. Je pense, ma foy, que vous estes fol, de les interrom-

---

[1] De poix et de résine.

[2] Le soleil, qui éclaire et échauffe gratuitement.

[3] On croirait entendre ici Cathos ou Madelon. Voilà une métaphore qui prouve la conformité qu'il y avait quelquefois entre le langage pédantesque et le langage précieux.

pre : ne voyez-vous pas bien que tout cela est de leur personnage?

GRANGER *le jeune.* « Toutes les especes de vostre beauté vinrent en gros assieger ma raison ; mais il ne me fut pas possible de haïr mes ennemis, apres que je les eus considerez.

GRANGER *le père, interrompant.* Allons, ma nimphelette, il est vergogneux aux filles de colloquiser *diu et privatim* [1] avec tant vert jouvenceau. Encore si c'étoit avec moy ! ma barbe jure de ma sagesse. Mais avec un petit cajoleur!

CORBINELI. Que diable, laissez-les parler si vous voulez, ou bien nous donnerons vostre rolle à quelqu'un qui s'en acquittera mieux que vous.

GENEVOTE, *à Granger le jeune.* « Je m'étonne donc que vous ne travaillez plus courageusement aux moyens de posseder une chose pour qui vous avez tant de passion.

GRANGER, *le jeune.* « Mademoiselle, tout ce qui dépend d'un bras plus fort que le mien, je le souhaite, et ne le promets pas. Mais au moins suis-je assuré de vous faire paroistre mon amour par mon combat, si je ne puis vous témoigner ma bonne fortune par ma victoire. Je me suis jetté aujourd'huy plusieurs fois aux genoux de mon pere, le conjurant d'avoir pitié des maux que je souffre ; et je m'en vais sçavoir de mon valet s'il luy a dit la resolution que j'avois prise de luy desobeïr, car je l'en avois chargé. Viens ça, Paquier, as-tu dit à mon pere que j'étois resolu, malgré son commandement, de passer outre?

PAQUIER. Corbineli, souffle-moy.

CORBINELI, *tout bas.* « Non, monsieur, je ne m'en suis pas souvenu.

PAQUIER. « Non, monsieur, je ne m'en suis pas souvenu.

GRANGER *le jeune.* « Ha, maraut, ton sang me vangera de ta perfidie. (*Il tire l'épée sur luy.*)

CORBINELI. Fuis-t'en donc, de peur qu'il ne te frappe.

PAQUIER. Cela est-il de mon rolle?

CORBINELI. Ouy.

PAQUIER. « Fuis-t'en donc, de peur qu'il ne te frappe [2].

GRANGER *le jeune.* « Je sçais qu'à moins d'une couronne sur la teste, je ne sçaurois seconder vostre merite.

GENEVOTE. « Les Rois, pour estre Rois, ne cessent pas d'estre hommes ; pensez-vous que.... 

GRANGER *le père, interrompant.* En effet, les mesmes appétits qui

---

[1] Longtemps et en tête à tête.

[2] N'est-ce pas ici le germe de la scène du souffleur, dans les *Plaideurs* de Racine?

agitent un ciron, agitent un elephant. Ce qui nous pousse à battre un support de marmite, fait à un Roy détruire une province. L'ambition allume une querelle entre deux comediens; la mesme ambition allume une guerre entre deux potentats. Ils veulent de mesme que nous, mais ils peuvent plus que nous.

CORBINELI. Ma foy, je vous enchaisneray.

GRANGER *le jeune*. « On croira....

GENEVOTE. « Suffise qu'on croye toutes choses à vostre avantage. A quoy bon me faire autant de protestations d'une amitié dont je ne doute pas? Il vaudroit bien mieux estre pendu au col de vostre pere, et à force de larmes et de prieres, arracher son consentement pour nostre mariage.

GRANGER *le jeune*. « Allons-y donc. Monsieur, je viens vous conjurer d'avoir pitié de moy, et....

GENEVOTE. « Et moy, vous témoigner l'envie que j'ay de vous faire bientost grand-pere.

GRANGER. Comment, grand-pere? Je veux bien tirer une propagation de petits individus ; mais j'en veux estre cause prochaine, et non pas cause éloignée.

CORBINELI. Ne vous tairez-vous pas?

GRANGER. Cœur bas et ravalé, n'as-tu point de honte de consumer l'avril de tes jours à cajoler une fille?

CORBINELI. Ne voyez-vous pas que l'ordre de la piece demande qu'ils disent tout cela?

GRANGER. « Ils n'ont pas assez de bien l'un pour l'autre ; je ne souffriray jamais....

GENEVOTE. « Non, non, monsieur, je suis d'une condition qui vous defend d'apprehender la pauvreté. Je souhaiterois seulement que vous eussiez veu une terre que nous avons à huit lieuës d'icy. La solitude agreable des bois, le vert émaillé des prairies, le murmure des fontaines, l'harmonie des oiseaux, tout cela repeintureroit de noir vostre poil déja blanc.

PAQUIER. « Mademoiselle, ne passez pas outre, voilà tout ce qu'il faut à Charlot. Il ne sçauroit mourir de faim, s'il a des bois, des prez, des oiseaux et des fontaines : car les arbres luy serviront à se guerir du mal des mouches ; les prez luy fourniront de quoy paistre, et les oiseaux prendront le soin de chifler quand il ira boire à la fontaine.

GRANGER. « Ah! sirenique larronesse des cœurs! je vois bien que vous guettez ma raison au coin d'un bois, que vous la voulez égorger sur le pré; ou bien, l'ayant submergée à la fontaine, la donner à manger aux oiseaux.

GRANGER *le jeune.* « Je suis venu....
PAQUIER. « J'ay veu, j'ay vaincu, dit Cesar, au retour des Gaules.
GRANGER *le jeune.* « Vous conjurer....
PAQUIER. « Dieu vous fasse bien, monsieur l'exorciste ! mon maistre n'est pas démoniaque.
GRANGER *le jeune.* « Par les services que je vous ay faits....
PAQUIER. « Et par celuy des morts, qu'il voudroit bien vous avoir fait faire.
GRANGER *le jeune.* « De reprendre la vie que vous m'avez prestée.
PAQUIER. « Il étoit bien fol de vous prester une chose dont on n'a jamais assez.
GRANGER *le jeune.* « Prenez ce poignard. (*Il tire un poignard.*) Père dénaturé, faites deux homicides par un meurtre ; écrivez le destin de ma maistresse avec mon sang, et ne permettez pas que la moitié d'un si beau couple expire de..... Mais à quoy bon tant de discours ? Frappez, qu'attendez-vous ?
CORBINELI. Répondéz donc, si vous voulez. Qu'est-ce ? estes-vous trépassé ?
GRANGER. Ah ! que tu viens de m'arracher une belle pensée ! Je resvois quelle est la plus belle figure de l'antithese ou de l'interrogation.
CORBINELI. Ce n'est pas cela dont il est question.
GRANGER. Et je ruminois encore à ces speculateurs qui tant de fois ont fait faire à leurs resveries le plongeon dans la mer, pour découvrir l'origine de son flux et de son reflux ; mais pas un, à mon goust, n'a frappé dans la visiere. Ces raisons salées me semblent si fades, que je conclus qu'infailliblement....
CORBINELI. Ce n'est pas de ces matieres là, vous dit-on, dont il est question. Nous parlons de marier mademoiselle et vostre fils, et vous nous embarquez sur la mer.
GRANGER. Quoy, parlez-vous de mariage avec cet houbereau ? Estes-vous orbe de la faculté intellectuelle ? Estes-vous heteroclite d'entendement, ou le microcosme parfait d'une continuité de chimeres abstractives ?
CORBINELI. A force de representer une fable, la prenez-vous pour une vérité ? Ce que vous avez inventé vous fait-il peur ? Ne voyez vous pas que l'ordre de la piece veut que vous donniez vostre consentement ? Et toy, Paquier, surtout maintenant garde-toy bien de parler, car il paroist icy un muet, que tu representes. Là donc, dépeschez-vous d'accorder vostre fils à mademoiselle ; mariez-les.
GRANGER. Comment, marier ? c'est une comédie !
CORBINELI. Hé bien, ne sçavez-vous pas que la conclusion d'un poeme comique est toujours un mariage ?

GRANGER. Ouy, mais comment seroit-ce icy la fin? il n'y a pas encore un acte de fait.
CORBINELI. Nous avons uny tous les cinq en un, de peur de confusion : cela s'appelle piece à la polonoise[1].
GRANGER. Ha! bon. Comme cela je te permets de prendre mademoiselle pour legitime epouse.
GENEVOTE. Vous plaist-il de signer les articles? voila le notaire tout prest.
GRANGER. *Sic ita sane,* tres-volontiers. (*Il signe.*)
PAQUIER. J'enrage d'estre muet, car je l'avertirois.

FIN DE LA COMÉDIE.

CORBINELI. Tu peux parler maintenant, il n'y a plus de danger.
GRANGER. Hé bien, mademoiselle, que dites-vous de nostre comedie?
GENEVOTE. Elle est belle, mais apprenez qu'elle est de celles qui durent autant que la vie[2]. Nous vous en avons tantost fait le recit comme d'une histoire arrivée, mais elle devoit arriver. Au reste, vous n'avez pas sujet de vous plaindre, car vous nous avez mariez vous-mesme, vous-mesme vous avez signé les articles du contract. Accusez-vous seulement d'avoir enseigné le premier à fourber. Vous fistes accroire aux parens de vostre fils qu'il étoit fol, quand vous vistes qu'il ne vouloit point entendre au voyage de Venise: cette insigne fausseté luy montra le chemin de celle-cy; il crut qu'il ne pouvoit faillir en imitant un si bon pere.
CORBINELI. Enfin c'est une pilule qu'il vous faut avaler.
LA TREMBLAYE. Vous l'avalerez, ou par la mort....
GAREAU. Ah! par ma fy, je sommes logez à l'enseigne de *J'en tenons*............

---

[1] Nouvelle allusion au mariage de Marie de Gonzague et à la rapidité avec laquelle il s'était conclu.

[2] Molière a encore doublement imité cette scène, d'une manière moins directe sans doute, mais non moins évidente pourtant, que les deux précédentes, d'une part dans le *Malade imaginaire,* où Angélique et Cléante se déclarent leur amour sous les yeux d'Argan, en feignant de répéter une leçon de musique, (II, sc. 6); de l'autre, surtout dans le dénouement de l'*Amour médecin,* où Sganarelle signe réellement le contrat du mariage de sa fille Lucinde avec Clitandre, en croyant ne se prêter qu'à un jeu destiné à guérir la maladie de sa fille. L'imitation est flagrante, mais Molière a donné plus de vraisemblance à la situation, en laissant ignorer à Sganarelle que sa fille est amoureuse de Clitandre, qui joue le rôle du faux médecin, de telle sorte que rien n'est plus naturel que de le voir concourir lui même activement au succès de la ruse dont il est dupe.

FIN.

# NOTICE

## SUR SCARRON.

Il est difficile de fermer un volume consacré particulièrement au théâtre du Marais sans y faire place à Scarron (1610-1660), qui fut l'un des fournisseurs en vogue de ce théâtre et dont presque toutes les pièces y ont été représentées; mais nous ne lui accordons qu'une place très-restreinte et nous le reléguons dans l'appendice, pour certaines raisons très-claires et que le lecteur comprendra facilement, s'il ne les a déjà devinées.

Les œuvres de Scarron ne sont pas plus rares que sa biographie n'est inconnue. Mais de ses pièces de théâtre les unes, comme *Jodelet ou le Maître valet* (1645), *les Trois Dorothées, ou Jodelet souffleté* (1645), l'*Héritier ridicule* (1649), sont antérieures à l'époque où s'ouvre ce recueil, ou même, comme les *Boutades du capitan Matamore* (1647), — s'il est permis de ranger cet ouvrage hybride parmi les pièces de théâtre, — n'ont point paru sur la scène; les autres, comme *Dom Japhet d'Arménie* (1653), sont restées au répertoire et se trouvent reproduites partout; d'autres enfin, comme l'*Écolier de Salamanque, ou les Généreux Amis* (1654), sont des tragi-comédies qui ne rentrent point dans le cadre de cet ouvrage, et dont il est possible de donner des fragments, mais qu'on ne pourrait, sans aller contre le but de notre recueil, réimprimer en entier.

Il n'est guère qu'une seule pièce de Scarron qui rentre entièrement, par sa nature et par la date de sa représentation, dans les conditions voulues: c'est le *Marquis ridicule, ou la Comtesse faite à la hâte*, comédie en cinq actes, en vers, jouée en 1656 (Ant. de Sommaville, 1656, in-12). Dans la dédicace de cette pièce à l'abbé Fouquet, Scarron s'exprime ainsi : « C'est, à mon gré, la mieux écrite de toutes celles que j'ai données au public. » Il y a là du vrai, bien qu'il ne faille point prendre cette phrase à la lettre, et surtout qu'il n'en faille pas conclure que ce soit l'une de ses meilleures comédies. Le *Marquis ridicule* se recommande par la souplesse de la versification, la verve et la verdeur du style. On y trouve quelques caractères bien tracés, entre autres celui de Don Cosme, le doux opiniâtre. La pièce est gaie, et, quoique la plupart des personnages soient gens sans préjugés, il ne s'y rencontre ni autant de licences, ni autant de burlesque et de bas comique que dans plusieurs autres pièces de lui, notamment dans le *Dom Japhet*. Mais le *Marquis ridicule* n'en est pas moins, en son ensemble, une des plus médiocres comédies de Scarron, et, dans les limites restreintes de ce recueil, en présence de l'étendue et du peu d'intérêt d'un ouvrage qui n'est d'ailleurs rien moins que rare, nous nous sommes borné à en détacher une scène en guise d'échantillon.

Nous reproduisons également le premier acte de l'*École de Salamanque ou les Généreux Ennemis*, tragi-comédie en cinq actes, jouée en 1654, publiée l'année suivante (A. de Sommaville, in-12). Elle est, comme on sait, tirée d'une pièce de Lope de Vega. « L'*Écolier de Salamanque*, dit Scarron, dans sa dédicace à S. A. R. Mademoiselle, est un des plus beaux sujets espagnols qui ait paru sur le Théâtre-Français depuis la belle comédie du *Cid*. Il donna dans la vue à deux écrivains de réputation en même temps qu'à moi. Ces redoutables concurrents ne m'empêchèrent point de le traiter : le dessein que j'avois, il y a longtemps, de dédier une comédie à V. A. R. me rendit hardi comme un lion. » Les deux écrivains de réputation dont il est question ici sont Boisrobert et Th. Corneille. *Les Généreux Ennemis*, de Boisrobert, parurent en 1655, chez G. de Luynes, in-12. *Les Illustres Ennemis*, de Th. Corneille, ne parurent qu'en 1658, chez Aug. Courbé. Ces deux tragi-comédies avaient été jouées à l'Hôtel de Bourgogne, où elles alternaient, avant que celle de Scarron ne fût représentée au Marais. La pièce de Scarron n'a rien à redouter de la comparaison. Le premier acte est mêlé de scènes graves et de scènes comiques, qui permettront d'apprécier son talent sous ses diverses faces. Il faut lire l'*Écolier de Salamanque* en entier pour voir avec quelle fermeté et quelle fierté Scarron savait tourner le vers quand il voulait s'en donner la peine, et l'on s'étonnera de trouver plus d'une fois l'accent cornélien sous la plume de ce poëte burlesque.

C'est dans l'*Écolier de Salamanque* qu'a paru pour la première fois le rôle de Crispin, tel que R. Poisson allait le développer et l'établir définitivement au théâtre.

Il est peu d'écrivains sans doute dont la collaboration ait été plus fructueuse pour le théâtre du Marais. Le public se plaisait beaucoup à ses farces, et il ne faudrait pas croire que Molière lui-même l'eût entièrement détrôné. Que dis-je? Sur le théâtre de Molière et de son vivant, plusieurs pièces de Scarron tombées dans le domaine public, l'*Héritier ridicule*, *Jodelet prince*, *Jodelet maître et valet*, *dom Japhet d'Arménie*, comptaient parmi celles qu'on donnait le plus souvent. La cour, sans en excepter Louis XIV, partageait à cet égard les goûts du parterre. On assure que, dans sa jeunesse, il s'amusa tellement à l'*Héritier ridicule* qu'il voulut le voir jouer deux fois, quelques-uns même disent trois fois en un jour : devenu vieux et triste, il semble n'avoir pas beaucoup changé à cet égard. Les registres de la Comédie-Française témoignent, en effet, que, jusque sous le règne de M$^{me}$ de Maintenon, *dom Japhet* et *le Maître valet* étaient fréquemment représentés encore à la cour.

# L'ÉCOLIER DE SALAMANQUE

## OU LES GÉNÉREUX ENNEMIS.

### TRAGI-COMÉDIE.

## ACTE PREMIER.

### SCÈNE PREMIÈRE.

LE COMTE, LÉONORE BEATRIS.

LE COMTE. Vous ne voulez donc pas, Madame, que je sorte ?
LÉONORE. Non, je ne le veux pas. Ferme, ferme la porte.
LE COMTE. Ouvre-moy, Beatris.
BEATRIS.                 Je ne puis ny ne dois.
        Maudit soit le verrouil qui m'a pincé les doigts !
LE COMTE. Beatris !
LÉONORE.           Ferme-la, quoy qu'il te puisse dire.
BEATRIS. Elle l'est, autant vaut.
LE COMTE.               Madame, est-ce pour rire
        Que vous voulez ainsi m'enfermer malgré moy ?
LÉONORE. Non, c'est pour t'éprouver.
LE COMTE.                M'éprouver ! et pourquoy ?
LÉONORE. Tu ne t'en iras pas sans m'avoir écoutée.
LE COMTE. S'il ne tient qu'à cela, vous serez contentée.
LÉONORE. Mais je veux qu'on m'écoute avec attention.
BEATRIS. Mais vous, parlez plus bas de peur d'invasion :
        Nostre vieillard qui dort est d'un sommeil fort tendre ;
        Si vous parlez trop haut, il pourra vous entendre.
LE COMTE. Hé bien, Madame ?
LÉONORE.               Hé bien, pour me faire écouter,

Devrois-je estre réduite à te faire arrester?
Est-ce là l'action d'un amant si fidelle?
LE COMTE. Madame, je me tais; mais vous cherchez querelle.
LÉONORE. Je ne la cherche point; mais toy m'en accuser,
C'est m'en vouloir faire une, et c'est en mal user.
Depuis que tes respects, tes souspirs et tes plaintes
Ont sceu gagner mon cœur et dissiper mes craintes,
Enfin depuis le temps que, la première fois,
Tu me juras de vivre et mourir sous mes loix,
Deux hyvers à la terre ont ses beautez volées,
Et deux étez deux fois les ont renouvellées.
Mon esprit, cependant, par le tien enchanté,
N'a jamais eu soupçon de ta sincérité,
Et sur moins de sermens, de lettres, de promesses,
Ne t'en auroit pas moins témoigné de tendresses.
Pendant cet heureux temps que Tolède et l'Amour
Te faisoient oublier et Madrid et la Cour,
Tu sçais bien que mes yeux des galans de Tolède
Etoient en mesme temps le mal et le remède.
T'ayant donné mon cœur, les autres vainement
Cherchoient dans mes faveurs le moindre allegement.
Quoyque de ton amour trop tost persuadée,
Ma vertu toutesfois m'avoit toujours guidée;
Je réglois mes faveurs aux loix de mon honneur,
Alors que, trop sensible aux souspirs de ton cœur,
Ou, pour dire le vray, trop inconsidérée,
Dans mon appartement je te donne une entrée.
Là, sans prester l'oreille à ma foible raison,
Et sans m'asseurer mieux contre une trahison,
Sur un simple papier tu vois que je m'expose
Aux transports indiscrets d'un amant qui tout ose.
Peut-estre que ton feu devient déjà plus lent,
Parce qu'il a trouvé le mien trop violent.
La crainte d'un mépris m'a déjà l'âme atteinte,
Déjà le repentir accompagne ma crainte;
Mais à ce repentir, cher Comte, si tu veux,
Tu feras succéder la joye, et tu le peux.
Tu sçais que nostre race est égale à la tienne,
Et que, pour estre pauvre, elle est fort ancienne:
Ta promesse t'oblige à me donner la main;
Ta foy, de l'accomplir sans attendre à demain.
Tu dépens de toy-mesme, et contre ta parole

Tu ne peus m'alléguer qu'une excuse frivole ;
Et puisque mon amour fait un excès pour toy,
Il faut que ton amour fasse un excès pour moy.
Mais que dis-je un excès? Tout ce que tu peux faire,
Et mesme cet hymen ne me peut satisfaire,
S'il faut que cet hymen, que ta main m'a promis
Par ton cœur refroidy soit tant soit peu remis.
L'honneur que j'en reçois, qui d'autant plus me touche
Qu'il n'aura rien d'indigne exigé de ma bouche,
Ne se verra jamais hors de mon souvenir,
Et jamais. . . .

LE COMTE.    Je vois bien où vous voulez venir,
Madame ; je vois bien où tend vostre harangue.
Sans tant vous fatiguer et l'esprit et la langue,
Sçachez en peu de mots ce que j'ay sur le cœur :
Il n'est rien de plus vray que vostre œil, mon vain-
[queur,
Est et sera toujours ma Déité visible ;
Mais, Madame, il est vray qu'il m'est autant possible
De ne vous aimer plus, moy qui vous aime tant,
Que d'estre vostre époux, et demeurer constant.
J'adore une maistresse et j'abhorre une femme ;
Je n'ay plus rien à dire après cela, Madame.

LÉONORE.    Tu n'as plus rien à dire à moy! cruel, à moy!
Tu n'as plus rien à dire à qui fait tout pour toy?
Perfide! Il n'est plus temps de déguiser ton crime.
A mon amour au moins tu devois de l'estime,
Et, loin de m'estimer, esprit méconnoissant,
Tu payes mon amour d'un mépris offençant.
J'adore une maistresse, et j'abhorre une femme!
Sont-ce là les discours d'une honneste homme? infame!
Et j'abhorre une femme! à moy, de tels discours!
Moy, Reine de ton cœur, l'arbitre de tes jours!
Moy, ta félicité, ta Déesse adorable,
Sans qui tout autre objet t'étoit insupportable!
Ce sont là les discours si souvent répétez,
Et crus trop aysément, comme trop écoutez.
Tu ne les faisois donc, d'une voix languissante,
Que pour te joüer mieux d'une fille innocente?
Tu me trahissois donc? et de cette action,
Ta vanité se rit à ma confusion?
Mais tu n'es pas encor, scélérat, où tu penses.

Un cœur noble offencé sçait venger ses offences :
Je vengeray la mienne, et si je ne le puis,
Je ne veux plus survivre à l'état où je suis.
La réputation n'est plus considérée,
Quand on est trop éprise, ou trop désespérée.
Tu me verras partout sans cesse sur tes pas,
Tant que sous ma douleur je ne périray pas.
Et quand de ma douleur je seray la victime,
Mon ombre, jour et nuict le bourreau de ton crime,
Te poursuivant partout, méchant, tu serviras
D'épouvantable exemple aux traistres, aux ingrats.
Mais à quoy différer mon trépas davantage?
Il faut que ton fer mesme acheve ton ouvrage.

LE COMTE. Ha! Madame.
LÉONORE. Ha! cruel.
LE COMTE. Et que me voulez-vous?
LÉONORE. Je veux perdre la vie.
BEATRIS. Ha! mon Dieu, filez doux.
Le vieillard réveillé tousse depuis une heure,
Et crache son poulmon depuis deux, ou je meure.
LÉONORE. (*On frappe à la porte.*)
Dieux! l'on frappe à la porte.
BEATRIS. Et mesme rudement.
DOM FÉLIX, *derrière le théâtre.*
Ouvrez.
LÉONORE. Cache-toy donc, de grâce, et promptement.
O quel malheur!
LE COMTE. Qui, moy? me cacher? Dieu m'en garde!
LÉONORE. Ha! songe à mon honneur qui pour toy se hazarde.
LE COMTE. Je pourray bien sauter de la fenestre en bas.
LÉONORE. Elle est grillée.
DOM FÉLIX, *toujours derrière le théâtre.* Ouvrez.
BEATRIS. La clef ne tourne pas,
La serrure est meslée.
D. FÉLIX. A la fin je me fasche;
Ouvrez, dis-je.
LE COMTE. Madame, où faut-il qu'on se cache?
LÉONORE. Saute sur la fenestre, et la ferme après toy.
BEATRIS. Ouvriray-je?
LÉONORE. Attens. Ouvre.
D. FÉLIX. Et l'on se rit de moy!
Chienne de Beatris, si tantost...

BEATRIS. Patience,
Je me brisois les doigts.

## SCÈNE II.

#### D. FÉLIX, BEATRIS, LÉONORE, LE COMTE.

D. FÉLIX, *en entrant*. La belle diligence
A tourner une clef.
BEATRIS. On ne s'en peut aider ;
Il faut un serrurier pour la raccommoder.
D. FÉLIX. Tousjours des serruriers, et de l'argent dépendre [1] !
Les bourreaux de valets ne valent pas le pendre.
Quoy, ma fille vestue au lieu d'estre en son lit !
LÉONORE. J'avois pris mes habits, parce qu'elle m'a dit
Que vous étiez malade.
D. FÉLIX. Il est vray que mon rhume
M'a tourmenté la nuict, et plus que de coustume ;
Mais mon rhume n'est pas ce qui m'amene icy :
Quand on a des enfans on n'est pas sans soucy.
LÉONORE. Hélas ! il sçait ma faute.
D. FÉLIX. Et par trop d'indulgence
On se rend malheureux.
LÉONORE. Mon père, cette offence
Se pourra réparer.
D. FÉLIX. Ouy, j'en auray raison :
Car enfin, c'est jouer à perdre ma maison.
LÉONORE. Il m'a cent fois promis.
D. FÉLIX. Et, folle, à la promesse
D'une inconsidérée et peu sage jeunesse
Veux-tu bien te fier ?
LÉONORE. Mon père, à vos genoux
Je vous promets pour luy qu'il fera...
D. FÉLIX. Mon courroux
L'emporte sur mon sang. Quand on est trop bon père,
On gaste ses enfans. Vostre fripon de frère
A perdu son argent.
LÉONORE. Je reprens mes esprits.
D. FÉLIX. Je crois qu'à Salamanque il emporte le prix

---

[1] Dépenser.

Des fripons signalez. Venez oüir sa lettre.
Je ne m'y fieray plus, il aura beau promettre.

### LETTRE.

*La paix du Seigneur vous soit donnée, etc.*

Le beau commencement de lettre que voicy :
Croit-il me tromper mieux en m'écrivant ainsi ?
*La paix du Seigneur vous soit donnée ! Vous apprendrez, par la presente, que j'ay joué et perdu à la prime l'argent de ma pension; mais au moins j'ay la satisfaction d'avoir perdu mon argent à cinquante-cinq, et qu'il n'a pas moins fallu qu'un flux pour me faire perdre. Je vous prie de ne vous en allarmer point; car j'ay fait serment de ne renvier* [1] *jamais sans les avoir en la main. Vous sçavez mieux que moy, que qui n'a pas de quoy manger court risque de mourir de faim, et que vous estes tenu de m'en fournir, ne vous ayant point prié de me mettre au monde. Au reste, je suis d'une humeur si pacifique, que je ne puis dormir quand j'ay une querelle, si je ne la vuide aussitost. L'autre jour, un écolier aragonnois m'importuna tant pour se battre avec moy, qu'il luy en cousta un œil. Vous voyez par là que je ne suis pas si perdu que vous pensez. Je vous envoye Crispin, que vous me renvoyerez, s'il vous plaist, avec de l'argent. Je me recommande à vos bonnes graces, cher père de mon âme, lumiere de mes yeux. Je prie Dieu qu'il vous conserve, et ma petite sœur aussi, de qui, quoy qu'indigne, je me souviens toujours dans mes oraisons. Vostre humble fils Dom* PEDRE DE CESPEDE. *De Salamanque, ce dernier octobre.*

LÉONORE. La lettre est fort devote.
D. FÉLIX. Et voyez, je vous prie,
Et son hipocrisie et sa veillaquerie [2] :
Un More grenadin est plus que luy devot,
Encor que d'origine il soit chevalier Got;
Je meure, s'il songea jamais à ses prières !
Je luy veux retrancher ses vertus écolières,
Et vous veux faire voir son député badin,

---

[1] « Coucher de l'argent sur une carte au-dessus de celui qui a déjà envié, » c'est-à-dire qui a déjà enchéri. (Dictionn. de Furetière.) On sait que la prime était un jeu de cartes fort à la mode.

[2] Coquinerie. Corneille a employé *veillaque* dans l'*Illusion comique*. Ce mot, déjà un peu vieilli, venait probablement de l'espagnol *villaco*. — gredin.

Un tres-rare animal, moitié cuistre et gredin.
Hola, Crispin.

## SCÈNE III.

#### CRISPIN, DOM FÉLIX, LÉONORE, BEATRIS.

CRISPIN. *Adsum.*
D. FÉLIX. Parle chrétien, sot homme.
CRISPIN. *Non possum.*
D. FÉLIX. Si je prens un baston, je t'assomme.
Pour trois mots de latin que le maroufle sçait,
Il est un importun. Hé bien donc, comment fait
Mon bon vaurien de fils?
CRISPIN. *Male facit.*
D. FÉLIX. Encore!
Ha! je t'étrangleray, pedantesque pecore.
CRISPIN. Tout beau, Monsieur, tout beau, je n'en cracheray plus.
D. FÉLIX. Ton maistre donc?
CRISPIN. Il loge avecque sept goulus
Débauchez comme luy, dans une chambre seule,
Où toujours quelqu'un jure, ou dit des mots de gueule.
L'hyver, le vent y donne autant que dans les champs.
Ils couchent quatre à quatre en deux lits fort méchans.
Les murs y sont parez de rondelles, d'épées,
De portraicts de charbon, de toiles d'araignées.
Ces huict bons écoliers, ou plustost huict bandits,
Choment les samedis comme les vendredis,
Haïssent les leçons comme les patenostres,
Et ne font chaque jour que debaucher les autres.
La nuict venue, ils vont enlever des manteaux,
Plier quelque toilette, et jouer des cousteaux.
Ils se couchent fort tard, et se levent de mesme.
Une servante maigre, acariastre, blesme,
Seiche, ferrant la mule, et qui compte trente ans
Depuis qu'elle renonce à l'usage des dens,
Leur appreste à manger. Chacun y mange en diable,
Ou, si l'on veut, en chien. Un coffre y sert de table;
Du vin à quantité, peu de mets delicats,
Des livres pleins de graisse, y tiennent lieu de plats.
Quand l'un mange trop fort, les sept autres enlevent

|              | Ce qu'il a devant luy, le pillent, et s'en crevent, |
|---|---|
|              | S'entend, alors qu'ils ont prou¹ de quoy se crever, |
|              | Car souvent ce n'est pas coup seur que d'en trouver. |
|              | En peu de mots, voila de vostre fils la vie. |
| LÉONORE. | De sa relation, pour moy, je suis ravie. |
| D. FÉLIX. | Pour un sot de college il parle plaisamment. |
|              | Mais n'a-t-il rien de bon, ce mauvais garnement? |
| CRISPIN. | De bon! Il a tout bon, quoy que j'aye pu dire: |
|              | Il est de bonne humeur, il a le mot pour rire; |
|              | Quand il est question d'un discours serieux, |
|              | Un Caton le Censeur ne le feroit pas mieux. |
|              | Il est officieux, ne refuse personne, |
|              | Il preste sans regret, sans faire attendre donne, |
|              | Il est fort ponctuel alors qu'il a promis, |
|              | Civil, quoyque vaillant, et fait beaucoup d'amis, |
|              | Au reste liberal autant qu'un Alexandre. |
|              | Enfin, c'est grand malheur qu'il n'a de quoy dependre, |
|              | Ayant bon appetit et de meilleures dens. |
| D. FÉLIX. | Voila comme j'étois durant mes jeunes ans. |
|              | Il faut que de mon fils la jeunesse se passe: |
|              | Tiens, voila de l'argent; mais dis luy bien qu'il fasse |
|              | Beaucoup mieux qu'il n'a fait, et qu'il soit menager. |
|              | Quoy! des bottes, faquin, comme un chevau leger²! |
|              | Comment es-tu venu? |
| CRISPIN. | Par la poste, en charrette. |
| D. FÉLIX. | L'invention m'en plaist. Va, ta dépesche est faite. |
| CRISPIN. | Vous n'écrivez donc point? |
| D. FÉLIX. | Non, de l'argent suffit. |
| CRISPIN, *il s'en va*. | C'est agir à mon sens comme un homme d'esprit. |
|              | Que Dieu garde de mal tout pere de la sorte! |
|              | Là dessus je prendray le chemin de la porte. |
| D. FÉLIX. | Je ne sçaurois dormir alors qu'on m'a fasché, |
|              | Et ma toux me reprend quand je veille couché. |
|              | Vous autres, couchez-vous, il est tantost une heure... |
|              | Mais appelez Crispin. J'oubliois, ou je meure, |
|              | De luy dire une chose importante à mon fils: |
|              | Il faut le rappeler; va viste, Beatris. |

¹ Suffisamment.
² Ce vers nous livre un détail caractéristique du costume classique composé pour le rôle de Crispin dès cette première pièce par R. Poisson, et dont les grandes bottes formaient un élément essentiel. Voir notre tome I, p. 406.

BEATRIS. Vrayment, il est bien loin d'icy, le vilain homme :
Il a tiré de longue ayant touché la somme ;
J'aurois beau l'appeler, il ne m'entendroit pas.
D. FÉLIX. La double paresseuse ! à peine est-il en bas.
Il peut estre en la ruë ; appelle à la fenestre.
BEATRIS. De la façon qu'il court, Monsieur, il n'y peut estre.
D. FÉLIX. Peut-estre est-il encore auprès de la maison.
LÉONORE. Et que luy voulez-vous ?
D. FÉLIX. Ouy, je rendray raison
De ce que je commande ?
LÉONORE. Ha ! Beatris, je tremble,
Nostre comte est trouvé, bons Dieux !
BEATRIS. Il me le semble :
D. FÉLIX. Venez voir comme il faut appeler un valet.
On a collé, sans doute, ou cloué ce vollet,
De la façon qu'il tient.
LÉONORE. Ma frayeur est extrême.
D. FÉLIX. Comment, diable ! je crois qu'il s'ouvre de luy-mesme.
Dieux ! qu'est-ce que je vois ?

## SCÈNE IV.

### LE COMTE, DOM FÉLIX, LÉONORE, BEATRIS.

LE COMTE. C'est un homme enfermé,
Qui n'est pas sans courage, et n'est pas mal armé.
D. FÉLIX. O toy, qui que tu sois, de qui je prens ombrage,
Tant pour l'heure, le lieu, que pour ton equipage,
Et de qui la surprise est la conviction [1],
Qui t'a mis en ces lieux ?
LE COMTE. A telle question
Je ne te répondrois qu'avec un coup d'épée,
Si tu pouvois venger ta vieillesse frappée ;
Mais ta main est sans arme, et pour des cheveux gris
Je n'ay point de colere, et n'ay que du mépris.
D. FÉLIX. Permets-moy de sortir, promets-moy de m'attendre,
Et tu seras bien tost reduit à te deffendre.
LE COMTE. Je t'attens, va t'armer, et puis reviens mourir.
LÉONORE. Ha, mon père !

[1] C'est-à-dire : qui es convaincu de ton crime par cela seul que tu es surpris ici.

| | |
|---|---|
| D. FÉLIX. | Ha, ma fille ! |
| LÉONORE. | Où voulez-vous courir ? |
| D. FÉLIX. | Aide à mon ennemy, sers à ton propre outrage ! |
| | Je vois mon deshonneur écrit sur ton visage. |
| LÉONORE. | Mon père, où vous conduit une aveugle fureur ? |
| | Vous ne la pouvez suivre, et sauver mon honneur. |
| | Puis qu'on veut m'épouser, puis qu'on m'aime et que j'aime, |
| | Perdrez-vous mon époux ? vous perdrez-vous vous mesme ? |
| LE COMTE. | Ostez ce nom d'époux de vostre souvenir ; |
| | J'ay promis, il est vray, mais sans vouloir tenir. |
| D. FÉLIX. | Puisque tu l'as promis, il faut que tu le tiennes, |
| | Et l'inégalité de mes forces aux tiennes |
| | Ne diminuera rien de mon ressentiment. |
| | Satisfais Léonore, et sans retardement, |
| | Ou ravis à la fois mon honneur et ma vie : |
| | Ta rage ainsi sera pleinement assouvie. |
| | Tu pretens, moy vivant, refuser, inhumain !... |
| LE COMTE. | A toy, de te combattre ; à ta fille, ma main. |
| | On joint malaisement sous les lois conjugales |
| | Ceux dont les qualitez se trouvent inégales. |
| | Tes injures, tes cris, ne peuvent m'irriter : |
| | Je veux un ennemy qui puisse resister. |
| | Je ne veux point de femme, et quand j'en voudrois une, |
| | J'en choisirois une autre, et d'une autre fortune. |
| | Pour me la faire prendre, il falloit me prier, |
| | Non pas me quereller, non pas m'injurier. |
| | Je ne fais rien par force, et fais tout par prière : |
| | Aux humbles, je suis doux ; aux fiers, j'ay l'âme fière. |
| | Et puis vos déplaisirs me seront imputez ! |
| | Prenez, prenez-vous en à vos temeritez. |
| | J'ay dit sur le sujet tout ce que je veux dire ; |
| | Pensez y meurement, et que je me retire. |
| D. FÉLIX. | Tu ne t'en iras pas sans me faire raison. |
| LE COMTE. | La bravoure sied mal à tout homme grison. |
| D. FÉLIX. | D'autres bras que les miens vengeront mon offence. |
| LE COMTE. | Je m'en vais de ce pas songer à ma deffence. |
| LÉONORE. | Ha ! perfide, sans foy ! |
| LE COMTE. | Ne vous faschez pas tant : |
| | Pour remede à vos maux, j'ay de l'argent comptant. |
| | Adieu, bel ange en pleurs. Et vous, vieillard colère, |
| | Ne vous pressez pas tant de devenir beau-père. |
| | *(Il s'en va.)* |

## ACTE I, SCÈNE V.

D. FÉLIX. Ha, si ton bras m'épargne, insolent ravisseur,
Je prefere ses coups à ta fausse douceur.
M'ayant osté l'honneur en ma fille ravie,
Pour allonger mes maux me laisses-tu la vie ?
Viens, viens finir mes jours, ils n'ont que trop duré ;
Si j'avois moins vécu, j'aurois moins enduré.
Mais differons encor cet extréme remede.
Rappelons cependant Dom Pedre dans Tolede :
Ce fils, que Dieu me laisse, est jeune et courageux,
Il sçaura bien venger un mépris outrageux,
Et si dans ce dessein sa vaillance succombe,
Nous chercherons alors le repos dans la tombe.
Et toy, fascheux objet de mes yeux desolez,
Va-t'en verser plus loin tes pleurs dissimulez ;
Evite ma fureur, crains ton genereux frere,
Et plus que tout cela, crains le ciel en colere :
Il n'est point favorable aux amans aveuglez,
Et fait payer bien cher les plaisirs déréglez.
Beatris, donne-moy l'espée et la lanterne
Qui sont pres de mon lit.

BEATRIS. Je veux que l'on me berne,
S'il ne fera le fou.

D. FÉLIX. Vas y donc promptement.
D'icy pres chaque jour partent journellement
La pluspart des cochers qui vont à Salamanque ;
Si j'attens à demain, j'ay peur que je ne manque
D'un commode moyen de faire revenir
Dom Pedre : je vais donc sa place retenir.
Son coquin de vallet s'est amusé peut-estre,
Et n'aura pas encor retourné vers son maistre.

# LE MARQUIS RIDICULE.

## COMÉDIE.

## ACTE PREMIER

### SCÈNE V.

D. BLAIZE et ses gens, D. COSME, BLANCHE, LIZETTE.

D. BLAIZE.           Hola!
Ne vous dispensez pas, ma sotte valetaille,
En un jour important comme un jour de bataille,
En un temps où l'amour, mon ennemy cruel,
Contre un fier basilic me suscite un duel,
Car ma belle en est un, dont la mortelle veüe
Fait d'un homme vivant un mort à l'impreveüe;
Ne vous dispensez pas, dis-je, mes sottes gens,
D'estre, au moindre clin d'œil, à ma voix diligens,
Afin que la déesse à qui mon cœur encense
Juge de mon esprit par vostre obeïssance.
M'entendez-vous?

D. COSME.          Monsieur, vous commandez icy
Comme maistre absolu.

D. BLAIZE.         Je l'entens bien ainsi.
Mon beau-pere, notez que vous avez la droite,
Notez de la façon qu'avecque vous je traite;
Je ne la donne pas à tous, en bonne foy,
Et ce rencontre icy ne fait pas une loy.
Mais allons de plus prez déployer la faconde,
Devant cette merveille à nulle autre seconde.
Mieux vaut un oisillon qu'on tient dessus le poin
Qu'un grand oiseau de prix volant dans l'air bien loin:

## ACTE I, SCÈNE V.

Vous meritiez un roy, merveille sans egalle ;
Vous n'aurez qu'un marquis sous la loy conjugale.
Ordugno ! que dis-tu de l'application ?

ORDUGNO. Qu'elle est digne de vous.

D. BLAIZE. Elle est d'invention,
Et sans doute elle aura la donzelle attendrie.

ORDUGNO. Il n'en faut point douter.

LISETTE. Quelle pedanterie !
Madame !

BLANCHE. Ha, tais-toy donc, Lisette !

D. COSME, *à part*. Avec le temps,
La cour pourra changer le style et l'air des champs.

D. BLAIZE. Vous estes un long temps, me semble, à me repondre ;
Devroit-on là dessus avoir à vous semondre ?

BLANCHE. Quand bien on m'offriroit ce qui ne se peut pas,
Un epoux plus que vous à mes yeux plein d'appas
Et dont la qualité fust plus considerable,
Ce qui n'est pas possible, encore moins croyable ;
Quand, au lieu de marquis, vous seriez un grand roy,
Le pouvoir que mon pere a toujours eu sur moy,
Qui n'ay jamais songé qu'à l'aimer, à luy plaire,
M'auroit fait consentir au bon choix de mon pere.
Ainsi pour deux raisons j'aime un si digne époux,
Et parce qu'il le veut, et parce que c'est vous.

D. BLAIZE. Ordugno ! Qu'en dis-tu ? la Sibile Cumée
M'eust moins par son discours l'âme entousiasmée.
Ordugno ! l'artisan qui peignit son portrait
N'a pu, le fat qu'il est, la rendre trait pour trait.
Ordugno ! J'ay grand peur qu'une femme si belle
De moy son papillon deviendra la chandelle.
Ordugno !

ORDUGNO. Quoy, Monsieur ?

D. BLAIZE. Elle en tient.

ORDUGNO. Seurement.

D. BLAIZE. Mais à bon chat bon rat, j'en tiens pareillement.
Ordugno ! la maison me choque en sa structure,
Il en faudroit changer toute l'architecture.
La chambre est en bicoin ; tout au moins il faudroit
Abbattre l'angle aigu, pour en refaire un droit.
Ordugno !

ORDUGNO, *d'un ton chagrin, comme ennuyé d'estre tant appelé.*
Monseigneur !

27.

D. BLAIZE. Quelle façon maudite
De repondre ! est-ce point que le faquin s'irrite
D'entendre si souvent Ordugno repeter ?
Sçais-tu que c'est ainsi qu'on se fait maltraiter ?
Sçais-tu que qui t'a fait te pourra bien defaire ?

ORDUGNO. Je crois n'avoir rien fait qui puisse vous deplaire.

D. BLAIZE. Je l'ay fait favory, de page fort galeux,
Dont un meilleur que luy se tiendroit fort heureux,
Et le gredin qu'il est se fait tirer l'oreille,
A cause que parfois à luy je me conseille.
Tous valets sont valets.

ORDUGNO. Mais, Seigneur....

D. BLAIZE. Il suffit ;
Ne me va point chercher dans ton mauvais esprit
De mauvaises raisons, ou nous aurons querelle.
Viens à moy sans gronder, alors que je t'appelle ;
Ne me parle jamais qu'étant interrogé,
Et jamais sans respect, ou bien prens ton congé.

D. COSME. Ne trouvez-vous pas bon, Monsieur, que j'aille faire
Preparer une chambre à Monsieur vostre frere ?
Car je ne pretends pas qu'il loge hors de chez moy.

D. BLAIZE. C'est fort mal pretendu, mon beau-pere.

D. COSME. Et pourquoy ?

D. BLAIZE. Parce qu'en un logis où dormira ma femme,
De mon consentement ne dormira corps d'ame ;
Par corps d'ame, j'entens tous parens, tous amis,
Tous valets, mesme aussi, s'il m'est ainsi permis,
Tous chiens, chats, et chevaux masles, toute peinture
Qui represente au vif masculine figure[1].
Sans doute, vous direz, et vous direz bien vray,
Que je suis fort jaloux ; mais je m'en sçais bon gré.

D. COSME. On ne sçauroit faillir par trop de prevoyance.

D. BLAIZE. Vous me parlez ainsi par pure complaisance.
Vous estes un adroit, Dom Cosme, et je vois bien
Que vous accordez tout et ne contestez rien.
Ces maudits esprits doux sont personnes à craindre ;
Mais jusqu'icy de vous je n'ay pas à me plaindre.
Ordugno !

ORDUGNO. Monseigneur.

D. BLAIZE. Dis-moy quelle heure il est.

---

[1] Ces vers rappellent un trait bien connu de la vie du duc de Mazarin.

ORDUGNO.  Il est déja bien tard.
D. BLAIZE.              . Le souper est-il prest ?
ORDUGNO.  Il le sera bientost.
D. BLAIZE.                    Qu'on me mene à ma chambre!
            Qu'on ne m'y brusle point de pastilles à l'ambre ;
            Que le repas aussi soit sobre et limité,
            Car je ne puis souffrir la superfluité.
            Ordugno !
ORDUGNO.           Monseigneur.
D. BLAIZE.       —          Fais bien la sentinelle,
            Furette bien partout.
ORDUGNO.                    Je vous seray fidelle.
D. BLAIZE.  Allons, dom Cosme, allons, monstrez moy le chemin.
                 — *Il sort.*
            Adieu jusqu'au souper, belle au teint de jasmin !
BLANCHE.  Ha, Lizette !
LIZETTE.            Ha, Madame ! à quelle destinée
            Vous reduit vostre pere avec son hymenée
            Avoit-il de bons yeux quand il vous a choisy
            Ce marquis campagnard, fantasque en cramoisy [1]?

---

[1] Au dernier point, au superlatif, d'une façon éclatante et inaltérable.

# THÉATRE DU PALAIS-ROYAL.

# HISTOIRE

## DU THÉATRE DE MOLIÈRE.

(ILLUSTRE THÉATRE, PETIT-BOURBON, PALAIS-ROYAL.)

Nous n'avons point la prétention d'écrire ici l'histoire complète du théâtre de Molière : ce sujet, infiniment trop vaste, car il entraînerait forcément l'histoire de Molière lui-même, serait en disproportion avec le peu que ce théâtre nous fournira, et, pour ainsi dire, en contradiction avec le titre et le but du présent recueil, consacré à la comédie en dehors de l'auteur du *Misanthrope*. En ces derniers temps surtout, il a été traité par un grand nombre d'érudits, aux travaux desquels nous renvoyons le lecteur pour les détails minutieux qu'il serait impossible autant que déplacé de reproduire ici, et nous avons eu nous-même occasion de l'exposer assez longuement ailleurs[1]. Ajoutons enfin qu'une certaine partie de cette histoire, celle qui lui est commune avec les autres théâtres de l'époque, a déjà été indiquée dans nos précédentes notices.

Nous nous bornerons donc à dessiner les linéaments principaux et à marquer les grandes étapes du sujet, en appuyant seulement sur les points qui nous intéressent d'une façon plus directe.

Le premier théâtre de Molière fut, comme on sait, celui qu'établit aux fossés de la porte de Nesle, tout au début du règne de Louis XIV, une troupe d'*enfants de famille*, sous un nom pompeux, mais conforme à la mode du temps. Les recherches de M. Eudore Soulié ont un peu élucidé l'histoire jusque là si obscure de l'Illustre théâtre. Le premier document connu où son existence se trouve constatée, est un marché du 28 décembre 1643, conclu entre Denis Beys (plus connu sous le nom de *Charles* Beys), Germain Clérin, Jean-Baptiste Poquelin, Joseph Béjart (désigné habituellement sous le nom de *Jacques*), Georges Pinel et Nicolas Bonenfant; damoiselles Madeleine Béjart, Madeleine Malingre, Catherine des Urlis, Geneviève Béjart et

---

[1] Article *Molière*, dans la *Nouvelle Biographie générale*, publiée par la maison Didot.

Catherine Bourgeois, tous associés pour faire la comédie sous le titre de l'*Illustre théâtre*, demeurant faubourg Saint-Germain-des-Prés lès-Paris, proche la porte de Nesle, d'une part, et de l'autre Léonard Aubry, paveur des bâtiments du Roi, pour *esplanader* les abords du jeu de paume des Métayers, « et le tout rendre bien et dûment fait et parfait dans jeudi prochain venant, » c'est-à-dire le 31 décembre. On peut donc fixer l'ouverture de l'Illustre théâtre aux premiers jours de l'année 1644.

La troupe ainsi constituée reçut de nombreuses modifications par le départ de plusieurs associés et l'adjonction de quelques autres. Moins de six mois après, le jeune Poquelin, qui porte déjà le nom de Molière, en est devenu le chef : il figure le premier dans l'acte d'engagement de Daniel Mallet, danseur de Rouen, le 28 juin 1644. Cet acte constate encore la présence dans la troupe, à cette date, de Nicolas Desfontaines, qui était en même temps un poëte dramatique et fut sans doute, avec Molière lui-même et plus tard Magnon, l'un des fournisseurs de l'Illustre théâtre. Dans un document du 17 septembre suivant, un des comédiens associés, Germain Clérin, se qualifie « comédien de la troupe de l'Illustre théâtre, entretenu par Son Altesse Royale. » La protection de Gaston d'Orléans ne put suppléer à la froideur du public. Dès la fin de l'année, on voit l'association accablée de dettes, forcée de faire des emprunts et d'émigrer du jeu de paume des Métayers à celui de la Croix-Noire, situé rue des Barrés, et ayant issue sur le quai des Ormes, au port Saint-Paul. Dans ce nouveau local, elle continue à être *entretenue* par Gaston et à aller quelquefois jouer au Luxembourg, mais sans plus de succès matériel, car il résulte de divers documents que son chef, Molière, fut saisi et emprisonné au grand Châtelet, dans le courant de l'année 1645, pour les dettes de l'association, dont il répondait. Des onze fondateurs de l'Illustre Théâtre, il n'en restait alors que six : Molière, Germain Clérin, Catherine Bourgeois, les trois Béjart frère et sœurs, auxquels il faut joindre un nouveau venu, Germain Rabel.

On ne sait au juste à quelle date ils quittèrent le port Saint-Paul pour retourner au faubourg Saint-Germain, où ils s'établirent cette fois rue de Bucy, dans le jeu de paume de la Croix-Blanche, ni jusqu'à quelle époque ils persistèrent dans ce nouvel essai, qui ne fut pas plus heureux que les précédents. C'est probablement jusque vers la fin de 1646 [1].

Les comédiens de l'Illustre Théâtre prirent alors le parti d'aller tenter la fortune en province. On ne trouve quelques points de repère,

---

[1] E. Soulié, *Recherches sur Molière*, p. 29-49.

dans cette période obscure d'une douzaine d'années, qui va de 1646 ou 1647 à 1658, que grâce au nom de Molière, dont l'éclat naissant jette çà et là sa lueur sur les étapes de ce long voyage : des documents officiels, auxquels se joignent des traditions plus ou moins authentiques, permettent d'en suivre la trace ou d'en constater un souvenir persistant dans quinze à vingt villes de l'ouest et surtout du midi de la France. Pendant le cours de ces pérégrinations, la troupe s'était accrue de Ch. du Fresne, qui paraît s'être associé avec Molière à Nantes en 1648; de Ragueneau (de l'Estang), Châteauneuf du Parc et Mlle du Parc, de Brie et Mlle de Brie, qui se joignirent à elle en 1653 à Lyon ; enfin, en divers endroits, de Ducroisy et de sa femme, probablement de Hubert, de Tristan l'Hermite, de Vauzelles et de Mlle de Vauzelles, dont les noms sont indiqués sur une annotation manuscrite contemporaine de l'*Andromède* de Corneille, parmi les acteurs chargés d'interpréter cette tragédie, côte à côte avec l'*Éguisé* (Louis Béjart le cadet), Molière et autres comédiens connus pour faire alors partie de sa troupe ambulante. L'exemplaire d'*Andromède* qui porte cette indication est un exemplaire de l'édition originale (Rouen, 1651, in-4°); on ignore à quelle date précise se rapporte la représentation de cette pièce par les acteurs dont les noms se trouvent tracés, vis-à-vis les personnages, d'une écriture qui paraît être celle de Molière ; il est probable qu'elle suivit d'assez près l'époque de la représentation primitive, ou du moins de l'impression. En tout cas, aucun doute ne reste sur le point essentiel : il s'agit bien, on le voit par l'ensemble des noms, et par celui de Molière qui les domine tous, de notre troupe ambulante. Parmi les femmes, nous trouvons encore, outre Mlle Hervé, qui n'est autre que Geneviève Béjart, Mlles Menou et Magdelon, qui sont peut-être les noms de baptême ou les noms usuels d'actrices déjà mentionnées [1]. Pour éclaircir tous ces points, discuter les documents, rapprocher les témoignages, expliquer les contradictions, distinguer ce qui est certain de ce qui n'est que probable ou même simplement possible, il faudrait une longue dissertation d'autant plus impossible ici que nous n'en sommes encore qu'aux préliminaires de notre sujet.

En 1658, Molière était rentré définitivement à Paris, avec la plupart de ses compagnons. Le 24 octobre, sans doute par l'influence de Monsieur, auquel avait pu le recommander le prince de Conti, dont il s'était acquis la protection en province, et qui était déjà, on s'en souvient, le patron de l'Illustre théâtre, il obtient la permission de paraître devant

---

[1] Catalogue Soleinnes, n° 1147 ; Paul Lacroix, *la Jeunesse de Molière*, p. 67 et suiv.

le roi sur un théâtre dressé expressément pour lui dans la salle des gardes du vieux Louvre, correspondant à la salle des Cariatides actuelle. La troupe montra son talent dans les deux genres, en jouant *Nicomède* et une farce de son chef : le *Docteur amoureux*. Elle remporta un tel succès, surtout dans cette dernière pièce, que le roi lui permit de s'établir au théâtre du Petit-Bourbon.

L'hôtel du Petit-Bourbon, rue des Poulies, vis-à-vis le cloître Saint-Germain-l'Auxerrois, avait appartenu au fameux connétable et faisait partie des biens confisqués après sa trahison. Il comprenait une grande salle, large « de dix-huit pas communs sur trente-cinq toises de longueur, » dit Sauval [1], et haute en proportion, « ce qui a été cause que, sous Louis XIII, un lieu si vaste et si voisin du Louvre fut choisi pour la représentation des bals, ballets et autres magnificences de son mariage. Louis XIV lui-même s'en est servi jusqu'à nos jours pour ses ballets et pour la comédie. » C'est dans cette salle qu'avaient été représentés le premier opéra italien chanté en France, la *Festa theatrale della finta pazza*, et l'*Andromède* de Corneille, « pièce à machines avec un concert de musique, » de telle sorte que, suivant la remarque d'un historien [2], elle avait été le berceau de l'opéra italien et de l'opéra français, avant de devenir en quelque sorte le berceau de la comédie. En dehors de ces fêtes et de ces représentations théâtrales, elle avait servi une seule fois à un usage politique : à la réunion des États généraux de 1614 [3].

Les Italiens étaient déjà établis au Petit-Bourbon, où ils jouaient les dimanche, mardi et vendredi; Molière, autorisé à y jouer alternativement avec eux, moyennant le paiement d'une somme de 1,500 livres, prit les quatre autres jours de la semaine, qu'on appelait les jours extraordinaires [4]. Ajoutons tout de suite que le départ de ces comédiens, au mois de juillet suivant, lui permit alors de reprendre leurs jours, et que, juste une année plus tard, en juillet 1660, ils furent momentanément remplacés par des Espagnols, venus à la suite de la jeune reine Marie-Thérèse, sous la direction de Sébastien Prado, qui donnèrent dans cette salle trois représentations sans succès.

La troupe de Molière débuta au Petit-Bourbon, le 3 novembre 1658, par l'*Étourdi*, puis par le *Dépit amoureux*, qu'elle rapportait également de province, et qui, comme la précédente, produisit, tous frais déduits, une part de 70 pistoles à chacun des acteurs. Ils

---

[1] *Antiquités de Paris*, I, 210.
[2] E. Despois, le *Théâtre français sous Louis XIV*, p. 28.
[3] V. l'estampe reproduite par le *Magasin pittoresq.*, t. VIII, p. 317, qui donne en même temps une idée de la salle.
[4] *Registre* de la Grange.

étaient alors au nombre de dix seulement : Molière, les deux Béjart, du Parc, de Brie, Ch. du Fresne, M$^{lles}$ Madeleine Béjart, Hervé, du Parc et de Brie, — plus le gagiste Croisac, payé à raison de deux livres par jour. Aux vacances de Pâques de l'année 1659, il s'y fit un changement considérable : le gagiste Croisac fut congédié ; du Fresne se retira ; du Parc et sa femme passèrent au théâtre du Marais. Ils furent remplacés par Jodelet et son frère l'Espy, La Grange, du Croisy et sa femme, de sorte que le nombre des acteurs se trouva porté à douze. C'était trop peu encore : aussi la mort de J. Béjart, le 21 mai 1659, amena-t-elle une interruption de douze jours (jusqu'au 2 juin) dans les représentations.

C'est dans la même salle aussi que furent donnés les *Précieuses ridicules* et *Sganarelle*. La troupe y resta jusqu'au 10 octobre 1660, où elle dut céder précipitamment la place aux ouvriers qui venaient abattre le Petit-Bourbon pour laisser les coudées libres à Claude Perrault et aux plans de transformation du Louvre : c'était s'y prendre longtemps d'avance, car la première pierre de la fameuse colonnade ne fut posée que cinq ans après, et l'on en est réduit aux conjectures sur les motifs de cette démolition prématurée. En échange, Louis XIV accorda à Molière la salle élevée par Richelieu, en 1639, dans l'aile droite du Palais-Royal, à peu près vers l'endroit où commence la rue de Valois, pour la représentation de *Mirame*. Elle était en fort mauvais état : « il y avait trois poutres de la charpente pourries et étayées, et la moitié de la salle découverte et en ruine. » Les réparations et les arrangements, dirigés par l'Espy, demandèrent plusieurs mois, bien qu'on les fît « à la haste et à la légère, » et qu'on se contentât pour plafond « d'une grande toile bleue suspendue avec des cordages [1] », qui demeura ainsi jusqu'au 15 mars 1671. La salle du Palais-Royal n'en était pas moins, par suite de son emplacement et des circonstances où elle avait été bâtie, la plus belle, en même temps que la plus grande de Paris. Selon Sauval, le parterre mesurait neuf toises de large sur dix ou onze de profondeur, et elle pouvait contenir trois ou quatre mille personnes ; mais les remaniements qu'on dut lui faire subir pour les divers services nécessaires à un théâtre public en diminuèrent sans doute considérablement l'étendue, et il est bien certain que, même à l'époque des plus grands succès de Molière, elle ne reçut jamais, à beaucoup près, un nombre aussi élevé de spectateurs.

Pendant cette longue attente, dont la troupe se dédommagea tant bien que mal par des *visites* chez de grands personnages, l'Hôtel de

---

[1] *Registre* de la Grange.

Bourgogne et le Marais ne négligèrent aucun effort pour la démembrer, mais elle demeura tout entière fidèle à son chef. Après avoir fait transporter dans la nouvelle salle les loges et les décors du Petit-Bourbon, elle en prit possession le 20 janvier 1661, et l'inaugura sous d'assez fâcheux auspices, le 4 février suivant, par la chute de *Don Garcie de Navarre*, qui n'eut que sept représentations et qui, à la septième, tomba à une recette de 70 livres. Cette première année, ou du moins la première moitié de cette année, fut d'ailleurs des plus désastreuses pour la troupe, car à la chute de *don Garcie* et aux vacances ordinaires de Pâques, qui durèrent du 1$^{er}$ au 25 avril, il faut joindre encore les quinze jours de relâche, du 27 mai au 12 juin, causés par le jubilé. Heureusement, le succès de l'*École des maris* allait bientôt lui faire oublier ces tristes débuts.

Depuis leur établissement à Paris, les acteurs réunis sous la direction de Molière portaient officiellement le titre de troupe de Monsieur. Outre sa protection, Monsieur leur avait promis une pension de 300 livres chacun, qui ne fut jamais payée [1]. On ne voit pas non plus qu'il ait fait venir ses comédiens en *visite* chez lui, dans les premiers temps, lorsque cette marque visible d'intérêt eût pu leur être le plus utile; la *Gazette* nous apprend, au contraire, qu'il manda plusieurs fois la troupe royale, dans les circonstances où il eût dû plus que jamais réserver son appui à ceux dont il était le protecteur en titre, c'est-à-dire lorsqu'il recevait Louis XIV. Nous en sommes réduits à enregistrer alors, comme les plus grandes preuves de son intérêt, sa présence au spectacle du 12 février 1659 et la représentation qu'il leur demanda, lorsqu'ils étaient déjà allés plusieurs fois à la cour, le 30 août 1660, et qui est ainsi indiquée dans le registre de La Grange : « Joué pour Monsieur au Louvre les *Précieuses* et *le Cocu* » (rien d'inscrit aux recettes). Le 26 novembre de l'année suivante, il fait jouer chez lui les *Fâcheux* et l'*École des Maris;* après quoi, il donne la somme modeste de 275 livres. Le 15 septembre 1664, la troupe va passer huit jours à Villers-Cotterets, « par ordre de Monsieur » ; elle est nourrie et reçoit deux mille livres. Dans cette *visite*, elle joue pour la deuxième fois les trois premiers actes de *Tartufe;* mais, en désirant voir cette pièce, Monsieur faisait œuvre de curiosité plutôt que de protection. Toutefois, s'il faut en croire une phrase de La Grange, qui n'est peut-être qu'une simple formule de respectueuse politesse à l'égard de ce protecteur trop platonique [2], il serait in-

---

[1] *Registre* de la Grange. *Préface* de l'édition de Molière donnée en 1682.

[2] « La troupe, qui avoit le bonheur de plaire au roi, fut gratifiée par Sa Majesté de la salle du Palais-Royal, Monsieur l'ayant demandée pour réparer le tort qu'on avoit fait à ses comédiens. »

tervenu d'une façon efficace, au moment de la démolition du Petit-Bourbon, pour obtenir une autre salle à ses comédiens.

Le véritable protecteur de Molière et de ses compagnons, même dans ces premières années, c'était le roi, auquel ils avaient plu tout d'abord, et qui les faisait souvent jouer devant lui. Il leur avait déjà donné de nombreux témoignages de bienveillance, lorsqu'il résolut de les prendre directement sous son patronage : ainsi il existe notamment une quittance de Molière, datée du 30 juin 1660, pour une somme de 500 livres reçues du roi. M. Taschereau croit que c'était le reçu du semestre d'une pension personnelle de mille livres.

Le 14 août 1665, à Saint-Germain-en-Laye, pendant une *visite*, le roi, écrit La Grange, « dit au sieur de Molière qu'il vouloit que... là troupe désormais luy apppartînt, et la demanda à Monsieur. » En même temps, il lui accorda 6,000 livres de pension, qui furent portées à 7,000 en 1671 [1], et qu'elle reçut toujours exactement, sauf quelques retards, — mais seulement, à ce qu'il semble, jusqu'à la mort de Molière [2]. Les comédiens de l'Hôtel de Bourgogne en recevaient 12,000 ; ainsi la situation financière de la *troupe du roi au Palais-Royal*, comme elle s'intitula à partir de 1665, resta toujours inférieure à celle de sa puissante rivale.

A l'époque où Louis XIV voulut ainsi devenir le protecteur en titre de Molière et de ses compagnons, le *Tartufe* était déjà composé ; il avait été lu en beaucoup d'endroits ; on en avait même joué les trois premiers actes l'année précédente à Versailles, dans les *Plaisirs de l'Île enchantée*, et, parmi les résultats matériels du patronage royal, il faut compter sans doute l'autorisation accordée enfin en 1669 à la pièce hardie si longtemps interdite. De son côté, la troupe, pour reconnaître et stimuler encore la bonne volonté de Louis XIV à son égard, saisissait toutes les occasions et tous les moyens de témoigner son zèle. Le 14 février 1660, elle donnait une représentation *gratis* pour la publication de la paix entre la France et l'Espagne ; le 12 juin 1663, elle faisait faire une neuvaine pour le roi, etc.

La faveur publique, qui alla toujours croissant jusqu'à la mort de Molière, était pour elle une source de revenus plus abondante et plus sûre encore. Des documents précis nous permettent d'établir la situation matérielle des comédiens, de nous rendre compte de leurs succès et de leurs bénéfices. Nous savons déjà que l'*Étourdi* ainsi que le *Dépit amoureux* avaient produit à chaque *sociétaire* 70 pistoles, tous frais

---

[1] C'est à tort, ainsi qu'il résulte du *Registre* de La Grange, et d'un passage du Ms Colbert cité par M. Jal, que MM. Bazin et Taschereau indiquent cette pension comme ayant été tout d'abord portée à 7,000 livres.

[2] Despois, *Théâtre français sous Louis XIV*, p. 101, *note*, et 104.

déduits. Le succès du théâtre paraît surtout dater des *Précieuses*. A la première, dit La Grange, le public avait payé « à l'ordinaire, 15 sols au parterre. » A la deuxième, retardée du 18 novembre 1659 jusqu'au 2 décembre, sans doute par les réclamations et l'opposition des *alcovistes*, le prix fut doublé, et la recette monta à 1,400 livres, total à peu près triple du chiffre le plus élevé qu'on eût obtenu jusqu'alors, ce qui produisit une part de 121 livres à chaque acteur. Ainsi quinze sous, quand on jouait *au simple*; trente quand on jouait *au double*, c'est-à-dire pendant la plupart des premières représentations et tant que le succès d'une pièce se soutenait au même niveau, tel était, au Palais-Royal comme aux théâtres rivaux, le prix du parterre. Il serait difficile d'indiquer exactement celui des autres places, qui semble avoir plusieurs fois varié : on voit du moins, par le registre d'Hubert conservé à la Comédie française (du 29 avril 1672 au 21 mars 1673), que ce prix était de 5 livres 10 sous, comme à l'Hôtel de Bourgogne, pour les premières places, — aux galeries et sur la scène, — pendant les dernières années de la vie de Molière. Dans cette période, où Molière avait atteint le plus haut degré de sa renommée, le *maximum* de la recette dépassait à peine 2,000 livres, et généralement, même pour les pièces les plus courues, il restait *de beaucoup* inférieur. Ce qui, parfois, en diminuait considérablement le chiffre, c'était les difficultés et les longs retards qu'on éprouvait à obtenir de certains hauts personnages le paiement des loges louées par eux, puis le droit que s'arrogeaient une foule de personnes de la maison du roi, particulièrement les mousquetaires, gardes du corps, gendarmes et chevau-légers, d'entrer gratuitement à la Comédie. On sait que les mesures prises par Molière pour faire cesser cet abus occasionnèrent, vers 1665, une scène sanglante, racontée par Grimarest, où Hubert, que nous venons de nommer, se signala par sa poltronnerie, et Béjart jeune par sa présence d'esprit. Il ne semble pas toutefois que, malgré la fermeté de Molière et les ordres du roi, on soit parvenu à supprimer définitivement cet abus [1].

Aux recettes des trois représentations hebdomadaires, s'ajoutaient le paiement d'une somme annuelle de 2,000 livres par les comédiens italiens qui vinrent partager le Palais-Royal avec la troupe de Molière le 18 janvier 1662, la pension royale, à partir de l'an 1665, et le prix des *visites* chez le roi, les princes ou les particuliers. Il importe de donner une idée succincte de ces *visites* et de leurs résultats.

Les plus fructueuses étaient naturellement les représentations à la

---

[1] Taschereau, *Histoire de Molière*, livre II.

cour. Elles furent fréquentes, plus fréquentes que celles des autres théâtres, tant que Molière vécut : la troupe allait surtout jouer devant Louis XIV les pièces encadrées dans un ballet, faisant partie d'une fête, rattachées à un divertissement. La première *visite* à la cour, après la représentation de début dans la salle des gardes, est inscrite par La Grange à la date du 29 juillet 1660, où les comédiens vont jouer à Vincennes, pour le roi, l'*Étourdi* et les *Précieuses*. Elle se renouvelle le 31, puis les 7 et 21 août, puis le 4 septembre au Louvre. Pendant qu'on prépare la salle du Palais-Royal, ils se rendent encore plusieurs fois à la cour, et obtiennent une gratification de 3,000 livres. Le 24 juin 1662, ils partent pour Saint-Germain-en-Laye, y demeurent jusqu'au 11 août, jouent treize fois et reçoivent 14,000 livres. En 1670, à Chambord, où ils sont restés du 30 janvier au 18 février, on leur donne 12,000 livres.

La longueur et les frais de ces déplacements expliquent l'élévation relative des sommes que nous venons d'indiquer. La troupe avait parfois encore, en dehors de la cour proprement dite, des aubaines de cette nature, par exemple le 26 octobre 1660, où elle alla jouer chez Mazarin malade et devant le roi, qui assistait à la représentation *incognito*. Suivant La Grange, elle reçut de Sa Majesté en cette occasion 3,000 livres, et, suivant Loret, 3,000 du cardinal ; mais je ne pense pas qu'il faille, comme on l'a fait, additionner ces deux sommes, et il me paraît beaucoup plus probable que c'est la même gratification, attribuée par l'un à Mazarin, par l'autre à Louis XIV : La Grange n'aurait eu garde d'en oublier la moitié. Notons encore une représentation le 11 juillet 1661 à Vaux, suivie d'une autre, le surlendemain, devant la surintendante, pour lesquelles Fouquet donne 1,500 livres ; une au Raincy, chez la princesse Palatine (8 novembre 1665), payée 1,100 livres ; deux en 1668, chez Monsieur le Prince, payées 1,000 livres chacune ; enfin une devant les filles de la reine, le 14 juillet 1661, qui eut lieu par les soins du marquis de Richelieu, et rapporta 880 livres. C'est également à Vaux, comme on sait, qu'eut lieu, le 17 août 1661, la première représentation des *Fâcheux*, dont La Grange n'a pas inscrit la recette.

D'ordinaire, les prix des *visites* demeuraient bien au-dessous. M. le Grand donnait 400 livres, M. Le Tellier 330, — et c'est également ce que les comédiens touchaient à la suite d'une visite chez M$^{me}$ Sanguin, « pour M. le Prince ; » — M. d'Andilly, 255 ; Monsieur Guénégault, 250 ; la maréchale de l'Hôpital, 244 ; le chevalier de Grammont, 220 ; le duc de Mercœur, 150 seulement. La plupart de ces visites eurent lieu dans les premières années, et spécialement dans l'intervalle qui sépara la fermeture du Petit-Bourbon de l'ouverture du Palais-Royal ; du 10 octobre 1660 au 20 octobre 1661, elles rapportèrent 5,115 livres. Il arriva qu'il y en eut jusqu'à deux en un jour : ainsi, le 13 juillet 1661, la veille de la représentation devant les filles de la reine, la troupe alla jouer à Fontainebleau pour le roi, puis chez la surintendante, l'*École des maris* et le *Cocu imaginaire*. Elle déployait une activité prodigieuse pour suffire à tant de travaux.

Dans les premières années, les frais ordinaires étaient des plus minimes. En 1659 et 1660, ils ne montaient, pour chaque représentation, qu'à la somme de 42 livres 19 sous, ce qui explique comment les faibles recettes qu'on voit alors enregistrées par La Grange, et qui descendent parfois jusqu'à 60 livres (*Jodelet maitre et valet*, 16 juin 1659), même jusqu'à 48 et 40 (11 et 9 mars 1660, avec l'*Héritier ridicule* et *Sancho Pança*), pouvaient suffire à la rigueur, avec les compensations qu'apportaient les soirées plus heureuses. Il y avait trois violons à l'orchestre. L'achat de chandeliers de cristal est noté comme un fait d'une certaine importance, le 11 mai 1660, et la bougie est employée pour la première fois, concurremment avec la chandelle, le 4 novembre 1663, à la première représentation de l'*Impromptu de Versailles*. En 1662, époque de grande prospérité, année de l'*École des femmes*, les frais ordinaires, — pour deux portiers, un sergent et douze soldats aux gardes, une receveuse, quatre ouvreurs de loges, les ouvreuses du théâtre et de l'amphithéâtre, les décorateurs, le concierge, les valets, les quatre violons, la chandelle, les affiches, les charités, une collation pour la troupe, — ne dépassent pas 73 livres 4 sous. Ils s'élèvent beaucoup à l'époque de la représentation de *Psyché*, où le Palais-Royal aborde une nouvelle ère, et se lance dans la voie des grands spectacles à machines.

Aux vacances de Pâques 1671, pour se préparer à jouer cette pièce, la troupe résolut, dit La Grange, « de refaire tout le théâtre, particulièrement la charpente, et le rendre propre pour des machines ; » de faire réparer, peindre et décorer toutes les parties de la salle, qui fut également augmentée d'un troisième rang de loges. Le travail dura près d'un mois, du 18 mars au 15 avril, et coûta une somme de 1,989 livres 10 sous, à laquelle les Italiens contribuèrent pour moitié. Les violons furent portés au nombre de douze. C'est à partir de cette pièce aussi qu'on trouva des musiciens qui, au lieu de chanter dans des loges grillées et treillissées, comme ils l'avaient fait jusqu'à présent, consentirent, « avec quelque légère despence, » à chanter sur le théâtre même, à visage découvert et en costumes.

Recettes et dépenses balancées, la part moyenne de chaque comédien, pendant la vie de Molière, s'élevait à près de 3,700 francs :

c'est ce qui ressort d'une note de La Grange, nous apprenant qu'il avait reçu en quatorze années, depuis son entrée dans la troupe, le 25 avril 1659, la somme totale de 51,670 livres 14 sous. Si l'on veut bien se reporter au temps et tenir compte de la valeur comparative de l'argent, c'était là un assez beau résultat. Les périodes les moins fructueuses furent l'année théâtrale de Pâques 1660 à Pâques 1661 (époque intermédiaire entre la fermeture du Petit-Bourbon et l'ouverture du Palais-Royal, puis correspondant à la représentation de *Don Garcie*), — 2,477 livres 16 sous, — et après celle-là, de Pâques 1665 à Pâques 1666 (pas d'autre pièce nouvelle que l'*Amour médecin*), — 2,243 livres 5 sous. Celles qui rapportèrent le plus furent l'année 1670-1671, qui produisit des parts de 4,689 livres, et l'année 1668-1669 (celle du *Tartufe*), où chaque comédien toucha 5,477 livres 3 sous.

Le nombre des acteurs variait entre dix et quinze : lors de leur établissement à Paris, ils n'étaient que dix, comme nous l'avons déjà indiqué, et douze en 1659. Au mois de juin 1662, ils sont quinze, réduits à quatorze en 1663, par la retraite de l'Espy. En 1665, la mort de du Parc et le départ de M<sup>lle</sup> du Croisy les ramènent à douze. A Pâques 1667, il n'y a plus que onze parts, jusqu'à la clôture de Pâques 1670, par suite de l'émigration de M<sup>lle</sup> du Parc à l'Hôtel de Bourgogne.

A cette dernière date, le départ de Béjart, qui reçoit une pension de 1,000 francs, l'entrée de Baron, puis celle de M<sup>lle</sup> Beauval pour une part et de son mari pour une demie, porte le nombre des parts à douze et demie et des acteurs à treize. Enfin en 1672, pendant l'année théâtrale dont la fin devait amener la dissolution de la troupe du Palais-Royal et son transfert sur une autre scène, Madeleine Béjart étant morte le 12 février et M<sup>lle</sup> La Grange étant entrée à demi-part, la troupe garde le même nombre d'acteurs, mais n'est plus divisée qu'en douze parts.

A partir de 1670, chaque comédien a droit, en outre, à la pension de 1,000 livres, en prenant sa retraite. L'usage de ces pensions existait depuis longtemps déjà au théâtre de l'hôtel de Bourgogne, qui avait même l'habitude, à la mort d'un acteur ou d'une actrice, de faire « un présent de 100 pistoles à son plus proche héritier, » en guise de dédommagement et de consolation. La troupe de Molière fut longtemps avant de pouvoir en user de même, et ce fait suffirait peut-être à prouver que, malgré la faveur du roi et son répertoire de chefs-d'œuvre, elle demeura, du moins jusqu'à cette date, dans un état d'infériorité patent, au point de vue financier, vis-à-vis des comédiens de la rue Mauconseil. Béjart est le premier qui ait joui de cette pension, créée à l'occasion de sa retraite [1]. Ce n'était point d'ailleurs, pour le dire en passant, la seule charge qui grevât la troupe en dehors de ses dépenses journalières, et l'on trouve assez souvent inscrits dans le registre de La Grange, comme dans ceux de Hubert et de La Thorillière, des aumônes particulières et des secours, plus ou moins spontanés, accordés aux pauvres ou aux religieux de divers ordres, surtout aux capucins.

Molière resta au Palais-Royal jusqu'à sa mort, arrivée le 17 février 1673. Le théâtre ne joua pas le dimanche 19, ni le mardi 21; il rouvrit le 24, sous la direction de M$^{lle}$ Molière. Il est à remarquer que la moyenne des recettes ne baissa point pendant les douze représentations qui suivirent; la représentation du *Malade imaginaire* donnée le 14 mars rapporta même 2,034 livres, chiffre supérieur à ce que la pièce avait produit jusqu'alors. Néanmoins l'émigration de quatre acteurs, M$^{lle}$ Beauval et son mari, La Thorillière et surtout Baron, lui porta un nouveau coup très-rude encore. Lulli profita de cette désorganisation pour se faire donner par le roi la salle du Palais-Royal, où il voulait établir son Académie de musique [2]. Dépouillée ainsi de son théâtre, en même temps que privée de son chef illustre, la troupe, à laquelle une ordonnance réunit les meilleurs acteurs du Marais, se transporta rue des Fossés-de-Nesle (actuellement Mazarine), vis-à-vis la rue Guénégaud, dans la salle construite par le marquis de Sourdéac pour y faire représenter des opéras et que venait d'abandonner Lulli. Par un traité conclu le 23 mai, elle s'engageait à payer à M. de Sourdéac la somme de 14,000 livres, à lui accorder en outre une part, ainsi qu'à son associé M. de Champéron, enfin à verser chaque an 2,400 livres pour la location de la salle. Ainsi le théâtre de Molière retournait presque à son point de départ, à deux pas de l'endroit où Geneviève Béjart (M$^{lle}$ Hervé), qui restait seule de ces temps primitifs, avait débuté avec le jeune Poquelin à l'Illustre théâtre, près de trente années auparavant. Nous avons déjà raconté le reste et la réunion définitive des diverses troupes en une seule sur ce théâtre, le 25 août 1680, dans l'*Histoire de l'hôtel de Bourgogne* et dans celle du Marais.

Bornons-nous simplement à ajouter que l'éclatant succès de *la Devineresse* porta les parts, au partage de Pâques 1680, jusqu'à 6,585 livres 10 sous, et qu'après la réunion de toutes les troupes, à Pâques de l'an 1681, quoiqu'il y eût vingt et une parts et un quart, et que la jonction ne datât que du mois d'août précédent, elles se montèrent à

---

[1] Chappuzeau, *le Théâtre français*, 1674, in-12. *Registre* de La Grange.

[2] On sait qu'elle y resta jusqu'à l'incendie du 6 août 1763, puis y revint en 1770, quand la salle eut été reconstruite, jusqu'au 7 juin 1783, où elle fut incendiée de nouveau.

7,455 livres. Il est vrai que les comédiens jouaient tous les jours depuis qu'il n'y avait plus qu'un seul théâtre ; mais, d'un autre côté, ils avaient dû abandonner à peu près complétement l'usage des *visites* chez les grands personnages, qui ajoutaient un appoint considérable aux recettes des représentations publiques.

L'histoire de la troupe de Molière a été presque aussi souvent écrite que celle de son illustre chef, en particulier par MM. Taschereau [1], Hillemacher, Soleirol [2], et par beaucoup d'éditeurs et commentateurs du grand écrivain comique, depuis Aimé Martin jusqu'à M. Louis Moland. Elle se trouve aussi tracée jour pour jour dans les registres *officiels* de la Thorillière (du 6 avril 1663 au 6 janvier 1664 et du 12 janvier 1664 au 6 janvier 1665) et de Hubert ( du 29 avril 1672 au 21 mars 1673 ), mais surtout dans le fameux registre personnel de La Grange, portant pour titre : *Extrait des receptes et des affaires de la Comédie depuis Pasques de l'année* 1659, conservé, comme les précédents, aux archives du Théâtre-Français. L'époque antérieure au 28 avril 1659, date de son entrée au Petit-Bourbon, a été résumée par La Grange d'après les renseignements qu'il avait pu aisément recueillir. C'est la source la plus authentique, la plus abondante et la plus sûre : tous les récents historiens de Molière y ont puisé. A l'heure où j'écris, nous en attendons encore la publication, qui, toutefois, ne tardera plus longtemps. Charles Varlet de la Grange, qui devait être plus tard l'administrateur et le véritable chef de la troupe, en devint l'un des principaux personnages le 14 novembre 1664, lorsque Molière lui céda le titre et les fonctions d'*orateur*, chargé de faire les affiches et les annonces, de haranguer le public [3], etc.

Si l'on veut avoir un tableau pris sur le vif, et sans aucun doute ressemblant dans ses traits principaux, de la troupe de Molière au moment où elle était arrivée déjà à un très-haut degré de prospérité, quoiqu'elle ne fût encore que la troupe de Monsieur, il faut lire l'*Impromptu de Versailles*. On y voit Molière au milieu de ses acteurs,

---

[1] *Histoire de la vie et des ouvrages de Molière*, publiée pour la première fois en 1825, et plusieurs fois réimprimée avec des modifications et des additions. — *Histoire de la troupe de Molière*, publiée dans le journal l'*Ordre*, de 1849 à 1850, et restée incomplète.

[2] *Galerie historique des portraits des comédiens de la troupe de Molière*, 1858, in-12. — *Molière et sa troupe*, 1858, in-8°.

[3] C'est bien à la date du 14 et non du 9, comme le dit M. Jal dans son *Dictionnaire*, que La Grange indique son entrée en fonctions. Cette petite erreur ne vaudrait pas la peine d'être relevée s'il ne s'agissait de M. Jal, qui pousse l'exactitude jusqu'à la minutie et relève sans pitié chez les autres des fautes parfois plus légères encore. Ce n'est pas la seule qu'il ait commise, et cela prouve que personne n'échappe à l'erreur.

les dirigeant par des conseils assidus, les animant et les échauffant de sa flamme. On sent le degré de sécurité auquel il est parvenu depuis ses derniers succès, par la double faveur du public et du roi, — d'une part à la hardiesse de ses épigrammes contre les marquis, de l'autre aux railleries dont il accable résolûment les *grands comédiens*. Il avait fait bien du chemin depuis cinq ans, et ne les étudiait plus pour les copier, mais pour les contrefaire.

Pris à la lettre, l'*Impromptu de Versailles* donnerait à entendre que la troupe était difficile à diriger, qu'elle était pleine de rivalités, de jalousies, raisonneuse et indocile : « Je crois que je deviendrai fou avec tous ces gens-ci, s'écrie Molière... Ah! les étranges animaux à conduire que des comédiens! » Il y a sans doute quelque exagération plaisante dans ce tableau, nécessairement pris par ses côtés comiques et poussé à la charge. Il devait en être de la troupe de Molière comme de toutes les autres, et s'il existait une différence, on peut dire sans crainte qu'elle était plutôt à son avantage, à cause de l'influence personnelle et de la haute position qu'il avait acquise. Elle s'incarnait pour ainsi dire tout entière en son chef, et le registre de La Grange suffirait à montrer la déférence et l'affection que tous les comédiens avaient pour lui.

Molière alimenta son théâtre presque à lui seul. Lors de ses débuts sur la scène du Petit-Bourbon, le dédain ou la jalousie des auteurs en vogue l'avait réduit en quelque sorte à son répertoire de province : l'*Étourdi*, le *Dépit amoureux*, les petites farces, premier fond auquel il ajouta l'année suivante les *Précieuses ridicules*. On le considérait alors, ou l'on feignait de le regarder comme un farceur de bas étage, auquel les bons auteurs, les poëtes reconnus et consacrés, quiconque se respectait enfin, ne pouvait rien apporter sans se compromettre. Ils eussent craint, d'ailleurs, de se brouiller avec les grands théâtres depuis longtemps fondés, en donnant des pièces à cet intrus qui venait s'établir à leur ombre. On ne daigne guère connaître le nom de Molière, d'abord passé sous silence ou estropié, qu'après les *Précieuses ridicules*; il est même à remarquer que la première édition de cette pièce (Guill. de Luynes, 1660) ne porte ce nom, qui n'était pas encore un élément de succès, nulle part, ni à la fin de la préface, ni dans le privilége. Loret ne le désigne qu'après l'*École des maris*, et encore en l'appelant *Molier*; quant à la *Gazette*, elle persiste à ne point le connaître. Molière lui-même se faisait tout petit devant ses puissants rivaux : lorsque, à son retour de province, il fut admis à jouer au vieux Louvre devant le roi, il eut soin, dans un humble discours, de présenter ses acteurs et lui-même comme de *très-faibles copies* des *excellents originaux* de l'Hôtel de Bourgogne, qui, dit-on, assistaient à la représentation, et qui ne furent pas sans doute désarmés par cette modestie plus habile que sincère, bien qu'elle fût généralement prise au mot. Bientôt, le succès croissant de ses œuvres dut encore davantage fermer la porte de son théâtre aux autres auteurs, du moins aux auteurs comiques, en ne laissant plus à sa troupe et au public d'autre désir que de jouer et d'entendre ses pièces. Il tenta même, jusqu'à un certain point, de remplacer les poëtes tragiques, et il eût sans doute continué dans cette voie sans l'échec, aussi heureux pour lui que pour nous, de *Don Garcie de Navarre*. Ce n'était ni cupidité, ni égoïsme, ni orgueil, comme le disaient ses ennemis ; c'était le résultat naturel de sa situation et de son succès : il obéissait au vœu général et en particulier au désir de ses comédiens. Personnellement, il était si éloigné d'écarter les écrivains dramatiques en renom ou les talents encore inconnus, que ce fut lui qui ouvrit la carrière à Racine débutant, en accueillant, à des conditions avantageuses pour le jeune poëte, la *Thébaïde* et *Alexandre* (on sait que la rupture de ces relations ne vint pas de Molière), et qu'il témoigna toujours de grands égards au vieux Corneille, dont il jouait souvent les tragédies et dont il reçut, à la suite l'une de l'autre, deux des dernières et des plus médiocres pièces, — *Attila*, puis *Tite et Bérénice*, — en les lui payant chacune 2,000 livres, somme considérable pour l'époque. Mais il n'était pas sans inconvénients de venir se faire jouer à côté de lui, et la plupart des écrivains dramatiques à la mode évitèrent ce dangereux honneur.

Nous ne parlons pas, bien entendu, des pièces qu'il empruntait aux autres théâtres et dont il entretenait son répertoire courant, selon l'usage, dans les intervalles de ses propres ouvrages, ou pour les accompagner. Celles qui reparaissent le plus souvent sont les *Visionnaires* de Desmarets; *Jodelet maître et valet*, *Jodelet prince*, l'*Héritier ridicule*, *Don Japhet d'Arménie*, de Scarron ; le *Cid*, *Horace*, *Cinna*, *Héraclius*, *Nicomède*, *Rodogune*, la *Mort de Pompée*, *Sertorius*, le *Menteur*, de Corneille ; la *Marianne* et la *Mort de Crispe*, de Tristan ; *Venceslas* et *la Sœur* de Rotrou ; *Scévole*, *Alcionée*, de Du Ryer; *Dom Bertrand de Cigarral*, le *Geôlier de soi-même*, de Thomas Corneille ; la *Folle Gageure*, de Boisrobert; le *Campagnard*, de Gillet de la Tessonnerie; *Don Quichotte*, et *Sancho Pança*, de Guérin de Bouscal ; l'*Endymion*, de Françoise Pascal (?) ; *Félicie* (*les Charmes de*), par Pousset de Montauban ; la *Mère coquette*, de Quinault, etc. On voit qu'elles étaient empruntées un peu partout et à la plupart des auteurs connus, indistinctement.

Quant aux ouvrages nouveaux, représentés pour la première fois sur son théâtre, outre les noms de Racine et de Corneille, déjà cités p haut, de Magnon, qui continua par *Zénobie*, au théâtre du Petit-Bourbon (12 décembre 1659), les relations qu'il avait nouées par *Artaxerce* avec l'Illustre théâtre, nous ne relevons dans le mémorial de La Grange, d'une manière absolument certaine, que les noms et les titres suivants : *Pylade et Oreste*, de Coqueteau de la Clairière (1659); la *Vraie et Fausse Précieuse* (1660) et *Huon de Bordeaux* (id.) de Gilbert; le *Riche impertinent*, de Chappuzeau (1661), six jours après le *Tyran d'Égypte*, pièce anonyme qui n'eut que deux ou trois représentations; l'*Arsace*, de J. Le Royer de Prade (1662) ; *Tonnaxare*, de Boyer (id.), la *Bradamante inconnue* (19 janvier 1664), « qui nous avoit été donnée et commandée de la jouer, dit La Grange, en son style peu académique, par M. le duc de Saint-Aignan, premier gentilhomme de la chambre, qui avoit donné 100 louis d'or à la troupe pour la dépense des habits, qui étoient extraordinaires » ; la *Coquette ou le Favory*, tragi-comédie de Mlle Desjardins (24 avril 1665); de Visé, la *Mère coquette ou les Amans brouillés* (1665), la *Veuve à la mode* (1667), la pastorale de *Délie* (id.), l'*Accouchée ou l'Embarras de Godard* (mentionnée pour la première fois dans le voyage à Versailles du 6 au 9 novembre 1667), les *Maux sans remède* (1669), les *Maris infidèles ou l'Amy de tout le monde* (1673), de Subligny ; la *Folle Querelle* (1668) et le *Désespoir extravagant* (1670) ; enfin des farces, parmi lesquelles une seule, le *Grand benêt de fils aussi sot que son père* (1664), a un auteur nommé par La Grange, à savoir Brécourt. C'est donc à tort, comme nous l'avons déjà dit dans notre note sur ce comédien [1], qu'on a attribué cette farce à Molière, mais il faut avouer que ce n'était pas sans vraisemblance, tant le titre semble indiquer le premier germe de M. Diaforus et de son fils Thomas. Les autres farces sont anonymes aussi bien qu'inconnues. On ne sait ce que peuvent être *Plan-plan*, joué avec *Don Garcie* (6 février 1661), la *Casaque* (25 mai 1664), le *Fin* (ou plutôt le *Feint*) *Lourdaud* (20 novembre 1668). — *Gorgibus dans le sac*, mentionné constamment dès les premières années ; les *Trois docteurs* (27 mars 1661), le *Docteur pédant*, donné d'abord au Petit-Bourbon, puis au Palais-Royal le 1er février et le 13 avril 1663, la *Jalousie du Gros-René*, *Gros-René écolier* (mentionné sous ce titre, le 25 avril 1664, par La Grange, mais sous le titre de *Gros-René petit enfant*, par La Thorillière); le *Fagoteux*, désigné ainsi par La Thorillière le 20 avril 1663, mais inscrit par La Grange le même jour sous ce simple titre : *une farce*, peuvent passer aussi pour de petites pièces de Molière, et les titres de la plupart sembleraient indiquer le point

[1] Tome I, p. 482.

de départ de quelques-unes de ses comédies futures; mais la méprise causée par le titre du *Grand benêt de fils* doit rendre très-circonspect dans ces conjectures.

Il pourrait se faire qu'il fallût ajouter à cette liste un très-petit nombre d'autres ouvrages, car La Grange, malgré son habitude, oublie ou néglige parfois d'indiquer en marge que telle pièce est une *pièce nouvelle*. Joignons enfin aux noms précédents, pour être tout à fait complet, le nom de La Calprenède, inscrit dans le registre, au mois de mars 1663; avec la mention qu'il a reçu 800 livres « pour une pièce qu'il doit faire, » mais que Molière eut l'esprit de ne jamais jouer, s'il la fit.

A partir du *Tartufe* surtout, les représentations d'œuvres étrangères deviennent de plus en plus rares. Si de cette liste nous retranchons, d'une part toutes les tragédies, tragi-comédies ou pastorales, de l'autre la très-grande quantité d'ouvrages qui n'ont pas été imprimés et qu'on ne connaît encore aujourd'hui que par leurs titres, il reste en tout quatre pièces, dont trois de Visé : la *Mère coquette*, la *Veuve à la mode* et l'*Embarras de Godard*; l'autre de Subligny, la *Folle Querelle*, — par une de plus. — On ne s'étonnera donc point du petit nombre de nos reproductions : chacun des deux auteurs a sa part, et tout ce que nous avons pu faire de plus, c'est d'ajouter dans l'appendice quelques extraits d'un autre ouvrage qui ne fut joué que plus de six ans après la mort de Molière, et où, d'ailleurs, le nom de Visé reparaît encore.

# JEAN DONNEAU DE VISÉ.

(1638-1710.)

# NOTICE

## SUR JEAN DONNEAU DE VISÉ

### ET SUR *L'EMBARRAS DE GODARD*.

Jean Donneau, sieur de Visé, naquit à Paris, en 1638 [1], d'une famille d'ancienne noblesse, s'il faut l'en croire et accepter la généalogie qu'il a dressée dans le *Mercure galant* du mois de février 1699. Son père, Antoine Donneau de Visé, est qualifié dans l'acte de baptême de son fils « maréchal des logis de Monsieur. » Son oncle, Henri Donneau de Visé, était un des trente-six gentilshommes servants du roi ; son cousin germain, Gaspard Donneau, se qualifie, en 1677, dans un acte de mariage, « maître d'hôtel ordinaire de la Reine, colonel de cavalerie, ci-devant lieutenant des gardes du corps de Sa Majesté. » Ses parents le destinaient à l'état ecclésiastique, mais, quoiqu'il eût déjà obtenu quelques bénéfices, il y renonça, afin de se livrer tout entier à son penchant pour les lettres et le théâtre. Visé débuta de bonne heure ; il composait déjà, dit-on, des pièces et nouvelles *galantes* avant d'avoir atteint sa vingtième année.

Dans notre notice sur de Villiers, au premier volume de cette collection, nous avons exposé la confusion, favorisée par la ressemblance des initiales, qui s'est très-fréquemment produite entre cet acteur-auteur et de Visé, et qui a fait attribuer à celui-ci plusieurs des ouvrages de celui-là. Nous croyons avoir prouvé de façon à n'avoir pas besoin d'y revenir que de Villiers est le véritable auteur non-seulement de *Zélinde*, comme on l'avait déjà dit avant nous, mais de la *Vengeance des marquis*, et, dans un autre genre, des *Nouvelles nouvelles* [2] et des *Diversitez galantes*, attribuées sans cesse à de Visé. Mais cette ressemblance des initiales ne suffit pas peut-être à expliquer complétement une telle confusion, qui, chez quelques biographes, s'étend même au delà des ouvrages nommés plus haut, et il est probable qu'elle fut accrue par quelques autres circonstances. De Visé paraît avoir été ce qu'on appellerait aujourd'hui un industriel littéraire, un *faiseur*. A partir surtout de la fondation du *Mercure galant* en 1672, il devint un personnage qu'il fallait

---

[1] Et non en 1640, comme le disent les biographies. Son acte de baptême, découvert par M. Jal, est du 3 décembre de cette année.

[2] Les *Nouvelles nouvelles* portent simplement sur le titre : « par M. de... », et l'Épitre dédicatoire est signée D. Ajoutons pourtant que l'auteur, dans le Privilége, est nommé Jean D., et que Jean est le prénom de Visé : ce prénom, très-commun, était sans doute aussi celui (que nous ne trouvons indiqué nulle part) de l'acteur-auteur Villiers, comme il le fut de son fils.

ménager, dont on demandait l'appui, la collaboration plus ou moins réelle, plus ou moins sérieuse, sous le patronage duquel certains auteurs aimaient à placer leurs œuvres, au risque de se dépouiller de leur gloire à son profit, et qui endossait lui-même avec complaisance des productions dont on pouvait avoir des raisons diverses de lui prêter ou de lui laisser prendre la paternité, soit pour décliner une responsabilité gênante en s'abritant derrière un homme d'une autorité reconnue, soit pour profiter de l'influence d'un nom célèbre et d'une publicité considérable. Je suis obligé d'employer des termes qui sont des anachronismes en parlant d'un auteur qui a si bien devancé son temps.

Actif, remuant, intrigant, coureur de salons, de bureaux d'esprit et de ruelles, en rapport avec la plupart des écrivains, avec les comédiens, avec la Cour, qu'il accablait de ses flatteries et qui le protégeait, avec les gens de qualité, dont il avait su se faire des amis et des soutiens, historiographe du roi, qui le pensionnait et l'avait logé au Louvre, homme d'esprit autant que de ressource, véritable Parisien de naissance et de tempérament, de Visé était, dans certains cas, un prête-nom ou un collaborateur précieux, capable de payer sa part en travail, plus capable encore de la payer en démarches, en influence et, comme on dirait maintenant, en *réclames*. Il est à remarquer, nous le verrons, que plusieurs des pièces inscrites sous son nom, et généralement les meilleures, sont indiquées comme faites en collaboration avec un autre, — ce qui permet de croire, par suite des considérations précédentes, que ce n'est pas à lui qu'en revient la part la plus importante, — sans parler de celles que nous lui avons enlevées pour les restituer à de Villiers.

En rendant à de Villiers *Zélinde*, les *Nouvelles nouvelles*, etc., de Visé y gagne plus qu'il n'y perd, car il en résulte que les critiques, non pas violentes, comme on l'a dit quelquefois, mais assez perfides, bien qu'embarrassées et mêlées d'éloges, contre la *Sophonisbe* de Corneille et les diverses pièces de Molière, qui se lisent vers la fin des *Nouvelles nouvelles*, et les attaques plus prononcées de *Zélinde* contre ce dernier, ne sont pas de lui et que, par conséquent, il n'a pas chanté la palinodie en prenant plus tard la défense de *Sophonisbe* contre l'abbé d'Aubignac [1] (qu'il n'aimait pas et qu'il attaque volontiers) et en écrivant l'apologie du *Misanthrope*. On l'a généralement accusé d'avoir écrit cette apologie pour s'ouvrir le théâtre du Palais-Royal : en tout état de cause, cette explication ne saurait être exacte, car de Visé était en rapport avec ce théâtre, par la *Mère coquette*, dès le 23 octobre 1665 — et même auparavant, par la réception et les répétitions de la pièce, — c'est-à-dire plus de sept

---

[1] Remarquez que les *Nouvelles nouvelles* sont de 1663, et que c'est aussi la date de la *Défense de la Sophonisbe de P. Corneille*, par Visé, de telle sorte que son attaque et son apologie seraient justement de la même année. En lisant les deux appréciations rapprochées dans le 1ᵉʳ volume du *Recueil de dissertations* de l'abbé Granet, on admet difficilement qu'un homme, quelle que soit sa versatilité, ait pu pousser le mépris de son opinion et l'insouciance de la contradiction assez loin pour écrire en même temps le pour et le contre, non pas seulement sur le même homme, mais sur la même pièce.

mois avant le *Misanthrope*. Il est vrai que ses ouvrages se multiplièrent ensuite sur cette scène, et que son apologie put bien n'être pas étrangère à ce fait. Qui sait? Molière lui-même, dans sa campagne contre les marquis, était désireux peut-être de se concilier un homme qui avait tant de relations et dont l'appui n'était pas inutile. Il n'y a rien d'excessif à le supposer. L'auteur du *Mercure galant* surtout était en position de rendre à Molière de véritables services, mais le *Mercure galant* ne fut fondé qu'en 1672, et on ne voit pas qu'il y ait beaucoup fait pour les intérêts du grand poëte comique ou de sa troupe. S'il ne l'y rabaisse pas, comme on l'a dit à tort, si même il le loue plusieurs fois, cela ne l'empêche pas du moins de donner des éloges semblables aux écrivains les plus subalternes, par exemple de défendre l'abbé Cotin à propos des *Femmes savantes*, en protestant, d'ailleurs, qu'on a eu tort de vouloir le reconnaître sous le masque de Trissotin. Les auteurs qu'il loue avec le plus de prédilection, c'est Boyer, Benserade, Boursault, Quinault, Perrault, Mlle de Scudéri, Mme Deshoulières, Corneille enfin, dont il exalte les dernières pièces, tant parce qu'il avait Th. Corneille pour principal collaborateur que parce qu'il était du parti qui cherchait à faire du vieux poëte une arme de guerre contre Racine.

C'est surtout par son *Mercure galant* que Visé garde une place dans l'histoire littéraire. Quoique ce recueil, suivant la Bruyère, fût immédiatement au-dessous de rien, et malgré les fadaises de toute sorte dont il est rempli, il n'en exerça pas moins une influence considérable : les journaux étaient rares alors, et l'alliance de la littérature à la politique faisait du *Mercure* une publication plus complète en son espèce que la *Gazette de France*. On sait que Boursault, un auteur qui n'était pas moins en quête de l'actualité que Visé lui-même, composa sur le *Mercure galant* une pièce épisodique, restée l'une des plus célèbres de son théâtre. Visé, bien qu'il n'y fût point personnellement mis en scène, s'adressa au parlement pour en demander la suppression; on le renvoya au lieutenant de police la Reynie, qui se contenta de supprimer le titre de l'ouvrage. La susceptibilité et le crédit de Visé ne purent obtenir davantage. La pièce de Boursault s'appela dès lors la *Comédie sans titre*. Mais les railleries mêmes de la *Comédie sans titre* prouvent la vogue et la puissance de ce périodique, qui servait « de secrétaire à tout le genre humain. » — C'est cette universalité, ce mélange de tous les genres et de tous les intérêts qui faisaient le succès du *Mercure*. Il s'adressait à tout le monde, chacun y trouvait quelques pages qui semblaient écrites spécialement pour lui. Dans son *Avis au lecteur*, Boursault proteste qu'il n'a voulu « donner aucune atteinte à un livre que son débit justifie assez. » La vogue du recueil de Visé est attestée encore par la pièce d'*Arlequin Mercure galant*, jouée au Théâtre-Italien le 22 janvier 1682, comme par les contrefaçons nombreuses qu'on en faisait.

Le Catalogue Soleinnes (n° 1412) décrit ainsi le théâtre de Visé, possédé par le célèbre collectionneur. — Théâtre complet de Jean Donneau, sieur de Visé; éditions originales, 5 vol. in-12, contenant : *Zélinde* (de Villiers); — *La Mère coquette, ou les Amans brouillez*, 3 a. v. Th. Girard, 1666; — *La Veufve à la mode*, 1 a. v. Nic. Pépinglé (*sic*), 1667 (on lit à la fin de cette édition : *Fin de la Veufve à la mode, comédie de M. de Molière*); — la même, J. Ribou, 1668 ; — *Délie*, pastorale, id., 1668 ; — *L'Embarras de Godard ou l'Accouchée*, id. 1668 ; — *Les Amours de Vénus et d'Adonis*, trag. 5 act. et prol., en vers, Cl. Barbin, 1670 ; — *Le Gentilhomme guespin*, comédie, id., 1670 ; — *Les Intrigues de la Lotterie*, Th. Jolly, 1670 ; — *Les Amours du Soleil*, tragédie en machines, Cl. Barbin, 1671. — *Les Amours de Bacchus et d'Ariane*, com. héroïque, P. Le Monnier, 1672 ; — *La Comète*, C. Blageart, 1681 ; — *La Devineresse, ou les Faux Enchantemens*, id. 1680 ; — *Les Dames vengées, ou la Dupe de soy-mesme*, Michel Brunet, 1695.

En dehors même de *Zélinde*, ces pièces ne sont certainement pas toutes de lui, ou de lui seul. Son nom ne figure ni sur les titres, ni dans les priviléges. Suivant le rédacteur du catalogue, la pastorale de *Délie*, jouée au Palais-Royal le 28 octobre 1667 et désignée dans le registre de La Grange sous le simple titre de *la Pastorale*, serait de Champmeslé. *La Devineresse* et les *Dames vengées* ont été faites en collaboration avec Thomas Corneille, ou Corneille de l'Isle, son principal auxiliaire au *Mercure galant*. *La Veufve à la mode* est donnée carrément à de Villiers par l'auteur de la *Bibliothèque des théâtres*, Maupoint, dont l'autorité, il est vrai, n'est pas très-grande, comme les *Coteaux* de Villiers sont attribués à de Visé par Chappuzeau, — nouveau témoignage de la confusion qui se faisait perpétuellement entre leurs initiales communes. Elle est inscrite par La Grange sous le seul nom de Visé. Quant à l'indication très-imprévue qui se trouve à la fin de la première édition décrite dans le Catalogue Soleinnes, est-il besoin d'ajouter qu'elle n'a aucune valeur ? Il suffit de parcourir cette petite pièce, tableau bourgeois, *réaliste* comme on dirait aujourd'hui, et naïvement satirique, qui laisse voir une intention de comédie, mais ne tient pas sa promesse, et dont le principal intérêt consiste pour nous dans l'exactitude de l'observation familière et la vérité du menu détail, pour voir qu'il est impossible d'y reconnaître Molière, soit au style, soit à la peinture des physionomies qui viennent défiler successivement sous les yeux du spectateur comme dans une pièce à tiroirs. Tout au plus, avec un peu de bonne volonté, pourrait-on reconnaître son influence, son conseil, à quelques traits de caractère, malheureusement trop rares, et à la conduite de quelques scènes : la *Veuve à la mode*, en effet, fut jouée, d'ailleurs sans succès, sur le Théâtre du Palais-Royal, ou elle n'eut que six représentations (du 15 au 27 mai 1667). Voilà toute la portée qu'on puisse reconnaître à cette indication, si toutefois elle a besoin d'être expliquée autrement que comme la lourde et grossière erreur d'une édition hâtive, où le nom même du libraire est défiguré. Elle ne s'ajoute pas moins comme une confusion de plus à toutes celles dont Visé et ses œuvres ont fourni la matière.

En compensation des pièces que nous avons enlevées à Visé sur la liste du Catalogue Soleinnes, il faut grossir cette liste de plusieurs autres ouvrages :

— *Les Maux sans remède*, comédie mentionnée comme anonyme par les frères Parfaict, Léris, etc., et que nous rencontrons avec le nom de Visé sur le Registre de La Grange, à la date du 11 janvier 1669.

— *Les Maris infidèles, ou l'Amy de tout le monde*, comédie donnée au Palais-Royal le 24 janvier 1673, et qui n'eut que quatre représentations. Cette pièce, demeurée inédite comme la précédente, a été l'objet de quelques erreurs et confusions singulières de la part des bibliographes dramatiques. Les frères Parfaict (t. XI, p. 274), faisant deux ouvrages de ces deux titres, ont enregistré à sa date l'*Amy de tout le monde* comme une comédie d'un *auteur anonyme*, n'ayant eu *qu'une seule* représentation et donnée *à la suite* des *Maris infidèles*, dont ils ne parlent d'ailleurs nulle part. Léris, dans son *Dictionnaire des théâtres*, après avoir répété et aggravé ces erreurs, inscrit à son ordre alphabétique la pièce des *Maris infidèles*, « tragi-comédie (lisez *comédie*) de D. V. (lisez *de Visé*) en 1665 (lisez 1673). » La Vallière et Beauchamps n'ont inscrit cette pièce ni sous l'un, ni sous l'autre de ses titres.

— L'*Inconnu*, enregistré par La Grange à la date du dimanche 17 novembre 1675, sous les noms de MM. de l'Isle et de Visé. Mais il doit y avoir eu bien peu de part, si même sa collaboration ne se borna pas à mettre son nom sur l'affiche et à passer à la caisse, car la pièce a été recueillie dans les œuvres de Th. Corneille, sans aucune indication relative au nom de Visé.

Les frères Parfaict mentionnent encore *le Vieillard couru*, comédie non imprimée (1696), sur laquelle tout renseignement fait défaut, et les *Recherches* de Beauchamps, l'*Amour échappé*, qui est un roman, non une pièce.

La plupart des œuvres de Visé ne sont pas seulement médiocres, elles sont mauvaises. En vrai journaliste, il a traité souvent des sujets d'actualité, — par exemple, sans parler ici de la *Devineresse*, dans les *Intrigues de la loterie*, pièce illisible, presque incompréhensible, dont l'intérêt spécial comme document sur l'un des usages et l'une des passions de l'époque, sur la naissance d'une *institution* célèbre, disparaît sous le galimatias de l'auteur; dans *la Comète*, inspirée par l'apparition de cette comète de 1680, qui donna à Bayle l'idée d'un livre de philosophie sceptique; ou bien de petits tableaux de mœurs, comme dans la *Veuve à la mode*, l'*Embarras de Godard* et le *Gentilhomme guespin*, pièce assez gaie, mais d'un comique bas et grossier.

Parmi les comédies qu'on ne lui conteste pas, la meilleure est sans doute la *Mère coquette*, qu'il fit à l'âge de vingt-cinq ans et où il mit plus de talent, de soins et d'efforts, parce que c'était le début de ses relations avec Molière et sa première œuvre au théâtre. L'idée est ingénieuse et comique, l'intrigue bien menée; plusieurs personnages sont peints d'une façon plaisante, sans charge; quelques scènes, ou du moins quelques situations, ne semblent pas indignes de Molière. On y trouve enfin un assez grand nombre de vers spirituels, bien que la versification soit la partie faible. La *Mère coquette* fit du bruit même avant sa naissance. Quinault, quelques jours auparavant, avait fait jouer à l'Hôtel de Bourgogne une pièce du même titre. Visé se plaignit hautement que l'auteur lui eût dérobé son sujet, dont il lui avait fait confidence chez une personne de qualité. En publiant sa comédie, il donna sur ce point, dans sa préface, de longues explications qui semblent assez concluantes, et la lettre de Robinet du 11 octobre 1665 démontre que, bien avant cette publication, il avait fait entendre des réclamations très-pressantes et que l'opinion était pour lui. Cette discussion avait aiguisé la curiosité publique. Dès que la *Mère coquette* de Visé parut sur la scène, on s'y précipita. Elle obtint beaucoup plus de succès que celle de Quinault, qui lui est pourtant très-supérieure.

Nous donnons ici l'*Embarras de Godard, ou l'Accouchée* (Paris, J. Ribou, 1668; privilége du 28 décemb. 1667; achevé d'imprimer le 24 janv. 1668). Avec la *Veuve à la mode*, c'est la plus rare des pièces de Visé. L'*Embarras de Godard* est un petit tableau de genre, un flamand, quelque chose comme ces *magots* de Téniers, dont Louis XIV ne pouvait supporter la vue. Il voulut voir pourtant l'*Embarras de Godard*, qui fut joué avec succès à la cour, dans les premiers jours de novembre 1667, probablement le 9, comme venait de l'être déjà sa pastorale de *Délie*. Robinet s'étend avec complaisance sur le plaisir qu'elle fit, quoique les acteurs n'eussent pas eu le temps d'étudier leurs rôles et que leurs habits ne fussent pas prêts. Elle parut le 18 sur la scène du Palais-Royal, où elle fut jouée d'abord dix fois, à peu près sans interruption, jusqu'au 3 janvier 1668, puis cinq ou six fois encore à partir du 15 avril. Ce croquis nous fait pénétrer dans le monde du petit commerce, chez le bourgeois du XVIIe siècle, dans ce domaine que Furetière, l'auteur du *Roman bourgeois*, venait justement de peindre l'année précédente, — et c'était peut-être là ce qui avait éveillé la verve toujours un peu subalterne de Visé. Il ajoute quelques traits aux tableaux analogues des *XV Joyes de mariage* et des *Caquets de l'accouchée*. Godard est un parent du Gorgibus de Molière. Les caractères de valets sont assez bien tracés, surtout celui de Champagne, avec son flegme imperturbable, son esprit méthodique, susceptible, important et sot. Le comique de cette pièce n'a rien de fin, et l'intérêt en est vulgaire; il y a même des scènes triviales et basses, comme celles de la sage-femme et des deux valets ivres, ajoutées après coup (il nous l'apprend dans son *Avis*), qui sentent la farce et la parade. Mais dans ce genre terre-à-terre, la pièce est amusante et d'une observation vraie.

Achevons en quelques mots la biographie sommaire de Jean Donneau de Visé. Il avait d'abord épousé en 1668 Anne Picou, « fille d'un peintre peu connu par son talent [1] »; le 14 janvier 1698, il se remaria à Marie Catherine le Hongre, fille du célèbre sculpteur. En 1684, il avait reçu du roi une pension de 6,000 livres, qui n'était peut-être pas la première; le 1er mars 1691, il en obtint une autre de 2,000 livres, et le 5, quelques jours après, une de 6,000 encore, qui remplaçait sans doute celle du 1er et qui devait se cumuler avec la pension de 1684 [2]. C'était donc en tout 12,000 livres. De Visé, qui était devenu aveugle depuis trois ou quatre ans, disent les frères Parfaict, mourut au Louvre le 8 juillet 1710, dans la soixante-douzième année de son âge : ce fut un soulagement sensible pour le Trésor, et une perte médiocre pour la littérature.

---

[1] *Factum* de Guichard contre J.-B Lulli, p. 103 et *Nouveau Supplément* de Moréri.

[2] *Dictionnaire critique de biographie et d'histoire*, par Jal, article *Visé*.

# L'EMBARRAS DE GODARD

## OU L'ACCOUCHÉE.

### COMÉDIE.

#### 1667.

## ACTEURS.

M. GODARD, père d'Isabelle.
ISABELLE.
CLÉANTE, amant d'Isabelle.
ORIANE, voisine de M. Godard.
LA SAGE-FEMME.
PAQUETTE,
CHAMPAGNE,
LANGEVIN,   } domestiques de M. Godard.
TORINE,
PICARD,

La scène est dans une salle de M. Godard.

# AU LECTEUR.

La représentation étant l'âme de la comédie, je ne sçais si celle-cy plaira autant sur le papier qu'elle a plu sur le théâtre, et surtout à Versailles, où, sans estre sceue, elle fut jouée par un ordre absolu et ne laissa pas d'estre trouvée fort divertissante. Aussi, lorsque ces pièces, qui ne consistent que dans l'action, réussissent, la gloire en est autant deue aux comédiens qu'à l'autheur. Comme celle-cy est extrêmement risible, une scène, ou deux, qui auroient pu passer pour les endroits les plus comiques en d'autres, furent trouvées un peu sérieuses, quoyque fort courtes et assez fines. Mais, étant placées après une autre qui fait beaucoup rire, il sembloit qu'on passât du comique au sérieux : c'est pourquoy j'ay cru y devoir ajouter deux scènes, dont l'une est de la sage-femme, que l'on y souhaitoit. Peut-estre que l'on dira, en voyant l'autre, qui est celle de Champagne et du cocher, que cette comédie n'étant point une farce, cet endroit en tient un peu et ne s'accorde pas avec le commencement, que l'on a trouvé représenter naturellement des choses qui se passent assez souvent parmy les amans. Mais elle est d'autant plus excusable qu'elle n'est que parmy des valets qui viennent du cabaret, et mesme qu'elle est du caractère de Champagne, qui, ayant toujours fait l'habile, veut se divertir du cocher. D'ailleurs, si tout le monde pouvoit sçavoir, comme une partie de la cour, ce qui m'a fourny l'idée de cette scène, je ne serois pas en peine de la justifier, et peut-estre aussi que je ne l'aurois pas faite si elle étoit sans mystère.

# L'EMBARRAS DE GODARD

## OU L'ACCOUCHÉE.

### SCÈNE PREMIÈRE.

*On ouvre icy le fond du théâtre.*

ISABELLE, CLÉANTE, PAQUETTE, *sur une chaise, endormie et ronflant..*

ISABELLE.   Si vous m'aimez toujours avec mesme constance,
Je ne vous défens pas d'avoir de l'espérance.

PAQUETTE, *en se frottant les yeux et bâillant.*
Ha, a, a, a, a, a. Peste soit de l'amour !
Mais vous ne songez pas qu'il sera bientost jour.

CLÉANTE.   Je sortiray dans peu.

ISABELLE.           Encore que mon père
Se montre tout à fait à nostre hymen contraire,
Ce n'est pas qu'il ait pris d'aversion pour vous;
Mais il veut me donner un cloistre au lieu d'époux,
Afin de conserver plus de bien pour mon frère.
Ma mère, sur ce point ne voulant pas luy plaire,
Doit encore pour nous luy parler aujourd'huy;
Mais cet espoir doit peu soulager nostre ennuy,
Et nous devons enfin craindre qu'elle ne meure,
Sçachant que d'accoucher elle n'attend que l'heure.
Sans mourir de douleur je n'y sçaurois songer :
Elle est, en cet état, plus qu'une autre en danger,
Et comme, en accouchant, on la tient souvent morte,
Ce n'est pas sans sujet que ma crainte est si forte.

CLÉANTE.   Je crains autant que vous, et ressens mesme ennuy :
Si la mort la prenoit, nous n'aurions plus d'appuy.

PAQUETTE, *après s'estre étendue, comme une personne qui s'é-*
[*veille.*
Avecque les amans les gens ne dorment guères.
Passerez-vous toujours toutes les nuits entières ?
CLÉANTE. Je sors.
PAQUETTE *vient à eux.* Écoutez.
CLÉANTE. Quoy ?
PAQUETTE. Ne faites point de bruit.
ISABELLE. Je tremble : nous veillons aussi trop cette nuit.
PAQUETTE. Hé bien, l'entendez-vous ?
CLÉANTE. Que veux-tu que j'entende ?
ISABELLE. Peut-estre est-ce mon père. O Dieu, que j'appréhende !
CLÉANTE. Pour moy, je n'entens rien.
PAQUETTE. Quoy ! vous n'entendez pas
Que le coq, réveillé, chante déjà là-bas ?
ISABELLE. Que nous viens-tu conter ?
PAQUETTE. Ah ! Madame, je meure,
S'il n'a déjà chanté six fois depuis une heure ?
CLÉANTE. Mais tu ne devois pas pour rien nous faire peur.
PAQUETTE. Je sçais que ce n'est rien pour un si grand veilleur ;
Mais c'est beaucoup pour moy, qui ne devrois enten-
[dre
Le coq que dans mon lit.
*Paquette va prendre, à demy endormie, la chan-*
*delle sur la table, et revient.*
ISABELLE. Je ne sçaurois comprendre
Comment le temps a pu passer si promptement.
CLÉANTE. Je crois n'estre avec vous que depuis un moment.
ISABELLE. Je dois vous avouer que je le crois de mesme.
CLÉANTE. Le temps passe bien viste auprès de ce qu'on aime.
PAQUETTE. Sortez sans plus tarder : je crains quelque malheur,
Car je crois qu'en resvant je viens de voir Monsieur.
CLÉANTE. Elle est bien endormie et ne voit, je crois, goutte.
PAQUETTE, *en laissant aller sa teste.*
Moy, je dors ?
ISABELLE. Oh ! que non !
PAQUETTE, *en dormant encore.* Quoy ! je dors ?
CLÉANTE. Ouy, sans doute.
PAQUETTE. Ah ! quand je dormirois, je pense, par ma foy,
Que vous n'en seriez pas trop faschés contre moy.
Mais allons.
CLÉANTE. Souffre encor qu'un moment je demeure.

| | |
|---|---|
| PAQUETTE. | Vous l'avez demandé vingt fois depuis une heure ; |
| | Mais je vois que le jour, qui pénètre en ces lieux... |
| CLÉANTE. | Comment le verrois-tu ? Tu n'ouvres pas les yeux. |
| PAQUETTE, *en le tirant.* | |
| | Tant mieux pour vous, mais... |
| CLÉANTE. | *A Paquette.*　　　　*A Isabelle* |
| | Çà. Croyez que je vous aime. |
| PAQUETTE. | Puisque vostre entretien est tous les soirs de mesme, |
| | Pourquoy veiller si tard ? |
| CLÉANTE. | Pourquoy ? |
| PAQUETTE. | Si, quelque jour, |
| | L'hymen vous donne lieu de contenter l'Amour, |
| | Vous mourrez de plaisir, s'il est vray qu'on en meure. |
| CLÉANTE. | Ah ! que ne suis-je donc marié tout à l'heure ! |
| ISABELLE. | De cet hymen, hélas ! le trop flatteur espoir |
| | Est ce qui m'a, les soirs, engagée à vous voir. |
| | Je risque, je le sçais ; mais un cœur un peu tendre |
| | Contre ce qui luy plaist ne sçauroit se défendre. |
| CLÉANTE. | Que de bontez ! |
| ISABELLE. | Mon cœur se tiendroit à son choix, |
| | Quand parmy mes amans je compterois des rois. |
| CLÉANTE. | De si tendres discours ne font que me confondre ; |
| | L'Amour mesme, je crois, ne pourroit y répondre, |
| | Et pour y repartir je veux, à vos genoux... |
| PAQUETTE. | Modérez vos transports : tout beau ! que faites-vous ? |
| | *Comme elle est endormie et qu'en voulant arrester Cléante elle ne trouve rien, parce qu'il est à genoux, elle tombe, et la chandelle s'éteint.* |
| CLÉANTE. | Toy-mesme, que fais-tu ? Mais ta chandelle est morte ! |
| PAQUETTE. | Je voulois modérer l'ardeur qui vous transporte ; |
| | Mais ne profitez pas, au moins, de ce malheur. |
| ISABELLE. | Il est sage. |
| | *Elle passe par derrière Cléante, sans sçavoir où elle va. Icy Paquette va à tastons du costé qu'étoit Isabelle, comme pour les empescher de s'approcher.* |
| CLÉANTE. | Paquette a soin de votre honneur. |
| PAQUETTE, *à part.* | Si ces jeunes gens cy... |
| CLÉANTE, *prenant la main de Paquette et la baisant.* | |
| | Ouy, ma chère Isabelle, |
| | Je vous aime. |
| PAQUETTE, *bas.* | Laissez le galant sans chandelle ! |

CLÉANTE, *sentant que Paquette lui serre la main.*
O transports, ô douceurs qu'on ne peut exprimer !
*A Isabelle, qui le tire du costé ou étoit Paquette.*
Laisse-moy là, de grâce, et va-t-en rallumer
Ta chandelle.

ISABELLE. Il me prend pour Paquette, sans doute.

CLÉANTE, *à Paquette.* Paquette trouve peu son compte à ne voir
[goutte.
*Paquette luy serrant la main.*
Que ne vous dois-je point par mes soins empressés ?
*A Isabelle qui le tire encore.*
Je sçauray. Laisse-moy.

ISABELLE. Quoy ! vous me repoussez !

CLÉANTE. Quoy ! c'est vous !

PAQUETTE. A peu près.

CLÉANTE. O ciel !

PAQUETTE. Hé ouy, c'est elle,
Et Paquette, la nuit, vaut pour vous Isabelle.
Vous vous émancipez donc ? Ah ! cela m'instruit,
*Elle tastonne, comme pour les séparer.*
Et je vous veilleray le jour comme la nuit.
Mais écoutez.

CLÉANTE. Et quoy ?

PAQUETTE. Paix !

ISABELLE. Que nous veux-tu dire ?

CLÉANTE. Est-ce encor quelque coq ?

PAQUETTE. Il n'est pas temps de rire.

CLÉANTE. Pourquoy nous alarmer ?

PAQUETTE. Paix, vous dis-je, écoutez :
J'entens marcher quelqu'un.

CLÉANTE. Je fuis.

PAQUETTE. Non, arrestez ;
Si vous faisiez du bruit, on pourroit vous surprendre.

## SCÈNE II.

CLÉANTE, ISABELLE, PAQUETTE, M. GODARD.

M. GODARD, *sortant du fond du théâtre, en robe de chambre et bonnet de nuit.*
Crions un peu plus haut, pour nous mieux faire en-
[tendre.

## SCENE II.

Champagne, l'Angevin, Isabelle, Picard !

PAQUETTE, *bas à Cléante.*
Ah ! si l'on me rattrape en vous veillant si tard !...
CLÉANTE. Paix !
M. GODARD. Torine, Paquette !
ISABELLE. Ah ! ma crainte est extrême !
CLÉANTE. Je crains autant que vous parce que je vous aime.
PAQUETTE. Ah ! ma foy, d'un tel coq le chant doit faire peur.
Vous voyez que mon songe, enfin, n'est pas menteur.
M. GODARD. Aucun ne vient encor.
PAQUETTE. Mais quel sujet l'amène ?
M. GODARD. Dedans le premier somme on s'éveille avec peine.
CLÉANTE. Dis-moy, que ferons-nous, afin de l'éviter ?
PAQUETTE. Parlez encor plus bas : il pourroit écouter.
Il faut... Mais il s'approche.
ISABELLE. En es-tu bien certaine ?
Je le croyois rentré.
PAQUETTE. Vostre fièvre quartaine !
Il faut... Ah ! pour ce coup je le crois près de nous :
Sans bruit et sans souffler, tous deux reculez-vous.
M. GODARD. Je ne sçais où je suis, tant la nuit est obscure.
CLÉANTE. Ah ! que je suis fasché d'une telle aventure !
PAQUETTE, *à Cléante.* Il faut qu'à quelque coin vous passiez douce-
[ment,
*A Isabelle.* Et que vous regagniez, vous, votre ap-
[partement.
CLÉANTE. Mais...
PAQUETTE. Mais ne parlons plus.
*Cléante se met à un coin et Isabelle gagne sa cham-
[bre.*
M. GODARD. On marche, que je pense.
Qui va là ? — Ce n'est rien. J'ay trop de défiance.
Champagne ! Holà ! Quelqu'un ! Iray-je vous chercher ?
Quoy donc ! Ma pauvre femme est preste d'accoucher.
PAQUETTE *fait semblant de venir.*
Que voulez-vous ?
M. GODARD. Je crains que ma femme n'accouche.
PAQUETTE. Je ne sçaurois encor qu'à peine ouvrir la bouche,
Tant le sommeil m'abat !
M. GODARD. Quoy ! Depuis un moment,
C'est donc toy qu'en ce lieu j'entens !
PAQUETTE. Et ouy, vraiment.

Vostre fille se lève, et croit bien que sa mère
Doit accoucher dans peu.

M. GODARD.  Viste, de la lumière !
PAQUETTE.  Je m'en vais, à tastons, en chercher promptement.

## SCÈNE III.

### M. GODARD, PAQUETTE, PICARD.

PICARD *entrant brusquement et faisant presque tomber Paquette.*
Qui vient de m'appeler ?
PAQUETTE.  Que tu vas brusquement !
Peste soit du brutal !
PICARD.  — Je n'y sçaurois que faire :
On ne voit pas les gens quand on est sans lumière.
M. GODARD.  Allez donc en chercher et faites cet effort.
*Paquette et Picard traversent le théâtre à tastons et vont à une porte, vis-à-vis celle d'où Picard est sorty, et se heurtent contre l'Angevin et Torine, qui en sortent avec précipitation.*

## SCÈNE IV.

### M. GODARD, PAQUETTE, PICARD, TORINE, L'ANGEVIN.

L'ANGEVIN.  Quel bruit ay-je entendu ?
TORINE.  Qui m'appeloit si fort ?
PAQUETTE, *en se cognant contre l'Angevin.*
Ah ! l'épaule !
PICARD, *se cognant contre Torine.*
Ah ! les dents !
L'ANGEVIN.  Ah ! le nez !
TORINE.  Ah ! la teste !
PICARD.  Je saigne, que je crois !
L'ANGEVIN.  Diable soit de la beste !
M. GODARD.  Quel désordre est cecy ?

## SCÈNE V.

M. GODARD, PAQUETTE, ISABELLE, L'ANGEVIN, PICARD, TORINE.

ISABELLE, *sortant de la chambre du fond du théâtre d'où est sorty son père.*
       Je tremble encor d'effroy.
  *Ils viennent tous cinq, en tastonnant, entourer*
    *M. Godard, qui met la main sur eux.*
M. GODARD.   Qui va là ? Qui va là ?
L'ANGEVIN.         C'est moy.
TORINE.           C'est moy.
PICARD.            C'est moy.
PAQUETTE.   C'est moy, Monsieur.
ISABELLE.        C'est moy qui vous cherche, mon [père.
M. GODARD.   Quoy ! pas un n'a l'esprit d'avoir de la lumière !
CLÉANTE, *à part, en un coin.*
     Avant qu'on en apporte, attrapons le degré,
     Car la porte est ouverte.
M. GODARD.          Ah ! je veux à mon gré
    Vous battre; mais allez, que je ne vous assomme !
    On ne sçauroit trouver un plus malheureux homme.
    *Ils se trouvent tout près de la porte, et Cléante*
    *parmy eux, qui étoit prest de sortir. Champa-*
    *gne les fait tomber tous, en arrivant avec un*
    *fusil et la moitié de ses habits sous son bras,*
    *avec un bout de chandelle.*

## SCÈNE VI.

M. GODARD, ISABELLE, PAQUETTE, CLÉANTE, L'ANGEVIN, PICARD, TORINE, CHAMPAGNE.

CHAMPAGNE.   Le logis brusle-t-il, ou sont-ce les voleurs
     Qui vous causent à tous de si grandes frayeurs?
     *En faisant mine de vouloir tirer.*
PAQUETTE. Prenez garde.
TORINE.       Tout beau !

GODARD. Mais, Dieu ! je vois Cléante [1].
CHAMPAGNE. Dans l'humeur où je suis j'en tuerois plus de trente.
CLÉANTE, *bas.* Servons-nous d'artifice. (*Haut.*) Ils n'échapperont pas,
Avant que de sçavoir ce que pèse mon bras.
*Chacun s'écarte un peu et il approche de M. Godard.*
Vous verrez...
M. GODARD. Qu'avez-vous? D'où vient cette furie?
CLÉANTE. Je n'ay de vous servir qu'une très-forte envie.
PAQUETTE. Sçavez-vous accoucher?
CLÉANTE. Je passois, par bonheur,
Près d'icy, dans le temps qu'on crioit au voleur ;
Je me suis arresté, j'ay fait ouvrir la porte
Et suis monté, d'abord, pour vous prester main forte.
PAQUETTE. L'honneste homme !
ISABELLE. Voyez ce que fait le hazard !
M. GODARD. Il est bien surprenant, car il est un peu tard.
CLÉANTE. Je revenois du bal, n'en soyez point en doute.
M. GODARD. Qui vous a fait entrer?
CLÉANTE. Qui? Je ne voyois goutte.
M. GODARD. Mais encor.
CLÉANTE. C'est...
M. GODARD. Qui donc?
CLÉANTE. C'est Champagne, je croy.
CHAMPAGNE. Moy?
PAQUETTE *luy parle bas.* Tu l'obligeras en disant que c'est toy.
CHAMPAGNE. C'est donc moy?
CLÉANTE. Ne pouvant vous rendre aucun service,
Adieu, je me retire.
ISABELLE, *à part.* Ah ! sans cet artifice,
Je serois, que je crois, morte à l'instant de peur.

## SCÈNE VII.

M. GODARD, ISABELLE, PAQUETTE, L'ANGEVIN, TORINE, PICARD, CHAMPAGNE.

M. GODARD. Si ma femme accouchoit et si, par ce malheur,
Elle perdoit la vie avec vostre paresse,

---

Dans l'édition originale, il y a ici une série de fautes qui embrouillent le passage. Godard est imprimé *Géronte*, et nous avons dû supprimer les mots : « Où sont-ils ? » ajoutés dans la bouche de Champagne, tandis qu'il couche en joue les voleurs imaginaires, parce que cela faisait un vers de quinze pieds.

## SCÈNE VII.

Je gagnerois beaucoup ! Il faut donc qu'on se presse.
Du vinaigre, de l'eau, du bois, du vin, du feu,
Du secours ! Hé là, donc, que l'on se haste un peu !
Qu'on aveigne du linge. Ah ! j'enrage dans l'âme !
Ne veut-on pas aller quérir la sage-femme ?
Eh ! quoy, sans remuer, vous vous regardez tous !
Au diable les valets !

CHAMPAGNE.          Mais, Monsieur, dites-nous...

M. GODARD. Il faut, sans répliquer, faire ce que j'ordonne.

CHAMPAGNE. Mais, Monsieur,...

M. GODARD.          Je ne veux jamais que l'on raisonne.

L'ANGEVIN, *arrestant Champagne.*
Où vas-tu ?

CHAMPAGNE.          Je ne sçais. Mais dis, où vas-tu, toy ?

L'ANGEVIN. Je n'en sçais rien non plus.

PICARD.          Ny moy.

PAQUETTE.          Ny moy.

TORINE.          Ny moy.

M. GODARD. Morbleu !

ISABELLE.          Demeurez tous. Et vous, songez, mon père,
Que, dans l'ardent désir de secourir ma mère,
Lorsque vous commandez à tous, confusément,
Ils pourroient tous choisir mesme commandement :
C'est pourquoy chacun doit sçavoir ce qu'il doit faire.
          *A Paquette*
Vous, rentrez, et soyez toujours près de ma mère ;
          *A Torine.*          *A l'Angevin*
Vous, aveignez du linge ; et vous faites du feu.
          *A Picard.*
Allez chez Oriane, et revenez dans peu,
Pour demeurer là-bas ; vous n'aurez qu'à luy dire
Que ma mère est fort mal, et qu'elle la désire.
          (*Chacun s'en va.*)

CHAMPAGNE. Et moy ?

ISABELLE.          Tu dois aller, ayant le plus d'esprit,
Quérir la sage-femme au plustost.

CHAMPAGNE.          Il suffit,
Et je l'amèneray, si je la trouve au giste,
Dans un moment ou deux.

M. GODARD.          Dépesche-toy donc viste.
Toy, prens soin qu'icy bas tout aille comme il faut ;
Je vais voir cependant ce que l'on fait là haut.

## SCÈNE VIII.

### CHAMPAGNE, ISABELLE.

CHAMPAGNE, *se mettant à terre pour s'habiller.*
>Que c'est une amitié belle et bien exemplaire
>Que celle de Monsieur avecque vostre mère !

ISABELLE. Ne philosophe point; va viste seulement.

CHAMPAGNE, *prenant un de ses bas.*
>Çà, je vais m'achever d'habiller promptement,
>Vous me le permettez, puisque l'affaire presse.

ISABELLE. Ouy, mais haste-toy donc.

CHAMPAGNE. Ne manquant pas d'adresse,
>Je seray, que je crois, promptement habillé,
>Car, Dieu mercy, je suis déjà bien réveillé,
>Et l'on auroit de plus peine à trouver en France
>Aucun valet plus propre à faire diligence.
>Foin ! En me pressant trop, je l'ay mis de travers,
>Et j'ay fait pis encor, car il est à l'envers.

ISABELLE. Il n'importe : la nuit...

CHAMPAGNE. Oh ! si fait, il importe.

ISABELLE. Si mon père revient, tu sçais comme il s'emporte :
>Il te rompra les bras, et tu l'as mérité.

CHAMPAGNE. Ne dites mot : j'auray bientost tout rajusté.
>*Il remet son bas doucement, en disant :*
>Des enfants nés la nuit on m'a dit que la vie
>De malheurs infinis étoit toujours suivie ;
>Pour préparer au sien un plus heureux destin,
>Votre mère devroit n'accoucher qu'au matin,
>Et si jusques au jour vous la faisiez attendre...

ISABELLE. Ah ! dépesche-toy donc, mon père va descendre.

CHAMPAGNE. Il suivroit mon conseil.

ISABELLE. Tu vois qu'on est pressé.

CHAMPAGNE. Mais, à mes souliers près, je suis bientost chaussé.

ISABELLE. Qu'il faut avec les gens avoir de patience !

CHAMPAGNE. Bon; celuy-cy va bien; mais l'autre, que je pense,
>A deux nœuds est noué; mais, avecque mes dents...

ISABELLE. Que je crains pour ma mère !

CHAMPAGNE. Elle prend mal son temps.

ISABELLE. Si je prens un baston...

CHAMPAGNE. Ah ! Madame, je meure,

## SCÈNE IX.

Veut pour nous tourmenter accoucher à cette heure :
Ses enfans sont toujours des enfans de la nuit ;
Pour accoucher le jour elle craint trop le bruit,
Sçachant qu'en cette ville, en peuples si féconde,
On en fait beaucoup plus qu'en aucun lieu du monde.
      (*Il se lève*).
Le voilà mis enfin ! Ne vous faschez donc point ;
Il ne me reste plus qu'à mettre mon pourpoint,
Et sans tarder, après...
   (*Il met une manche pour l'autre*).

ISABELLE.     Que fais=tu donc ? Prens garde !
CHAMPAGNE. Je ne fais jamais bien alors qu'on me regarde.
Mais Madame n'est pas d'humeur à risquer rien,
Si, seule, elle craignoit de n'accoucher pas bien.

ISABELLE. Auras-tu bientost fait ? Mais tu ris d'une femme
Qui ne peut à son gré te battre.

CHAMPAGNE.      Si Madame
Est grosse d'un garçon, il attendra longtemps ;
Mais une fille enfin viendra malgré ses dents,
Car l'obstination...


## SCÈNE IX.

### M. GODARD, ISABELLE, CHAMPAGNE.

M. GODARD.    Ma fille, le mal presse.
ISABELLE. Hélas ! ma pauvre mère !
CHAMPAGNE.     Ah ! ma pauvre maistresse !
M. GODARD. La sage-femme est-elle arrivée avec toy ?
CHAMPAGNE. J'y vais.
M. GODARD.  Comment ! j'y vais ?
CHAMPAGNE.     Ouy, Monsieur, par ma foy.
ISABELLE. Il vient de mettre à bout toute ma patience,
S'achevant d'habiller avecque négligence.
M. GODARD. Quoy ! n'estre pas encor sorty ! Tu le paieras !
Je te rompray, maraut, les jambes et les bras.
  (*Il le bat*).
Va donc, va donc, va donc !
CHAMPAGNE.     Ce traitement m'amuse,
Et pour tarder encor me fournit une excuse :

Je ne fais jamais rien pendant que l'on me bat.
(*A Isabelle, avec dépit*).
Mais je ne suis pas bien, encore, sans rabat :
Il en faut pour aller chez une sage-femme.

M. GODARD, *le battant.* Un rabat ! Ah ! bourreau, je t'arracheray l'âme.

ISABELLE, *à Champagne, en arrestant son père.*
Va-t'en donc promptement, et ne fais que voler,
Qu'aller et revenir.

CHAMPAGNE. Il faut bien luy parler.
ISABELLE. D'accord ! Mais ne sors pas sans prendre de lumière [1].
CHAMPAGNE. Je n'y manqueray pas et ne tarderay guère.
M. GODARD. Vostre mère attendra fort impatiemment.
ISABELLE. Mais encor s'il pouvoit l'amener promptement !
M. GODARD. Mais Oriane vient.

## SCÈNE X.

### M. GODARD, ORIANE, ISABELLE.

M. GODARD. Je suis fasché, Madame,
De vous avoir, la nuit, fait lever pour ma femme;
C'est, à l'heure qu'il est, en user librement.

ORIANE. Je vous voudrois du mal d'en user autrement.

M. GODARD. Si ma femme voyoit quelque nouveau visage,
Ou quelqu'un qu'en son cœur elle haïst, je gage
Que rien ne la feroit accoucher.

ORIANE. Je le crois.
Mais puisqu'en cet état elle a de moy fait choix,
Je m'en vais la trouver.

ISABELLE. Vous estes obligeante,
Madame.

ORIANE. Elle sçait bien que je suis sa servante.

## SCÈNE XI.

### M. GODARD, ISABELLE.

M. GODARD. Quand on est marié, que l'on est malheureux,

---

[1] On sait que, malgré quelques tentatives antérieures, l'éclairage public des rues de Paris ne commença à être établi avec régularité, grâce au lieutenant de police La Reynie, qu'en 1667, c'est-à-dire l'année même où fut jouée cette pièce. Les nuits où la lune ne luisait pas, chacun devait s'éclairer en emportant une lanterne ou une torche, ou bien à l'aide de porte-flambeaux qui louaient leurs services.

SCÈNE XII.

|||
|---|---|
| | Et que le mariage est un joug rigoureux ! |
| | Toutes les fois, hélas ! qu'une femme est en couche, |
| | A son dernier moment tu vois comme elle touche. |
| ISABELLE. | Encore que ce mal mette aux derniers abois, |
| | Ma mère en a déjà sceu réchapper trois fois. |
| M. GODARD. | Quoy qu'on réchappe, on souffre une peine cruelle. |
| ISABELLE. | Mais toutes ne sont pas aussi malades qu'elle. |
| M. GODARD. | Elles ne laissent pas d'estre dans le danger. |
| | Mais à vous marier oseriez-vous songer, |
| | Sçachant en quel état se trouve vostre mère ? |
| ISABELLE. | Ah ! bien loin d'y songer, hélas ! j'en désespère : |
| | Elle étoit pour Cléante et l'aimoit tendrement, |
| | Et vous vous opposez aux vœux de cet amant. |
| M. GODARD. | Il est trop jeune encore, et... Mais voicy Champagne. |

## SCÈNE XII.

### M. GODARD, ISABELLE, CHAMPAGNE.

|||
|---|---|
| CHAMPAGNE. | Je pense qu'aujourd'huy tout malheur m'accompagne. |
| M. GODARD. | Hé bien, l'as-tu trouvée, et vient-elle avec toy ? |
| CHAMPAGNE. | En sortant d'avec vous... |
| M. GODARD. | Vient-elle ? Répons-moy. |
| CHAMPAGNE. | En sortant d'avec vous, j'ay... |
| M. GODARD. | Dis-moy donc, vient-elle ? |
| CHAMPAGNE. | Je vous rendray de tout un compte bien fidèle. |
| M. GODARD. | Parle donc ! |
| CHAMPAGNE. | En sortant... |
| M. GODARD. | A quoy bon ce discours, |
| | Et pourquoy par ces mots recommencer toujours ? |
| CHAMPAGNE. | Vous pourriez me tuer, ou me mettre à la porte, |
| | Que je ne pourrois point vous parler d'autre sorte : |
| | Je veux faire un message avecque jugement, |
| | Et vous rendre de tout un compte exactement. |
| M. GODARD. | Si tu ne me répons, crains que je ne t'assomme. |
| | Qu'un valet est fascheux qui se croit habile homme ! |
| CHAMPAGNE. | Vous n'avez pas, Monsieur, affaire à quelque sot. |
| | Disant tout, tout d'un coup, viendra-t-elle plus tost ? |
| M. GODARD. | Étoit-elle chez elle ? |
| CHAMPAGNE. | Avant de vous instruire |

De tout ce que j'ay fait, je ne puis vous le dire,
Et je veux commencer par le commencement.

M. GODARD. Hé bien, parle, bourreau, parle, mais promptement;
Parle donc, je t'entens; parle, parle, te dis-je !
J'enrage.

CHAMPAGNE. Mon bon sens est ce qui vous afflige.
*(Là M. Godard le menace encore du geste, et Champagne poursuit après)* :
En sortant d'avec vous, ayant doublé le pas,
Je suis allé quérir ma lanterne là-bas;
J'ay pris de la chandelle et, l'ayant allumée,
Je l'ay mise dedans et puis je l'ay fermée !
*(M. Godard marque encore son impatience).*
Ayant ouvert, après, la porte, mais sans bruit,
J'ay mis le nez dehors, et trouvé que la nuit
Étoit comme du gex [1], et mesme encor plus noire,
Et, pour vous raconter par ordre cette histoire,
J'ay trouvé qu'il pleuvoit assez honnestement ;
Mais je n'ay pas laissé de marcher promptement
Et si fort, que j'étois déjà tout hors d'haleine,
Lorsqu'au bout de la rue étant encore à peine,
Un certain bruit confus m'a d'abord fait trembler :
J'entendois force gens près de moy se parler,
Et soudain l'on a mis, pour me voir au visage,
Et pour me faire peur encore davantage,
Une lanterne droit au-devant de mon nez.
Alors je les ay veus tous devers moy tournés,
Et mesme, à la faveur de leur triste lumière,
J'ay trouvé qu'ils étoient tous des gens à rapière,
Et de plus apperceu beaucoup de mousquetons
Que portoient avec eux des gens à hoquetons :
J'ay beaucoup de frayeur encore quand j'y songe,
Car ce que je vous dis n'est point du tout mensonge.
Ensuite de cela, j'ay senty de bons coups,
Et j'ay bien entendu qu'ils s'entredisoient tous :
« Il faut dans la prison mener ce galant homme,
Et s'il ne veut marcher, il faut que l'on l'assomme.
C'est un voleur sans doute : il le faut arrester,
Et sa lanterne sourde empesche d'en douter. »
Ils me l'ont arrachée en parlant de la sorte.

---

[1] *Sic.* Lisez : « comme du *jais* ». Ce mot est écrit *gest* dans le *Livre des métiers.*

## SCÈNE XIII.

            Vous pouvez bien juger si ma crainte étoit forte ;
Je leur ay dit pourtant, en reprenant du cœur,
Qu'ils alloient estre tous cause d'un grand malheur,
Et que, s'ils m'emmenoient, une très-bonne dame
Pourroit peut-estre bien mourir sans sage-femme.
Comme sans nul espoir j'achevois de parler,
Leur commandant a dit qu'on me laissast aller.

M. GODARD. Ensuite as-tu couru chercher la sage-femme ?
CHAMPAGNE. Non, vrayment.
M. GODARD.             Comment, non ?
CHAMPAGNE.                    Non, monsieur, sur mon âme :
Sans lumière j'ay cru que je ne pouvois pas
Bien trouver son logis.
M. GODARD, *le battant*.        Je te rompray les bras.
ISABELLE. Mais vous vous ferez mal de vous mettre en colère.
M. GODARD. Mais que ne prenois-tu d'abord d'autre lumière ?
J'ay souvent dit qu'on eust quelques flambeaux céans.
CHAMPAGNE. Je n'en ay point trouvé.
M. GODARD.                 Quelle maison ! quels gens !

## SCÈNE XIII.

### M. GODARD, ISABELLE, PAQUETTE, CHAMPAGNE.

PAQUETTE. Ah ! monsieur, ah ! monsieur, je pense que madame
Pourroit bien accoucher, dans peu, sans sage-femme :
Les violens efforts du mal qu'elle ressent
La tourmentent si fort...
CHAMPAGNE.                  Le mal est bien pressant :
Jamais sans sage-femme on ne vit d'accouchée.
M. GODARD. Que ferons-nous ?
PAQUETTE.            Elle a de très-grandes tranchées.
CHAMPAGNE. Ouy, l'autre fois encore on disoit tout cela ;
Ce n'est qu'une colique ou que des vents qu'elle a.
PAQUETTE. Ah ! si madame attend et qu'elle se retienne,
C'est fait d'elle !
M. GODARD.        Eh ! qu'enfin la sage-femme vienne !
PAQUETTE, *à Champagne*. Hé, quoy ! tu n'as rien fait ! Et pour quelle
                                              [raison ?
CHAMPAGNE. Si l'on avoit voulu te mener en prison...
M. GODARD. Mais allez-y donc tous ; courez en diligence,

Et qu'on en trouve enfin, n'en fust-il point en France!
(*A Isabelle*).
Nous, allons cependant mettre ordre là-dedans,
Et pour la secourir ne perdons point de temps.

## SCÈNE XIV.

#### PAQUETTE, CHAMPAGNE.

PAQUETTE, *à Champagne*. Ah! je t'étrangleray, traistre, si ta paresse
Cause aujourd'hui la mort à ma pauvre maistresse.
Va chez la sage-femme et si, dans un moment...

## SCÈNE XV.

#### PICARD, PAQUETTE, CHAMPAGNE.

CHAMPAGNE. De toy je ne reçois aucun commandement.
PAQUETTE. Tu dois en recevoir lorsque l'affaire presse,
Et je t'en puis toujours faire pour ma maistresse.
CHAMPAGNE. Toy?
PAQUETTE. Moy.
CHAMPAGNE. Quoy! toy!
PAQUETTE. Moy.
CHAMPAGNE. Toy, tu me commanderas!
PAQUETTE. Et ce que je diray, de plus tu le feras.
PICARD. Hé! vas-y.
CHAMPAGNE. Je n'iray jamais pour l'amour d'elle.
PICARD. Mais...
CHAMPAGNE. Pourquoy sans sujet me fait-elle querelle?
PAQUETTE. Voyez le beau monsieur, pour se fascher ainsi!
CHAMPAGNE. Voyez pour commander la belle dame aussi!
PAQUETTE. Laquais!
CHAMPAGNE. Hé bien, laquais! Mais tu n'es que servante,
Et lorsque l'on te voit si leste et si pimpante,
Nous sçavons... Il suffit que nous sçavons fort bien
Tout ce que nous sçavons.
PAQUETTE. Et que sçais-tu donc?
CHAMPAGNE. Rien.
PAQUETTE. Voyez cet effronté! Je veux que tout à l'heure

## SCÈNE XVI.

|  | Il me rende l'honneur qu'il veut m'oster. |
|---|---|
| CHAMPAGNE. | Je meure |
|  | Si j'en fais jamais rien ! |
| PAQUETTE. | Ma foy, tu le feras, |
|  | Ou bien dès aujourd'huy d'icy tu sortiras. |
|  | (*Champagne la menace*). |
| PICARD. | Eh ! mon Dieu, laisse-la. |
| CHAMPAGNE. | Je suis trop en colère. |
| PAQUETTE. | Mon honneur est blessé, je ne sçaurois me taire : |
|  | Il faut que tout mon saoul je te batte aujourd'huy. |
| PICARD. | Ah ! tout beau ! |
| PAQUETTE. | Laisse-móy. |
| PICARD. | Quoy ! vous jeter sur luy ! |
| PAQUETTE. | Je le veux étrangler. |
| CHAMPAGNE. | Tu veux que je te batte ! |
| PAQUETTE. | Bats donc ! |
| PICARD *reçoit des coups*. | Il n'est pas temps que ce courroux éclate. |
| CHAMPAGNE. | Elle cherche des coups. |
| PAQUETTE. | Je cherche à me venger. |
| PICARD, *sentant les coups*. |  |
|  | Ah ! ah ! |
| PAQUETTE. | Laisse-moy faire et le dévisager. |
| PICARD, *les séparant avec force*. |  |
|  | Retirez-vous tous deux, car le courroux m'emporte : |
|  | Vous vous donnez des coups, et c'est moy qui les porte ! |
|  | C'est comme on sert Madame ! |
| PAQUETTE. | Ah ! mon pauvre cocher, |
|  | Cours chez la sage-femme, ou chez M. Boucher. |
| PICARD. | J'y cours, car madame est dans un péril extrême. |
| CHAMPAGNE. | Puisque j'ay commencé, j'achèveray moy-mesme. |
|  | (*A Picard*).    (*A Paquette*). |
|  | Tiens-toy là. C'est exprès pour te faire dépit. |
| PAQUETTE. | Bon. (*A Picard*.) Vas-y donc encor, je t'en prie. |
| PICARD. | Il suffit. |

## SCÈNE XVI.

### M. GODARD, PAQUETTE.

| M. GODARD. | Sans rien faire du tout, voilà la nuit passée, |
|---|---|
|  | Et cependant ma femme est tout à fait pressée : |

>                    La pauvre femme, hélas! qui me dorlote tant,
>                    Qui, lorsque je viens tard, toute la nuit m'attend,
>                    Qui, quand au bout du doigt j'ay le moindre mal, pleure,
>                    Qui toujours me caresse et craint que je ne meure,
>                    Qui veut, tous les huit jours, que, par précaution,
>                    Je me fasse saigner [1].

PAQUETTE.                      De son affection
C'est vous donner sans doute une preuve très-grande.

M. GODARD. Quand je suis un peu mal, toujours elle appréhende;
Elle-mesme a le soin de me veiller la nuit
Et d'empescher mes gens de me faire du bruit.
Dans tout ce qu'elle fait on remarque son zèle;
Par des noms caressans toujours elle m'appelle:
Je suis son roy, son fils, son mignon et son cœur.
Ah! si je la perdois, que j'aurois de douleur!
Quand quelquefois tous deux nous sommes en colère,
Son amitié la fait revenir la première;
Elle tient peu son cœur [2] et ne manque jamais
De me parler au lit, pour refaire la paix,
Et je puis dire enfin qu'à tel point elle m'aime
Que de me bien couvrir prenant soin elle-mesme,
Elle empesche si bien le froid de me trouver
Que j'étouffe de chaud dans le fort de l'hyver.

PAQUETTE. La bonne femme, hélas!

M. GODARD.                      Mais a-t-on la layette
Céans?

PAQUETTE.         Elle est encor chez madame Toinette;
Cette lingère n'est qu'à quatre pas d'icy.

M. GODARD. Quoy! faut-il que de tout je prenne le soucy?

PAQUETTE. Bon courage, monsieur: voicy la sage-femme.

---

[1] Il n'y a rien d'exagéré dans ce que dit là M. Godard: il suffit de parcourir, pour s'en convaincre, les lettres de Guy-Patin et le *Journal de la santé* de Louis XIV par Vallot, d'Aquin et Fagon: on y verra quelle place tenait la saignée, à côté du clystère et de la purgation, dans la médecine du temps. La saignée s'employait comme moyen préservatif ou comme remède. Parmi les innombrables exemples cités par Guy-Patin, celui du premier médecin du roi, Cousinot, saigné soixante-quatre fois en huit mois pour un rhumatisme (Lettre 94e), nous dispense de citer les autres: cela faisait à peu près deux saignées par semaine. Bouvard, en un an, avait fait saigner quarante-sept fois Louis XIII, sans préjudice de deux cent quinze médecines et de deux cent douze lavements.

[2] Dans le sens de *courage, fermeté, ressentiment*. Elle ne garde pas rancune. C'est en ce sens que l'on disait alors: « Il ne faut point garder son cœur contre ses amis. » (Voir le *Dictionnaire* de Furetière.)

## SCÈNE XVII.

#### M. GODARD, PAQUETTE, PICARD, CHAMPAGNE, LA SAGE-FEMME.

*(Picard porte le flambeau devant la sage-femme, et Champagne luy sert d'écuyer).*

CHAMPAGNE. Nous la tenons enfin. Place, place à Madame!
*(Il luy quitte la main pour aller près de son maistre, auquel il dit)*:
    A la fin, pour ce coup, monsieur, j'ay réussy,
    Puisqu'enfin vous voyez la sage-femme icy.
M. GODARD, *luy donnant un soufflet.*
    Tu m'as fait enrager ; oste-toy de ma veue.
    *(A la sage-femme, qu'il embrasse avec joye).*
    Ma femme, impatiente, attend vostre venue ;
    Allons !
LA SAGE-FEMME.   Rien ne la presse, et je la connois bien.
CHAMPAGNE.  Je disois bien tantost que son mal n'étoit rien.
PAQUETTE, *à Picard et à Champagne :*
    Allez-vous-en tous deux chez madame Toinette,
    De l'enfant qu'on attend demander la layette ;
    Revenez promptement : ce n'est pas loin d'icy.
CHAMPAGNE *à Picard.* Viens ; par mesme moyen nous irons boire aussi.

## SCÈNE XVIII.

#### M. GODARD, LA SAGE-FEMME, PAQUETTE.

M. GODARD.  Ne perdons point de temps, courons viste, madame,
    Et ne négligeons rien pour secourir ma femme.
LA SAGE-FEMME. Avez-vous les apprests qu'il faut à cette fin ?
M. GODARD.  Ouy.
LA SAGE-FEMME.  Si vous dites vray, vous avez donc du vin ?
M. GODARD.  Ouy.
LA SAGE-FEMME.  Vous avez du linge ?
M. GODARD.     Ouy.
PAQUETTE.     Dépeschez, madame :
    Nous avons ce qu'il faut pour une sage-femme.
LA SAGE-FEMME. N'avez-vous pas aussi de bons ciseaux céans ?
M. GODARD.  Ouy.
PAQUETTE.  Ces demandes font désespérer les gens.

LA SAGE-FEMME. N'avez-vous pas de fil?
M. GODARD. *(A part.)* Ouy.
Ma peine est extrême.
PAQUETTE. Si jusques à demain elle poursuit de mesme...
LA SAGE-FEMME. Avez-vous du sel?
M. GODARD. *(A part.)* Ouy. Si j'en crois mon courroux.
Je luy...
LA SAGE-FEMME. Mais du safran enfin en avez-vous?
M. GODARD. Hé, ouy, madame, ouy, ouy, morbleu, ouy, j'enrage!
Nous en avons, vous dis-je. A quoy bon ce langage?
Ouy, ouy, nous en avons, ne vous tourmentez plus.
PAQUETTE, *à la sage-femme.*
A quoy servent aussi ces discours superflus?
On a de tout céans.
LA SAGE-FEMME. Sans vous mettre en colère,
Ne puis-je demander ce qui m'est nécessaire?
M. GODARD. C'est bien fait; mais allez secourir promptement...
LA SAGE-FEMME. Pour vous servir je suis venue en un moment.
M. GODARD. Je le crois; allez donc trouver viste ma femme.
LA SAGE-FEMME. Mon Dieu, ne craignez rien : je vis hier madame.
J'étois, lorsque vos gens sont venus me quérir...
M. GODARD. Eh! ne la laissez point davantage souffrir!
LA SAGE-FEMME. J'y vais; mais soyez seur, monsieur, que rien ne
[presse.
Sçachez donc que j'étois auprès d'une duchesse,
Que j'ay quittée exprès pour venir viste icy.
M. GODARD. Ouy, nous vous en rendons d'humbles graces aussi,
Mais...
LA SAGE-FEMME. Mais pour en sortir j'ay bien eu de la peine,
Et si [1], je veux qu'elle aille encor cette semaine.
*(M. Godard la presse encor, du geste seulement).*
On m'est venu chercher encor d'un autre endroit,
Mais j'ay bien mieux aimé venir icy tout droit.
M. GODARD, *bas le demi-vers.* Peste soit du caquet! De cette préférence
J'auray, je vous promets, grande reconnaissance.
Allez donc, sans tarder.
LA SAGE-FEMME. L'on m'attend mesme encor
En ce mesme moment, chez madame Alidor.

[1] Et pourtant.

| | |
|---|---|
| M. GODARD. | Hé bien, dépeschez-vous de délivrer ma femme, |
| | Afin d'aller plus tost secourir cette dame. |
| LA SAGE-FEMME. | Vous me voyez fort jeune, et si, sans vanité, |
| | Hier j'en accouchay six, et de grand'qualité : |
| | Je n'ay jamais manqué, Dieu mercy, de pratique. |
| M. GODARD. | Tant mieux pour vous. (*A part*). Eh! ciel! |
| LA SAGE-FEMME. | Une médaille antique, |
| | Un homme à faire peur, un vieux chirurgien, |
| | Qui tranche de l'expert et ne sçait pourtant rien, |
| | M'a voulu controller chez la duchesse mesme |
| | Que je viens de quitter; mais sa bestise extrême |
| | A paru, la raison étant de mon costé. |
| M. GODARD. | Hé, mon Dieu, l'on connoist vostre capacité. |
| PAQUETTE, *à la sage-femme*. | |
| | Voulez-vous de ce pas venir trouver madame? |
| | Sinon, l'on va quérir une autre sage-femme. |
| LA SAGE-FEMME, *à Paquette*. | Ce n'est pas vostre affaire. |
| M. GODARD, *à la sage-femme*. | Allez près d'elle, aussi, |
| | Et vous causerez là tout aussi bien qu'icy. |
| LA SAGE-FEMME. | J'y vais, et ce n'est point pour la sotte menace. |
| PAQUETTE, *à Godard*. | Elle croit, en gagnant, vous faire encore grâce. |

## SCÈNE XIX.

### ISABELLE, M. GODARD, PAQUETTE.

| | |
|---|---|
| ISABELLE. | Ma mère vous demande. |
| M. GODARD. | Allons viste sçavoir |
| | Ce qu'en l'état qu'elle est elle nous peut vouloir. |
| ISABELLE, | Elle veut voir Cléante. |
| M. GODARD. | Ah! j'enrage dans l'âme! |
| | Sans doute elle prétend me parler de sa flamme! |

## SCÈNE XX.

### ISABELLE, PAQUETTE.

| | |
|---|---|
| ISABELLE, *passant viste*. | Je vais chercher quelqu'un qui puisse, promp- |
| | [tement, |
| | En aller de ma part avertir mon amant. |
| PAQUETTE. | C'est fort bien avisé; courez viste. |

## SCÈNE XXI.

**PAQUETTE** *seule.*

         Elle l'aime
D'une amour très-parfaite et qu'on peut dire extrême.
Si sa mère mouroit toutefois, je sçais bien
Que ces jeunes amans n'auroient plus de soutien,
Et que, malgré l'ardeur de cette pauvre fille,
Son père luy feroit épouser une grille.
         (*Elle rentre.*)

## SCÈNE XXII.

**CHAMPAGNE, PICARD,** *apportant la layette.*

CHAMPAGNE. Ma foy, le vin est bon dedans ce cabaret,
  Et pour moy, j'aime bien ce petit vin clairet.
  Hais, qu'en dis-tu, Picard?
PICARD.        Il donne dans la teste.
CHAMPAGNE, *à part.* Je veux me divertir de cette grosse beste :
  Étant ivre à demy, je crois que j'en feray,
  Sans qu'il s'oppose à rien, tout ce que je voudray.
  *Haut.* Mais de l'enfant futur voyons tout le bagage.
  Peste! en voilà beaucoup! Moy qui suis déjà d'âge,
  Et qui puis, que je crois, passer pour grand garçon,
  Je ferois bien tenir le mien dans un chausson.
  Mais veux-tu qu'en enfant je t'habille, pour rire?
  Ce sera bientost fait, viens.
PICARD.        Que me veux-tu dire?
CHAMPAGNE. Tu ne le veux pas, je m'habilleray, moy.
  (*Il prend le beguin et le met*).
  Tiens, vois. Ah! tu serois bien drôle, sur ma foy.
PICARD. Fais ce que tu voudras.
CHAMPAGNE.       Et laisse-moy donc faire
  Et mettre ce beguin. Mais, avant la testière,
  La coutume est, je crois, de mettre le bonnet.
  Que tu serois joly dessus un cabinet! [1]
  Car on ne peut douter qu'avec cet équipage

---

[1] Cabinet est pris ici dans le sens indiqué par le Dictionnaire de Furetière : « Buffet où il y a plusieurs volets et tiroirs pour y enfermer les choses les plus précieuses, ou pour servir simplement d'ornement. » Les volets, les portes et parvis des cabinets étaient souvent recouverts de peinture.

## SCÈNE XXIII.

Tout le monde n'admire un si charmant visage.
Laissons cecy : ce sont les nagotes : je croy.

PICARD. Si l'on me crie, au moins, je diray que c'est toy.
CHAMPAGNE. Bon, cela va fort bien ; mettons cette aisselière,
Puis nous mettrons, après, la chemise à brassière.

(*Il luy accommode tout cela, en disant les quatre vers suivans*) :

Il me souvient encor des noms de tout cela,
Du temps que je logeois chez feu mon grand papa.
Le bonhomme m'aimoit bien plus que la prunelle
De son œil, et de moy ne parloit qu'avec zèle.

(*A Picard, luy ayant atta-  (Il prend des langes pour l'enve-
ché la chemise à bras-     lopper.*)
sière sur l'estomac.*)

Oh! voilà quatre bras! Bon, ces langes sont grands.
Garde-toy bien au moins d'aller pisser dedans!

PICARD. Tu veux me faire affront.
CHAMPAGNE. Tiens, je crois que ces bandes
Nous accommoderont, étant larges et grandes.
Là, tourne-toy donc bien.
PICARD. Mais tu me fais rouler.
CHAMPAGNE. Hé, mon Dieu, laisse-moy donc faire, sans parler.
PICARD. Ouf! tu me serres trop ; tu me serres, te dis-je.
CHAMPAGNE. Tu te mocques.
PICARD. Ah! ah!
CHAMPAGNE. Qu'est-ce donc qui t'afflige?
Te voilà si joly! Le beau petit poupon!
S'il ne te restoit pas tant de barbe au menton,
Tu passerois pour fille, et mesme pour jolie.
Mais je te veux donner aussi de la boulie.
Là, mon petit fanfan, tiens-toy là bien assis.

*A part.* On a fait de la colle icy pour nos chassis,
Il en peut bien manger : la farine en est bonne.
*A Picard.* Si tu vois, par hasard, entrer quelque personne,
Ne parle point du tout ; seulement crie : Ouhais!
Ouhais!

## SCÈNE XXIII.

PICARD *seul*.

Ouhais! ouhais! ouhais! C'est assez, mais
Que prétendoit-il faire avecque sa boulie?
Croit-il que sur ce point j'entende raillerie?

M'en pressast-il cent fois, je n'en mangeray point,
Et ne me rendray pas ridicule à ce point.

## SCÈNE XXIV.

### CHAMPAGNE, PICARD.

CHAMPAGNE. Tiens, voilà pour hochet ce que nous devons prendre
PICARD. Tu ris!
CHAMPAGNE. Mais à ton cou laisse-moy donc le pendre.
PICARD. Tu m'étrangles, bourreau!
CHAMPAGNE. Va, te voilà fort bien;
La corde t'a fait mal, mais cela n'étoit rien.
(*Prenant le poeslon à la colle*):
Çà, voyons à présent.
PICARD. Laisse-moy, je te prie,
Car je ne prétens pas manger de ta boulie.
CHAMPAGNE. Je prétens bien, pourtant, t'en faire manger.
PICARD. Toy?
CHAMPAGNE. Ouy, moy.
(*Il lui donne de la boulie*).
PICARD. Blou, blou, blou, blou, blou, blou; mais
[laisse-moy.
CHAMPAGNE. C'est assez pour ce coup : il faut que je t'essuye.
PICARD. Que le diable t'emporte avecque ta boulie!
Tu m'as fait mal au cœur.
CHAMPAGNE. Il faut faire dodo,
Après avoir mangé tout ton saoul du lolo :
Je vais, pour t'endormir, dire une chansonnette,
Qui fut pour te bercer tout exprès jadis faite.
(*Il chante* Sasson, bluton [1], *et d'autres chansons.*)
Comme il n'a point dormy presque toute la nuit,
Le sommeil l'a surpris : sortons sans faire bruit.

## SCÈNE XXV.

### CLÉANTE, ISABELLE, PICARD.

CLÉANTE. Éclaircissez-moy donc.

---

[1] *Sassons, blutons.* C'est probablement une chanson de métier, à moins que ce ne soit une chanson à équivoques ordurières, roulant sur le double *sens* du mot *bluter* dans la langue comique et libre. Voir la *Farce nouvelle des chamberières* (*Ancien Théâtre français*, biblioth. elzévir., t. I, p. 443) et Mellin de Saint-Gelais : *vers pour des masques habillés en bluteurs* (Bibl. elzévir., t. II, p. 342).

## SCENE XXVI.

ISABELLE. Apprenez que ma mère,
Croyant mourir bientost, a voulu voir mon père,
Et que, présentement, elle le presse fort
De nous rendre tous deux contens avant sa mort,
Et de faire un contract.
PICARD. Ouhais! ouhais!
CLÉANTE. Qu'entens-je?
ISABELLE. Mais que vois-je plutost? Picard avec un lange!
Et qui t'a pu, vieux fou, de la sorte ajuster?
PICARD. Champagne, malgré moy, me vient d'emmailloter.
CLÉANTE. Le plus froid auroit peine à s'empescher d'en rire.
ISABELLE. J'en ris ainsi que vous. Viste, qu'on se retire!
(*Picard tombe en voulant se lever. Il tombe encore.*)
Gros cheval! Hé quoy donc, ne sortiras-tu pas?
PICARD. Qui ne peut se servir de jambes ny de bras
Est-il dans un état à faire diligence?
ISABELLE, *luy détachant sa bande :*
Va-t-en donc à présent, car ton impertinence
Ne peut estre soufferte en un temps où, céans,
On devroit de douleur voir pleurer tous les gens.
PICARD. Je vais me dépescher : soyez moins inquiète.

## SCÈNE XXVI.

### ISABELLE, CLÉANTE. PICARD, ORIANE.

ORIANE. Viste, madame accouche, apportez la layette.
ISABELLE, *montrant Picard.* La voilà.
ORIANE. La voilà.
ISABELLE. Déshabillons-le tous.
ORIANE. Quoy donc?
ISABELLE. Nous en rirons après; dépeschons-nous.
C'est tantost fait. Je suis dans une peine extrême.
Puisque vous le voulez, portez donc tout vous-mesme,
Madame.
ORIANE. L'on m'attend fort impatiemment.
ISABELLE. Et pour toy, de ma veue oste-toy promptement.

## SCÈNE XXVII.

### CLÉANTE, CHAMPAGNE, ISABELLE.

CHAMPAGNE. *Vivat, vivat, vivat!* Allégresse! Allégresse!

|            | Chassez de vostre esprit désormais la tristesse |
|---|---|
|            | A nous réjouir bien soyons tous empressés ! |
|            | Viste, du bois, du vin, des tonneaux défoncés ! |
|            | A nostre porte il faut faire des feux de joye [1], |
|            | Pour rendre grâce au ciel du bien qu'il nous envoye : |
|            | Madame est accouchée, et d'un fort beau garçon, |
|            | Mais si beau qu'on voit bien qu'il est de sa façon. |
|            | On dit de sa santé qu'on ne doit plus rien craindre. |
|            | Mais quoy ! de ce bonheur pourriez-vous bien vous [plaindre, |
|            | Car la joye en vos yeux ne se remarque pas. |
| ISABELLE   | Ce qui me plaist me trouble, et mon cœur... Mais, hélas ! Je crains... |
| CLÉANTE.   | Ah ! vostre mère étant bien réchappée, Par là nostre espérance est tout à fait trompée. |
| ISABELLE.  | Ah ! que n'accouchoit-elle une heure ou deux plus tard |
| CLÉANTE.   | Ainsi nostre bonheur dépendoit du hasard ! |
| ISABELLE.  | Nous devons bien douter de nostre mariage. |
| CHAMPAGNE. | Pour moy, je n'entens rien à tout ce badinage. |
| ISABELLE.  | Mais Paquette, qui vient, nous va faire sçavoir Si nous devons encor conserver quelque espoir. |

## SCÈNE XXVIII.

CLÉANTE, ISABELLE, CHAMPAGNE, PAQUETTE.

| PAQUETTE. | Puisque vous le voulez, je m'en vais vous le dire, |
|---|---|
| | Et, par ordre, de tout je prétens vous instruire : |
| | Madame, qui croyoit estre à son dernier jour, |
| | Ayant beaucoup pour vous de tendresse et d'amour, |
| | A conjuré monsieur, d'une façon touchante, |
| | De vous donner, dans peu, pour épouse à Cléante, |
| | Et l'exigeant de luy pour dernière faveur, |
| | Elle a, pour accoucher, senty quelque douleur ; |
| | Alors, n'en pouvant plus, elle s'est écriée : |

[1] C'était un des signes de réjouissance les plus habituels jusqu'en plein XVIIᵉ siècle. Non-seulement il n'y avait pas de fête pour le peuple de Paris sans qu'il allumât des feux de joie dans les rues, mais les particuliers eux-mêmes en allumaient souvent devant leurs portes, pour célébrer un événement heureux, public ou privé. Les chroniques sont pleines de témoignages à cet égard. On défonçait aussi des tonneaux, dans les grandes circonstances, pour faire boire les passants.

## SCÈNE XXVIII.

          « Hélas! bon Dieu, pourquoy me suis-je mariée?
          Si j'étois fille encor, j'aimerois mieux mourir
          Que d'endurer les maux que tu me fais souffrir. »

CHAMPAGNE. Il a tort de causer tant de maux à sa femme.
PAQUETTE. Il a voulu sortir aussitost, mais madame
          A fait courir après et juré hautement
          Que, s'il ne revenoit près d'elle promptement,
          Elle ne vouloit point accoucher. Sa menace
          A fait qu'auprès du lit il a repris sa place;
          Puis, son mal s'augmentant et la faisant crier :
          « Mon mary désormais aura beau me prier, »
          A-t-elle dit encore, avec quelque autre chose
          Que je ne veux pas dire, ou plutost que je n'ose.
          Devers nous tous, après, se retournant souvent :
          « Que ne me suis-je, hélas! mise dans un couvent,
          Me disoit-elle alors, car, dans ce lieu, la vie
          De pareilles douleurs ne fut jamais suivie. »
          Enfin, de temps en temps, des élans de douleur
          Luy faisoient déplorer le monde et son malheur,
          Et quand elle pouvoit dire ses maux extrêmes,
          Monsieur en recevoit des reproches de mesmes;
          Mais, dès qu'elle sentoit un peu moins de douleur,
          C'étoit son cher mary, son mignon et son cœur.
          Enfin, son mal croissant, et trois douleurs de suite
          Jusqu'à l'extrémité l'ayant presque réduite :
          « Hélas! a-t-elle dit, je souffre des tourmens
          Qui m'abattent si fort et sont si véhémens
          Que, pour souffrir encor cette peine profonde,
          On m'offriroit en vain tous les trésors du monde. »
          Pendant qu'elle parloit avec un air mourant,
          Monsieur la regardoit toujours en soupirant,
          Et ses yeux languissans faisoient lire en son âme
          Qu'il sentoit vivement les douleurs de sa femme.
          Elle n'a pourtant point fait d'efforts superflus,
          Car, comme elle crioit : « Non, je n'en feray plus, »
          Elle a, dans cet instant, pour croistre sa famille,
          Avec quelques douleurs mis au monde une fille.
ISABELLE. Une fille!
CLÉANTE.           Une fille!
CHAMPAGNE.              Est-il vray?
PAQUETTE.                 Tout de bon.
CHAMPAGNE. A ses cris, je l'aurois prise pour un garçon.

| | |
|---|---|
| ISABELLE. | Ma mère, après cela, n'a rien dit davantage? |
| PAQUETTE. | Le calme tout-à-coup s'est veu sur son visage, |
| | Et l'on a remarqué que ce qu'elle avoit dit |
| | Luy causoit de la honte et mesme du dépit. |
| | Jugeant bien qu'elle avoit fait un serment frivole : |
| | « A vostre époux je crois que vous tiendrez parole, » |
| | A-t-on dit en riant. Elle, par un souris, |
| | A fait voir le contraire et nous a tous surpris. |

## SCÈNE XXIX.

CLÉANTE, M. GODARD, ISABELLE, PAQUETTE, CHAMPAGNE.

| | |
|---|---|
| M. GODARD. | Enfin, le juste ciel couronne vostre flamme ; |
| | Mais venez-en tous deux remercier ma femme. |
| CLÉANTE. | Que ne vous dois-je point, monsieur ! |
| M. GODARD. | Sans compliment, |
| | Nous pouvons passer tous dans l'autre appartement. |

*(Ils rentrent, à la réserve de Paquette et de Champagne.)*

| | |
|---|---|
| PAQUETTE. | Cette nuit, ces amans n'auroient osé le croire. |
| | Mais va-t-en habiller monsieur. |
| CHAMPAGNE. | Moy ! je vais boire : |
| | Il est aujourd'huy jour de rire en ce logis. |
| PAQUETTE. | Mais... |
| CHAMPAGNE. | Mais je n'iray pas. |
| PAQUETTE. | Fais ce que je te dis. |
| CHAMPAGNE. | Je n'y veux pas aller. |
| PAQUETTE. | Tu dois craindre la touche [1], |
| | Et que... |
| CHAMPAGNE. | Servez Godard, car sa femme est en couche. |

---

[1] Les coups.

FIN.

# ADRIEN PERDOU

DE

# SUBLIGNY.

# NOTICE

## SUR SUBLIGNY

### ET LA *FOLLE QUERELLE.*

Adrien-Thomas Perdou de Subligny n'est guère connu que par ses ouvrages, et même, quoique ceux-ci soient assez nombreux et aient fait quelque bruit, beaucoup de biographies l'ont oublié. On ne sait exactement les dates ni de sa naissance, ni de sa mort; mais il était encore jeune quand il publia la *Folle querelle,* en 1668 : il le dit à la fin de sa Préface et semble rapprocher son âge de celui de Racine, ce qui permet de croire qu'il était né vers 1640, un peu avant ou après [1]. C'était un comédien, dit Louis Racine dans ses *Mémoires,* et dans son *Recueil de dissertations sur plusieurs tragédies de Corneille et de Racine,* l'abbé Granet a répété cette assertion, en ajoutant à ce titre celui d'avocat au parlement, — deux professions qui semblent assez peu d'accord. Il est possible que Subligny fût avocat au parlement, mais il est certain, comme l'avaient déjà dit le Moréri de 1759 et les frères Parfaict, qu'il ne fut jamais comédien. Il paraît avoir été lié avec la comtesse de la Suze, avoir fait partie de son salon et de son entourage littéraire, ainsi que Pellisson, Segrais, Ménage, et on lui attribue même, — un peu gratuitement sans doute, car M$^{me}$ de la Suze était née en 1618, c'est-à-dire une vingtaine d'années avant lui, — l'honneur d'avoir été non-seulement son collaborateur, mais son maître en poésie [2]. On voit par la dédicace de sa critique d'*Andromaque* à la maréchale de l'Hôpital, que ce n'était point sa seule relation avec le monde aristocratique, et les *Mémoires* de Hénault, comme nous le dirons plus loin, nous signalent aussi une autre de ses liaisons. Mais à cela se bornait à peu près ce qu'on savait de sa biographie personnelle avant que M. Jal eût découvert les deux actes qu'il a rapportés dans son *Dictionnaire critique.*

L'un de ces documents est l'acte de baptême de sa fille Marie-Thérèse, daté du 18 juillet 1666, où il est qualifié d'écuyer; l'autre, son acte de mariage avec M$^{lle}$ Bourgoin, le 5 septembre 1667, et en même temps la reconnaissance de la petite fille qu'ils avaient eue treize à quatorze mois auparavant. Cette fille

---

[1] Et non en 1636, comme le dit M. Jal dans son *Dictionnaire*, sans doute pour 1639, et par suite d'une faute d'impression, mais qui n'est point rectifiée dans les corrections nombreuses de la fin du volume.

[2] Deltour, *Les ennemis de Racine,* p. 118.

légitimée devint danseuse à l'Opéra, et quoique cette profession ne fît point déroger, il faut convenir qu'elle ne donne pas une très-haute idée de la position qu'occupait Subligny, et de sa noblesse non plus que de sa fortune. Elle y débuta en 1682, à l'âge de seize ans, « lorsque Lulli, disent les frères Parfaict [1], donna à Paris le ballet du *Triomphe de l'Amour*, où il introduisit pour la première fois des danseuses. » Ils ajoutent qu'elle se distingua par son talent et « parvint à danser seule des entrées, avantage qu'elle conserva jusqu'à sa retraite de ce théâtre. » Elle y était encore en 1703, où on la voit danser un pas au 3ᵉ acte du *Carnaval et la Folie*, de La Motte, avec le fameux Ballon, et elle se retira, dit-on, en 1705.

A cette date, il est probable que Subligny n'était plus de ce monde. On est même porté à croire qu'il mourut jeune, car on n'a pas d'ouvrage de lui qui soit postérieur à 1679.

Subligny avait débuté en 1666 (c'est du moins sa première œuvre certaine), par la *Muse Dauphine*, lettres en vers libres sur les événements du temps, qu'il eut la hardiesse de mettre sous le patronage du Dauphin, à qui elles sont adressées. On ignore si le prince accepta le cadeau, ou s'il n'y prit pas garde. C'était une imitation de la *Gazette* de Loret, mort l'année précédente, et une continuation de la *Muse de la cour*, publiée par Lesselin. Elle paraissait tous les jeudis. Le 1ᵉʳ numéro est du 3 juin 1666. Il en existe une édition de 1667, chez Claude Barbin, in-12 (privilége du 11 octobre 1666; achevé d'imprimer le 7 février 1667), dédiée à Mˡˡᵉ de Toussi, fille aînée de la maréchale de La Mothe, gouvernante du Dauphin, et qui devint ensuite duchesse d'Aumont. Cette édition rarissime figure à la réserve de la Bibliothèque nationale. L'édition de 1668, même format, chez Thomas Jolly, est un peu moins rare. Toutes deux vont jusqu'au 24 décembre 1666, inclusivement; mais il y a une lacune d'un numéro, entre le 29 juillet et le 12 août. On a cru à tort, jusqu'à présent, que Subligny n'avait pas continué son journal au delà de la date portée par la dernière lettre de ce volume : il existe dans la Bibliothèque de la rue Richelieu, au tome IX du recueil factice *Varia variorum*, un numéro isolé du 3 février 1667, qui prouve que Subligny a persisté au moins jusqu'à cette époque. Il est probable que ce n'est pas le dernier. Cette lettre, qui porte une pagination spéciale, a également son titre, où l'on voit que la *Muse Dauphine* paraissait toujours chez Barbin et qu'on en vendait chaque numéro séparément. Tandis que la *Muse Dauphine* de 1666 n'est signée que d'une initiale sur le titre, celle-ci porte en entier la signature Subligny. Elle débute par un vers [2], qui pourrait donner à croire que Subligny avait été également l'auteur de la *Muse de la cour*, mais qui peut signifier simplement, à la rigueur, que la *Muse de la cour* a eu la *Muse Dauphine* pour héritière et continuatrice [3]. Quoi qu'il en soit, la *Muse Dauphine* annonçait une certaine habileté de versifi-

---

[1] *Histoire du Théâtre français*, t. X, p. 288.

[2] « Quand j'étois, l'an passé, la *Muse de la cour* ».

[3] M. Paul Mesnard, dans sa belle édition de Racine (I, 488-9), tranche la question, mais sans en paraître soupçonner l'existence, quand il parle des éloges sans restrictions donnés, dit-il, par Subligny, dans sa gazette la *Muse de la cour*, à l'*Alexandre*

cateur, un talent plus littéraire et d'un esprit moins trivial que celui de Loret et surtout de ses continuateurs.

En 1668, Subligny donna la *Folle querelle* (Th. Jolly, 1668, in-12; achevé d'imprimer le 22 août; dédiée à la maréchale de l'Hôpital) à laquelle nous reviendrons plus loin, sur le théâtre du Palais-Royal, où il devait faire jouer encore, le 1er août 1670, le *Désespoir extravagant*, qui n'a pas été imprimé et dont on ne connaît que le titre. Ce fut aussi dans cette dernière année qu'il publia, sans y mettre son nom, *la Fausse Clélie, histoire française, galante et comique*. On voit assez par le titre à quel genre se rattache ce roman. L'héroïne est une jeune personne de qualité rendue folle par la lecture de la *Clélie*, et qui se prend elle-même pour cette Romaine illustre, comme don Quichotte se prenait pour un chevalier errant, ou, en remontant moins haut, comme le Lysis de Sorel, pour un berger de *l'Astrée*. C'est une histoire d'une physionomie toute moderne, dont les personnages passent par des aventures familières et plaisantes, et que remplissent des récits épisodiques écrits d'un ton leste, narquois et libre, dans une veine positive, très-opposée au genre à la mode. Subligny n'était pas un esprit romanesque, et il avait décidément le caractère porté à la critique. Après avoir attaqué Racine, il s'en prenait à M<sup>lle</sup> de Scudéry, quoique d'une façon plus détournée et moins agressive. L'année suivante, il publia sa *Réponse à la critique de la Bérénice de Racine*, par l'abbé de Villars, et en 1677, une *Dissertation sur les tragédies de Phèdre et Hippolyte*, en prose mêlée de quelques vers, le dernier ouvrage que nous connaissions de lui.

*La Folle querelle* ou *la Critique d'Andromaque* (elle est toujours désignée sous ce dernier titre seulement dans le registre de La Grange) fut représentée le vendredi 18 mai 1668, comme nous l'apprend Robinet. Par suite d'une lacune du 13 au 25 mai dans le précieux registre, il y manque l'indication de cette première représentation et probablement celle des deux suivantes, qui ont dû avoir lieu le 20 et le 22. C'est à la date du 25 qu'on la trouve marquée pour la première fois, avec une recette de 202 livres 10 sous, et elle reparaît en outre vingt-six fois jusqu'à la fin de l'année, ce qui fait, en comptant le chiffre probable de trois représentations antérieures à celle du 25, un total de trente, la plupart avec des recettes assez belles, qui descendent deux fois, il est vrai, au-dessous de cent livres (rien n'était moins rare alors), mais qui s'élèvent aussi à 486, 496, 687, 765 livres et qui étaient encore à 400 à la dernière représentation. N'insistons pas sur ces chiffres, qui s'expliquent souvent par la pièce dont la *Folle querelle* était accompagnée, par exemple *Georges Dandin*, et qui pourraient bien prouver aussi, par contre-coup, le succès de la tragédie qu'elle attaquait, plus encore que le sien propre.

On sait que Racine avait donné ses deux premières pièces au Palais-Royal

de Racine. Si les vers qu'il cite étaient bien de Subligny, il est clair, malgré la différence qu'il faut naturellement établir entre les louanges banales d'un gazetier nouvelliste et les appréciations méditées d'un écrivain qui tient à faire œuvre de critique, que la palinodie reprochée à notre auteur au sujet de Racine serait beaucoup plus complète et moins discutable; mais c'est là précisément la question.

et que, pour des raisons qui ne sont pas encore bien éclaircies, il avait fait à Molière et à sa troupe, dès la sixième représentation d'*Alexandre*, l'affront de transporter clandestinement cet ouvrage à l'hôtel de Bourgogne, qui désirait se l'attacher, pressentant ses futurs succès, et dont les acteurs étaient regardés comme les *grands comédiens*, surtout dans le tragique. Le registre de La Grange nous a transmis le témoignage du ressentiment assez naturel que causa cette conduite. *La Folle querelle* peut donc passer pour un acte de représailles, et on conçoit que Racine, s'il ne l'a pas attribuée à Molière, ait cru du moins qu'il y avait pris part. En dehors même d'une collaboration effective, il était assez vraisemblable de penser qu'il avait pu, soit demander la pièce à un jeune auteur, soit l'accueillir avec empressement, lui donner des conseils et *monter* l'ouvrage avec soin.

On voit, par la préface de Subligny et par les *Lettres en vers* de Robinet[1] que l'opinion allait généralement au-delà, et que l'auteur fut regardé par beaucoup de gens comme n'étant que le prête-nom de Molière. Si Subligny a été aidé, je croirais volontiers que ce fut par un collaborateur beaucoup moins illustre. Le président Hénault s'exprime ainsi, presque au début de ses Mémoires : « Jean Remy, mon père, avoit toujours vécu avec les hommes célèbres de son temps : il étoit l'ami de Subligny avec lequel il composa des ouvrages assez médiocres. Il eut part, j'en suis fâché, à plusieurs mauvaises brochures qui parurent dans le temps contre les tragédies de Racine, mais il faut le pardonner à ses liaisons avec les Corneille. »

Cette dernière raison pourrait s'appliquer à beaucoup d'autres adversaires de Racine : ce n'étaient pas seulement les amis personnels de Corneille, c'étaient ses admirateurs, ses partisans, qui se croyaient tenus, pour la plupart, à ne pas admettre son jeune rival et se servaient du génie du vieux poëte pour écraser sa renommée naissante. Peut-être, et le nom de Subligny semblerait l'indiquer, la *Folle querelle* est-elle une de ces *mauvaises brochures* dont parle le président et auxquelles son père aurait pris part.

Quoi qu'il en soit, le succès obtenu par la pièce de Subligny n'est pas uniquement attesté par le chiffre de ses représentations, mais par divers témoignages. Robinet, qui ne gardait pas à Subligny rancune de la concurrence qu'il lui avait faite avec la *Muse Dauphine*, et qui, d'ailleurs, appartenait à la secte des Cornéliens, témoigne, dans sa lettre du 12 mai, qu'on s'en occupait d'avance, et loue par anticipation cette comédie « aussi plaisante que hardie, » œuvre d'une *plume fine et belle*. Il y revient le 26, mais très-brièvement, en annonçant que la *Folle querelle*

.....est à présent jouée
Et même grandement louée.

La septième épître de Boileau, adressée à Racine, renferme une allusion aux critiques d'*Andromaque* qui paraît bien se rapporter plus particulièrement à la pièce de Subligny :

---

[1] Lettre du 15 septembre 1668.

Et peut-être la plume, aux censeurs de Pyrrhus
Doit les plus nobles traits dont tu peignis Burrhus.

Dans sa note sur ce passage, Brossette rappelle la *Folle querelle* et aussi l'opinion du prince de Condé. On y pourrait joindre bien d'autres noms, par exemple ceux de d'Olonne et de Créqui, auxquels Racine répondit par une épigramme connue, de Barbier d'Aucour et de Saint-Évremond, qui n'a d'ailleurs exprimé ses critique sur *Andromaque* qu'en termes assez brefs et embarrassés. Mais de toutes ces censures, dont il est question dans la préface un peu chagrine de la tragédie, la principale, la plus directe, la plus détaillée, c'était celle de Subligny, qui avait eu la double publicité de théâtre et du livre. Subligny n'accusait pas seulement, comme le prince de Condé et tous ceux qui prenaient les héros de romans pour point de comparaison, Pyrrhus d'être un brutal, un homme violent, farouche, poussant la malhonnêteté jusqu'à manquer de parole à Hermione ; il avait tout au moins entrevu le véritable défaut du personnage, en lui reprochant d'être en même temps doucereux et galant envers Andromaque, et en le faisant louer, par les défenseurs de la pièce, d'avoir lu *la Clélie*. Subligny était aussi le seul qui se fût attaqué au style, et nous verrons que Racine tint grand compte de ces dernières critiques, nouvelle preuve de l'impression produite par la pièce.

Subligny ne resta pas brouillé avec Racine, ou du moins il eut l'esprit de montrer par la suite qu'il savait rendre justice au talent de celui qu'il avait attaqué. Il le prouva par sa *Réponse à la critique de Bérénice*, écrite avec autant d'esprit que d'agrément, sur un ton de raillerie ingénieuse et piquante, à moins toutefois qu'on n'y veuille chercher un nouveau témoignage de son esprit de contradiction, et prétendre que c'est parce qu'il s'était trouvé devancé par l'abbé de Villars, qu'il se retourna contre lui. La *Dissertation* qu'il publia six ans plus tard *sur les tragédies de Phèdre et d'Hippolyte*, moins agréablement écrite que la précédente, et remplie d'ailleurs de légèretés et même de contradictions, semble démontrer aussi que Subligny n'était point guidé par les sentiments personnels qu'on a dit, mais qu'il s'efforçait, sans doute d'une façon un peu incohérente, inquiète et désordonnée, de faire métier de critique, en exposant ses opinions, bonnes ou mauvaises, en louant ou blâmant sans autre parti pris que le désir de montrer sa subtilité d'esprit, son indépendance et son autorité littéraire. Si cette comparaison entre Racine et Pradon a plus d'une fois de quoi nous choquer, il ne faut pas oublier qu'il y avait alors beaucoup de gens à qui elle paraissait la chose la plus naturelle du monde et que toute une coterie, où l'on comptait des noms comme ceux de la duchesse de Bouillon, du duc de Nevers, de M^me Deshoulières, de l'abbé Tallemant aîné, etc., n'avait pas craint de soutenir avec une extrême ardeur la supériorité du second. Loin d'aller jusque là, Subligny, dans ce morceau où il mélange les éloges aux critiques avec une grande affectation d'impartialité, et où, tout en blâmant le sujet et nombre de détails, il met aussi beaucoup de beautés en relief, établit l'infériorité de Pradon, qui n'a pas craint d'entrer en lutte avec « un si grand homme » et « un si illustre génie. »

Nous reproduisons la *Folle querelle*, bien qu'elle ne soit point rare; mais elle a son importance littéraire et, après les pièces contre Molière, elle peut presque passer pour une pièce dirigée par Molière contre Racine. C'est un des principaux documents du dossier dans cette petite guerre entre deux grands écrivains qui, heureusement, n'eut pas de suites. A défaut d'une intrigue solide ou même suffisante, de caractères personnels et vivants, d'imagination et d'intérêt dans la fable, les observations ingénieuses, les traits du dialogue, l'actualité du sujet, enfin la hardiesse et la nouveauté de la tentative, — car jamais peut-être on n'avait mis en scène une critique aussi directe, aussi insistante, aussi prolongée, et cette critique dépassait l'exemple déjà donné par Molière et par Boursault, pour se mélanger (à faible dose, il est vrai), d'une sorte de parodie [1], — suffisent à en expliquer le succès. Rien ne ressemble moins à un chef-d'œuvre, nous sommes le premier à en convenir, et l'extrême ténuité de l'intrigue, dont le fil semble toujours prêt à casser, fait paraître la critique plus longue encore. La discussion ne se fond pas assez dans l'action : parfois *Andromaque* paraît tout à fait oubliée; puis, lorsqu'on revient à la tragédie, on entre dans des discussions si interminables qu'on ne se douterait plus que la *Folle querelle* est une pièce de théâtre. Mais pourquoi lui refuser absolument tout, comme M. Paul Mesnard dans son édition de Racine? Les plaisanteries de Subligny sont souvent, mais pas toujours, aussi *lourdes* et aussi *froides* qu'il le dit, et, loin d'avoir *ramassé pêle-mêle* toutes les objections qu'il avait entendu faire, il montre de la finesse et un discernement pédantesque dans la malignité de sa critique. Sans doute, ses observations sont étroites, subtiles et forcées; mais cela ne les empêche pas d'être généralement assez justes en leur genre. On voit trop ce qu'il y a de systématique dans les taquineries d'Hortense, qui harcèle son poursuivant avec des armes toujours empruntées à la tragédie qu'il admire, comme dans la continuelle déconfiture de celui-ci, que Subligny ne se contente pas de faire battre dans la discussion, mais qu'il fait échouer également dans son mariage, pour le rendre plus ridicule, et qu'il a même soin de montrer comme un peu fripon. L'ennemi d'*Andromaque*, Lysandre, n'est guère moins sot à sa manière, avec son éternel : « Cela est plein de fautes. » Mais encore une fois, le parti pris admis, il y a de la sagacité dans beaucoup de ces remarques, et ce qui suffirait à le prouver, c'est le compte qu'en tint Racine, en toute réflexion; car le plus souvent l'édition d'*Andromaque* donnée en 1673 reproduit encore son premier texte, et c'est dans des éditions postérieures qu'il s'est corrigé, conformément, comme le reconnaît Louis Racine dans ses *Mémoires*, aux observations de Subligny.

Nous avons dû reproduire également la préface, malgré sa longueur : elle est inséparable de la *Folle querelle*, dont elle forme le complément, et l'auteur

---

[1] On est allé beaucoup trop loin en présentant la *Folle querelle* comme le premier exemple de parodie. Sans avoir besoin de remonter jusqu'à celle dont Boisrobert amusa les préventions du cardinal contre le *Cid* et qui ne se produisit jamais publiquement, c'est à peine, à vrai dire, si la parodie apparaît çà et là dans la *Folle querelle*.

y a mis le reste des critiques de style qu'il n'avait pu placer dans sa pièce ; or, ces critiques sont les plus justes, les seules dont Racine se soit préoccupé. Il est certain qu'*Andromaque* prêtait beaucoup à ce genre d'observation : c'est une œuvre hardie, pleine de tournures neuves, d'ellipses, de constructions presque toujours heureuses et saisissantes, quelquefois contestables et grammaticalement incorrectes. Racine, déjà parvenu à toute sa force comme auteur dramatique, n'est pas arrivé encore à toute la perfection de son style. Les censeurs d'*Andromaque*, dit Baillet [1], « n'ont point été inutiles à la pièce, qui en reçeut plus d'éclat, ni au poëte, qui s'encouragea de plus en plus à se perfectionner, et qui prit encore de plus grandes précautions dans la composition des pièces suivantes ». Subligny, en particulier, rendit à Racine le grand service de lui apprendre à se garder de toute négligence, à méditer et mûrir ses hardiesses, à joindre la pureté à la vigueur de l'expression, à se créer un style neuf et original avec les mots les plus ordinaires et sans sortir, en apparence, de la langue usuelle. Nous nous bornerons à cette appréciation générale, sans nous prononcer sur chacune des critiques de Subligny. C'est au lecteur à les juger lui-même. Pour nous renfermer dans notre cadre, il nous suffira de signaler en note les points de fait, les rapprochements plus ou moins curieux, et les modifications introduites par Racine dans son œuvre à la suite de cette pièce.

[1] *Jugemens des sçavans*, VIII, 412.

# LA FOLLE QUERELLE

OU

# LA CRITIQUE D'ANDROMAQUE.

### COMÉDIE EN TROIS ACTES.

#### 1668.

# PRÉFACE.

Cette comédie a diverty assez de monde, dans le grand nombre de ses représentations, et elle a mesme assez plu à ses ennemis, pour borner la vengeance qu'ils en ont prise à publier que le plus habile homme que la France ait encore eu en ce genre d'écrire, en étoit l'auteur, je veux dire monsieur de Molière, et qu'il n'y avoit rien de moy que mon nom. Je sçais combien cette erreur m'a été avantageuse ; mais je n'ay pas le front d'en profiter plus long-temps, et dust-on ne trouver plus ma comédie si belle, je fais conscience d'exposer davantage cet homme illustre aux reproches que méritent, à ce qu'on dit, les faiseurs de critiques. C'est donc moy qui ay fait le crime. J'ay tasché seulement à le commettre de l'air dont monsieur de Molière s'y seroit pris, parce que sa manière d'écrire me plaist si fort, que je voudrois toujours l'imiter si j'avois à travailler pour la scène, et que mesme, si l'envie m'en prend quelque jour, je le prieray hardiment de me donner de ses leçons ; mais tant s'en faut que j'aye presté mon nom à personne, qu'au contraire, si j'en avois été cru, on n'auroit sceu qui je suis. Ce n'est pas qu'en critiquant l'*Andromaque,* je me sois imaginé faire une chose qui dust m'obliger à me cacher ; c'est une petite guerre d'esprit qui, bien loin d'oster la réputation à quelqu'un, peut servir un jour à la luy rendre plus solide, et il seroit à souhaiter que la mode en vînt, pour défendre les auteurs de la fureur des applaudissements, qui, souvent, à force de leur persuader malgré eux qu'ils ont atteint la perfection dans un ouvrage, les empeschent d'y parvenir par un autre qu'ils s'efforceroient de faire avec plus de soin. Je fus charmé à la première représentation de l'*Andromaque ;* ses beautez firent sur mon esprit ce qu'elles firent sur l'esprit de tous les autres, et si je l'ose dire, j'adoray le beau génie de son auteur, sans connoistre son visage. Le tour de son esprit, la vigueur de ses pensées et la noblesse de ses sentimens m'enlevèrent en beaucoup d'endroits, et tant de belles choses firent que je lui pardonnay volontiers les actions peu vraisemblables ou peu régulières que j'y avois remarquées. Mais lorsque j'appris, par la suite du temps, qu'on vouloit borner sa gloire à avoir fait l'*Andromaque*, et qu'on disoit qu'il l'avoit écrite avec tant de régularité et de justesse qu'il falloit qu'il travaillast toujours de mesme pour estre le premier homme du monde, il est vray que je ne fus pas de ce sentiment. Je dis qu'on luy faisoit tort, et qu'il seroit capable d'en faire de meilleures. Je ne m'en dédis point; et quelque chagrin que puissent avoir contre moy les partisans de cette belle pièce, de ce que je leur veux persuader qu'elle les a trompés quand ils l'ont crue si achevée, je soutiens qu'il faut que leur auteur attrape encore le secret de ne les pas tromper, pour mériter la louange qu'ils luy ont donnée d'écrire plus parfaitement que les autres. Je ne prétens pas faire croire qu'ils soient moins spirituels pour avoir été éblouis; au contraire, je le prens pour une marque de leur vivacité et d'une délicatesse d'esprit peu commune, qui, sur la moindre idée qu'elle reçoit d'une belle chose, la conçoit d'abord dans sa pureté et dans toute sa force, sans songer si les termes qui l'expriment signifient bien ce que l'auteur a voulu dire. Il faut bien que cela soit, puisque, si l'on se veut donner la peine de lire l'*Andromaque* avec quelque soin, on trouvera que les plus beaux endroits où l'on s'est écrié et qui ont remply l'imagination de plus belles pensées, sont toutes expressions fausses ou sens tronqués qui signifient tout le contraire ou la moitié de ce que l'auteur a conceu lui-mesme et que, parce qu'un mot ou deux sufüsent à faire souvent deviner ce qu'il veut dire, et que ce qu'il veut dire est beau, l'on y applaudit, sans y penser, tout autant que s'il étoit purement écrit et entièrement exprimé. La France a intérest de ne point arrester au milieu de sa carrière un homme qui promet visiblement de luy faire beaucoup d'honneur. Elle devroit le laisser arriver à ce point de pureté de langue et de conduite de théâtre qu'il sçait bien luy-mesme qu'il n'a pas encore atteint; car, autrement, il se trouveroit qu'au lieu d'avoir déjà surpassé le vieux Corneille, il demeureroit toute sa vie au-dessous. Le théâtre ne m'a point permis de m'étendre sur les fautes de la diction dans le troisième acte de ma critique, de crainte que l'action n'en fust trop refroidie; mais après tout, je n'ay point remarqué, en lisant l'*Andromaque*, qu'elle fust si bien écrite, que l'auteur se dust régler entièrement sur elle, à l'avenir. Par exemple quand il dit :

> Pourquoy dans vos chagrins sans raisons affermy,
> Vous croirez-vous toujours, seigneur, mon ennemy?

Je ne trouve point que *vous croirez-vous mon ennemy*, pour dire *me croirez-vous votre ennemie,* soit une chose bien écrite[1], et quand il dit encore :

> Mais les Grecs sur le fils persécutent le père ;
> Il a par trop de sang acheté leur colère,

cet *acheté leur colère par trop de sang* ne me plaist pas et ne vaut rien du tout : *attiré* seroit ce qu'il faudroit dire. J'avoue pourtant qu'*acheté* a quelque chose de plus nouveau et mesme de plus brillant qu'*attiré ;* mais cela fait voir que tout ce qui reluit n'est pas or. En effet, si ce *par trop de sang* est entendu du sang des Grecs, il faut nécessairement dire *attiré* et non pas *acheté,* parce que ce n'est pas la mode de payer celuy dont on achète de sa propre monnoie ; et s'il est entendu du sang d'Hector, il n'y a pas d'apparence qu'Hector ait acheté la colère de ses ennemis par la perte du sang des siens, ou du sien propre qui devoit plustost servir à les apaiser [2]. Je n'aime guères davantage les vers où il dit :

> Détestant ses rigueurs, rabaissant ses attraits,

parce que l'on dit bien *rabaisser le vol, rabaisser l'orgueil, le prix,* etc..., mais point du tout *rabaisser des attraits* [3]. Je n'aime pas encore :

> ..... Que feriez vous d'un cœur infortuné,
> Qu'à des pleurs éternels vous avez condamné ?

car les pleurs sont l'office des yeux, comme les soupirs celuy du cœur ; mais le cœur ne pleure pas [4]. Je ne dirois pas non plus :

> ..... Ne pensez pas qu'Hermione dispose
> D'un sang sur qui la Grèce aujourd'hui se repose.

car il me semble que *se reposer sur un sang,* est une étrange figure, et je n'écrirois pas aussi :

> ..... Est-ce ainsi que vous exécutez
> Les vœux de tant d'États que vous représentez ?

parce qu'*exécuter les ordres* n'est pas la mesme chose qu'*exécuter les vœux,* qui ne se dit que quand on a voué quelque chose ; mais ce

---

[1] II, sc. 2. Vers changés ainsi par Racine dans l'édition suivante :
> Hé quoi ! toujours injuste en vos tristes discours,
> De mon inimitié vous plaindrez-vous toujours ?

[2] Racine n'a tenu aucun compte de cette critique pédante.

[3] L'auteur d'*Andromaque* ne s'est pas rendu à cette observation.

[4] Le premier vers a été changé ainsi par Racine :
> Quels charmes ont pour vous des yeux infortunés ?

n'étoit point un pèlerinage que les Grecs avoient voué en Épire [1]. Il y a dans l'*Andromaque* un nombre infiny de ces petits péchés véniels, que je ne voudrois pas reprocher à un moins bel esprit que cet auteur illustre; mais il faut qu'il les évite soigneusement, aussi bien que les équivoques continuelles de ses relatifs, s'il veut estre cru plus habile que les autres, car ce sont des monstres devant le tribunal de la pureté de notre langue; et tant qu'il écrira :

> Avant que tous les Grecs vous parlent par ma voix,
> Souffrez que je me flatte en secret de leur choix,

on lui demandera à quoy il faudra qu'on rapporte ce choix des Grecs, et mesme ce que voudra dire cet *en secret,* qui est un beau galimathias [2]. Tant qu'il écrira :

> Et qu'à vos yeux, seigneur, je montre quelque joye
> De voir le fils d'Achille et le vainqueur de Troye,
> Ouy, comme ses exploits nous admirons vos coups,

on lui demandera à quoi se rapporte ce *ouy, comme ses exploits,* puisqu'il n'a parlé que du fils d'Achille et du vainqueur de Troye qui ne sont qu'une mesme personne [3]. Tant qu'il écrira :

> Hector tomba sous luy, Troye expira sous vous,
> Et vous avez montré, par une heureuse audace,
> Que le fils seul d'Achille a pu remplir sa place,

on luy dira qu'il auroit mieux valu écrire : *Troye tomba sous vous, et Hector expira sous luy,* qu'*Hector tomba et Troye expira.* On luy demandera encore si c'est la place de Troye *que le fils d'Achille a pu remplir,* ou bien celle de son père, et l'on trouvera dans cette harangue d'Oreste à Pyrrhus quantité de fautes qui éloignent fort un auteur de la netteté qu'on attribue à celuy de l'*Andromaque.* Tant qu'il écrira mesme :

---

[1] Ces deux derniers vers faisaient suite dans les édit. de 1668 et 1673 aux deux premiers, auxquels ils se reliaient par les mots : *Mais vous-même, est-ce ainsi,* etc. (II, sc. 2.) On ne les trouve plus dans l'édition définitive, où ils ont été remplacés par ceux-ci :

> Quittez, seigneur, quittez ce funeste langage :
> A des soins plus pressants la Grèce vous engage.
> Que parlez-vous du Scythe et de mes cruautés ?
> Songez à tous ces rois que vous représentez.

[2] I, sc. 2. Ce premier vers a été modifié ainsi par Racine :

> Souffrez que j'ose ici me flatter de leur choix.

[3] Ces vers, qui font suite aux précédents, sont restés les mêmes dans toutes les éditions d'*Andromaque;* aussi bien que les trois suivants, malgré les chicanes que cherche Subligny.

# PRÉFACE.

> Tu sçais de quel courroux mon cœur alors épris,
> Voulut en l'oubliant venger tous ses mépris,

on dira toujours qu'il exprime ses pensées à contre-sens, parce qu'on voit bien qu'il a prétendu dire qu'il voulut *punir ses mépris* et non pas les *venger* [1]. Tant qu'il écrira encore :

> Et croit que trop heureux d'apaiser sa rigueur,

on luy répondra qu'on *n'apaise* point une *rigueur,* mais qu'on l'*adoucit* [2]; et s'il réplique que bien d'autres l'ont écrit avant luy, on luy dira qu'il doit faire mieux que les autres.

On luy dira encore qu'il se trompe dans les vers suivans, et mesme qu'il s'y méprend :

> Mes vœux ont par trop loin poussé leur violence,
> Pour ne plus s'arrester que dans l'indifférence.

parce que les vœux, qui sont l'action mesme de celuy qui les fait n'ont point d'action et ne peuvent pousser leur violence [3], et d'ailleurs qu'en mettant *pour ne plus s'arrester que dans l'indifférence,* il donne à entendre qu'ils s'y arrestoient auparavant, ce qui n'étoit pourtant pas, puisqu'ils étoient si violens. Mais je ne prétens pas faire voir icy toutes les fautes que j'ay remarquées dans ce chef-d'œuvre du Théatre : son auteur, qui a plus d'esprit que moy, les découvrira bien luy-mesme s'il les veut reconnoistre, et il s'en servira ensuite comme il luy plaira. Il suffit que j'en ay compté jusqu'à près de trois cens, et que l'on voit bien que je n'ay pas eu dessein de les exagérer, puisque je n'ay pas seulement gardé l'ordre des scènes, ny marqué les endroits où sont celles que je viens de dire. Je me suis contenté d'en rapporter confusément quelques-unes, à mesure qu'elles me sont revenues dans la mémoire, pour prouver un peu ce que j'avois avancé. A cela près, l'auteur d'*Andromaque* n'en est pas moins en passe d'aller un jour plus loin que tous ceux qui l'ont précédé, et s'il avoit observé dans la conduite de son sujet de certaines bienséances qui n'y sont pas; s'il n'avoit pas fait toutes les fautes qui y sont contre le bon sens, je l'aurois déjà égalé sans marchander à notre grand Corneille. Mais il faut avouer que si monsieur Corneille avoit eu à traiter un sujet qui étoit de luy-mesme si heureux, il n'auroit pas fait venir Oreste en Épire comme un simple

---

[1] I, sc. I. Racine a reconnu aussi explicitement que possible la justesse de cette observation, en substituant *punir* à *venger* dans la 3ᵉ édition d'*Andromaque.*

[2] Ou, mieux, qu'on la *fléchit,* et c'est le terme par lequel Racine a remplacé celui que lui reprochait Subligny.

[3] Critique à laquelle Racine ne s'est pas rendu, et qui a été reprise par la Harpe.

ambassadeur; mais comme un roy qui eust soutenu sa dignité. Il auroit fait traiter Pylade en roy à la cour de Pyrrhus, comme Pollux est traité à la cour de Créon, dans la *Médée;* ou s'il eust manqué à le traiter en roy, il n'eust pas cherché à s'en excuser, en disant qu'il ne l'est que dans un Dictionnaire historique, et qu'il ne l'est pas dans Euripide, car Pylade est roy dans Euripide mesme. Il auroit introduit Oreste le traitant d'égal, sans nous vouloir faire accroire qu'autrefois le plus grand prince tutayoit le plus petit, parce que cela n'a pu estre entre gens qui portoient la qualité de rois, et que quand cela auroit été, ce n'est pas les cérémonies des anciens qu'il faut retenir dans la Tragédie, mais leur génie et leurs sentimens, dans lesquels M. Corneille a si bien entré, qu'il en a mérité une louange immortelle; et qu'au contraire ce sont ces cérémonies-là qu'il faut accommoder à notre temps, pour ne pas tomber dans le ridicule. Monsieur Corneille, dis-je, auroit rendu Andromaque moins étourdie, et pour faire un bel endroit de ce qui est une faute de jugement, dans la résolution qu'elle prend de se tuer, avant que le mariage soit consommé, il auroit tiré Astianax des mains de Pyrrhus, afin qu'elle ne fust pas en danger de perdre le fruit de sa mort, et qu'on ne l'accusast point d'estre trop crédule. Il auroit conservé le caractère violent et farouche de Pyrrhus, sans qu'il cessast d'estre honneste homme, parce qu'on peut estre honneste homme dans toutes sortes de tempéramens; et donnant moins d'horreur qu'il ne donne des foiblesses de ce prince qui sont de pures laschetés, il auroit empesché le spectateur de désirer qu'Hermione en fust vengée, au lieu de le craindre pour luy. Il auroit ménagé autrement la passion d'Hermione, il auroit meslé un point d'honneur à son amour, afin que ce fust luy qui demandast vengeance plutost qu'une passion brutale; et pour donner lieu à cette princesse de reprocher à Oreste la mort de Pyrrhus avec quelque vraisemblance, après l'avoir obligé à le tuer, il auroit fait que Pyrrhus luy auroit témoigné du regret d'estre infidèle, au lieu de luy insulter; qu'Oreste l'auroit prise au mot pour se défaire de son rival, au lieu que c'est elle qui le presse à toute heure de l'assassiner; et pour prétexter la conspiration d'Oreste, il n'auroit pas manqué à se servir utilement de ce qui fut autrefois la cause de la mort de Pyrrhus, en joignant l'interest des dieux à celuy de sa jalousie. Enfin il auroit modéré l'emportement d'Hermione, ou du moins il l'auroit rendu sensible pour quelque temps au plaisir d'estre vengée. Car il n'est pas possible qu'après avoir été outragée jusqu'au bout, qu'après n'avoir pu obtenir seulement que Pyrrhus dissimulast à ses yeux le mépris qu'il faisoit d'elle; qu'après *qu'il l'a congédiées, sans pitié, sans douleur du moins étudiée,* et qu'elle a

## PRÉFACE.

perdu toute espérance de le voir revenir à elle, puisqu'il a épousé sa rivale ; il n'est, dis-je, pas possible qu'en cet état elle ne gouste un peu sa vengeance. Pour conclusion, monsieur Corneille auroit tellement préparé toutes choses pour l'action où Pyrrhus se défait de sa garde, qu'elle eust été une marque d'intrépidité, au lieu qu'il n'y a personne qui ne la prenne pour une bévue insupportable. Voilà ce que je crois que monsieur Corneille auroit fait, et peut-estre qu'il auroit encore fait mieux. Le temps amène toutes choses, et comme l'auteur d'*Andromaque* est jeune aussi bien que moy, j'espère qu'un jour je n'admireray pas moins la conduite de ses ouvrages que j'admire aujourd'huy la noble impétuosité de son génie.

## PERSONNAGES.

ÉRASTE, accordé avec Hortense.
HORTENSE, fille de Sylviane.
ALCIPE, cousin d'Éraste.
LA VICOMTESSE, jeune veuve.
LYSANDRE, amant d'Hortense.
SILVIANE, veuve, mère d'Hortense.
LISE, femme de chambre d'Hortense.
LANGOUMOIS, valet de chambre d'Éraste.
CÉSAR, un des laquais de la vicomtesse.

La scène est à Paris, dans la cour d'une grande maison à trois corps de logis, dont le premier est occupé par la mère d'Hortense, le second par la vicomtesse, et le troisième par Éraste.

# LA FOLLE QUERELLE

ou

# LA CRITIQUE D'ANDROMAQUE.

## ACTE PREMIER.

### SCÈNE PREMIÈRE.

LANGOUMOIS, LISE.

LISE. Je te prie de ne point me suivre et de me laisser là. Ma maistresse m'a défendu d'avoir jamais aucun commerce avec toy, ny avec ton maistre.

LANGOUMOIS. Eh, parbleu, que ta maistresse et mon maistre rompent ensemble tant qu'il leur plaira; mais nous, demeurons bons amis, je te prie.

LISE. Il avoit bien affaire de la fascher comme il fit hier au soir, et il est bien étourdy! Il devoit du moins attendre qu'elle fust mariée avec luy, puisqu'il n'avoit plus qu'un jour à se contraindre.

LANGOUMOIS. Hé quoy? Pour luy avoir soutenu que *l'Andromaque* est une très-belle comédie, elle a eu sujet de se piquer contre luy? Je suis fort trompé, si ce n'est un prétexte pour ne pas encore épouser mon maistre demain. Elle a déjà fait remettre deux fois la chose, pour des raisons bien impertinentes; mais qu'elle n'en fasse pas tant: mon maistre, que tout cela rebute, pourroit bien la planter là, et épouser la Vicomtesse.

LISE. La Vicomtesse?

LANGOUMOIS. Ouy, la Vicomtesse.

LISE. Il épouseroit la Vicomtesse, qui a presque laissé perdre quarante mille livres de rente depuis son veuvage, pour ne vouloir songer qu'à des aventures de roman ; qui, quand elle va chez ses avocats ou ses procureurs, souhaite qu'ils ne soient pas chez eux, de peur de parler d'affaires; et qui croit avoir gagné un empire, quand elle ne les a pas trouvés, sans songer que c'est sa ruine! Oh! que ton maistre seroit bien loty!

LANGOUMOIS. Hé là, là! Tout doucement. Elle a encore assez de bien pour contenter un honneste homme.

LISE. On la vint exécuter ces jours passés pour ses dettes, et pendant qu'on détendoit sa tapisserie, madame étoit encore dans son lit, qui disoit aux sergents : « Faites tout doucement, et ne m'éveillez pas. » La plaisante femme qu'il auroit là !

LANGOUMOIS. Crois-tu qu'il soit plus heureux avec ta maistresse, dont il n'a essuyé jusqu'icy que des caprices?

LISE. Et pourquoy se les attire-t-il?

LANGOUMOIS. Mon Dieu! si tu voulois, tu dirois bien le nom de celuy qu'on aime peut-estre en secret, et qui est cause que mon maistre est maltraité.

LISE. Oh! point : ma maistresse n'aime personne.

LANGOUMOIS. Si cela étoit, tu aurois intérest de nous en avertir ; car si mon maistre n'épouse pas Hortense, tu perdras les cent pistoles qu'il t'a promises.

LISE. Je le sçais bien, et je serois fort faschée de les perdre; mais asseure-toy que la querelle qu'on luy a faite ne vient pas de ce qu'on aime ailleurs, ou madame seroit bien fine de me l'avoir caché : c'est que ton maistre, qui est l'homme du monde le plus contredisant, s'avise de faire le bel esprit chez nous, depuis qu'il se mesle d'aller à la comédie; et que, quand Madame en dit son avis, il prend le party contraire à tort et à travers, quoy qu'on sçache bien que ce soit la chose dont il puisse le moins parler, et qu'il s'y connaisse moins qu'à de l'hébreu. Mais quand il auroit raison, notre sexe veut qu'on ait pour luy de la complaisance.

LANGOUMOIS. Ah! la complaisance n'est pas le vice de mon maistre.

LISE. Tu vois, aussi, où il en est. Peut-estre que de quinze jours, il ne se reverra à la veille de ses nopces.

LANGOUMOIS. De quinze jours! Ah! j'en serois enragé, et j'envoirois mille fois l'*Andromaque* à tous les diables.

LISE. Je voudrois que celuy qui l'a faite fust bien à son aise. J'en ay tellement la teste étourdie depuis hier, que je crois que je n'entendray parler d'autre chose. Cuisinier, cocher, palfrenier, laquais, et jusqu'à la porteuse d'eau, il n'y a personne qui n'en

## ACTE I, SCÈNE I.

veuille discourir. Je pense mesme que le chien et le chat s'en mesleront, si cela ne finit bien-tost. Et le tout, à cause de la folie de ton maistre.

LANGOUMOIS. La folie! la folie! Ta maistresse dira tout ce qu'il luy plaira; mais mon maistre a de l'esprit.

LISE. Il pouvoit dire qu'il trouvoit la pièce belle, sans luy faire ce sot compliment : « Vous ne sçavez ce que vous dites, Madame, vous ne sçavez ce que vous dites, l'*Andromaque* est la plus belle chose du monde. » Et surtout dans une grande compagnie qui n'étoit pas de cet avis; car tu sçais ce que tous ces Messieurs en dirent, à la réserve de ton maistre.

LANGOUMOIS. Il est vray, dès que ta maistresse se fut déclarée, tout le monde blasma jusqu'au dernier personnage. Je me souviens, mot pour mot, de tout ce qu'on en dit. On demanda quel métier *Pylade* faisoit à la cour de *Pyrrhus*. On dit qu'*Oreste* étoit un plaisant roy; *Pyrrhus*, un sot; *Andromaque*, une grande beste, et *Hermione*, une guenippe. Mais je voudrois bien avoir entendu prouver tout cela, moy; car je crois que mon maistre s'y connoist mieux que tous ces gens-là.

LISE. Pour moy, je ne m'y connois point; mais j'ay entendu parler pour et contre, et j'avoue que ce qu'on a dit contre m'a plus touchée que ce qu'on a dit pour.

LANGOUMOIS. J'y remarquay bien aussi quelque chose qui ne me plut pas, quand je la vis jouer ces jours passés; mais ce n'étoit rien moins que ce qu'on dit hier.

LISE. Adieu. Je pense que voicy ma maistresse, et je crois entendre le carrosse qui entre dans l'autre cour.

LANGOUMOIS. Eh! ma pauvre fille, encore un moment.

LISE. Non, je serois grondée si elle sçavoit que je t'eusse parlé. Rentre chez toy, et moy chez moy.

LANGOUMOIS. Attends, je m'en vais voir plutost si c'est elle. Ouy, c'est ta maistresse, et je pense mesme que mon maistre est dans le carrosse, car j'ay vu de nos laquais. Peut-estre, Lise, que leur paix est déjà faite. Plust à Dieu!

LISE. Bien, va-t-en.

LANGOUMOIS. Souviens-toy, en tout cas, de conserver les cent pistoles.

LISE. Je feray tout ce qu'il faudra faire. Adieu.

## SCÈNE II.

### HORTENSE, ÉRASTE, LISE.

HORTENSE. Lise!

LISE. Plaist-il, Madame?

HORTENSE. Que fait ma mère?

LISE. Elle est dans sa chambre avec Madame la Vicomtesse.

HORTENSE, *à part.* O ciel! Quelle compagnie! et lequel éviteray-je, de ce fascheux ou d'elle? *Haut.* Portez-luy ces emplettes, et dites-luy que je vais, pour un moment, dans ma chambre. (*Lise sort.*)

ÉRASTE. Quoy, Madame, vous ne voulez pas que nous entrions chez Madame votre mère?

HORTENSE. Nous nous remettrions peut-estre à disputer si *Pyrrhus* est honneste homme ou non, et nous nous querellerions encore; si bien qu'au lieu de trois jours de délay que je vous demande, pour me résoudre à épouser un obstiné comme vous, je vous demanderois peut-estre le temps d'y songer toute ma vie.

ÉRASTE. Ah! Madame, vous estes trop bonne pour me punir, avec tant de rigueur, d'un crime si léger.

HORTENSE. Vous appelez un crime léger de m'avoir forcée, jusqu'à cette heure, à avoir de la complaisance pour tous vos sentimens, au lieu que j'en devois attendre de vous? Ah! j'en suis lasse, et c'est bien la raison que j'éprouve si, une fois en vostre vie, vous serez capable de me céder quelque chose.

ÉRASTE. Éprouvez-le, Madame; mais en toute autre rencontre que celle-cy. Ces trois jours seroient trois siècles pour mon amour, et je ne crois pas qu'étant belle, raisonnable et spirituelle, comme vous estes, vous voulussiez me faire mourir avec tant d'inhumanité, trois jours durant.

HORTENSE. Il fait bon vous quereller, Éraste : vous ne m'aviez pas encore cajollée sur mon esprit avec tant de galanterie, et je suis faschée de n'avoir pas pris un plus long terme que trois jours, afin de jouir plus longtemps de ces douceurs. Je vous cautionne, cependant, que vous ne mourrez pas de ce retardement.

ÉRASTE. Ah! Madame, vous ne m'aimez pas; car, si vous m'aimiez....
Ah! voilà votre brasselet qui vient de tomber; qu'il est joly!

HORTENSE. Rendez-le moy, je vous prie.

ÉRASTE. Oh! je le veux garder, comme un gage de vostre amitié.

HORTENSE. Et moy, je veux que vous me le rendiez.

ÉRASTE. Moy, Madame! je n'ay pas encore eu de vos faveurs, je le garderay chèrement.

HORTENSE. Éraste, vous voulez que nous rompions ensemble pour jamais.

ÉRASTE. Mais...

HORTENSE. Je ne me soucie point du brasselet; mais voyons si vous aurez de la complaisance.

ÉRASTE. Il faut donc, Madame, que cette obéissance me vaille quelque chose : jurez-moy...

HORTENSE. Quoy?

ÉRASTE. Que nostre mariage sera pour la nuit prochaine, comme il a été résolu.

HORTENSE. Oh!

ÉRASTE. Point de brasselet, à moins que de me promettre cela.

HORTENSE. Hé bien, nous verrons. Donnez.

ÉRASTE. Jurez-le moy devant.

HORTENSE. Ah! je serois aussi beste qu'*Andromaque*, qui épouse *Pyrrhus* sur sa parole, avant que d'avoir vu son fils en seureté.

ÉRASTE. Eh! juste ciel! Madame, cette pièce vous servira-t-elle toujours de règle et de matière à me persécuter?

HORTENSE. Je ne puis me régler sur aucune chose que vous estimiez davantage. Mais, sans tant d'amusemens, rendez-moy mon brasselet.

ÉRASTE. Vous me promettez donc?...

HORTENSE. Hé, vistement.

ÉRASTE. Nous épouserons cette nuit?

HORTENSE. Donnez.

ÉRASTE *luy baise la main dont elle luy arrache le brasselet.*
J'auray toujours ce baiser.

HORTENSE. Vous estes bien extravagant, Éraste, et bien hardy.

ÉRASTE. Il est vray, Madame, que, puisque vous m'avez promis de ne point différer nostre mariage, je devois attendre ces heureux momens; mais je vous tiendray bon compte de ce baiser-là.

HORTENSE. Je ne vous ay rien promis.

ÉRASTE. Quoy, Madame?

HORTENSE. J'ay dit que vous me rendissiez mon brasselet, et que je verrois ce que j'aurois à faire; mais je ne trouve point à propos de vous rien promettre.

ÉRASTE. Ah! parbleu, Madame, cela seroit fort vilain. Je trouverois à mon tour de quoy vous condamner par vos propres sentimens, si, après avoir tenu *Pyrrhus* pour un si mal honneste homme, à cause qu'il manquoit de parole, vous veniez à en manquer vous-mesme.

HORTENSE. Qui n'a rien promis, ne sçauroit manquer de parole. Mais quand j'en manquerois, il ne s'agit point icy d'affaires d'État, comme dans l'*Andromaque;* et d'ailleurs, vous me trouveriez bien une excuse, puisque vous en avez trouvé pour *Pyrrhus.*

ÉRASTE. Sérieusement, Madame, tout le monde espère que ce sera pour la nuit prochaine, et Madame vostre mère ne sera pas contente si vous différez encore une chose qui devroit estre faite il y a quinze jours.

HORTENSE. Sérieusement, Éraste, et tout résolûment, il n'en sera rien. Ma mère est bonne, et voudra ce que je voudray, pourvu que vous ne vous y opposiez pas; et soit caprice ou raison qui me fasse vous demander un délay de trois jours, je veux voir par là si vous m'aimez.

ÉRASTE. Ah! Madame, cela est insupportable. Doutez-vous que je ne vous aime infiniment? Mais je vois bien que c'est pour vous venger du peu de complaisance dont vous m'accusez, que vous feignez de vouloir ce retardement.

HORTENSE. Je ne feins point de le vouloir, je le veux en effet.

ERASTE. Hé, comment? Madame!...

HORTENSE. Ouy.

ÉRASTE. Eh je vous en conjure...

HORTENSE. Point de nouvelles.

ÉRASTE. Ho! vous m'épouserez pourtant, c'est trop vous moquer de moy. J'ay Madame votre mère et la raison de mon costé. L'heure de nostre mariage a été résolue, et puisque vous ne le voulez point d'amitié, vous le voudrez de force, songez-y bien.

HORTENSE. Ha, ha! voilà le songez-y bien de *Pyrrhus.* Après qu'il a bien fait le doucereux auprès d'*Andromaque*, il la traite de la mesme façon[1]. Je ne m'étonne plus, Monsieur, que vous défendiez si fort son caractère : c'est une politique d'excuser les défauts de nos semblables, et nous faisons pour nous-mesmes en agissant de la sorte.

ÉRASTE. Eh! Madame, quand on est au désespoir, quand on a de l'amour...

HORTENSE. Quand on a de l'amour, et qu'on est accoustumé à vivre parmy les honnestes gens, on est respectueux. Je suis ravie, vraiment, de vous avoir si bien connu. Hé bien, bien, j'en profiteray. Vous vous servirez de tout vostre pouvoir, et moy du mien. Adieu. Vous pouvez vous aller plaindre à ma mère; mais sou-

---

[1] Acte I, sc. 4. Pyrrhus répète encore à Andromaque : *Songez-y*, dans la scène VII du IV<sup>e</sup> acte.

venez-vous que j'épouseray plutost le dernier de tous les hommes que vous ; et que je vous tiens pour un aussi mal honneste homme, que le héros que vous estimez tant.

ÉRASTE. Ah cruelle! Fais, fais-moy mourir, achève...

HORTENSE. Achève? D'où vient encore ce tutayement; est-ce que le titre d'amant disgracié vous a mis fort au-dessus de moy, comme celuy d'ambassadeur met *Oreste* au-dessus de *Pylade*?

ÉRASTE. Tigresse!

HORTENSE. Adieu, Pyrrhus, adieu!

## SCÈNE III.

### ALCIPE, ÉRASTE.

ALCIPE. On te maltraite fort, cher cousin. Quoy, la querelle d'hier au soir dure toujours? Et on en est encore sur le chapitre d'*Andromaque*?

ÉRASTE. Tu vois.

ALCIPE. De quoy est-ce aussi que tu t'es allé aviser de rompre en visière à ta maistresse pour cela? Quel diable d'intérest prens-tu tant à l'*Andromaque*? Quand tu n'aurois point de fortune à espérer par ton mariage avec Hortense, ne sçais-tu pas qu'il faut avoir de la complaisance parmy les femmes, et que le vray moyen de se ruiner dans leur esprit, c'est de les contredire? Quand tu aurois dit que l'*Andromaque* n'est pas une des meilleures pièces du monde, il y en a bien d'autres que toy qui le disent, qui n'ont pas de maistresses à ménager.

ÉRASTE. Pourquoy veux-tu que je parle contre ma pensée? Tous ceux avec qui j'étois sur le Théâtre, ont dit qu'elle étoit belle[1] : je n'examine rien davantage; elle est belle, et le sera malgré tout le monde et malgré toy-mesme.

ALCIPE. Tu vois comme cela a accommodé tes affaires. Voilà ton mariage différé, et peut-estre rompu.

ÉRASTE. Rompu? Tu te moques : j'ay parole de la mère qu'on n'en signera pas moins ce soir nostre contrat pour estre mariés la mesme nuit, et pour preuve de cela, je vais envoyer tout présentement mon valet faire préparer un petit régal, pour le bal que je veux donner.

---

[1] Après ce que Lise a dit dans la scène I, voici un nouveau témoignage de l'éclatant succès d'*Andromaque*. Ce n'étaient pas seulement les cuisiniers, les laquais, les palefreniers, les cochers qui s'étaient engoués d'*Andromaque*; on voit que les marquis et les gens du bel air assis sur la scène ne leur cédaient en rien.

## SCÈNE IV.

### ÉRASTE, ALCIPE, LANGOUMOIS.

ÉRASTE. Langoumois!

LANGOUMOIS. Plaist-il, Monsieur?

ÉRASTE. Écoutez. Allez-vous-en au petit Paris [1], dire qu'on me tienne prest pour ce soir ce qu'ils sçavent bien, et de la manière que je le dis hier au maistre.

LANGOUMOIS. Tout est donc raccommodé, Monsieur, et vostre paix est donc faite?

ÉRASTE. Faites ce que je vous dis, sans vous informer d'autre chose.

LANGOUMOIS. Bon, bon, bon! Monsieur, j'y vais tout à l'heure.

## SCÈNE V.

### ALCIPE, ÉRASTE.

ALCIPE. Je doute fort qu'Hortense soit de l'avis de sa mère.

ÉRASTE. Oh! tu peux t'en assurer, la petite friponne qu'elle est en a autant d'envie que moy, et ce n'est que pour me faire impatienter qu'elle fait tout ce qu'elle fait. Elle a mesme du plaisir à éprouver ainsi la violence de mon amour.

ALCIPE. Tu te flattes. Elle t'a fait un compliment en te quittant qui passoit la raillerie, et la belle prononçoit cela avec vigueur.

ÉRASTE. C'est qu'elle est un peu piquée de ce que j'ay dit qu'elle m'épousera malgré elle, et que je feray agir sa mère; mais un moment effacera tout cela.

ALCIPE. Tu luy as donc fait le compliment que *Pyrrhus* fait à *Andromaque* [2]?

ÉRASTE. Par ma foy, mon cher, je ne luy ay point parlé tout à fait comme *Pyrrhus;* mais quand je l'aurois fait, je juge par moy-mesme que Pyrrhus a raison.

ALCIPE. Il a si fort raison, que ceux qui le louent le reste de la pièce ont tous condamné sa brutalité, et je m'imagine voir un de nos braves du Marais dans une maison d'honneur, où il menace de jetter les meubles par les fenestres, si on ne le satisfait prompte-

---

[1] Voir page 58, note 3.

[2] C'est toujours une allusion à la scène IV de l'acte I, à la scène VI de l'acte II, etc.

## ACTE I, SCENE V.

ment[1]. Mais elle t'a encore donné une attaque touchant *Oreste* qui tutaye *Pylade?*

ÉRASTE. Ouy. Je suis bien aise que tu l'ayes entendu. Dit-on jamais rien de plus ridicule?

ALCIPE. C'est avec justice qu'elle condamne encore cet endroit. Le voudrois-tu soutenir, toy?

ÉRASTE. Si je le voudrois soutenir? Quoy! tu trouves mauvais que deux amis se tutayent? Ah! je te trouve plaisant aussi bien qu'elle, et cela vaut de l'argent.

ALCIPE. Je te dis...

ÉRASTE. Tu me dis la plus haute impertinence du monde; cher cousin, tais-toy, tu feras mieux de ne dire mot.

ALCIPE. Tu parles...

ÉRASTE. Pauvre auteur d'*Andromaque!* tu as fait une lourde faute, de faire tutayer deux amis!

ALCIPE. Mais...

ÉRASTE. Ah! puisque tu condamnes cette façon d'agir, je t'appelleray désormais Monsieur.

ALCIPE. Tu es un étourdy. Je n'aurois rien à dire si *Oreste* et *Pylade* se tutayoient tous deux; mais de voir seulement *Oreste* tutayer *Pylade*...

ÉRASTE. Et à qui tient-il que *Pylade* ne le tutaye aussi? S'il veut l'appeler seigneur, *Oreste* n'en peut mais.

ALCIPE. Le fou! A qui tient-il? Il tient à l'auteur, qui a dû sçavoir que *Pylade* étant roy aussi bien qu'*Oreste*...

ÉRASTE. *Pylade* roy? Ah! je te le nie.

ALCIPE. Vraiment! Il étoit roy de la *Phocide :* je te marque son royaume; et son père, à qui il avoit succédé, s'appelloit *Strophius;* si tu ne le sçais pas, c'est que tu n'as pas lu l'histoire.

ÉRASTE. L'histoire? Ah! Il est là bon! l'histoire? c'est bien des gens comme moy, va, qui se soucient de l'histoire! C'est assez que j'ay lu *Clélie* avec la Vicomtesse, et que je sçais l'*Andromaque* sur le bout du doigt[2].

ALCIPE. Voilà de nos Messieurs, qui veulent qu'une chose ne soit pas

---

[1] Le Marais était en fort mauvaise réputation au point de] vue des mœurs. C'était le quartier général des *maisons d'honneur*, et les mots : *demoiselle du Marais* avaient une signification très-nette. Un *brave* du Marais, c'était le brave qui protégeait ces dames.

[2] On remarquera cette tentative pour mettre *Andromaque* et la *Clélie* sur la même ligne, et pour donner à entendre que l'engouement causé par l'ouvrage de Racine est de la même nature et de la même valeur que celui qu'avait excité le roman de Mlle de Scudéry.

parce qu'ils n'en ont pas la connaissance. Ouy, *Pylade* étoit fils du roy de la *Phocide*, qui étoit beau-frère d'*Agamemnon*, père d'*Oreste*, de sorte qu'*Oreste* et *Pylade* étoient mesme cousins germains.

ÉRASTE. Eh! que m'importe?

ALCIPE. Que t'importe? C'est une impertinence extrême d'introduire deux personnes tellement égales, et de faire que l'un parle à l'autre comme s'il étoit son écuyer, ou son valet de chambre, et que cet autre le souffre[1].

ÉRASTE. Bon, bon, bon! Voilà une belle critique!

ALCIPE. Je trouve la chose encore plus ridicule en ce qu'on fait faire cela à *Oreste*, lorsqu'il est devenu ce que nous appellons d'évesque meunier. Est-ce à cause que, du plus grand roy de *Grèce* qu'il étoit, il n'est plus qu'un simple *ambassadeur* de petits *principiums*, qu'on veut qu'il tranche tant du grand avec *Pylade*?

ÉRASTE. Il est bien ambassadeur extraordinaire pour toy.

ALCIPE. Ah! je te l'avoue, il n'est rien de plus extraordinaire qu'un roy ambassadeur.

ÉRASTE. Tu es fou, mon cher, tu es fou[2].

ALCIPE. Je suis fou, parce que tu ne sçais que répondre. Mais je vois, ce me semble, la Vicomtesse qui fait son compliment de sortie à la mère d'Hortense, pour repasser chez elle. Je gage, quelque entestement qu'elle ait pour l'*Andromaque*, qu'elle dira que j'ay raison.

ÉRASTE. C'est justement le secret de bien faire ta cour auprès d'elle, que de condamner l'*Andromaque*. Ouy, ouy, va, tu y seras bien reçu.

ALCIPE. Peut-estre. Mais la voicy! la bonne figure avec sa langueur affectée!

ÉRASTE. Cette langueur n'est pas déplaisante, et si je n'avois mes raisons pour épouser Hortense, je m'accommoderois mieux de son esprit que de celuy de mon écervelée.

ALCIPE. Oh! toy, tu n'as garde de dire autrement.

---

[1] Barbier d'Aucour, dans sa pièce satirique d'*Apollon vendeur de Mithridate* (1675), reproche également à Racine d'avoir fait

> D'Oreste, roy d'Argos, un simple ambassadeur,
> Qui n'agit toutefois avec le roy Pylade
>     Que comme avec un argoulet;
> Et, loin de le traiter comme son camarade,
>     Le traite de maistre à valet.

[2] Éraste, avec ses façons de parler et ses répliques, est évidemment coulé dans le moule des marquis de Molière. On pourra faire plus loin une remarque analogue pour le rôle de la Vicomtesse.

## SCÈNE VI.

### ALCIPE, ÉRASTE, LA VICOMTESSE.

LA VICOMTESSE, *faisant des révérences à la porte de Silviane.* Hé! Madame, vous faites des cérémonies, comme si nous ne logions pas tous dans la mesme maison.

ÉRASTE, *tandis que la Vicomtesse fait ses révérences.* Tu la conduiras chez elle, car tandis que la mère d'Hortense est seule, je vais la presser... (*Il parle bas à Alcipe*).

LA VICOMTESSE, *se retournant encore vers la porte.* Hé, Madame, je suis vostre très-humble servante.

ALCIPE. Tu as raison, ne souffre pas qu'on diffère : ce qui s'est caché un mois pourroit estre découvert en trois jours.

LA VICOMTESSE. De quoy s'entretiennent les deux cousins?

ALCIPE. Nous en sommes sur la tragédie d'*Andromaque*, Madame, et je luy reproche...

LA VICOMTESSE. Ah! vraiment je ne suis point pour Hortense. Elle eut hier le plus grand tort du monde. (*A Eraste.*) Silviane m'a pourtant dit que cela ne reculeroit pas longtemps vostre bonheur.

ALCIPE, *à Eraste.* Tu t'es un peu pressé d'envoyer au petit Paris.

ÉRASTE. Quoy, je suis remis encore?

LA VICOMTESSE. Je sçais bien au moins que ce ne sera pas pour la nuit prochaine.

ÉRASTE. Ah! je vais faire souvenir Silviane de me tenir la parole qu'elle m'en a donnée. Cependant, Madame, je vous laisse entre les mains un ennemy juré d'*Andromaque*, qui veut que ce soit une pièce où il n'y ait pas de sens commun. Je vous prie de le mettre à la raison, Madame.

## SCÈNE VII.

### ALCIPE, LA VICOMTESSE.

LA VICOMTESSE. Est-il possible, Alcipe, que vous puissiez dire cela?

ALCIPE. Ah! Madame.....

LA VICOMTESSE. Je ne vous crois pas si peu raisonnable. Vous voulez bien que je sçache s'il y a chez moy quelqu'un de mes gens?

ALCIPE. Hé, Madame! je le vais sçavoir.

LA VICOMTESSE, *le retenant.* O Dieu! Monsieur, n'en prenez pas la peine. Virginie! Plotine!

ALCIPE. Mon Dieu! Madame, que ces noms-là sont beaux!

LA VICOMTESSE. Ah! je suis fort pour ces sortes de noms-là. Tous mes laquais s'appellent Césars et Alexandres, et il n'y a pas jusqu'à mon cocher que j'appelle Phaëton.

ALCIPE. C'est avec raison, Madame : il conduit aussi le char d'un soleil quand il mène vostre carrosse.

LA VICOMTESSE. Ah! cette comparaison est un peu forte pour moy. Laquais! Holà! quelqu'un.

ALCIPE, *allant et revenant.* Holà! laquais de Madame la Vicomtesse! Il n'y a personne sans doute.

LA VICOMTESSE. Je suis malheureuse, je ne puis faire un pas hors de chez moy, que tout mon monde ne se disperse aussi-tost de costé et d'autre.

ALCIPE. Puisqu'ils vous ont vue entrer chez la mère d'Hortense, ils ne doivent pas estre loin.

LA VICOMTESSE. C'est que le bon destin d'*Andromaque* veut que je demeure un moment avec vous, pour la défendre de vos sentimens.

ALCIPE. Ha! Madame, j'aurois bien pris la liberté d'aller m'en justifier jusque chez vous.

LA VICOMTESSE. Qu'y a-t-il donc dans cette pauvre *Andromaque*, qui la rende une si méchante pièce?

ALCIPE. Je ne dis pas, Madame, que ce soit une très-méchante pièce. Non, au contraire, cela ne va pas tant mal pour un commencement, et l'auteur a assez bien imité les sçavans en quelques endroits. Mais de vouloir qu'il soit vray qu'il ait surpassé tous ceux qui ont jamais écrit, hé! Madame, le bon sens peut-il souffrir qu'on se trompe de la sorte? C'est gaster un homme à force d'encens, et sans cela peut-estre que nous aurions vu quelque jour une bonne pièce de luy.

LA VICOMTESSE. Ostez ce : « nous aurions vu », Alcipe ; car on l'a vue, ou l'on ne la verra jamais, et tout est admirable dans l'*Andromaque*.

ALCIPE, *souriant.* Il y a je ne sçais quoy, Madame, qui, à mon gré, ne seroit guère un exemple à suivre.

LA VICOMTESSE. Ah! juste Dieu! Que dites-vous là? C'est peut-estre la tragédie où toutes choses sont de meilleur exemple, et j'y songeois encore hier en rendant visite à une petite provinciale fort au-dessous de ma qualité, qui eut l'insolence de m'attendre dans sa chambre et sur son siège, au lieu de venir au-devant de moy. Hélas! dis-je, cela est bien éloigné de l'honnesteté de *Pyrrhus*, qui, loin de souffrir qu'on amène *Oreste* à son audience, le va chercher où il est, pour sçavoir le sujet de son ambassade.

ALCIPE, *riant.* Avec tout le respect que je vous dois, Madame, je croyois que les rois dussent estre un peu plus jaloux de leur rang. Cette grandeur qui est attachée à leurs personnes, fait que ce qui s'appelleroit honnesteté en d'autres, est une grande faute en leur conduite, et je n'ay point encore vu de gens qui n'ayent ri à cette pièce, lorsque *Pyrrhus* y vient dire à *Oreste :* « Je vous cherchois partout, seigneur », au lieu de le mander dans son cabinet.

LA VICOMTESSE. Hé! mon Dieu, tous les rois ne sont pas si façonniers qu'on diroit bien.

ALCIPE. Ah! Madame, la majesté ne doit pas courir ainsi de chambre en chambre, dans les occasions de cérémonies.

LA VICOMTESSE. Voulez-vous encore rien de meilleur exemple que cette *Andromaque*, qui pleure son époux, après plus d'un an, comme le premier jour?

ALCIPE, *riant*. D'accord, Madame, cela est tout à fait rare [1]. Mais on l'accuse de peu de jugement, cette *Andromaque*, d'avoir découvert à son cruel ennemy qu'elle avoit sauvé son fils. Elle devoit bien le faire élever dans un lieu qui ne fust pas venu à la connoissance de *Pyrrhus;* car qui avoit eu le temps et l'adresse de supposer un autre enfant à *Ulisse*, le plus fin de tous les hommes, en pouvoit avoir eu aussi pour faire ce que je dis.

LA VICOMTESSE. Oh! c'est ce que j'y trouve de plus beau que cette confiance. C'est une marque qu'elle étoit très-bonne.

## SCÈNE VIII.

### ALCIPE, LA VICOMTESSE, CÉSAR.

LA VICOMTESSE, *à César*. César! Hé bien, Monsieur le coquin, où étoient donc tous mes gens quand j'ay voulu rentrer chez moy?

CÉSAR. Peut-estre que je dormois, Madame.

LA VICOMTESSE. Je vous apprendray, petit sot.....

CÉSAR. Hé, Madame, vous avez une femme de chambre qui s'amuse, il y a une heure, à faire l'*Harmione* contre votre cocher dont

---

[1] On sait, par l'épigramme de Racine contre MM. de Créqui et d'Olonne, que celui-ci reprochait à Andromaque d'aimer trop son mari.

Malheureuse veuve d'Hector,
Un an après sa mort vous le pleurez encor,

s'écrie Barbier d'Aucour dans *Apollon vendeur de Mithridate.*

elle est coëffée!' Au lieu de cela, que n'écoutoit-elle à la porte?
ALCIPE, *riant*. Ce César a la mine d'estre un bon petit fripon.
LA VICOMTESSE. Tout parle d'*Andromaque*. Mais vous plaist-il d'entrer, Alcipe? Venez, venez, nous continuerons nostre conversation au logis.
ALCIPE. C'est trop d'honneur, Madame, que vous me faites.

# ACTE II.

## SCÈNE PREMIÈRE.

#### LYSANDRE *seul.*

Je ne vois personne. Favorise, ô ciel! le dessein que j'ay de voir ma chère Hortense. Mais quelqu'un descend. N'importe, servons-nous du prétexte que nous avons résolu de prendre, en cas que nous soyons découverts.

## SCÈNE II.

#### LYSANDRE, LISE.

LISE. Que demandez-vous, Monsieur? Que cherchez-vous?
LYSANDRE. Je voudrois dire un mot à Silviane, ma chère fille; fais que je luy parle. A-t-on disné?
LISE. Ouy; mais que luy voulez-vous dire? Elle est empeschée.
LYSANDRE. Je venois pour affaire. Hortense y est-elle, et ne pourrois-je luy confier ce que c'est, au défaut de Madame sa mère?
LISE. Vrayment, Monsieur, ma maistresse a bien à songer aujourd'huy à autre chose! Elle est à la veille de ses nopces.
LYSANDRE, *à part*. O Dieu! l'avis n'est point faux. (*A Lise.*) Je ne luy dirois qu'un mot.
LISE. Je m'en vais plutost avertir Madame sa mère; prenez la peine d'entrer dans la salle.

## SCÈNE III.

### LYSANDRE, HORTENSE, LISE.

HORTENSE, *sortant brusquement*. Non, non, Lise, ne va point avertir ma mère, et tiens-toy plutost icy pour me rendre un service, pendant que je diray un mot à Monsieur.

LISE, *à part*. Hon! hon! Nous y voicy.

HORTENSE, *à Lise*. Éraste est dans le jardin qui se promène avec elle; fais le guet, et avertis-nous quand ils seront prests d'en sortir. (*A Lysandre.*) Vous voyez la fille la plus fidèle qui soit en France, Monsieur. (*A Lise.*) Il faut que tu nous aides, Lise.

(*Icy Hortense parle à l'oreille à Lysandre.*)

LISE, *à part*. Justement, parce qu'on ne peut plus se cacher de moy.

HORTENSE, *à Lysandre à part*. C'est une nécessité de nous en servir; mais elle est bonne, j'en feray ce que je voudray.

LYSANDRE, *à Lise*. Il y a cinquante pistoles pour toy, si nous venons à bout de nostre dessein, et que tu ne parles pas.

(*Ils se parlent bas encore.*)

LISE. Hélas! Monsieur, je suis toute au service de Madame. (*A part.*) Voyez-vous pourtant la rusée?

LYSANDRE, *après qu'Hortense luy a parlé bas*. Oh! vous avez de l'esprit, et je crois que cela fait désespérer mon rival.

HORTENSE. Je le fais enrager. (*A Lise.*) Ma pauvre Lise, fais bien le guet.

LISE. Eh! ne craignez rien : ils sont en profonde conférence, et ne songent guère à ce que vous faites.

(*Elle s'écarte un peu.*)

LYSANDRE. Cependant, Madame, la présence de ce rival m'a empesché, ce matin, au Palais, de vous entretenir plus à loisir.

HORTENSE. Ce n'est pas ma faute. J'avois pris des mesures pour y pouvoir aller seule; mais j'ay été toute étonnée que je l'ay vu à la mesme boutique où j'étois.

LYSANDRE. Ah, Dieu! j'avois reçu, hier au soir, une sensible joie, en apprenant, par vostre cocher, que vous aviez encore rompu le coup de mon malheur, et j'avois mis l'*Andromaque* au-dessus de toutes les pièces de théâtre, à cause qu'elle avoit produit ce bon effet.

LISE, *à part*. C'est donc le cocher!

LYSANDRE. Mais vostre cruelle mère veut que, la nuit qui vient, vous n'en épousiez pas moins mon rival.

HORTENSE. J'ay gagné temps jusqu'à demain ; mais....

LYSANDRE. Demain ou cette nuit, Madame, c'est tout un pour moy ; et s'il n'y a point d'autre remède, il faut que vous consentiez que je vous enlève cette mesme nuit.

HORTENSE. Mais vous disiez que quand vostre père auroit vidé l'affaire qu'il a contre nous, qui est preste à s'accommoder, vous le feriez résoudre à me demander, pour vous, à ma mère. Vous ne vouliez que deux jours pour cela, et pour rompre mon mariage avec Éraste.

LYSANDRE. Non, Madame ; mais mon père est tellement obstiné à ne rien relascher de ses demandes, que l'affaire n'a pu estre terminée, et comme je le connois, je n'ose luy parler de vous auparavant, de peur de tout gaster. J'avois mesme prié un de mes amis, qui m'avoit promis de me servir utilement, de pressentir vostre mère sur ce dessein ; mais je n'en ay point eu de nouvelles, et cependant je vous perds.

HORTENSE. J'auray bien peu d'adresse, si je ne diffère encore quelques jours.

LYSANDRE. Non, non, Madame, on pourroit vous contraindre à plus que vous ne voudriez. Choisissons le plus court, prestez la main à vostre enlèvement. Vous me l'avez promis à l'extrémité, et nous y sommes. Ce coup rompra celuy que j'appréhende ; il fera que mon père accordera tout ce qu'on voudra pour étouffer l'affaire, et pressera luy-mesme nostre mariage. Nous sommes deux partis égaux. Éraste n'est qu'un inconnu qui trompe vostre mère, et qui n'a peut-estre pas tout le bien qu'il dit ; et je suis seur qu'avec le temps elle m'aimera mieux que luy pour son gendre. Enfin, Madame, je ne vous demande rien que vous ne m'ayez promis.

HORTENSE. Il est vray ; mais n'y a-t-il pas d'autres moyens ?

LYSANDRE. Non, Madame ; mais de grâce, résolvez promptement : ce lieu est mal propre à contester.

HORTENSE. Je suis bien embarrassée !

LYSANDRE, *montrant Lise.* Il faut que cette fille nous facilite cette entreprise.

HORTENSE. Lise.....

LISE. Eh ! dépeschez sans barguigner.

HORTENSE. Hé bien, elle vous tiendra la petite porte du jardin ouverte, et je m'y rendray à minuit ; mais aussi promettez-moy.....

LYSANDRE. Je vous enleveray sans vous enlever : ce ne sera que pour vous conduire chez vostre parente, où nous nous sommes déjà vus.

HORTENSE. Lise, garde-toy bien de nous trahir. Tu vois quelle confiance j'ay en toi, et où j'en serois si Éraste sçavoit nostre dessein. (*En l'embrassant.*) Je te feray tant de bien, tant de bien, après ce temps-cy, que..... tu verras. Mais je crois qu'Éraste et ma mère sont rentrés dans la salle. Va voir, Lise, je t'en prie.

LISE, *y allant.* Hé, allez ; ne vous mettez pas en peine, je vous avertiray.

HORTENSE, *à Lysandre.* Adieu, retirez-vous. Comme nostre Vicomtesse ne manque pas, depuis peu, à s'aller promener toutes les nuits dans le jardin pour y entretenir ses visions romanesques, et pour voir si quelque adorateur ne sortira pas de derrière une palissade, pour mourir à ses pieds, il me sera bien aisé de m'y rendre sans qu'on soupçonne que ce soit moy.

LISE. Ah ! Madame, Éraste vous a vus à travers des vitres de la salle, et je me trompe fort s'il n'accourt icy.

HORTENSE, *à Lysandre.* Sortez viste. (*Il sort.*)

## SCÈNE IV.

### ÉRASTE, SILVIANE, HORTENSE.

ÉRASTE. Vous rougissez en me voyant, Madame? Je suis fasché d'avoir interrompu vostre entretien avec ce galant homme. (*A Silviane.*) Madame, il ne faut plus demander pourquoy vostre fille cherche tous les jours des remises. Sans doute qu'elle a des inclinations secrètes, et qu'elle espère que vous choisirez, à la fin, un autre gendre que moy.

SILVIANE. Est-il vray, ma fille ? parliez-vous à quelqu'un ?

HORTENSE. Ouy, Madame.

ÉRASTE. Ouy ! Ah, juste ciel ! Quelle effronterie !

HORTENSE. L'extravagant !

SILVIANE. Et qui est celuy, ma fille, à qui vous parliez ?

HORTENSE. C'est Lysandre, ma mère, qui est venu sçavoir si vous étiez au logis, parce qu'un homme doit venir vous parler des affaires de son père ; et comme je l'ai aperçu de la salle, je suis descendue dans la cour, pour luy dire que vous étiez à la maison, et que cet homme pouvoit venir quand il luy plairoit.

ÉRASTE. Bonne excuse ! ma foy, bonne excuse ! La menterie est bien trouvée.

SILVIANE. Écoutez, Éraste.

ÉRASTE. Eh ! Madame, il faudroit que Lysandre fust bien plein de loisir pour venir luy-mesme faire un semblable message. Un laquais suffisoit pour cela, aussi bien que pour en faire la réponse.

HORTENSE. Vous vous moquez, Monsieur : un simple résident suffisoit bien pour faire l'ambassade d'*Oreste*, et cependant il n'a pas laissé de venir luy-mesme demander un chétif petit enfant à *Pyrrhus*. Pourquoy condamnez-vous en Lysandre ce que vous approuvez en luy?

ÉRASTE, *à Silviane*. Vous voyez, morbleu! comme l'on me traite?

SILVIANE. Rentrez, petite sotte, ne parlez point davantage.

*Hortense rentre et le menace du doigt en passant devant luy.*

## SCÈNE V.

### ÉRASTE, SILVIANE.

ÉRASTE. Enfin, Madame, la source de mon malheur m'est connue. Je condamnois, tous les jours, les soupçons que j'avois qu'elle n'en aimast un autre; mais la présence de Lysandre m'a éclaircy de toutes choses.

SILVIANE. Il ne faut pas que Lysandre vous donne de l'ombrage. J'ay en effet des affaires d'importance avec son père, qui sont en termes d'accommodement, et il se peut qu'il soit venu icy pour ce que ma fille vous en a dit.

ÉRASTE. Ah! Madame, mon malheur est certain. Je me suis flatté jusqu'icy de l'espérance qu'elle pouvoit changer, et je prenois pour des effets de jeunesse l'affectation qu'elle a à me maltraiter. Mais depuis qu'à travers de ces vitres je les ay vus se parler avec toute l'action des amans, je ne doute plus que ce Lysandre n'ait son cœur, Madame, non, je n'en doute plus.

SILVIANE. Point du tout, vous dis-je.

ÉRASTE. Madame, j'ay de bons yeux, j'ay de la raison, et vous ne m'osterez point cela de la teste.

SILVIANE. Comment ne fascheriez-vous point une jeune fille avec vos obstinations, puisque je m'en fascherois moy-mesme, si je n'étois plus raisonnable que vous? Si je vous fais épouser ma fille, demain sans remise, comme je vous l'ay promis, qu'aurez-vous à dire?

ÉRASTE. Il faudroit, Madame, que ce fust dès cette nuit, comme il avoit été résolu.

SILVIANE. Il n'y a pas tant de temps jusqu'à demain, et cela ne doit point vous chagriner.

## SCÈNE VI.

### SYLVIANE, ÉRASTE, LISE.

LISE. Madame.
SILVIANE. Qu'y a-t-il?
LISE. Un honneste homme est dans la salle qui demande à vous parler.
SILVIANE, *à Lise.* Je vais tout à l'heure à luy. (*A Éraste.*) Je vous quitte un moment. C'est sans doute l'homme du père de Lysandre, dont ma fille nous vient de parler, et cela vous doit mettre hors de jalousie. Adieu, soyez en repos, je luy feray bien perdre tous ses petits caprices, et je vous la promets, demain, fort complaisante, pourvu qu'il ne se parle plus d'*Andromaque*.

## SCÈNE VII.

### ÉRASTE, *seul.*

Eh, demain, demain! C'est encore bien du temps, pour un homme qui a sujet de craindre à toute heure un revers de fortune. Mais il faut que je renvoye au petit Paris, car j'ay envoyé dire à mon valet de ne rien faire sans revenir prendre mon ordre. Eh! *Andromaque!* Maudite *Andromaque!* Mais j'admire ma jeune étourdie, d'y trouver à tous moments de quoy me railler? Si une autre qu'elle se mesloit de me faire de ces applications... Mais voicy mon valet.

## SCÈNE VIII.

### ERASTE, LANGOUMOIS.

ÉRASTE. Langoumois!
LANGOUMOIS. Monsieur, je venois à vous.
ÉRASTE. Il faut que tu retournes au petit Paris, dire que ce sera pour demain asseurément.
LANGOUMOIS, *riant.* Monsieur, j'ay fait comme *Oreste*, qui ne laissa pas de tuer *Pyrrhus*, quoique *Cléone* luy eust été dire qu'il n'en fist rien sans revoir *Hermione*.

ÉRASTE, *le battant.* Comment, coquin, vous vous meslez donc aussi de me parler de l'*Andromaque*?

LANGOUMOIS. Hé! Monsieur. Je voulois vous dire que, quoy qu'on m'eust averty de ne rien faire sans nouvel ordre, je n'ay pas laissé de commander vostre régal pour demain.

ERASTE. Et l'as-tu deviné, traistre?

LANGOUMOIS. Non, monsieur. Il y a cette différence entre *Oreste* et moy, que s'il a deviné, luy, que celle-là n'en vouloit pas moins tuer l'autre, moy, j'ay sceu vostre volonté d'un des laquais de Silviane, qui m'a rencontré au cabaret.

## SCÈNE IX.

### ÉRASTE, LA VICOMTESSE, LANGOUMOIS.

LA VICOMTESSE, *sortant de chez elle.* Je suis bien aise de vous voir, Éraste.

ÉRASTE. Je vous en suis obligé, Madame.

LANGOUMOIS, *à Éraste.* Monsieur, j'ay autre chose à vous dire.

LA VICOMTESSE. Oh que vostre cousin est un étrange homme! On vous accuse d'estre obstiné; mais j'aimerois mieux avoir affaire à cinquante Érastes qu'à un seul Alcipe.

LANGOUMOIS, *à Eraste.* Monsieur, cela est d'importance.

ÉRASTE. Attends un moment. (*A la vicomtesse.*) Il a bien frondé l'*Andromaque*, n'est-il pas vray, Madame?

LA VICOMTESSE. Je l'ay prié de disner avec moy, pour en parler plus longtemps; il a condamné les endroits que j'aime le mieux.

ÉRASTE. Hay, hay! C'est un fou, Madame, je le luy ay tantost dit à son nez.

LA VICOMTESSE. Oh! Il est tout à fait ridicule.

LANGOUMOIS, *à Éraste.* Monsieur, ce que j'ay à vous dire est plus nécessaire que ce que vous dites.

ÉRASTE. Tu veux parler, traistre? et moy je ne veux pas écouter. (*A la vicomtesse.*) Il veut avoir plus d'esprit que vingt personnes de la première qualité, qui l'ont trouvée incomparable.

LA VICOMTESSE. Il m'a donné un joly détour, quand je luy ay parlé de cela. Il veut que ces Messieurs n'en ayent pas moins reconnu les défauts, et que ce soit seulement pour donner courage à un jeune auteur, qui a du génie, qu'ils louent si hautement sa pièce.

ÉRASTE. En dépit de luy, pourtant, c'est la plus belle pièce qui soit sur la terre.

LA VICOMTESSE. J'aime tant la bonne foi de cette pauvre veuve, quand elle fait son testament, et qu'elle confie *Astyanax* à sa suivante, avant que de se tuer[1] !

ÉRASTE. Hé bien, Madame, il y a eu des impertinens qui ont blasmé cela.

LA VICOMTESSE. Je le sçais. Il y eut une petite créature qui trouva, hier, l'endroit délicat. Si j'avois, dit-elle, été à la place d'*Andromaque*, j'aurois voulu coucher deux ou trois nuits avec *Pyrrhus*, afin qu'il permist à *Céphise* de disposer de mon fils après ma mort. L'impertinente !

ÉRASTE. Bon ! Madame. Si elle eust fait cela, l'envie de se tuer ne luy seroit peut-estre pas demeurée, et cela auroit gasté sa vertu.

LA VICOMTESSE. Vous avez raison, et en dépit de cette spirituelle, c'est un chef-d'œuvre surprenant que cette tragédie.

ÉRASTE. Surprenant ? autant qu'il puisse l'estre. Vous y voyez une *Hermione* qui court un *Pyrrhus*, et tous deux avoir une telle sympathie l'un avec l'autre que quand celle-là a fait une scène avec sa *Cléone*, celui-cy la double aussitost avec *Phénix*, son précepteur[2]. Elle et luy n'ont qu'une mesme pensée. Ils s'expriment avec les mesmes mots, et cependant ce *Pyrrhus* n'en aime pas plus cette *Hermione*. Est-il rien de si admirable et de si surprenant ? Après, Madame, j'ay ouy dire qu'*Astyanax* fut précipité du haut d'une tour par *Ulysse*; mais, dans cette comédie, sa mère le sauve fort subtilement, et trompe cet *Ulysse*, qui étoit le plus fin diable qui fust en France.

LA VICOMTESSE. Vous voulez dire en Grèce ?

ÉRASTE. En Grèce, en France, qu'importe[3] ? mais est-il rien de si surprenant ?

LANGOUMOIS, *à Éraste*. Je vous apprendray quelque chose de plus surprenant. Écoutez-moy.

ÉRASTE. Pendard...

LA VICOMTESSE. Cela n'est pas encore au goust d'Alcipe. Il dit que c'est une faute d'avoir changé un événement aussi connu que la

---

[1] Allusion à la scène 1 du quatrième acte.

[2] Voir, à l'acte II d'*Andromaque*, les scènes 1 et 5 : c'est le seul endroit auquel puisse se rapporter cette critique très-peu fondée, à moins qu'on ne veuille pousser le parti-pris jusqu'à y joindre encore les scènes 2 et 6 de l'acte IV.

[3] « Ce qui veut dire, dans l'intention de Subligny, que les personnages de Racine sont des Français habillés à la grecque, des héros formés sur le modèle de la *Clélie*, roman où, suivant Éraste, Pyrrhus a appris son métier d'amoureux. (Deltour, *les Ennemis de Racine*, p. 190.) Je crois que Subligny a surtout voulu rendre le défenseur d'*Andromaque* ridicule par une nouvelle bévue qui prouve sa grossière ignorance.

mort d'*Astyanax*; que ce sont des histoires qu'on sçait mieux que celles de nostre temps mesme, et qu'on ne doit point déguiser. Mais il ne sçait pas que c'est ce qui fait la beauté de nos romans.

ÉRASTE. Peut-on ne pas trouver cela beau? Le benest! L'insensé! Le misérable!

LA VICOMTESSE. Ou bien, dit-il, quand on veut déguiser l'histoire, il faut que cela serve à quelque chose de grand et d'ingénieux, comme quand Ronsard sauve cet enfant, pour en tirer l'origine de plusieurs grands rois[1]. Mais dans l'*Andromaque*, on le sauve sans dire pourquoy, ny ce qu'il devient.

ÉRASTE. Quoy, il parle de Ronsard? de ce vieux Ronsard? Le fou, le fou! Y en a-t-il de pareils aux Petites maisons? Je vous suis obligé, Madame, de m'en avoir tantost débarrassé; il me parloit sans cesse d'*Oreste*, et sans vous, il s'alloit encore jetter sur la friperie de *Pyrrhus*.

LA VICOMTESSE. Ah! pour *Pyrrhus*, Alcipe dit qu'il n'avoit pas lu les romans.

ÉRASTE. Il ne les avoit pas lus! et que sçait-il? Qui est-ce qui le luy a dit? Je luy soutiens, moy, que *Pyrrhus* avoit lu la *Clélie*[2].

LA VICOMTESSE, *riant*. Ah! pour la *Clélie*, il ne se peut; mais du moins il avoit lu les romans de son temps, car l'amour est l'âme de toutes ses actions, aussi bien que de la pièce, en dépit de ceux qui tiennent cela indigne des grands caractères. Enfin on a raison de renvoyer Corneille à l'école : il n'a jamais rien fait d'approchant.

ÉRASTE. Corneille? On m'a fait voir ce matin, chez un libraire, que Corneille luy a volé une scène presque entière, et vingt autres endroits, par-cy, par-là, pour mettre dans une de ses pièces.

LA VICOMTESSE. Comment? Corneille a-t-il fait quelque pièce, depuis l'*Andromaque*?

ÉRASTE. Parbleu! Madame, c'est la scène où *Hermione* veut qu'*Oreste* aille tuer *Pyrrhus*. Je l'ay conférée avec celle de Corneille. Il y a une *Émilie* qui dit toute la mesme chose à un certain *Cinna*[3].

---

[1] Dans son poëme de la *Franciade*.

[2] Voici la seconde fois que Subligny fait intervenir *la Clélie* dans une intention railleuse. Comme nous l'avons dit dans notre notice, il allait publier en 1670 la *Fausse Clélie*, où il met en scène une femme que la lecture de ce roman a rendue folle et qui se prend pour l'héroïne de M<sup>lle</sup> de Scudéry.

[3] Subligny veut parler sans doute de l'acte III, scène 4, de *Cinna*. On peut la comparer à la scène 3 du 4<sup>e</sup> acte d'*Andromaque*, et l'on verra combien l'insinuation de Subligny est misérable.

LA VICOMTESSE. Vous me raillez, Éraste.

ÉRASTE. Non, Madame; je vous le feray voir quand il vous plaira, et tous les autres endroits que je vous dis.

LA VICOMTESSE. Vous voulez me dire que l'auteur de l'*Andromaque* a pris cette scène dans le *Cinna*, qui est fait il y a trente ans?

ÉRASTE. Tout de bon? (*Bas.*) Se seroit-on moqué de moy?

LA VICOMTESSE. Adieu. Je ne veux plus demeurer avec un homme qui commence à tourner casaque à mon party, et je vais voir si l'on joue chez Silviane.

## SCÈNE X.

### ÉRASTE, LANGOUMOIS.

LANGOUMOIS. Oh! grace au ciel; la babillarde nous laisse en repos. Vous plaist-il que je parle, Monsieur?

ÉRASTE. Ouy; mais s'il t'arrive jamais de me venir interrompre, comme tu as fait, quand je seray avec quelqu'un, je t'estropieray.

LANGOUMOIS. Vous voulez estropier les gens, quand on vient vous donner des avis de la dernière conséquence.

ÉRASTE. Quels sont ces avis? Parle viste.

LANGOUMOIS. En rentrant céans par le jardin, j'ay trouvé Lise, qui m'a dit que vous avez un rival.

ÉRASTE. Un rival! Et qui pourroit-ce estre, bon Dieu! si ce n'est ce Lysandre que j'ay vu?

LANGOUMOIS. Il est aimé d'Hortense depuis longtemps.

ÉRASTE. Il est aimé? Ah! fiez-vous aux filles après cela!

LANGOUMOIS. Le cocher de Silviane est le porte-poulet.

ÉRASTE. Fiez-vous encore à des marauds de cochers, mères! fiez-vous-y!

LANGOUMOIS. Une cousine d'Hortense preste sa maison pour les rendez-vous.

ÉRASTE. Fiez-vous mesme à de maudites cousines, morbleu!

LANGOUMOIS. Et cet honneste homme là doit l'enlever à minuit par la petite porte du jardin.

ÉRASTE. Il la doit enlever! Et le nom de ce ravisseur, le sçais-tu?

LANGOUMOIS. Il s'appelle Lysandre.

ÉRASTE. Quoy, c'est Lysandre? Ah! l'on ne peut guère tromper des yeux intéressés, je l'ay bien dit à les voir parler d'action [1] comme

---

[1] Avec action.

ils faisoient. La petite infidelle! Il n'étoit venu que pour sçavoir si sa mère étoit à la maison.

LANGOUMOIS. C'est sans doute, Monsieur, que le porte-poulet ayant été obligé d'aller à Saint-Cloud, avec son chariot, ils n'avoient plus personne par qui se faire sçavoir leurs sentimens.

ERASTE. Et comment Lise a-t-elle sceu tout cela?

LANGOUMOIS. Elle a été du secret par nécessité. On luy a mesme promis cinquante pistoles pour se taire, et par parenthèse, Monsieur, vous estes bienheureux de luy en avoir promis cent : cela est cause de vostre salut. Mais la voicy.

## SCÈNE XI.

### ÉRASTE, LANGOUMOIS, LISE.

ERASTE, *allant au-devant*. Je dois la vie à ton avis, ma chère Lise, et il faut que je récompense ta fidélité; tends la main.

LISE. Monsieur, j'attendray bien les cent pistoles tout à la fois.

ERASTE. Prends toujours ; cecy n'est pas compté sur la somme. Hé bien, Lise, il nous faut rompre le coup de cet enlèvement.

LISE. Ouy, Monsieur, et dès demain sans faute. Au moins, quand Hortense sera votre femme, vous n'aurez plus rien à craindre.

ERASTE, *à Lise*. Aurois-tu cru cela d'Hortense?

LANGOUMOIS. Hon! j'ay eu bon nez, moy, quand je l'en ay soupçonnée.

LISE. Les filles qu'on veut marier malgré elles sont capables de beaucoup de choses.

ERASTE. Et fut-ce malgré elle que la double friponne donna son consentement, quand on parla de nous marier?

LISE. Il faut bien que ce n'ait été que par le commandement absolu de sa mère, puisqu'elle aimoit cet autre. Mais, comme je vous dis, il ne faut que rompre leur dessein, et Lysandre sera bien attrapé, aussi bien que son Cléonte, qui vient de parler peut-estre à Madame afin de l'amuser.

ERASTE. Quoy, l'homme qui est venu s'appelle Cléonte?

LISE. Ouy. Qui vous rend étonné? Qu'avez-vous?

ERASTE, *à part*. Ah, je suis ruiné! (*Haut.*) Lise, il faut tout découvrir à Silviane.

LISE. Gardez-vous-en bien. Ma maistresse se douteroit aussi-tost que je vous en aurois averty. Il vaut mieux vous promener dans le jardin jusqu'après minuit. Comme vous louez une partie de la maison, vous y avez vostre part comme un autre, et l'on n'y pourra trouver à redire. Adieu. J'ay peur seulement qu'on ne me voye avec vous.

## SCÈNE XII.

### ÉRASTE, LANGOUMOIS.

ERASTE. Falloit-il que ce Cléonte se rencontrast icy pour me traverser, peut-estre, encore? Mais il ne faut pas balancer : p renons la place de Lysandre ; enlevons mon infidèle à la faveur de leur rendez-vous, et puis, selon que nous aurons sujet de craindre ou d'espérer, nous nous servirons de cet enlèvement. Cours chez Alcipe, et dis-luy que j'ay quelque chose d'importance à lui communiquer, et qu'il m'attende chez luy.
LANGOUMOIS. Le voicy, Monsieur, comme s'il l'avoit deviné.

## SCÈNE XIII.

### ÉRASTE, ALCIPE, LANGOUMOIS.

LANGOUMOIS. Mon maistre a bien affaire de vous, Monsieur.
ERASTE. Par quel bonheur te rencontres-tu icy, cher cousin?
ALCIPE. Ce n'est pas sans sçavoir pourquoy, ny comment, comme ton *Pylade* se trouve en *Épire*, tout prest à servir *Oreste* au besoin.
ERASTE. Eh! mon Dieu, laissons cela, là!
ALCIPE. C'est parce que j'ay promis à la Vicomtesse de revenir jouer chez Silviane.
ERASTE. Apprens quel est mon malheur.
ALCIPE. Quel malheur?
ERASTE. Ce que je craignois est, que je crois, arrivé.
ALCIPE. Comment?
ERASTE. Je te le diray, mais Hortense est perdue pour moy si je ne l'enlève.
ALCIPE, *souriant*. Tu n'as que des desseins héroïques! Le moyen de l'enlever, si elle n'y consent pas? Je ne trouve pas la chose fort aisée.
ERASTE. Et moy je te dis que j'auray fait cela en un tour de main.
ALCIPE, *souriant encore*. Mais...
ERASTE. Je n'ay pas le temps de raisonner. Il faut que je l'enlève, et quand? dès cette nuit.

ALCIPE, *à part*. Le fou! (*Haut.*) Tu aurois besoin d'un homme pour cela.

ERASTE. Et de qui?

ALCIPE. De l'autheur d'*Andromaque*.

ERASTE. Hé! laisse en paix l'*Andromaque*, maudit parent! As-tu envie de me faire enrager?

ALCIPE. Tout de bon, c'est qu'il trouveroit moyen de te rendre cela le plus aisé du monde, et quand Hortense seroit aussi bien suivie qu'*Hermione*, et sa maison aussi bien gardée que le palais de *Pyrrhus*, tiens, ce ne seroit qu'une bagatelle. Il t'apprendroit, comme à *Pylade*, tous les détours obscurs de son appartement; il te feroit porter Hortense sur le poing, sans que la belle en dît un seul mot, sans que ses gardes en vissent rien:

> Et cette nuit, sans peine une secrette voye,
> Jusques dans nos vaisseaux conduiroit nostre proye [1].

ERASTE, *en colère*. Tu parles comme un perroquet, et tu trouves l'enlèvement d'Hortense impossible, faute de sçavoir les moyens que j'en ay. Me veux-tu servir? Je ne te demande que cela.

ALCIPE. Ouy-dà, et de tout mon pouvoir.

ERASTE. Entrons chez moy, je te diray toutes choses.

# ACTE III.

## SCÈNE PREMIÈRE.

### LANGOUMOIS, LISE.

LANGOUMOIS. Voilà donc mon maistre bien chaudement, Lise, d'avoir enlevé la Vicomtesse en croyant enlever Hortense? Ah! j'en enrage. Qu'en dit-on chez toy?

LISE. Ma maistresse rit et danse, et croit que cela fera conclure son mariage avec Lysandre; mais Madame ne dit ce qu'elle a dans l'esprit à personne. Je tiens pourtant mes cent pistoles bien avanturées.

---

[1] *Andromaque*, III, sc. I.

LANGOUMOIS. Je perdray plus que toy, si l'affaire ne va pas bien ; car mon maistre me devoit faire perruquier dès qu'il auroit épousé ta maistresse. Mais pourquoy ne vins-tu pas l'avertir qu'elle ne descendroit point au jardin? Il n'auroit pas fait cette bévuë.

LISE. Pourquoy luy aurois-je été dire cela? Ma maistresse n'a pas manqué d'y descendre non plus que moy, et nous y entrions justement comme ton maistre faisoit cette belle affaire, qui nous a fait retourner sur nos pas plus vite que nous n'étions venues.

LANGOUMOIS. C'est toujours ta faute : si tu l'eusses fait descendre plus tost, il n'en eust pas pris une autre pour elle.

LISE. Tu es fou. Si j'eusse pu l'empescher absolument d'y aller, je l'eusse fait, et j'eusse cru bien servir ton maistre. M'avoit-il dit qu'il vouloit l'enlever? Et puis, qui se seroit imaginé que cette l'endort[1] de Vicomtesse se trouveroit là si à propos pour estre cause de tout ce malheur?

LANGOUMOIS. Maudites soyent ses visions et ses promenades nocturnes! Cette malheureuse-là n'est faite que pour faire damner tout le monde. Voilà une avanture de Roman telle qu'il la luy falloit.

LISE. Adieu. La voicy, que ton maistre ramène chez elle.

LANGOUMOIS. Peste! Il attendoit que je retournasse, pour luy porter quelques nouvelles ; je veux l'éviter aussi bien que toy : il ne feroit peut-estre pas bon auprès de luy dans la mauvaise humeur où il doit estre.

## SCÈNE II.

### ÉRASTE, ALCIPE, LA VICOMTESSE.

ÉRASTE, *à Alcipe, tandis que la Vicomtesse s'avance sur le bord du Théâtre, le mouchoir sur les yeux.* Entre chez Sylviane avant que je la revoye ; dis-luy que je croyois enlever Hortense, pour rompre la partie faite entre elle et Lysandre ; sçache ce que l'arrivée de Cléonte aura pu produire ; songe enfin à tout, car j'enrage. *S'avançant ensuite vers la Vicomtesse.* Vous voilà chez vous, Madame, il n'y a rien de gasté.

---

On écrivait aussi *Landore*, dans le même sens de *niais, languissant, flasque, peu éveillé*, et on en avait fait une sorte de nom propre : « Cependant le pauvre Landore, ayant bien souspiré, fit semblant de dormir. » (Larivey, *le Laquais*, IV, sc. 1.)

LA VICOMTESSE. Va, lasche, ton action a étouffé dans mon âme tout ce que j'y avois d'estime pour ta personne.

ÉRASTE. Il ne faut pas pleurer.

LA VICOMTESSE. Ah! je pleureray plus longtemps cet affront qu'*Andromaque* n'a pleuré son Hector. Va, je t'aimois, puisqu'il faut que je le dise, et tu me tenois lieu quelquefois d'un objet assez doux dans mes resveries innocentes; mais.....

ÉRASTE. Je vous ay dit.....

LA VICOMTESSE. Non, je te regarde comme un infâme ravisseur.

ÉRASTE. Que diable!...

LA VICOMTESSE. Comme un monstre de brutalité, et le ciel permettra que je sois vengée du plus perfide de tous les amans.

ÉRASTE. Mais, Madame, à qui parlez-vous, et de quoy vous plaignez-vous? Je me suis mépris; hé bien, je vous en demande pardon, et je vous ramène chez vous toute aussi entière que je vous en ay enlevée.

LA VICOMTESSE. Imagine-toy que je suis Clélie, et que tu es Horace, et que, malgré ton amour, je te haïray désormais comme la mort.

ÉRASTE. Au diable soit la folle! Morbleu, Madame, regardez-moy bien : je m'appelle Éraste, cherchez vostre Horace où il vous plaira, je ne vous demande rien, je vous rens à tous vos gens, et je l'aurois fait dès cette nuit, quand j'ay connu que je vous ay prise pour une autre, si vous eussiez voulu m'écouter. Mais vous avez couru vous enfermer dans le cabinet d'Alcipe, d'où l'on n'a pu vous tirer, quelque chose que l'on vous ait pu dire; c'est vostre faute, car pour moy je ne vous demandois rien.

LA VICOMTESSE. Va, lasche, m'avoir mis la main sur la bouche, et m'avoir causé une pamoison dont j'ay pensé mourir; est-ce là l'action d'un amant?

ÉRASTE. Encore? Je suis vostre serviteur, Madame; mais vostre amant.....

LA VICOMTESSE. Dissimule, dissimule, et dis que tu ne m'aimes pas, pour cacher ton dépit.

## SCÈNE III.

### ÉRASTE, LA VICOMTESSE, HORTENSE.

LA VICOMTESSE. Ah, Madame! Madame vostre mère est-elle dans sa chambre?

HORTENSE. Ouy, Madame.

LA VICOMTESSE. Il faut que je luy demande protection contre un infidèle ravisseur. (*A Éraste.*) Va, perfide, va chercher qui puisse t'aimer après le crime que tu as commis.

*Elle entre chez Silviane.*

## SCÈNE IV.

### ÉRASTE, HORTENSE.

HORTENSE. Vous ne m'attendiez pas, Monsieur, et je vois bien
Que mon abord icy trouble vostre entretien.
Je ne viens pas, armé d'un indigne artifice,
D'un voile d'équité couvrir mon injustice;
Il suffit que mon cœur me condamne tout bas,
Et je soutiendrois mal ce que je ne crois pas¹.

ÉRASTE. Qu'est-ce que cela veut dire, Madame? Ce que vous ne croyez pas.

HORTENSE. Cela est un peu galimathias; mais il ne doit pas l'estre pour vous? Hé quoy, méconnoistriez-vous des vers que vous estimez tant? Il faut vous parler en prose. Je viens donc vous dire, Monsieur, que j'épouse Lysandre.

ÉRASTE. Vous épousez Lysandre?

HORTENSE. Ouy, Monsieur, et j'avoue que l'on vous avoit voué la foi que je luy voue. Une autre que moy vous diroit que sa mère auroit fait cela sans consulter son cœur, et que sans amour elle auroit été engagée à vous; mais je ne veux pas m'excuser. Si vous voulez, j'épouse Lysandre parce que je veux estre traistresse. Eclatez contre moy. Donnez-moy tous les noms destinés aux parjures. Je ne crains pas vos injures,

Et bien loin de contraindre un si juste courroux,
Il me soulagera, peut-estre, autant que vous².

ÉRASTE. Ah! que cela est beau, de venir ainsi chercher les gens pour leur faire insulte! Vous devriez avoir honte de vous vanter, à mon nez, de vostre lascheté, au lieu de vous cacher et de m'éviter avec soin. Une autre que vous trouveroit quelque excuse pour colorer sa trahison.

HORTENSE. Hé quoy, Monsieur? vostre intérest vous fait si tost

---

¹ C'est le début de la scène V du quatrième acte, quand Pyrrhus, sur le point d'épouser Andromaque, aborde inopinément Hermione, qui vient de décider sa mort.

² Pour moy, loin de contraindre, etc. Même scène.

changer de sentimens? Quand je disois du compliment de *Pyrrhus* ce que vous venez de dire du mien, vous m'accusiez de ne me pas connoistre aux belles choses. Je vous parle avec franchise, comme il fait à *Hermione* ; je me suis servie de ses propres termes, et mesme j'ay employé de ses vers, pour vous faire avaler cela plus doux.

ÉRASTE. Ah! ne faites pas la rieuse.

HORTENSE. Quoy?

ÉRASTE. Mais j'ay tort de m'emporter. Riez, ma petite mignonne, riez; on est allé instruire vostre mère de tout ce qu'il faut, pour rabattre vostre caquet, et nous verrons si vous épouserez ce Lysandre. Voicy l'homme qui nous en dira des nouvelles.

## SCÈNE V.

### HORTENSE, ÉRASTE, ALCIPE.

ÉRASTE. Hé bien, cousin, l'enlèvement de la Vicomtesse tourne-t-il à ma confusion, ou à celle de Madame? Madame vient de me dire qu'elle va épouser Lysandre.

ALCIPE. Ne vois-tu pas que Madame se venge galamment de tes brusqueries, par ces petites alarmes qu'elle te donne? Lysandre vient en effet d'entrer là dedans avec Cléonte; mais c'est pour parler des affaires de son père, et Silviane n'a point changé d'intention pour toy.

HORTENSE. Voilà qui va bien. *Elle va au-devant de Lysandre et de la Vicomtesse, qui sortent de chez Silviane comme pour entrer dans le jardin.*

## SCÈNE VI.

### ÉRASTE, ALCIPE, HORTENSE, LA VICOMTESSE, LYSANDRE.

ALCIPE, *bas à Éraste.* Au contraire, elle m'a asseuré qu'elle feroit les noces aujourd'huy, et elle a témoigné beaucoup d'aigreur à ce Lysandre d'avoir voulu enlever sa fille.

HORTENSE, *à la Vicomtesse et à Lysandre.* Où allez-vous donc?

LYSANDRE. Nous croyions que vous étiez au jardin, et nous allions vous y chercher, pour nous promener avec vous, pendant que Silviane est en affaires.

## ACTE III, SCÈNE VI.

LA VICOMTESSE, *appercevant Éraste*. Ah! Voilà mon ravisseur.

HORTENSE, *la retenant*. Ne craignez rien. Vous estes en seureté avec nous, Madame.

ÉRASTE, *à Hortense*. C'est donc Monsieur que vous épouserez, Madame?

HORTENSE. Je ne sçais pas asseurément si ce sera Monsieur; mais je sçais bien que ce ne sera pas vous.

ÉRASTE, *à Alcipe*. Ce ne sera pas moy, Alcipe! Ce ne sera pas moy!

ALCIPE. Mon Dieu! Tais-toy.

HORTENSE. Non, sur ma foy! J'en jure.

LYSANDRE, *à Éraste*. Pour moy, je ne prendrois pas plaisir à me faire aimer par force, et je ne voudrois obtenir une personne que d'elle-mesme. *A la Vicomtesse*. N'est-ce pas le mieux, Madame?

LA VICOMTESSE. Et dans *Cyrus*, et dans *Clélie*, et dans tous nos Romans, nous voyons que tous ceux qui en usent autrement sont toujours malheureux.

ÉRASTE. Je me moque de *Clélie* et de *Cyrus*. Ayant la parole de la mère, il m'importe peu que la fille y consente, ou non.

HORTENSE. C'est bien dit.

ÉRASTE. Ouy, c'est bien dit.

LYSANDRE. Hé quoy! Il faut que les choses prennent ce train pour l'intéressant d'une Comédie?

ÉRASTE. Ouy, et c'est maintenant que je prétends la soutenir malgré elle et malgré tout le monde, puisque j'ay commencé à la louer.

ALCIPE. Quoy! tu vas recommencer tes folies?

HORTENSE. Mon Dieu! laissez-le faire, Alcipe. Il vaut mieux qu'il parle de cela que d'autre chose.

LYSANDRE, *bas à Hortense*. Je veux avoir le plaisir de l'obstiner à mon tour. (*A Éraste*). Pour moy, Monsieur, je me laisse entraisner, comme beaucoup d'autres, au plaisir que donnent ces spectacles, sans m'amuser à les critiquer; mais il est vray que ce que Madame a dit de l'*Andromaque* m'y a fait trouver des défauts, auxquels je n'avois pas pris garde.

ÉRASTE, *à Alcipe*. L'entends-tu?

ALCIPE, *à Éraste*. Ne te fais pas une seconde affaire, et cède-leur quelque chose.

ÉRASTE. Moy? Je n'en feray rien; je soutiendray jusqu'au bout mon opinion.

HORTENSE, *à Alcipe*. Vous ne le ferez pas changer.

LYSANDRE, *à Éraste*. Quand il n'y auroit que l'imprudence avec laquelle *Pyrrhus* se défait de sa garde, trouvez-vous que cela soit bien?

ALCIPE. Il n'est pas seulement vraisemblable, après que *Phénix* l'a averty du danger, et qu'*Hermione* l'en a menacé.

ÉRASTE, *à Alcipe.* Mais voyez cet extravagant! Comment voulois-tu qu'on le tuast, sans cela?

HORTENSE, *riant.* Ha, ha, ha!

ÉRASTE *à Hortense en la contrefaisant.* Ha, ha, ha!

LYSANDRE, *à la Vicomtesse.* Ah, ah! Vous n'en riez pas aussi, madame?

LA VICOMTESSE. Je suis encore affligée.

HORTENSE. Il faut oublier tout, madame, avec générosité.

LA VICOMTESSE. J'y feray mon possible, à cause de la compagnie; mais quand je pourrois rire, je ne rirois point de cela; car, en effet, *Pyrrhus* ne pouvoit faire autrement, ayant à mettre *Astyanax* en seureté.

ÉRASTE. Madame en donne encore une raison à laquelle je ne songeois pas.

HORTENSE. Et pourquoy ne le menoit-il pas au temple avec lui? Ils y auroient été gardés tous deux, par la mesme garde.

ÉRASTE. Pourquoy, madame? C'est qu'il ne luy plaisoit pas.

ALCIPE, *à Éraste.* C'est que c'étoit un écervelé.

ÉRASTE. Et toy un autre.

LYSANDRE, *à Hortense.* Mais, Madame, la garde de *Pyrrhus* étoit-elle si petite, qu'elle ne pust suffire à le garder et un autre aussi?[1]

HORTENSE. Elle étoit bien chétive pour un prince envers qui le plus grand roy de Grèce venoit en ambassade.

ÉRASTE. Hé bien, bien, Messieurs! Je vous accorde qu'il y peut avoir des choses contre les règles dans cette pièce; mais se doit-on soucier des règles? Au moins m'avouerez-vous qu'il n'y en eut jamais de si bien écrite.

HORTENSE. De si bien écrite!

LA VICOMTESSE. Oh! c'est par là, principalement, qu'on l'a admirée; l'on ne vit jamais un langage plus net, ny plus juste.

LYSANDRE. Et moy, Madame, je soutiens le contraire.

HORTENSE. Et moy aussi.

ÉRASTE, *à Alcipe.* Et toy aussi?

ALCIPE. Et moy aussi.

ÉRASTE, *fouillant dans sa poche.* Ah! par sembleu, Messieurs, vous m'en convaincrez tout à l'heure. Voici l'*Andromaque* dans ma poche..... Toutefois je pensois l'avoir et je ne l'ay pas.

---

[1] Allusion à ce passage d'*Andromaque* :
Autour du fils d'Hector il a rangé sa garde, etc. (V, sc. 2).

LYSANDRE, *en la tirant de la sienne.* Je l'ay, moy, Monsieur, et je m'en vais vous en montrer les fautes à livre ouvert.

LA VICOMTESSE. Ah! cela est téméraire.

ÉRASTE, *à Lysandre.* A livre ouvert donc, à livre ouvert.

LYSANDRE. Ouy, ouy.

ÉRASTE. Nous allons voir comment il s'y prendra, à livre ouvert.

LYSANDRE. *Hermione* dit à *Oreste* qu'il se dégage des soins dont il est chargé. *Oreste* luy répond que les refus de *Pyrrhus* l'ont assez dégagé, et qu'on le renvoye sans le fils d'*Hector*.

ÉRASTE. Voyons, voyons les vers. Tudieu! ce que vous dites là est de la prose.

LYSANDRE. C'est pour vous faire prendre le sens de ce qui doit suivre. Il répond donc cela, et ajoute :

... Ainsi donc il ne me reste rien,
Qu'à venir prendre icy la place du Troyen.
Nous sommes ennemis, luy des Grecs, moy le vostre :
Pyrrhus protége l'un, et je vous livre l'autre.

Entendez-vous cela, Mesdames?

HORTENSE. Non.

LYSANDRE. L'entendez-vous, Messieurs?

ALCIPE. Ma foy, non.

ÉRASTE. Et moy je l'entens. Recommencez un peu.

HORTENSE. Pourquoy faire recommencer, si vous l'entendez?

ÉRASTE. Pour vous faire parler.

LYSANDRE. Ça, ça, je recommenceray :

... Ainsi donc il ne me reste rien,
Qu'à venir prendre icy la place du Troyen.
Nous sommes ennemis, luy des Grecs, moy le vostre :
Pyrrhus protége l'un, et je vous livre l'autre.

ÉRASTE. Ah! Je l'entens à merveille; recommencez encore, je vous prie.

HORTENSE, *riant.* Ah, ah, ah!

ALCIPE. Ah, ah, ah!

LA VICOMTESSE. Si l'on ne l'entend pas bien, du moins on devine quasi la beauté qu'il a voulu faire en cet endroit.

ALCIPE. D'accord, Madame, on devine quasi, lorsqu'on a autant d'esprit que vous en avez; mais cela n'empesche pas que ce ne soit un galimathias [1].

---

[1] Ces vers ont disparu d'*Andromaque* (II, sc. 2), et voici ceux qui se lisent en place :

LYSANDRE. Asseurément. Sans tourner le feuillet, en voicy d'autres :

> J'ay mandié la mort chez des peuples cruels...

LA VICOMTESSE. Quoy, vous trouvez à redire à cet endroit-là ?
LYSANDRE. Ouy, Madame.
ÉRASTE, *se touchant le front avec le doigt.* Cet homme-là en a un grain, par ma foy. Eh! Fi, fi, Monsieur, c'est un endroit que j'ay retenu par cœur à cause de sa beauté; comment le trouveriez-vous méchant?

> J'ay mandié la mort chez des peuples cruels,
> Qui n'apaisoient leurs dieux que du sang des mortels.
> Ils m'ont fermé leur temple, et ces peuples barbares,
> De mon sang prodigué sont devenus avares [1].

C'est une expression qui tonne : ne vous fait-elle pas peur seulement, quand vous voulez la critiquer?
LYSANDRE. Pour devenir avare d'un sang, il faut en avoir usé auparavant sans avarice. Comment ces peuples barbares pouvoient-ils avoir fait cela, si Oreste n'avoit jamais été en leur puissance, et si c'étoit luy-mesme qui offroit son sang?
ÉRASTE. Le beau raisonnement!
LYSANDRE. Après : il faut que la chose nous soit chère pour en estre avares, et si le sang d'*Oreste* fut indifférent aux Scythes...
ÉRASTE. Il fut indifférent!
LYSANDRE. Il faut mesme qu'ils ne l'ayent pas jugé digne d'estre versé; et luy fermer leur temple en étoit une grande marque.
ÉRASTE. J'enrage d'entendre une si belle critique.
HORTENSE. Avares de son sang prodigué n'est pas bien dit aussi, car *Oreste* vivant encore, son sang n'étoit point prodigué.
LYSANDRE. Il est vray.
ÉRASTE. Ouy; c'est assez que Madame l'ait dit.
ALCIPE. Madame a raison; il falloit dire : de son sang offert, et non pas : de son sang prodigué.
ÉRASTE. Et crois-tu qu'il n'auroit pas dit *offert* aussi bien que toy, s'il l'avoit voulu? Car, tiens, il le pouvoit, et le voilà :

> ... Ainsi donc, tout prêt à le quitter,
> Sur mon propre destin je viens vous consulter.
> Déjà même je crois entendre la réponse
> Qu'en secret contre moi votre haine prononce.

Racine a transformé de la même façon coup sur coup trois passages dans la même scène, d'après les critiques de notre auteur.

[1] *Andromaque*, II, sc. 2.

Ils m'ont fermé leur temple, et ces peuples barbares
De mon sang offert sont devenus avares.

Mais *prodigué* sonne bien mieux.
LYSANDRE, *en raillant.* *Prodigué* sonne mieux; Monsieur a raison.
LA VICOMTESSE. Deux endroits mal tournés ne gastent pas une grande pièce.
ALCIPE. Deux endroits, Madame? S'il n'y avoit que cela, je l'en tiendrois quitte à bon marché; mais il y en a bien d'autres.
LA VICOMTESSE. Ah! je n'en tombe pas d'accord.
HORTENSE. Je veux moy-mesme vous en convaincre, Madame. Prenez la peine de m'expliquer cecy, Madame, s'il vous plaist. *Oreste dit à Pylade :*

Mais quand je me souviens que parmi tant d'alarmes,
Hermione à Pyrrhus prodiguoit tous ses charmes.

Ces vers font-il venir l'idée d'une fort honneste fille, Madame?
LA VICOMTESSE. Ah! vous avez l'esprit malin, Madame.
LYSANDRE. La remarque est juste : on ne peut donner un sens fort honneste à cette riche expression :

Hermione à Pyrrhus prodiguoit tous ses charmes [1].

Mais tout est plein de semblables fautes.
ÉRASTE, *à Lysandre.* Ma foy! vous les y avez donc mises; car je vous soutiens que non.
LYSANDRE. Et moy, je soutiendray toujours que si, contre tous.
ÉRASTE. Je vous feray pourtant confesser, tout à l'heure, qu'il n'est pas vray. Langoumois! Hé, Langoumois!
ALCIPE. Quel est ton dessein, avec ton Langoumois?
ÉRASTE. J'auray raison de ce qu'il m'a dit là. Langoumois! Ce bourreau qui ne viendra pas! Mais, j'iray bien moy-mesme. (*A Lysandre.*) Attendez-moy, Monsieur, attendez-moy de pied ferme.
ALCIPE. Il faut que je le suive et que je sçache ce qu'il veut faire.

## SCÈNE VII.

### LYSANDRE, HORTENSE, LA VICOMTESSE.

HORTENSE. Où va donc ce fou-là? Lysandre, ne l'attendez pas, et rentrons plutost dans la salle, car je me défie de son dessein.

---

[1] Racine n'a point changé ce vers, qui n'a pas dans sa tragédie, bien entendu, le sens qu'on lui attribue ici, et qu'il semble présenter, en effet, quand il est isolé.

LYSANDRE. Ne vous alarmez pas : ce n'est point icy un lieu où vous deviez rien appréhender.

LA VICOMTESSE. Après ce qui m'est arrivé, il y a lieu d'en craindre toutes choses, et surtout en ce moment, où il a bien reconnu que vous parliez contre vostre pensée, pour vous jouer de luy.

LYSANDRE. Je ne parle point contre ma pensée : l'*Andromaque* n'est pas des mieux écrites.

LA VICOMTESSE. Ah! Lysandre.

HORTENSE, *à Lysandre*. Rentrez, vous dis-je, car je tremble toujours.

LYSANDRE. Hé! Madame, ne craignez rien, je vous prie.

HORTENSE. Hélas! si l'espérance qu'un tel brutal a toujours de m'épouser étoit bien fondée, que je serois malheureuse!

LYSANDRE. Vous devez moins craindre cela que le reste. Je sçais ce que je sçais, et tout ira comme nous le souhaitons, Madame.

HORTENSE. Ah! le voicy qui revient comme un tonnerre ; contentez-moy, et rentrez.

## SCÈNE VIII.

### ÉRASTE, HORTENSE, LYSANDRE, LA VICOMTESSE, ALCIPE.

ÉRASTE, *frappant de la main auparavant sur sa poche et puis y fouillant avec les deux mains*. Allons, morbleu! Voicy de quoy, et il faut me convaincre autrement que vous n'avez fait.

HORTENSE, *pensant qu'il tire l'épée*. Ah!

LA VICOMTESSE. Ah!

ÉRASTE, *tirant un livre de sa poche*. Voicy une autre *Andromaque*, que je viens de quérir, et qui n'est point falsifiée, comme la vostre. Montrez-moy un défaut dans celle-cy.

LYSANDRE. Ouy, Monsieur, à livre ouvert comme dans l'autre.

LA VICOMTESSE. Ah! que j'ay eu peur, aussi bien que vous, Madame!

HORTENSE, *souriant en reprenant haleine*. Ah, ah! J'en suis encore tout émue, mais je suis trompée, heureusement.

ALCIPE, *riant*. Hai, hai! Il n'est pas si emporté que vous le croyez, Mesdames.

ÉRASTE. Qu'avez-vous tous à rire? Nous allons voir un homme bien camus; car celle-là est sans faute. (*A Lysandre.*) A livre ouvert donc!

LYSANDRE, *à Alcipe*. Il est vray qu'elle est sans fautes. Lisez un peu cet endroit-là; il y a cinq fautes en six vers.

ÉRASTE. Vouloir trouver cinq fautes en six vers dans l'*Andromaque!* cela n'est-il pas déplorable?

ALCIPE. Ha! L'endroit est de ma connaissance, et il est vray.

> ... Je pensay que la guerre et la gloire
> De soins plus importans rempliroient ma mémoire,
> Que mes sens reprenant leur première vigueur,
> L'amour achèveroit de sortir de mon cœur.
> Mais admire, avec moy, le sort dont la poursuite
> Me fait courir moy-mesme au piége que j'évite.

Est-ce bien écrire que de mettre : J'ay cru que la guerre et la gloire, de soins plus importans *rempliroient ma mémoire*, au lieu de *rempliroient mon esprit*? La mémoire ne se remplit que des choses passées, et mémoire et esprit sont deux choses bien différentes.

LYSANDRE. Il n'est rien de plus vray.

ÉRASTE. Oh! Vraiment ouy, Monsieur, il n'est rien de plus vray. Voilà donc une faute? Où sont les quatre autres?

ALCIPE. Que mes sens reprenant leur première vigueur,
L'amour achèveroit de sortir de mon cœur.

Cela est encore très-mal écrit; car plus les sens sont vigoureux, plus on a de disposition à l'amour. Au moins il me le semble ainsi, mon cher cousin.

ÉRASTE, *à Alcipe, puis à Hortense*. Le misérable! Vous le semble-t-il aussi, Madame?

HORTENSE. Moy? je ne sçais pas cela.

ALCIPE, *à Éraste*. Il faut dire *ma raison*, et non pas *mes sens*.

LYSANDRE. Dit-on encore *le sort dont la poursuite*, pour *dont la persécution?* *Me fait courir moy-mesme;* ce *moy-mesme* n'est-il pas une cheville?[1]

ALCIPE. Et de quatre, mon cher cousin.

HORTENSE. Et puis *courir au piége que j'évite*, par quel sortilége peut-on courir à ce qu'on évite?

ALCIPE, *à Éraste*. Et cinq.

ÉRASTE, *à Hortense*. Je vous y feray courir tantost, sans sortilége, en vous obligeant à m'épouser, ne vous en mettez pas en peine.

---

[1] C'est la seule observation, relativement à ces vers, à laquelle Racine se soit rendu. Il a remplacé *moi-même* par *alors* (I, sc. 1).

HORTENSE. Si cela étoit, ce ne seroit point à ce que j'éviterois, mais à ce que je voudrois éviter.

LYSANDRE. Madame répond juste, il faut dire : au piége que je voulois éviter, et non pas : que j'évite. Mais il y a vingt autres fautes de cette nature dans cette mesme scène.

LA VICOMTESSE. Vous critiquez les endroits qu'il vous plaist.

LYSANDRE. Je prendray la pièce par la fin, ou le commencement, pour montrer que je ne choisis pas. Tenez :

> Il croit que toujours faible et d'un cœur incertain
> Je pareray d'un bras les coups de l'autre main.

Ces vers ne sont-ils pas dans vostre *Andromaque*, Monsieur?

ÉRASTE. Hé bien? Qu'en voulez-vous dire?

LYSANDRE. Dire *de l'autre main* pour *de l'autre bras!*

ÉRASTE, *en colère*. Vous connaissez-vous en poésie? *Bras* a-t-il du rapport avec *incertain*? La rime y seroit-elle?

HORTENSE. Non; mais la raison y seroit.

LA VICOMTESSE, *à Lysandre*. Mais commencez un peu par les premiers vers de la pièce, puisqu'il n'y a rien de bien écrit.

ÉRASTE. Fort bien, Madame, je l'allois dire.

LYSANDRE. Comme il vous plaira. Les voicy :

> Ouy, puisque je rencontre un ami si fidèle,
> Ma fortune va prendre une face nouvelle,
> Et déjà son courroux semble s'estre adoucy.

Je ne les ay pas falsifiés au moins. Dit-on *le courroux de ma fortune?* La fortune en général peut avoir du courroux; mais quand fortune signifie la condition, la misérable posture de quelqu'un, peut-on dire ma misérable posture a du courroux contre moy, ou bien a adoucy son courroux [1]?

ÉRASTE. Dieu me damne, je me trouve icy avec des gens bien savans!

LYSANDRE. Voicy un autre endroit où *Oreste* dit à *Pylade :*

> Mais dis-moy de quels yeux Hermione peut voir,
> Ses attraits offensés et ses yeux sans pouvoir?...

HORTENSE. *De quels yeux* une mesme personne *peut voir ses yeux!* Voilà une étrange justesse d'expression [2]!

---

[1] Racine n'a rien changé au début de sa pièce. Il y a seulement dans le premier vers : *retrouve*, au lieu de *rencontre*, qui doit être du fait de Subligny.

[2] Racine s'est rendu à cette critique en changeant ainsi le 2ᵉ vers :
> Son hymen différé, ses charmes sans pouvoir.

LA VICOMTESSE. Pour moy, je trouve cela bien.
ÉRASTE. Et moy aussi.
ALCIPE, *riant, à Lysandre.* Lisez un peu l'endroit où *Pyrrhus* vient à l'audience d'*Oreste*, et ce qu'*Oreste* lui dit.
HORTENSE. Ah! ne nous embarrassez point de cela; nous n'aurions jamais fait, si l'on vouloit examiner cette belle harangue, qui est toute pleine de fautes.
ÉRASTE. On vous en croira, ma belle?
LYSANDRE. Il n'y a pas d'endroits dans la pièce où je n'en trouve, vous dis-je.
ÉRASTE, *prenant le livre.* Ouy? Oh! Trouvez-m'en donc en celuy-cy. Je le prendray par tant de costés que je l'attraperay.

> Je l'ay vu vers le temple où son hymen s'appreste
> Mener en conquérant sa nouvelle conqueste.
> Et d'un œil qui déjà dévoroit son espoir,
> S'enivrer en marchant du plaisir de la voir.

LA VICOMTESSE. S'est-il jamais rien dit de si juste et de si beau?
ÉRASTE. Pardonnez-moy, Madame, cela est plein de fautes!
HORTENSE. Ce seroit une pitié, qu'il n'y eust rien de juste dans tout une pièce.
LYSANDRE. Ne nous excusez pas encore, Madame; cela n'est pas si bien qu'il se l'imagine.
ALCIPE. Non, cela ne vaut guère mieux que le reste.
ÉRASTE. Quoy?

> ... D'un œil qui déjà dévoroit son espoir,
> S'enivrer en marchant du plaisir de la voir.

Cela n'est pas magnifique? Allez, maudits critiqueurs, il vient de vous enivrer vous-mesmes, vous ne sçavez plus ce que vous dites. C'est un endroit où j'ay vu tout le monde se récrier.
LA VICOMTESSE. Oh! pour cela, Messieurs, vous avez le goust dépravé.
ALCIPE. Non, Madame, on ne sçauroit dire *qu'un œil dévore son espoir*.
ÉRASTE. Et moy, traistre, je te dévore bien des yeux, quand je t'entends parler si sottement. Pourquoy ne veux-tu pas qu'un œil dévore?
HORTENSE. Hé! ouy; mais un homme aussi bien nourry qu'Alcipe seroit un meilleur morceau qu'un espoir.
LYSANDRE. En effet, c'est une viande un peu creuse qu'un espoir [1].

---

[1] V, sc. 2. C'est seulement dans l'édition de 1687 que Racine a reconnu la jus-

Mais en voilà assez: Monsieur doit estre désabusé par cet échantillon.

ÉRASTE. Moy? Je dis toujours que la pièce est belle.

ALCIPE. Tu fais bien, garde-toy bien de te dédire.

HORTENSE, *à Éraste.* J'ay pourtant gagné ma cause, en dépit de vous.

ÉRASTE. Ouy; mais en dépit de vous aussi nous n'en épouserons pas moins aujourd'huy, et j'ay de quoy vous braver, puisque je me vois à couvert du méchant tour que vous me vouliez jouer cette nuit.

HORTENSE. *Andromaque* en dit autant aux Grecs après la mort de *Pyrrhus.* Elle ira jusques dans Sparte les braver tous, *Puisqu'elle voit son fils à couvert de leurs coups.* Mais il se trouve qu'elle dit cela lorsque son fils est le plus en danger, étant entre les mains de *Phénix* qui conseilloit à *Pyrrhus* de le livrer[1]. Vous pourriez aussi crier ville gagnée, que vous ne tiendriez encore rien.

ALCIPE. Ses petites réparties sont justes.

## SCÈNE IX.

### HORTENSE, LYSANDRE, ALCIPE, ÉRASTE, LA VICOMTESSE, LISE.

HORTENSE. Où vas-tu, Lise?

LISE. Madame m'a commandé d'envoyer quérir le notaire pour faire le contrat de mariage.

HORTENSE. Quoy? Tu me dis vray? C'est pour faire mon contrat, avec Éraste?

LISE. Ouy, Madame a dit qu'elle vouloit vous voir mariée, sans remise, et nous faire danser aujourd'huy. Ce sont ses propres paroles. Mais adieu, j'ay ordre de faire diligence.

---

tesse de cette critique, malgré les fades plaisanteries qui l'accompagnent. Le nouveau vers est d'une simplicité qui ne prête ni à la critique, ni à l'éloge :

Et d'un œil où brilloient sa joie et son espoir.

[1] Dans les éditions de 1668 et de 1673, ce vers faisait partie de la scène 3 du 4ᵉ acte, où, après le meurtre de Pyrrhus, Andromaque reparaissait devant Hermione en même temps qu'Oreste. Dans les éditions suivantes, il a disparu en même temps que toute la tirade d'Andromaque, et la scène se trouve concentrée tout entière entre Hermione et Oreste.

## SCÈNE X.

#### ÉRASTE, HORTENSE, LA VICOMTESSE, LYSANDRE, ALCIPE.

ÉRASTE, *faisant deux ou trois pas de danse.* La, la, la, la, la, la, nous danserons donc aujourd'huy, Madame? Je me sens le plus dispos du monde pour cela. Mais ce brave Monsieur qui vous vouloit enlever commencera par le branle de sortie, car je crois qu'il n'a plus que faire icy.

LYSANDRE. Mon cavalier, je vous apprendray à traiter les gens avec honneur.

ÉRASTE, *mettant la main sur la garde de son épée.* Mon brave, voicy de quoy vous répondre, et défendre le terrain.

ALCIPE, *se jetant à luy.* Cousin, es-tu raisonnable? Ne te moques-tu pas du monde?

LYSANDRE, *à Hortense.* Madame, ce brutal me fera icy perdre le respect que je vous dois.

HORTENSE, *arrestant Lysandre.* Soyez plus modéré, Lysandre, je vous en prie. Ouy, insolent, je le dis encore, quelque résolution que ma mère ait prise, j'épouseray plutost un monstre que toy.

ÉRASTE. Nous le verrons, nous le verrons.

ALCIPE. Veux-tu encore tout perdre, quand les choses sont en si bon train?

ÉRASTE. Non, non; voicy la mère, qui nous accordera.


## SCÈNE XI.

#### SILVIANE, ÉRASTE, LYSANDRE, ALCIPE, LA VICOMTESSE, HORTENSE.

ÉRASTE, *à Silviane.* Madame, vous venez à propos pour finir une dispute qu'on fait encore à dessein de reculer nostre mariage. Je vous prie d'asseurer vostre fille que ce sera pour aujourd'huy, Madame : elle ne m'en veut pas croire.

SILVIANE. Non, Éraste, j'ay changé d'avis. Ce ne sera point aujourd'huy, ny jamais; et ma fille n'est point du tout vostre fait.

ÉRASTE. Comment, Madame? Est-ce une action de gens d'honneur de manquer ainsi à sa parole?

HORTENSE, *à Éraste. Pyrrhus* est si honneste homme, à ce que vous dites, quoy qu'il en manque à *Hermione*, après avoir promis de l'épouser une heure auparavant[1].

SILVIANE, *à Hortense.* Taisez-vous. (*A Éraste.*) Je me justifieray de cette action devant tout le monde, s'il en est besoin. Cependant j'ay appris de Cléonte que vous devez deux fois plus que vostre bien ne vaut, et que vous nous vouliez tromper. Le ciel n'a pas permis que vous ayez réussi, (*A Lysandre, qu'elle prend par la main*) dont je luy en rends grâce. Allons, Lysandre, je vous donne ma fille, aux conditions que vostre père m'a fait proposer. J'ay envoyé quérir le notaire pour régler toutes choses.

LA VICOMTESSE. Ah! ne vous en allez pas sans moy.

HORTENSE. Ha! Madame, nous n'avons garde; passez devant.

ÉRASTE. Morbleu!

ALCIPE. Voilà ce que t'a valu l'*Andromaque*. L'auteur te doit estre bien obligé. Mais allons, viens, tu n'as qu'à soupirer quelque temps pour la Vicomtesse, dans les formes, et...

ÉRASTE. Je feray ce que je voudray.

---

[1] Voy. *Andromaque*, IV, sc. 5.

FIN.

# APPENDICE

## AU THÉATRE DE MOLIÈRE.

# NOTICE

### SUR *LA DEVINERESSE*

DE

### THOMAS CORNEILLE et DE VISÉ.

Nous publions seulement des extraits de la *Devineresse*, que nous rejetons dans l'appendice, parce que la date de la représentation de cet ouvrage, d'ailleurs fort connu, dépasse de quelques années la limite marquée par le titre de ce recueil; et nous les rangeons à la suite du Théâtre de Molière, parce que la scène de la rue Mazarine, où il fut joué, et qui allait bientôt devenir le seul théâtre français, avait servi d'asile, après la mort de son chef, à la troupe de Molière, qui en formait le noyau principal. La pièce n'étant pas restée au répertoire, nous avons voulu donner au lecteur une idée de cette comédie qui peut passer pour l'un des premiers types et surtout des plus complets, sur notre théâtre régulier, de l'ouvrage de circonstance, de l'actualité dramatique, si cultivée depuis, et nous tenions en même temps à ce que le nom de Thomas Corneille, qui fut un des plus féconds fournisseurs de la scène pendant un demi-siècle, de 1647 à 1695, ne fût pas absent de notre recueil. Suivant le rédacteur du catalogue Soleinnes (t. 1, p. 277), des deux écrivains auxquels on doit la *Devineresse*, Visé est celui qui y prit la plus large part. Cette assertion se fonde sans doute sur le passage du *Mercure galant* où de Visé s'exprime ainsi, en écrivant l'éloge funèbre de Thomas Corneille :

« Les comédiens m'ayant pressé avec de fortes instances de mettre après la mort de M$^{me}$ Voisin tout ce qui s'étoit passé chez elle pendant sa vie, à l'occasion du métier dont elle s'étoit meslée, je fis un grand nombre de scènes qui auroient pu fournir de la matière pour trois ou quatre pièces, mais qui ne pouvoient former un sujet, parce qu'il étoit trop uniforme et qu'il ne s'agissoit que de gens qui alloient demander leur bonne aventure et faire des propositions qui la regardoient ; mais toutes ces scènes ne pouvant former le nœud d'une comédie, parce que toutes ces personnes se fuyant et évitant de se parler, il étoit impossible de faire une liaison de scènes et que la pièce pust avoir un nœud, je luy donnay mes scènes et il en choisit un nombre, avec lesquelles il composa un sujet dont le nœud parut des plus agréables et qui a été regardé comme un chef-d'œuvre. Le succès de cette pièce, qui a été un des plus prodigieux du siècle, en fait foy [1]. »

D'après ce passage, il semble au premier abord que Thomas Corneille n'aurait été que l'arrangeur des scènes trouvées par de Visé ; mais en y regardant de plus près, on voit que *la pièce* est de lui. Lors même que sa part de collaboration se bornerait à ce que dit le *Mercure*, et qu'il n'eût fait autre chose que de tirer un ouvrage régulier, avec intrigue suivie, nœud, dénouement, d'une multitude de scènes sans lien ni variété, cette part serait déjà très-grande, et Visé est assez sujet à caution, comme on sait, pour qu'on puisse le soupçonner d'avoir plutôt accru que diminué son œuvre personnelle dans l'œuvre commune. Il n'était point homme à partager gratuitement avec un autre la gloire et le profit d'un ouvrage comme la *Devineresse*. Sa réputation était déjà faite parmi ses contemporains, quoique sa position de *critique influent* ait pu imposer silence à beaucoup de personnes. Gabriel Guéret, dans le *Parnasse réformé*, parle de ses larcins, et dit qu'il n'allait jamais sans tablettes, afin de noter tout ce qu'il entendait dire, et d'en tirer parti. *A priori*, s'il fallait mesurer le travail de chacun, nous serions tenté d'en reconnaître la plus large partie à Thomas, non-seulement parce qu'il avait plus de talent (que l'on compare spécialement le style de la pièce avec celui dont nous venons de donner un échantillon dans la citation ci-dessus) et de connaissance de la scène, parce qu'il était plus laborieux et plus modeste, mais parce que ses antécédents le rendent beaucoup moins suspect dans ces questions de paternité littéraire.

On sait que la *Devineresse* est la mise en scène d'un événement et de personnages qui faisaient alors grand bruit dans Paris, et que M$^{me}$ Jobin n'est autre que la Voisin. La fameuse sorcière Catherine Deshayes, femme Montvoisin, dite la Voisin, avait été arrêtée le 12 mars 1679 ; elle devait être brûlée en place de Grève le 22 février 1680. La *Devineresse* fut jouée sur le théâtre de la rue Mazarine le 19 novembre 1679, au moment où le roi, à la suite des premiers aveux qui avaient déjà compromis la comtesse de Soissons, la maréchale de la Ferté, le maréchal de Luxembourg, etc., ordonnait à la Chambre ardente de faire justice exacte, sans aucune distinction de personnes, de condition ni de sexe. Son procès passionnait tous les esprits, et malgré le silence qu'on essayait de faire autour de l'instruction, il en transpirait assez au dehors pour épouvanter Paris et la France, qui voyaient les plus grands noms

---

[1] *Mercure galant* de janvier 1710.

du royaume compromis par ses révélations et celles de ses complices. De Visé et Th. Corneille eurent soin d'éviter prudemment ce terrain dangereux. Ils s'emparèrent de la devineresse et de la sorcière, non de l'empoisonneuse. Leur M$^{me}$ Jobin est aussi fourbe, aussi rouée, mais non aussi profondément criminelle que la Voisin, et il n'est même pas nécessaire de lire les détails vraiment incroyables et effrayants que nous a fait connaître M. Ravaisson en publiant les *Archives de la Bastille*, pour savoir que la Voisin et la Vigoureux avaient sur la conscience de bien autres méfaits que les ruses et les roueries dont il est question dans cette pièce.

Il n'en fallait pas davantage, néanmoins, pour exciter très-vivement la curiosité publique. On venait chercher au théâtre Mazarine l'explication des tours magiques, des prédictions, des apparitions, des sortilèges et des prodiges de tout genre à l'aide desquels la Voisin avait abusé tant de gens qui ne passaient point tous pour crédules. On reconnaissait ou l'on voulait reconnaître les scènes dont le récit avait couru tout Paris; on nommait les grands personnages que personne ne se faisait faute de reconnaître sous les masques du Chevalier, du Marquis, de la Marquise, de la Comtesse d'Astragon. La malignité y trouvait son compte autant que la curiosité, si bien que les auteurs furent obligés de protester, dans leur Avis au lecteur, contre des applications qui devaient évidemment dépasser la mesure, mais qui, tout en ayant leur côté périlleux, servaient les intérêts de la pièce. « Tant de gens de toutes conditions, disent-ils, ont été chez les Devineresses, qu'on ne doit point s'étonner si on a trouvé lieu de faire quelques applications. Il est pourtant vray (et on se croit obligé de le protester) qu'on n'a eu aucune veue particulière en faisant la pièce; mais comme, dans cette sorte d'ouvrage, on doit travailler particulièrement à corriger les défauts des hommes et que la véritable comédie n'est autre chose qu'un portrait de ces défauts mis dans un grand jour, on n'en tireroit aucun profit, s'il étoit déguisé de telle sorte qu'il fust impossible que personne s'y reconnust. » Il nous semble que cette phrase renferme un aveu détourné. On pourrait annoter la *Devineresse* d'après les interrogatoires des accusés et les dépositions des témoins à la Chambre ardente.

Ajoutez à ce premier et principal élément de succès le jeu de l'acteur Hubert, qui représenta M$^{me}$ Jobin avec la supériorité qu'il portait dans ce genre de rôles, enfin la mise en scène matérielle de la comédie. *La Devineresse* est une pièce à spectacle, avec apparitions soudaines et fantastiques, changements à vue et *trucs*, comme on dirait aujourd'hui, qui peuvent nous donner une idée de ce qu'était alors l'art du machiniste. On y voit un corps passant à travers un mur, comme dans *le Monstre et le Magicien*, ce qui porterait à croire que *la trappe anglaise* n'est pas d'invention aussi récente qu'on l'a dit ; des membres se rapprochant et se soudant l'un à l'autre, de façon à former un corps qui se met à marcher, comme dans les *Pilules du diable* ; et ce ne sont point là de purs hors-d'œuvre, ajoutés pour le seul plaisir des yeux ; cela fait partie essentielle de l'ouvrage même, comme les auteurs ont soin de le remarquer : « Quant au spectacle, il n'y a point été mis pour faire paroistre des ornements, mais comme absolument nécessaire, la plupart des devineresses s'étant servies de bassins pleins d'eau, de miroirs et d'autres choses de cette nature pour abuser le public. »

Aussi, malgré les protestations de quelques connaisseurs difficiles qui trouvaient que cette pièce *à tiroirs* et à machines, écrite en prose, appartenait à un genre inférieur, est-il très-facile de s'expliquer l'énorme vogue d'un ouvrage d'ailleurs plein de mouvement et de variété : « Le succès a été si grand, dit l'Avertissement au lecteur, qu'il s'en est peu vu de semblables. On y a couru, et on y court encore tous les jours en foule. » Elle eut 47 représentations consécutives, où elle fut jouée seule : la plus forte recette, nous apprend le registre de La Grange, fut de 1,595 livres; la plus faible de 399 ; il y en eut beaucoup de 12 à 1,300. Les frais extraordinaires se montèrent à 2,569 livres. Il fallut deux gardes d'augmentation, à cause de la foule.

Nous suivons, dans notre reproduction, l'édition originale donnée chez C. Blageart, en 1680, in-12 (privilége du 10 février; achevé d'imprimer le 14). Il y eut la même année une autre édition in-12, également rare, suivant la copie donnée à Paris (Hollande, Elzévir). *La Devineresse* ne se trouve pas dans les éditions des OEuvres de Th. Corneille publiées en 1692, en 1722, etc., non plus que l'autre pièce qu'il composa également en collaboration avec Visé : *les Dames vengées ou la Dupe de soy-mesme* (1695); on n'y a compris que les ouvrages qui sont de lui seul. La *Devineresse* fait partie du *Théâtre françois, ou Recueil des meilleures pièces de théâtre* (1737, 10 vol. in-12); elle figure dans le tome VIII, en portant pour sous-titre $M^{me}$ *Jobin*, et non plus les *Faux enchantemens*, et avec quelques différences de texte, notamment un certain nombre de suppressions, qui étaient sans doute d'usage à la représentation. La nature de l'ouvrage pouvait en quelque sorte permettre tous les retranchements que les comédiens, pour une raison quelconque, jugeaient convenables. C'est aussi pour cela qu'aucune pièce ne se prête mieux à des extraits comme ceux que nous en allons donner, sans qu'il soit même besoin de recourir aux analyses pour combler les vides intermédiaires : le lien qui unit les scènes l'une à l'autre est tellement frêle et factice que ce sont en réalité, pour la plupart, des scènes détachées.

# LA DEVINERESSE

## OU LES

## FAUX ENCHANTEMENTS.

## ACTE PREMIER.

. . . . . . . . . . . . . . . . . . . . . . . . .

### SCÈNE X.

#### M<sup>me</sup> JOBIN, DU CLOS, MATURINE.

MATURINE. Madame, voilà une façon de bourgeois qui vous demande.
DU CLOS. Comment est-il fait ?
MATURINE. Il est en manteau, vestu de noir, de moyenne taille, un peu gros.
DU CLOS. Je me remets dans ma niche. C'est asseurément le brave de volonté dont je vous parlois tantost. Si c'est luy, je viendray jouer ma scène. Vous en serez beaucoup mieux payée. (*Il sort.*)
M<sup>me</sup> JOBIN. Dis-luy qu'il monte, je l'attendray. Dieu mercy, je ne manque pas d'exercice, et il me vient tous les jours de nouveaux chalans. Cependant je me trouve sorcière à bon marché. Trois paroles, prononcées au hazard en marmotant, font mon plus grand charme, et les enchantemens que je fais demandent plus de grimaces que de diablerie.

## SCÈNE XI.

### Mme JOBIN, M. GILET.

M. GILET. Bonjour, Madame; on dit que vous sçavez tout. Si cela est, vous connaissez ma maistresse.

Mme JOBIN. De quoy s'agit-il?

M. GILET. Il s'agit qu'elle m'aimoit autrefois un peu. Je ne suis pas mal fait, non, et je luy disois de petites choses qui avoient bien de l'esprit.

Mme JOBIN. Je n'en doute point.

M. GILET. J'eusse bien voulu me marier avec elle; mais, depuis que certaines gens qui ont veu des siéges et des combats luy en content, vous diriez qu'elle a honte de me regarder. Je m'aperçois bien qu'ils se moquent de moy avec elle, et j'ay quelquefois de grandes tentations de me fascher; mais, comme je n'ay jamais été à l'armée, j'ay tant soit peu de crainte d'estre battu, et cela est cause que je ne dis mot.

Mme JOBIN. C'est estre prudent. Mais que n'allez-vous faire une campagne? Vous seriez en droit de parler aussi haut qu'eux.

M. GILET. Ouy, mais...

Mme JOBIN. J'entens, vous n'avez point de courage.

M. GILET. Pardonnez-moy, j'en ay autant qu'on en peut avoir. Quand quelqu'un m'a joué un tour, je suis des six mois sans luy parler, et j'ay le bruit de bien tenir mon courage [1].

Mme JOBIN. Je le crois. Vous le tenez peut-estre si bien, que vous ne le laissez jamais paroistre.

M. GILET. Je suis naturellement porté à la guerre, et il ne se passe point de nuit que je ne me batte en dormant. Je fais des merveilles, et il n'y a pas encore trois jours que, m'étant armé de pied en cap dans ma chambre, je fus charmé de ma mine martiale en me regardant dans un miroir. Je m'escrimay ensuite deux heures durant contre tous les personnages de la tapisserie, et je sens bien que je chamaillerois vertement contre des gens effectifs, mais il y a une petite difficulté qui m'arreste.

Mme JOBIN. Quelle?

M. GILET. Un coup de canon ou de mousquet ne regarde point où il va, et blesse un homme de cœur comme un autre. Cela est impertinent, et je ne sçache rien de plus fascheux pour un brave.

---

1 Il y a ici une équivoque fondée sur le double sens du mot *courage*. « Tenir son courage, » c'est comme « tenir son cœur » que nous avons rencontré plus haut dans l'*Embarras de Godard*, sc. 16, p. 472.

M^me JOBIN. A dire vray, il n'y a point de plaisir à estre blessé, et je ne sçaurois blâmer les gens qui ont peur de l'estre.

M. GILET. Vous voyez bien qu'avoir peur comme je l'ay, ce n'est point là manquer de courage.

M^me JOBIN. Au contraire, c'est estre capable des grandes choses que de prévoir le péril. Mais comment vous guérir de cette peur?

M. GILET. N'avez-vous pas des secrets pour tout?

M^me JOBIN. Mais encor, que voudriez-vous qu'on fist pour vous?

M. GILET. Pas grand'chose, et cela ne vous coustera presque rien. Vous n'avez qu'à faire que jamais je ne puisse estre blessé, et quand je ne craindray rien, on verra que je seray brave comme quatre.

M^me JOBIN. Oh! cela ne va pas si viste que vous pensez. Jamais blessé!

M. GILET. Mon Dieu, c'est une bagatelle pour vous.

M^me JOBIN. J'ay quelques secrets, je vous l'avoue; mais il y a de certaines choses difficiles...

M. GILET. Difficiles! Vous vous moquez. Combien voit-on de gens charmez à la guerre? Sans cela seroient-ils si sots que d'aller présenter le ventre aux coups de mousquet? Parlez franchement, M^me Jobin, il y en a bien de vostre façon.

M^me JOBIN. Je ne vous déguise pas que j'ay des amis en ce pays-là. Ils ne se sont pas mal trouvez de mon secret; mais comme il est rare, il couste un peu cher.

M. GILET. Ne vous inquiétez point pour l'argent. Je suis fils d'un gros bourgeois qui a des pistoles par monceaux. Il s'appelle Christophe Gilet; et si par votre moyen j'avois pu mettre en crédit le nom des Gilets, fiez-vous à moy, je vous ferois riche.

M^me JOBIN. Vous avez une physionomie qui m'empesche de vous refuser. J'ay ce qu'il vous faut. Mais au moins n'en parlez à qui que ce soit.

M. GILET. Je n'ay garde : on croiroit que je n'aurois point de courage, quoy que j'en aye autant qu'il m'en faut.

M^me JOBIN. Holà! Qu'on m'apporte une de ces épées qui sont dans mon cabinet. Elle est enchantée. Il ne m'en restera plus que deux, et il me faut plus de six mois à les préparer.

M. GILET. Et quand je l'auray, ne faudra-t-il plus que j'aye de peur?

M^me JOBIN. Si on vous dit quelque chose de fascheux, vous n'aurez qu'à la tirer, et incontinent vous ferez fuir ou désarmerez vos ennemis.

M. GILET. La bonne affaire! Si cela est, je ne craindray rien, et vous aurez de la gloire à m'avoir fait brave.

M^me JOBIN. On ne parlera que de vostre intrépidité. La voilà. Tenez, quand vous vous trouverez en occasion de déguainer, mettez les quatre premiers doigts sur le dessus de la garde et serrez le dessous avec le petit doigt. Tout le charme consiste en cela.

M. GILET. Est-ce de cette façon qu'il faut qu'on la tienne?

M<sup>me</sup> JOBIN. Un peu plus vers le milieu. Serrez ferme! Il ne se peut rien de mieux.

M. GILET, *allongeant avec l'épée nue*. Ah! vous voyez bien que je me suis exercé. Est-ce sçavoir allonger?

M<sup>me</sup> JOBIN. Quand vous ne feriez que frapper vostre ennemy à la jambe, le coup iroit droit au cœur.

M. GILET. Et vous m'asseurez que je ne seray point tué?

M<sup>me</sup> JOBIN. Non, je vous garantis plein de vie, tant que vous tiendrez vostre petit doigt de la manière que je vous l'ay montré. Mettez-la à vostre costé. Vous prendrez un habit sans manteau, quand vous serez retourné chez vous.

M. GILET. Oh! il ne tiendra pas à l'habit qu'on ne me craigne.

## SCÈNE XII.

### M<sup>me</sup> JOBIN, M. GILET, DU CLOS.

M<sup>me</sup> JOBIN. Où allez-vous, Monsieur? On ne monte point icy sans faire avertir.

DU CLOS. J'ay à vous parler.

M<sup>me</sup> JOBIN. Et moy, je ne suis pas en humeur de vous entendre.

DU CLOS. Je suis pressé, et il faut que je vous parle présentement. Monsieur n'a qu'à sortir, s'il luy plaist.

M. GILET. Il ne me plaist pas, moy. (*Bas.*) Il me semble que j'ay un peu de peur.

DU CLOS. Je le trouve drôle avec son épée et son manteau.

M<sup>me</sup> JOBIN, *à M. Gilet*. Ne prenez pas garde....

DU CLOS. Mon petit bourgeois, sçavez-vous que je vous feray sauter la montée?

M. GILET. Peut-estre. (*Bas.*) Courage, Gilet, courage!

M<sup>me</sup> JOBIN. Mais j'ay une affaire à vuider avec Monsieur.

DU CLOS. Je m'en moque.

M. GILET. Si je n'étois plus sage que vous....

DU CLOS. Comment?

M<sup>me</sup> JOBIN, *à Du Clos*. Point de bruit. Entrons là-dedans; Monsieur voudra bien attendre.

DU CLOS. Non, je veux rester icy, et si ce visage de courtaut ne sort tout à l'heure, je m'en vais le jetter par les fenestres.

M. GILET. Si je m'échauffe... (*Bas.*) Épée enchantée, je me recommande à toy.

DU CLOS. Que dis-tu entre tes dents?

M. GILET. Ce qu'il me plaist.

DU CLOS, *luy donnant un soufflet.* Ce qu'il te plaist?

M. GILET, *bas.* Ne te laisse pas insulter, Gilet.

DU CLOS. Je pense que tu veux mettre l'épée à la main.

M. GILET, *bas.* Ferme. Le petit doigt sous la garde.

M$^{me}$ JOBIN, *à M. Gilet.* Eh! Monsieur, vous m'allez perdre. Faites-luy grâce, je vous en prie.

M. GILET. Non, il faut.... Poltron, tu recules. Voilà ton épée qui tombe. Tu vois, je t'ay désarmé, et il ne tient qu'à moy de te tuer.

M$^{me}$ JOBIN. Ne le faites-pas. Vous l'avez vaincu; c'est assez de gloire pour vous.

DU CLOS. J'enrage. Mon épée m'échapper des mains!

M. GILET. La veux-tu reprendre? Je ne crains rien, moy, et je suis tout prest à recommencer.

M$^{me}$ JOBIN. Non pas, s'il vous plaist. Donnez-moy l'épée, je vous la rendray après que Monsieur sera party.

M. GILET. Qu'il revienne donc, car je veux qu'il sorte dans le mesme instant.

DU CLOS. Adieu, nous nous reverrons.

M. GILET. Quand tu voudras; mais je t'avertis que si je te sangle le moindre coup, il ira droit au milieu du cœur.


## SCÈNE XIII.

### M. GILET, M$^{me}$ JOBIN.

M. GILET. Que je suis heureux! Mon épée, ma chère épée, il faut que je te baise et rebaise.

M$^{me}$ JOBIN. Estes-vous content de moy?

M. GILET. Si je le suis, M$^{me}$ Jobin? Vous estes la reine des femmes. Voilà ma bourse, prenez ce qu'il vous plaira, je ne vous sçaurois trop bien payer.

M$^{me}$ JOBIN. Je ne cherche qu'à obliger les honnestes gens, et je n'ay jamais rançonné personne. Vous agissez si franchement avec moy, que trente Louis me suffiront. Je ne veux rien de vous davantage.

M. GILET. Trente Louis! En voilà quarante en dix belles pièces; j'en aurois donné volontiers deux cens. Quand on m'a rendu un service, je n'ay jamais regret à l'argent.

M<sup>me</sup> JOBIN. Je suis faschée que vous ayez receu un souflet, mais...

M. GILET. Cela n'est rien, et puis ce n'est point la faute de l'épée. Je vois bien que si je l'eusse tirée plûtost, on ne m'auroit point donné le souflet.

M<sup>me</sup> JOBIN. Asseurément.

M. GILET. Comme je vais tenir teste à mes petits messieurs les fanfarons, qui se meslent de me railler!

M<sup>me</sup> JOBIN. Écoutez, M. Gilet, si vous m'en croyez, vous ne tirerez point l'épée icy. Outre que ce seroit une nouveauté qui donneroit lieu de soupçonner quelque chose, vous ne manqueriez point à tuer quelqu'un, et un homme tué met les gens en peine.

M. GILET. Vous avez raison.

M<sup>me</sup> JOBIN. Il vaut mieux que vous alliez à l'armée. Vous tuerez là autant d'ennemis que vous voudrez; et comme les belles actions sont aisées à faire quand on ne court aucun risque, dès votre première campagne vous pouvez devenir mestre de camp.

M. GILET. Mestre de camp!

M<sup>me</sup> JOBIN. La fortune est belle.

M. GILET. Je n'en seray point ingrat. Comment? On verroit le nom de Gilet dans la Gazette. Que de joye pour mon bonhomme de père! Je cours trouver mon tailleur. Il a toujours des habits tous prests, et je brusle de me voir en brave.

M<sup>me</sup> JOBIN. Vous paroistrez un vray Mars.

M. GILET. Je le crois. Mais voicy un homme qui entre bien brusquement; voulez-vous que je le fasse sortir?

## SCÈNE XIV.

### M<sup>me</sup> JOBIN, LA GIRAUDIÈRE, M. GILET.

LA GIRAUDIÈRE. Me faire sortir, moy?

M. GILET. Hé!

LA GIRAUDIÈRE. Comment, hé? Quelle figure est-ce là?

M. GILET, *touchant son épée.* Figure! Si l'épée joue son jeu.

M<sup>me</sup> JOBIN, *à M. Gilet.* Sortez. Voulez-vous le tuer sans qu'il se défende? Vous sçavez qu'il luy est impossible de vous résister.

M. GILET. A l'armée! mestre de camp! serviteur.

# ACTE II.

## SCÈNE XI.

M<sup>me</sup> JOBIN, LA MARQUISE, D<sup>me</sup> FRANÇOISE *vestue en dame et extraordinairement enflée* [1]; MATURINE.

D<sup>me</sup> FRANÇOISE, *à la Marquise*. Madame, vostre réputation est si grande, que je suis venue vous prier....

LA MARQUISE. Vous vous méprenez, Madame, ce n'est pas moy qui suis M<sup>me</sup> Jobin.

D<sup>me</sup> FRANÇOISE. Pardonnez-moy, je suis si troublée du mal que je souffre....

LA MARQUISE, *à M<sup>me</sup> Jobin*. Guérissez-la, vous ferez une belle cure, et après cela il y aura bien des gens qui croiront en vous.

M<sup>me</sup> JOBIN. J'en viendrois peut-estre plus aisément à bout que les médecins.

D<sup>me</sup> FRANÇOISE. Je n'en doute point. Je les ay presque tous consultez, et mesme ceux de la Faculté de Montpellier, mais ils ne connoissent rien à mon mal, et ils disent qu'il faut que ce soit un sort qu'on m'ait donné.

M<sup>me</sup> JOBIN. Il y a bien de l'apparence.

D<sup>me</sup> FRANÇOISE. Faites quelque chose pour moy. On m'a dit que vous ne sçaviez pas seulement deviner, mais que vous guérissiez quantité de maux avec des paroles.

M<sup>me</sup> JOBIN. Le vostre est un peu gaillard.

D<sup>me</sup> FRANÇOISE. Je ne demande pas que vous me désenfliez tout à fait, je ne veux qu'un peu de soulagement.

LA MARQUISE, *à M<sup>me</sup> Jobin*. Vous ne devez pas refuser madame. Ce ne sera pas une chose si difficile pour vous que de la guérir. On en publie de bien plus surprenantes que vous avez faites.

M<sup>me</sup> JOBIN, *à la Marquise*. Dites le vray. Celle-cy vous paroist au-dessus de mon pouvoir?

---

[1] Dame Françoise est une servante de M<sup>me</sup> Jobin, qui vient jouer une scène concertée d'avance pour attraper la marquise.

LA MARQUISE. J'avoue que je vous croiray une habile femme, si vous faites un pareil miracle.

Mme JOBIN. Il faut vous en donner le plaisir. Aussi bien il y a de la charité à ne pas laisser souffrir les affligez.

LA MARQUISE. Quoy, vous guérirez cette enflure en ma présence?

Mme JOBIN. En vostre présence, et vous l'allez voir. Je prétens qu'avant que madame sorte d'icy, il ne luy en reste pas la moindre marque.

LA MARQUISE. C'est dire beaucoup.

D{me} FRANÇOISE, à Mme Jobin. Eh! madame, ne me promettez point ce que vous ne sçauriez tenir. Il y a plus de trois ans que le mal me tient, et je serois bien heureuse si vous m'en pouviez guérir en trois mois. Les médecins et les empiriques y ont employé tous leurs remèdes.

Mme JOBIN. Je vais vous faire voir que j'en sçais plus qu'eux. Mais il faut que vous trouviez quelqu'un assez charitable pour recevoir vostre enflure, car, comme elle vient d'un sort qui doit avoir toujours son effet, je ne puis la faire sortir de vostre corps qu'elle ne passe dans celuy d'un autre, homme ou femme, comme vous voudrez, cela ne m'importe.

LA MARQUISE, à Mme Jobin. Vous vous tirez d'affaires par là. Personne ne voudra recevoir l'enflure; vous en voilà quitte.

D{me} FRANÇOISE. C'est bien assez que vous ne me sçachiez guérir, il ne falloit pas vous moquer encor de moy.

Mme JOBIN. Je ne me moque point de vous. Trouvez quelqu'un et je vous désenfle.

D{me} FRANÇOISE. Où le trouver? Il ne tiendroit pas à de l'argent. Si vostre servante veut prendre mon mal....

MATURINE. Moy, madame? Je ne le ferois pas quand vous me donneriez tout vostre bien. Qu'est-ce qu'on croiroit, si on me voyoit un ventre comme le vostre? On ne diroit pas que ce seroit vostre enflure.

LA MARQUISE. Vous avez une fille d'ordre, elle craint les médisans.

Mme JOBIN. Il n'y a icy que des gens d'honneur.

LA MARQUISE à D{me} Françoise. Je voudrois voir cette expérience. Ne connoissez-vous personne qui pust se laisser gagner? On fait tant de choses pour de l'argent!

D{me} FRANÇOISE. Je chercheray; mais il faut du temps pour cela. Attendez. J'ay là-bas le valet de mon fermier. Peut-estre voudra-t-il bien faire quelque chose pour moy.

LA MARQUISE. Viste, qu'on appelle le valet du fermier de madame.

MATURINE. J'y cours.

Mᵐᵉ JOBIN. Si ce valet veut, je ne demande qu'un demi-quart d'heure, et Madame se trouvera désenflée.
LA MARQUISE. Je le croiray, quand je l'auray vu.

## SCÈNE XII.

Mᵐᵉ JOBIN, LA MARQUISE, Dᵐᵉ FRANÇOISE, DU CLOS, *vestu en paysan sous le nom de Guillaume*; MATURINE.

Dᵐᵉ FRANÇOISE. Écoute, mon pauvre Guillaume.
DU CLOS. Oh! la servante m'a dit ce que c'est; mais je vous remercie de bien bon cœur. J'aurois trop peur de crever, si j'étois enflé comme vous, ou de ne désenfler jamais.
Dᵐᵉ FRANÇOISE. Mais écoute-moy.
DU CLOS. Tout franc, madame, on ne fait point venir les gens à Paris pour les faire enfler.
Dᵐᵉ FRANÇOISE. Outre dix pistoles que je te donneray dès aujourd'huy, je te promets de te nourrir toute ta vie sans rien faire.
DU CLOS. Dix pistoles, et je ne feray rien? C'est quelque chose.
LA MARQUISE. Tiens, en voilà encor six que je te donne, afin que tu ayes meilleur courage.
DU CLOS. Vous me faites prendre, mais pourtant je voudrois bien n'estre point enflé.
Mᵐᵉ JOBIN, *à Du Clos*. J'ay à te dire que quand j'auray fait passer l'enflure, ce ne sera pas comme à Madame, tu ne souffriras pas son mal; et puis tu n'auras qu'à m'amener quelque misérable qui prendra ta place. C'est pour faire la fortune d'un gueux fainéant.
DU CLOS. Puisque cela est, vous n'avez qu'à faire, me voilà prest; mais ne m'enflez guère, je vous en prie.
Mᵐᵉ JOBIN. On ne s'en apercevra presque pas. Viens. Mets-toy là. (*Elle les fait asseoir l'un et l'autre.*)
Dᵐᵉ FRANÇOISE. Je tremble.
LA MARQUISE, *bas*. Cela va loin, et je ne sçais presque plus où j'en suis.
Mᵐᵉ JOBIN. (*Elle les touche tous deux, et prononce quelques paroles barbares.*) Qu'on ne dise rien.
Dᵐᵉ FRANÇOISE. Ah, ah!
DU CLOS. Ah, ah!
Dᵐᵉ FRANÇOISE. Eh! madame, eh, eh!
DU CLOS. Ah, ah, ah! quel tintamarre je sens dans mon corps! je crois que l'enflure va venir.

Dme FRANÇOISE. Ah, ah, ah! Je sens que l'enflure s'en va. Eh, eh, eh! je désenfle. Ah, ah, ah!

DU CLOS. Ah! ouy, l'enflure! hé! ouy, l'enflure vient, j'enfle.

Dme FRANÇOISE. Je désenfle, ah, je désenfle. Hé, hé, hé!

DU CLOS. J'enfle, j'enfle, hola, hola. Ah, j'enfle, j'enfle, j'enfle; ah, ah, ah! c'est assez; que l'enflure arreste: en voilà la moitié davantage que madame n'en avoit. On m'a trompé, et je suis plus gros qu'un tonneau.

Dme FRANÇOISE, *se levant*. Ah! madame, que me voilà soulagée!

Mme JOBIN, *à la Marquise*. Hé bien, mesdames, qu'en dites-vous?

LA MARQUISE. Il y a plus à penser qu'à dire.

Dme FRANÇOISE. Suis-je moy-mesme, et ce changement est-il bien croyable? Je ne souffre plus; je suis guérie. Quelle joye! Ce n'est point assez que trente Louis qui sont dans ma bourse. Prenez encor cette bague en attendant un autre présent. Adieu, madame, j'ay impatience de m'aller montrer; je crois que personne ne me connoistra. Suis-moy, Guillaume.

DU CLOS. Je ne suis pas si pressé, moy. Vous estes plus légère, et je suis plus lourd. On va se moquer de moy. La belle opération! hi, hi, hi, hi!

MATURINE. Te voilà bien empesché! Trouve quelque gueux : il y en a mille qui seront ravis d'avoir ton enflure.

## ACTE III.

### SCÈNE XI.

#### Mme JOBIN, LE MARQUIS.

Mme JOBIN. Hé bien, monsieur, vostre Languedocienne?

LE MARQUIS. Elle a eu peur. Cela est pardonnable à une femme. Vous m'avez surpris, je vous l'avoue. Je ne croyois pas que vous pussiez deviner que nous vous trompions[1], et je trouve cela plus

---

[1] Dans l'une des scènes précédentes, le marquis était venu voir Mme Jobin avec la comtesse masquée et parlant le patois languedocien, pour la mettre à l'épreuve;

étonnant que si vous nous aviez fait voir vostre Démon familier.

Mᵐᵉ JOBIN. Il sera toujours fort mal aisé qu'on me trompe. Je pratique certains esprits éclairés....

LE MARQUIS. Laissons vos esprits; cela est bon à dire à des dupes. J'ay couru le monde, et je sçais peut-estre quelques secrets que vous seriez bien aise d'apprendre. Il est vray que tout ce que je vous ay dit de la dame languedocienne n'étoit qu'un jeu. Elle est femme d'un gentilhomme qui est venu icy poursuivre un procez, et vous avez parlé en habile devineresse, quand vous avez dit que je ne l'avois ny enlevée ny épousée. Entre nous, par où avez-vous pu le sçavoir?

Mᵐᵉ JOBIN. Par la mesme voye qui me fera découvrir, quand je le voudray, si ce que vous me dites présentement est vray ou faux.

LE MARQUIS. Vous. voulez encor me parler de. vos esprits? Est-ce avec moy qu'il faut tenir ce langage? J'ay cherché inutilement en mille lieux ce qu'on dit que vous faites voir à bien des gens, et il y a long-tems que je suis revenu de tous ces contes. Je vous parle à cœur ouvert, faites-en de mesme. Avouez-moy les choses comme elles sont. Je ne suis pas homme à vous empescher de gagner avec les sots. Chacun doit faire ses affaires en ce monde, et depuis le plus grand jusqu'au plus petit, tous les personnages qu'on y joue ne sont que pour avoir de l'argent.

Mᵐᵉ JOBIN. Comment, de l'argent? Pour qui donc me prenez-vous? Il n'y a point d'illusion dans ce que je fais. Je tiens ma parole à tout le monde et je la voudrois tenir au diable, si je lui avois promis quelque chose.

LE MARQUIS. Je le crois : il faut bien tenir parole aux honnestes gens. Mais encore un coup, madame Jobin, avouez-moy que vostre plus grande science est de sçavoir bien tromper. Je vous en estimeray encor davantage. Je loueray vostre esprit, et si vous me voulez apprendre vos tours d'adresse, je vous les payeray mieux que ne font les foibles à qui vous faites peur par là.

Mᵐᵉ JOBIN. C'est trop m'insulter, gardez de vous en trouver mal. Je n'ay aucun dessein de vous nuire, mais on pourroit prendre icy mon party, et quoy que vous ne voyiez personne, on vous entend.

LE MARQUIS. Vous parlez à un homme assez intrépide. Je me mocque de tous vos diables. Faites-les paroistre, je les mettray peut-estre bien à la raison.

---

mais celle-ci, avertie à temps par la suivante de la comtesse, dont elle payait les avis secrets, ne s'était pas laissé prendre aux histoires qu'on lui contait.

(*La Devineresse paroist en furie, marche avec précipitation, regarde en haut et en bas, marmotte quelques paroles, après quoy on entend le tonnerre, et on voit de grands éclairs dans la cheminée.*)

Quelle bagatelle! je feray tonner aussi quand il me plaira. Mais il me semble que j'ay vu tomber quelque chose? Encor? Un bras et une cuisse?

M$^{me}$ JOBIN. Il faut voir le reste.

LE MARQUIS. Je le verray sans trembler.

(*Les autres parties du corps tombent par la cheminée.*)

M$^{me}$ JOBIN. Peut-estre. De plus hardis que vous ont eu peur. D'où vient ce silence? Vous estes tout interdit.

LE MARQUIS. Je ne m'étois pas attendu à cette horreur. Un corps par morceaux! Assassine-t-on icy les gens?

M$^{me}$ JOBIN. Si vous m'en croyez, Monsieur, vous sortirez.

LE MARQUIS. Moy, sortir?

M$^{me}$ JOBIN. Ne le cachez point. Vous voilà ému.

LE MARQUIS. J'ay un peu d'émotion, je vous le confesse, mais elle ne m'est causée que par le malheur de ce misérable.

M$^{me}$ JOBIN. Puisque son malheur vous touche tant, je veux luy rendre la vie.

(*Elle fait signe de la main. Le tonnerre et les éclairs redoublent, et pendant ce tems les parties du corps s'approchent, se rejoignent; le corps se lève, marche, et vient jusqu'au milieu du théâtre.*) Vous reculez. Vous baissez les yeux. Vous vous faites une honte de me dire que vous avez peur. Je veux oublier que vous m'avez insultée, et faire finir la frayeur où je vous vois. (*Elle parle au corps dont les parties se sont jointes.*) Retournez au lieu d'où vous venez, et remettez-vous dans le mesme état où vous étiez avant le commandement que je vous ay fait de paroistre.

(*Le Corps s'abisme dans le milieu du Théâtre.*)

LE MARQUIS. Où donc est tout ce que j'ay vu? Il me semble qu'un homme a fait quelques pas vers moy; je serois bien aise de luy parler. Qu'est-il-devenu?

M$^{me}$ JOBIN. La voix vous tremble! Vous m'aviez bien dit que vous étiez intrépide.

LE MARQUIS. J'ay vu des choses assez extraordinaires pour en avoir un peu de surprise; mais pour de la peur, vous me faites tort si vous le croyez.

M$^{me}$ JOBIN. Vous avez pourtant changé de visage plus d'une fois. Que seroit-ce si je vous avois fait voir ce que vous avez tant cherché inutilement?

LE MARQUIS. Je vous donne cent pistoles, si vous le faites.

M<sup>me</sup> JOBIN. Vous en mourriez de frayeur.

LE MARQUIS. Je ne me dédis point de cent pistoles. Si vous pouvez me montrer le diable, je diray que vous estes la plus habile femme du monde.

M<sup>me</sup> JOBIN. Revenez demain, et faites provision de fermeté.

LE MARQUIS. Quoy, c'est tout de bon?

M<sup>me</sup> JOBIN. C'est tout de bon. Nous verrons si vous soutiendrez sa vue. Viendrez-vous?

LE MARQUIS. Si je viendray? Ouy. Mais répondez-moy que ma vie sera en seureté.

M<sup>me</sup> JOBIN. Elle y sera, pourvu que la peur ne vous l'osté pas.

LE MARQUIS. Ne puis-je amener personne avec moy?

M<sup>me</sup> JOBIN. Non; il faudra que vous soyez seul.

LE MARQUIS. Adieu, Madame, vous aurez demain de mes nouvelles.

M<sup>me</sup> JOBIN, *seule*. Il y pensera plus d'une fois. S'il vient, il n'est hardy qu'en paroles, et puisqu'il a déjà tremblé du Corps par morceaux, le diable que je prétens luy montrer le fera trembler bien autrement.

# ACTE IV.

## SCÈNE IV.

M. GILET *avec un habit de cavalier*, M<sup>me</sup> JOBIN.

M. GILET. Ah! ma chère Madame Jobin, me reconnoissez-vous bien?

M<sup>me</sup> JOBIN. Je regarde. Comment? C'est M. Gilet!

M. GILET. En poil et en plumes. Avec cet habit, voyez, ne peut-on pas devenir mestre de camp?

M<sup>me</sup> JOBIN. Et par delà mesme.

M. GILET. Je n'en trouvay point hier à ma fantaisie chez mon tailleur. J'ay fait faire celui-là exprès. Il a travaillé toute la nuit. Voyez-moy partout. Est-ce là un air?

Mme JOBIN. Admirable, d'un de ces hommes de guerre qui se sont trouvés à cinquante assauts.

M. GILET. Je m'y feray voir. Franchement, l'habit fait bien le soldat. Celui-cy m'inspire une envie de déguaîner…. Je me donne au diable, à l'heure qu'il est, je tuerois cent hommes.

Mme JOBIN. Il ne faut pas estre si brave dès le premier jour.

M. GILET. J'iray loin, ou il n'y aura point de guerre. Trois ou quatre sots qui avoient un peu de familiarité avec moy, m'ont dit impertinemment qu'il falloit que je fusse fou de m'estre fait habiller ainsi. J'ay tiré l'épée, le petit doigt (comme vous me l'avez appris) ferme. Ils m'ont regardé, se sont retirés en feignant de rire, et pas un d'eux n'a osé brauler.

Mme JOBIN. Je le crois. Ils n'y auroient pas trouvé leur compte.

M. GILET. L'épée est divine. Quel trésor! Avec ce petit doigt-là, je défierois tout un escadron.

Mme JOBIN. Vous en viendriez à bout; mais ne laissez pas de vous modérer jusqu'à ce que vous soyez à l'armée.

M. GILET. J'auray bien de la peine à me retenir.

## SCÈNE V.

### Mme JOBIN, M. GILET, LE CHEVALIER.

LE CHEVALIER. Deux mots, je vous prie, pour une chose dont j'avois oublié de vous avertir. (*Il luy parle bas.*)

Mme JOBIN. J'y prendray garde.

LE CHEVALIER. En voyez-vous assez bien la conséquence?

Mme JOBIN. Il ne me faut pas tant dire.

LE CHEVALIER. Songez-y bien au moins.

Mme JOBIN. C'est assez.

LE CHEVALIER. S'il arrivoit, par hazard….

M. GILET, *au Chevalier*. Pourquoy importuner Madame Jobin, quand elle vous dit que c'est assez?

LE CHEVALIER. Je vous trouve bon de le demander.

M. GILET, *tirant l'épée*. Ah! vous faites l'entendu?

Mme JOBIN. Hé! Monsieur Gilet!

M. GILET. Non, point de quartier, il faut que je l'estropie.

LE CHEVALIER. Comment! venir sur moy l'épée à la main? (*Il le pousse.*)

M. GILET; *il laisse choir son épée.* Vous poussez trop fort. Diable, attendez ¹.

LE CHEVALIER, *ramassant l'épée de M. Gilet.* Il ne faut pas faire l'insolent quand on ne sçait pas mieux se battre que vous.

M. GILET, *bas.* Est-ce que j'ay mis mon petit doigt de travers?

LE CHEVALIER, *à M<sup>me</sup> Jobin.* Il est heureux d'estre icy : je le traiterois ailleurs comme il le mérite; mais je ne veux pas vous faire de bruit. Voilà son épée.

M<sup>me</sup> JOBIN. Vous m'obligez fort d'en user ainsi.

## SCÈNE VI.

### M<sup>me</sup> JOBIN, M. GILET.

M<sup>me</sup> JOBIN. Vous ne sçauriez estre sage, M. Gilet.

M. GILET. J'ay vu l'heure que j'allois estre frotté. Je ne sçais comment cela s'est fait, car j'appuyois du petit doigt sous la garde, d'une fermeté.....

M<sup>me</sup> JOBIN. Ne voyez-vous pas que je vous faisois signe de reculer? Il n'avoit garde qu'il ne vous battist.

M. GILET. Pourquoy?

M<sup>me</sup> JOBIN. C'est que je luy ay donné une épée enchantée aussi bien qu'à vous. Il y a trois mois qu'il a la sienne, et les premiers qui en ont battent les autres.

M. GILET. Je sçavois bien que je ne m'étois pas trompé à mon petit doigt. Peste! Il allongeoit à coup seur; et si j'eusse fait le sot, j'en avois au travers du corps.

M<sup>me</sup> JOBIN. Vous voyez bien qu'il ne faut pas vous jouer à tout le monde.

M. GILET. A présent que me voilà averty, je garderay tout mon courage pour l'armée. Je pars demain, droit en Allemagne.

M<sup>me</sup> JOBIN. Vous ferez très-bien. Quand les ennemis auroient quelques épées enchantées, il n'y en a point qui vaillent les miennes.

M. GILET. Adieu, Madame Jobin, jusqu'à ce que vous me voyiez mestre de camp.

. . . . . . . . . . . . . . . . . . . . . . . . . . . . . . . .

---

¹ Cela rappelle un peu la scène de M. Jourdain faisant des arm's avec Nicole, dans le *Bourgeois gentilhomme.*

## SCÈNE IX.

### Mme JOBIN, LA GIRAUDIÈRE.

Mme JOBIN. Monsieur de la Giraudière, me venir voir encore aujourd'huy?

LA GIRAUDIÈRE. Madame Jobin, je suis converty. Mes pistolets retrouvés [1] m'ont fait croire tout ce que je ne croyois point de vous, et l'on ne me sçauroit faire plus de plaisir que de m'en dire du bien...

Mme JOBIN. Qu'y a-t-il?

LA GIRAUDIÈRE. Je suis un bon gros garçon qui aime la joye. Rien n'y est si contraire que l'attachement; et ce que je voudrois, c'est que vous me donnassiez un secret pour estre aimé de toutes les femmes que je trouverois aimables. Naturellement, je suis le plus inconstant de tous les hommes. Ne m'en blasmez point : c'est le moyen de n'avoir jamais à soupirer. A le bien prendre, y a-t-il une vie plus misérable que celle d'un amant constant? Pour bien connoistre l'amour, il faut aimer tout : les belles et les agréables, les grandes et les petites, les grasses et les maigres, les brunes et les blondes, les enjouées et les tristes; elles ont toutes quelque chose de différent dans leurs maniere d'aimer, et c'est cette différence qui empesche qu'on ne s'ennuye en aimant.

Mme JOBIN. Vous estes d'assez bon goust.

LA GIRAUDIÈRE. J'ay la pratique, et connois les femmes. Il en est qui n'aiment point par fierté, ne voulant pas qu'aucun homme au monde puisse dire qu'il ait de l'avantage sur elles. Il y en a d'insensibles par nature. Il y en a que rien ne peut faire changer, quand elles ont une fois donné leur cœur. D'autres ont des aversions naturelles pour l'amant ou pour l'amour; et comme la gloire de se faire aimer de toutes ces sortes de femmes est d'autant plus grande que la chose paroist impossible, c'est pour cela que je vous demande un secret.

Mme JOBIN. Je ne veux pas vous dire que je n'en ay point? Mais, comme je ne puis luy donner une entiere force sans conjurer les esprits les plus difficiles à gagner, cela ne se fait pas tout en un

---

[1] Allusion à une scène précédente, où, par un artifice assez élémentaire, la *devineresse* a fait voir dans un bassin à La Giraudière les deux pistolets qu'on lui avait pris et la figure de la personne qui les lui avoit dérobés et qu'elle avait connue à l'aide de ses espions.

jour; et vous ne vous appercevrez peut-estre de plus de six mois que j'aye obtenu pour vous ce que vous m'engagez à demander.

LA GIRAUDIÈRE. Mais dans six mois m'asseurez-vous que je me feray aimer de toutes les femmes qui me plairont?

M^me JOBIN. Je vous en assure; et mesme dès aujourd'hui je pourrois vous faire voir quelques-unes de celles dont vous voudrez estre aimé.

LA GIRAUDIÈRE. Et je vous en prie.

M^me JOBIN. Ce qui m'embarasse, c'est que les esprits qu'il faut que j'employe sont commis à la garde d'un trésor, où ils voudront peut-estre que vous mettiez quelque grande somme.

LA GIRAUDIÈRE. Si soixante ou quatre-vingts Louis que j'ay dans ma bourse les accommodent, ils sont à eux.

M^me JOBIN. S'ils n'y songent point, à la bonne heure... Je voudrois ne vous faire rien couster.

LA GIRAUDIÈRE. Vous vous moquez : j'ay du bien, et on me voit faire une assez belle dépense pour mes plaisirs. Travaillez pour moy, je n'auray point regret à ma bourse.

M^me JOBIN. Vous verrez des choses qui vous surprendront; mais, comme elles ne seront pas tout à fait terribles, je crois que vous aurez le cœur assez ferme....

LA GIRAUDIÈRE. C'est mon affaire; si je m'effraye, tant pis pour moy.

M^me JOBIN. Demeurez icy. J'entre là-dedans pour faire une première conjuration, où je ne reçois jamais personne. Je reviens dans un moment.

LA GIRAUDIÈRE, *seul*. Après avoir traité si long-temps de dupes tous ceux qui voyoient madame Jobin, me rendrois-je bien moy-mesme sa dupe? L'argent demandé pour ses diables du trésor me fait craindre quelque tour d'adresse. Il faut voir, ne fust-ce que par curiosité. Mes pistolets, et la fausse Languedocienne découverte, sont des choses qui doivent me persuader. J'ay de bons yeux, quitte à ne me vanter de rien, si elle me trompe.

M^me JOBIN. J'ay fait l'invocation la plus nécessaire, et l'obscurité va regner icy.

*Une nuit paroist.*

LA GIRAUDIÈRE. Qu'est cecy?

M^me JOBIN. Vous avez peur?

LA GIRAUDIÈRE. Point du tout. Mais je ne serois pas fasché de voir clair.

LA GIRAUDIÈRE. Voicy la lune. Comme elle nous preste sa clarté pour tous nos mistères, il faut qu'elle la continue icy, pendant que je vais conjurer l'enfer de faire paroistre le bouc.

LA GIRAUDIÈRE, *voyant paroistre une figure de bouc.* Je sçais qu'il est en veneration parmi vous[1].

M^me JOBIN. C'est assez qu'il ait paru. Vous allez voir cinq ou six du nombre des belles qui vous aimeront.
(*Elle prononce un mot inconnu, et il passe une figure de caprice.*)
Ce n'est pas là ce que je demande.

(*Un Demon paroist avec une bourse ouverte.*)
Vous voyez pourquoy ils se font prier. Je voulois vous épargner vostre argent, mais...

LA GIRAUDIÈRE. Cette bourse ouverte est un langage significatif. Vous sçavez que je leur avois destiné la mienne. La voilà.

M^me JOBIN. Donnez, ils ne la prendroient pas de votre main.

(*Une autre figure paroist icy ayant une épée à ses pieds.*)
Par l'épée que celui-cy vous montre sous ses pieds, il vous avertit d'oster la vostre. J'avois oublié de vous dire qu'on ne paroist jamais devant eux l'épée au costé.

LA GIRAUDIÈRE. Oster mon épée? ce genre de respect est assez nouveau.

M^me JOBIN. Donnez-la moy, je vous en rendray bon compte.

LA GIRAUDIÈRE. Volontiers; aussi-bien elle me seroit assez inutile contre des esprits. Sont-ils contens?

M^me JOBIN. Ouy, et vous allez voir quelques maistresses que vous aurez. Les figures qui les suivront vous en feront si clairement connoistre l'humeur, que je n'auray rien à vous en dire. Regardez.

(*Plusieurs figures de femmes paroissent icy l'une après l'autre.*)

LA GIRAUDIÈRE. Voilà une belle femme, et qui ne manque pas d'embonpoint. Il n'y a pas lieu de s'en étonner : la table, qui vient après elle est bien garnie. Cela marque que la bonne chere ne luy déplaist pas; tant mieux, nous ferons de bons repas ensemble. Cette autre, assez belle, quoiqu'un peu maigre, ne se trouveroit pas mal de ce que la premiere a de trop. Elle doit estre d'un temperamment colere; ce lion le marque.

M^me JOBIN. Je vous avois bien dit que vous pourriez vous instruire par vous-mesme.

LA GIRAUDIÈRE. Que je suis charmé de cette brune! Je pense que je seray un peu moins inconstant pour elle que pour les autres.

---

[1] Personne n'ignore que c'est sous la forme d'un bouc que le diable présidait et se faisait adorer au sabbat; que le bouc, avec le manche à balai, servait de monture habituelle aux sorcières, et que l'esprit malin est souvent désigné sous ce nom dans les vieilles procédures relatives à la sorcellerie.

L'amour qui la suit fait voir qu'elle sçaura bien aimer. C'est l'ordinaire des brunes, elles aiment presque toujours fortement. En voicy une que je crois délicieuse ; elle est toute jeune, les fleurs luy plaisent! il faudra luy envoyer des bouquets. Que d'instrumens ! Je vois bien que la musique est son charme. Tant mieux, j'aime l'Opera ; nous irons souvent ensemble.

Mme JOBIN. Et cette blonde ? qu'en dites-vous?

LA GIRAUDIÈRE. Elle est d'une beauté surprenante. Que j'auray de joye de m'en voir aimé! Mais ce ne sera pas pour long-temps : ce moulin à vent me la peint légère.

Mme JOBIN. Ce caractère vous fait-il peur?

LA GIRAUDIÈRE. Pas tout à fait. Rien n'est fascheux à un inconstant.

Mme JOBIN. Mon génie, qui paroist, m'avertit qu'il n'y a plus rien à sçavoir pour moy d'aujourd'huy. Voilà vostre épée que je vous rends.

LA GIRAUDIÈRE. J'ay vu d'agréables apparitions ; car je ne crois pas que vous prétendiez me faire passer cela pour autre chose.

Mme JOBIN. Estes-vous content ?

LA GIRAUDIÈRE. Je suis tout plein de ce qui a passé devant moy. Adieu, je vais dire encore merveilles de vous à nostre comtesse. Je vous l'amene tantost.

Mme JOBIN, *seule*. La dame jalouse n'a qu'à me compter ses trois cens louis. Tout me favorise dans ce que j'ay entrepris pour elle. Le marquis épouvanté, la comtesse résolue à l'oublier, et la Giraudière entesté de mon sçavoir. Qui en auroit tant esperé tout à la fois? Je suis fort trompée si le marquis a l'asseurance de revenir. Mais n'importe : ne laissons pas de tenir le diable tout prest.

# ACTE V.

## SCÈNE V.

### Mme JOBIN, LE MARQUIS.

LE MARQUIS. Je ne sçais ce que vous avez fait à une dame qui sort d'icy, mais je l'ay trouvée toute éperdue sur vostre escalier ; et si son conducteur ne la soutenoit, elle auroit peine à gagner la porte.

M^me JOBIN. Elle a été curieuse, et il a fallu la satisfaire.

LE MARQUIS. J'avoue qu'on a besoin de fermeté avec vous.

M^me JOBIN. Il faut que vous en ayez fait provision, puisque vous vous hasardez à revenir.

LE MARQUIS. Vous m'avez si fortement répondu que ma vie ne courroit aucun danger, que je reviens sur vostre parole.

M^me JOBIN. Ouy, mais il est certain que vous aurez peur. Songez-y bien, pendant qu'il est temps.

LE MARQUIS. Il faut que je vous confesse la verité. Je fus un peu effrayé de ce qui parut hier devant moy. Vous le remarquastes, et la honte qui m'est demeurée de ma foiblesse me fait chercher à la réparer.

M^me JOBIN. Vous ne serez peut-estre pas plus ferme aujourd'huy que vous fustes hier. La vue du diable est plus terrible qu'un corps par morceaux.

LE MARQUIS. J'ay promis de vous donner cent pistoles si vous pouviez me le faire voir; je vous les apporte. Si je tremble, j'auray au moins l'avantage d'avoir vu ce que mille gens sont persuadés qu'on ne sçauroit voir.

M^me JOBIN. Si vous m'en croyez, gardez vostre bourse. Vous voyez que je ne suis pas interessée.

LE MARQUIS. Est-ce que vous ne pouvez me tenir parole?

M^me JOBIN. Je ne le puis? Moy! (*Elle fait des cercles et dit quelques paroles.*) Donnez vostre argent. On ne fait pas venir le diable pour rien.

LE MARQUIS. Cela est fort juste. Prenez.

M^me JOBIN. Vous allez voir un des plus redoutables démons de tout l'enfer. Ne luy marquez pas de peur.

LE MARQUIS. Je feray ce qui me sera possible pour n'en point avoir.

M^me JOBIN. Regardez ce mur. Est-il naturel, bon, dur, et bien fait?

LE MARQUIS. Il a toutes les qualitez d'un bon mur; mais pourquoy me le faire regarder?

M^me JOBIN. C'est par-là que le diable va sortir, sans qu'il y fasse la moindre ouverture.

LE MARQUIS. J'ay peine à le croire.

M^me JOBIN. Allons, Madian, par tout le pouvoir que j'ay sur vous, faites ce que je vous diray. Montrez-vous.

(*M^r Gosselin commence à paroistre vestu en diable.*)

LE MARQUIS. Ah! que vois-je là?

M^me JOBIN. Quoy! vous détournez les yeux? Si vous voulez, nous finirons là.

LE MARQUIS. Non, quand j'en devrois mourir de frayeur, je veux voir ce qu'il deviendra.

M^me JOBIN. Je le retenois afin qu'il ne pust avancer vers vous. Icy, Madian, je vous l'ordonne. Vous reculez dès le premier pas qu'il fait? J'ay pitié de vous, je m'en vais luy commander de disparoître.

LE MARQUIS, *arrestant M^r Gosselin et lui présentant le pistolet*. Parle, ou je te tue. Qui es-tu?

M^me JOBIN. Qu'osez-vous faire? vous estes perdu.

LE MARQUIS. Je me connois mieux en diables que vous. Parle, te dis-je, ou bien tu es mort.

(*Il sort des éclairs des deux costez de la Trappe.*)

M^me JOBIN. Vous allez périr.

LE MARQUIS. Vostre enfer ridicule, ny tous vos éclairs ne m'étonnent pas. Si tu ne parles, c'est fait de toy.

M. GOSSELIN. Quartier, Monsieur, je suis un bon diable.

LE MARQUIS. Ah! fourbe de Jobin! Je sçavois bien que je viendrois à bout de t'attraper. Il faut dire la vérité, autrement...

M^me JOBIN. Laissez-le aller, Monsieur, vous serez content de moy.

LE MARQUIS. Non, je ne le laisse point échapper que je ne sois éclaircy de tout. Veux-tu parler? Je tueray le diable.

M. GOSSELIN. Hé, Monsieur, je ne suis qu'un pauvre procureur fiscal! Que gagneriez-vous à me tuer?

LE MARQUIS. Le diable! un procureur fiscal!

M^me JOBIN. Ne faites point de vacarme, je vous en prie. On m'a payée pour empescher vostre mariage, voilà pourquoy je cherchois à vous tromper.

## SCÈNE DERNIÈRE.

LA COMTESSE, LE MARQUIS, LA GIRAUDIÈRE, M. GOSSELIN, M^me JOBIN.

LA COMTESSE. Ah, ah! madame Jobin, vous trompiez monsieur le marquis! Nous avons tout entendu.

LE MARQUIS. Puisque cela est, Madame, le diable peut prendre party où il luy plaira, je le laisse aller.

M. GOSSELIN. Si l'on m'y rattrape, qu'on m'étrille en diable.

LA GIRAUDIÈRE, *à demi-bas*. Madame Jobin, dans six mois nous aurons quelque petite affaire à démesler.

LA COMTESSE. Quelle effronterie! Mettre le désordre parmy les gens pour attraper de l'argent?

M^me JOBIN. Je rendray tout; ne me querellez point.

LE MARQUIS, *à la devineresse.* Il n'est pas tems de vuider nos comptes.

LA COMTESSE. Il faut que la chose éclate, afin que personne n'y soit plus trompé.

M^me JOBIN. Ne dites rien, je ne suis pas si coupable que vous pensez.

LE MARQUIS, *apercevant madame Noblet.* Entrez, Madame, vous ne pouviez arriver plus à propos. Ne craignez point de vous voir forcée à un second mariage. Il n'en faut pas croire la devineresse : c'est la plus grande fourbe qui fut jamais.

M^me JOBIN. Voilà bien du bruit pour peu de chose.

LE MARQUIS. Pour peu de chose, vieille scelerate! Après le désespoir où je suis depuis huit jours?

M^me NOBLET. Comment? Est-ce que madame Jobin?...

LE MARQUIS. Vous estes de mes amies, réjouissez-vous de mon bonheur. Madame la comtesse est détrompée.

LA COMTESSE. Je venois demander un secret pour vous oublier; mais il n'y a plus moyen de le vouloir.

LE MARQUIS. Quelle joye pour moi! Afin de l'avoir entière, il faut sçavoir qui a payé la Devineresse pour me traverser.

M^me NOBLET. On l'a payée! Vous croyez cela?

LE MARQUIS. Elle nous l'a confessé.

M^me JOBIN, *en s'en allant.* Il ne me souvient plus de rien. Voilà tout ce que j'ay à vous dire.

LA GIRAUDIÈRE. Elle se tire d'affaire fort résolument.

LE MARQUIS. Je prendray mon temps. On sçait comment la faire parler.

M^me NOBLET. Je cours après elle. Comme je ne veux jamais la revoir, j'ay quelque reproche à luy faire pour mon compte. *Elle s'en va.*

LE MARQUIS, *à la comtesse.* Hé bien, Madame, avois-je tort de décrier madame Jobin?

LA COMTESSE. J'ay été sa dupe. Sortons d'icy. Vous aurez toute liberté d'en rire avec moy.

LE MARQUIS. Allons, Madame. Je me tiens asseuré de mon bonheur, puisque j'ay eu l'avantage de vous détromper.

FIN.

# TABLE
## DU TROISIÈME VOLUME.

|  | Pages. |
|---|---|
| AVERTISSEMENT............................................. | V |

## THÉATRE DU MARAIS.

| | |
|---|---|
| HISTOIRE DU THÉATRE DU MARAIS....................... | VII |
| TRISTAN L'HERMITE............................................. | 1 |
| Notice sur TRISTAN L'HERMITE et *le Parasite*............ | 3 |
| *Le Parasite*, comédie en cinq actes........................... | 9 |
| PHILIPPE QUINAULT.......................................... | 69 |
| Notice sur QUINAULT et *la Comédie sans comédie*....... | 71 |
| *La Comédie sans comédie*, pièce en cinq actes............ | 75 |
| *Le Docteur de verre*, comédie................................ | 89 |
| GILLET DE LA TESSONNERIE.............................. | 103 |
| Notice sur GILLET DE LA TESSONNERIE et *le Campagnard*...... | 105 |
| *Le Campagnard*, comédie en cinq actes..................... | 109 |
| CHEVALIER...................................................... | 167 |
| Notice sur CHEVALIER, *la Désolation des filoux et les Amours de Calotin*...... | 169 |
| *La Désolation des filoux*, comédie en un acte.............. | 177 |
| *Les Amours de Calotin*, comédie............................. | 189 |
| SAMUEL CHAPUZEAU....................................... | 205 |
| Notice sur CHAPUZEAU et *l'Académie des femmes*........ | 207 |
| *L'Académie des femmes*, comédie en trois actes........... | 211 |
| BOUCHER........................................................ | 249 |
| Notice sur BOUCHER et sur *Champagne le coiffeur*........ | 251 |
| *Champagne le coiffeur*, comédie en un acte............... | 255 |
| J. DE LA FORGE................................................ | 283 |
| Notice sur J. DE LA FORGE et *la Joueuse dupée*........... | 285 |
| *La Joueuse dupée, ou l'intrigue des Académies*, comédie en un acte.. | 289 |
| ROSIMOND....................................................... | 312 |
| Notice sur ROSIMOND et *le Nouveau Festin de Pierre*...... | 315 |
| *Le Nouveau Festin de Pierre, ou l'Athée foudroyé*, tragi-comédie en cinq actes........................................................ | 321 |

|  | Pages. |
|---|---|
| APPENDICE AU THÉATRE DU MARAIS | 379 |
| Notice sur CYRANO DE BERGERAC et *le Pédant joué* | 379 |
| *Le Pédant joué*, comédie (fragments) | 382 |
| Notice sur SCARRON | 405 |
| *L'Écolier de Salamanque, ou les Généreux ennemis*, tragi-comédie (fragments) | 407 |
| *Le Marquis ridicule*, comédie (fragments) | 418 |
| *THÉATRE DU PALAIS-ROYAL* | 423 |
| HISTOIRE DU THÉATRE DE MOLIÈRE. (ILLUSTRE THÉATRE, PETIT-BOURBON, PALAIS-ROYAL.) | 425 |
| JEAN DONNEAU DE VISÉ | 443 |
| Notice sur JEAN DONNEAU DE VISÉ et sur *l'Embarras de Godard* | 445 |
| *L'Embarras de Godard, ou l'Accouchée*, comédie en un acte | 451 |
| ADRIEN PERDOU DE SUBLIGNY | 483 |
| Notice sur SUBLIGNY et *la Folle Querelle* | 485 |
| *La Folle Querelle, ou la Critique d'Andromaque*, comédie en trois actes | 493 |
| APPENDICE AU THÉATRE DE MOLIÈRE | 545 |
| Notice sur *la Devineresse* de THOMAS CORNEILLE et DE VISÉ | 545 |
| *La Devineresse, ou les Faux enchantemens* | 549 |

FIN DE LA TABLE DU TROISIÈME VOLUME.